SEO
深度解析

全面挖掘搜索引擎优化的核心秘密

痞子瑞　等编著

第2版

电子工业出版社
Publishing House of Electronics Industry
北京·BEIJING

内 容 简 介

本书以 SEO 从业人员普遍存在的疑问、经常讨论的问题、容易被忽视的细节以及常见的错误理论为基础，对 SEO 行业所包含的各方面内容进行了深入的讨论，使读者更加清晰地了解 SEO 及操作思路。本书内容分为两类：一类为作者根据自己真实、丰富的 SEO 经验对 SEO 所涉及的各种问题进行详细的讨论，主要包括 SEO 基础原理剖析、SEO 实操思路方法、常用工具数据剖析、竞争对手分析案例实操、网站数据分析思路指导、SEO 知识思路综合运用、SEO 团队建设、常见 SEO 问题解读以及对 SEO 行业的一些思考等；另一类为作者邀请行业内一线从业人员进行各方面的干货分享，以多角度、多思维、多经验的形式全方位地为读者剖析百度 SEO 及与网站运营相关的那些事儿。

本书不仅适合 SEO 从业人员，如个人站长、公司 SEO 服务人员、网络营销人员等阅读，也适合网页设计人员、大中专院校网络营销及电子商务相关专业的学生、培训机构等参考和阅读。

图书在版编目（CIP）数据

SEO 深度解析：全面挖掘搜索引擎优化的核心秘密 / 痞子瑞等编著. —2 版. —北京：电子工业出版社，2016.7
ISBN 978-7-121-28950-7

Ⅰ. ①S… Ⅱ. ①痞… Ⅲ. ①互联网络－情报检索 Ⅳ. ①G354.4

中国版本图书馆 CIP 数据核字（2016）第 120306 号

责任编辑：高洪霞
印　　刷：北京盛通商印快线网络科技有限公司
装　　订：北京盛通商印快线网络科技有限公司
出版发行：电子工业出版社
　　　　　北京市海淀区万寿路 173 信箱　邮编：100036
开　　本：787×1092　1/16　印张：29.75　字数：838 千字
版　　次：2014 年 3 月第 1 版
　　　　　2016 年 7 月第 2 版
印　　次：2023 年 3 月第 17 次印刷
定　　价：128.00 元

前　言

这两年大家对 SEO 的讨论逐渐减少，有的人说 SEO 已死，有的人说 SEO 已经"黔驴技穷"。在笔者看来，现在的行业状态才是比较健康的，SEO 并没有死，在百度上搜索"***已死"，把"***"换成任何行业都会有不少结果，现在 SEO 基本成为互联网公司的标配，又何谈"SEO 已死"呢；SEO 也没有"黔驴技穷"，企业只是从过去的过度重视和讨论变成了现在的踏实工作和进取，SEO 的普及阶段已经过去，行业已经回归理性。希望本书新版可以继续为 SEO 新人和有一定 SEO 基础的朋友带来一些思考和进步。

在本书第一版出版后，笔者观察了一段时间的读者书评，令人欣慰的是，本书还是帮助了不少读者的。任何一本书的受众都是有限的，只要本书所定位的读者能够在本书中获得一些收益，笔者就已经很知足了。本次改版，笔者的改动幅度还是比较大的，对于时效性太强的内容基本上全部整合，并补充了一定的新内容，同时又邀请了几位 SEO 实战派的朋友来分享了更多干货。相信新老读者都可以在新版中汲取新的养料，产生新的思考。

内容背景

这并不是一本 SEO 教科书，但可以当作一本对 SEO 各方面进行讨论的博文合集。

现在国内关于 SEO 基础及概念性文章、书籍已经严重过剩，但还是有诸多 SEO 朋友四处咨询着各种基础问题，原因应该是很多 SEO 朋友还缺乏独立思考的习惯。或许很多 SEO 朋友虽然已经把 SEO 相关的概念性、常识性知识熟记于心，但是还没有熟练地运用这些知识、经验去思考和解决实际问题，因此当遇到稍微有些不同的问题时就不知道该如何应对了。本书的诞生就是想在此方面稍稍地为行业作一点贡献，本书尝试性地表达一些 SEO 相关的思路，而不是只注重 SEO 本身。

SEO 本身不是一门传统的自然学科，每个人对 SEO 的理解和观点都会有所不同，甚至对 SEO 的基本概念、常用命令原理、常规思路都有着不同的认识和理解。并且，除了最基本的概念之外，SEO 的一切都处于动态变化中，因此笔者在这本书中尝试把每个章节的标题都当作一个问题来讨论，表达笔者对相关问题的一些观点。全书不定性，只讨论，也欢迎各位读者参与到讨论中来。

本书按照常规的 SEO 知识和工作内容，尝试性地对 SEO 各方面的内容、常见问题及注意事项都进行了一定的讨论。在个别名词或数据的介绍上，引用和推荐了一些行业内专业人士的观点和意见，并且在对一些细节的讨论中，提供了一些实例和数据支持。希望本书能够为已经稍微了解一些 SEO 知识，但是还没有什么思路的朋友提供一些参考。

另外，本书还有两个目的：一是为"SEO 信息对称"做一些努力，把过去一些只在"小圈子"使用的方法和讨论的话题公开性地讨论一下，并尽力对一些问题、现象的原理进行深入讨论；二是为 SEO 行业的发展尽一点绵薄之力。现在已经不是随便堆砌一下关键词和无策略地狂发链接就能得到排名及流量的时代了，如果还是一味地研究如何堆砌关键词和群发外链，那你就落伍了。现在 SEO 朋友应该以发展的眼光把研究重心向内容质量、页面相关度、链接意义、用户需求分析、数据挖掘、用户体验提升等方面转移，希望本书能在 SEO 行业过渡过程中起到一些正向推动作用。

章节摘要

以下按照"国际惯例"，对本书的每章内容都使用一两句话来进行简单介绍。

章　节	内　　容
第 1 章	简单讨论一下不同人眼中的 SEO
第 2 章	介绍搜索引擎的基本原理，并针对 SEO 朋友对搜索引擎常见的疑问和错误认识进行了详细的讨论，包括对反作弊的讨论
第 3 章	对 SEO 常见名词的含义、常用指令的原理进行了简单介绍和讨论
第 4 章	对关键词的分类、挖掘、处理以及最后的部署进行了思路和方法上的讨论
第 5 章	对站内优化中的各种细节问题进行了深入的探讨
第 6 章	介绍了常见的外链建设方法，并讨论了在现阶段用这些方法所建设链接的价值，以及搜索引擎一直推荐的"具有推荐意义的链接"
第 7 章	介绍了站长和 SEO 常用的工具（含批量操作类工具），在介绍的同时，更多的是讨论工具所呈现出来的数据背后的含义以及工具的扩展使用，并非只是为介绍而介绍
第 8 章	保留了第一版中的竞争对手分析内容，为读者的竞品分析工作提供一些思路
第 9 章	以网站流量、日志、收录、排名和站内搜索数据为基础，讨论了站内数据分析的思路及可以做的基础工作，并简单介绍了基础的文本处理命令和实际应用
第 10 章	讨论了移动 SEO、SEO 危机公关、原创、高权重网站站内搜索被利用、站群以及 SEO 黑白帽等行业热门话题
第 11 章	简单描述了 SEO 在常见公司、网站中的地位以供 SEO 新人求职参考，讨论了关于 SEO 行业和 SEO 朋友的一些观点
第 12 章	笔者邀请了一些圈内一线站长和 SEO 朋友分享了一些"干货"，来提升本书内容的多元性和丰富性，并增强本书"讨论"的基调。相较于第一版，本版干货更多、内容更深
第 13 章	收集了 100 个 SEO 常见问题，对于百度官方回答过的均附上了官方答案，并几乎全部附上了笔者的回答和意见

总感觉不论怎样来定目录和内容简介都不能够完全展现书中的内容，笔者希望呈献给读者一本不一样的 SEO 图书，也相信只要稍微了解一点 SEO 的朋友都可以从中获得一些对自己有价值的内容和思路。前辈们已经出版过很多非常全面的 SEO 书籍，因此本书就不再去追求面面俱到，只希望所有讨论的内容对读者都是有实际价值的，能够切实帮助到一些 SEO 朋友理清思路、更深入地了解 SEO。另外，SEO 是一个需要实践的工作，没有实践，一切都是空谈，希望读者能够结合本书在实践中发现更多问题，思考更多方法，总结更多经验。

虽然本书从开始写作到最终出版经过了无数道审核程序，包括无数次删减、修改和补充，但毕竟笔者水平有限，加之篇幅偏大，因此书中可能还会存在一些不足和 Bug。欢迎读者通过笔者邮箱 pizirui@gmail.com 或微信@seoshendu 针对书中内容进行深入交流、吐槽和轻拍砖。

致谢

感谢所有支持《SEO 深度解析》的读者。

感谢余心妍，Zero，道哥，肖俊，丁建忠，周扬，姚金刚，萧涵，潘军等朋友的专业分享。

感谢宫鑫、吴伟定、吕英健、ZAC、夫唯、郑志平、曾荣群、邱松、赖文智、图王、渠成、郭吉军、张翔、徐立峰、郝聪、阚洪岩、小帅、王永强、王国辉、刘明、张志刚、王殿庆、眼镜蛇、李楠、夜息、彭龙、唐世军、大脚、Craig.Yang、草上飞、王小军、赵辰、曹瑞宁、崔涛、章螂、吴敏、赵宜君、殷谦祥、元创、陈佳、坏坏、刘斌、王克江、李锐、贾万兴、苏志辉、乔向阳、冷风、王晓东、夜息、陈慧、张岩、冯春来、贾培、谢洪成、邱冬、任锐、王阳、李云姣、李建红、许丽颖、肖洁纯和孙成利等诸多朋友对本书和我个人的帮助与支持。由于此上部分朋友公司和职位都有变动，也有很多朋友早已出任 CEO，迎娶白富美，所以在此不再一一注释各位朋友的所在公司和职位。

其他参与编写的还有：王玄、姜云、许冠英、黄昆、刘拓、李凯东、罗向、郝瑞琪、赵然、肖洁纯、邱继炼、王丽梅、任思霖、张博涛等。

最后感谢我的妻子郎红岩和我们的儿子阳阳，以及其他家人的支持。有了妻子的持家以及无微不至的照顾，才让我能生活得很快乐，并有足够的精力安心工作与写作此书。

痞子瑞

2016 年 4 月于北京

目　　录

第 1 章　SEO 是什么

随着国内 SEO 行业的不断发展和趋于成熟，在不同公司及在 SEO 行业内不同职位的朋友，对 SEO 都有了不同的认识和理解。不少公司在招聘时经常会把"你理解的 SEO 是什么？"作为笔试或面试题之一，其实问题的答案不是唯一的，不同的人有不同的理解。然而有不少不懂 SEO 的面试官在网络上搜索到了一些片面的解释，然后就使用这些片面的解释来衡量应聘者是否懂得 SEO，这显然有些滑稽，但这确实是普遍存在的现象。那么 SEO 到底是什么呢？

1.1　SEO 的原始含义及现实含义

在《百度搜索引擎优化指南》中，关于 SEO 的定义是：搜索引擎优化（Search Engine Optimization，简称 SEO），指为了提升网页在搜索引擎自然搜索结果中（非商业性推广结果）的收录数量及排序位置而做的优化行为，这一行为的目的，是为了从搜索引擎中获得更多的免费流量，以及更好地展现网站形象。

简单点讲，SEO 的原始含义就是想办法从搜索引擎中获取免费流量。当然，这只是停留在原始含义层面上的理解，在实际的 SEO 工作中，不仅要注重从搜索引擎中获取的流量数量，还要注重这些流量的质量，一般以转化率为考核指标。虽然与流量质量相关的工作严格来说已经不是 SEO 工作层面的事情了，但由于获取流量数量和流量质量的把控是一个连贯整体的工作，所以在实际工作中 SEO 人员必须要考虑这些指标，因此不少公司会把除了流量数量之外的很多流量质量的指标也压在 SEO 人员身上。

这也就决定了在实际工作中的 SEO 部门往往是一职多能的角色，从搜索引擎中拉免费流量是本职工作，提高搜索流量转化率相关的用户体验、运营等工作是附加工作。一般 SEO 人员还需要综合考虑技术实现难度、SEO 改动与产品的融合、SEO 方向与销售的结合等。此外，根据公司实际情况，有些小的技术上的操作可能还需要 SEO 人员自己动手，有些公司还会让 SEO 部门管理竞价账户，尝试邮件推广、QQ 群推广、微博推广等营销方法。在不少公司中，所谓的 SEO 部门，其实就是一个综合推广部门。也有不少公司直接把产品的一部分工作直接丢给了 SEO 部门，即注重用户体验，也就是现在一些文章中经常讨论的 SEO 的升级版 UEO（用户体验优化）。

因此，现在的 SEO 从不同人口中讲出来的意义是不同的：有的人认为 SEO 就是为网站增加搜索流量；有的人认为 SEO 不仅为网站增加搜索流量，还要承担很多流量相关的其他工作。在实际的工作中，SEO 已经不仅仅是把流量拉到网站上就结束了，还需要对搜索流量在网站中的整个行为（PV 和转化）负责。

另外，有必要提及一个与 SEO 相关的概念——SEM，以及 SEM 字面含义和现实含义的区别。SEM（Search Engine Marketing）字面意思是搜索引擎营销，既包括了 SEO，也包括了付费的商业推广优化。然而在实际的工作中往往会用 SEM 专指在搜索引擎上的付费商业推广优化，在不少公司中都会专门设立 SEM 优化部门或优化小组，但其工作内容并不包括 SEO，只是专门负责公司搜索引擎竞价账户的优化。所以在一些非正式场合下所提到的 SEM 其实并不是概念中的 SEM，只需要意会，不必较真。

1.2　SEO 是忽悠还是技术，策略还是艺术

如本章开头所述，不同人对 SEO 的理解其实是不同的，每种理解都有相应的依据，所以无所谓对与错。每个人所处公司不同、所在职位不同、所接触到的 SEO 人员水平的不同都会影响到其对 SEO 的理解。

一个屡次被一些做虚假宣传的 SEO 公司欺骗的人，会认为 SEO 就是大忽悠，因为花钱之后不是没有达到 SEO 公司的宣传效果，就是网站被搜索引擎降权了，对于他来说 SEO 就是忽悠；一个在重技术、弱编辑公司工作的 SEO 人员，或者本身就是技术出身的 SEO 人员，会认为 SEO 是项技术，因为 SEO 各方面的工作都是通过技术实现的，人工手动干预只是微调而已，对于他来说 SEO 就是技术；一个处在 SEO 管理层的人员，可能会认为 SEO 是策略性的工作，因为他的主要工作就是制定一系列 SEO 相关的策略计划，然后指导技术、编辑、数据分析及外链专员等人员进行专项的工作，对于他来说 SEO 就是策略；一个不论是不是靠 SEO 起家，但已经进入小康生活的人，玩 SEO，不是为了钱，而是为了感受挑逗搜索引擎或更深入研究搜索引擎来满足其精神需要，那么对于他来说 SEO 可能就是一门艺术，否则连吃饭都成问题，还谈什么艺术不艺术呢？

回到本章开头提到的，当面试官问"你认为 SEO 是什么？"时，应聘者根据所应聘的职位和职责的不同，所给出的答案应该也是不同的。尤其是行业新人在面试时，千万不要受一些观点片面的网络软文所误导，应该根据所应聘职位的要求回答。假设一个公司招聘薪资在 2000 元左右的链接专员时问到这个问题，如果应聘者回答"SEO 是门艺术"，我想即便不会影响面试结果，也多多少少会被嘲笑一下"受网络软文毒害不浅"，一般情况下公司应该不会招个新人来拿自己的网站当艺术玩儿的。对于这个问题，笔者认为最佳的答案应该是"对于咱们公司来说 SEO 应该是……"，把自己想到的该公司网站在 SEO 方面可能的发展方向和空间简单陈述一下。

那么 SEO 到底是什么呢？相信大家应该都有了自己的答案。

1.3　常见的几个方向

在此，不得不提一下 SEO 行业内的"派别"。原来 SEO 行业就像华山论剑一样，在不同论坛、不同组织、不同培训机构出来的 SEO 人员互相攻击的现象屡见不鲜；现在随着 SEO 的普及，百度算法的完善，SEO 行业也越来越规范，逐渐形成了三个主要的发展方向：技术、产品和运营。原先只懂得机械发链接和堆关键词的 SEO 慢慢被淘汰了，现在行业内有点像金庸小说中的华山派的剑宗和气宗了，互相之间有些瞧不起的意思。

国平老师和他的光年论坛把 SEO 行业推向了以数据分析为核心、偏技术的方向，确实影响了很多人，也使大家更加注重数据，而不再凭借他人"虚无"的理论和经验，拍脑袋做决定了。

同时从光年论坛中走出了一大批偏技术的 SEO 牛人，并在继续推动 SEO 技术化。然而其他类型的 SEO 人员，除了还在讨论发链接和堆关键词等已经不是 SEO 主流手段话题的朋友外，更高层次偏产品和运营的 SEO 人员很少会出来交流。并且相对来说，技术更具讨论性，也便于传播，从而导致有些朋友开始认定 SEO 是侧重于技术的。

其实并不完全如此，可能懂技术的 SEO 人员更方便自己独立做一些东西，但是放到公司和网站中来看，SEO 人员懂一些技术会省去很多麻烦，至少会减少很多鸡毛蒜皮的事都要麻烦技术部门的情况，但技术并不能支撑起 SEO 的全部。SEO 不再只是改改原有网站产品标题，现在 SEO 通过技术方便高效地收集、分析得到的数据，一般最终都会产出到新产品或老产品的改版上。从这个角度来看，技术是 SEO 很重要的组成部分，放到一个 SEO 部门中可能会是一个或几个成员，但并不是 SEO 部门的全部。现在的 SEO 部门需要收集分析数据、设计获取 SEO 流量的产品、通过运营提升网站留存流量和"链接广度"，并且有的还需要通过 BD 合作获得高质量链接和流量。其实这才应该是正途的 SEO，动辄几十个链接专员的 SEO 团队模式已经有些过气了，BD、技术、数据、产品和运营融合成的 SEO 已经成了主流，可能也是国内 SEO 行业发展至今最为健康的状态了。身为 SEO 人员，虽然没必要苦学技术，但是基本的数据处理相关脚本、工具函数、基础的搜索引擎算法还是有必要稍微掌握一些的，这样更有利于 SEO 工作中的数据处理、数据分析和产品设计。

另外，从常规网站 SEO 中跳出来，SEO 也已经成为一种思维，淘宝、APP 电子市场等有搜索的地方都有了"SEO"的身影，已经有不少从事 PC 端搜索引擎 SEO 的朋友转型到了其他平台和方向上。有了全文搜索引擎 SEO 的基础，只要拥有 SEO 思维，也会比较快地适应其他平台上和排名相关的工作。

最后再回到主题，大家各自站在自己的角度思考一下"SEO 到底是什么"这个问题，相信你的答案更加明确了。

第 2 章　搜索引擎原理

做 SEO 的人应该要对搜索引擎的基本原理有一些了解，如搜索引擎发现网址到该页面拥有排名，以及后续更新的整个过程中，搜索引擎到底是怎么工作的。对于专业的算法不必进行深入的研究，但是对于搜索引擎工作中的策略和算法原理要有个简单的认知，这样才能更有效地开展 SEO 工作，知其然也要知其所以然。当然，也有一些朋友不懂这些，照样做得有声有色，但是对于搜索引擎工作原理，懂总比不懂要好一些。

以往的 SEO 书籍中对这块内容的讲解都比较简单，希望在此能够尝试结合 SEO 实际工作和现象，更进一步剖析一下搜索引擎的工作原理。其实当你了解了搜索引擎的工作流程、策略和基本算法后，就可以在一定程度上避免因为不当操作而带来的处罚，同时也可以快速分析出很多搜索引擎搜索结果异常的原因。有搜索行为的地方就有搜索引擎，站内搜索、全网搜索、垂直搜索等都会用到搜索引擎。接下来，笔者会根据从业认知，讨论一下全文搜索引擎的基本架构。百度、Google 等综合搜索巨头肯定有着更为复杂的架构和检索技术，但宏观上的基本原理都差不多。

搜索引擎的大概架构如图 2-1 所示。可以分成虚线左右两个部分：一部分是主动抓取网页进行一系列处理后建立索引，等待用户搜索；另一部分是分析用户搜索意图，展现用户所需要的搜索结果。

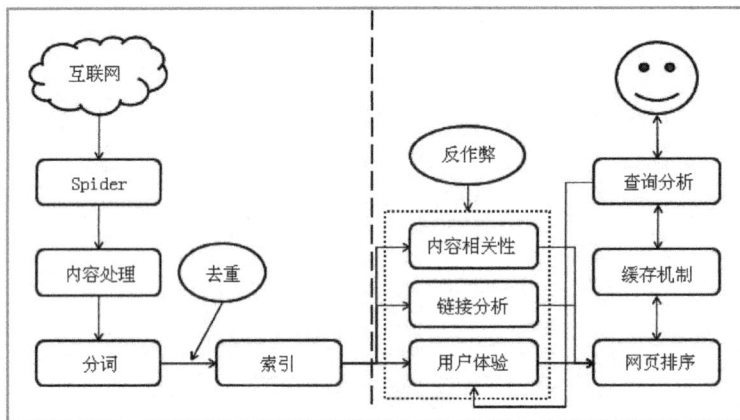

图 2-1　搜索引擎架构示意图

搜索引擎主动抓取网页，并进行内容处理、索引部分的流程和机制一般如下。

步骤 01　派出 Spider，按照一定策略把网页抓回到搜索引擎服务器；

步骤 02　对抓回的网页进行链接抽离、内容处理，消除噪声、提取该页主题文本内容等；

步骤 03　对网页的文本内容进行中文分词、去除停止词等；

步骤 04　对网页内容进行分词后判断该页面内容与已索引网页是否有重复，剔除重复页，对剩余网页进行倒排索引，然后等待用户的检索。

当有用户进行查询后，搜索引擎工作的流程机制一般如下。

步骤 01　先对用户所查询的关键词进行分词处理，并根据用户的地理位置和历史检索特征进行用户需求分析，以便使用地域性搜索结果和个性化搜索结果展示用户最需要的内容；

步骤 02　查找缓存中是否有该关键词的查询结果，如果有，为了最快地呈现查询结果，搜索引擎会根据当下用户的各种信息判断其真正需求，对缓存中的结果进行微调或直接呈现给用户；

步骤 03　如果用户所查询的关键词在缓存中不存在，那么就在索引库中的网页进行调取排名呈现，并将该关键词和对应的搜索结果加入到缓存中；

步骤 04　网页排名是根据用户的搜索词和搜索需求，对索引库中的网页进行相关性、重要性（链接权重分析）和用户体验的高低进行分析所得出的。用户在搜索结果中的点击和重复搜索行为，也可以告诉搜索引擎，用户对搜索结果页的使用体验。这块儿是近来作弊最多的部分，所以这部分会伴随着搜索引擎的反作弊算法干预，有时甚至可能会进行人工干预。

按照上述搜索引擎的架构，在整个搜索引擎工作流程中大概会涉及 Spider、内容处理、分词、去重、索引、内容相关性、链接分析、判断页面用户体验、反作弊、人工干预、缓存机制、用户需求分析等模块。以下会针对各模块进行详细讨论，也会顺带着对现在行业内讨论比较多的相关问题进行原理分析。

2.1　Spider

Spider 也就是大家常说的爬虫、蜘蛛或机器人，是处于整个搜索引擎最上游的一个模块，只有 Spider 抓回的页面或 URL 才会被索引和参与排名。需要注意的是，只要是 Spider 抓到的 URL，都可能会参与排名，但参与排名的网页并不一定就被 Spider 抓取到了内容，比如有些网站屏蔽搜索引擎 Spider 后，虽然 Spider 不能抓取网页内容，但是也会有一些域名级别的 URL 在搜索引擎中参与了排名（例如天猫上的很多独立域名的店铺）。根据搜索引擎的类型不同，Spider 也会有不同的分类。大型搜索引擎的 Spider 一般都会有以下需要解决的问题，也是和 SEO 密切相关的问题。

首先，Spider 想要抓取网页，要发现网页抓取入口，没有抓取入口也就没有办法继续工作，所以首先要给 Spider 一些网页入口，然后 Spider 顺着这些入口进行爬行抓取，这里就涉及抓取策略的问题。抓取策略的选择会直接影响 Spider 所需要的资源、Spider 所抓取网页占全网网页的比例，以及 Spider 的工作效率。那么 Spider 一般会采用什么样的策略抓取网页呢？

其次，网页内容也是有时效性的，所以 Spider 对不同网页的抓取频率也要有一定的策略性，否则可能会使得索引库中的内容都很陈旧，或者该更新的没更新，不该更新的却浪费资源更新了，甚至还会出现网页已经被删除了，但是该页面还存在于搜索结果中的情况。那么 Spider 一般会使用什么样的再次抓取和更新策略呢？

再次，互联网中的网页总有一部分是没有外部链接导入的，也就是常说的"暗网"，并且这部分网页也是需要呈现给广大网民浏览的，此时 Spider 就要想方设法针对处于暗网中的网页进行抓取。当下百度是如何来解决这个暗网问题的呢？

最后，大型搜索引擎的 Spider 不可能只有一个，为了节省资源，要保证多个 Spider 同时作业且抓取页面不重复；又由于各地区数据中心分配问题，搜索引擎一般不会把 Spider 服务器放置在一个地区，会多地区同时作业，这两方面就涉及分布式抓取的策略问题。那么一般搜索引擎的 Spider 会采用什么样的分布抓取策略呢？

接下来逐一介绍一般的搜索引擎 Spider 在面临以上问题时采用的是什么策略，并详细地了解一下整个搜索引擎最上游的 Spider 到底是如何工作的，以及一个优秀的 Spider 程序应该有哪些特点。

2.1.1　Spider 的分类

按照现在网络上所有 Spider 的作用及表现出来的特征，可以将其分为 3 类：批量型 Spider、增量型 Spider 和垂直型 Spider。

1．批量型 Spider

一般具有明显的抓取范围和目标，设置抓取时间的限制、抓取数据量的限制或抓取固定范围内页面的限制等，当 Spider 的作业达到预先设置的目标就会停止。普通站长和 SEO 人员使用的采集工具或程序，所派出的 Spider 大都属于批量型 Spider，一般只抓取固定网站的固定内容，或者设置对某一资源的固定目标数据量，当抓取的数据或者时间达到设置限制后就会自动停止，这种 Spider 就是很典型的批量型 Spider。

2．增量型 Spider

增量型 Spider 也可以称之为通用爬虫。一般可以称为搜索引擎的网站或程序，使用的都是增量型 Spider，但是站内搜索引擎除外，自有站内搜索引擎一般是不需要 Spider 的。增量型 Spider 和批量型 Spider 不同，没有固定目标、范围和时间限制，一般会无休止地抓取下去，直到把全网的数据抓完为止。增量型 Spider 不仅仅抓取尽可能全的页面，还要对已经抓取到的页面进行相应的再次抓取和更新。因为整个互联网是在不断变化的，单个网页上的内容可能会随着时间的变化不断更新，甚至在一定时间之后该页面会被删除，优秀的增量型 Spider 需要及时发现这种变化，并反映给搜索引擎后续的处理系统，对该网页进行重新处理。当前百度、Google 网页搜索等全文搜索引擎的 Spider，一般都是增量型 Spider。

3．垂直型 Spider

垂直型 Spider 也可以称之为聚焦爬虫，只对特定主题、特定内容或特定行业的网页进行抓取，一般都会聚焦在某一个限制范围内进行增量型的抓取。此类型的 Spider 不像增量型 Spider

一样追求大而广的覆盖面，而是在增量型 Spider 上增加一个抓取网页的限制，根据需求抓取含有目标内容的网页，不符合要求的网页会直接被放弃抓取。对于网页级别纯文本内容方面的识别，现在的搜索引擎 Spider 还不能百分之百地进行准确分类，并且垂直型 Spider 也不能像增量型 Spider 那样进行全互联网爬取，因为那样太浪费资源。所以现在的垂直搜索引擎如果有附属的增量型 Spider，那么就会利用增量型 Spider 以站点为单位进行内容分类，然后再派出垂直型 Spider 抓取符合自己内容要求的站点；没有增量型 Spider 作为基础的垂直搜索引擎，一般会采用人工添加抓取站点的方式来引导垂直型 Spider 作业。当然在同一个站点内也会存在不同的内容，此时垂直型 Spider 也需要进行内容判断，但是工作量相对来说已经缩减优化了很多。现在一淘网、优酷下的搜库、百度和 Google 等大型搜索引擎下的垂直搜索使用的都是垂直型 Spider。虽然现在使用比较广泛的垂直型 Spider 对网页的识别度已经很高，但是总会有些不足，这也使得垂直类搜索引擎上的 SEO 有了很大进步空间。

本书主要讨论网页搜索的 SEO，所以讨论的内容以增量型 Spider 为主，也会简单涉及垂直型 Spider 方面的内容，其实垂直型 Spider 完全可以看作是做了抓取限制的增量型 Spider。

2.1.2　Spider 的抓取策略

在大型搜索引擎 Spider 的抓取过程中会有很多策略，有时也可能是多种策略综合使用。这里简单介绍一下比较简单的 Spider 抓取策略，以辅助大家对 Spider 工作流程的理解。Spider 抓取网页，在争取抓取尽可能多网页的前提下，首先要注意的就是避免重复抓取，为此 Spider 程序一般会建立已抓取 URL 列表和待抓取 URL 列表(实际中是由哈希表来记录 URL 的两个状态)。在抓取到一个新页面时，提取该页面上的链接，并把提取到的链接和已抓取 URL 列表中的链接进行逐一对比，如果发现该链接已经抓取过，就会直接丢弃，如果发现该链接还未抓取，就会把该链接放到待抓取 URL 队列的末尾等待抓取。

Spider 眼中的互联网网页可以分为以下四类，如图 2-2 所示。

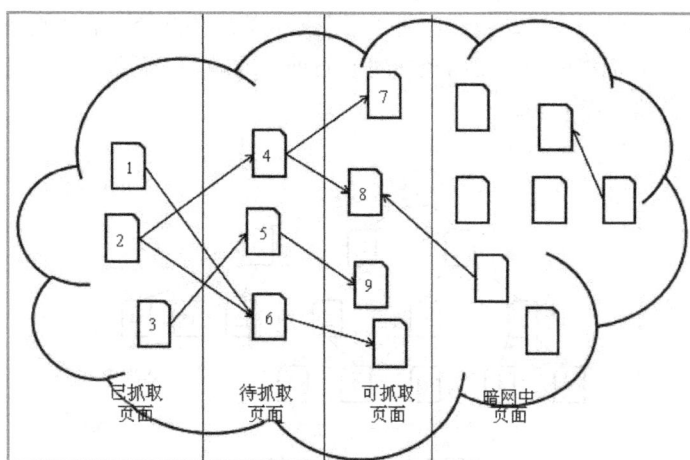

图 2-2　Spider 眼中的互联网网页

（1）已经抓取过的页面，即 Spider 已经抓取过的页面。

（2）待抓取页面，也就是这些页面的 URL 已经被 Spider 加入到了待抓取 URL 队列中，只是还没有进行抓取。

（3）可抓取页面，Spider 根据互联网上的链接关系最终是可以找到这些页面的，也就是说当下可能还不知道这些页面的存在，但是随着增量型 Spider 的抓取，最终会发现这些页面的存在。

（4）暗网中的页面，这些网页和表层网络上的网页是脱钩的，可能这些页面中有链接指向以上三类网页，但是通过以上三类网页并不能找到这些页面。比如，网站内需要手动提交查询才能获得的网页，就属于暗网中的网页。据估计暗网网页要比非暗网网页大几个数量级。

全文搜索引擎的 Spider 一直致力于抓取全网的数据，现在 Spider 对于非暗网网页已经具备大量高效的抓取策略。对于暗网的抓取，各个搜索引擎都在努力研究自己不同的暗网 Spider 抓取策略，百度为此推出了"阿拉丁"计划，鼓励有优质资源的网站把站内资源直接以 XML 文件的形式提交给百度，百度会直接进行抓取和优先排名显示。这里主要讨论 Spider 针对非暗网中网页的抓取策略。

当 Spider 从一个入口网页开始抓取时，会获得这个页面上所有的导出链接，当 Spider 随机抓取其中的一个链接时，同样又会收集到很多新的链接。此时 Spider 面临一个抓取方式的选择：

（1）先沿着一条链接一层一层地抓取下去，直到这个链接抓到尽头，再返回来按照同样的规则抓取其他链接，也就是深度优先抓取策略。

（2）还是先把入口页面中的链接抓取一遍，把新发现的 URL 依次进行入库排列，然后对这些新发现的页面进行遍历抓取，再把最新发现的 URL 进行入库排列等待抓取，依次抓取下去，也就是广度优先抓取策略。

① 深度优先策略

深度优先策略即一条道走到黑，当沿着一个路径走到无路可走时，再返回来走另一条路。如图 2-3 所示为深度优先抓取策略的示意图，假设 A 页面为 Spider 的入口，Spider 在 A 页面上发现了 1、7、11 三个页面的链接，然后 Spider 会按照图中数字所标示的顺序依次进行抓取。当第一条路径抓到 3 页面时到头了，就会返回 2 页面抓取第二条路径中的 4 页面，在 4 页面也抓到头了，就会返回 1 页面抓取第三条路径中的 5 页面，并顺着一路抓下去，抓到头后会按照之前的规则沿一条一条路径抓下去。

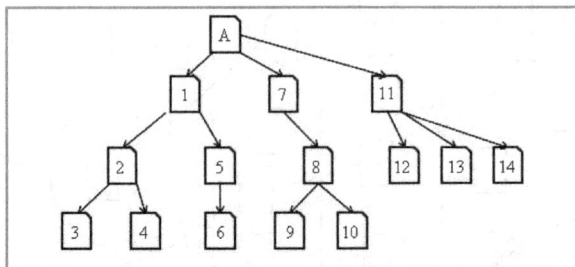

图 2-3　深度优先策略

② 广度优先策略

广度优先策略即 Spider 在一个页面上发现多个链接时，并不是一条道走到黑，顺着一个链接继续抓下去，而是先把这些页面抓一遍，然后再抓从这些页面中提取下来的链接。如图 2-4 所示为广度优先抓取策略的示意图，假设 A 页面为 Spider 的入口，Spider 在 A 页面上发现了 1、2、3 三个页面。当抓完 1 网页时，只是把 1 网页中 4 和 5 网页的链接放入待抓取 URL 列表，并不会继续抓 1 页面中的其他链接，而是抓 2 页面。当 b 级页面抓取完成时，才会抓取从 b 级页面中提取到 c 级页面中的 4、5、6、7、8、9 六个页面，等 c 级页面抓取完成后，再抓取从 c 级页面中提取到的 d 级新页面，依次持续抓取下去。

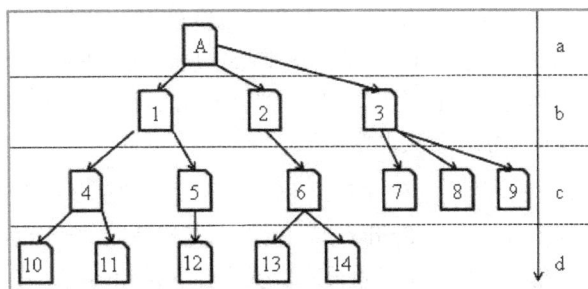

图 2-4　广度优先策略

　　理论上 Spider 不论采用深度优先策略还是广度优先策略，只要时间足够，都可以把整个互联网上的网页抓取一遍。但是搜索引擎本身的资源也是有限的，快速抓取全互联网有价值的页面只是一种奢望而已，所以搜索引擎的 Spider 不是只使用一种策略无限地抓取新页面，而是采用两种策略相结合的方式来进行抓取。一般 Spider 可以在域名级别的页面使用广度优先抓取策略，尽可能地收集更多的网站。在网站内页级别一般会根据网站的权重综合使用广度和深度优先抓取策略，也就是说网站的权重越高，抓取量也会越大，刚上线的网站可能只会被抓一个首页。这也是很多新网站在一定时间内，在搜索引擎中只首页被索引的原因之一。

　　上面讨论的两个策略是站在 Spider 只是单纯想抓取全互联网数据的基础上，所需要选择的策略。实际在搜索引擎中，虽然 Spider 在尽力保证抓取页面的全面性，但是由于自身资源有限，所以在尽力抓取全网的同时，还要考虑对重要页面的优先抓取。这个"重要页面"的定义应该是指在互联网中比较重要的页面，该页面内容应该具有影响力比较大、需要了解该内容的网民比较多或时效传播性比较强的特点。体现到抓取策略上，就是这个页面的导入链接很多，或者是权重高的大站中的网页。总结来说，就是两个策略：重要网页优先抓取策略和大站链接优先抓取策略。

　　（1）重要页面优先抓取策略

　　一般认为页面的重要性，除了受寄主站点本身的质量和权重影响以外，就看导入链接的多少和导入链接的质量了。Spider 抓取层面上的"重要页面"一般由导入的链接来决定。在前面所讨论的抓取策略中，Spider 一般都会把新发现的未抓取过的 URL 依次放到待抓取 URL 队列的尾端，等待 Spider 按顺序抓取。在重要页面优先抓取的策略中就不是这样的了，这个待抓取 URL 队列的顺序是在不断变化的。排序的依据是：页面获得的已抓取页面链接的多少和链接权重的高低。如图 2-2 所示，按照普通的抓取策略，Spider 的抓取顺序应该是 1、2、3、4、5、6、7……，使用重要页面优先策略后，待抓取页面的排序将变成 6、4、5……。

（2）大站优先策略

大站优先策略，这个思路很简单。被搜索引擎认定为"大站"的网站，一定有着稳定的服务器、良好的网站结构、优秀的用户体验、及时的资讯内容、权威的相关资料、丰富的内容类型和庞大的网页数量等特征，当然也会相应地拥有大量高质量的外链。也就是在一定程度上可以认定这些网站的内容就可以满足相当比例网民的搜索请求，搜索引擎为了在有限的资源内尽最大的努力满足大部分普通用户的搜索需求，一般就会对大站进行"特殊照顾"。因此大家可以看到新浪、网易类网站上自主发布的内容几乎都会被百度秒收，因为百度搜索的 Spider 在这些网站上是 7×24 小时不间断抓取的。如果有新站的链接出现在这些网站的重要页面上，也会相应地被快速抓取和收录。曾经有朋友试验新站秒收的策略：把新站的链接推到一些大站的首页，或挂到大站首页所推荐的页面中，效果非常不错。

这两个策略与前面所讨论的广度优先策略和深度优先策略相结合的抓取方式是有共同点的。比如，从另一个角度来看，如果 Spider 按照前两个策略抓取，一个页面获得的导入链接越多，被提前抓到的几率就越大，也就是和重要页面优先抓取是趋同的；在 Spider 资源有限的情况下广度优先策略和深度优先策略的结合分配本身就会以站点的大小进行区别对待，大网站的页面有着先天的高重要程度，往往也容易获得更多的链接支持。所以宏观来看，这几个策略在抓取表现上有相近之处，在实际的抓取过程中相辅相成。

相对于整个互联网的网页来说，Spider 的资源再充足也是有限的，所以优秀的 Spider 程序应该首先保证对重要网页的抓取，然后才是尽力抓取尽可能全的互联网网页信息。由此也可以看出依靠外部链接来引导 Spider 和提升网站权重，以及依靠内容长期运营网站权重的重要性。

2.1.3　Spider 并不会"爬"

Spider 抓取一个网页后会优先把网页中的 URL 提取出来，同时记录和计算 URL 的形式、位置、锚文本、当前页所赋予的权值等信息，然后把这些 URL 合并到抓取队列中，并根据每个 URL 所附有的总权值等信息进行抓取队列内排序。Spider 就是根据这个不断变化顺序的 URL 队列来抓取网页内容的，而并不是从一个页面沿着链接爬到另一个页面抓取。因此严格来说 Spider 是不会"爬"的，站长在网站日志中也可以看到 Spider 对网站的访问并没有 refer，都是直接访问。

以往一般会把 Spider 抓取网页的过程形象地描述为搜索引擎放出 Spider，然后这个 Spider 就沿着链接不断地抓取网页，这只是一种形象的比喻而已。比如以前描述类似万年历的"蜘蛛陷阱"时，会有这样的描述"蜘蛛进入到蜘蛛陷阱后会一层一层地无限抓取下去""蜘蛛进去就出不来了""把蜘蛛永远留在站内了"，这类描述给大家传达的意思都是 Spider 沿着链接从一个网页到另一个网页的爬行过程。其实按照实际的 Spider 设计，"蜘蛛陷阱"并不是把 Spider 留在了站内"出不去了"，而是如果不加控制的话，Spider 会在"蜘蛛陷阱"的网页集合中收集到无数无意义的 URL 并放入抓取队列中，这些 URL 对应的网页并没有实际有意义的内容，从而会造成 Spider 抓取资源的浪费。所谓的"把蜘蛛强制留在站内"对应实际的 Spider 抓取机制，应该是如果 Spider 不加限制地收集 URL，就需要无限制地抓取"蜘蛛陷阱"内的 URL，然而"蜘蛛陷阱"内的 URL 可能是无限的，并不是"一个蜘蛛掉陷阱里出不来了"。

也就是说，Spider 对网页的抓取是单次访问抓取，每访问一个页面都会把页面上的信息抓取回来，而不是把一个"小蜘蛛"派到网站上，然后沿着网站的链接爬行抓取大量的页面之后再返回给服务器。

2.1.4　Spider 再次抓取更新策略

Spider 把网页抓取到本地，该网页被分析索引并参与了排名，并不意味着 Spider 针对该网页的工作已经结束了。现在互联网网页内容多是动态变化的，甚至有时网页会被管理者删除。搜索引擎所抓取到的本地页面，可以看做是对已经抓取并索引过的网页做了一个镜像，也就是说理论上搜索引擎应该保证，本地"镜像"页面和对应互联网上的网页内容实时一致。但是由于搜索引擎的 Spider 资源有限，现阶段做不到也没有必要做到实时监测全部已索引网页的所有变化。搜索引擎只需要为 Spider 设置一个再次抓取和更新页面的策略，以保证当部分页面呈现到用户面前时，搜索引擎的本地索引和该网页当时的内容并没有太大的差异就可以了，这部分页面应该包含大部分网民所需要检索的内容，并且也可以满足绝大多数搜索用户的搜索请求。

如上所述，在有限资源的情况下，搜索引擎首先要保证部分网页索引的更新，这部分网页拥有大部分用户所需要的内容；也要保证所有索引页面都有一个更新机制，在该网页需要相应的新的内容索引时，Spider 要进行再次抓取并更新该网页索引。站在 Spider 的角度，一般会根据以下四个方面来确定对已索引网页的再次抓取频率：用户体验、历史更新频率、网页类型和网页权重。

1．用户体验

整个互联网的网页数量是巨大的，已被百度抓取并索引的中文网页应该也是千亿级别的了，但是用户所需要的信息只有一小部分。当用户在搜索引擎提交查询后，不论返回结果有多少，大部分用户都会在前三页找到自己所需要的信息，很少有用户会浏览第四页或者更靠后的搜索结果。本着优先更新大部分用户所需要内容的原则，所有用户提交查询结果的前几页，都是值得索引及时更新的。所以一般搜索引擎会搜集所有用户的搜索请求，然后统计所有搜索结果中用户可能看到的网页，继而进行优先再次抓取和更新。理论上，这些网页被搜索到的次数越多，再次被抓取的频率就会越高。

2．历史更新频率

搜索引擎会尝试发现某一个网页中内容的更新频率，因为 Spider 的再次抓取就是为了发现已经被索引网页是否有变化，如果某个网页持续没有变化，可能搜索引擎就会降低对其抓取的频率，甚至不再对其进行再次抓取。这个策略的实施是建立在搜索引擎已经发现网页的更新频率的基础上的，所以理论上当 Spider 发现一个新 URL 抓取并索引后，会很快进行二次抓取。如果没有发现内容变动，就会降低抓取频率，这样慢慢地发现网页的更新频率，以调整到最佳的抓取频率。同时 Spider 注重的变化应该是网页的主体内容部分，一般会忽略主体内容周围的广告模块、导航模块及推荐链接模块的更新变动。

3. 网页类型

不同的网页类型有不同的更新频率。在同一个站点内网站首页、目录页、专题页和文章页的更新频率肯定是不同的。所以对于同一站点内的网页，Spider 对不同类型的网页抓取频率是不同的。首页和目录页是 Spider 经常光顾的页面；根据专题页面的时效性或者其他特征，Spider 可能会在某一时间段内进行频繁抓取，时效性过期后就会降低对其的抓取频率；对于文章页，Spider 很有可能第一次来过之后就不再来了。虽然整个互联网中网页很多，但是网页类型并不多，每个类型的网页都会有自己的布局和更新规律，搜索引擎有足够的能力发现网页的类型并设置合理的再次抓取频率。网页类型归类和网页历史更新频率是被综合使用最多的，一般在同一站点内同类网页会有相同的更新频率，这也会方便 Spider 对网页更新频率的判断。

4. 网页权重

除了以上再次抓取策略外，网页权重也是决定抓取频率的重要因素。用户体验策略在一定程度上也反映了网页权重的影响。在网页类型相同、历史更新频率也差不多的情况下，肯定是权重越高的页面被抓取的频率越高。比如百度首页、hao123 首页、chinaz 站长工具首页和普通企业站首页都可以被简单归为网站首页，并且前三个首页长期都不会有什么更新，普通企业站首页可能偶尔还会有更新，但由于获取外部链接支持的质量和数量都不同，用户每日通过百度搜索访问的数量更是不同，所以搜索引擎对这些页面的抓取频次肯定有天壤之别。

在搜索引擎 Spider 的实际作业中，不会单独使用某一种再次抓取策略，而是会综合参考网页的用户体验、更新频率、网页类型和网页权重。并且对于不同类型的页面，着重参考的更新内容主体也是不同的。比如，列表页只有一篇新的文章进入可能就算更新了；文章页主体内容没有变，主体内容周围的所有推荐链接、广告、内容都变了，可能也不会算是有更新。

在 SEO 工作中为了提高某一网站的抓取频率，一般会重点为该页面的导入链接提高权重，努力加大该页面的更新频率。其实在用户体验和网页类型方面也是有工作可做的，用标题和描述吸引点击不仅可以提升排名，也能够间接增加页面被 Spider 抓取的频率；同时对于不同定位的关键词可以使用不同的网页类型（列表页、专题页、内容页等），这在设计页面内容和网站架构时就应该仔细地考虑，并且网页类型这部分有很多工作值得做。比如，有不少网站把整站都做成了列表页，全站没有普通意义上的内容页，内容页主体内容下方或周围也有大量和主题相关的文本内容，一般是类列表形式。不过这种手法有效时间不长，或者损害用户体验后会降低被抓取的频率。不论怎样，优秀的网站架构设计应该合理地利用 Spider 抓取策略的各种特性。

以上讨论的是 Spider 正常的抓取策略。有抓取并不代表一定有更新，当页面内容的变化值得搜索引擎更新索引时才会更新。比如，上面提到的文章页主体内容不变但是推荐链接全变了，一般搜索引擎也不会浪费资源做无意义的更新。当 Spider 发现已经索引的页面突然被删除，也就是服务器突然返回 404 状态码时，也会在短时间内增加对该页面的抓取频率。但这仅仅是来确认这批网页是否真正被删除了，增加的这些抓取对于站点本身内容的收录和更新并没有什么作用。

另外，有不少门户网站习惯对即时新闻先发布一个标题，然后再让编辑补充内容，甚至还会修改标题。但是这种网页一般都是文章页，不论从用户体验、更新频率、网页类型和网站权重哪方面来看都不会得到比较高的抓取频率，也就造成这些网站不断在报怨百度不更新如此操作的新闻网页。有这种更新快照需求的朋友，可以尝试使用百度站长平台中的"抓取诊断"来抓一下需要更新的页面，"抓取诊断"工具调度的是大搜的 Spider，有助于让百度快速地发现网页内容的变化。

2.1.5　百度"阿拉丁"解决暗网抓取

前面已经介绍过暗网，这些网页和"非暗网"网页是脱钩的，也就是说 Spider 通过普通的抓取机制永远都不可能抓取到这些页面。用户浏览这些暗网页面一般都是通过提交条件查询或者文本框主动搜索，当然还有很多其他情况产生的暗网网页，但是普通搜索引擎的 Spider 考虑到很多因素是不会直接这样来操作的。由于暗网页面的数量巨大，价值也远高于非暗网页面，所以大型搜索引擎都把对暗网的抓取当成了重要研究课题，各自也有着不同的抓取策略。这里来介绍一下百度的"阿拉丁计划"。

百度的"阿拉丁计划"诞生的初衷就是挖掘出更多存在于暗网之中有价值的信息，让更多人从中受益。通过加入阿拉丁平台，可以指定关键词，把自己网站的内容更精准地呈献给目标用户；可以指定展现样式，使用更丰富、更适合资源本身的样式，而不再局限于文字；可以指定更新频率，也就是直接告诉百度自己资源的更新频率，以保证百度搜索结果数据和实际数据的实时同步。

由于是站长自己提交资源，所以百度可以很容易地解决一部分暗网抓取问题。这个平台对于有着独特资源的网站来说绝对是个福利，不仅使得更多使用百度搜索的网民受益，自己的网站也获得了更多的流量，重要的是非商业内容网站加入阿拉丁平台完全是免费的。不过对于大部分无独特资源的中小站长来说，这个平台会减少自己网站的展示机会，在一定角度上来说也是在鼓励站长发掘自己独有的内容和资源。当然如果网站资源比较不错，也可以通过付费的方式加入到百度阿拉丁平台，不过付费阿拉丁对资源应该有特别的要求。现在阿拉丁中的商业内容基本上都是付费的，比如房产、汽车等。

即使不能进入阿拉丁，站长自己也可以辅助百度抓取自己站内处于"暗网"中的页面。比如商城和房产类网站，把希望百度收录的交叉查询的链接全部呈现出来（如图 2-5 所示），或者把自己希望百度收录的页面制作成 HTML 和 XML 地图以供百度 Spider 抓取和收录，并且百度站长平台开通了 sitemap 提交功能，有比较优质资源的站长可以通过此工具提交自己网站"暗网"中的页面。百度在对暗网抓取方面比较依靠站长自己的主动配合，而没有暴力查询网站的数据库。

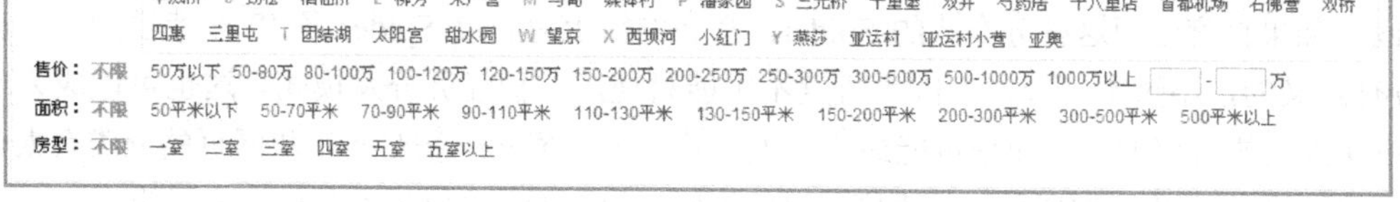

图 2-5　安居客房源交叉查询模块

2.1.6　分布式 Spider 和 "降权蜘蛛"

　　由于 Spider 所要抓取的网页太多，如果只有单一的一个 Spider 进行抓取作业，那么将需要非常巨大的计算能力，同时也会消耗更多的抓取时间。这里就引入了分布式计算的概念，把庞大的抓取作业任务分割成很多较小的部分，使用大量合理计算能力的服务器来承载这个任务，以完成对全互联网网页的快速抓取。现在大型搜索引擎都会使用分布式计算，同样 Spider 也会使用分布式计算，可以称这种 Spider 为分布式 Spider，它遵循了分布式计算的主要规则，根据这些规则也可以解释现在站长和 SEO 人员关心的 "降权蜘蛛" 问题。

　　分布式计算有很多种计算方式，这里简单介绍 Spider 应有的分布式抓取策略。涉及分布式计算，也就涉及任务分发机制。整个分布式 Spider 系统需要保证所有 Spider 之间不会有重复抓取的情况发生，也就是要为各个 Spider 分配好抓取范围。当一个 Spider 发现一个新的 URL 时，会判断该 URL 是否在自己的抓取范围之内，如果在自己的抓取范围之内，就会把该 URL 放到自己待抓取 URL 队列中；如果不在自己的抓取范围之内，就会把该 URL 提交给上级服务器，由上级服务器分发给相应的 Spider，并加入到该 Spider 的待抓取 URL 列表中。

　　要确保所有 Spider 的作业不重复，就要求每个 Spider 都有自己的抓取范围，也就是说每个 Spider 都只抓取指定类型的网页。这里就要看搜索引擎是如何对网页进行分类的了。常规网页的分类方法有三种，第一种是按照优秀站点、普通站点、垃圾站点、降权站点和屏蔽（被 K）站点等站点质量等级分类；第二种是按照网站首页、网站目录页、网站内容页、网站专题页、视频、图片、新闻、行业资料、其他类型的网络文件（PDF、Word、Excel 等）等网页类型分类；第三种是按照站点或网页内容所在行业分类。在真正的 Spider 系统设计中，为了减少搜索引擎和被抓取站点服务器之间的握手次数（影响抓取效率的重要因素），站点级别相关的分类应该是被优先使用的。

　　Spider 会严格按照自己的作业任务进行作业，由以上分类可以看出，对于大部分中小网站一般都会有一个固定的 Spider 进行抓取，所以很多站长和 SEO 人员在分析网站日志时所发现的百度 Spider 经常都是同一 IP 段的，但是不同网站之间发现的 Spider 的 IP 段并不同。理论上，如果参与研究的站点比较多，类型比较丰富，就可以比较容易地分辨出百度 Spider 的任务分发模式，这样通过分析日志中百度来访 Spider 的 IP 就可以判断出自己的站点在百度搜索眼中是什么样的。

　　针对第一种分类方式，就可能出现某一 IP 段的 Spider 只抓取权重高的网站，某一 IP 段的 Spider 只抓取已被搜索引擎降权或者屏蔽的网站。如果真的是采用这种任务分发方式，那么网络上所传的 "降权蜘蛛" 就可能存在。不过并不是因为这个 Spider 的到来使得网站降权或者屏蔽，而是因为该网站已经被百度降权或者屏蔽，百度服务器才会把对该站点的抓取任务分发给这个 Spider。如果百度使用这种分布式的 Spider，那么网络上对百度 Spider 各 IP 段特性的总结也是比较有意义的，不过不可全信，因为百度不可能只使用一种任务分发模式。这也可以成为站长和 SEO 人员的研究方向，即使可能最终一无所获。因为搜索引擎对网站和网页的分类有太多维度了，新抓取和再次抓取所使用的维度就可能不同，很可能各个维度都是综合使用的。

　　如图 2-6 所示为某网友对百度 Spider 所使用的 IP 的分析，有兴趣的朋友可以百度搜索一下

"百度蜘蛛 IP 段详解"，有不少类似的总结，看看就好，不可以绝对当真。

123.125.68.*这个蜘蛛经常来,别的来的少,表示网站可能要进入沙盒了,或被降权。
220.181.68.*每天这个 IP 段只增不减很有可能进沙盒或K站。
220.181.7.*、123.125.66.* 代表百度蜘蛛IP造访,准备抓取你东西。
121.14.89.*这个ip段作为度过新站考察期。
203.208.60.*这个ip段出现在新站及站点有不正常现象后。
210.72.225.*这个ip段不间断巡逻各站。
125.90.88.* 广东茂名市电信也属于百度蜘蛛IP 主要造成成分,是新上线站较多,还有使用过站长工具,或SEO综合检测造成的。
220.181.108.95这个是百度抓取首页的专用IP,如是220.181.108段的话,基本来说你的网站会天天隔夜快照,绝对错不了的,我保证。
220.181.108.92 同上98%抓取首页,可能还会抓取其他 (不是指内页)220.181段属于权重IP段此段爬过24小时放出来。
123.125.71.106 抓取内页收录的,权重较低,爬过此段的内页文章不会很快放出来,因不是原创或采
220.181.108.91属于综合的,主要抓取首页和内页或其他,属于权重IP 段,爬过的文章或首页基本24
220.181.108.75重点抓取更新文章的内页达到90%,8%抓取首页,2%其他。权重IP 段,爬过的文章
出来。

图 2-6　网络对百度 Spider 的分析

2.1.7　Spider 和普通用户的区别

所有的全文搜索引擎都表示自己的 Spider 对网站的抓取行为和普通用户的访问行为没有太大区别。站在普通用户的角度这句话的确没有问题，但是站在站长和 SEO 的角度这句话就不太对了。网页上有很多东西普通用户看不到也分辨不清，但是 Spider 可以；网页上也有很多东西普通用户可以看到并分辨清楚，但是 Spider 不可以。可以说 Spider 是一个既聪明又弱智的普通用户，Spider 有着普通用户访问行为的大部分特性，但是也有不少差异。

- Spider 可以分辨出网页中是否有隐藏内容，是否被挂了黑链等，但是不能完全了解网页中图片的内容，更不能读取 JavaScript、Iframe、Ajax 和 Flash 中的内容，普通用户却是恰恰相反；
- Spider 没有 Referer，对网站的抓取全部都是直接访问，而普通用户中除了直接访问的用户外一般都是有 Referer 的；
- Spider 对网站的访问没有 Cookie，但是普通用户是有的；
- Spider 不会主动注册登入网站，但是普通用户是可以的；原则上 Spider 不会抓取和分析网站 robots 中已经屏蔽的内容，但是普通用户是可以正常访问的；
- Spider 对于有多个动态参数网站的抓取，可能会陷入死循环，但是普通用户是不会的；
- Spider 对于列表中前几页的新内容抓取可能不好，但是感兴趣的普通用户会依次浏览；
- Spider 暂时还不能真正判断文章是不是原创，但是普通用户可以通过多种方式来确定文章是原创还是采集转载等。

Spider 毕竟是人为技术驱动的程序，与普通用户还是有着非常大的区别的，因此给了站长和 SEO 人员很大的操作空间。站长和 SEO 人员在充分了解到 Spider 和普通用户的区别后，可以更方便地优化网站，使得网站内容被充分抓取，网站整体在搜索引擎中有个良好的表现；同时也可以利用两者的区别，使得在不影响搜索引擎抓取和排名的情况下，给普通用户更友好的用户

体验，比如，判断用户 Referer 给用户推荐内容等；当然，不排除有些站长和 SEO 人员会利用这些区别，采用很多极端的技术作弊手法，在普通用户感觉不到的地方，误导 Spider 对网站内容的判断，而恶意抢夺很多本不应该得到的搜索流量，这是不可取的。无论如何，都有必要深入了解两者的差异。

SEO 2.2 内容处理、中文分词和索引

这一部分内容应该是搜索引擎原理中非常重要的一部分，并且网络上和其他 SEO 相关书籍中已经把这部分内容分析得很透彻，笔者并不能够对这些原理性的内容写出多么新的内容，所以在此只对重点内容进行简单分析。很多站长和 SEO 人员在对 SEO 书籍和网络文章中的这部分内容进行阅读时，都会一扫而过，其实这部分内容中有不少东西值得仔细研究思考，并能运用到日常的 SEO 工作中。不论是白帽 SEO 还是黑帽 SEO，在这一部分都有很多技术和逻辑上的操作空间。在以下的内容中，笔者会把对 SEO 工作比较有指导意义、篇幅比较大、需要详细介绍的模块抽离出来进行独立介绍。

2.2.1 内容处理

内容处理即搜索引擎对 Spider 抓取回来的页面进行处理，处理步骤简单介绍如下。

步骤01 **判断该页面的类型**

首先要判断该页面的类型是普通网页，还是 PDF、Word、Excel 等特殊文件文档。如果是普通网页，还要判断该网页的类型是普通文本内容、视频内容，还是图片内容。甚至还会对网页是普通文章页还是论坛帖子进行判断，然后有针对性地进行内容处理。

步骤02 **提取网页的文本信息**

当下搜索引擎虽然在努力读取 JavaScript、Flash、图片和视频，但是对于普通网页的索引还是以文本为主。此时还会提取页面的 Title、Keywords、Description 等标签中的内容，虽然一直有信息说 Keywords 标签已经被主流大型搜索引擎抛弃了，但是经过多人实际测试，至少百度多多少少还是会参考 Keywords 标签的。

步骤03 **去除页面噪声**

如果该网页是普通网页，则搜索引擎会把与该网页内容无关的广告、导航、链接、图片、登入框、网站版权信息等内容全部剔除掉，只提取出该网页的主体内容。其实目前在这一步中，百度并不会把主体内容之外的东西全部抛弃，相关推荐的内容在一定程度上也会被算作本页的内容，或者是对本页主体内容的补充，也会在搜索排名中有直观的体现。甚至与页面不相干的链接文本也会被保留索引，比如，百度搜索"复制本页地址"向后翻 7、8 页，就会看到如图 2-7 所示的结果。其实"复制本页地址"只存在于这些页面底部的说明文本中，但是也被索引了，如图 2-8 所示。所以搜索引擎的去除噪声，并不是很严格。因此 SEO 人员对于网页主体内容外的推荐内容、链接、链接锚文本等一切元素也要善于利用，而不是

随便堆一些不相干的内容。很多人都说 SEO 需要注重细节，但是这些细节又有多少站长和 SEO 人员真正地重视、研究和利用了呢？

图 2-7　百度搜索"复制本页地址"

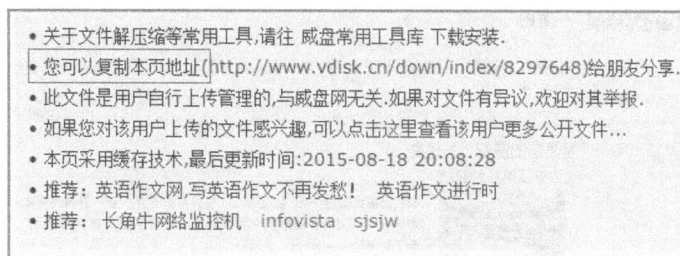

图 2-8　威盘详情页的底部说明文本

步骤 04　去除内容中的停止词

接下来应该是对剩余文本内容的分词处理（2.2.2 节独立介绍），然后搜索引擎会剔除掉诸如"得""的""啊""地""呀""却"之类的停止词。其实此步骤是存在疑问的，对于普通文章来说，去除这些停止词会有利于搜索引擎对内容进行分词和理解，并且可以减少搜索引擎的计算量。但是在搜索引擎中单独搜索这些词也是有丰富的搜索结果的，如图 2-9 所示；当搜索包含这些词的关键词时，也会有比较丰富的搜索结果，不过会弱化这些停止词对搜索结果的影响，如图 2-10 所示。所以搜索引擎在对普通文章的处理中应该会有此步骤，但并不是机械严格去除的，也要看这些词在页面上的作用（搜索引擎在分词的时候也会进行词性识别，同一个词在不同位置词性可能不同）。此处对 SEO 人员的工作并没有太多影响，所以不必深究。

经过这些处理后，Spider 抓取回来的网页内容就被"洗"干净了，再经过 2.2.2 节中独立介绍的分词处理及 2.3 节中独立介绍的去重处理后，搜索引擎就会对已经被初步处理过且有索引价值的网页内容进行正向索引和倒排索引处理了。

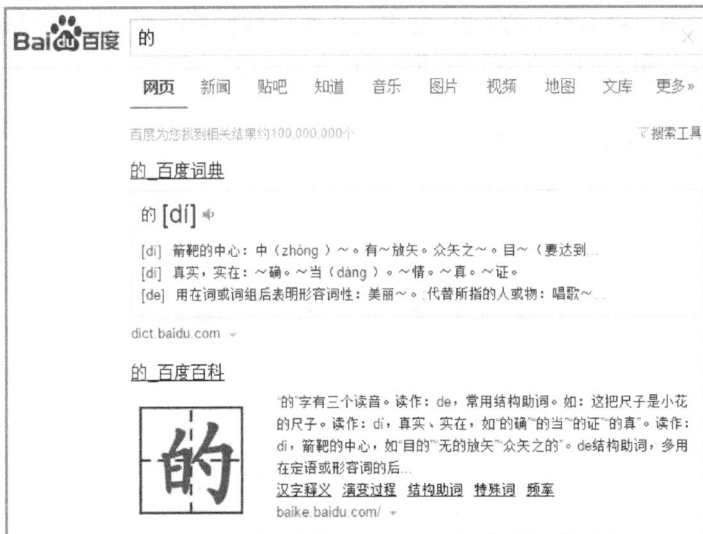

图 2-9　百度搜索"的"

图 2-10　百度搜索"世界的"

2.2.2　中文分词

　　分词是中文搜索引擎中特有的技术。在英文中以单词为单位，单词之间会有空格，并且每个单词都有特定的意思，计算机很容易理解英文语句的意思。但是中文以字为单位，只有将一句话中所有的字串联起来才能表达一个完整的意思。计算机不能直接把中文分成单个字来理解，所以就需要引入中文分词技术，把一句话切分成一个个有意义的词语来进行理解。比如把"我是一个学生"切分成"我/是/一个/学生"。

搜索引擎面对中文网页时就是这样，靠中文分词来理解网页所描述的内容。其实分词技术的基础就是拥有海量的有意义的词库（词典），搜索引擎会使用自己强大的词库来对网页内容进行拆分，或者是对内容进行机械切割，统计出出现次数最多的词。通过分词就可以使得搜索引擎明白该网页内容是与什么相关的，这会直接决定该网页出现在哪些词的搜索结果中，所以中文分词在 SEO 工作中也是需要潜心研究的。现在很多 SEO 人员只是知道有这么个技术，但是对这项技术具体是怎么进行分词的，以及中文分词是怎么运用到 SEO 工作中的还一无所知。

搜索引擎对于中文内容的理解和分词一直都没有太大的进步，所以搜索引擎程序在判断网页内容和关键词的相关性方面的技术，与几年前相比也并没有太大进步。现在常见的中文分词技术有两种：基于词典匹配和基于统计，也有研究基于语义分析的分词方法，但是汉语博大精深，计算机程序暂时还不能很好地支持。

1．基于词典匹配

这种分词技术是使用搜索引擎自己的词典对网页内容进行拆分。按照匹配方向的不同可以分为正向匹配和逆向匹配；按照不同长度优先匹配的不同可以分为最长匹配和最短匹配。常见的三种匹配方法是正向最大匹配（由左到右）、逆向最大匹配（由右到左）和最少切分。

不论使用什么样的匹配方式，都是使用搜索引擎已有的词典，对网页内容进行拆分理解。这种分词方式的准确度取决于词典的完整性和更新情况。如果当一个新词出现时，搜索引擎没有及时把该词加入到词典中，那么就会影响最终的分词精度。尤其是在网络如此发达的今天，几乎每天都有新词出现。

2．基于统计

这种分词技术不依靠词典，而是对大量文字样本进行分析，然后把相邻出现次数比较多的几个字当成一个词来处理。基于统计的分词方法在一定程度上解决了搜索引擎词典更新的问题，并且有利于消除歧义。

在当前的搜索引擎中文分词中多多少少都会存在着一些难题没有解决，这可能是因为汉语真的太博大精深了，在当下计算机根本不可能完全理解。比如，网络上流传的两句话"以前喜欢一个人，现在喜欢一个人""以前谁都看不上，现在谁都看不上"，有些人第一眼看到这两句话也不太理解，相信搜索引擎在短期内也不会真正理解这两句话。

搜索引擎会把网页拆分出来的词按照词频进行排序，使用 TF-IDF 之类的算法以确定该网页主要和哪些词相关，并进行相关度计算。搜索引擎会综合各方面因素来确定当前页面主要描述的内容。分词技术指导 SEO 人员在进行网站内容建设和关键词布局时，可以把一个关键词分成更小的单位进行拆分布局，这样不仅可以加强网页和这个关键词的相关度，也会使得网页匹配出更多的关键词。

如图 2-11 所示为在百度搜索长尾词"北京搜索引擎优化公司"，图中自然搜索结果的第一和第二名的网页 Title、Description 和页面内容都没有完整出现"北京搜索引擎优化公司"这个词，但是依然拥有比较不错的排名。

图 2-11　百度搜索"北京搜索引擎优化公司"

图 2-12　两个网页的百度快照

如图 2-12 所示为这两个网页的百度快照，可见百度网页搜索把"北京搜索引擎优化公司"分别切割成了"北京""搜索引擎优化""优化公司"和"北京搜索引擎优化""搜索引擎优化公司"等词句来进行相关度计算。在后面的搜索结果中还有很多网页都完整地出现了"北京搜索引擎优化公司"这个词，但是并没有排到更靠前的位置。可见如果中文分词用得好，会为网页额外增加大量可以匹配的关键词，这样就可以使网站整体获得更多的搜索展示机会和流量。

在这个例子中充分体现了分词技术中的正向最大匹配、逆向最大匹配及最少切分的规律。如前面所述很多 SEO 人员知道有中文分词这么回事，但是并不知道怎么运用。如果你还没有研究过中文分词，那么现在就开始详细研究吧。不懂的问题就百度一下，会有很多详细的介绍资料。

2.2.3　索引

搜索引擎中使用的是倒排索引，有不少朋友并不理解什么叫倒排索引。这里先来介绍一下正向索引。当用户进行查询时，如果对本地文件全面扫描用户所提交的关键词，查询的工作量就太大了，而且也是很消耗服务器资源的，所以搜索引擎会把已经处理过的网页先进行索引，放到数据库中等待网民的搜索查询请求。

一个网页被搜索引擎经过以上处理后，就只剩下能够体现网页主体内容的文本了，此时就可以对该网页进行索引了。正向索引指的是文件对应关键词的形式，正向索引数据结构简化示意如表 2-1 所示。如果使用这种索引直接参与排名，则与不分词没有太大区别，也需要对所有文件进行检索，并且如果用户提交的是长尾词，这种索引对文件内容相关度的计算也会非常消耗资源。

为了使得索引文件可以直接用于排名，搜索引擎会把上面的对应关系进行转换，做成倒排索引，也就是采用关键词对应文件的形式。倒排索引的数据结构简化示意如表 2-2 所示。这样的索引结构就可以直接应用于搜索排名了，比如，用户搜索关键词 1，那么搜索引擎只会对包含关键词 1 的文件进行相关度和权重计算；用户搜索"关键词 1+关键词 2"组合词，那么搜索引擎就会把包含关键词 1 且包含关键词 2 的文件调出，进行相关度和权重计算。这样就大大加快了排名呈现的速度。

表 2-1 正向索引结构

文件 ID	内容所切分出的关键词
文件 1	关键词 1、关键词 2、关键词 5、关键词 11……关键词 L
文件 2	关键词 3、关键词 5、关键词 7……关键词 M
文件 3	关键词 2、关键词 4、关键词 8……关键词 N
文件 4	关键词 6、关键词 9、关键词 10……关键词 O
……	……
文件 n	关键词 9、关键词 15、关键词 21……关键词 P

表 2-2 倒排索引结构

关 键 词	文 件
关键词 1	文件 1、文件 2、文件 5、文件 11……文件 L
关键词 2	文件 3、文件 5、文件 7……文件 M
关键词 3	文件 2、文件 4、文件 8……文件 N
关键词 4	文件 6、文件 9、文件 10……文件 O
……	……
关键词 n	文件 9、文件 15、文件 21……文件 P

倒排索引中不仅仅记录了包含相应关键词文件的 ID，还会记录关键词频率、每个关键词对应的文档频率，以及关键词出现在文件中的位置等信息。在排名过程中，这些信息会被分别进行加权处理，并应用到最终的排名结果中。

在 SEO 操作中，会有相对应的加大关键词频率、尽量使核心关键词出现在网页的最前面，以及关键词用 H 标签和变色加粗等着重标识的操作手法，这些都会被倒排索引所记录，并参与关键词相关度的计算和搜索排名。

2.3 网页去重原理

在互联网如此发达的今天，同一资料会在多个网站发布，同一新闻会被大部分媒体网站报道，再加上小站长和 SEO 人员孜孜不倦地进行网络采集，造成了网络上拥有大量的重复信息。然而当用户搜索某个关键词时，搜索引擎必定不想呈现给用户的搜索结果都是相同的内容。抓取这些重复的网页，在一定意义上就是对搜索引擎自身资源的浪费，因此去除重复内容的网页也成了搜索引擎所面临的一大问题。

在一般的搜索引擎架构中，网页去重一般在 Spider 抓取部分就存在了，去重步骤在整个搜索引擎架构中实施得越早，越可以节约后续处理系统的资源。搜索引擎一般会对已经抓取过的重复页面进行归类处理，比如，判断某个站点是否包含大量的重复页面，或者该站点是否完全采集其他站点的内容等，以决定以后对该站点的抓取情况，或者决定是否直接屏蔽抓取。

去重的工作一般会在分词之后和索引之前进行（也有可能在分词之前），搜索引擎会在页面已经分出的关键词中，提取部分具有代表性的关键词，然后计算这些关键词的"指纹"。每一个网页都会有个这样的特征指纹，当新抓取的网页的关键词指纹和已索引网页的关键词指纹有重合时，那么该新网页就可能会被搜索引擎视为重复内容而放弃索引。

实际工作中的搜索引擎，不仅仅使用分词步骤所分出的有意义的关键词，还会使用连续切割的方式提取关键词，并进行指纹计算。连续切割就是以单个字向后移动的方式进行切词，比如，"百度开始打击买卖链接"会被切成"百度开""度开始""开始打""始击打""打击买""击买卖""买卖链""卖链接"。然后从这些词中提取部分关键词进行指纹计算，参与是否重复内容的对比。这只是搜索引擎识别重复网页的基本算法，还有很多其他对付重复网页的算法。

因此网络上流行的大部分伪原创工具，不是不能欺骗搜索引擎，就是把内容做得完全读不通，所以理论上使用普通伪原创工具不能得到搜索引擎的正常收录和排名。但是由于百度并不是对所有的重复页面都直接抛弃不索引，而是会根据重复网页所在网站的权重适当放宽索引标准，这样使得部分作弊者有机可乘，利用网站的高权重，大量采集其他站点的内容获取搜索流量。不过自 2012 年 6 月份以来，百度搜索多次升级算法，对采集重复信息、垃圾页面进行了多次重量级的打击。所以 SEO 在面对网站内容时，不应该再以伪原创的角度去建设，而需要以对用户有用的角度去建设，虽然后者的内容不一定全部是原创。一般如果网站权重没有大问题，都会得到健康的发展。关于原创问题，本书后续会进行详细讨论。

另外，不仅仅是搜索引擎需要网页去重，自己做网站也需要对站内页面进行去重。比如分类信息、B2B 平台等 UGC 类的网站，如果不加以限制，用户所发布的信息必然会有大量的重复，这样不仅在 SEO 方面表现不好，站内用户体验满意度也会降低很多。又如 SEO 人员在设计流量产品大批量产生页面时，也需要做一个重复过滤，否则就会大大降低产品质量。SEO 人员所设计的流量产品常见的一般为以"聚合"为基础的索引页、专题页或目录页，"聚合"就必须有核心词，不加以过滤，海量核心词所扩展出来的页面就可能会有大量重复，从而导致该产品效果不佳，甚至会因此被搜索引擎降权。

去重算法的大概原理一般就如上所述，有兴趣的朋友可以了解一下 I-Match、Shingle、SimHash 及余弦去重具体算法。搜索引擎在做网页去重工作之前首要先分析网页，内容周围的"噪声"对去重结果多少会有影响，做这部分工作时只对内容部分操作就可以了，相对来说会简单很多，并且可以很有效地辅助产出高质量的 SEO 产品。作为 SEO 人员只要了解实现原理就可以了，具体在产品中的应用，需要技术人员来实现。此外还涉及效率、资源需求等问题，并且根据实际情况去重工作也可以在多个环节进行（比如对核心词的分词环节），SEO 人员只要稍微了解一些原理，能够为技术人员建议几个方向就很不错了（技术人员并不是万能的，也有不熟悉、不擅长的领域，在特定时刻也需要别人提供思路）。如果 SEO 人员能在这些方面和技术人员进行深入的交流，技术人员也会对 SEO 另眼相看，至少不会再认为"SEO 人员就只会提改标题、改链接、改文字之类'无聊'的需求"了。

2.4 用户需求分析

用户需求分析即图 2-1 搜索引擎架构示意图中的"查询分析"，这里涉及两个方面：一个是用户搜索词的分析，另一个是用户搜索意图的分析。通过搜索词的分析可以返回一个可能是用户需要的结果列表，通过用户搜索意图的分析并对搜索结果进行调整，可以获得此用户更加想要的结果列表。

2.4.1　搜索词分析

当用户向搜索引擎提交查询后，搜索引擎首先判断用户所提交的搜索词的类型：是普通的文本搜索、普通文本带有高级指令的搜索，还是纯高级指令的搜索。这三类搜索词会分别进行不同的索引匹配。

如果是纯高级指令的搜索，那么就会触发搜索引擎相应的结果返回机制。比如，使用 site、inurl、intitle 等高级指令，搜索引擎会对这种搜索词进行专门的处理。按照搜索词的要求只对索引文件的相应数据进行匹配，比如，site 和 inurl 要求搜索引擎只匹配网页的 URL，intitle 要求搜索引擎只匹配网页的 Title。并且当搜索引擎识别搜索词为域名或超链接时，也会触发返回固定形式结果的算法。如图 2-13 和图 2-14 所示，搜索词为 URL 时，百度会以不同于普通搜索词的、独有的展现形式返回结果。

图 2-13　百度搜索已收录的 URL

图 2-14　百度搜索未收录的 URL

如果是纯文本的搜索词，搜索引擎就会和处理网页内容一样先进行分词、去除停止词等处理。如果用户输入了明显错误的字，搜索引擎还会依次进行错误矫正，并按照矫正后的词进行检索，如图 2-15 所示。另外，如果用户的搜索词为常用词的同义词，百度也会使用"纠错"的搜索结果形式，如图 2-16 所示。

图 2-15　百度搜索"boss 只聘"

图 2-16　百度搜索"boss 直招"

如果是文本加高级指令的搜索情况，那么搜索引擎首先根据高级指令限定搜索范围，然后根据用户提交的文本搜索词，在限定范围内进行检索和排名。

用户搜索词分析完毕后，就可以正常地对索引文件进行检索了。不过为了返回用户最需要的搜索结果，对于搜索意向不明显的关键词，搜索引擎会尝试分析用户的搜索意图后，再进行对索引文件的检索。

2.4.2 搜索意图分析

当用户搜索一些比较宽泛的关键词时，只根据关键词本身，搜索引擎并不能知道用户确切需要什么，此时就会尝试性地分析用户的搜索意图。比如，用户搜索"霍建华"，搜索引擎并不知道用户到底是想要得到霍建华的个人简介、最新新闻，还是霍建华的相关视频、图片、音乐等。此时会触发搜索引擎的整合搜索功能，不能判断用户确切的需求，那么就把与"霍建华"相关且不同方向的内容同时呈现出来，让用户自由选择，这样也可以保证在搜索结果的首页就满足用户的检索需求。根据统计分析用户搜索该关键词时所关注的内容比率，搜索引擎也会调整这些内容的排名。

当用户搜索一些通用词汇时，搜索引擎会尝试参考用户所处地域的信息，返回可能是用户最需要的当地的相关信息。如图 2-17 和图 2-18 所示分别为在北京和嘉兴同时百度搜索"咖啡厅"所得到的结果，在北京搜索"咖啡厅"得到的搜索结果首页明显加入了"北京信息"，相对应地在嘉兴的搜索结果首页也加入了"嘉兴信息"。因为搜索"咖啡厅"这类关键词的用户，一般都是在寻找本地信息。这就是地域性的搜索结果，也是搜索引擎分析用户搜索意图后对常规关键词匹配搜索结果的改进，使得搜索引擎结果的用户体验更加友好。

图 2-17 在北京百度搜索"咖啡厅"

图 2-18 在嘉兴百度搜索"咖啡厅"

当一个用户多次搜索某一个宽泛关键词（含扩展及同义词）后，如果经常点击同一个网页，那么搜索引擎就会通过 Cookie 记录用户的这一行为习惯。当用户搜索点击的次数达到一定程度后，再搜索相关关键词时，搜索引擎会优先把用户经常浏览的网页排在前面，这就是"个性化搜索"结果。同上述地域性搜索一样，都是搜索引擎对用户搜索意图进行分析后，对常规关键词匹配搜索结果的改进。并且如果对于同一个搜索词（含扩展和同义词）搜索结果中的同一网页，搜索点击人数比例过大，也会影响到常规的网页排序，该网页对应的该搜索词相关关键词排名都会有所提升，也就是之前提到的搜索点击率问题。

现在百度搜索推出了"框计算"，对用户搜索意图进行了更加深入地分析。比如，对火车票信息、飞机票信息、日历、简单数据计算等搜索词的分析和结果展现，都体现了百度在用户搜索意图分析方面的技术提升，本书在第 11 章中会简单介绍一下百度"框计算"。

搜索引擎通过对搜索词、用户属性和用户历史行为的分析，来分析用户的搜索意图，这样就可以比较明确地确定搜索用户真正的需求，从而把用户最想得到的结果提供给用户。在搜索引擎分析完用户的搜索词后，先从索引库中检索与搜索词最相关、最重要的页面，进行排序后，再引入用户搜索意图对排序结果进行调整。下面就来介绍一下内容和关键词的相关性计算。

SEO 2.5 内容相关性计算

相关性是指内容和关键词的相关程度。现在搜索引擎其实并没有真正解决相关性计算的问题，只是通过关键词分词匹配、关键词在内容中的频率密度、关键词字体位置和页面外链等表面特征来进行内容相关度的计算。当下搜索引擎还不能真正理解搜索词和文章所表达的含义，所以也就使得部分内容应该有排名但实际上却没有的现象。现在搜索引擎判断相关性一般会采用关键词匹配和语义分析两种判断方法。

2.5.1 关键词匹配

搜索引擎对索引库的检索过程可以简单描述如下：

（1）把用户提交的搜索词分成词 A 和词 B。

（2）同时使用词 A 和词 B 在索引库中进行检索，并提出所有包含词 A 或者词 B 的文件，组成文件集合 L。

（3）在文件集合 L 中把同时包含词 A 和词 B 的文件优先提出来组成文件集合 M 排在前面，把只包含词 A 或词 B 的文件排在后面。

（4）继续对文件集合 M 进行分析，把完全包含用户搜索词的文档提出来组成文件集合 N，并排在前面，把内容中没有完全匹配搜索词的文件排在后面。

（5）再根据搜索词在网页中出现的次数、位置、密度和形式等对文件集合 N 中的文件进行排序。

（6）搜索引擎还会分析文件的外链数量、质量和锚文本，根据锚文本辅助分析文件和关键词的相关度、外链的数量和质量来确定文件的重要程度，以进行排序调整。

以上只是简单模拟搜索引擎的检索排序过程，为了描述方便，引入了"文件集合"。在整个检索和排名过程中，关键词匹配程度、密度、频率、位置、形式和外链情况会应用到所有文件上，而不仅仅是上文所提到的文件集合上。由以上检索排序模拟过程可以看出，搜索引擎判断一个网页或者文件与搜索词的相关度，主要根据文件中关键词出现的频率（次数）、密度（占全部内容的比例）、最终分词后关键词之间的距离（是否完全匹配）、位置和形式（是否在标题、内容比较靠前的位置以及是否黑体、变色、H 标签等突出显示）、文件外链锚文本（是否和内容有统一的文本描述）等，外链的数量和质量并不是判断内容相关性的因素，只是判断文件重要程度、内容质量或可信任程度的标准。

同时在关键词匹配中，搜索引擎为了使返回的结果都是用户真正需要的，会分析判断搜索词分词后的词语，哪些是用户主要关心的，哪些是次要关心的。比如，搜索引擎会弱化搜索词中的常用或者意义不大的定语，在百度搜索"我们的航母"，搜索结果中前几页的网页内容都会完全匹配"我们的航母"这个关键词。多向后翻几页，当没有能完全匹配该搜索词的网页时，会明显感觉到后面的网页都是以"航母"为主要关键词的。

2.5.2　语义分析

只根据关键词匹配和外部链接对网页的描述（锚文本），搜索引擎还不能真正理解网页的内容。比如，一篇介绍 iPhone 的新闻，通篇都没有提到"苹果"两个字，这个网页的外链也没有"苹果"锚文本，此时搜索引擎如果只使用关键词匹配的方法，就不能把"苹果"和"iPhone"联系起来。搜索引擎为了解决这个问题，提升内容相关性的计算强度，就引入了语义分析技术。

语义分析技术其实就是通过对海量内容的分析找出词汇之间的关系。当两个词或一组词经常出现在同一个文档中时，就可以认为这些词之间是语义相关的。最典型的例子就是"电脑"和"计算机"，还有上面提到的"苹果"和"iPhone"，搜索引擎根据对大量信息的分析，就可以判断出两个关键词在某种程度上相关或者是同义词，这样在检索索引文件时，同义词也会被适当加入检索。

内容相关性的高低会直接体现搜索引擎搜索结果质量的好坏，因此内容相关性计算一直是搜索引擎重点研究的方向。所以，增加内容和目标关键词的相关度也成了 SEO 人员研究的重要方向。SEO 人员顺着搜索引擎判断内容相关性的思路，设计了很多让搜索引擎认为某个关键词和自己内容相关的做法，这些做法有的过分地凑"相关度"而到达了欺骗搜索引擎的程度。搜索引擎也针对这种情况推出了一系列的反作弊策略。

2.6　链接分析

整个互联网上的网页因为有了链接，才被织成了一张网。网页之间的链接关系在一定程度上反映了每个网页各自的重要程度，理论上重要的网页获得的链接数量会比较多。同时链接的属性中还有锚文本，用来描述被链接页面的内容，对搜索引擎的排名也会有很大影响。如图 2-19所示，为搜索某关键词时找到的京东商城的快照，由于页面上不包含搜索词，快照提示"你查询的关键词仅在网页标题或指向此网页的链接中出现"，由此可见链接锚文本的作用。当用户在搜索引擎进行搜索时，肯定想得到和自己搜索的关键词最相关、最重要的结果，因此链接分析也就成了搜索引擎排名中的一个非常重要的因素。

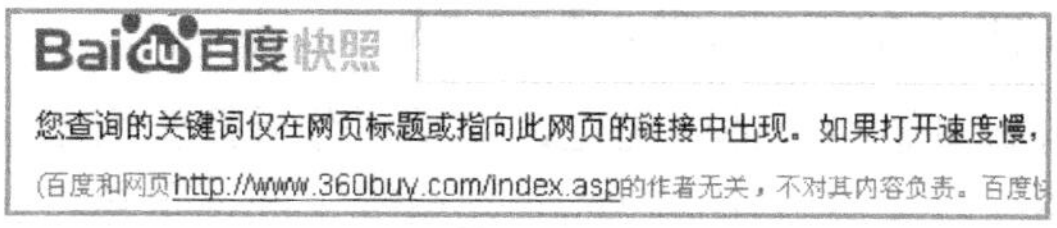

图 2-19 百度快照

在搜索引擎中有很多链接分析算法，比如 PageRank 算法、HITS 算法、SALSA 算法、PHITS 算法、Hilltop 算法等。其中最受关注的链接分析方法是 PageRank 算法，自从 Google 获得空前的成功后，PageRank 算法也受到了主流搜索引擎的关注。由于 Google 推出了网页 PR 值查询，所以广大站长和 SEO 人员在很长一段时间内都把网站 PR 值等价成了网页或网站权重。其实 PR 值只是谷歌使用 PageRank 算法得出的一个权值而已，真正的网页权重还参考了其他很多因素。有兴趣的朋友可以百度或 Google 一下，了解一下这些算法更详细的介绍。

诸多链接分析算法的目的其实只有一个，为用户找到最重要、最相关的网页。而在正常的 SEO 工作中，链接层面上的操作并不能像这些算法一样做到这么精细的匹配。站长和 SEO 人员只要对搜索引擎链接分析的知识稍加了解就好。搜索引擎的链接分析算法宏观指导站长和 SEO 人员的工作：链接会被分为站内链接和站外链接，为自己网站不同类型的页面设计一个权值，然后按照网站运营目的和 SEO 方向调整站内链接布局方式，为不同目的、不同竞争强度、不同数量的页面依据设定的权值进行内部链接导向布局，这也是宏观顺应搜索引擎链接分析的一种做法；关于外部链接，只需要未被处罚、权重高、内容相关的高质量链接即可，后续外链建设部分会进行详细介绍。

2.7 用户体验判断

现在的搜索引擎已经不是以链接分析为中心了，而是以用户体验为中心。在正常的内容相关性判断和链接分析基础上，网页的用户体验对于搜索排名的影响越来越大。网站的用户体验优化（UEO），严格来说应该是产品经理的工作，但是搜索引擎为了使得他们提供给用户的网页都是用户最喜欢的，浏览起来是最舒服的，采用了一系列的技术来加大这方面对网页搜索排名的影响。所以普通 SEO 人员也应该对用户体验优化有所了解，并且还要了解搜索引擎到底是怎样判断一个网页用户体验质量的。

2.7.1 正常用户体验

用户体验并不是一个可以用简单数字表达清楚的东西，每个人对网站的使用习惯不同，功能要求也不一样，对网站上广告的数量、弹出广告的时间等忍受程度更是千差万别。普通用户浏览网站时的用户体验，可以简单分为以下五大类。

- 感官体验：呈现给用户视听上的体验，强调舒适性；
- 交互体验：呈现给用户操作上的体验，强调易用、可用性；

- 情感体验：呈现给用户心理上的体验，强调友好性；

- 浏览体验：呈现给用户浏览上的体验，强调吸引性；

- 信任体验：呈现给用户的信任体验，强调可靠性。

在这里并不是要分析如何做用户体验优化，而是要分析搜索引擎是怎么判断网页的用户体验质量的。因为搜索引擎一直在努力让自己的算法所得出的结果接近真实的用户需求，所以作为 SEO 人员需要先了解真实的用户在用户体验方面的需求，然后再把真实用户的需求落实到技术判断上，判断搜索引擎一般会怎么做。只要找到了这个点，SEO 的本职工作在用户体验这一方面才算找到了方向。

2.7.2 搜索引擎判断用户体验

站在搜索引擎的角度考虑，它一般是如何判断网页的用户体验呢？搜索引擎只能根据自己所能获取到的数据进行判断，而对网站的 PV、网页的跳出率等数据是没有办法获得的，只能依靠其他辅助数据进行判断：

（1）简洁的页面，广告不会干扰内容阅读，没有大量弹窗或跳转（感官体验）。

（2）网站品牌、网站曝光度、网站备案（信任体验）。

（3）网页在搜索结果中的点击率，用户进入该网页后又返回搜索引擎二次搜索的比率，网页内容的原创性、时效性、丰富性及更新频率，网页标题和内容的相关性（浏览体验）。

（4）网页的功能性，评论数量、顶踩次数、页面分享次数等用户投票数据（交互体验）。

以上这些数据搜索引擎都是可以轻松获得的，也对应了部分真实用户体验。搜索引擎毕竟不是真正的普通用户，只能依靠这些辅助数据来判断一个网页或网站的用户体验是否良好。下面依次分析搜索引擎是怎么使用和判断这些数据的，其实在搜索引擎判断网页的用户体验过程中也有"机器学习"的参与，有兴趣的朋友可以多搜索了解一下搜索引擎中的"机器学习"。

（1）针对页面的简洁，Google 在 2012 年 2 月 7 日通过中文网站站长博客，发布了一篇页面布局算法调整的文章，详细内容如图 2-20 所示。改进算法的原因是"有些用户报怨说，点击搜索结果后很难找到实际的网页内容，他们对此感到很不愉快"。这是 Google 专门针对用户体验中页面浏览体验的算法升级。虽然百度暂时没有这方面的动态，但是出于对用户体验的重视，也应该会有这方面的算法变动。所以网站布局设计时，应该尽量保证广告不会影响到正常内容的浏览。

> 正如**此前提到**的那样，有些用户抱怨说，点击搜索结果后很难找到实际的网页内容，他们对此感到很不愉快。用户希望点击后就能直接看到内容，而不是不停地下拉滚动条，冒出一条接一条的广告。因此，那些没有提供首屏（above-the-fold）内容的网站可能会受到本次算法调整的影响。点击一家网站后，如果您第一眼看到的网页上没有大量的直观首屏内容，或者广告占据了很大的网页版面，这很难称得上良好的用户体验。因此，此类网站的搜索排名也不会很高。
>
> 我们知道，对于许多网站而言，在首屏投放广告是一种极为常见的做法，这些广告通常能够收到良好的效果，帮助广告主通过在线内容获利。这次算法调整不会影响到那些以适当的方式在首屏投放广告的网站，但会影响到主页过度投放广告、以至于用户很难在网页上找到实际内容的网站。此外，改进后的新算法还会影响此类网站：首屏上仅有少量可见内容，或实际内容始终隐藏在茫茫广告之中。

图 2-20 Google 中文站长博客文章

（2）网站品牌，知名度越高的网站一般会提供越好的用户体验，不然不会受到用户的推崇。

比如，在搜索一条新闻时，百度同时给出了新浪、搜狐和一个没听说过的网站，用户一般会选择点击新浪或搜狐的网页，因为用户信任这些网站可以带来自己所需要的信息。

网站曝光度，同品牌一样，搜索引擎认为网站曝光度越高的网站会提供比较好的用户体验，体现在技术层面大多是网站的外链数量和质量。

有备案的网站相对来说是安全的，网站备案的目的是防止利用网站从事非法活动和打击不良信息，所以有备案的网站容易受到用户的信任。这些因素就可以成为搜索引擎判断网站信任体验好坏的参考因素。当然备案具体在百度搜索算法中占有多大比例就不得而知了。在和 360 博弈的过程中，百度曾经在搜索结果中针对医疗类信息网页进行了备案性质提示，以供用户选择相对安全真实的内容，如图 2-21 所示。虽然现在已经取消展示，但面对形形色色的网站，相信备案信息也可以辅助搜索引擎判断一个网站的可信任性。

图 2-21　曾经百度搜索"糖尿病医院"结果

（3）网页在搜索结果中的点击率，可以直接反映该网页的受欢迎程度，一般标题或者描述都是比较吸引人的，有着良好的浏览体验，所以点击率越高，排名就越好，这应该是大家公认的。现在由此而诞生的排名点击器很是疯狂，百度已经升级算法打击点击器了。可见这个用户体验的因素直接影响了网页的搜索排名。

用户进入该网页后又返回搜索引擎二次搜索的比率，当用户通过搜索进入一个网页后，马上又退回搜索引擎点击其他网页，这时搜索引擎就可以判断出用户点击的第一个网站不符合其搜索需求。如果网页内容不能够满足用户，或浏览体验比较差，当有多个用户反复这么操作时，就会使得搜索引擎降低该网页的搜索排名。此处所说的"比率"指的是指定网页搜索流量的跳出率，并不是流量统计中该网页所有流量的跳出率，因为即使用户是在你的网站上快速地翻了几页后又返回搜索引擎，也可能会被搜索引擎认为你的网站内容没有满足用户（在网站分析部分会详细介绍跳出率和退出率）。搜索引擎只能监测用户反复操作的流程，来分析用户行为。至于用户在你的网站中的行为，除非你的网站安装了搜索引擎官方的 JS 代码，否则搜索引擎是不能监测这个数据的，网络上所传网页的整体跳出率会影响排名的描述并不准确。

网页的原创性和更新频率不用多说，搜索引擎一直在努力监控，并且也可以反映网页的用户体验。丰富性，也就是网页内容是否图文并茂，是否有多媒体等内容，这在一定程度上也可以加强网页的用户体验，并且也是搜索引擎可以捕捉到的。

通过前面的中文分词介绍，搜索引擎可以比较容易判断网页标题和内容是不是真正相关。当用户根据搜索结果中的标题进入网站后，发现内容和标题不相关，并不是自己想要的内容，就会选择离开，所以网页标题和内容的相关性也是用户体验高低的一个体现。

（4）在 Web 2.0 的时代，搜索引擎一直在努力挖掘网页交互的体验，并尝试性地把该因素加入到网页的搜索排名中。在利用 SEO 做危机公关的相关介绍中，会详细介绍这些交互数据对网页排名的影响，网页交互性越好，相关数据越高代表用户体验越高，搜索引擎对于正常的评论数、浏览数、顶踩数，甚至视频的播放次数都可以很容易地捕捉到。现在百度又推出了百度分享发力 Web 2.0 社会化媒体交互分享，分享次数也会成为判断该网页交互方面用户体验的一个标准。

站在产品的角度看待用户体验，可能还会有其他很多影响因素，比如，登录框的设计、注册流程的设计、Logo 的设计等。但是站在 SEO 的角度来看，搜索引擎通过技术是不能了解到普通用户对这些细微地方的体验的。所以站在 SEO 角度和站在产品角度的用户体验优化是不同的，单纯地从 SEO 角度出发去做用户体验，只要把上述搜索引擎能够捕捉到的数据优化到位就可以了。也因此在对网站进行 SEO 改动时，可能会和网站产品人员发生意见分歧。

搜索引擎把以上所有的工作完成以后，理论上就可以为用户返回其最需要的搜索结果了。以上即为搜索引擎从抓取页面到按照用户检索需要，把最相关、最重要、用户体验最好的结果呈现给用户的整个工作流程的概述。下面讨论一下在这个流程中，搜索引擎为了压缩用户返回搜索结果的时间，而引入的缓存机制，以及为了使得搜索结果质量更好、更加公平而非常重视的反作弊机制。

2.8　有效索引和缓存机制

现在百度抓取到本地并进行索引的网页已经以千亿计，如果每一个用户提交查询时，百度搜索从这几千亿个网页中进行检索，相信不论百度的服务器集群多么牛，都不能快速响应每天这么多网友的搜索查询。即使勉强能够应付用户的搜索，反应速度和效率也会非常低下。既为了节省资源又为了提升响应速度，搜索引擎一般会引入有效索引和缓存模块。

2.8.1　有效索引

面对如此巨大数量的网页，任何一个常规关键词都可能匹配出几万、几十万甚至上亿的网页。但是大部分用户一般都只浏览搜索结果的前三页，这样搜索引擎就没有必要每次搜索时都对全部的索引文件进行检索，只需要对一个适当数量范围内的索引文件进行检索就可以了。并且搜索引擎一般不会把检索到的所有相关网页都呈现给用户，而只是呈现部分结果，比如，百度最多呈现 760 个结果，Google 最多呈现 1000 个结果。所以搜索引擎只要建立一个能够满足大众搜索请求的小范围网页索引集合也就是有效索引就可以了。

稍微有过 SEO 经验的朋友应该就有这种经验：一个新网站的网页，搜索网页的 URL 发现百度是收录的，但是搜索网页包含网站品牌词的 Title 却搜索不到。对于老网站来说这是降权的现象，对于新网站来说就是这个新网页的权重比较低，并没有参与排名计算。例如在百度中搜索，看准网上一篇原创点评的 URL，如图 2-22 所示，百度已经收录了。但是直接搜索该页面的 Title 时，在百度搜索结果中却找不到这个页面，并且为了使得这个搜索词和网页建立唯一的对应关系，搜索词为网页的 Title 而不只是文章标题，如图 2-23 所示。理论上全互联网只有这一个网页最符合搜索请求，百度既然已经索引，那么就应该在搜索结果第一的位置呈现出来，但是百度并没有这么做。

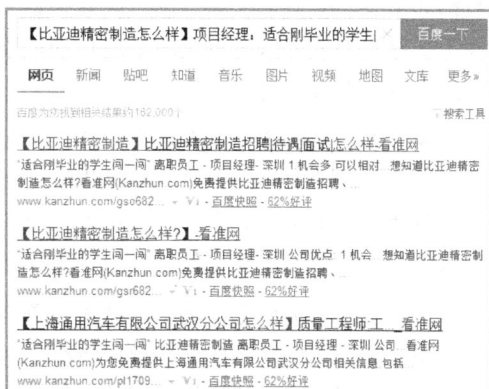

图 2-22　百度搜索 URL

图 2-23　百度搜索网页 Title

如果百度是在已索引的全部文件中进行检索，肯定就会把这个网页呈现出来了（权重正常的网站都可以）。搜索 Title 时，百度并没有呈现出这个网页，代表这个网页并没有在百度的有效索引库中。出现这种情况一般是两种原因：该网页的权重太低，或者该网站已被降权。有很多网站的首页都是这种情况，直接搜索域名是有收录的，如果只是搜索目标关键词却没有排名，那可能是算法微调或更新。但是如果搜索几乎是独一无二的 Title 都找不到网站，那就要小心了，可能是被降权了，或者是降权的前兆。这个例子就体现出了搜索引擎拥有"有效索引"的模块，但是搜索引擎内部可能不叫有效索引，可能是叫"一级索引数据""初始子集"之类的名字。

从这里也可以看出搜索引擎的"有效索引"应该是和网页权重挂钩的，有效索引库中是权重正常参与搜索排名的网页，其他低权重的网页可能就被列入了"无效索引"或"快照库"中，以备他用。当然在真实的大型搜索引擎中的索引库级别肯定不会只有"有效"和"无效"索引库两个级别，而是有一个多级别并伴随很复杂算法的索引系统。另外，也有可能搜索引擎并没有对索引进行明确分类，而是搜索用户只需要一小部分网页，搜索引擎只需要从整个索引库中抽取按照重要程度排序后比较靠前的一些网页来进行检索、排序和呈现就可以了，也就是说有些网页没有参与到排序并不是一定被归为"无效索引"，而只是暂时权重不是很高，两者还是有本质区别的。

在 SEO 工作中，提升网站和网页的权重是一个很重要的工作，并且提升网站的有效收录也是一个很重要的工作方向。这里的"有效收录"指的是在搜索引擎中不仅仅搜索内容标题和网页 Title 有排名，搜索网页所涉及的关键词也会有相关排名，并且可以带来搜索流量的网页。

2.8.2　缓存机制

缓存就是临时文件交换区，是可以进行高速数据交换的存储器，它先于内存与 CPU 交换数据，因此速率极快。现在为了加快用户查询的响应速度，缓存几乎成了搜索引擎的标配。搜索引擎会把一些用户经常搜索的关键词的搜索结果放入到缓存中，这样当该关键词再次被搜索时，就可以直接从内存中调取搜索结果，而不必再从索引库中进行重新检索和排名。缓存机制的引入，不仅加快了搜索引擎对用户搜索的反应速度，也减少了搜索引擎对数据的重复计算。

用户的搜索请求中，少数查询词占了查询总数的相当大比例，而大多数查询词单个出现的次数都非常少，类似于长尾理论。因此搜索引擎把用户经常查询的"少量"关键词的搜索结果存放于缓存中，就可以应对大多数用户的搜索请求了。整个搜索引擎的缓存机制中还会涉及缓存淘汰和缓存更新机制。

因为搜索引擎的缓存也不是无限的，肯定有满载的时候，此时就需要有合理的淘汰机制，把使用频率小的搜索结果剔除，补充进来使用频率大的搜索结果，来保证缓存空间中的内容可以响应及命中当下尽可能多的用户搜索请求。同时网页和索引库中的文件内容随着时间的变化也会有所变动，为了使得缓存中的结果和网页内容同步，此时就需要有合理的缓存更新机制。

这里解释一下缓存更新机制：搜索引擎为了节省资源，不可能对缓存中的内容进行实时更新，而是会选择在午夜等搜索请求比较少的时间段进行更新缓存，所以用户在不同时间搜索同一个关键词得到的结果可能是不同的，但是一般在较短时间内的重复搜索会得到相同的搜索结果。现在的搜索引擎会分析搜索词的属性，并根据搜索词的属性调整缓存的更新频率，比如，现在百度的"最新相关信息""最新相关微博"等实时性搜索的缓存更新频率和普通词缓存更新频率肯定是不同的。需要说明的是，现在大型搜索引擎的缓存都不是简单地直接缓存关键词的搜索结果，而是拥有很复杂的缓存结构和数据，一般是多级结构的，同时提升搜索引擎的响应速度和缓存数据的命中搜索范围。

这里要特别注意一下"有效索引"和"缓存"这两个模块，站长和 SEO 人员所留意到的很多问题其实都可以在这两个模块的原理中找到答案。在第 3 章快照、site 命令等基础内容介绍部分会进行详细讨论。

2.9　反作弊和人工干预

自从有搜索引擎以来，就有人不断研究搜索引擎的排名机制，进而寻找搜索引擎排名的技术和逻辑漏洞，来快速提升自己网站的搜索排名，并且获得流量和收益。也就是说自从有搜索引擎以来，作弊就没有停止过。为了保证呈现给用户的搜索结果质量，发掘真正内容优质、用户体验最佳的网页，反作弊一直都是搜索引擎研究的重要课题，但是搜索引擎一直处于被动的应对地位，经常是发现搜索结果被作弊网页攻陷了，才去研究相应的反作弊对策和算法。那么搜索引擎在反作弊的过程中主要是如何操作的呢？真的会像外界猜测的那样有那么多的人工干预吗？

2.9.1　反作弊算法

在搜索引擎的架构中过滤也是很重要的一环，在 Spider 抓取部分会过滤掉重复和垃圾页面，在进行排序和呈现时同样还会进行一次过滤，来保证搜索结果的质量。反作弊就是过滤环节中的主要组成部分。当下搜索引擎排名的重要参考因素主要有内容、链接、网站权重和用户体验，所以作弊也一般是从这几方面入手。第 12 章会详细讨论一下常见的作弊手法，这里主要来讨论一下搜索引擎是如何进行反作弊的，反作弊过程中是否会出现误伤，以及站长和 SEO 人员应该如何避免被搜索引擎误伤。

虽然搜索引擎针对每种作弊行为所做的反作弊动作和算法各不相同，但是大体上还是有一定规律可循的。搜索引擎会利用黑白名单和作弊特征研究两方面进行反作弊算法升级。

1．黑白名单

搜索引擎会根据网站内容的质量、权重和品牌建立白名单，也会找出明显作弊严重的网站建立黑名单。搜索引擎会认为白名单中网站所推荐的网站都是好的、健康的网站，含有黑名单中网站链接的网站可能会存在某种问题。

如图 2-24 所示，链向白名单网站中的网站不一定是健康的，同时黑名单网站中链向的网站也不一定是不健康的。但是有多个白名单网站链向同一个网站，那么这个网站就很可能是健康的；同一个网站链向了多个黑名单中的网站，就可以把其认定为不健康的网站。

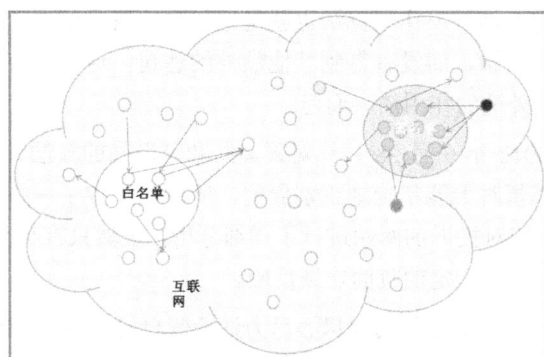

图 2-24　黑白名单示意图

在整个互联网中，黑白名单中的网站不可能和名单外的网站都有直接链接关系，所以搜索引擎会给这种白名单的链接一定的信任值，这个信任值随着链接级数的增加而逐级衰减；同样，从黑名单网站反向开始，会给最终链接指向黑名单网站的各级链接一个不信任值，这个值也是逐级递减的。对于一个黑白名单之外且和黑白名单中网站没有直接联系的网站，搜索引擎会计算它得到的信任值和不信任值，当达到或超过搜索引擎设置的阈值之后，就会把其列为健康网站或者不健康网站。

这是一种很常见的反作弊方式，在 SEO 工作中体现最明显的就是选择服务器和交换友情链接。选择服务器时，大家都希望自己独立使用一台服务器或者一个 IP；选择虚拟空间时，也会检查相同 IP 的网站是否有作弊嫌疑，以免被相同 IP 网站连累。虽然百度官方声明不会按照 IP 惩罚网站，但还是远离作弊网站比较稳妥。交换友情链接时就更明显了，一般都会检查对方有无作弊嫌疑或降权嫌疑，以免自己把链接指向不健康的网站而遭到搜索引擎的惩罚。

2．作弊特征研究

作弊特征研究是现在搜索引擎进行反作弊的主要手法。当发现一个对搜索结果影响很大的作弊网站或一种新的作弊手法时，一般不会只是人工地把这个或这些网站降权或者屏蔽，而是潜心研究这个网站或这些网站到底是怎么作弊的，以及钻了搜索引擎技术和逻辑上的什么漏洞。当发现漏洞后就会提升算法弥补漏洞，同时对这种作弊方法进行有针对性的打击。Google 近两年所发布的算法升级都是有针对性的，不是针对操纵 PR 的链接作弊，就是针对网站影响用户体验行为的作弊等。百度更是如此，从 2012 年 6 月份以来的算法升级，每次都会针对特定的作弊行为。这都是研究作弊手法的特征后进行有针对性的算法升级的。

因为是针对某一特征的反作弊算法升级，也有可能会出现这种情况：某个网站没有作弊，但是也有类似作弊站的某些特征，而被搜索引擎捎带处罚了一下，视特征的符合程度遭受到的处罚程度不同。也就是说搜索引擎在反作弊的算法升级过程中，很有可能会产生误伤。这种误伤会不会产生，以及误伤程度和误伤范围要取决于搜索引擎打击作弊的力度和算法的精度。

比如，百度搜索在 2012 年 10 月 23 日针对超链接作弊的算法升级过程中，只是取消了作弊链接的作用，而因为有很多有着优质内容的综合门户网站也都参与了此种作弊，所以才没有对参与作弊的网站进行打击。这种反作弊算法也就是把作弊的情况整理了一下，作弊站顶多失去作弊部分所带来的排名和流量，而没有得到其他额外的惩罚，这样没有作弊的网站就更不可能得到惩罚了，顶多有几个外链的作用消失而已。

又如，百度搜索在 2012 年 6 月 28 日针对采集站和垃圾站的算法升级中，因为是识别垃圾和采集，又因为搜索引擎暂时不能精确地识别原创，所以就导致了一些网站被连累，产生了一定误伤。后来百度搜索部门对投诉的网站进行了详细分析，虽然只有少数的网站被确定为误伤，但是可以肯定这种算法升级有一定的负面连锁反应。

站长和 SEO 人员在工作中，不仅仅要尽心尽力地运营自己的网站，还要避免自己和作弊站、垃圾站有所靠近或关联，同时要尽可能地向优质高权重网站靠近或扯上关系，相信这也是大部分站长和 SEO 人员一直努力的方向。但是很少有朋友有心避免被反作弊算法牵连，搜索引擎的算法再精准也是人设计出来的，并不是神造的、完美无暇的，所以有作弊就会有反作弊，反作弊稍微严格一点就可能产生误伤，作为站长和 SEO 人员应该尽可能避免这种被误伤的情况发生。

站长和 SEO 人员要潜心研究搜索引擎想要打击的作弊行为的特征。比如，某种作弊行为都会选择使用一套开源 CMS 程序或者模版，那么你就要尽可能避免使用同一个 CMS 和模版；买卖链接的网站一般都会设置隐藏的链接块或文本块，并且卖的链接中经常会有医疗病种、私服、赌博或者其他暴利、高竞争的关键词，那么你就要尽可能地不使用隐藏的 TAB 来做友情链接，并且最好不要和搜索引擎重点打击行业的网站做友情链接等。搜索引擎打击所有的作弊行为中，肯定都会根据这种作弊行为的特征进行算法升级，那么作为一个"负责任的"站长或 SEO 人员就应该避免和这些作弊行为有相似的地方。比如，某个人长相和奥巴马一样可能会受到追捧，某人长得和"凤姐"一样就可能会受到鄙视或嘲笑。

最后，需要了解的是，针对反作弊，搜索引擎也并不是总处于被动状态。搜索引擎也一直在研究站长作弊背后的动机和站在对立角度审视自己的各种算法，一般在算法上线之前都会设计相关算法，把站长容易操纵的作弊因素根据特征从正常的算法中过滤掉，并不是一味地亡羊补牢和处罚作弊站点。这应该也是近年来大众认为"SEO 越来越难做"的原因之一。

2.9.2　人工干预

在反作弊过程中，也很有可能会伴随着人工干预自然搜索排名，但是搜索引擎中的人工干预肯定不会是大众想象的那样频繁，也不是浅层次上的干预，否则搜索引擎自然排名的算法就可以丢弃了，搜索引擎也没有那么多专门来干预排名的人。但是不论多么大的搜索引擎，肯定都会有人工干预的存在。

能够让搜索引擎人工干预的站点，肯定是严重背离搜索引擎运作机制，或者严重影响到了搜索引擎的搜索结果质量，这种站点一般在搜索引擎上获得了异常多的流量，否则搜索引擎为众多网站导流量，并不会特别注意到。也就是说很多自认为遭受了人工干预的网站，或许根本就没有达到被搜索引擎人工干预的资格。在行业内，一般会认为被讨论越多的站越容易 Over。虽然正规的网站在 SEO 上也有很多值得讨论研究的地方，但在业内远不如对于作弊站点的讨论激烈。当搜索引擎从一些途径获得这些信息后，认为该站点的作弊行为已经产生了非常不良的影响，就可能会先进行人工干预，随后研究其作弊方法。

有很多朋友都在各种站长论坛中发帖声称自己被人工干预了，如图 2-25 和图 2-26 分别是在百度和 Google 中搜索"百度人工干预"的结果数量。百度搜索有 802 000 条，Google 搜索有 993 000 条，这些声称自己被人工干预的站点其实都是小站，还没有达到被人工干预的程度，真正能够逼迫搜索引擎进行人工干预的站一般都是"大佬"或者技术逻辑"高手"的站点，用特殊资源顶上去的网站，恶意抢夺了太多的流量，而这些"大佬"和偷偷赚钱的"高手"是不会到处发帖子玩儿的，一个网站被干掉后，一般会马上研究其他的项目。当然也有说因为和百度的利益关系遭到人工干预的站点，像我等这种"屌丝级"的人物是接触不到的，所以一般网站被降权后，基本不用考虑人工干预的事。

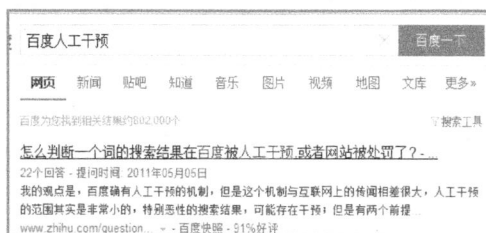

图 2-25　百度搜索"百度人工干预"　　　　图 2-26　Google 搜索"百度人工干预"

百度进行人工干预的情况应该会有以下几种：某站长发现百度算法重大漏洞，使用低质量内容抢夺了太多百度搜索流量，已经明显影响到用户的搜索体验；针对热门搜索词或敏感词，为了"不捅娄子"可能会进行人工干预，搜索结果只使用某些主流网站的内容；针对不满意的搜索结果进行各项因素的权重比例微调等。

关于百度人工干预的更多讨论，可以浏览知乎上的帖子"怎么判断一个词的搜索结果在百度被人工干预，或者网站被处罚了？"，里面有前百度人曹政曹大侠的回复，也有其他不少业内专业人员的回复，众说纷纭，自己体会和辨别吧。地址为：http://www.zhihu.com/question/19627012。

网站在搜索引擎中的表现突然下滑，不是自己网站作弊被搜索引擎处罚了，就是因为自己网站和其他作弊网站有关系。也不排除一种可能性比较小的情况，就是被搜索引擎的反作弊算法牵连了。当发现网站在搜索引擎中突然表现得很悲催时，就从以上三点找原因吧。不过可悲的是，很多站长和 SEO 人员已经不把作弊当作弊了，而是把很多作弊行为都当成正规运营手段。比如，有一些 SEO 人员居然会发布类似"人家的内容全是高价请人伪原创的，一点作弊都没有，却被降权"的吐槽帖。

2.10　本章小结

知己知彼才能百战不殆，虽然站长和 SEO 人员没必要一定得了解搜索引擎的详细算法，但是搜索引擎一般性的架构和逻辑还是要搞清楚的。不论是顺从搜索引擎的游戏规则而在搜索引擎中长期生存，还是对抗搜索引擎，寻找搜索引擎技术或逻辑漏洞而获得一时的暴利，搜索引擎原理都是需要了解和研究的。对搜索引擎原理越熟越精，SEO 工作就越可以高效地进行。推荐大家研究一下常见的搜索引擎程序或架构，现在不少网站的站内搜索会使用 Sphinx 或 Lucene，有能力的 SEO 人员可以自行简单搭建及研究一下这两个程序的工作原理，或者直接研究一下自己所负责网站的站内搜索，从而加深对搜索引擎排序工作原理的理解，也会对以后设计和搜索相关的产品大有帮助。

另外，建议有高数基础的朋友可以深入了解一下搜索引擎在内容主题词提取、链接分析、网页去重、信息归类、相关度判断等领域的常规算法及原理，这样就可以站在更高的角度去感受搜索引擎的运作原理以及更好地辅助自己设计高质、合理的 SEO 产品，也会使自己更深入地了解搜索引擎排名早已不会被简单堆砌关键词和滥发链接所控制了，甚至会感觉原始的 SEO 基础方法在当下的搜索引擎眼中已经很"小儿科"了，在阅读一些 SEO 低质软文时也会一笑了之。现在网络上有太多不负责任的 SEO 软文，把很多问题都本末倒置了，当一个 SEO 人员能够很容易正确判断出哪些文章是干货，哪些文章是低质软文时，也就了解 SEO 的真正内涵了。

第 3 章　常见名词和指令讨论

SEO 中有很多名词和指令，在网络或者其他 SEO 书籍中都有过很多次介绍，这里就不再浪费纸张了，对本书中提到的最基本的名词和指令有不解的朋友，就百度一下吧。这里针对一些有争议或者能够关联到其他 SEO 问题的名词和指令进行剖析和讨论。

🔘 3.1 "权重"和"百度权重"

"权重"在 SEO 工作中是被提及最多的一个词，自从爱站网推出"百度权重"查询工具后，"百度权重"这个概念也被炒得风风火火，那么"权重"和"百度权重"到底是什么呢？又怎么来提升自己网站的权重和"百度权重"呢？

3.1.1　权重

权重是一个相对的概念，即对于统一指标而言，A 和 B 相对比哪个更重要。在搜索引擎中一般会体现在具体数字上，比如，在 Google 中使用 PageRank 来衡量一个网页的重要程度，所以现在一般认为 PR 值就是网页在 Google 中的权重值。百度还没有公开类似 Google PR 的数据，但是在主流搜索引擎内部，肯定都会有对网页重要程度的数字评级。

在日常的 SEO 工作中，除了 Google 的 PR 值和搜狗的 PR 值，针对百度来说，大家经常提到的"权重"其实只是一个概念词。也就是说并没有官方承认的真正的权重数值可以参考，只是大家凭借一个网站或一个网页的其他指标进行主观判断的。除非是类似 58 同城的首页和 58 同城的信息页面进行对比，明显是前者页面的权重高。如果相对比的两个网站或者网页是同类型的，或者是不同网站中的不同类型页面，除非两者之间差异过大，否则并不能严格判断出到底哪个网站或者网页在百度中权重更高。

在一个结构正常的网站内，一般认为权重高低次序依次为：网站首页＞子域名首页＞顶级域名下目录＞子域名下同级目录＞顶级域名下内容页＞子域名下内容页。这是针对正常架构的网站而言的，正常的网站架构一般是金字塔形的，在整个网站中网站首页获得的内链和外链都是最多的，其他级别的页面获得的内链、外链的数量依次递减，所以才会造成上面所说的权重高低排序情况。如果某个网站的结构是不正常的，网站首页获得的内链和外链都不是最多的，甚至都没有链接导入，而某个内容页被全站网页推荐，并且获得了大量的外链推荐，那么肯定就不是上述的排序了。站内页面权重的对比，一般是比对页面所隶属的域名情况、页面本身物理结构层级、页面所在逻辑结构层级和页面类型等。

如果是两个网站进行对比，除了参考 PR 值之外，一般还会看网站的收录量、首页百度快照、核心关键词排名、外链情况，以及 alexa 排名。一般认为权重高的网站在这些数据方面的表现会比较好，这其实不是看网站权重，而是在分析网站质量。这种观念其实没错，但是需要综合看这些数据才能确定目标网站是不是真的质量不错。比如，在查询 100ye.com 和 qu114.com 网站的相关数据的时候，以上各方面表现都不错，尤其是收录量都是几百万、几千万级别的，如图 3-1 和图 3-2 所示，理论上说应该是权重很高的，但是这些网站却是被百度降权过的，查看一下网站历史就可以看出来了。现在有很多这种牺牲在 SEO 路上的先驱网站，百度收录量特别大，用工具查看也有不少流量，但实际上是被搜索引擎降权过的，你并不能简单评价它权重的高低。所以评价一个网站的权重不能只看当前的数据，还应该想办法查询一下它的历史数据，进行一下比对。当前被降权的网站，可能各方面数据表现也比普通站点要好，瘦死的骆驼比马大嘛。网站数据只要和历史相比落差太大，就可能有问题，当然也可能过段时间就被恢复，比如 qu114 网基本上就原地复活了。相对于被降权过的大网站，大部分站长和 SEO 人员可能更倾向于和小网站进行友情链接合作。

图 3-1 百业网 SEO 数据

图 3-2 qu114 网 SEO 数据

3.1.2 百度权重

在百度搜索引擎系统中应该是存在"权重"这个指标的，只是没有像 Google 一样提供公开查询而已。现在行业内各个站长工具所推出的"百度权重"都不是百度官方的数据，是各个工具自己根据目标网站的各项数据和自己设置的公式计算出来的，所以不同站长工具所给出的"百度权重"是不同的。这些工具其实是设置了一个公式，把 3.1.1 节所提到的那些数据进行了加权计算，得出一个级别数值，把"权重"进行确切的数字化，方便了站长和 SEO 人员参考使用。不过这些数据在不同人眼中、不同网站中的重要性并不同，这些站长工具根据自己的观点设定了计算公式，可能会和一些读者朋友心中的评价标准有些出入。

爱站网因为首创 "百度权重" 而在国内 SEO 圈内走红，现在也有不少站长非常认可这个数据。虽然这个数据的参考价值很大，但是毕竟不是百度官方的数据，所以要分情况理性参考。

3.1.3 提升网站权重的思路

从以上讨论来看，在站长和 SEO 人员心中，网站在百度搜索上的权重是从表象推测出来的。

站长和 SEO 人员首先假定：如果一个网站的权重高，那么在一些外部数据上表现就会好，然后再根据自己假定的标准去评判网站在百度搜索中的权重高低。在某种程度上权重高低和网站各方面数据的好坏是充分必要条件，所以要想提升网站权重，针对网站的主要 SEO 数据下手就可以了，这些数据也是很多 SEO 团队或部门的内部考核指标。

一般认为提升网站权重最主要的方法是建设高质量、高数量的相关链接，在搜索引擎算法还并不十分完善的今天，外链的确在很大程度上决定了网站权重的高低。不过长远地看，内外兼修才是王道，不仅仅要在外链上下功夫，而且网站内容建设、增加网站收录量、增加网站品牌知名度，以及提升网站在社交网站中的传播度也是提升网站权重的主要方法，并且几乎所有的 SEO 书籍都主要讨论如何提升这些数据。现在的搜索引擎已经不是单纯链接分析的那一代了，而是把重心转移到用户体验上来了，所以在决定网站权重的因素中，网站“内功”的占比将会越来越大。

除了网站“内、外功”之外，政府或标准组织机构性质的网站、百度新闻源网站等，也会在很大程度上有别于普通网站的权重评价标准。在百度搜索没有提供准确评价网站和网页权重高低的数据时，一切“权重”都是站长和 SEO 人员的反向主观推测，同样两个网站的对比，不同人的评价就有可能是完全相反的。但是如果现在公认网站的 SEO 数据表现出色，那在百度中的权重就应该比较高。不过需要注意的是，“百度权重”是第三方工具根据常规 SEO 数据进行的公式计算，所以可能会存在很大的作假空间，在第 7 章会对此进行进一步的讨论。

3.2　Cookie 并没有想象中那么强大

这里并不是要对 Cookie 这个技术层面上的数据名词进行剖析，而是要纠正一些朋友的想法，Cookie 并没有想象中那么强大。比如，很多 SEO 朋友说网站跳出率会影响网站的搜索排名，这种说法虽然没什么大错误，但严格来说这个说法并不准确。其实是搜索流量的跳出率可能会影响网页在搜索引擎中的排名。如果继续追问“百度怎么会知道你的网站的跳出率呢？”，不少朋友会回答“Cookie”。只能说这些朋友把 Cookie 想象得太强大了。

Cookie 的作用是记录用户信息，但是只能记录用户在网站内的行为，当用户跳出网站后，此网站就不能跟踪用户的信息了。如果此网站能继续跟踪用户跳出网站后的行为，也就是说你访问过的任何网站都可以记录你所有的上网记录了，比如，你访问京东商城后再访问淘宝网，京东商城也可以获得你在淘宝网上的操作记录，如果真的是这样，那么整个互联网就混乱了。

Cookie 只能记录用户在站内的行为，百度也并没有打破 Cookie 的作用范围，当用户从百度搜索结果进入具体网站后，百度就失去了该用户的行为信息。如果该用户从百度进入你的网站后，只看了一页就迅速走人了，但是并没有返回百度，而是去了别的网站，这并不会给你的网站的搜索排名带来负面影响。除非大量用户通过搜索进入你的网站后，又都迅速离开，并重新进入百度搜索浏览其他网站，那么百度可能会认为你的网站内容或用户体验有问题，从而降低你的网站的搜索排名，否则一般是没有影响的。

前面提过把网站的跳出率的高低当成影响搜索排名的因素也没有什么不对，是因为网站的整体跳出率高的话，代表网站内容或者其他方面确实有问题，不论是从搜索还是从其他渠道进来的用户大部分都会选择直接离开，从搜索过来的那部分用户重返搜索引擎的行为可能就影响了搜索排名。反过来，如果网站的内容很好，整体跳出率很低，那么相应的通过搜索进站的用户返回搜索引擎的比例也会比较小，从而有益于网站的搜索排名。所以虽然并不是网站的跳出率影响了搜索排名，但是搜索用户重返搜索引擎的比率的大小和网站跳出率的趋势是相同的，也就是说"跳出率高的网站，搜索排名可能也不会很好"这句话并没有错，但两者并不是绝对因果关系。

在这里站长和 SEO 人员应该了解的是，网站页面上所布局的关键词应该有相应的内容作为后盾。不然即使一时把排名冲上去，着陆页上没有相应的内容，造成大量搜索用户重返搜索引擎，也会在很短的时间内把排名拉下来。当然站长和 SEO 人员也可以把用户导向其他地方，只要不立刻返回搜索引擎就可以了。这并不是做个跳转，造成用户不是浏览一页就离开的假象就可以的，而是需要内容进行引导。所以站长和 SEO 人员在考虑揽哪些"瓷器活儿"（关键词）的时候，也要考虑一下自己是否有相应的"金刚钻"（内容）。依靠关键词堆砌或者其他手法可能会获得一时的流量，如果没有内容满足这些流量的用户，这些搜索流量的用户在搜索引擎上的行为迟早会把网站暴露。

回归一下主流说辞，网页标题要和网站内容相对应，网站内容要给力，也要符合网站定位。在这个基础上获得的搜索流量将会是高质量的，且是不断促进网站在搜索引擎上良好表现的因素，网站真能这么"玩起来"的话，搜索流量将"越来越好"。

3.3　链接农场和内容农场

现阶段的搜索引擎算法对网站的内容和链接都很注重，所以为了套取搜索引擎流量的站长和 SEO 人员，就抛弃网站为用户服务的本质，而为搜索引擎制造内容和链接，并发明了盛极一时的链接农场和内容农场。作为站长和 SEO 人员应该对这两个概念稍加了解一下，以防自己在以后的工作中被这两个东西牵连，并且说不定哪天分析网站时就需要用到这两个概念的支持。

3.3.1　概念

1．链接农场

链接农场，即没有实际内容，通过收集网站和交换链接来提升网站 PR 或权重的网站。链接农场只是为了使得自己在搜索引擎中获得比较高的权重，并没有真正有价值的内容呈现给用户。这是一种严重的作弊行为，理论上搜索引擎会严厉打击。在百度绿萝算法升级过程中，有很多小型导航遭到了惩罚，并且阵亡了。

2．内容农场

内容农场，即为搜索引擎制作大量低质量内容的网站。这些网站并不是为了向用户提供内容，而是研究在搜索引擎中有搜索量的词，找人围绕着这些关键词制造内容。由于要快速地制造大量内容，所以采集、拼接、打乱内容等伪原创的方法都被使用得淋漓尽致。现在中文网站中此类网站占了相当大的比例，也是搜索引擎重点打击的对象，比如，Google 的"熊猫"算法以及百度自 2012 年 6 月份以来多次升级的算法，一直在持续打击着这类网站。

3.3.2　对 SEO 工作的指导

　　链接农场和内容农场其实就在大家身边，为了使得自己的网站能够给搜索引擎留下一个好的印象，要尽可能地远离这两个"农场"，因为这里面长出来的不是"粮食"，而是"毒品"。

1. 身边的链接农场

　　（1）现在很多小的网址导航其实就可以归为链接农场，没有流量和内容，凭借一个不知道怎么弄高的 PR 值，到处找中小网站进行链接交换，这种网站除了依靠不断交换链接来增加网站权重外，几乎没有其他的实际意义，所以可以归为链接农场。

　　（2）一些大网站为了获得更多高质量链接，一般会养一个高 PR 的内页，来和中小网站进行友情链接交换，还忽悠中小站长"你的网站符合条件后会被自动放到网站首页的"，这种页面其实也可以算做链接农场，因为本身没有什么内容和意义，只是为了换链接而已。

　　（3）有的网站首页换了几百个友情链接，甚至首页的出站链接比内链都多，链接的锚文本比正常内容也多很多，这种网站也可以归于链接农场，并且百度站长平台发布的文章《建站指南：百度认为什么样的网站更有抓取和收录价值》中重点提到了友情链接过多的问题，如图 3-3 所示，也可以理解为容易被定性为链接农场。

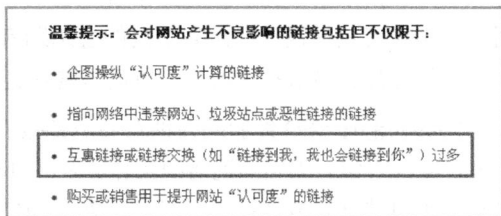

图 3-3　百度官方发布的信息

　　以上三种情况都可以当成很有可能被搜索引擎惩罚的链接农场看待，有些网站可能由于自己的主站有比较高的权重或内容方面有着独特的资源，而使得部分网站或页面没有受到搜索引擎处罚，但是在交换友情链接时也需要避开，以免受到牵连。

　　（4）最后一种情况就是把站内页面做成了"站内链接农场"。有时站长和 SEO 人员为了增加对网站内目录或者专题页的内链支持，就会在所有的文章页底部或周围添加海量的推荐链接。虽然搜索引擎已经可以比较智能地提取页面正文部分，百度官方甚至表示在文章周围推荐一些相关文章、专题链接是没有问题的，并且这种推荐链接也不是导出站外的链接，但是如果内容周围推荐的链接过多，甚至推荐链接中文本的总和比网页正文中的文本字数都要多，那就有些过度了，也就有些类似于链接农场了。内容周围稍微推荐一些相关链接有助于用户进行扩展浏览，是非常有意义的设计，需要非常精心的设计，但是如果"SEO"痕迹过度，只是从加内链的角度出发，不考虑相关性和量的限制，推荐了大量和本页内容无关的链接，那就太过头了，也几乎没有任何作用。

　　当发现自己的网站内容质量不错，内容页却迟迟不被搜索引擎收录，或搜索表现不佳时，就需要分析和试验一下是不是自己把内容页做成了"站内链接农场"。不要和大站对比，别看 58 同城、赶集、搜房之类的网站内页有这种现象却没有受到搜索引擎惩罚，其他中小网站就不一定会得到同样的待遇了。虽然以上网站在列表和内容页上也推荐了大量的链接，但是本身网站权重比较高，内容页和列表页的内容也比较丰富，相对来说推荐链接所占网页的比例其实也并不是特别大，因此至今没有发现有什么负面影响。但有些网站本身权重并不高，又几乎在所有内容页上把整个网站的主要页面都推荐了一遍，弄得每个内容页都像站内地图，这就有些说不过去了。

2．身边的内容农场

现在有 SEO 配置的网站，大都会根据搜索引擎中搜索词的情况，来培训指导编辑人员制造内容了，尤其以营销型网站最为突出。比如医疗网站、营销型企业网站、商城的文章系统等类型的网站，大都是先寻找可以带来流量的关键词，然后再用各种办法制造内容，这其中有很多极端的手段。在制造内容的过程中，根据网站的发展目标，所制造内容的质量有所不同。如果只是为了短期卖出商品或者所在行业竞争强度特别大，有些网站可能会采用类似内容农场的做法；如果为了持续长久地运营，自己制造的内容在能满足用户相应的信息需求的前提下，也能够引导出一部分目标用户产生转化，那么这部分网站就不能被定性为内容农场。

现在各种各样的内容农场很多，尤其淘宝客使用淘宝内容 API 做出来的网站更是典型的内容农场。在搜索引擎算法并不是十分完善的今天，很多内容农场类型的网站还在比较快活地利用搜索引擎流量捞钱。但是如果真的想踏踏实实地长期运营一个正规网站，那么自己网站所有的东西最好都远离这些网站，以免这些网站遭到搜索引擎大力打击时殃及自己。

大部分稍有 SEO 经验的人都会知道链接农场和内容农场的性质，但只是停留在"知道"的阶段，并没有做好识别和远离的工作。有的甚至自己不知不觉也成为了链接农场或者内容农场，当被搜索引擎处罚或者被波及时，还在认为完全是搜索引擎乱搞而导致的。其实很多自称正规运营的企业站不知不觉已经沦为了内容农场。当然在搜索引擎算法不断升级的过程中，可能也会有所误伤，希望百度在以后的算法升级中更加谨慎甚至保守一些。

3.4 百度指数

百度指数一般被站长和 SEO 人员拿来当做关键词搜索量使用，有时也会用来分析某个关键词的搜索趋势和衡量一个品牌的网络推广效果。在 2013 年年底百度指数进行了一次大的升级改版，改版后的百度指数数据更加完善、功能更加强大、用户体验更加友好。

相对于老版百度指数，新版百度指数最明显的变化是，对搜索指数进行了 PC 趋势、移动趋势的细分，并增加了"需求图谱""舆情管家"和"人群画像"数据。这几个数据对站长和 SEO 的工作都有非常大的帮助，"移动趋势"满足了随着移动互联网的高速发展，大家对移动搜索相关数据分析的需求；"需求图谱"可以方便站长寻找目标用户的相关需求进而扩展网站内容；"舆情管家"可以方便站长监控自己品牌相关的网络舆情，如果出现意料外的负面舆情，可以及时地进行应对和干预；"人群画像"则可以帮助站长了解目标用户的地域分布、人群属性及兴趣分布等数据，以便于寻求用户重合的站点进行资源合作。

如图 3-4 所示为关键词"注册会计师"的"需求图谱"，如果我们的站点有"注册会计师"相关的内容和搜索流量需求，则可以根据此"需求图谱"进行内容扩展建设，比如与注册会计师相关的报名条件、网上报名（网上报名渠道）、挂靠、考试科目、考试大纲、成绩查询等方面相关的内容都可以成为主要的内容建设方向。同时根据"需求图谱"中所给出的目标搜索用户相关需求的强度变化以及需求度来调整各相关方向内容建设优先级的安排，以便于获得更多的目标搜索用户，同时也可以更加科学地完善网站内容。

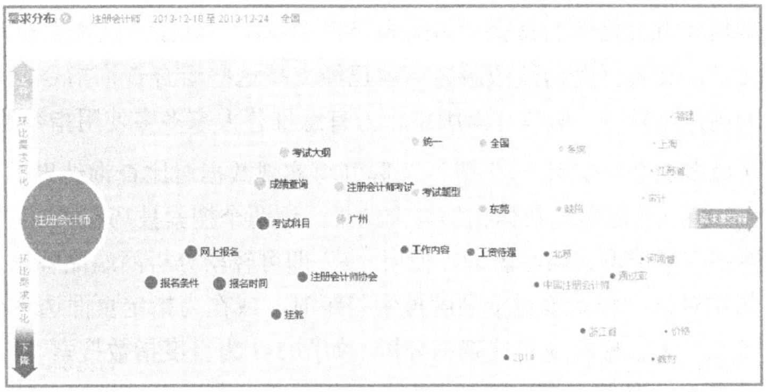

图 3-4　"注册会计师"的"需求图谱"

另外针对想向百度指数中添加关键词的用户，百度指数取消了 VIP 添加的通道，而是改为每词每年 50 元的购买渠道，好的方面是所有人都可以根据需求添加自己想添加的词了，并且因为需要花钱，所以也没人随意向百度指数中添加乱七八糟的词了，坏的方面就是必须要花钱了。

3.4.1　搜索指数不等于搜索量

在很多站长工具中都把关键词的百度指数当作该关键词的搜索量来使用，然而其实关键词的百度指数并不等同于关键词的实际搜索量。百度指数官方帮助中对搜索指数的介绍如下：

> 搜索指数是以网民在百度的搜索量为数据基础，以关键词为统计对象，科学分析并计算出各个关键词在百度网页搜索中搜索频次的加权和。根据搜索来源的不同，搜索指数分为 PC 搜索指数和移动搜索指数。

如图 3-5 和图 3-6 所示，分别为关键词"一呼百应"的搜索指数数据和百度竞价关键词工具提供的日均搜索量数据，可见两者差距并不小。也就是说某个关键词的搜索指数并不等同于它的搜索量，所以，现在很多站长工具把百度指数的数据直接用于搜索量计算是不严谨的。当然，百度竞价关键词工具所提供的数据和真实数据可能也有一定差距。

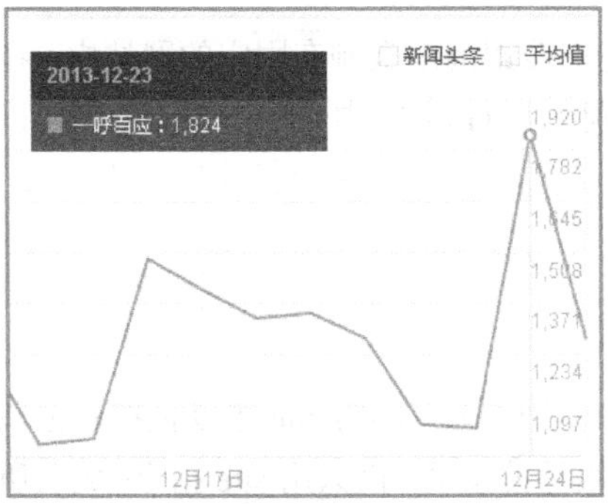

图 3-5　"一呼百应"搜索指数

图 3-6　"一呼百应"日均搜索量

3.4.2　使用技巧

百度指数改版后在首页推荐的搜索词多为高级查询示例，比如"爸爸去哪儿,快乐大本营""托福+TOEFL,GRE"，其实百度指数改版之前就已经支持这些组合查询指令，可能在老版中了解这些组合指令的用户比较少，所以在新版中官方有意推荐大家多多使用指数的高级查询技巧。

多个关键词（最多 5 个）使用","或","隔开可实现数据对比查询结果；多个关键词（最多 3 个）使用"+"相连可以实现数据相加查询结果。这两个搜索技巧在 SEO 工作中有很大的作用，例如一个网站有多个形式的品牌词，使用"+"即可轻松分析网站品牌词搜索指数整体的变化趋势；再例如比对自己和竞争对手品牌搜索差距时，或在为指定页面选择相近的核心关键词时，都可以使用","来轻松实现对比查询分析。如图 3-7 为百度指数搜索"马可波罗+马可波罗网,金泉网"搜索指数整体趋势图，通过此数据可以简单获得马可波罗网站的整体品牌搜索指数和趋势，同时也可以和金泉网进行品牌搜索指数的直观对比。

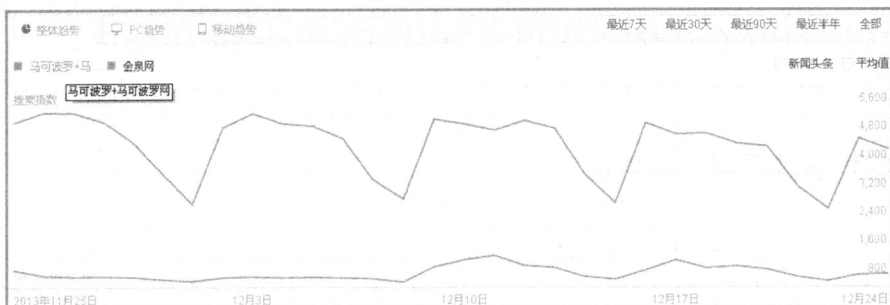

图 3-7　百度指数搜索"马可波罗+马可波罗网,金泉网"搜索指数整体趋势

另外百度指数还支持更多维度的细分，并支持自定义区域和时间的设置，方便大家个性化的数据分析需求。数据分析往往就是对时间轴的数据进行各种维度的细分分析，所以相信并不是所有的 SEO 人员都完全了解百度指数的真正价值，可能不少朋友只是把焦点放到了如何刷百度指数上面。

3.5　site 指令

site 是搜索引擎中一个常用的高级搜索指令，意在把搜索范围限制在固定的网站内。在百度搜索中 site 指令的范围只支持到域名（含子域名）级别，在 Google 中 site 指令的范围可以支持到目录级别，如图 3-8 所示。

3.5.1　"索引量"的查看方法之一

以前，在百度站长平台没有通过 site 指令展示站点索引量时，因为 site 指令把搜索范围限制在了指定的域名内，所以站长和 SEO 人员认为如果不填写搜索词，而只用 site 指令+域名所得到的搜索结果就是该域名所有被收录的页面了，返回的结果数也是搜索引擎对这个网站的收录量。

由于估算算法及百度自己更新机制的问题，造成 site 指令的数据会经常变动，这些变动在百度看来很正常，但是却时刻牵动着站长和 SEO 人员的心，稍微波动就会不断查询自己是否被降权了。百度为了弱化其影响，现在把原来的估算值删除了，直接特型展示指定站点的索引量信息，和站长平台后台的数据进行了统一，如图 3-9 所示。

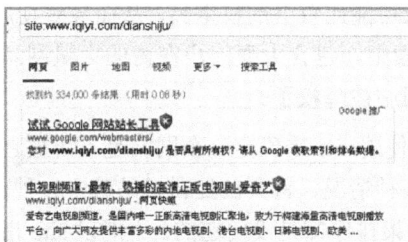

图 3-8　Google 中 site 指令支持目录　　　图 3-9　百度 site 指令结果

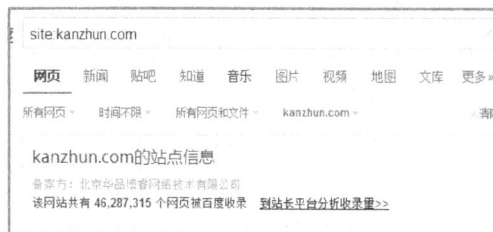

虽然"索引量"的值通过站长平台后台可以查看，但是通过 site 指令直接给出，也方便了许多。由于全量跑索引库成本太高，且百度索引库有多层，所以"索引量"的数值也是一个计算值，不过"索引量"相对于以前的估算值已经稳定了很多。当发现索引量波动时，如果流量无波动，则无须理会。站点的维护保持索引量稳步上升就好。

另外，以前的"估算值"所显示的数字最多是 1 亿，现在使用索引量数值后，进行了无上限的展示（如图 3-10 所示），这样更有利于站长评估自己和竞品之间的差距。

图 3-10　百度查看 youku 索引量

3.5.2　site 结果排序和权重的关系

在交换友情链接时，站长和 SEO 人员一般都习惯在搜索引擎中，使用 site 指令查看一下对方首页是不是在第一位，来判断对方网站是不是被降权了。百度官方对外解答时说"site 指令的结果排序更多地是随机的"。但站长和 SEO 们一般理解为：当没有确切搜索词时，也就不需要判断相关度，那么网页的权重就成了排序的最主要标准，所以 site 结果列表中的排序代表了一定的网页权重对比关系。并且在百度搜索中使用 site 指令查询大部分网站，都会发现结果的首页或前几页都明显是权重比较高的页面。所以站长们一般认为如果在百度中使用 site 指令查询目标网站时，出现结果中找不到首页的情况，并且直接查询首页的 URL 是已经被搜索引擎收录的，这时该网站有可能是被搜索引擎降权了。当然这还需要进一步分析确定。

要注意的是，这里说的是"找不到"首页。有时在查询个别网站时，会出现首页不在第一位，而是在搜索结果首页的某个位置的情形。此时就要详细分析一下，根据网站首页的目标关键词和网页 Title 的搜索排名情况，来确定网站是不是真的被搜索引擎降权了。现在有不少网站的首页权重并不是最高的，网站重点推的子域名或目录可能比首页的权重高，从而导致使用 site 命令查询时，首页不在第一位；有时会发现在百度搜索中，包含大型门户在内的大量网站都出现 site 指令首页不在第一位的现象，这些情况就不是网站被降权了。

site 结果中的排序和网页权重会有一定关系，但是使用 site 来确定一个网站是不是被百度降权，需要进行详细分析。网站被搜索引擎降权会有很多情况，首页被处罚只是其中一种而已。有的被处罚的网站会没有搜索流量，但是 site 指令的结果排序却是没问题的。不能以 site 指令查询中首页在不在第一位来绝对判断网站是不是被降权，只能说可以作为一种预警式的异常现象来分析。

最后再提一个使用 site 指令结果中网站首页是否在第一位，来判断网站是否降权的小规律。大部分网站都会对带与不带 www 的域名进行解析，但是一般会把不带 www 的主域 301 永久重定向到带 www 的子域名上。这种情况的网站，如果想使用以上判断方法，那么 site 指令之后最好使用 www 域名，因为 www 域名才是真正参与排名的域名。据观察，对于这种情况的网站，即使在百度搜索 site:domain.com 得到的结果中，网站首页不在第一位，只要在搜索 site:www.domain.com 得到的结果中，网站首页在第一位，那么该网站的权重也是没有大问题的。一般 site:www.domain.com 得到的结果网站首页不在第一位，那么网站被降权的可能性就比较大了。

需要注意的是，有些使用了泛解析的非 www 子域名可能会有例外。比如，一些为每个公司都提供了多级子域名的 B2B 网站，在使用 site 查看这些使用了泛解析的子域名时偶尔也会出现子域名首页不在第一位的情况，但是网站权重完全没有问题。因为这些使用了泛解析的子域名首页本身也是参与排名的，这就和以上所说的情况不同了。可能是百度对过度泛解析的一种反应吧，至于这种反应是否有警告的意义就不得而知了，只能说网站需要多加注意。当然，也有可能百度会对 www 子域名和非 www 的子域名区分对待，毕竟在行业内大部分人已经把 www 子域名当成了网站的主域名。

3.6　domain 指令

在很长一段时间内，domain 都被当做查询百度外链的指令。并且大部分站长工具都把在百度使用"domain+域名"的结果数当做该网站在百度中的外链数，这其实是对初学 SEO 朋友的一种误导。实际上百度搜索在站长平台推出"外链分析"工具之前，一直没有查询网站反链的指令，domain 也不是用来查询反链的，下面就来详细地看看 domain 指令能够返回什么结果。在百度推出"外链分析"之前，有很多公司把这个数据也当成了 SEO 的考核指标，现在可能还会有一些公司拿 domain 结果数来做外链建设的考核。下面会讨论一下如何快速提升这个数据。

3.6.1　domain 结果并不是百度反链

先来解释一下 domain 都能返回什么结果。百度接收到 domain 指令查询后，其实是对 domain 后面的关键词进行了单独文本查询，与直接搜索 domain 指令后面的关键词所获得的内容是差不多的。domain 只能查到 Title、Description、页面内容和 URL 中包含所查询字符串的网页。对于网页本身，domain 指令只查询网页上显示且源代码中也存在的内容部分，不会查询 JS、Iframe、Ajax 中的内容，也不会查询源码中隐藏的内容。如果你的网站获得的文本链接比较多，或者收录量比较大，就可以获得比较高的 domain 结果数。

如图 3-11 所示，"domain：www.kanzhun.com"的结果中出现了大量完全不相干的内容。通过飘红可以看出这部分是百度对 www.kanzhun.com 进行了切断分词的搜索结果。从这个结果中就可以看出 domain 所得的结果并不是域名的外链。

在 domain 指令后跟非域名字符串都可以获得相应的结果，在百度查询 "domain:abcdefg" 得到了如图 3-12 所示结果，可见百度对 domain 指令后的字符串进行了普通搜索。所以综上，domain 根本不是查询网站反链的工具。

图 3-11　百度 domain 指令结果　　　　图 3-12　domain 指令举例

3.6.2　快速提升 domain 结果数

曾经有不少公司和初级 SEO 人员受培训机构或者站长工具的误导，把 domain 的结果数当成网站百度反链的数据。相信现在还有一些刚刚了解 SEO 的朋友会比较重视自己的网站在百度搜索中的 domain 结果数。根据以上对 domain 的介绍，可以有以下几种增加"domain 百度反链"的方法，供个别朋友冲击 KPI 使用。

（1）因为 domain 会对 URL 检索，增加自身网站的收录量将会是一个办法。

（2）因为 domain 会对页面内容检索，那么在自己网站的所有页脚处以文本的方式添加一下自己的域名，或者在所有文章底部增加一个本页的文本 URL，也都会增加网站的 domain 结果数。注意，一定要使用纯文本的形式，而不能使用锚链接。这里需要说明一下，domain 并不是对网站收录量的查询，所以并不会包含网站所有的页面，也就是说只增加网站收录量的话，站内资源并没有利用充分，站内页面内容部分还是可以为"domain 百度反链"作出一定贡献的。

（3）因为 domain 会对页面的 Title 和 Description 进行检索，那么在自己网站所有的页面 Title 加一个自己顶级域的后缀，以及在 Description 标签中加上自己的域名也会是个不错的方法。

（4）在链接建设时大量群发文本链接，把自己的网站批量提交到站长工具进行查询等，都可以提升"domain 百度反链"的数量。

可以看出上面几个方法都是挺无聊的做法，可能还会影响网站的用户体验，并且对于外链建设的方向也很不利，但是这几个方法确实可以有效提高网站的"domain 百度反链"数量。如果现在某些公司和 SEO 团队还认可这个数据的话，那么这么"玩"就可以了。

3.7　其他常见名词和指令

对于其他的名词和指令，其实笔者已经没有多少可讨论的内容了，只是名词介绍和使用说明而已，这里简单带过，如果真有不了解这些基础内容的朋友，多"百度"吧，笔者就不过多浪费纸墨了。

1．PR

曾经网页权重的重要参考，值得了解一下。针对的是网页，当时只要操作到位，目录甚至内页的 PR 都可能比网站首页高。虽然 Google 早已经退出中国大陆市场，且 PR 值数据已经基本不更新了，但是站长和 SEO 人员认为在其他搜索引擎中肯定会存在类似 PR 的页面权重算法，所以网页 PR 值至今还是部分站长和 SEO 朋友分析网站的重要参考数据数据之一。

部分链接人员在交换友情链接的时候还是会参考一下对方网站首页的 PR 值，不过由于自 2014 年开始，PR 数据基本没有大更新过，数据确实越来越没有参考意义，大家也开始陆续淡化对 PR 的关注，把更多的注意力放到了爱站和 ChinaZ 站长工具中的 BR 上。

2．PR 劫持

也是 PR 流行时的作弊手段了。采用 301 和 Refresh 之类跳转或直接解析的方式，把自己的域名指向高 PR 的网站，从而使得 Google 认为该域名也是为最终的网站所有，而给了这个域名和最终网站相等的 PR 值。这种 PR 值获取的方法属于典型的作弊，该域名本身并没有因此获得任何权重。作弊者利用 PR 值的更新周期，先劫持 PR，然后迅速在接下来 PR 值更新的时间周期内大量交换高 PR 的友情链接，以促使下次 PR 更新时获得真实的 PR 值。也有作弊者在劫持了 PR 后，就进行卖链接的行为。PR 值已成为过去式，现在的站长和 SEO 朋友了解一下就好。

3．沙盒

一般指搜索引擎对新站的考核期，有 SEO 前辈们总结 Google 的沙盒期在 2~6 个月。由于现在也有不少新站可以在 Google 和百度上获得比较好的排名和流量，所以慢慢就淡化了沙盒的概念。不过对于内容质量有问题的新站，搜索引擎还是会有一段时间的观察期。

4．交叉链接

这是友情链接的一个变种。并不是两个网站的直接相链，而是我有几个网站或网页，你有几个网站或网页，彼此交叉进行链接交换。因为友情链接是相互推荐的行为，搜索引擎也发现了这种链接行为并不是网站真实地对对方网站内容的推荐，所以就降低了友情链接的作用。站长和 SEO 人员智慧的大脑，发现了交叉交换链接可以获得更好的效果。但是交叉链接不容易监控，并且数量过大后也会被搜索引擎察觉和处罚，所以要谨慎使用。

5．Google 轰炸

这是一种利用链接锚文本进行作弊的行为。在进行锚文本作用介绍时，大家一般都会使用在 Google 搜索 "click here" 的例子。有些 SEO 作弊者就瞄准了这一点，使用大量锚文本指向同一个页面，从而提升搜索该锚文本时目标网页的排名，实际上这个页面的内容和锚文本的内容没有任何关系，这种就属于 Google 轰炸。在所有以链接分析为重要算法的搜索引擎中都会存在这个问题，并且也是搜索引擎重点打击的行为。在链接建设中应该避免所使用的锚文本和目标网页内容不相干的情况。

6．inurl/allinurl

和 site 指令一样，有限定范围的作用，不过这个指令可以针对特征 URL 进行限制，而不仅仅只能限制在域名或目录级别。该指令的结果数比 site 还不靠谱，只能说"该数据只能做个参考，不能当做真实数据"。

7．title/intitle/allintitle

该组指令会把搜索范围限制在网页的标题，一般不会对网页的内容进行搜索。

8．filetype

寻找资源时经常使用的命令，SEO 人员应该会使用得比较频繁，找 PPT、PDF 资料都很方便。

9．inanchor

Google 支持这个指令，但是百度并不支持。这个指令是查询外链中使用目标锚文本的网页。站长和 SEO 人员可以用来查找和自己争夺同一关键词的网站。

3.8　本章小结

站长和 SEO 人员在使用自己行业的名词和指令时，一定要熟知名词的真实含义以及指令的真正原理。一知半解可能会为自己的 SEO 工作指错方向，并且也会使得自己经常纠结于搜索引擎中很多"奇怪"的现象。在 SEO 工作中还有很多其他的名词和高级搜索指令，由于在网络和其他 SEO 书籍中对这些基础内容的介绍已经很丰富，这里就不拿来凑字数了。如果读者在本书中遇到还不理解的名词，那就按如图 3-13 所示进行操作吧。

图 3-13　百度或 Google 一下

第 4 章　关键词研究

关键词研究是 SEO 工作中必不可少的重要环节。有不少网站拥有很多较优质的内容资源，但却因为关键词定位不准而不能获得精准流量；有些站长总以为自己网站定位过于细分或精准，没有太多的关键词可以优化，不知道如何扩展关键词；还有些网站倚仗自己网站的高权重，而"优化"各种和自己网站定位不相干的关键词，比如一直流行的 TAG 词作弊行为，遭到了百度搜索的严厉打击，因为一点小利而使得整站被降权。

在大型网站的 SEO 工作中，"词库"往往是被强调和研究的重点对象。设想一下：如果你拥有行业内所有有百度搜索量的关键词，那么 SEO 的主要工作就是围绕这些关键词，根据自身网站的情况和自己团队的能力提供相应的有价值的内容就可以了。几个热门词的排名不容易抢，其他海量长尾词的排名总容易拿吧。站在 SEO 的角度，有了"词"，就有了指导一切工作进行的方向。回归 SEO 本身，在不考虑其他因素的情况下，SEO 工作就是找到在搜索引擎上有搜索量的关键词，然后想办法用自己的网站获取排名和流量。至于这些关键词流量的价值高低，优化成本大小，ROI（投资回报率）的高低，流量的留存和转化等，都是后续筛选分类的工作，没有关键词，这些都是空谈。所以关键词研究是 SEO 工作的重中之重。

关键词研究工作一般有两个方向：一个是为网站已有页面配置精准的关键词，以便更容易地在搜索引擎中获得排名；另一个是从 SEO 的角度根据所挖掘出的关键词来为网站提供内容运营方向。一个是对已有内容的优化，一个是指导网站内容的建设。在不同公司中根据 SEO 地位的不同，SEO 人员对关键词研究的方向也会不同。第二个方向往往会涉及对整站运营的干预，也可能会需要开发新模块、建设新类型网页。如果对于 SEO 方面，公司只配备了一个不怎么受重视且说话分量不足的专员，那么基本上不用考虑这个研究方向了，只根据已有内容研究关键词就可以了。下面就来讨论一下关键词研究的相关内容及在优化各种关键词时可能遇到的问题。

SEO 4.1　关键词的分类

只有明确关键词的分类后，才可以根据网站的目的来筛选、布局和重点优化关键词。关键词的分类有很多种形式，每一种形式都可以指导网站 SEO 策略和方向的规划。不同网站所使用的关键词分类方式也会不同。在为具体的网站挖掘关键词后，往往还会按照词性、描述主题类型、搜索细分目的、价值高低、ROI 高低等诸多具体的方法对关键词进行分类分组，以直接适用于网站本身的主题、架构、流量目的和页面类型等。对于全网关键词，当下普遍使用的常见分类方式有：按搜索目的、关键词长短和关键词热度三种分类。

4.1.1　按搜索目的分类

按用户的搜索目的可以把关键词分为三类，即导航类关键词、事务类关键词和信息类关键词。Google 的评测手册 *General Guidelines* 对此也有详细介绍。推荐做 SEO 且英文比较好的朋友都阅读一下 *General Guidelines*，开卷有益。在百度文库中搜索名字即可找到，3.17 完整版有124 页。

1．导航类关键词

导航类关键词是指用户想去特定的网站，但是记不起该网站的网址或者懒得在地址栏输入网址时所使用的关键词。这类关键词的搜索结果的第一名一般都是官方网站，否则搜索引擎呈现的结果就失去了可信度。甚至有不少人想去百度首页时，也会在浏览器的搜索条中搜索"百度"，然后再进入百度首页。如图 4-1 所示为百度搜索"淘宝网"的结果，前面都是淘宝网的页面，也是搜索该关键词的用户真正想要去的网站。

图 4-1　百度搜索"淘宝网"

导航类关键词一般都有很高的搜索量（如图 4-2 所示），也会成为很多非官方网站重点优化的对象。不过站长和 SEO 人员在考虑利用别人的品牌词来吸引流量的时候，也要对这些导航类

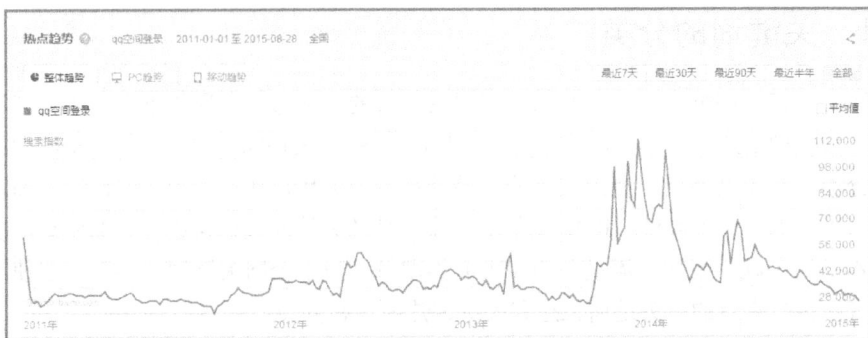

图 4-2　"QQ 空间登录"百度指数

关键词进行分类，并不是所有的导航类关键词都适合用来抢流量。对于 SEO 品牌保护做得不好

的网站，大可以使用点评、介绍的方式抢夺这些关键词在搜索引擎搜索结果首页的排名。虽然流量数量不低，但是流量质量有待考量。需要注意，一定不要在网站首页硬生生地只做别人的品牌名，这样很可能会收到对方的律师函，太过分也会遭到百度的惩罚。关于使用 SEO 进行品牌保护的相关知识会在 SEO 危机公关相关章节进行详细的讨论。

导航类关键词也会分为明确型和模糊型。

（1）明确型的导航类关键词，是指用户只想找到那个页面，而不关心其他的信息。比如"淘宝登录""QQ 空间登录"等，网友搜索这些关键词时，只想找到对应的页面，不会关心其他的信息。网站花很多精力和资源把这类关键词优化上去，最多也就获得第二名的位置，而且一般不会长久，得到的流量几乎都是没有价值的。

排名不会长久，是因为所提供的网页并不是他们要找的，即使你想办法把这些用户诱骗到了你的网站，他们一般会在第一时间选择离开，有一定量级的用户如此操作后，你的网站相应排名会消失。流量没有价值的原因也一样，来访用户第一时间流失，并不会给你的网站带来效益，这和为获得排名所投入的精力及资源相比，几乎没有什么可操作的价值。

也有一些钓鱼诈骗网站，做一个和目标网页一模一样的页面，并且 URL 也类似，普通用户基本无法识别，很容易上当受骗。撇开 SEO 不说，这种行为本身就是违法的。在 SEO 方面，搜索引擎也会大力打击这种诈骗网站。2012 年 8 月 22 日，百度搜索工程师在百度站长论坛发布公告，称将严厉打击"冒充官网欺骗用户，在 Title 和 Meta 标签中声明不真实"的行为。虽然不知道搜索引擎是怎样判断识别的，但是搜索引擎一定会极力避免自己的用户通过搜索上当受骗，并且已经有一些大型 B2C 平台因为优化了很多"商品品牌+官网"之类的关键词而遭到了百度的惩罚。

综上，明确型的导航类关键词对于非官方网站一般是没有研究价值的。虽然搜索量可能很大，但是一来优化难度太大，二来对于正规网站来说这些关键词的流量价值有待考量。费力不讨好、可能带来争议的事情不做也罢。

（2）模糊型导航关键词，是指当用户搜索该词时，并没有明确的意向，不知道该用户是想找官方网站，还是想找相关的新闻或者评价之类的信息。对于这种关键词，用户并没有十分明确的目的，此时官方网站以外的网站就有了抢夺流量的空间。

比如当用户搜索"一呼百应"时，很可能有一大部分用户是希望找到一呼百应网站的首页或者登录网页；有一部分用户可能是想了解一呼百应公司的相关新闻；还有一部分用户可能想了解一呼百应网站的营销效果，以便决定是不是要在这家网站投放广告。在这种模糊需求下，一呼百应官方网站以外的网站就有了可操作空间。把该关键词做到官方网站的下方后，除第一类只找官方网站的搜索用户获取不到外，其他两类搜索用户是很有可能获取到的。

比如网页使用"**最新动态""***效果怎么样"这样的标题和相关内容就可以通过该品牌词（模糊型导航类关键词）获得相当可观的流量。如果没有欺骗用户，提供的也是这些用户所需要的信息，搜索引擎一般不会对你的网站进行处罚。从另一个角度来看，假设在搜索某品牌网站时，搜索结果第一的位置是官网，第二位的网页 Title 或摘要中包含该品牌曾经有过的真实的负面信息，迎合了大众猎奇心理，而且关注这个品牌的用户更加在意负面等极端信息，也会有大把的流量过来，不过这种流量本身的价值有待考量。也有站长刻意通过曝光一些品牌的负面信息，去谋求不菲的公关费。从这个角度来说，作为官方网站应该做好品牌保护，防止其他网站有机可乘。

针对导航性关键词，一定要分析好竞争强度、流量价值及可操作性，同时也要考虑自己的网站定位是不是适合做这类关键词。如果所有条件都显示适合抢夺这类关键词，并且目标关键词的官方网站也没有明显的品牌词保护策略，那么就抓紧下手吧。你不来抢，迟早会被别人抢的。比如当下点评类网站抢夺了很多这种导航类关键词，并且内容丰富，符合用户需求。

2．事务类关键词

事务类关键词指的是用户有明显的购买意向或动作目的而搜索的关键词，比如"乐 pad 多少钱""百科语料打包下载""二手索尼相机"等。这类关键词是所有营销型网站所定位的重点关键词，因为通过这些关键词来访的用户会有比较高的转化率，用户本身就是想购买相关产品或完成某件事情，如果网站的用户体验、购买流程和价格定位都比较不错，这类搜索流量用户将是网站销售产品的主要用户。

如果你所优化的是营销型网站，不论是大型导购型网站，还是中型电子商城，亦或是小型企业网站，只要你想最直接地获得订单，那么事务类关键词就应该是你花费主要精力和资源要优化的关键词。这类关键词在选择、布局及分配资源优化时，都要伴随着内容的填充，一定要以比较优质的内容来支持，否则，如果只是为了做流量而做流量，一来获得排名比较困难，二来也很容易被搜索引擎惩罚。

3．信息类关键词

信息类关键词，即用户在寻找某种信息时所使用的关键词，这种关键词没有明显的购买意向，也不是寻找指定网站。这类搜索词的数量占了总搜索词的绝大部分，也是绝大部分网站抢夺流量空间最大的一类关键词。

营销型网站会对这些关键词所带来的流量进行引导和转化，虽然这类关键词带来的用户的转化率不如事务类关键词高，但是也潜在着很多购买用户。这些用户中有一部分用户处于收集目标商品信息、进行比对和考虑购买阶段，营销型网站在满足这些用户对目标商品信息的需求之后，做好引导也会获得比较高的转化率。这些关键词可能不会直接带来订单，但是可以使得有相关需求的用户记住网站，产生品牌效应。以后该用户有购买需求时，会优先考虑使用自己记住的品牌网站，所以即使部分信息类关键词并不能直接给网站带来订单，也会间接为网站带来效益。

只靠 SEO 获得这部分关键词的流量还是不够的，需要网站提供切实高质量的内容及良好的引导文案，甚至提供能够解决用户问题的相关工具等。比如招聘类网站可以提供"个人所得税计算器"，使用的人多了，也会获得不少目标用户。也可以根据自身网站的类型和内容获取方式来优化信息性关键词，比如京东商城的商品评论。

在用户评论时，京东商城会有个简短总结性的评论标题，京东把部分适合如此操作商品的每条评论都做了一个单独的页面，在商品评论列表中单击"评论标题"即可进入，这个单独页面的 Title 设计为"商品名'评论标题'-京东品牌名"，这样每条用户评论都为京东贡献了围绕该商品的长尾信息型关键词和内容。由于用户引导方面做得很好，因此这些评论的独立页面质量都很不错，宏观来看页面 Title 设置也非常给力。如图 4-3 所示为京东商城中商品"长城 T-01"的评论被百度收录的情况，强大的用户自然地为京东商城贡献了大量"长城 T-01"相关的信息型长尾词，并配备了相应的内容。相信这部分页面也为京东商城贡献了不菲的搜索流量。

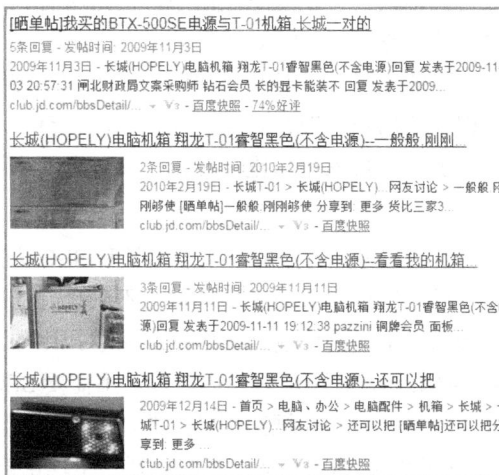

图 4-3　京东商城商品评论

由此可以联想到前面针对模糊型导航类关键词讨论部分，所提到的点评类操作手法，也可以使用京东商城的这种做法，更大限度地挖掘相关长尾关键词。信息型网站的搜索流量一般都是通过信息类关键词所得，通过提升这类关键词的搜索流量，来提高自己网站的广告价值和价格，或者依靠高质量的内容留住这些搜索用户，使其转变为直接访问的用户，来提升单个用户的广告价值。在关键词分析部分，信息类关键词也应是站长和 SEO 人员的主要研究对象。

4.1.2　按关键词长短分类

按照关键词的长短可以把所有关键词分成短尾关键词和长尾关键词。短尾关键词即字数比较少的关键词，比如机械、美容、北京医院等，一般竞争强度会很大；长尾关键词即字数比较多、比较具体、搜索量比较低的关键词，一般是几个词语的组合，比如北京动物园位置、石家庄人才市场电话、河北师大招生简章等，一般竞争强度偏小。

站长和 SEO 人员在面对关键词长短问题时，就要考虑到两个理论：2/8 理论和长尾理论。这两个理论是相悖的，但是在 SEO 工作中，这两个理论又是需要兼顾的。

1. 2/8 理论

2/8 理论，即用 80%的精力和资源来主攻 20%的核心关键词的优化，这部分关键词如果能够优化成功，将会带来很可观的流量。但是需要为这 20%的关键词花费 80%的精力和资源，对于另外 80%的关键词就只有 20%的精力和资源可以调用了，这样可能会造成另外 80%的关键词在搜索引擎上表现并不理想。核心关键词的排名一般可以向目标用户暗示网站在行业中的地位，使用户更加信任网站，从这方面看会增加网站用户的转化率，为了品牌效应，为了彰显行业地位，2/8 理论应该成为 SEO 工作分配精力的指导理论。

2．长尾理论

长尾理论，即大部分长尾关键词的搜索量虽然很小，但是所有长尾词流量的总和比有限的那几个核心关键词所带来的流量大得多。所以按照长尾理论，SEO 工作应该把工作重心放到长尾关键词上，这样可以获得更多的流量。并且长尾关键词一般都是细分和目的明确的关键词，容易产生转化。搜索短尾关键词的用户一般都是需求模糊的，只有一小部分会进行转化，从投入产出比上看，长尾关键词更加适合投入精力重点优化。从这方面来看，长尾理论也应该成为 SEO 工作的重要指导理论。

因为关键词是无限的，而团队精力是有限的，所以站长和 SEO 人员应该选择一个适合自己精力的分配方式，否则可能会导致短尾和长尾关键词都得不到良好的排名。当然如果是技术性团队，并且本身网站权重比较高，上面的问题就都不是问题了。比如上面的例子中京东商城的那些长尾关键词，只要前期引导好用户，配置好站内链接，不需要 SEO 或运营团队花费太大精力，就可以获得大量长尾词的流量。理论和框架都是死的，人是活的，根据自身网站和团队的实力，综合考量就好。实在没有能力和精力兼顾，那就选择一个理论方法主攻吧，2/8 理论和长尾理论在 SEO 工作中注定是一个矛盾统一体。

4.1.3 按关键词热度分类

按热度对关键词进行分类，根据搜索量可以分为热门关键词、一般关键词和冷门关键词。

1．热门关键词

热门关键词即搜索量比较大的关键词，除了明确型导航类关键词之外，这类关键词的竞争强度也是比较大的，也是很多网站争夺的关键词。这类关键词一旦有个好的排名，就会获得非常可观的流量，但是相应地也会消耗大量的精力和资源。比如热门小说"斗破苍穹"和热播电视剧"新恋爱时代"等关键词都有着很大的搜索量。

2．一般关键词

一般关键词即有一定搜索量、但搜索量并不是很大的关键词。这类关键词一般是处于长尾关键词和短尾关键词之间的词。因为这部分关键词不像热门关键词和大部分短尾关键词一样竞争那么大，并且相对短尾关键词来说这部分关键词比较细分和精准，词量又比较大，优化好了可以获得不菲的精准流量，所以成为众多网站的主战场。比如"北京快递""htc G12 报价"等关键词，每天有几百的搜索量，并且相对来说目标比较明确，对于网站来说容易产生转化。

3．冷门关键词

冷门关键词即只是偶尔有那么几次搜索的关键词，搜索量极低，但是词量是最大的，大型网站的搜索流量中，这部分关键词所贡献的流量一般会占到 30%甚至更多。比如"换 IP 对网站有什么影响""浴花散了怎么扎起来"等平时没人关心，遇到问题时才会被人进行详细搜索的关键词。这些关键词可能隔几天才能为网站带来一两个 IP，但是如果网站的信息足够多，综合下来这部分关键词也会为网站带来很可观的流量，对应交易型的关键词产生转化的几率也比较高。

如开头所讲，除以上常见的关键词分类方法以外，还可以按照其他很多标准对关键词进行划分。比如按照 SEO 人员工作的目标，可以把关键词分成主关键词和辅关键词；按照关键词的属性还可以分成时间（季节、节假日）关键词、错别字关键词、问答关键词等。不同行业、不同网站、不同人员都可能有更加具体的不同的关键词分类方法。不论是按照什么标准和维度对关键词进行分类，都是为了更好地指导网站架构和内容布局，指导 SEO 人员的工作，用有限的团队精力和资源使得网站获得更多优质的流量。

4.2 关键词的挖掘

明确了关键词的分类后，就需要开展关键词的挖掘工作，然后再将关键词根据需求分组和布局到网站中去。关键词挖掘是 SEO 工作中比较上游的工作，没有定位明确要优化的关键词类别，SEO 的很多重要工作就没有办法开展。

4.2.1 限制范围

关键词挖掘工作并不是漫无目的随便开展的，首先要根据网站所在行业、网站目标和定位及团队的实际情况来限制关键词挖掘的范围。这样在后续对关键词选择和布局时就会减少很多不必要的工作量。否则，收集来过多的无关或不合适的关键词，后续进行筛选时就会很痛苦，任何资源做加法可能不易，但是做减法肯定会很痛苦。因此挖掘关键词之前首先要限制挖掘范围。

首先，挖掘关键词要限制一个行业范围。先确定网站适合做哪方面的关键词，根据行业来进行扩展，也就是要做到所挖掘出来的关键词都是和网站主题相关的，是符合网站内容方向的。不要一味求多，挖掘大量无关的关键词，这样不仅会使得后续的筛选工作量增大，如果筛选不精，很可能会让处在下游的编辑或技术围绕这些不相干的关键词产生很多不相干的内容。当网站中不相关的内容达到一定量之后，就可能会被搜索引擎发觉甚至直接降权。有不少使用 TAG 词做排名的网站，就属于这种情况。可能站长和 SEO 人员本身没有想作弊，但是因为挖掘的关键词筛选不严，或者对用户主动为信息产品添加的标签审核不严，放出大量和网站主题不相关的关键词页面，一旦这些词和内容积累到一定的量，网站在搜索引擎上就会被降权了。

其次，挖掘关键词要根据网站目标和定位进行限制。如果网站不需要品牌，不需要低转化的流量，那么就只挖掘交易型关键词；如果网站想确立行业地位，相应地拉动网站广告价格，那么就重点挖掘行业内的热门关键词；如果网站属于信息型网站，那么就可以对行业内的关键词进行全方位挖掘。

再次，挖掘关键词要根据团队的实际情况进行限制。也就是前面所提到的 2/8 理论和长尾理论，定好团队精力的分配情况，然后再重点挖掘团队想重点优化的核心关键词或长尾关键词。如果整个网站只有一个 SEO 人员，并且可支配的资源也有限，那么就只能尽可能地瞄准中长尾关键词进行挖掘了。否则如果挖掘太多热门关键词，以团队的实力根本不可能对其进行优化，或者如果挖掘太多长尾词，网站本身不可能产生那么多内容，再做减法剔除关键词，将是一件很痛苦的事。尤其是后者，很多公司上了很多本身网站并没有内容的关键词，可能这些关键词都符合网站主题，但是网站没有内容支持，就造成了很多空页面，甚至有些 SEO 人员直接堆砌不相关的内容，这些都为网站带来了被搜索引擎降权的风险。

如果公司团队精力充裕，也可以先只限定行业，然后通过各种渠道挖掘关键词，最后再进行筛选。不过这的确是件痛苦的事，并且挖掘关键词过多，自己没内容的时候，很容易剑走偏锋，侥幸心理作祟走上作弊的不归路，当网站被处罚时，追悔莫及。

4.2.2 关键词挖掘方法和工具

现在关键词的挖掘方法有很多种，需要根据网站自己的实际情况和行业情况进行挖掘，并没有通用的办法。这里只列举几个常用的思路。

1．同行资源不用白不用

如果网上已经存在同行网站，那么开启火车头直接把对方网站中的链接锚文本全部抓下来筛选，就可以获得数量很可观的关键词了。现在所有行业都在互联网化，几乎每个行业都有大量相应的网站了，这些前辈们已经整理好的关键词资源，你不利用就太可惜了。有的行业大型网站会有很大的产品库或者关键词库，如果你发现同行也有这种网站存在，那么你就太幸运了，站在前人的肩膀上，会让你节省很多时间、精力和资源。

2．针对资源批量扩展

如果你的网站主要优化产品信息，那么产品的相关属性的批量扩展将是一个不错的方法。比如手机类网站，可以按照手机的价格、品牌、型号、系统、屏幕、摄像头像素、电池等网友关心的参数进行扩展。如图 4-4 所示为中关村在线手机相关的关键词组合，这些手机的参数进行层层组合就可以批量组合出大量的关键词。

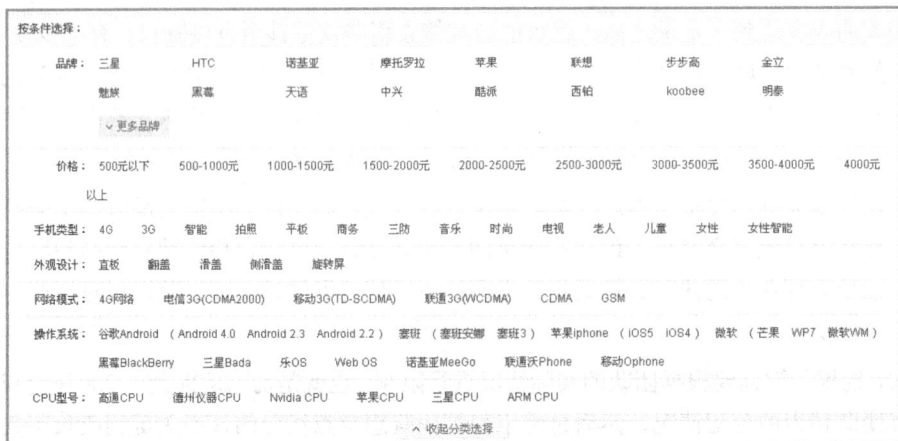

图 4-4 中关村在线手机参数

房产类网站可以根据房源位置、价格、配套设施等网友关心的属性进行扩展。如图 4-5 所示为搜房网对房源属性进行的关键词组合扩展，与中关村在线的手机产品一样，通过层层属性的组合也会扩展出海量关键词。

🔍 按区域查询	**🔍 按地铁查询**	🔍 按学校查询	📍 切换到地图搜索									
地铁：不限	1号线	2号线	**4号线**	5号线	6号线	8号线	9号线	10号线	13号线	15号线	机场线	八通线 房山线 昌平线 大兴线 亦庄线
	不限 公益西桥站	角门西站	马家堡站	北京南站	陶然亭站	菜市口站	宣武门站	西单站	灵境胡同站	西四站	平安里站	新街口站 西直门
	动物园站 国家图书馆站	魏公村站	人民大学站	海淀黄庄站	中关村站	北京大学东门站	圆明园站	西苑站	北宫门站	安河桥北站		
距 离：不限	1000米以内	1000-2000米										
总 价：不限	50万以下	50-100万	100-150万	150-200万	200-300万	300-500万	500-800万	800-1000万	1000万以上			万
户 型：不限	一居	二居	三居	四居	五居	五居以上						
面 积：不限	50平米以下	50-70平米	70-90平米	90-110平米	110-130平米	130-150平米	150-200平米	200-300平米	300平米以上			
更多找房条件：	住宅类别 ▾	房龄 ▾	朝向 ▾	楼层 ▾	建筑类别 ▾	房屋结构 ▾	装修 ▾	配套 ▾				

图 4-5 搜房网房源属性

所有商品类的网站都可以进行此类扩展。这种扩展方法要建立在网站有大量格式化数据的基础上，只有存储了大量的格式化数据，才可以轻松地组合出大量的关键词。因为是批量扩展关键词，所以必定会有不少关键词是没有网友搜的。所以如果采用了这种关键词扩展方式，在进行关键词和链接布局时，就要考虑权重分配的问题，后续在站内优化部分会进行介绍。

3．按属性进行扩展

有些网站资源可能没有上面提到的这么多，并且产品也只瞄准了几款甚至一款。此时也可以进行属性扩展，不过不像前面那样是面向资源的，而是面向产品本身的。体现在形式上，一般是给核心名词添加定语形容词。比如以下集中扩展方向：

（1）根据特点、质地、功能扩展，比如敞篷汽车、9 成新 iPhone4 等。

（2）根据应用领域和地域扩展，比如奥迪跑车、联想平板、河北农化等。

（3）根据商业模式扩展，比如**生产（加工/经销/中介/渠道）商等。

（4）根据服务模式扩展，比如 SEO 培训（顾问、外包）等。

根据行业、产品、网站定位的不同也会有不同的扩展方向，不过在属性扩展中，行业和产品参数及地理位置是被使用最多的扩展属性。大家可以根据自己网站所处行业进行更细致、更专业的关键词扩展，所以做 SEO 的朋友最好对自己所负责的网站所属的行业比较了解。

4．搜索引擎提供的数据

百度和 Google 搜索的下拉提示框及相关搜索中的关键词都可以使用。百度网页搜索和百度图片搜索本身就有很大的词库，并且是有网友搜索的关键词，对这部分关键词也可以有选择性地进行处理和使用。

百度竞价中有个关键词工具，输入核心词后会最多推荐 300 个有搜索量的关键词。这是不可多得的关键词工具，直接使用的是百度自己的关键词库。可以进行自定义属性扩展，推荐的都是有搜索量的关键词，并且还可以进行下载导出，同时此工具还给出了关键词的竞争程度，大大方便了对关键词的选择（如图 4-6 所示）。同样 Google AdWords 中也有相应的关键词工具，两个工具都是提供给投放账户免费使用的，不需要另外注册和付费。这是站长和 SEO 人员在进行关键词相关分析操作时，使用频率比较高的两个工具。

图 4-6　百度竞价"关键词工具"

5．关键词挖掘小工具

现在很多站长工具都会有关键词挖掘的功能，例如飞达鲁、追词、金花站长工具、爱站工具包、战神系列工具等。关键词挖掘部分基本都大同小异，基本都有收费版。这里以老牌工具飞达鲁长尾词查询工具和追词助手为例进行简单介绍。

如图 4-7 所示为飞达鲁长尾词查询工具的软件界面，默认是从百度网页搜索获得数据，只要输入起始关键词并单击"查询"按钮就可以进行关键词挖掘了。该工具有联想词表和过滤词表设置，可以设置所挖掘的关键词是否一定包含起始词，这样大大提高了所挖掘关键词的相关度。并且此工具还支持查询进度保存，也就是说如果挖掘了一天还没有挖掘完，第二天可以继续进行挖掘。此款工具应该是 SEO 行业内使用率较高的关键词挖掘工具之一了。

如图 4-8 所示为追词助手的相关关键词查询界面。输入一个起始词，然后灵活选择其他设置后单击"查询"按钮就可以批量挖掘关键词了。追词助手有免费版和收费版的区别，免费版最多可以一次性挖掘 200 个关键词，对于一些小型网站来说多使用几个起始关键词就可以满足需求了。并且追词助手提供了所有关键词的百度搜索量、百度和 Google 的收录数、百度推广的网站个数，还给出了优化的难易程度评价，这对于关键词筛选工作有很重要的作用，可以使得筛选人员快速筛选出符合团队能力的关键词。

对于需要大量关键词的网站，如果前面介绍的几种关键词挖掘方法都不能满足需求，那么就可以尝试使用飞达鲁长尾词查询工具来挖掘关键词；对于中小型网站，不需要追求关键词的数量，而要在关键词的质量和定位上进行严格筛选，此时就可以使用追词助手辅助进行关键词挖掘工作。

图 4-7　飞达鲁长尾词查询工具

图 4-8　追词助手"相关关键词查询"

除了以上的关键词挖掘方法之外，还可以对网站流量统计中的搜索词进行提取分析。找出那些自己没有挖掘到的关键词，以及虽然带来了流量，但是站内没有非常合适的相对应内容的关键词。这些关键词及其所在类别的扩展关键词也可以成为网站重点优化的对象。如果团队技术过硬，并且有足够的内容资源，也可以根据内容提取关键词，剔除和行业不相干及日常用的广泛关键词（我们、他们、**的等），保留符合自己要求的关键词。方法多多，就看如何发掘和使用了。

4.3　关键词的处理

在对关键词进行挖掘之后，就要对关键词进行选择和分组了，这样才可以决定使用什么样的网页承载这些关键词，是否需要编辑人员根据关键词提供内容，是否需要设计增加新类型的网页等。对已挖掘关键词的选择和分组，决定着最终关键词的部署方法和策略。

4.3.1 关键词的选择

并不是所有挖掘出来的关键词都必须布局到网站中。虽然在挖掘关键词之前已经进行了一定的范围限制，但是还需要对挖掘出来的关键词进行一次选择，选择出规范且适合自己网站优化的关键词，即选择和自己网站主题内容相关的关键词，只保留能够带来"有效流量"的关键词。

在选择关键词时，首先要选择和内容相关的关键词，这是最根本的筛选条件。最重要的是根据自己的实力和资源进行选择，选择自己能力范围之内的关键词。最好选择搜索量大但是竞争小的关键词。虽然现在这种词越来越少，不过关键词的量是巨大的，总有没被人开发出来或做的人比较少的关键词。如果网站实力不错，已有内容或获取产生内容的能力也不错，那就不用考虑单个关键词的竞争情况，在有搜索的关键词量级上考虑问题，相对来说能更快速地为网站带来流量效益。当然关键词的选择方法需要根据网站实际情况来操作。在关键词选择的过程中可以配合关键词指数批量查询之类的工具进行辅助选择。上面介绍的两个工具中都有关键词的竞争程度提示，后续在站长工具章节还会详细推荐一个分析单个关键词竞争程度的工具。在正常的 SEO 工作中，会综合评定已选择关键词的搜索量、竞争程度、流量效益等，来辅助决定这些关键词布局到哪些页面，站内、站外链接的推广力度等。

4.3.2 关键词的分组

这里指根据网站页面类型来对选择出的关键词进行分组。包括哪些词适合首页和核心目录页；哪些词适合扩展子目录页面；哪些词适合专题页面；哪些词适合布局到内容中去；哪些词适合做站内资源聚合页面；哪些词不适合已有的网页类型，需要设计新类型的网页等。

在对关键词进行分组的时候，要考虑到关键词的长度、搜索量、竞争强度、词性、商业价值及所属细分类别等因素。通过综合这些因素把关键词分成核心关键词、目标关键词、流量词、长尾关键词等，以辅助这些关键词在网站中的部署。同时这些因素都决定了某个关键词是不是适合某一类页面，是不是可以使资源得到有效利用，也直接影响到后续关键词在网站中的布局。所以要根据自己网站的具体情况、内容数据量和网站目的来对选择出来的关键词进行分组。

4.3.3 关键词之间建立相关关系

对于部分网站可能并不需要为挖掘来的关键词建立相关关系，只需要把关键词分布到网站中就可以了。但是关键词之间的相关关系一般可以辅助指导网站内链的布局，所以架构比较大、内容比较多的网站，还是有必要为关键词建立相关关系的。

如果所需要处理的关键词数量有限，完全可以使用人工处理，比如在以上挖掘、选择和分组的工作中其实就为关键词之间建立了一种相关关系。如果面对的关键词数量过于庞大，比如需要处理 10 万或更多的关键词，关键词指数、竞争度、流量效益等数据还可以使用各种工具批量获取，但是关键词的分类就比较难处理了，不可能人工对如此多的关键词都进行单独归类整理。如果关键词没有分类，单单依靠关键词之间的分词相关关系是不足以为如此多的关键词建立有效相关关系，这样一来站内、站外的"相关链接"就可能不容易设置，此时处理这些关键词就有了比较大的难度。

这里有个思路供大家参考。相信有优化 10 万左右关键词需求的网站必然已经拥有了很丰富的专业内容，此时可以类似搜索引擎原理中所讨论的那样，使用语义分析来建立这些关键词之间的"相关关系"，比如几个关键词同时出现在同一篇内容中的频率超过一个值，就可以认为这几个关键词之间是有相关关系的，同时出现的频率越大，相关度就越大，同时出现的频率越小，相关度就越小。通过这些关键词在网站内容中轮询的结果，来确定这些关键词之间的语义相关关系及相关程度，从而把这种相关关系和相关程度运用到站内相关链接的布局中去。对关键词的处理还有很多技术和方法，"聚类"在不同网站和不同人手中的具体实现方式肯定会有很大的不同，当然这种操作都是建立在有较强技术支持的基础上的。没有内容（语料库）、没有关键词，都可以去采集研究，但是没有算法框架和技术，就做不了这种工作了。

4.4 关键词的部署

在关键词的挖掘、选择、分组一系列的工作完成后，就到了关键词在网站中部署的环节，也是关键词研究的最后一个步骤。关键词的部署在一定程度上也是对网站的栏目设置、专题制作方向、内容创作方向的一种指导。有些既定的网站，是不允许随便增减目录的，就只能把合适目录优化的关键词，附加到现有目录上，或者分配到专题类或聚合类网页中去。

4.4.1 部署原则

在上一步中对选择出的关键词进行分类后，其实就在一定程度上为网站布局好了关键词。在实际部署中，要遵守一些原则：

（1）每个页面只部署 2~3 个关键词。

（2）除内容页外的页面，页面之间的关键词不可重复，甚至不可太相近。

（3）对于太相近的关键词或同义词进行组合部署，尽可能分配到一个页面中，如果站内资源丰富，可以进行单独部署。

（4）除内容页外的页面，部署的关键词最好是规范的关键词，没有太多定语形容词。

之所以有这些原则，是为了避免只为 SEO 而把网站做成垃圾站，并且避免重要页面之间由关键词冲突而产生的内部竞争。对于内容页面，需要编辑把关键词自然融合到内容中，不必做关键词冲突的考虑和限制，内容量可以是无限扩展的，即使两篇内容的核心关键词相同，也会扩展出很多其他不相同的长尾关键词。所以要求编辑做到内容页面的关键词完全不冲突，是没有必要也不可能做到的，现在大型网站有几个网站的内容页面的定位关键词是完全各不相同的呢？对于内容页面，只要做到主体内容不重复就好。

4.4.2 部署方法

其实之前对关键词进行分组的过程中，已经决定了每个关键词的去向。除去网站首页和主要栏目页优化一些高搜索量、高竞争强度、高行业地位的关键词之外，其他关键词根据关键词本身的搜索量、长短性质、规范程度就可以布局到内容页、专题页和聚合页中去了。

搜索量小且长尾的关键词就可以安排到新增的内容中去。对于内容页面，可以选择分配给编辑人员，进行内容的创作，这也是现在的主流做法。不过一般这样创作出来的内容太多并且质量把控不严的话，容易把网站做成内容农场，而遭到搜索引擎的处罚。

如果团队技术能力不错，并且 SEO 在公司中有一定的地位，就可以针对所有关键词集中打散分词，然后把分词后的关键词进行重新分组，每个编辑分得一部分关键词，让编辑们每天浏览一遍自己分配到的关键词，并且把这些关键词融合到编辑日常的内容创作中。这样并不是要求编辑按照关键词进行内容写作，而是要求编辑在写行业内容时，有意无意地把关键词布局到内容中。把编辑人员的 KPI 和有效流量挂钩，来确保编辑人员确实把所分配的关键词融入到内容中去。这样既避免了网站成为内容农场，也可以把挖掘出的关键词部署到内容中去。经过分词，再加上编辑的自然化写作，会使得网站获得更多的长尾关键词流量。

整理出来的关键词中"最强"且量最小和"最弱"且量最大的关键词都有了归宿，对于剩下的搜索量、竞争强度及数量都处于中间级别的关键词，可以根据关键词的规范程度和性质布局到专题和聚合页面中。也有不少网站为了使得页面有先天的高权重，会把此类关键词全部机械地做成专题页，其实都是采用了"聚合"的方式，只不过样式和用户体验上做得更好一些而已。现在不少网站利用 TAG 词作弊都非常严重，百度也一直在打击垃圾 TAG 页，所以对于聚合页的操作要十分谨慎。如果想依靠聚合页获得搜索流量，那么网站一定要有足够的相关内容支撑这些"聚合词"，并且不要为没有相关内容的"聚合词"硬性地拼凑内容。也就是说在任何情况下都可以使用聚合页更好地布局关键词以获得更多的搜索流量，但是使用这种方法的前提是网站必须有足够的内容。另外，如果布局在聚合页中的关键词过多，那么站内搜索技术的高低肯定会起到决定性的作用，此时站内搜索技术的高低就完全决定了聚合页内容质量的高低，在使用聚合页之前一定要仔细审查自己网站的站内搜索结果质量过不过关，否则即使网站有丰富的内容，也做不出质量高的聚合页，导致或者获得不到搜索流量，或者页面排名在搜索引擎中的生存周期不长。

关键词研究的大部分工作都是为了后续站内优化。不仅仅是页面布局关键词和网站内容建设，站内链接锚文本分配和站外链接锚文本设置，都需要关键词研究工作做基础。本来在此也应该讨论一下流量估算，不过在后续对站长工具百度权重的介绍中会详细地介绍这些站长工具是如何估算一个网站的百度搜索流量的，这和站长自己在布局关键词时所要进行的流量估算工作原理是相通的，在此就不再冗述了。由于在上述小工具中已经涉及关键词竞争程度了，在后续 chinaz 站长工具的介绍中也会介绍专门的工具，大部分情况下使用工具进行数值化的分析，比人工根据几个数据主观感觉要好很多，因此就不再冗述关键词竞争程度分析了。

4.5 本章小结

关键词的研究和分析是 SEO 的首要工作，没有关键词也就没有搜索流量，没有关键词也就没有明确 SEO 方面的内容建设方向。关键词的质量高低和网站主题相关性的大小在一定程度上决定了网站内容的质量，同样决定了网站搜索流量价值的高低。其实 SEO 工作的核心就是研究关键词及一些和关键词相关的附属工作，没有关键词就没有 SEO 的一切。内容、链接、搜索流量等 SEO 相关的一切工作都是和关键词切实相关的，并且关键词研究也贯穿了 SEO 工作的始终。所以做 SEO 一定要注重关键词的研究，否则还没有展开工作，可能就走了弯路。另外，专业词库是 SEO 人员从业周期内都要持续积累的，或拥有词库或拥有获取词库的有效方法，有精准的专业词库和语料库是深入 SEO 工作的核心基础，技术层面对关键词的处理是 SEO 工作的辅助扩展，围绕词库获取制作相关、专业、高质量网页是 SEO 工作的着陆点，没有对关键词的深度认识，可能就只能停留在 SEO 的表面。当然能够把 SEO 表面工作做到极致的人也算是高手了。

最后，需要特别注意的是，关键词研究是研究网站定位和用户搜索需求及习惯之间的结合点，并不是为了关键词而研究关键词，切不可本末倒置，否则就会不知不觉地制造大量垃圾页面而遭到搜索引擎的处罚。

第 5 章 站内优化

站内优化是整个 SEO 工作最核心的部分。SEO 人员需要通过站内优化，把网站结构做得更容易被 Spider 抓取；设计整体内部链接架构把站内权重导给最重要的页面；均衡站内链接使得尽可能多的长尾关键词着陆页得到支持；优化页面内容使得搜索引擎更容易识别和匹配等。很多网站根本不需要花费精力去搞外链，只注重站内优化，精心优化内容和内链，同样也会获得搜索引擎的青睐，得到比较好的排名和流量。在搜索引擎不断打击外链作弊的情况下，站长和 SEO 人员更需要注重网站内功的修炼。本章所有示例均只是参考，并不是优化规则和标准操作模式。SEO 没有太多固定的规则，在"没有硬性错误、迎合搜索用户搜索习惯、保证用户体验"的原则下，任何优化方法和技巧都是允许的，SEO 更多地是注重策略及方法变通，而不是过多地追求固定的技巧。

🔵 5.1 网站结构优化

良好的网站结构不仅可以引导 Spider 快速高效地抓取全站内容，还可以辅助站内权重的合理导向，最重要的是，良好的网站结构是用户体验的基础。虽然这部分内容在网络和其他 SEO 书籍中已经被讨论得比较多了，但确实还是有很多需要注意的地方值得讨论一下。这里不再赘述 Flash 网站不利于优化之类的话题，仅挑选一些业内经常讨论的、疑惑比较多的点进行讨论。

5.1.1 URL 优化注意事项

并不是所有的 SEO 人员都能在工作中接触到 URL 优化。不少公司网站不需要新的 URL 规则，也不需要改版重新设计 URL，就算设计 URL 结构，一般也都是 SEO 负责人来设计的，基层 SEO 人员并不会实际操作 URL 的设计和优化。但是为了美好的明天，或者如果自己拥有个人站试验，也要对这部分内容进行详细的了解。SEO 人员都知道的 URL 设计原则是越短越好，参数越少越好。下面针对 URL 设计中的几个小问题进行讨论。

1. URL 目录层级不要过多

有 SEO 基础的朋友应该都了解网站的物理结构和逻辑结构。一般认为物理结构上，网站 URL 涉及的目录层级越少越好，即网页在物理结构上越靠近首页越好（在浏览器中访问网页时，动态生成的 URL 上体现出来的结构和文件在服务器上存放的真实位置是没有什么区别的）。可以这样比喻，目录层级类似于家族辈分，层级越多辈分越低，不考虑其外链的情况下，从族长处分得的地位就越低，也就是页面权重越低。很多大型网站由于历史或者其他原因都有很复杂的物理层级结构，理论上这不仅会降低页面本身通过层级传递获得的"天生的权重"，也不利于网页链接在站内站外的引用。

比如以下几个老牌网站的 URL 结构，充满了"层次感"。

央视网：http://military.cntv.cn/program/jsbd/20121101/107910.shtml

河北新闻网：http://hebei.hebnews.cn/2012-11/04/content_2921856.htm

合肥在线：http://news.hf365.com/system/2012/10/18/012681457.shtml

当然这是强势媒体网站，使用的一般都是比较久远的 CMS 文章系统。当初设计时就没有考虑到 URL 结构问题，只是管理人员按自己意愿进行设置的。比如这三个 URL 中的日期，有的占了一层，有的占了两层，有的占了三层，除了按日期归档的目录层级以外，还有不必要的系统目录。其实完全可以把文章都放到一个固定分类的一级目录中，如有必要进行日期归档的话，单独设计日期归档页面就可以了，没有必要把文章都放到多层日期归档目录的下面。这些媒体网站有着自己的流量渠道，也可能不太注重或者还没有开始注重 SEO。

如果营销型网站也这样来设计 URL 结构，那么可能在最基础的部分就比竞争对手差了一些。同样的网站权重、同样的内部链接设计、同样的外链质量和数量，但是你的目录层级多，家族辈分低，出门竞争的强度也会相对弱一些。比如，下面是搜房网和中关村在线的 URL 结构设计示例。

搜房网租房房源中的交叉组合查询页面的链接，全部参数有 10 多个，搜房网通过伪静态把 URL 结构控制在了两层以内：

http://zu.gz.soufun.com/house-a073-b01215/a21-c20-d2500-g22-n20-o25-p21-r22-s25-t22-u22-n31/

中关村在线平板电脑产品库的交叉查询页面的链接，全部参数也超过 10 个了，和搜房网一样，也是通过伪静态把 URL 的目录层级控制在了两层以内：

http://detail.zol.com.cn/tablepc_index/subcate702_98_list_s3596-s1978-s2780-s2397-s2526-s3092-c79_1.html

所以如果需要设计 URL 结构，目录层级应该控制一下。尽量使网站趋于扁平化，不要增加不必要的目录层级。现在常见的 URL 结构设计为：目录页和专题页 URL 的设计层级都尽可能少，甚至很多人会设计成全部使用一级目录；内容页一般放在一级目录下，甚至直接放在域名下，而不是放在分类目录下，目录页面往往只是对内容的归类列表页而已。例如一呼百应网 www 域名下的信息页 URL 及该信息所隶属的分类目录 URL：

http://www.youboy.com/s4618198.html

http://www.youboy.com/cp/wujingongju/

2．动态 URL 并不一定需要伪静态

在 SEO 诊断工作中，很多朋友喜欢先检查对方网站是不是动态 URL，如果是动态 URL，就会毫不思索地建议对方做伪静态。这其实是不合理的，有的网站所有 URL 中只会有一个动态参数，只是不同类型页面 URL 的动态参数不同而已。做不做伪静态都是可以的，搜索引擎都会正常抓取，也并不会因为做了伪静态而提升多少用户体验。很多博客系统就是这样，比如 WordPress 的 URL 结构。

文章页：http://www.pizirui.com/?p=591

目录页：http://www.pizirui.com/?cat=3

单页面：http://www.pizirui.com/?page_id=38

文章归档页面：http://www.pizirui.com/?m=201208

这样的页面 URL 已经很简单了，就不需要进行伪静态了。除非有的朋友喜欢在 URL 中加几个关键词，需要进行伪静态的设置，否则完全没有必要做伪静态的工作。使用开源 CMS 系统做伪静态一般都会有官方规则，如果是找建站公司做网站，那么就需要自己或重新找建站公司来写伪静态规则，虽然参数少的情况下对技术要求并不高，但也是需要技术支持的。没必要的工作何必浪费精力呢？

对于站内参数复杂的网站，做伪静态还是有必要的。比如商城类、房产类网站都有很多交叉查询的参数，房产类网站的参数经常会有 10 个以上。其实如果站内参数设置没有问题也不必进行伪静态，不过大部分网站为了使得 URL 简洁、目录层级少，也会精心设计伪静态规则。有必要提醒的是超过 10 个参数的伪静态就不能通过简单映射完成了，还需要其他技术辅助。如上面提到的搜房网和中关村在线的链接结构。

以前之所以强调把动态 URL 转化成静态 URL，是因为原先搜索引擎比较排斥动态 URL 的多参数。有很多网站设置了很多动态参数使得 Spider 永远抓不完这些页面，并且这些页面的内容可能是完全重复的，或者程序出现 Bug 产生无数动态链接使得 Spider 陷入死循环。现在，随着站长们 SEO 意识的提高，以及搜索引擎自身技术的提高，很少会出现把 Spider 引入无底洞的情况了。站长会经常检查网站是否有链接错误或无效 URL 产生，Spider 也会对各种 URL 有选择性地抓取，所以以前因为动态 URL 而产生的 Spider 抓取问题，现在已经很少了。

另外，现在百度还会自动去除 URL 中的无效参数。如图 5-1 所示，千品网的大部分 URL 的末尾都加上了追踪用户行为的参数，并且原来千品网并没有设置 robots 文件，但是百度并没有收录这些带参数的 URL，而收录了去除参数后的 URL。当时由于千品网站内只有带参数的 URL，反而真实的 URL 并没有直接链接。千品网的 SEO 负责人还和笔者进行了多次讨论，首先这些参数是运营人员要求加的，再者也疑惑为什么百度没有收录这些带参数的 URL，反而收录了不带参数的 URL，因为真实的 URL 当时在网络是不存在的。就此，笔者专门咨询了百度站长平台的运营人员，对方说明"百度会自动尝试去掉 URL 中的一些无效参数"。后来千品网使用 Sitemap 把真实 URL 提交到了百度，并且以防万一，配置了 robots 文件来禁止 Spider 抓取站内动态 URL。

```
<a href="http://beijing.qianpin.com/ms.html?abacusinsid=hri100" target="_blank">美食</a>
<a href="http://beijing.qianpin.com/xxyl.html?abacusinsid=hri200" target="_blank">休闲娱乐</a>
<a href="http://beijing.qianpin.com/jdly.html?abacusinsid=hri500" target="_blank">酒店旅游</a>
<a href="http://beijing.qianpin.com/lr.html?abacusinsid=hri300" target="_blank">丽人</a>
<a href="http://beijing.qianpin.com/shfw.html?abacusinsid=hri400" target="_blank">生活服务</a>
<a href="http://beijing.qianpin.com/ppzq.html?abacusinsid=hrib00" target="_blank">品牌汇</a>
```

图 5-1　千品网北京站首页部分源代码

由此可见现在搜索引擎对动态 URL 的处理还是比较智能的，所以如果网站内的动态参数不多，网站结构不复杂，完全没有必要纠结于做伪静态。当然必要的 URL 优化工作还是要做的，不可能完全寄希望于搜索引擎，如果搜索引擎什么问题都能解决，那么 SEO 就没有存在的意义了。对于千品网的这类 URL 问题，也有不少网站是百度没有处理好的。如图 5-2 所示，不知道黄页 88 网首页为什么会有 "?tob0odt6ll=WGmDSiNhRV" 这样的参数，并且这个参数并不会改变网页内容，然而百度还是收录了，可见完全依靠百度自己判断 URL 中的参数是否有意义是不靠谱的。

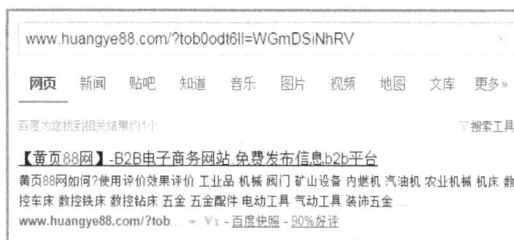

图 5-2　百度收录含有无效参数的 URL

很多拿万年历系统来举例的 SEO 人员，表示万年历系统会引导 Spider 无限地抓取下去，不仅造成站内资源浪费，也会浪费 Spider 的抓取。先不谈现在的搜索引擎会不会玩命地抓取这些 URL，但作为站长和 SEO 人员，除非你用万年历系统来归类内容，否则在该功能上线之初就应该屏蔽搜索引擎对这些 URL 的抓取。

综上，如果是出于方便 Spider 抓取的目的，并不是所有动态 URL 的网站都需要静态化。如果你的网站系统庞大或者拥有和搜房、中关村在线类似的多参数 URL，那么就最好静态化处理一下；如果你的网站系统很简单，只有一两个参数，就没有必要纠结伪静态问题。对于动态参数产生的页面重复问题，不是通过伪静态来解决的，而是需要通过技术去除或 robots.txt 文件及其他标签设置来解决的；对于由程序 Bug 生成无限参数造成蜘蛛陷阱的网站，使用伪静态也未必能解决问题，还是需要站长和 SEO 人员时常分析网站日志，修补 Bug。当然伪静态还可以把动态参数映射成关键词拼音或英文单词，甚至可以是中文关键词，有些网站出于这方面考虑，也可以推进网站 URL 的静态化。

SEO 人员在进行网站优化方案写作时，最好根据网站实际情况进行伪静态建议。不要一旦发现对方是动态 URL 就提出做伪静态的建议，除非你认为这样做 SEO 方案显得你更加专业。

3．URL 中最好可以包含关键词

如图 5-3 所示为百度搜索 "ipad3" 的结果，百度把 URL 中的 "ipad3" 也进行了匹配加粗。所以在 URL 中布局关键词也可以增加网页和搜索词的相关度，很多大型网站甚至在 URL 中使用了大量中文。现在双拼和三拼域名炒得这么火，域名本身所带来的自然流量也是提升域名价值的一个重要因素。这种域名对在搜索引擎上优化对应关键词也有一定的促进作用。

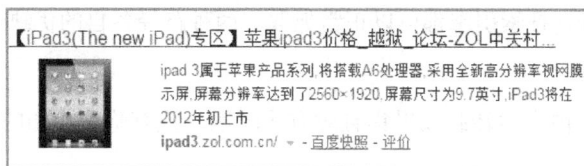

图 5-3　百度搜索 "ipad3"

4．中文 URL 问题

经百度官方人员确认，只要 URL 不是过长，百度对中文 URL 的收录就没有问题。如图 5-4 所示为在百度中使用 inurl 指令搜索 URL 中含有"联想笔记本"的网页。可见有不少网站在 URL 中使用了中文，并没有影响百度的收录。在 URL 中使用中文关键词可以加强网页和关键词的匹配程度，不过现在有一些网站认为百度对中文 URL 收录可能不够友好，而采用了拼音、英文单词或者拼音首字母形式的 URL。

图 5-4　百度 inurl 指令结果

其实并没有必要担心中文 URL 的收录情况，而是需要考虑站内中文 URL 过多是不是会造成用户体验下降的情况。中文 URL 在大多数浏览器中是编码形式的，当用户复制引用时也会是长长的编码，在一定程度上降低了用户体验，也不便于分享和外链建设。并且如果是非知名的网站，中文 URL 过多，很容易被用户认为是垃圾站点，所以不宜对站内重要页面使用中文 URL。对于 TAG 聚合页面倒是不必担心中文 URL 问题，现在很多网站都使用 TAG 词库来作弊抢夺流量。可见搜索引擎对中文 URL 收录还是很友好的，不过因为网站没有内容而凑关键词，很多使用 TAG 词的网站都被百度惩罚了。

因此中文 URL 是可以使用的，但是要综合考虑，它可以增加页面和关键词的相关度，也会降低用户体验度，同时，如果自身内容不到位，还有可能被百度处理 TAG 词作弊时所误伤。

5．相对路径和绝对路径

在网站设计时，有不少朋友会考虑相对路径和绝对路径对 SEO 的影响。其实不论使用相对路径还是使用绝对路径，搜索引擎都可以正常抓取。两种路径各自的优缺点如下。

绝对路径优缺点：

（1）如果你的文章内容被转载或采集且对方比较懒，没有除去你加的链接，就会给你的网站增加一些外链。

（2）如果你的网站没有做 301，并且你把带 www 和不带 www 的域名都解析到一个站点，可能会产生网址规范化问题。使用绝对路径，可以告诉搜索引擎你使用的是哪个版本的 URL，防止搜索引擎自动选择你不想让它收录的 URL 版本。比如你把 domain.com 和 www.domain.com 解析到了一个站点，你想让搜索引擎收录 www.domain.com 下的内容。但是你没有做或者不能做 301，并且你使用的是相对路径的 URL，那么搜索引擎从 domain.com 进入网站后，网站内所有的 URL 就都是以 domain.com 开头的了。最终搜索引擎很可能把你不想被收录的 domain.com 版本 URL 的网页作为主要网页参与排名，而 www.domain.com 版本的 URL 被搜索引擎雪藏了。

（3）如果你的网页移动位置，不会影响站内链接，因为是固定的链接。

（4）不利于测试，有规模的网站一般会有线下测试，如果网站内的链接不是动态参数，就会造成很多死链接，没办法进行测试。

（5）如果网页中链接过多，会加大网页的体积。

相对路径的优缺点正好和绝对路径相反。解释一下第（3）条，如果页面中使用了相对路径，当页面移动目录或者域名时就会出现死链接，这种问题常见于大型新闻 CMS 系统。笔者曾经使用的 TRS 系统就有这个问题，比如：

在目录/yule/下放置了文件 1.html；

1.html 中用相对链接指向了同目录下的 2.html；

编辑突然发现 1.html 放错了目录，应该放到目录/news/下；

如果此时只是机械地把 1.html 转放到目录/news/下，那么 1.html 中的链接会自动改变指向目录/news/下的 2.html；

如果目录/news/下没有 2.html，就会产生 404 错误；

即使目录/news/下有同文件名的 2.html，两个目录下 2.html 的内容也是不同的，也会造成链接指向混乱。

推荐网站使用绝对路径，现在都是动态语言开发网站，完全可以避免测试时的问题。至于加大网页体积的问题，一是普通网站都不会在同一个页面上放太多链接；二是如网页其他方面精简到位，正常的网页体积都不会太大，都可以被搜索引擎完整抓取。所以相对来说绝对路径更好一些。

6. 字母小写且不要用特殊符号

URL 中的字母全部小写，便于人工输入，不会因为大小写掺杂产生错误。并且 Linux 系统服务器是区分大小写字母的。在一些流量统计工具中也会把有大小写问题的同一个 URL 当成两个 URL 来统计，这增加了流量分析的难度。如无必要，不要在 URL 中使用特殊符号，否则可能会出现不可预知的错误。并且在站外引用链接时，如果 URL 中包特殊符号，很可能导致被引用的链接解析不完整。

7. 目录最后的斜杠问题

有很多朋友发现百度同时收录了网站 URL 最后带"/"与不带"/"的两种形式。如图 5-5 和图 5-6 所示，可见百度把两个 URL 当成了不同的页面，曾经一度出现过两种 URL 共同存在某个关键词的搜索结果首页，现在已经很少见。

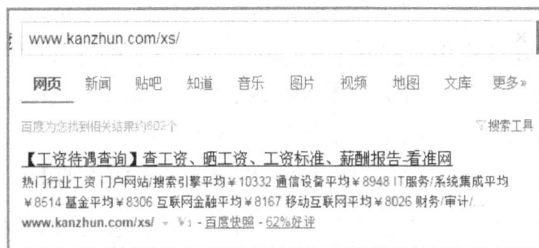

图 5-5　带斜杠的 URL 被收录

图 5-6　不带斜杠的 URL 也被收录

且不论百度会不会把这两种 URL 当成重复页面对待，站长和 SEO 人员自己首先就应该先把 URL 进行统一。如果是目录那么就用正常的目录形式，如果是文件那么就用文件形式。当用户或 Spider 访问 www.domain.com/abc 时，部分服务器发现网站根目录下没有 abc 这个文件，那么就会报 404 错误，也可能会自动 301 或 302 跳转到 www.domain.com/abc/ 上，也有部分服务器是两个 URL 都可以正常访问的。不论服务器使用哪种处理方式，站长和 SEO 人员最好都要保持站内 URL 的统一，不至于内链和外链都被分散到两种 URL 上去。因为百度指不定会在排名中使用哪个版本的 URL。另外，目录 URL 和目录首页文件的 URL 也有同样的问题，同样需要网址规范化，做好 301 及站内只使用一个版本的 URL，例如 www.domain.com/abc/ 和 www.domain.com/abc/index.html。

《百度搜索引擎优化指南》中对于网站 URL 的建议如下。

（1）网站中同一网页只对应一个 URL，如果网站上多种 URL 都能访问同样的内容，会有如下危险：

- 搜索引擎会选一种 URL 为标准，可能会和正版不同；
- 用户可能为同一网页的不同 URL 做推荐，多种 URL 形式分散了该网页的权重。

如果你的网站上已经存在多种 URL 形式，建议按以下方式处理：

- 在系统中只使用正常形式 URL，不让用户接触到非正常形式的 URL；
- 不把 Session ID、统计代码等不必要的内容放在 URL 中；
- 不同形式的 URL，301 永久跳转到正常形式；
- 防止用户输错而启用的备用域名，301 永久跳转到主域名；
- 使用 robots.txt 禁止 BaiduSpider 抓取你不想向用户展现的形式。

（2）让用户能从 URL 判断出网页内容以及网站结构信息，并可以预测将要看到的内容。

> 百度的空间
> http://hi.baidu.com/baidu
> http://hi.baidu.com/baidu/blog
> http://hi.baidu.com/baidu/blog/item/61d2c0eff81ade3bacafd5c4.html
> http://hi.baidu.com/baidu/album/

以百度空间为例，URL 结构中加入了用户 ID 信息，用户在看到空间的 URL 时，可以方便地判断是谁的空间。URL 结构中还加入了 Blog、Album 等内容信息，用户可以通过 URL 判断将要看到的内容是一篇博客，还是一个相册。

（3）URL 尽量短。

长长的 URL 不仅不美观，用户还很难从中获取额外有用的信息。另一方面，短 URL 还有助于减小页面体积，加快网页打开速度，提升用户体验。

> 百度贴吧
> http://tieba.baidu.com/f?ct=&tn=&rn=&pn=&lm=&cm=0&kw=百度&rs2=0&sc=&un=&rs1=&rs5
> =&sn=&rs6=&myselectvalue=0&word=百度&tb=on
> http://tieba.baidu.com/f?kw=百度

例子中的第一个 URL，会让用户望而却步，第二个 URL，用户可以很轻松地判断是贴吧中关于百度的吧。

（4）正常的动态 URL 对搜索引擎没有影响。

URL 是动态的还是静态的对搜索引擎没有影响，但建议尽量减少动态 URL 中包含的变量参数，这样既有助于减少 URL 长度，也可以减少让搜索引擎掉入黑洞的风险。

（5）不添加不能被系统自动识别为 URL 组成部分的字符。

> 杯具的 URL
> http://mp3.domain.com/albumlist/%C1%F5%B5%C2%BB%AA;;;;;;%B9%D2%C4%EE%C1%F5%B5%C
> 2%BB%AA%C7%E9%B8%E832%CA%D7.html
> http://news.domain.com/100716/171,1710,8038527,00.shtml

上面例子中，URL 中加入了"；""，"等字符，用户在通过论坛、即时通信工具等渠道推荐这些 URL 时，不能被自动识别为链接，增加了用户访问这些网页的困难度。

（6）利用百度提供的 URL 优化工具检查。

百度站长平台提供了 URL 优化工具，可以帮助检查 URL 对搜索引擎的友好程度并提出修改建议。

5.1.2　是否需要 Sitemap 及制作方法

Sitemap 即网站地图。网站地图分为两种，一种是 HTML 地图，主要让普通用户使用，一种是 XML 地图，主要是引导 Spider 抓取网站。很多 SEO 人员在制作网站优化方案时，如果发现目标网站没有网站地图，一般都是写上制作网站地图的建议。那么网站是否真的需要网站地图呢？

1. 网站是否需要地图

首先要明白制作网站地图的目的是什么？比如针对 Spider 抓取的 XML 地图，XML 网站地图的制作可以方便 Spider 对全站重要页面的抓取。这是 SEO 人员熟悉得不能再熟悉的理论了。如果你的网站结构比较复杂，或者你有资源处于多级目录下，Spider 自己不容易抓取全站的内容，此时你是需要 XML 地图引导一下 Spider 的；如果你只是一个小型博客站点，或者只有几十个网页的公司网站，网站结构没问题，链接都可以正常抓取的话，Spider 很容易就把你网站所有内容都抓一遍了，此时就没有必要制作 XML 地图了。所以并不是所有的网站都必须使用 XML 地图，做 SEO 的朋友也不需要把制作 XML 地图当做 SEO 优化方案的必加建议。

对于 HTML 地图，一般认为是方便用户浏览网站才进行制作的，和 XML 地图一样，结构复杂的网站需要，结构简单的网站并不需要。如果一个网站所有频道和重要内容都在首页上有链接了，那么再单独做一个 HTML 的地图干什么呢？如果网站结构复杂，频道众多，网站首页上不可能放这么多重要页面的链接，此时就需要一个 HTML 的地图来方便引导用户浏览网站。

如图 5-7 所示为搜房网的 HTML 地图，搜房网有太多重要的目录和页面了，在网站首页不可能有这么多空间来放这么多链接，即使全放到首页，用户体验也会非常糟糕。所以这个 HTML 地图对用户有很好的引导作用，方便用户快速找到自己所需要浏览的频道、目录、专题或详细信息页面。

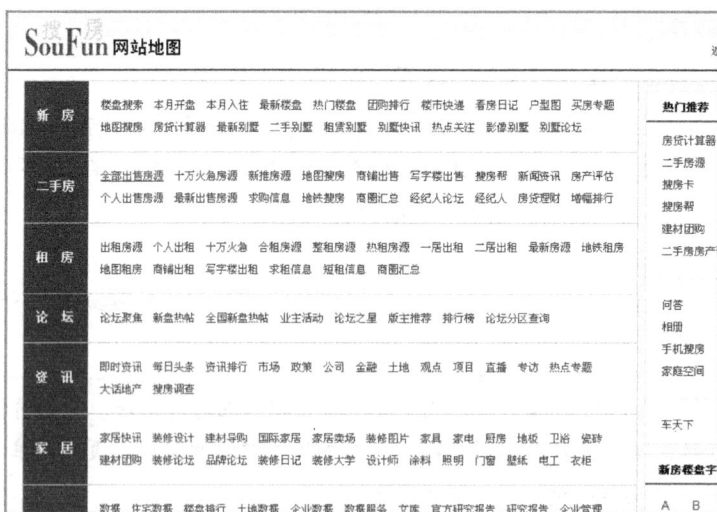

图 5-7　搜房网 HTML 地图

2. 不推荐使用站外 XML 地图生成工具

如果确定网站的确需要制作 XML 地图引导一下 Spider，就要考虑怎样制作这个 XML 地图了。对于 XML 地图的格式，网络上有很多介绍，百度站长平台的"推荐阅读"区 Sitemap 工具的介绍中也有详细讲解，在此就不多做介绍了。这里重点谈一下怎么来做这个 XML 地图。

很多朋友在网上寻找制作 XML 地图的工具，网上也确实有很多相关工具。这些工具一般需要你提交一个页面作为入口，然后模拟 Spider 抓取你的网站。笔者不认为这些工具的 Spider 比搜索引擎的 Spider 还要强大，这些工具的 Spider 能够抓取到的页面搜索引擎基本上都可以抓取到。并且对于网站内隐藏比较深的页面，这些工具也不一定能够抓全，所以不推荐使用站外 XML 地图生成工具。

作为站长或 SEO 人员，应该对自己的网站了如指掌。如果想制作 XML 地图，最好根据网站内容和数据库字段批量生成有效网页的 URL。现在的网站差不多都是动态程序了，网站 URL 一般都是数据库驱动的。所以大家根据数据库的字段和网站 URL 结构进行对比组合批量生成就可以了，去除那些不希望被搜索引擎抓取的参数，只提取有效参数，才能制作出高质量的 XML 地图。这样的 XML 地图才可以方便 Spider 抓取正常情况下抓取不到的内容，方便搜索引擎抓取全站的内容。使用外部工具抓自己的网站不但消耗自己的服务器和带宽资源，抓取到的 URL 可能还会包含很多垃圾页面，更会降低这种 XML 地图的价值。

不过，如果确实没有能力根据数据库批量生成有效页面的 URL，通过日志分析又发现有太多站内页面迟迟没有被搜索引擎抓取，本着"有总比没有强"的目的也可以使用站外工具制作一个 XML 地图提交到搜索引擎，在制作过程中及提交地图之前一定要检查一下地图中 URL 是否有错误，是否存在垃圾链接过多等问题。不提交 Sitemap 就只能等待搜索引擎发现网站的 URL 后才抓取，提交 Sitemap 后就是把网站的 URL 提交给搜索引擎直接抓取，提交 Sitemap 就相当于帮助搜索引擎省去了发现 URL 的步骤，相对来说会提升网站内网页被搜索引擎抓取效率。至于生成工具，Site Map Maker、SiteMap Builder 等都是相对比较不错的，有需要的朋友可以了解一下。

所以，如果网站结构比较简单，网页也比较少，就没有必要纠结是否需要制作和提交网站地图；如果网站内页面比较多且有一定的技术能力，就可以按照数据库中的字段来批量为有内容的页面生成网站地图；如果网站内页面比较多，但又没有能力通过技术手段生成高质量的网站地图，那么也可以通过站外生成工具来制作，不过一定要严格检查生成 URL 的正确性和质量，如果提交太多垃圾页面的 URL，就等于直接告诉搜索引擎你的站点内容质量不怎么样了。

3．网站地图入口和格式问题

对于 XML 版的地图，Google Webmaster 和百度站长平台都已经有专门的提交入口。对于 HTML 版的地图，最好在全站的页脚都推荐一下，因为这是主要为用户服务的，要让用户随时都可以找到网站地图，从而更方便地浏览网站。对于 Google，还可以在 robots.txt 文件中声明站点地图的位置，且 Google 可以支持单个地图文件含 URL 的上限为 50 000 条，文件大小为 50MB。而百度暂时只支持通过站长平台提交网站地图，不支持 robots.txt 文件声明，所支持的地图文件 URL 条数上限也为 50 000 条，不过文件大小上限为 10MB。另外 Google 和百度都支持 XML 形式之外的纯文本地图，但是 Google 只支持 UTF-8 编码，百度则支持 UTF-8 和 GBK 两种编码。

所以，如果使用同一套地图文件同时提供给 Google 和百度，需要让地图文件同时符合两边的要求：单个文件的大小不要超过 10MB，所含 URL 不要超过 50 000 条；当使用纯文本文件时，要使用 UTF-8 编码；两边都支持经过 gzip 压缩的地图文件；两边都支持地图索引文件提交。

5.1.3　robots.txt 相关问题及用途

robots.txt 文件是引导搜索引擎 Spider 抓取网站的文件。合理地使用 robots.txt 文件可以防止自己网站内诸如后台登入之类的秘密页面被搜索引擎抓取索引和公布，还可以屏蔽搜索引擎对网站非内容页面的抓取，只让搜索引擎抓取和收录能够带来排名和流量的页面。在 robots.txt 文件的使用中有下面几个问题值得讨论一下。

1．要不要使用 robots.txt

对于有需要屏蔽 Spider 抓取的内容的网站，当然是需要 robots.txt 文件的。但是对于希望把内容全部开放给 Spider 的网站来说 robots.txt 就没有意义了，那么此时还需不需要这个 robots.txt 文件呢？

2012 年 11 月 1 日，百度、360 和搜狗等国内主流搜索引擎签署了《互联网搜索引擎服务自律公约》，表态全部支持 robots 协议。搜索引擎支持 robots 协议，也就是在抓取网站内容之前需要先抓取网站的 robots.txt 文件。

如果网站不设置 robots.txt 文件，正常情况下服务器会返回 404 状态码，但是也有些服务器会返回 200 或者其他错误。针对返回 404 状态码的服务器，就不需要做特殊处理了。因为搜索引擎抓取一两次都发现网站并没有设置 robots.txt 文件，在一定周期内就不会再进行抓取了，而是正常抓取网站内容。对于返回 404 状态码之外的信息的服务器，最好重新配置一下服务器，设置为对访问服务器上不存在的 URL 或文件的用户返回 404 状态码。如果不能进行配置，那么就在网站根目录下放一个空设置或允许抓取全部内容设置的 robots.txt 文件，以防服务器对 Spider 做出错误的引导。

有些人认为如果允许 Spider 抓取全站内容，还在服务器上放一个 robots.txt 文件有可能会浪费 Spider 的抓取次数，毕竟 Spider 对一个网站的抓取次数是有限的。其实这种担心是不必要的，不论你设置不设置 robots.txt 文件，搜索引擎都会频繁地抓取这个文件，因为搜索引擎并不知道你以后是不是要设置或者更新这个文件，为了遵守互联网协议，就只能频繁地对此文件进行抓取。并且搜索引擎每天只抓几次 robots.txt 文件，并不会造成对网站抓取次数的浪费。

2．robots.txt 可以声明网站地图

robots.txt 文件除了有限制搜索引擎抓取的功能外，还可以声明网站地图的位置。这其实是 Google 所支持的一个功能，站长可以通过 Google Webmaster 直接向 Google 提交 XML 版本或纯文本的网站地图，也可以选择在 robots.txt 文件中添加一行声明：

Sitemap: http://example.com/Sitemap_location.xml

该声明和限制搜索引擎抓取的语句没有关系，可以放到文件中的任何位置。不过暂时只有 Google 支持，百度搜索工程师曾经表示不支持（如图 5-8 所示），并且现在百度在站长平台中有了专门的 Sitemap 提交入口，所以这个声明对百度不一定有效。不过由于 robots.txt 文件的特性，搜索引擎都必须频繁抓取此文件，所以在 robots.txt 文件中声明一下网站地图，单从促进搜索引擎对网站抓取方面来看，只会有益无害。

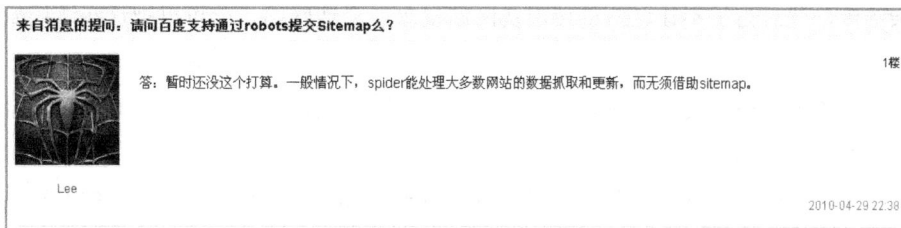

图 5-8　百度表示不支持

3．robots meta 标签的使用

robots 协议除可以在网站根目录使用 robots.txt 文件外，还可以使用 meta 标签。具体写法如下：

<meta name="robots" content="nofollow">

<meta name="BaiduSpider" content="nofollow">

<meta name="robots" content="noarchive">

<meta name="BaiduSpider" content="noarchive">

nofollow 会在后面进行详细的介绍，noarchive 是禁止显示快照的意思，也就是当网友搜索到你的网站时，只能进入你的网站浏览内容，不能通过搜索引擎的快照浏览你的网站的内容。使用 meta 标签中的 nofollow 可以使得搜索引擎不跟踪页面中的链接。值得一提的是在网络上和其他 SEO 书籍中提及的<meta name="robots"content="noindex">，百度是不支持的，在针对百度进行设置时，应该了解并注意到这一点（不过笔者试验也有一定的效果）。现在禁止百度收录某个页面只能使用 robots.txt 来实现，或者针对百度 Spider 返回 404 状态码，robots meta 暂时还不可以，不过百度官方表示已经在计划支持 noindex。

4．robots.txt 的具体用途

一般来说可以使用 robots.txt 文件来屏蔽不想被搜索引擎抓取的页面，但是这些"不想被抓取的页面"一般都会有哪些呢？下面来举几个简单的例子。

（1）多版本 URL 情况下，非主显 URL 的其他版本。比如网站链接伪静态后就不希望搜索引擎抓取动态版本了，这时就可以使用 robots.txt 屏蔽掉站内所有动态链接。

（2）如果网站内有大量的交叉组合查询所生成的页面，肯定有大量页面是没有内容的，对于没有内容的页面可以单独设置一个 URL 特征，然后使用 robots.txt 进行屏蔽，以防被搜索引擎认为网站制造垃圾页面。

（3）如果网站改版或因为某种原因突然删除了大量页面，众所周知，网站突然出现大量死链接对网站在搜索引擎上的表现是不利的。虽然现在可以直接向百度提交死链接，但是还不如直接屏蔽百度对死链接的抓取，这样理论上百度就不会突然发现网站多了太多死链接，或者两者同时进行。当然站长自己最好把站内的死链接清理干净。

（4）如果网站有类似 UGC 的功能，且为了提高用户提供内容的积极性并没有禁止用户在内

容中夹杂链接，此时为了不让这些链接浪费网站权重或牵连网站，就可以把这些链接做成站内的跳转链接，然后使用 robots.txt 进行屏蔽。现在有不少论坛已经这样操作了。

（5）常规的不希望被搜索引擎索引的内容，比如隐私数据、用户信息、管理后台页面等都可以使用 robots.txt 进行屏蔽。

以上就是 robots.txt 常见的功能。合理地使用 robots.txt，不仅可以保护网站的隐私数据，还可以只给搜索引擎展现网站高质量的一面，同时也可以使得搜索引擎多多抓取其他允许抓取的页面。不过，站长和 SEO 人员要慎重考虑是否需要把后台地址写到 robots.txt 文件中，现在很多黑客都在频繁地扫描各个网站的后台地址，如果直接把后台地址写入到 robots.txt 中，也就相当于直接告诉黑客网站的后台地址了；还有，现在只是 Google 支持 robots.txt 文件声明 Sitemap 地址，百度并不支持，并且站长现在完全可以通过 Google Webmaster 提交 Sitemap，所以使用 robots.txt 文件声明网站 XML 地图位置并没有太大的必要性。现在有不少做采集的人都会通过 robots.txt 文件寻找网站的 Sitemap，然后批量地提取目标内容的 URL，如果站内有比较有价值的资源（例如关键词库等），就很容易被竞争对手钻空子。所以在制作 robots.txt 文件时一定要综合考虑都需要写什么，而不能只站在 SEO 的角度思考问题。

另外，SEO 人员不要被 robots.txt 文件本身原始的作用所限制，要将思维扩散一下，多多思考。比如为防止被搜索引擎抓到把柄，不让搜索引擎抓取透露网站弊端的页面链接；为提升网站在搜索引擎眼中的整体质量等，不让搜索引擎抓取无搜索价值的页面。

5.1.4　导航优化注意事项

网站导航的本职作用是引导用户和 Spider 更好地浏览网站内容。常见的网站导航有主导航、多级导航、底部导航和面包屑导航等。这些导航链接在 SEO 中，不仅可以引导用户和 Spider 浏览全站内容，告诉用户和 Spider 自己所在网页的位置；还可以布局整站内链架构，控制站内权重的流动及向 Spider 声明站内各个页面的重要程度等。

1．主导航

展示网站一级重要频道入口，一般是整站内容的大分类栏目。作为网站的最重要的导航，一般都位于整个网站所有页面的上方，主导航中最好不要添加过细分类或内容页面的链接。如图 5-9 所示为搜房网的主导航。

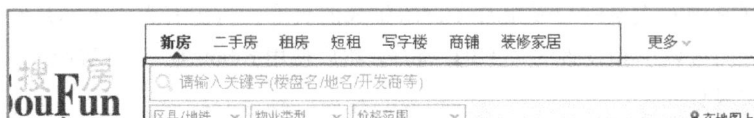

图 5-9　搜房网主导航

2．多级导航

如果网站内容丰富复杂，一般会有树形的多级分类。此时为了方便用户浏览及方便 Spider 的抓取和权重提升，也会在网站主要频道首页或者全站进行多级导航的推荐。有的网站会独立于主导航单独设置多级导航，有的网站会在主导航的基础上进行扩展，如图 5-10 所示为马可波罗网站首页的多级导航。

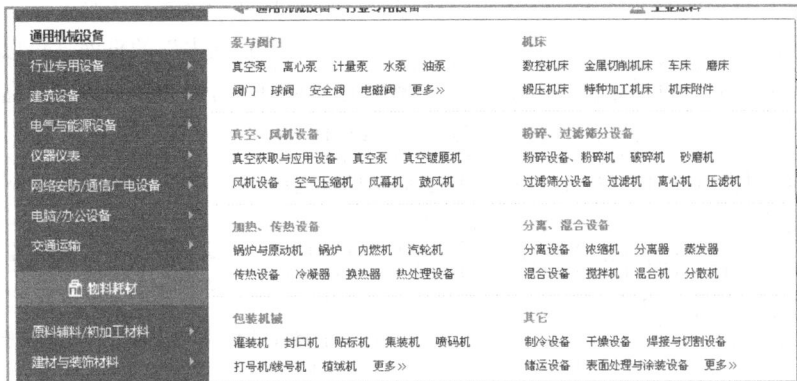

图 5-10　马可波罗网多级导航

3．底部导航

原本此导航一般是提供网站介绍、投诉举报及联系方式等网页的入口。在网站注意做 SEO 工作之后，底部导航就会被添加上大量网站主推网页或者站内索引页的链接。由于用户对底部信息关注较少，底部导航就为 SEO 人员布局内链提供了很大的空间。不过应该注意底部导航链接个数，如果页面的底部导航代码体积占网页总体积过大，可能会被当成站内链接工厂，被搜索引擎认定为无实际内容的页面，造成网页不被收录的情况。如图 5-11 所示为马可波罗网为产品库索引和其他重要页面索引做的底部导航；图 5-12 为搜房网为各地区子站做的底部导航。

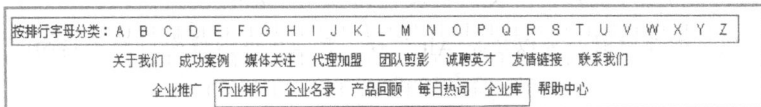

图 5-11　马可波罗底部导航

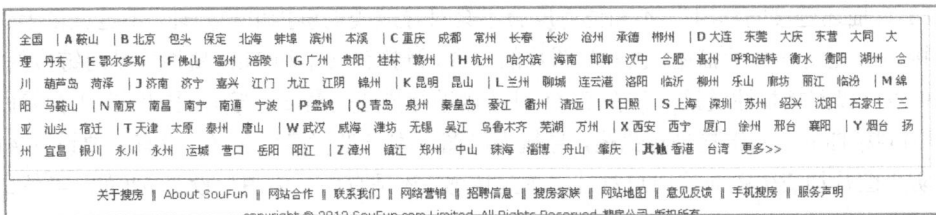

图 5-12　搜房网底部导航

4．面包屑导航

面包屑导航是网站不可或缺的。对用户而言，可以让用户清楚地知道自己所浏览页面在网站中的位置。对于 SEO 而言，保证了整站各级页面结构上权重的流通导向：网页级别越高获得的内链支持越多，最底层的页面在结构上得到的内链支持是最少的。

在进行面包屑导航设计时，如果网页的上一级页面不是很重要，在网站首页已经有入口了，那么其面包屑中的链接就可以 nofollow 掉，比如一些网站中的"其他"分类。

如果一个网页分属两个频道，比如对于主题为"石家庄好利来"的页面，可以通过地区分类找到这个页面，也可以通过食品分类找到这个页面，此时就可以为页面设置双面包屑导航，可以并排在网页上方，也可以在网页内容的上下各设置一个。

如果当前页面是网站的子域名，那么最好不要把面包屑导航的第一级设置为网站的首页，而要设置为子域名的首页。一般主导航或者 Logo 上都会有网站首页的链接，没必要为其再增加一个链接了。如图 5-13 所示为 58 同城北京站的面包屑导航。

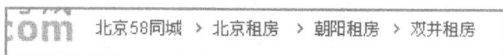

北京58同城 › 北京租房 › 朝阳租房 › 双井租房

图 5-13　58 同城北京站面包屑导航

最后再强调一点，网站导航最好都使用普通文本链接形式，不要使用 Flash，JS，框架和 Ajax 等不利于 Spider 抓取的形式。如果为了美观必须使用特殊的形式，那么在网页的其他地方，比如底部导航中做好文本导航链接。其实稍有 SEO 经验的朋友对此都熟记于心了，不过现在的确还有不少企业站和一些老牌地方新闻网站使用非文本链接的形式。

《百度搜索引擎优化指南》对于网站导航的建议如下。

（1）为每个页面都加上导航栏，让用户可以方便地返回频道、网站首页，也可以让搜索引擎方便地定位网页在网站结构中的层次。

（2）内容较多的网站，建议使用面包屑式的导航，这更容易让用户理解当前所处的位置。例如：网站首页 › 频道 › 当前浏览页面。

（3）导航中使用文字链接，不使用复杂的 Js 或者 Flash。

（4）使用图片做导航时，可以使用 Alt 注释，用 Alt 告诉搜索引擎所指向的网页内容是什么。

其中第（4）条"使用图片做导航时，可以使用 Alt 注释，用 Alt 告诉搜索引擎所指向的网页内容是什么"，原来笔者以为这一点有误，但向百度站长平台 PM 求证了"图片导航链接中的图片 ALT 有描述链接的作用"。不知道百度会不会对导航类的链接单独处理，不过理论上说对于图片链接，Alt 是对图片的描述，也就是图片的内容，链接锚文本和 Title 属性才是对链接的描述，不过 Alt 也可以间接描述链接。站在 SEO 对链接进行描述的角度，笔者更加倾向于标签回归本意：使用链接 Title 来对链接进行描述，导航上的图片本身没有多少含义，没有必要设置 Alt，但是为了防止图片加载失败而让用户对链接感到迷惑，还是有必要为图片设置 Alt 的。当然最好是直接使用文本链接，如果必须使用图片导航，那么图片 Alt 和链接 Title 就都设置上吧。

5.1.5　Cookie、登录浏览与 SEO 冲突的解决方法

有些网站为了记录用户在站内的浏览行为，会强制为用户浏览器设置 Cookie，但是搜索引擎的 Spider 是不支持 Cookie 的，此时就可能导致搜索引擎无法正常抓取网站的内容。

有些网站（多见于论坛）为防止网站内容被采集，或者出于其他考虑，会设置必须登录才能浏览网站内容。然而搜索引擎的 Spider 是不可能自动注册和登入网站的，此时就会造成搜索引擎无法正常抓取网站内容。有不少论坛因此设置导致网站收录量下降，搜索引擎流量丢失。

对于以上这两种情况，最好的方式就是对搜索引擎进行单独浏览设置，允许搜索引擎的 Spider 不生成 Cookie 即可浏览网站内容。对于第二种强制登录的情况，其实还可以设置让非登录用户浏览部分内容，如果需要浏览全部内容，则必须注册和登录，这样也可以使得搜索引擎正常抓取收录和排名，也不会通过快照泄露网站内容，还可以促进目标流量用户的注册。如图 5-14 所示为知乎网站曾经的设置，非登录用户只可以浏览问题标题和一个出色的回答，但是想要浏览更多精彩的回帖内容就必须注册登录了。内容下方直接给出了注册界面，既保证了搜索引擎的正常收录和排名，又提高了搜索流量转化成注册用户的转化率。虽然当初知乎如此设置的出发点并不是 SEO，但这不失为一个优秀的 SEO 策略。

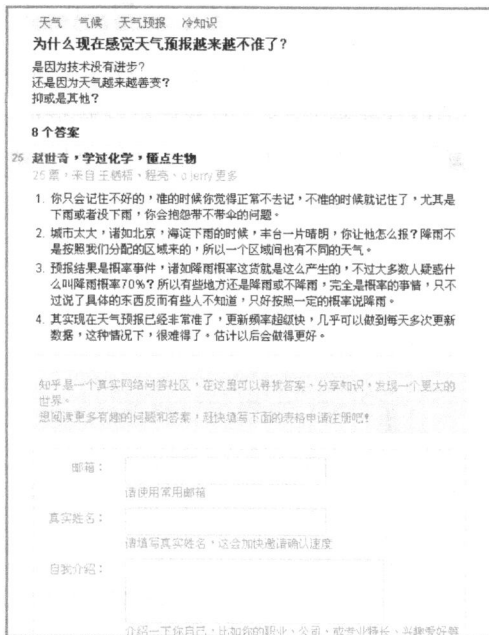

图 5-14　知乎网站设置

5.1.6　翻页注意事项

翻页一般出现于列表分页和内容分页两个地方。

1. 不要盲目改变列表分页

正常的网站中，翻页是必不可少的事，有的网站部分分类中的信息列表可能有几千个分页。分页过多就可能对 Spider 对网站的抓取造成障碍。如果网站更新频率并不是很快，分页过多是长时间积累下来的，列表中的内容几乎都被 Spider 抓取过了，这样是没有太大问题的。但是对于每天更新量比较大的网站或者网站目录，每天可能就有超过几十分页列表内容或信息产生，此时就为 Spider 对网站内容的抓取造成了障碍。

如图 5-15 所示为一个分类信息网站的分页，如果该分类每天发布的信息超过了 10 页，Spider 要对 10 页之后的新信息进行抓取，就必须翻到第 10 页才能提取到之后的分页 URL，越靠后的分页越难获取。所以为了方便搜索引擎对分页内容的抓取，可以把分页做成下面两种格式：

1，2，3，4，5，6，7，8，9，10，11，21，31，…

1，2，3，4，5，6，7，8，9，10，下 10 页

图 5-15　分类信息网站的分页

也可以根据网站类型进行按日期归档形式的分页。将每天的内容或信息做一个归档，对归档内的信息再进行分页，这样就可以使 Spider 比较方便地抓取网站的新内容了。如图 5-16 所示为八方资源网供应商频道列表中使用的归档形式。

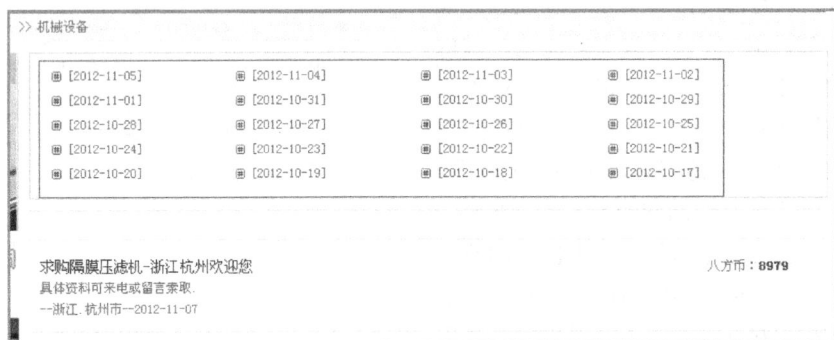

图 5-16　八方资源网站供应商列表归档

注意到网络上有不少帖子在极力推荐使用这种格式的分页，但是如果网站每天更新的信息都不够一页列表，普通正常的分页就可以了，没有必要刻意追求这种格式。这种格式的目的是让 Spider 方便地抓取每天的新内容，如果 Spider 都已经可以方便地抓取了，还跟风麻烦技术人员干嘛呢？作为 SEO 人员应该明白每一种改动和设置的原理，而不是盲目跟风。在 SEO 中任何策略都是有适用前提的。

一般网站会有主目录和其他条件的聚合列表。主目录的主要目的是为了让 Spider 方便抓取全站内容，列表首页也有竞争关键词排名的作用；聚合列表一般只需要首页来竞争排名。所以以上翻页的改动是针对主目录的，聚合列表的翻页链接可以全部 nofollow 掉或者使用 JS 调用，甚至直接不给分页。没有必要为 Spider 设置多个入口抓取网站内容，同时也可以减少不必要的权重浪费。

2．注意首页和"第 1 页"

不少网站都存在这个问题：列表首页的 URL 是一个目录，但是首页的内容和列表第 1 页是完全一样的，并且两个 URL 在站内是并存的，这就出现了 URL 规范化的问题。此时一般有两种解决办法，一种是把分页第 1 页 301 到列表首页的 URL 上，或者直接把所有分页第 1 页的链接直接使用列表首页的 URL，使第 1 页的 URL（类似"/pn1"）不出现在网站中；第二种是为列表首页单独设计一个页面，和列表第 1 页的内容不重复。两种方法都可以解决这个问题，第一种方法稍微简单一些，也是最常见的，但是第二种方法可以布局更多的关键词，首页和列表页第一页都可以获得比较多的内链权重，从而可以拥有承担更多关键词排名的能力。

3．不要浪费内容翻页

有不少网站为了增加 PV，会为一篇文章设置大量的分页，但是这些分页的标题不是全部一模一样就是只在首页标题的后面加了一个页码。能被搜索引擎收录和排名的几乎只有文章第 1 页。由于各分页的内容不同，标题却相同，因此虽然搜索引擎可能会识别分页，但是网站却浪费了更多收录和排名机会。因为各分页的内容并不相同，所以完全可以为每个分页做一个不同的标题，这样不仅可以吸引用户浏览分页的内容，同时各个分页也可以作为独立的页面做不同关键词的排名。如图 5-17 所示为老牌手机门户网站 TOMPDA 的新闻翻页设置，其实分页的标题还可以重新设计一下，比如把当前分页的关键词提前。

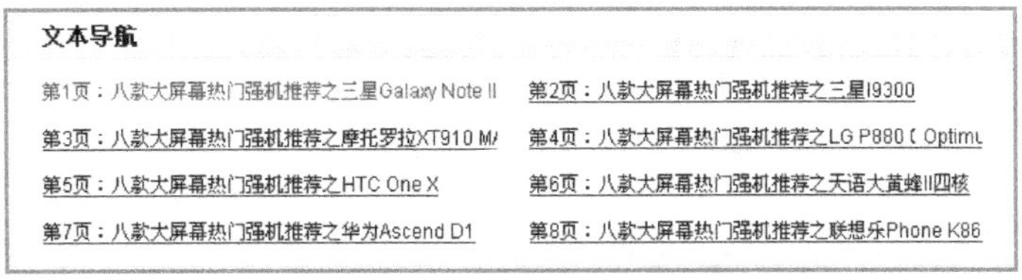

图 5-17　TOMPDA 文章翻页

5.1.7　Flash、框架、JS 及 Ajax 问题及反向使用

众所周知，Flash、框架、JS 及 Ajax 这 4 个东西对搜索引擎是不友好的，虽然搜索引擎一直在尝试抓取这 4 个东西内部的内容，但是目前看来效果并不是很好，所以一般在网站中要尽可能地少使用这些东西来调用内容。如图 5-18 所示，在百度站长平台的"页面优化建议"中有专门针对 Flash 和框架的检测，如果页面含有框架就会予以相应的提醒。这里值得一提的是百度现在对 JS 中的 URL 会有比较频繁的抓取，但是给不给加权重就不得而知了。

图 5-18　百度站长平台"页面优化建议"框架部分

其实并不是这些东西对搜索引擎不友好，站在 SEO 角度这些技术就一无是处了。在网站运营过程中，并不是唯 SEO 马首是瞻，很多时候没有可以替代这些技术的方法，就不得不使用了。还有在网站运营过程中，各类页面上所调用的很多东西对 SEO 来说是没有作用的，它们是为了让用户浏览的，所以并不是站内的所有页面都可以参加搜索引擎排名抢夺流量，总有一些不适合获得搜索流量的内容页面。站在 SEO 角度，对于这些页面是没有必要导给它们链接浪费权重的，此时可以针对这些链接使用 nofollow，但是也可以使用 JS、框架及 Flash 来调用这些内容或链接，这不但不影响用户的浏览，还会降低当前网页的体积，提升页面的信噪比，使得网页主体内容更加突出，甚至可以影响到网页关键词的密度，从而获得正向的作用。

有些大型网站的频道是外包性质的，外包频道或者网站主体在网站主导航部分就使用了 JS 或框架。如图 5-19 和图 5-20 所示分别为银河网 IT 频道的顶部导航和对应的源代码，此网站就使用了框架。

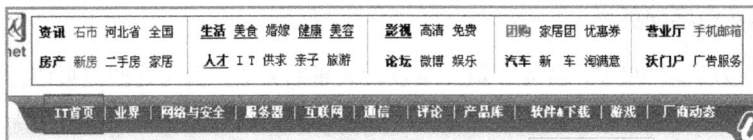

图 5-19　银河网 IT 频道顶部导航

图 5-20　银河网 IT 频道顶部导航源代码

所以 JS、框架和 Flash 并不绝对是 SEO 的敌人，它们也可以是 SEO 的朋友。现在有人研究，通过技术也可以使得 Ajax 对搜索引擎友好了，有兴趣的朋友可以百度一下。

《百度搜索引擎优化指南》给出的网站机器可读方面的建议为：

（1）使用文字而不是 Flash、图片、JavaScript 等来显示重要的内容或链接；

（2）如果必须使用 Flash 制作网页，建议同时制作一个供搜索引擎收录的文字版，并在首页使用文本链接指向文字版；

（3）Ajax 等搜索引擎不能识别的技术，只用在需要用户交互的地方，不把希望搜索引擎"看"到的导航及正文内容放到 Ajax 中；

（4）不使用 frame 和 iframe 框架结构，通过 iframe 显示的内容可能会被百度丢弃。

5.1.8　内链优化注意事项

有不少网站根本不做外链，只在内容上发力，配合优秀的内链设计就把网站的 SEO 做得很好，在搜索引擎上获得极高的权重和流量。内链的优化也是一个很大的话题，不同类型的网站、不同类型的内容都会有不同的内链优化方法。下面简单谈一下内链优化应该注意的地方。

1．树形逻辑内链设计到位

网站的主导航、多级导航和面包屑导航做到位，这部分不用想办法做到极致。主导航和多级导航使得网站内重要频道、分类或内容入口得到推荐即可；面包屑导航只要按照正常的树形结构布局就好，这样最起码就大体从结构上做好了内链，其他的就是补充性的内链了。例如同类页面和上下级页面，不论从用户体验角度出发，还是从 SEO 角度出发，都要搭建起合理相关的链接结构，做成完全的大树形链接结构。

比如对于有地区分类的网站，一般从首页需要看到省和直辖市的链接，省级页面需要看到地市页面的链接，从地市页面需要看到区县页面的链接，甚至同级地区之间也需要互链。这只是一维的链接层级，如果网站内容有多维的分类，那么组合页面的链接设计也需要认真研究，因为按照正常逻辑关系组合页面需要推荐的链接太多，这时就要根据需要或者页面重要性为内链做减法。另外有些重要页面往往会进行隔级推荐，这个"重要页面"的筛选也需要根据网站运营情况和 SEO 需求进行综合选取。不同网站都会设计不同的逻辑内链结构，SEO 人员可以多看看同类网站的主要导航内链设计。

2．内链布局的位置

在正常的网站结构设计中就有了内链的布局。除各类网页主体内容部分自然的内链外，还可以在主体内容的周围及主体内容中布局内链。比如文章左右及下方的推荐文章，文章内部的锚文本链接、页面底部类友情链接的形式等。甚至有的网站为了增加内链，又不想把链接都陈列出来干扰用户，就会在合适的位置设置鼠标划过时弹出的形式布局内链。

此处需要了解的是，搜索引擎是可以判断出大部分网页上的"内容块""链接块""评论块"等模块的，一般根据 HTML 标签、内容长度、所在位置等因素使用比较复杂的"投票方法"进行识别区分，每种"块"中的内容对于判断当前页的内容和主题关键词都有不同的权重；同样，每种"块"中的链接为链向页面导出的权重和"说明意义"也是不同的。内容中"自然"出现的链接要比内容周围推荐链接的作用好很多。

3．内容页均衡的内链

现在大部分网站的内容页所获得的链接，除来自首页、目录页和专题页等上层页面外，内容页也会推荐一部分其他内容页的链接。现在常见的两种推荐形式为"相关文章/信息"和"最新文章/信息"。

"相关"一般使用站内搜索来匹配，可以算做是相关内链。但是这个内链的匹配质量和站内搜索的水平有直接关系，A 网站和 B 网站都有相关推荐，但是推荐的链接质量及相关性并不同，这涉及站内词库和排序设置规则的问题，小团队一般不容易解决这个问题，此处只能是有胜于无。当然对于自有编辑编写文章的网站，完全可以使用人工选择推荐其他相关文章，一般效果也会不错。

这里再重点说一下"最新"。首页、目录页和专题页等页面所能推荐的内容页终归是有限的，一般都是推荐站内最新的内容页，目录页的分页对内容页的推荐是远远不够的，并且搜索引擎对分页的抓取一直都不是很好。如果网站所有内容页都类似于新闻网站生成 HTML 文件，此时内容页对"最新"的其他内容页推荐是比较健康的。每个内容页所推荐的其他最新内容页，都是当前内容页发布时的"最新"内容，由于已经生成静态 HTML 文件，一般不会再进行更新，所以这种形式的网站的每个内容页都可以获得固定长期的其他内容页的推荐，即使网站没有目录页，用户和 Spider 只是利用内容页的"最新"推荐也能把整站的内容浏览一遍。

如果网站所有页面都是数据库驱动的动态页面，页面中的"最新"推荐一般会有一个更新周期，也就是说宏观来看，所有内容页中所推荐的"最新内容"都是网站中最新发布的内容，这也就造成了之前发布的大量内容只能从目录列表很靠后的分页中找到链接，也就是说绝大多数的内容页其实慢慢地就鲜有内链了。并且站内所有内容页都只推荐那几篇最新内容页，也有些资源浪费。此时如果想让站内内容页得到均衡、固定、长期的内链支持，就可以根据内容页的数据库 ID 来推荐当前内容页在数据库表中前后的几篇内容页，以实现每个内容页都固定均衡、得到一定量的内链。当然如果为了使得所有内容页的访问用户都可以第一时间关注站内最新的内容，那么以上这种内链推荐，也可以使用其他的名称出现，比如"小编推荐"之类的名字，想做总会有办法的。这种链接使用文章标题作为锚文本，还是使用文章定位的关键词作为锚文本，都是有很大操作空间的，有兴趣的朋友可以深入研究一下。

4．内链一定要相关

这里的"相关"并不是简单聚合一下就可以了。要站在用户的角度考虑这些推荐的文章或频道目录的链接是否与当前页面的内容主题相关，看完本页的内容之后是否有点击浏览其他相关页面的欲望。能够正常引起用户点击浏览欲望的相关推荐链接才算真正相关，依靠色情类标题或图片吸引点击的链接不算。此时必须是内容相关或者话题相同，链接两头的页面要内容或逻辑相关，具有补充或延伸浏览的作用。

举个例子，假设有个页面的主题为"济南玛索酒吧"，那么相关推荐的链接就应该有济南的其他酒吧，也可以有其他地方的玛索相关页面。此页面文本内容中有"百利甜酒"的介绍，就可以为"百利甜酒"加上相应的链接。这种能够吸引用户浏览完本页的内容后，继续浏览其他页面的内链，才算是最好的内链。例如，本页内容中有一句"从***开车 40 分钟即到"，而站内有关于"车"的频道或内容，这种情况并不适合添加链接，因为两个页面内容并不相关，并不会引起用户点击浏览的欲望，即使加了链接也几乎无效。

然而现在大家的操作都是本着有总比没有强的想法。现在网站做内链，几乎都是以关键词为主，不管内容相关不相关，只要内容中出现了这个词，就给它加上链接，这是自动生成的一种链接结构。不能说这种链接对网站 SEO 没有积极作用，只能说并没有起到最佳的作用，也不是搜索引擎所倡导的"具有推荐意义的链接"。现在常见的"相关"链接推荐方法还有一种是使用搜索实现，即用当前页面的 Title 或特征词去搜索相关链接，但是用"词搜词"本身就会有很大的不准确性。对于有一定规模的网站，这里推荐有能力的朋友简单了解一下使用 TF*IDF、聚类及相关扩展算法和思路来尝试实现站内链接的"相关"，只是了解方法就好，具体实现一般只能去折腾技术人员了；针对小型网站，其实站在网站用户的角度使用人工配置的内链是最自然的。

5．锚文本的控制

如果一个网页只有一个主要关键词，那么关于这个页面链接的锚文本统一用一个就可以了。如果一个网页定位了几个关键词，那么就要好好设计内链的锚文本了。首先要选定都从哪些页面给这个页面导链接，而后要根据导出链接页面的内容选择被链接页面的锚文本。对于单个页面来说这样做是比较简单的，但是对于整站来操作就比较困难了，需要 SEO 人员和技术人员根据网站情况进行实际讨论。

现在有种简单但不是最佳思路的方法：在挖掘、分类并布局关键词后，一般每个着陆页都会对应几个关键词，那么就可以做出一个大表来，每个关键词都对应一个着陆页链接，然后把这个大表做成锚文本链接的形式，添加到全网站各个网页的页脚上。使用程序控制，设定哪些重要页面和热门关键词得到的链接多，哪些冷门页面和长尾关键词得到的链接少，每个页面上添加的链接不超过 30 个（数量凭自己感觉控制），当前网页不添加当前页的链接等。这样就可以使自己所布局的关键词和着陆页都得到一定的内链支持，来促进着陆页和定位关键词的相关度，提升网页权重。因为这样操作，不能严格控制锚文本和当前网页的相关性，所以链接效果并不是最佳的。

如果有一定的技术或时间，可以对锚文本进行分类，或根据网站内容语义分析对锚文本直接进行关联性串联，从而提升布局的锚文本和当前页定位关键词之间的相关性，提升内链质量。对于海量锚文本内链的质量控制，往往和网站的内容词库分析能力有关，有兴趣的朋友可以深入地研究和试验一下。

6．内链虽好，但是不要贪多

这一点就不用多说了，同一个页面链接过多，每个链接获得的权重就越少，这是大家都知道的。并且在前面一再强调，站内页面堆砌太多内链，也可能会被当做站内链接农场处理，因为大部分页面的主要内容都是链接了，没有实质性的内容提供给用户。

针对不同的网站，内链都会有不同的操作空间和设计方式，内链永远是值得 SEO 人员深入挖掘的地方。在此附上《百度搜索引擎优化指南》一书中的相关建议：

（1）确保每个页面都可以通过至少一个文本链接到达；

（2）重要的内容，应该能从首页或者网站结构中比较浅的层次访问到；

（3）合理分类网站上的内容，不要过度细分。

5.1.9　nofollow 相关问题和使用

nofollow 是链接的 HTML 标签属性，站长和 SEO 人员可以通过这个属性来告诉搜索引擎不要追踪此网页上的链接，或不要追踪某个指定的链接，这些或这个链接并不是本网站所推荐的。链接一旦使用 nofollow 之后，就不会导出权重了。

1．关于 nofollow 的争议

有段时间 Zac 和国平有过关于 nofollow 的争议，就是 nofollow 到底会不会浪费 PR。按照 Google 官方人员的解释，假设一个页面上有 10 个链接，那么该页面的 PR 就会被分成 10 份分给这些链接，如果其中有一个链接是 nofollow 的，那么相对应的 PR 就不导出了，至于应该导给这个链接的 PR 到底去哪儿了并不知道。因为按照解释来看，应该分给被 nofollow 链接的 PR 并没有分给其他未被 nofollow 的链接。因为对原始文章的解读不同，所以才有了争议。

2．百度如何支持 nofollow

上面的争议只是针对 Google 的，百度并不一定是按照 Google 的方式进行处理的。2010 年 7 月，百度搜索工程师 LEE 在"百度站长俱乐部"回应百度支持 nofollow（如图 5-21 所示），但是并没有说明到底怎么支持 nofollow，应该分配给被 nofollow 的链接权重是不是也和 Google 一样浪费了。如果真的是浪费了，那么对站内链接就最好不要使用了，为什么要对自己站内链接浪费权重呢？

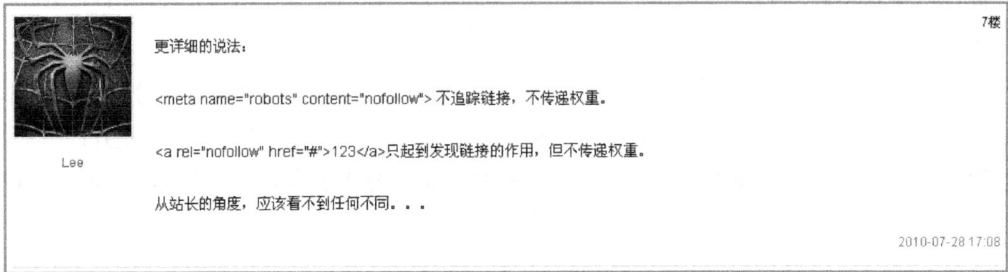

更详细的说法：

<meta name="robots" content="nofollow"> 不追踪链接，不传递权重。

<a rel="nofollow" href="#">123</a>只起到发现链接的作用，但不传递权重。

从站长的角度，应该看不到任何不同。. . .

Lee
7楼
2010-07-28 17:08

图 5-21　LEE 首次回应支持 nofollow

在 2012 年 10 月 26 日晚上的"百度站长平台-高端 SEO 俱乐部"沙龙中，笔者当面向 LEE 询问百度对 nofollow 的支持方式。LEE 表示应该分给被 nofollow 链接的权重会被分配到其他未被 nofollow 的链接上去。所以现在对站内链接使用 nofollow，在 Google 上可能是浪费 PR，在百度上是可以规划站内链接权重的流向的。

3．nofollow 的使用方法

nofollow 有两种使用方法，一种是给链接添加 nofollow 属性：

```
<a href="URL" rel="nofollow" >灌水</a>
<a href="URL" rel="external nofollow" >灌水</a>
```

第一个是通用的写法，意在告诉搜索引擎不要跟踪此链接；第二个是更专业的写法，意在告诉搜索引擎这是一个外部链接，不要追踪。这两种写法都是针对指定链接的，这样可以避免给这些链接导出权重，把留下的权重导给页面上其他链接。链接添加 nofollow 之后，当搜索引擎第一次发现这个链接时，还是会把它放入到待抓取 URL 队列中，也是会被抓取的，但是搜索引擎会记录当前网页对它的属性说明，当前页面并不会给这个链接导出权重。

另一种是 nofollow 还可以在 meta 标签中使用：

```
<meta name="robots" content="nofollow">
<meta name="BaiduSpider" content="nofollow">
```

这两种写法都是在告诉所有搜索引擎不要追踪此网页上的链接，并且不给页面上的链接传递权重。不过第一个是针对所有搜索引擎有效，第二个只针对百度有效。也可以换成其他搜索引擎的 Spider 名称，如果该搜索引擎支持这个标签，也会有相同的效果。如果页面使用了这个标签，那么搜索引擎就不会发现和抓取该页面上的链接了。

4．使用 nofollow 优化内链

首先可以使用 nofollow 的链接就是那些不竞争排名的页面的链接，比如注册、登录、投诉举报等链接。这些链接没有竞争排名的作用，只是站内的功能性页面，可以对其在全站内的链接都进行 nofollow 处理。至于常说的"联系我们"要根据情况而定，有的网站有品牌，"***联系方式"也有很高的搜索量，此时这个页面可能就是有排名价值的，最好不要对其链接进行nofollow。另外一个页面中对另外一个页面的导出链接只有一个就好，如考虑出现多次，可以在其第二次出现时就开始使用 nofollow 标签。

除以上不竞争排名的页面外，对于竞争排名的网页也可以使用 nofollow 来控制站内权重的导向。如图 5-22 所示为途牛网首页对站内链接使用 nofollow 的情况，虚线框起来的链接都是nofollow 的链接。途牛网把首页的权重导向了旅游目的地，地区攻略等竞争排名的页面，把旅游团信息的链接全部 nofollow 掉了，可能是考虑到几乎很少有人针对旅游团进行搜索。有的朋友可能比较纳闷，既然不给这些内容权重，直接使用前面介绍的 JS 或框架调用不可以吗？还可以缩减网页体积。要注意的是，途牛网只是首页不给这些旅游团信息导权重而已，使用 nofollow后，百度还是可以发现和抓取这样链接指向的页面的，如果内容不错，还是会进行索引的。

图 5-22　途牛网首页

途牛网的考虑应该是把首页的权重尽可能地导向重要竞争排名的页面，不给旅游团信息导权重，但是这些信息还是需要被百度收录的，并且这些旅游团信息还可以丰富网站首页的内容，并不像文章页周围的噪声链接，所以就直接在链接上使用了 nofollow，并没有采用 JS 或框架的调用方式。在此需要提醒的是，链接即使使用了 nofollow，搜索引擎也会进行抓取和收录，这个标签只是建议搜索引擎当前页面不给此链接页面传递权重而已，并不能禁止搜索引擎的抓取和收录。同时 nofollow 关于权重方面也只是"建议"而已，搜索引擎不一定会完全遵守站长的设置，而是有一套比较完善的判断各种链接是否有意义的算法，具体链接是否还导权重，会根据这个链接是否具有推荐意义来计算。搜索引擎会参考链接是否有 nofollow，但不会只是参考链接是否加有 nofollow 标签来决定这个链接是否会导出权重。搜索引擎不会把链接是否导出权重的权限完全交给站长，否则会出现混乱局面。

接上文 nofollow 的使用。不仅在网站首页，在网站的任何页面都可以这样来操作，nofollow 可以辅助站长和 SEO 人员更好地引导站内权重的流向，这样就可以使得站长和 SEO 人员更好地优化网站的内链结构。现在很多大型网站都使用 nofollow 了，百度经验内容页导出的站外链接，以及百度知道顶部导航中对其他百度产品的链接都使用了 nofollow（如图 5-23 所示）。所以站长和 SEO 们也应该重视这个标签。

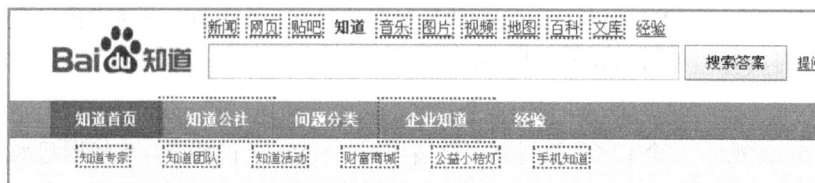

图 5-23　百度知道顶部导航

5.1.10　Canonical 标签的使用及问题

百度对 Canonical 的介绍为：

　　对一组内容完全相同或高度相似的网页，通过使用 Canonical 标签可以告诉搜索引擎哪个页面为规范的网页，能够规范网址并避免搜索结果中出现多个内容相同或相似的页面，帮助解决重复内容的收录问题，避免网站相同内容网页的重复展示及权重的分散，提升规范网页的权重，优化规范网页的排名。

规范网页也就是一组内容完全相同或高度相似网页的首选版本。Canonical 标签的使用方式为：在非规范网页的<head>部分创建 link 元素，形式为<link rel="Canonical" href="规范页 URL">。添加此链接和属性可以告诉百度："在内容相同或高度相似的所有网页中，该网页为最规范最有价值的页面，推荐将该网页排在搜索结果中靠前的位置。"也就是说在搜索相关关键词时，规范网页会被当作主要页面参与排名，而减少上例中的情况。

常见的需要使用 Canonical 标签的情况如下。

（1）由于网站功能性设置问题，对同一个页面产生了不同的 URL，并且因为功能设置问题，以至于不能直接使用 301 来解决这个问题。例如在前面 URL 优化注意事项中所提到的，千品网为站内主要链接添加了追踪用户行为参数的内容。

（2）同一内容列表中，按照价格、时间、信用、人气、销量等进行排序后出现页面内容和默认排序高度相似的情况，比如商城的商品列表页面和租房的房源列表页面。如果非默认条件的排序也都产生了不同的 URL，并且也都允许搜索引擎的抓取和收录，那么就有必要对非默认排序的列表使用 Canonical 标签。当然站长和 SEO 人员也可以根据情况对不同排序条件的列表页优化不同的关键词，比如按价格排序就可以优化"最贵的**""价格最高的**""报价最高的**""最便宜的**""价格最低的**""性价比最好的**"等关键词，不过这时要做好设计，要使不同排序后的列表内容没有大面积的重复，从而使这些列表页可以获得更多的搜索流量，并且也没有必要再使用 Canonical 标签。

（3）商城类网站，同一个商品有多个历史版本介绍的情况下，可以对商品的历史版本页面使用 Canonical 标签。

（4）在网站改版或换域名后，由于各种原因不能设置 301 重定向时，可以使用 Canonical 标签来标注新版页面 URL 等。

总之当一组页面内容几乎完全相同且有某种逻辑关系时才有必要使用 Canonical 标签。现在网络上有一些文章推荐对目录、列表和栏目使用 Canonical 标签是不太恰当的，的确有不少列表分页代替首页参与了排名，虽然对目录、列表和栏目分页使用 Canonical 并没有大的副作用，但是 Canonical 并不是用来解决这个问题的。据说日后百度会推出专门的分页标识标签，这个分页标签应该会解决这个问题，Canonical 更多地是用于重复内容页。

在 Canonical 标签中可以使用相对链接，也可以使用绝对链接。安全起见，建议使用绝对链接，避免出现未知错误。需要注意的是，虽然在网站改版和换域名时，如果不能配置 301 重定向，可以使用 Canonical 标签标注新版页面 URL，但这只是不能配置 301 重定向情况下的无奈之举，并不能使用 Canonical 标签来代替 301 重定向权重叠加的作用。虽然百度在介绍 Canonical 时提到"提升规范网页的权重，优化规范网页的排名"，但 Canonical 标签其实只是告诉搜索引擎哪个版本的 URL 是主显版本，并不是一定把非规范网页的权重迭加到规范网页上了。

另外，百度官方已经说明百度不一定会完全遵守 rel="Canonical"标签，百度会根据站长的推荐及自己系统的算法来综合选择。站长和 SEO 人员往往会挖掘出标签本身作用之外的用途，可能百度为了避免因为支持新标签而增加相应的算法漏洞，所以对 Canonical 标签进行了相对保守的支持。

5.1.11　404 和 503

404 和 503 都是服务器状态码。404 表示访问的网页未找到；503 表示服务器临时有问题。

网站有没有设计 404 友好页面往往是 SEO 人员诊断网站 SEO 水平的一个标准。如果网站中存在大量死链接，当用户和 Spider 访问时返回 404 错误，次数过多后就会降低用户和 Spider 对网站的整体印象，很有可能以后就会减少来访或者不再来访。值得一提的是，如果网站之前没有 404 错误，因为某种原因突然有部分页面返回 404 了，此时 Spider 会频繁地对其进行抓取，以确定这些页面是真正被删除，还是网站临时出了问题。

网站出现 404 错误，会被搜索引擎视为比较严重降低用户体验的行为。在搜索排名中的网页如果出现 404 错误，往往会受到搜索引擎的及时处理，以减少对搜索用户的用户体验伤害。那么作为站长或 SEO 人员，当然要尽力减少网站出现 404 的情况。如果是网站程序或服务器出现临时错误，千万不要让服务器返回 404 状态，在一段时间内有大量页面 404 错误，搜索引擎可能会删掉这些网页的索引，并降低对网站的抓取频率。对于程序或服务器错误导致网站临时不能访问的情况，要及时返回 503 状态码，告诉搜索引擎服务器临时有问题，过段时间再来抓取。

如果网站因为特殊原因必须删除一批网页，那么就把这些网页全部返回 404，在整个网站范围内撤掉这些页面的链接，并制作这些页面 URL 的地图文件，通过百度站长平台和 Google

Webmaster 中的死链工具和"删除网址"提交到百度和 Google。百度和 Google 接收到站长提交的死链信息后，就会停止对这些链接的抓取，否则突然出现大量 404 页面，会让 Spider 对其进行频繁抓取，这样不仅消耗自己的带宽，也会降低搜索引擎对网站的印象。

作为站长和 SEO 人员，也要经常分析网站日志，分析 Spider 的抓取状态，发现 4** 或 5** 开头的状态码都要给予足够的重视，并详细分析原因，及时处理。当然也要为网站制作一个友好的 404 错误页面，引导用户留在站内，尽量减少因为 404 错误而造成的用户流失。可以根据用户 refer 推荐相关内容的链接，也可以做一个比较友好的引导界面。如图 5-24 所示为曾经的富营销论坛的 404 错误页面的设计，还算是比较友好的。

图 5-24　富营销论坛 404 页面

5.1.12　目录、子域名的比较和选择

在网站设计之初及网站运营过程中，添加丰富的新内容时都会面临使用目录还是子域名的选择。常见的 SEO 建议是，如果新开频道内容不够丰富，就使用目录的形式；如果新开频道内容丰富，就可以使用子域名。

站在 SEO 效果的角度，在不考虑链接导入权重的情况下，一般认为同一个网站内各类页面的权重大小关系为：

　　主域名首页>子域名首页>主域名目录>子域名目录>主域名内页>子域名内页

关系中的两个"目录"为同级目录。这里主要看两个关系，一个是子域名的权重大于主域名目录的权重；一个是主域名内页大于子域名内页的权重。因此建议，如果你新开的频道只是竞争频道首页的几个关键词排名，内页排名并不重要，那就使用子域名的形式，当然子域名下也需要配备一些内页，最好不要只是一个单页面；如果你新开频道的内容需要获得比较好的排名，获取比较多的长尾流量，就可以使用顶级域名下目录的形式。

使用子域名会使得频道首页的排名比较好做，使用目录会使得频道内容页的排名比较好做。曾经有个网站的某个频道使用的是子域名的形式，子域名首页排名很好，但是内容页的排名很差。后来该网站把该子域名转换成主域名的目录后，频道首页的排名从第一名掉到百度搜索的第二、三页，但是内容页的整体排名有很大提升，流量翻了 2~3 倍。使用了目录的形式后，可以把这个目录首页当成一个网站的首页来做优化和链接建设，同样也是比较给力的。

再比如现在的房产网站和 B2B 网站，大都给楼盘和企业使用了子域名，虽然这些子域名下面没有什么内容，但是依靠子域名先天的权重只竞争楼盘名或公司名还是比较轻松的。此时想一下，为什么泛域名解析的作弊方法会一直很泛滥呢？各个搜索引擎为什么都极力打击泛域名解析作弊的网站呢？就是因为泛域名解析太有效了，在主域名的权重比较高的情况下，子域名抢夺单个关键词排名的能力就会很强。相反，几乎没有听过"子目录首页作弊"，这也就验证了子域名比目录权重高的理论。

用个不太恰当的例子来比喻一下目录和子域名：

网站主域名就好比是皇上，子域名就是皇上的兄弟，主域名的一级目录就是太子，太子要尊敬皇叔，所以皇叔看上去会牛一点，也就是子域名首页会比主域名目录强势一些。但是皇叔的子孙是不能当皇帝的，皇帝的孙子是有希望当皇帝的，也就是子域名的内页要比主域名的内页要逊一些。

在正规的 SEO 操作中，虽然要考虑 SEO 效果，但为了网站的长远利益考虑，也要严格拒绝作弊。在具体为新内容选择子域名还是目录形式的工作上，并不能只是从 SEO 的角度出发做决定，还要综合考虑网站运营的情况、网站架构、网站内容及新增内容的具体情况，再最终决定到底是使用目录还是子域名。

《百度搜索引擎优化指南》对于网站目录和子域名选择的建议如下。

（1）在某个频道的内容没有丰富到可以当做一个独立站点存在之前，使用目录形式；等频道下积累了足够的内容，再转换成子域名的形式。

一个网页能否排到搜索结果的前面，"出身"很重要，如果出自一个站点权重较高的网站，排到前面的可能性就较大，反之则较小。通常情况下主站点的权重是最高的，子站点会从主站点继承一部分权重，继承的多少视子站点质量而定。

在内容没有丰富到可以作为一个独立站点之前，内容放到主站点下一个目录中能在搜索引擎中获得更好的表现。

（2）内容差异度较大、关联度不高的内容，使用子站点形式搜索引擎会识别站点的主题，如果站点中内容关联度不高，可能导致搜索引擎错误的识别。关联度不高的内容，放在不同的子域名下，可以帮助搜索引擎更好地理解站点的主题。

（3）域名间内容做好权限，互相分开，a.example.com 下的内容，不能通过 b.example.com 访问。

子域名间的内容可以互相访问，可能会被搜索引擎当做重复内容而进行除重处理，保留的 URL 不一定是正常域名下的。

（4）不要滥用子域名，无丰富内容而滥用大量子域名，会被搜索引擎当做作弊行为而受到惩罚。

细细品味一下建议中第（1）条的"出身"，就可以侧面地验证上述各类页面权重高低的关系。

SEO 5.2 网站内容建设

网站内容建设应该是网站运营中最重要的部分，也是 SEO 工作的重心。没有实质内容，依靠其他手法一时把排名做上去，早晚会被搜索引擎处罚。在实际的 SEO 工作中，根据网站对 SEO 的需求不同，SEO 对网站内容建设的影响程度也就不同，也就造成网站更新内容的思路有所不同。

网站内容建设在 SEO 看来，应该有针对性地分成两类来谈：一种是面向 SEO 的，也就是网站本质就是依靠 SEO 流量而存活的，这种网站把 SEO 放到首位，SEO 指导着整个网站的发展；

另一种是面向用户的，比如一些门户网站，这种网站把 SEO 当成辅助，SEO 永远不会成为主导，只是辅助促进网站增加流量而已。两种网站内容建设方面的不同之处是更新内容的出发点不同，但是对于整体的内容，涉及 SEO 方面的东西还是有一些共性的。下面先谈一下 SEO 主导下网站的内容建设，再整体谈一下网站内容优化需要注意的事项。

5.2.1 SEO 主导下的内容建设

针对依靠 SEO 起家的网站来说，对 SEO 有正面作用的内容就是好内容，对 SEO 没有正面作用的内容就是没有价值的。此类网站大都是主要为搜索引擎制造内容的，搜索引擎是第一位的，用户是第二位的，没有搜索引擎给的流量，网站就没有用户。因为搜索引擎力争把对用户最有价值的内容优先呈现出来，所以此类网站在面向搜索引擎制造内容时，也必须要照顾到用户的需求。

1．内容建设方向

SEO 主导下的网站在建设内容时应该考虑以下三个问题：目标用户在通过什么关键词寻找目标信息，目标用户在寻找指定信息时除直接找对应的关键词还会搜索什么，目标用户真正需要什么内容。通过了解目标用户使用的关键词，可以直接指导网站内容的建设；通过了解用户除了直接找对应的关键词外还在使用的其他关键词，可以辅助丰富网站内容；通过了解用户真实的需求，可以把网站面向搜索引擎的内容建设，转化成面向用户的内容建设。

前两点是做最有可能抢来搜索流量的内容，最后一点是让用户记住网站，让该用户以后可以直接找到网站，而不是再通过搜索引擎进入网站。如果打算做一个还算正规的网站，做 SEO 应该都有这种想法"做 SEO 就是为了慢慢不做 SEO"，也就是靠 SEO 获得搜索引擎的免费流量起家，当网站上规模以后就可以慢慢弱化 SEO 了。比如当下的一些信息类网站，起初搜索流量占了网站总流量的绝对比例，SEO 部门的人数也几乎是公司所有部门中最多的，当网站发展到一定程度时，搜索引擎流量不再是网站流量的主要来源渠道，或网站已经积累了一定的内容，使得位置倒转，网站不必刻意地围绕搜索引擎转圈，搜索引擎往往还会特别照顾一下网站，此时 SEO 部门就会慢慢被削弱，甚至被取消。

前两点其实都是和挖掘关键词相关的，第一点不用解释，大家都懂。第二点是站在一个普通的用户角度来考虑问题，比如旅游网站一般也可以做与各个景点和地区天气相关关键词的排名，因为处在一个普通网友的角度，搜索异地或景点的天气，不是要出差就是想去旅游，这部分用户都是旅游网站的目标用户。所以旅游网站可以深挖天气方面的内容，并有针对性地进行内容建设。最后一点可以深挖用户真实连带需求的内容，这部分信息可能用户很少去搜索，也有可能是功能性的内容，网站如果能提供，会把用户直接留在站内。比如房产网站，在楼盘的报价处增加贷款相关计算功能或信息等。SEO 主导的网站内容建设就是以有搜索流量的关键词为根基，然后使用各种办法为网站添加相关内容。

2．内容建设

因为是以 SEO 为出发点，不是以行业和用户为出发点，所以此类网站往往会是一群不懂这个行业的人在运营。没有太强的专业知识和内容积累，此时内容建设的来源就是个大问题了。在当下搜索引擎算法逐渐成熟的情况下，采集和所谓的伪原创可能还会一时有效，但是却不足以支持一个稍微正规网站的起步和发展。那么此类网站内容该怎样增加呢？这里有以下几个观点和建议。

（1）SEO 一定要深入了解这个行业，而不只是挖掘关键词，网站编辑一定要了解这个行业。

（2）原创是基本的，"转载"现在已经是大站的专利，新站、小站最好不要转载，更不要大量伪原创。

（3）网站不应该以"原创"为出发点，因为原创不一定对用户有价值。网站要以"对用户有价值"为出发点。哪怕你是把针对某一个问题的三四种不同解决方案有机结合到一块儿了，只要切实对用户有价值，并且没有其他网站这么做，那么这也是一条内容建设的路。

（4）千万不要以"伪原创"为出发点，自己给自己贴上"伪原创"的标签后，你以后所有关于内容的策略和行为都会是作弊。因为你只想着为搜索引擎制造内容了，只要搜索引擎收录就 OK 了，所有针对内容的行为都会有作弊的嫌疑和痕迹。

（5）原创和伪原创并不是对立的，不做伪原创也不一定要全部做原创，还是那句"有价值比原创更有价值"（关于原创，在本书第 12 章会有专门的讨论）。

（6）具体内容方面，可以是资讯、原创点评、线下资料扫描、外文翻译甚至是有机聚合等。建议多种思路并用，而不是只采用一种方法。

（7）如果是把线下媒体的内容搬上网络，那么一定要把一些线下媒体使用的非精准关键词替换掉。比如"本省""本市""本报""本台"等。

5.2.2　分词理论的运用

中文分词很重要，做 SEO 的人都知道。不懂技术的初级 SEO 和编辑人员被 SEO 行业影响，也知道分词很重要，但是大部分人都在谈概念，真正把分词运用到实际工作中的 SEO 人员却很少。往往是自己都没有把分词搞明白的 SEO 人员拿着概念去忽悠编辑人员，结果把专业的编辑人员忽悠得很迷茫，到头来不会写文章了，更不会写既符合用户体验、又符合 SEO 分词需求的文章了。

在搜索引擎原理部分简单提了一下分词，有兴趣的朋友还可以多多百度一下。作为 SEO 人员或者编辑其实并不需要学习非常详细的分词原理和技术，只要了解基本原理，懂得简单使用就可以了。重要的是把分词的理念融合到日常工作中，所以一个优秀的"SEO 编辑"是很难培养的。SEO 人员应该帮助编辑人员了解基本的分词原理和作用，重要的是培养编辑人员的 SEO 意识。

- 对于文章标题：文章标题相对来说是页面和关键词相关度中最重要的部分，所以 SEO 人员应该培训编辑在文章标题上大做文章，在标题上把分词发挥到淋漓尽致。把这篇文章所瞄准的长尾关键词，通过正向、逆向切分及编辑所掌握的专业词汇进行词语提取，来进行分词。把切分出来的词语有机组合到文章标题中，目的就是在一个标题内命中尽可能多的搜索词。由于标题的长度有限，所以提炼一个 SEO 效果最大化的标题需要非常仔细的考虑和布局。

● 对于文章内容部分：相对于标题来说，由于内容部分的文字较多，因此就有了比较大的发挥空间，也在一定程度上减少了限制。编辑人员只需懂得把目标关键词切分出来的关键词熟记于心，然后完全匹配和拆分布局到内容中。如果编辑人员时时想着怎么向文章中插关键词，那么估计这篇文章的可读性和价值就会大打折扣，所以最好的办法是培养编辑人员的分词意识，不必刻意凑关键词，只要有分词布局的意识，把关键词布局到文章中就可以了。这个习惯和意识是需要慢慢培养的。

分词在撰写内容中的使用还有很大的研究空间，怎样使编辑人员更容易地掌握分词原理，怎样使编辑人员尽快培养起撰写文章时的分词布局意识，都是值得根据实际情况进行深入研究的。

如果有相应的技术支持，可以把整理的关键词进行细分，把相关相近的 3~5 个关键词归为一组，然后进行技术分词，并把分出的关键词按频率排序，统一分发给编辑人员，这样就省去了编辑人员自己分词的步骤。分词对于编辑来说可能是难以理解、难以操作的，但是只要自己的网站专业词库还可以，技术分词几乎是没有什么难度的，所以此部分工作可以技术介入。如果公司有一定的技术实力，就可以有"凡是技术能实现的工作，绝不使用人工"的理念。虽然优秀人员的工作效果是非常好的，但毕竟人工操作太过烦琐，培训试验和质量检查的时间成本也非常高，并且整体质量的可控性也比较低，所以如果短期内人工操作的效果不太理想，就完全可以使用一定的技术代替人工。当然每个公司、每个 SEO 人员都可能有不同的分词理念和方法，也有不同的操作实施策略，所以分词在不同网站中的作用很可能是完全不同的。

5.2.3　标题撰写及标题党

标题是内容的眼睛，一个好的标题应该不仅可以使用户了解到页面的主要内容，还应该引起用户阅读内容的兴趣。在撰写文章标题时除要重视和布局分词、以命中更多的长尾搜索词外，还应该能够吸引用户点击。只有排名是不够的，如果标题写得不好，即使有了排名也不会有太高的点击率，如果没有良好的点击率，就会被搜索引擎降低排名。所以这是一个相互促进的关系，好的标题不仅要布局关键词，也要吸引住搜索用户的眼球。

文章标题的撰写和网页标题的撰写类似，首先需要做到诸如不重复、准确相关、字数要尽量控制在 30 个汉字以内、关键词要尽可能出现在最前面、尽可能地分词布局关键词等要求。在此基础上，就要想如何来吸引用户的点击了，不过不要过于追求标题党，而降低标题和内容的相关度，标题和内容相关是底线，否则会造成网站整体内容的不靠谱，最终会把网站搞垮。

要想用标题吸引用户，就要把自己放到一个普通搜索用户的位置来研究他们的心理。想象他们搜索某些关键词时，会倾向于点击哪些标题，从而进行符合用户喜好的标题设置。为了能够在搜索结果首页 10 条中吸引用户的眼球，可以采用以下一些方法来巧妙地对标题进行修改。

1．设置疑问型标题

这里"疑问"是指要从用户角度出发，往往疑问型的标题会引起相关用户的共鸣，抱有同样疑问的态度，从而吸引用户的点击浏览。如果关键词定位准确，这种标题所获得的用户都是精准用户，对于营销型网站来说，这种标题绝对是营销利器。

当用户搜索相关的信息时，如果用户眼前呈现出以下几个标题，是不是更能引起用户的注意、共鸣和点击呢？一般搜索这些标题中关键词的用户都会有相关的疑惑或问题，在搜索时看到这种标题，会比较容易被吸引。

（1）如果没有房子，会有婚姻吗？

（2）挤地铁时遇到色狼揩油怎么办？

（3）北京治疗鼻炎最好的医院有哪些？

疑问型标题、问答型内容已经被 SEO 人员使用得很广泛了，尤其是竞争激烈的医疗行业（如图 5-25 所示），从事医疗 SEO 人员的方法往往很受普通营销型网站 SEO 人员借鉴。营销型和流量型网站都适合使用此类标题，因为此类标题定位精准，所获取的流量往往可以直接进行引导转化，所以有不少网站都设置了问答频道，另外也有一些独立发展的行业问答类网站崛起。

图 5-25　百度搜索"北京治疗失眠"

2．指定范围型标题

这种标题是指在标题中明确地指出页面内容是面向哪一部分人群的，这也可以吸引指定人群用户的点击浏览，在不少情况下也会吸引指定人群之外的用户进行点击和浏览。

比如与"80 后"、"90 后"和"00 后"相关的文章，当页面标题声明是描述哪个年代的人群后，往往不仅仅会吸引这个年代的人群，还会吸引这个年代之外的人围观一下，了解一下其他年代人群的思维和现状。又比如针对大学生相关的文章，不仅仅会引起大学生人群的关心，还会引起社会各界人士的关注等。例如：

● "90 后"创业 3 年内买房，让苦逼的"80 后"情何以堪

● 多数大学生在课堂上玩手机消磨时间

● 劳教人员的日常生活剪影

此类标题多适用于新闻类的内容。现在新闻内容也可以是软性广告，所以这种标题也有一定的营销价值。并且此类标题并不一定是指定受众人群，还可以指定季节、时间、地域、风俗等。甚至还可以攻击固定的人群，比如网易评论中，搞地域攻击的评论往往会获得比较高的关

注和回复，当然文章的内容要能够圆上标题。

3．包含数字的标题

在搜索自己关心的内容时，突然发现一个标题，带有具体或者特定的数字，再配合上其他文字描述，往往会吸引大众的眼球。一般用户会发出疑问，这个数字到底包含什么，具体内容是什么，从而进行点击浏览。部分数字型标题会伴随有夸张的语气来吸引眼球。例如：

- 2012 年 10 大重要新闻盘点
- 职场新人不得不知的 8 条职场守则
- 河北沧县地下水变红已超 10 年

此类标题适用于新闻、资料或论坛类网站，使用盘点、总结和强调的思路吸引用户点击。

4．吹牛型的标题

当大众看到一个比较夸张的信息时，往往第一反应是质疑。吹牛型的标题就是利用用户的质疑心理，使用夸张的描述来吸引用户的点击和浏览。如果只是用在普通的文章中，对于吹牛型的标题要斟酌撰写，可以让用户质疑标题和内容，但是切不要引火烧身让用户质疑网站。在文章中可以引入第三方，让用户质疑的对象为第三方，而不是网站本身。当然也有不少广告性质的内容虽然是吹牛性质的，但是还是会有一部分人相信从而上当受骗，以前常见于销售型单网页网站。吹牛型的标题举例如下：

（1）***快递公司快递员最高每月可拿 12000 元工资

（2）***SEO 专家使得***大型网站半个月搜索流量翻了 3 倍

（3）三句话搞定绝大部分网站的 SEO 诊断工作

如果想让网站在网友心中保留一个好的印象，最好使用吹牛型的标题，客观陈述实事的内容，并表示确有极端情况可达到标题所述；或者采用转移焦点引入第三方的方式，在文章最后以网站编辑的身份做出客观的评价。切不可胡吹，把牛皮吹破，吹破的都是第三方，吹不破的可以归到自己身上。只要把握好"度"，此类标题适用于绝大多数的内容。

5．攀附比较型的标题

如果本身内容没有太多的区别于其他网站吸引眼球的地方，那就使用攀附型的标题和内容吧。知名的人物、事件都可以成为此类标题的攀附对象，比如在房产类文章中，明星往往是被攀附的对象。同样的内容，如果有一个"大腕"被牵扯进来，就容易吸引用户的眼球，用户在搜索到自己的目标内容时，往往也会关心名人是不是和自己一样之类的话题。攀附型的标题例如：

- 成龙豪宅曝光，细数成龙大哥所选用的家居耗材
- 《北青》何北所穿风衣淘宝大卖
- 动车无情，**保险有意

只是攀附一下还不能达到你的要求，那么就和攀附的对象比较一下。找到攀附对象的短板，然后和自己描述对象的长处对比，以达到吸引攀附对象目标用户的目的。比如：

- 秒杀小米 1S　四核强机天语 V9 仅售 1750
- 10 大比公务员还舒服的工作推荐

此类标题一般适用于产品推广类的内容，当然也可以用于纯粹拉流量的文章。曾经凑热点和带有明星名字的标题在百度新闻源网站中盛行，很多百度新闻源网站都采用凑热点人物、话题的标题来吸引流量。后来逼迫百度新闻对新闻源网站进行大规模清理，并调整排名算法，防止此类新闻网站恶意抢夺流量。对于普通的产品推广文章来说，挑行业老大的短板、进行对比分析，是一种比较不错的推广方式。

6. 刻意勾上"美女""帅哥"和"性"

美女和帅哥是永恒的话题，最原始的话题往往是最受欢迎的，也是最容易引起用户阅读兴趣的。任何一内容型网站或多或少都会有相关的标题和内容，甚至有些网站会专门建立女性、两性类的频道或专题目录。比如在很多新闻网站中，新闻内容周围会推荐大量的美女、帅哥图文链接。

此类标题一般可以用于特定商品的营销推广内容，也适用于新闻媒体类网站。

7. 为标题加点醒目的符号

除了上面所说的在文字上下功夫外，还可以直接给标题添加醒目的符号，来吸引搜索用户的眼球。当然切不可用过于特殊的符号，否则会因使用太多而被当成垃圾站处理。常见的醒目符号一般是"【】"，如果文章中有图片或多张图片就可以在标题前面或后面添加"【图文】""【组图】"；如果文章中有视频，就可以在标题前面或后面添加"【视频】""【视频讲解】"之类的标注；也可以对普通的文章标题使用此符号，比如介绍化妆品的文章，可以在标题后面设计加上"【化妆品名字】"之类的说明。值得注意的是大概在 2013 年下半年，百度开始尝试在搜索结果的摘要中自动为含有高质量图片的网页添加了"【图文】"字眼或直接调用了缩略图。尽管如此，站长自行在标题中进行如上设置还是有一定价值的。

如图 5-26 所示，带有"【视频解析】"符号说明的结果是不是更容易吸引用户的眼球呢？同时"【】"之内的文字说明也可以得到用户的青睐，毕竟图片和视频远比文字的用户体验更好。

图 5-26　百度搜索结果

需要再次强调的是，在标题和内容中切不可使用过多的特殊符号，否则可能会使你的网站显得垃圾化。虽然在当下有传言含有特殊符号的标题和内容更容易被百度收录，不过为了保证网站不被垃圾化，而是持续地运营下去，最好不要使用过多特殊符号。

使用标题吸引用户眼球方面，还有很多种方法值得研究和使用，比如引号的使用，可以对太过夸张或有歧义的词汇用引号，既可以吸引用户点击浏览，也不会引起用户强烈的反感，因为引号本身就代表所用词语并不是表面意思，而是有另外一层含义。只要摸清目标用户的需求心理，标题党就可以轻松撰写了。不过切记千万不要为了追求标题党而标题党，要守住标题和内容一致的底线，否则一旦一定数量的用户表现出对网站内容的不满后，搜索引擎也会监控到相关数据，对网站进行一定的处罚。最后推荐大家多多研究两个网站的标题，一个是腾讯女性频道，一个是优酷网。如图 5-27 和图 5-28 所示，两个网站所设置的标题，几乎使用了以上所说的所有标题党的方法，很值得研究。

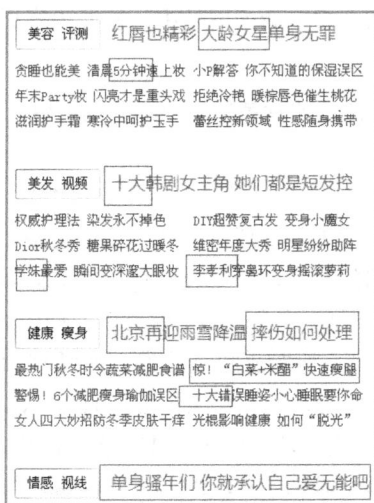

图 5-27　腾讯女性频道中的文章标题

图 5-28　优酷首页为视频添加的"辅标题"

5.2.4　正文内容在 SEO 方面的注意事项

关于内容原创性问题前面的章节已经谈过，在后面还会有专题进行详细讨论，此处不再冗述。下面主要来谈一下内容在 SEO 方面的常规性优化。

1. 关于内容布局关键词方面

内容页一般是整个网站最底层的页面了，也是结构上权重最低的页面，所以一般会利用文章页来优化竞争强度不大、搜索量比较少的长尾关键词。由于长尾关键词本身比较长，频繁在文章中完全匹配地出现不太合适，又为了使得一篇文章命中多个长尾关键词，所以一般目标长尾关键词在文章开头、中间和结尾出现两三次就可以了，更多地是把长尾关键词进行分词后切分出来的关键词布局到正文内容中。

培养编辑人员的分词和布局关键词的意识，使得目标关键词和切分出来的关键词都自然多次出现在文章中。有时某些搜索量很大的词的变化形式，比如同义词或者有错别字的词也会有一定的搜索量，在给编辑指定关键词时，也可以布局一下目标关键词的变化形式。理想状态下，目标关键词完全出现两三次，拆分后的关键词按照顺序依次出现几次。不过这对编辑人员的要求过高，一般完全匹配出现和拆分出现一定次数就可以了。

2. 关于关键词着重方面

在一篇文章中如果目标关键词的词频和密度并不大，那么搜索引擎对该篇文章进行分析得到的核心关键词可能就和站长所设定的目标关键词有一定差距。此时可以对目标关键词进行加粗、斜体或者变色处理，来明确标注出文章内容的中心，这有助于提升内容和目标关键词的相关度。一般推荐第一次出现关键词时就进行处理，并且每篇文章处理一次即可。

在此说明一下 b 和 strong 两个标签的区别。在表现形式上两个标签是一致的，在 HTML 规范中两者的区别基本上看不出来。但是 b 是一个实体标签，即对它所包围的文字进行加粗，没有其他含义；strong 是一个逻辑标签，即对它所包围的文字进行语气加强，只是默认表现形式上和 b 标签一样为加粗形式。所以理论上 SEO 需要的应该是 strong 标签的含义。这也就是一些朋友说 strong 比 b 更好的原因。

一般认为文章的前 100~200 字比较重要，可以重点布局一下关键词来提升内容和关键词的相关度。所有的刻意凑文章和关键词相关度的行为都不可太过分，比如关键词不可刻意出现太多次，目标关键词不可每次出现都着重处理等。一切都要做得自然。曾经有人说过 SEO 的最高境界就是看不出 SEO，所以宁可对文章限制的 SEO 程度弱一些，也不可机械化地突出 SEO，否则很有可能被搜索引擎认为整个网站都是在为搜索引擎制造内容、优化过度，而进行惩罚。另外，大多数 SEO 普遍认为文章的最后一段或最后 100 多字也比较重要，当然做内容不能太过刻意在乎这些，正常在文章最后用含有关键词的内容对文章做一下总结也是非常合理和符合用户体验的。

3. 相关度辅助性动作

为了增加内容和关键词的相关度，除了以上做法之外，还可以在图片的 Alt 属性中布局关键词；给一两个目标关键词添加链接指向其他网页；可以适量在链接的 Title 属性中布局关键词；在内容页面，一般会把 H1 标签加在文章标题上，并且一般一个页面只使用一次；在文章正文中，可以使用 H2~H6 提炼设置包含关键词的小标题，同样可以起到提升关键词相关度的作用，不过

H2 和 H3 使用居多，H4~H6 很少被使用；同时小标题也可以布局长尾关键词等；还有在"标题党"小节中也已简单提到过，百度已经开始尝试在搜索结果的摘要中根据页面是否含有高质量图片来增加"【图文】"标识或直接调用缩略图，所以站长在编辑内容时最好也能为文章配上高清大图；另外百度现在的搜索结果中针对有格式化数据的网页也进行了个性化展示，所以如果站内有一批网页是有格式化数据的，最好把格式化数据标准展示并通过百度站长平台提交给百度；最后需要了解的是内容丰富的网页总会受到用户和搜索引擎的青睐，所以如果有合适的素材且当前文章内容比较合适，在内容中配置图片、多媒体之类的内容也会有利于文章页的搜索排名。

一般新闻类编辑如果有 SEO 方面的需要，只需要对以上要求稍加注意即可。如果是营销类网站的编辑，还需要设计整个文章的内容结构。从标题吸引用户浏览，到用户浏览正文内容，到提出用户所关心的问题，到给出解决问题的方法，到引导用户进行咨询、购买或者其他形式的转化，都是编辑人员所要思考的。关于这方面的研究，大家可以多浏览一下医疗类文章，医疗行业的强竞争度，使得医疗网络营销在 SEO 细节方面一直走在最前沿。当然在正规内容网站的 SEO 工作中最好和这些暴利行业撇清关系。

5.3 网站页面优化

在常规网站中一般会存在首页、目录页（或聚合列表页）、内容页、专题页等几类页面。不论网页的样式多么丰富，再怎样变化都可以被抽象出一个模版来，搜索引擎会针对不同类型的网页使用不同的抓取策略和更新策略，甚至赋予不同类型网页的初始权重值也可能会有所不同。

不论是哪种类型的网页，都应该有最基本的 SEO 注意事项。比如整个网站每个页面都应该有 H 标签的布局；所有页面最好都要有一定的文本介绍内容；除内容页面外，其他页面都应该设计一下 Description。虽然百度官方已经声明 Keywords 标签已经不被搜索引擎参考，但是多人试验百度多少还是会参考 Keywords 的，对于方便设置的页面最好都设置一下，只要不恶意堆砌，总是没有坏处的，并且还可以方便使用站长工具查询重要页面的关键词排名情况等。下面针对常见的几类页面进行逐一讨论。

5.3.1 网站首页

网站首页一般是网站中最重要的一个页面，也是整个网站中权重最高的页面。所以一定要深入地挖掘网站首页的可利用之处，为网站作出最大的贡献。SEO 常规观念中的一些数据限制，在网站首页中都可以进行适当的提高，比如每个页面定位 2~3 个关键词、单个页面上链接不宜超过 100 个等。

1. 关键词定位

正常的 SEO 观点是一个页面不可优化过多的关键词，但是首页权重最高，可以相应地承担起更多的关键词优化任务。由于网站首页很少有固定的文本介绍，所以造成关键词的布局也比较困难，那么首页的 Title 和 Description 就成了布局关键词的主要区域。

Title 中除必须有网站品牌词之外，还可以布局 2~3 个符合首页定位及网站定位且搜索量比较大的关键词。推荐首页的 Title 使用这种形式：

网站品牌——2~3 个需要优化的其他关键词

甚至可以加入特殊符号：

【网站品牌】——2~3 个需要优化的其他关键词

例如赶集网北京站首页的标题，除了放在首位的品牌词之外，还在后面跟了"免费发布信息"和"北京分类信息"两个关键词：

【北京赶集网】——免费发布信息-北京分类信息门户

例如起点中文小说网首页的标题，除了放在前面的品牌词之外，整个标题上又放置了其他竞争强度大的一些关键词：

关键词	搜索指数	百度排名
小说	57942	2
小说阅读	417	5
免费小说	3011	7
玄幻小说	5257	37
武侠小说	2320	38
青春小说	691	25
小说网	7933	5
各类小说		16
小说下载	8121	8

图 5-29　起点中文小说网站首页关键词排名

小说阅读_起点中文小说网|免费小说，玄幻小说，武侠小说，青春小说，小说网各类小说下载

如图 5-29 所示为起点中文小说网首页标题中布局的关键词的百度搜索排名情况，可见其定位的关键词排名还算可以，尤其是标题上布局这些关键词也加强了页面和关键词"小说"的相关度。当然根据需要也可以把网站品牌词放在 Title 的末尾。

关于 Description，使用一句话把首页布局的关键词串联起来，对核心关键词重复两三次，并且同前面所述设计的和文章标题一样能够吸引用户点击是最好不过了。虽然 Description 标签在搜索引擎中越来越不受重视，但是搜索引擎还是会经常把 Description 中的内容调用到百度搜索结果中，所以 Description 标签值得重点设计一下。

在首页页面中最好也想办法布局上关键词，这样才可以提升首页和目标关键词的相关度。有不少网站会在页脚上不起眼的地方添加一段文本内容来布局关键词，在内容调用模块的 DIV 标题中布局关键词，甚至首页调用的图片也在其 Alt 属性中布局关键词。

2．链接布局和设计

前文已经针对内链的布局做了比较详细的介绍。这里需要提醒的是，首页的权重利用要充分，不竞争排名的页面链接，不重要的页面链接，甚至是内容页面的链接都可以进行 nofollow 处理或者使用 JS、框架调用，只把首页的权重导向网站的核心页面。网站首页虽然不必拘泥于 100 个链接的范围，但是首页上应该避免出现过多无关紧要的链接。首页调用最新内容，有助于内容的收录；首页调用热门内容，有助于热门内容的排名。首页权重要吝啬地使用，综合平衡网站的实际 SEO 方向来使用。

由于首页权重高，被首页所推荐的页面的收录速度和排名都会比较好，所以首页一般还会承载推荐网站新内容的任务。为了使网站所有增加的新内容都可以让 Spider 在网站首页发现，可以分析一下 Spider 对网站首页的抓取频率，然后根据 Spider 的抓取频率来更新网站首页对新内容推荐的链接。设计一定的规则，使 Spider 每次抓取首页的时候都可以抓到新页面的 URL，

同时网站所有的新内容 URL 也可以在网站首页展示一遍。针对信息量更新过大的网站，也会拥有很多高权重的子域名或目录页面，这样就可以把新内容的推荐更新规则分配到各个主要"首页"上。

5.3.2 列表页面

目录页包含正常的分类频道列表页，也包含根据条件聚合生成的列表页面。正常的网站结构中，这种页面也有着高权重，并且在大型信息类网站中，这类页面也是主要获得搜索流量的页面。所以不仅要在链接上进行精心优化，在页面关键词定位和内容上也应该进行精心设计。

列表页处于首页和内容页中间，会同时获得首页和大量内容页的自然推荐链接，所以也拥有比较高的权重。因此如果列表页只是优化当前分类名，就有些太奢侈了，最好可以多优化几个相关且有搜索量的关键词，不必拘泥于传统的列表 Title 的设计，列表页的 Title 也完全可以使用类似"【石家庄二手房】-石家庄二手房信息-石家庄二手房出售-网站品牌名"的形式。例子中的"石家庄二手房""石家庄二手房信息""石家庄二手房出售"都是有一定搜索量的。

如果网站列表并不是很多，完全可以人工为每个列表挖掘相关且有搜索量的关键词，以完全发挥出列表页本身的权重优势。如果网站列表是按照规则、参数批量生成的，或导入关键词批量制作的，那么也可以按照列表页本身关键词的性质，批量扩展出一些合理且可能有搜索量的关键词。如图 5-30 所示为马可波罗网站有排名的产品列表页的 Title 设计，模板为"【产品名】_产品名价格_产品名批发_产品名厂家_网站品牌名"，后面的几个关键词就是根据用户可能搜索的相关词批量扩展出来的，并且 SEO 效果非常好。

204	休闲食品加工设备	25	1	4390000	【休闲食品加工设备】_休闲食品加工设备价格_...
205	消防电铃	25	1	561000	【消防电铃】_消防电铃价格_消防电铃批发...
206	hp3803	25	1	7050	【hp3803】_hp3803价格_hp3803批发_h...
207	散货车队	25	1	967000	【散货车队】_散货车队价格_散货车队批发...
208	toto干手器	25	1	150000	【toto干手器】_toto干手器价格_toto干手器
209	小帅哥摩托车报价	25	1	1390000	【小帅哥摩托车报价】_小帅哥摩托车报价价格_...

图 5-30 马可波罗产品列表页的 Title 设计

列表页的 Description、Keywords、H 标签本着和首页一样的设计规则就可以了，在 Title 中一定要醒目地区分出本列表的主题或分类名和附带优化关键词，不要让用户产生疑惑。列表页面最好也要设计一段包含关键词的文本介绍，来提升页面内容和关键词的相关度。图 5-31 和图 5-32 分别为赶集网和马可波罗网站在列表页面设置的文本介绍。

对于列表页有以下几点值得注意。

（1）在 B2C 商城或 B2B 平台类网站中，同一个分类列表往往会有按照各种参数排序所产生的大量不同的列表页面，此时或每种参数都定义一个或几个有搜索意义的关键词，或使用 Canonical 标签把所有非默认排序页都指向默认排序页，详细描述见本章 Canonical 标签的使用小节。

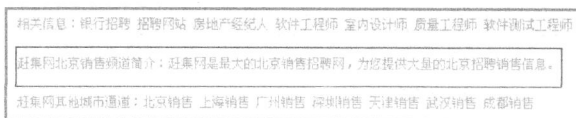

图 5-31　赶集网在列表页设置的文本介绍

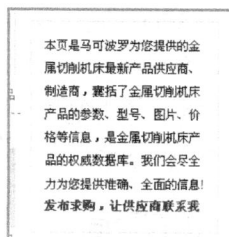

图 5-32　马可波罗网站在列表页

设置的文本介绍

（2）如果是默认分类列表页，则分页放给 Spider 抓取，以便 Spider 抓取全站的内容页。如果是聚合产生的列表页，因为 Spider 已经可以通过默认的分类列表页抓取到列表中的内容页，聚合列表页的主要作用就是用首页做排名，分页只是让普通用户浏览，没有必要让 Spider 抓取，这些分页并没有权重导向内容页，分页本身也没有被搜索引擎收录的价值，放给 Spider 抓取只会浪费 Spider 对网站的抓取次数，减少对有价值页面的抓取，还会浪费服务器带宽，所以对于此类列表页的分页链接可以使用 nofollow，也可以直接使用 JS，甚至不做分页。

（3）现在大多数网站对于常规的交叉参数产生的列表页，一般在页面 Title 中就直接调用参数名本身，这儿其实可以根据行业实际情况更加细致地优化一下。例如风行网的列表页：http://www.funshion.com/list/movie/o-z1.p-1980-1989.pt-vp.ta-2，页面 Title 为"1980-1989 年热播电影-在线观看-高清下载-风行"，实际上"1980-1989 年"是没有搜索量的，同样含义的"80 年代"是有用户搜索量的，Title 改为"80 年代经典电影-在线观看-高清下载-风行"可能会更好。

（4）列表页最好不要所有的文本都有链接，也就是列表页内容部分最好不要只有内容页的标题和链接，最好调用出内容页部分的文本内容简介和内容页本身的一些属性参数等来丰富列表页的内容。

5.3.3　专题页面

专题页面可以当成带有明显文本介绍的网站首页来优化，页面 Title、Keywords、Description 及 H1 等页面上的因素都可以按照网站首页的规则来设计。专题页的关键词定位往往只有一个，同时会附带上几个核心关键词的扩展词。整个专题页面的设计，在保证页面美观的情况下，最好把文字信息都写到普通 HTML 代码中，不要写在图片上；视频中的文字，可以在视频周围重新写一遍；专题应该以内容为主，相关推荐为辅，也就是应该把布局好目标关键词的专题介绍内容放到整个专题的最前面，其他相关推荐的链接放到后面。

专题是大部分网站中都有的页面类型，因为其关键词密度高、覆盖相关信息多、获得内链多，并且一般都是图文并茂，拥有比较好的用户体验，得到了网站、用户和搜索引擎的青睐。对于新闻焦点、指定人物、指定事迹、指定地区都可以使用专题，极大地方便了 SEO 工作中的关键词布局。在一些 SEO 主导的网站中，往往会使用专题来弥补网站关键词布局的不足。在任何网站中都有一些放到首页和正常目录页不合适、放到内容页又优化不上去的关键词，此时专题页面就起到了弥补这一空白的作用。

对于 SEO 来说，专题页面的目的就是优化本身定位的关键词。所以对于专题页面，除了以上说到的布局外，所有的导出链接都是可以 nofollow 的，甚至可以使用 meta 标签中的 nofollow，直接让搜索引擎不提取页面中的链接，把整个专题页做成一个只导入权重、不导出权重的页面，这样更有利于专题页本身的排名。当然这也要根据网站实际情况进行变通处理。

5.3.4　内容页面

在内容建设中已经详细讨论过内容的撰写和优化。但是在内容页面不仅仅有文章内容，还有其他相关推荐的信息及链接。这部分内容利用好，会使得内容页面获得更高的相关度及更持久的排名。

在 5.3 节开头中说过，搜索引擎是可以判断网页内容的类型的。内容页面一旦发布，正常情况下就不会有比较大的更新，常见的就是内容周围推荐链接的更新。对于这种范畴的更新，搜索引擎没有必要浪费大量的资源进行跟踪。所以内容页面快照的更新频率会很低，同时一般内容页面的关键词排名也是有时效性的，因为搜索引擎要保证把最相关且最新的信息推荐给搜索用户。

1．关于推荐链接

理论上搜索引擎可以判断出内容页中哪部分是主体内容，哪部分是推荐内容。但是搜索引擎并不会只针对正文内容进行关键词相关度计算，正文之外的相关推荐也可以辅助说明本网页的主题，所以搜索引擎也会进行一定程度的参考。因此文章周围的链接和内容最好不要乱推荐，最好是调用和本页内容最相关的一些内容，这样调用会增加用户继续浏览网站的可能性，同时这种相关的链接也是搜索引擎最重视的有效链接。比如视频类网站，视频周围的推荐链接就很不错。

2．关于推荐链接的简介

在文章周围不仅可以推荐链接，还可以调用出该链接页面的一些简要内容。一个网页上的纯文本内容都会被搜索引擎重点地分析和参考。有部分网站甚至利用相关推荐链接的简介，把内容页面也做成列表页面。因为这样设计会使得相关推荐的更新幅度更大，从而整个页面的更新频率和幅度也会很大，促使搜索引擎 Spider 对内容页面也进行频繁的抓取，这样在一定程度上可以保证内容页面排名的长期性。但是并不是所有网站的内容都适合这样操作，也并不是所有网站都需要这样操作，慎重为之。

另外，在内容页面中，如果文章有摘要或简介，那么 Description 调用摘要或简介就可以了，如果没有摘要或简介，也没有必要使用程序自动调用文章开头的内容。内容页的 Keywords 最好有编辑人员添加，有相应技术能力的网站也可以对网站标题或内容进行分词关键词提取。在内容页面 Title 设计上，其实也有些小动作可以做。

比如正常内容页的 Title 一般为"文章标题-栏目名-网站名"，其实也可以设置成"文章标题-核心关键词-网站名"，这样可以提高关键词的相关性。这个"核心关键词"的来源，不同网站会有不同的设计，有的是来自于编辑填写，有的来自于用户添加，有的来自于网站对标题或内容技术的提取等。在 SEO 的方方面面工作中，都有很多小细节的东西可以操作，就看大家有没有研究和试验了。当然一切"小动作"都是辅助 SEO 的，过犹不及，不要因为小动作而影响网站的整体用户体验，否则搜索引擎也会不给面子的。

《百度搜索引擎优化指南》中对网站页面 Title 的建议为：

（1）标题要主题明确，包含这个网页中最重要的内容；

（2）文章页 Title 中不要加入过多的额外描述，会分散用户注意力；

（3）使用用户所熟知的语言描述；

（4）如果你的网站用户比较熟悉，建议将网站名称列到 Title 中合适的位置，品牌效应会增加用户点击的概率；

（5）标题要对用户有吸引力；

（6）能让用户产生信任感。

例子中的网页，提供全国主要城市的天气预报服务，第一个结果中，使用了百度地图默认的 Title，用户通过搜索结果无法判断这个网站提供的内容是什么，也就不会点击这个结果，第二个结果中，Title 很明确地写明了所提供的内容，用户判断起来比较容易，选择这个结果的可能性比较大。

《百度搜索引擎优化指南》中对网站页面 Description 的建议为：

（1）网站首页、频道页、产品参数页等没有大段文字可以用做摘要的网页最适合使用 Description；

（2）准确地描述网页，不要堆砌关键词；

（3）为每个网页创建不同的 Description，避免所有网页都使用同样的描述；

（4）长度合理，不过长不过短。

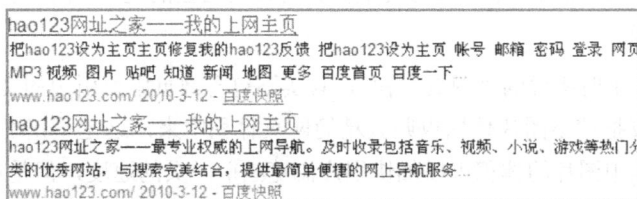

例子中，第一个没有应用 Meta Description，第二个应用了 Meta Description，可以看出第一个结果的摘要对用户基本没有参考价值，第二个结果的摘要更具可读性，可以让用户更了解网站的内容。

5.3.5　页面信噪比控制

现在大部分网站都会在页面主体内容周围推荐一堆信息和链接，列表页面和内容页面都是如此。甚至有的不是站内信息，而是广告信息。此时为了突出网页的主体内容，就需要控制网站的信噪比，不要在源代码中看到整个网页中内容周围的推荐信息比主体内容还要多很多。没有提升页面和关键词相关度的内容都属于无用的噪声，如果网站运营中不得不推荐这些信息，就应使用 JS 或框架来调用这些信息。这样至少搜索引擎就不会在本页面抓取到这些噪声内容，以达到突出网页主体内容的目的。

5.3.6　精简网页代码

网页代码的精简也是 SEO 优化中的重要部分，简洁的代码不仅可以缩小网页体积提升网页加载速度，还可以方便搜索引擎识别网页的主体内容。就目前情况看，全互联网大部分网站都有继续精简的空间。现在包括百度站长平台在内的大部分站长工具都推出了网页 SEO 建议的相关工具，大家可以使用此类工具找到自己的网页可以精简的空间。

如图 5-33 所示为百度站长平台页面优化建议工具的检测项目列表。其中合并 JS、启用 Gzip、JS 位置、合并 CSS、合并相同资源、去除错误链接、压缩元素等项目都和精简页面代码有关，可以重点检查一下自己网站各类型页面的设计，如果有提升空间，最好重点设计一下。此类工具可以一键查询出网页上存在的问题，还是非常实用的。不过像 Frame 之类的建议，根据自己的实际情况进行改进就可以了，有的框架可能就是如前文所述，是为了专门降低页面噪声的，并不需要搜索引擎抓取。

现在还有不少网站在网页中直接添加了大量的注释、JS 代码和 CSS，都是可以精简或者封装的。如果没有相应的技术改动能力，那么就按照"网页 SEO 建议"之类工具中的意见对网页进行精简工作即可；如果有相应的技术改动能力，则把能精简的注释全部精简，能封装的代码全部封装，不必要的空行也可以删除，避免使用大量嵌套表格，使用户和搜索引擎看到的网页源码没有任何多余的东西，把代码精简到极致。精简代码对于流量较小的小型网站可能并不会有太过明显的效果，但是对于有一定内容量和流量的网站来说，精简代码前后，网站的浏览速度、用户跳出率、Spider 抓取频率和来访流量都会有比较明显的提升，同时也可以更加有效地利用服务器和带宽资源。

需要说明的是，平时所说的"网页体积"，其实不包含网页中所引用的文件，只是网页源代码的大小。有的朋友把缩小图片体积也归到精简网页体积中来，这是不正确的。两者的目的不完全相同。缩小网页中图片的体积可以加快用户浏览当前网页的速度，但是对于 Spider 的抓取影响并不是很大，非图片类搜索引擎的 Spider 一般是不会下载网站上的图片的。试想一下如果网页把引用的图片也算做当前网页的"体积"，那么引用视频和提供文件下载链接的网页体积岂不是太大了。

问题建议		
合并JS	减少2次请求 合并相同域名下的js，可以减少网络连接次数。 展开详情	✖
启用Gzip	可减少0.12k字节 启用服务器Gzip，可以减少页面字节。 展开详情	✖
js位置	1个问题 JS放在页面最后，可以加快页面打开速度。 展开详情	✖
图片大小声明	1个问题 如果图片大小不做定义，网页需要重新渲染，速度受到影响。 展开详情	✖
Meta信息完善程度检测	meta信息不完整。缺少meta description（这可能会对网页的展现和排序产生一定影响），继续增加	✖
图片Alt信息检测	图片alt信息不完整。建议为网页的img标签增加alt信息（检测信息量为整个页面图片，加入这些信息可使网页上的图片更容易被用户检索到）	✖
其他检测项		
合并域名	建议将只有1个资源的域名合并到其他域名下。	✔
取消重定向	多一次重定向，意味着多请求一次，尽量不要使用重定向。	✔
合并CSS	合并相同域名下的css，可以减少网络连接次数。	✔
缓存静态资源	变化很少的静态资源可以设置客户端缓存，减少请求。	✔
合并相同资源	合并完全相同的静态资源，可以减少网络连接次数。	✔
去除错误连接	无法打开的连接，会导致页面打开缓慢，请及时修复或删除。	✔
使用Css Sprite	使用css sprite技术可以减少请求次数。	✔
压缩元素	使用压缩技术，减少元素的体积，降低网速。	✔
CSS位置	CSS说明出现在<body>后，页面需要重新渲染，打开速度受到影响。	✔
字符集声明	如果<head>部分未定义字符集，将增加页面渲染次数，速度变慢。	✔
URL长度检测	URL长度在255字节以内，符合我们的建议	✔
静态页参数检测	未检测到静态页使用动态参数，符合我们的建议	✔
Frame信息检测	未检测到frame、frameset、iframe等Frame信息，符合我们的建议	✔
Flash文字信息检测	未检测到flash文字描述问题，符合我们的建议	✔

图 5-33　百度页面优化建议工具检测结果

另外，Google 也有类似检测网页加载速度的优化工具：

https://developers.google.com/pagespeed/

SEO 5.4　图片和视频的优化

主流搜索引擎现在差不多都开设了图片和视频垂直搜索业务。在百度中搜索涉及图片和视频的关键词，会发现在搜索结果首页都有百度图片和百度视频搜索该关键词的结果链接，针对部分关键词，百度还会在百度搜索中提取百度图片搜索结果的前几个集合放在百度网页搜索结果中（如图 5-34 所示）。虽然现在百度视频搜索大部分是大

图 5-34　百度搜索"车展"

牌视频网站的天下，但是随着百度网页搜索的大力推进，和现在网友的搜索需求越来越垂直精准化，图片搜索和视频搜索也应该成为 SEO 人员需要重点关注的领域，并且 SEO 人员可以利用大牌视频网站的平台优化带有自己广告的视频内容。

5.4.1 图片网页优化

除图片垂直搜索引擎外，其实在普通的网页搜索中也会有大量包含"图"的搜索词，如果网站有丰富的优质图片，大可以设计专门的网页优化"**图""**图片""**照片"之类的关键词。这是针对网页搜索的，也就是正常的 SEO 工作，只不过目标关键词都含有"图片"而已。如图 5-35 所示，一呼百应网专门设计了一类网页来优化"**图片"的关键词，直接使用了站内有图片的信息的相关摘要。

图 5-35　youboy 优化"**图"的页面

所以拥有图片资源的网站，可以一边设计专门的图片展现页面，来优化网页搜索中的相关关键词，一边想办法优化图片搜索引擎中的相关关键词。针对网页搜索，就和普通页面的优化一样，完全适用页面优化的规则；针对图片垂直搜索，则有些需要特殊设置和需要注意的地方。

在百度图片搜索中，普通站点还是有一些发挥空间的。搜索引擎并不能真正读懂图片中有什么东西，只能凭借图片周围相关的描述进行判断，所以图片所在网页的主题和内容就成了图片内容最好的描述。

针对图片专门的优化就是：

设置一个精准的 ALT 标签，不要太泛，也不要堆砌关键词，客观描述一下图片即可，这将是搜索引擎判断图片内容的主要参考因素。

在图片周围多布局一些描述图片内容的文字，这也将会成为搜索引擎判断图片内容的辅助参考内容。在实际网页中，往往是把图片插入到最合适的文字中。除非是图片类网站或者专门的图片页面，才会针对图片进行文字介绍。

最好保证图片的质量和清晰度。搜索引擎也想给用户返回质量最好的图片，所以质量越好、清晰度越高的图片越容易被排到前面。在此有一个矛盾点，直接在网页上引用高清大图会影响用户浏览当前网页的速度，但是图片的质量和清晰度又会影响该图片在图片类垂直搜索引擎中的排名。有些网站会使用下面这种方法来解决这个问题：在网页中引用的图片全部为真实高清大图的缩略图，缩略图上添加高清大图的文件链接，或者增加专门的高清图片浏览模块。不过由于图片搜索引擎的垂直性，大众型网站一般都不怎么关心图片搜索，只要把常识性的细节优化到位就可以了。美图、摄影、婚庆、房产及拥有产品图资源的网站可以更加深入地研究一下这方面的内容。

其他的优化，就是针对网页的优化了。图片存在于某个网页上，那么图片中的内容一般是和网页的内容是相关的，所以如果该网页优化的目标关键词和图片内容一致，也就是网页大力优化的关键词和图片的 ALT 文字相关，图片周围的内容都是相关、一致的，那么这个图片所描述的内容就会被搜索引擎进一步肯定。能够被搜索引擎排到前面的图片，肯定是得到搜索引擎对内容的确定，如果网页的搜索引擎发现网页描述的是"西瓜"，但是配图的 Alt 文字写了一个"篮球场"，搜索引擎就可能不能确定图片到底是什么内容，或因图片和其寄主页面内容没有什么关联性而不给予以排名。

其他提升页面关键词相关度和提升页面权重的因素也会在图片排名中起到相应的作用，比如图片所在网页的导入链接的锚文字、图片所在网页本身的权重（网页类型、得到的链接）等。如图 5-36 所示为百度图片搜索"奥巴马"的第一个结果，通过图片中显示出来的信息，就可以初步了解到百度图片搜索会参考哪些因素了。

图 5-36　百度图片搜索"奥巴马"

5.4.2　视频网页优化

因为视频对带宽和服务器要求比较高，所以一般只有大品牌视频类站点才能提供优质的视频观看体验，相对应地，在百度视频搜索中，很少能见到小网站上的视频。与图片优化一样，除针对垂直搜索引擎以外，视频类网站同样可以在网页搜索上，优化相应视频类搜索词。现在大部分电影下载网站都瞄准这类关键词，也有不少网站采用引用大型网站视频的方法来优化相关关键词，通过其他广告获取收益，这一切都是通过网页搜索进行的。

针对视频的专门优化，现在百度视频搜索基本都是大型网站的内容，小型网站很少能得到流量。但是对于 SEO 来说，也应该十分了解视频搜索的规律，指不定什么时候就可以用得上。在本书后续讨论如何使用 SEO 做危机公关时，就会涉及视频的优化。并且大家也可以制作含有自己广告的视频，把其传到优酷、土豆、酷六这些大型视频网站后，利用他们的平台进行关键词优化，从而使自己的广告或品牌得到更多的展示。

和图片一样，搜索引擎读不到视频真正表达了什么内容，会使用和判断图片一样的逻辑和方法来判断视频的内容。不过由于视频本身素材丰富，几乎所有视频网页上都会存在一些描述视频（资源）质量的"用户投票数据"，比如顶踩次数、评论次数、播放次数、浏览次数甚至用户评分等。这些都会成为搜索引擎判断视频内容质量的因素，因此在进行视频优化时，一定要把这些"用户投票数据"也一并进行优化。

利用别家视频网站平台进行关键词优化时，视频标题、视频描述都和普通网页的标题、内容优化没有什么区别；同样网页的权重和导入链接也会影响视频的排名；以上提到的"用户投票数据"基本上都是可以刷的，也需要 SEO 人员对各个参数进行提升；现在大部分视频网站都有分享引用功能，分享引用的次数也可能会成为搜索引擎参考的因素，并且分享引用的次数越多，这个视频或这个视频所在的网页获得的外链就越多；最后在这些平台上进行视频发布时，标签一定要精心设计一下，仔细研究这些平台网站会发现，这些网站都会根据视频的标题描述和标签进行视频聚合，并且以标签为主，也就是说标签设计得越好，得到的站内推荐链接可能就越多，从而就会获得更好的权重及排名。

现在普通网站的视频基本上不会在百度视频搜索中得到流量，如图 5-37 所示，百度视频搜索结果基本都是优质大型视频平台类网站。大型门户视频频道的内容还有市场，中小型网站，尤其是很多地方门户网站的视频频道，基本上在百度视频搜索中得不到排名。所以中小型网站的视频只要网页搜索的流量就好，不必浪费太多精力在百度视频搜索排名规则的研究上。

图 5-37　百度视频搜索"魔兽争霸"

5.5　站内优化的两个重要观点

在站内优化中，各个方面都值得进行深入的研究，也有很多细节和技巧需要慢慢总结和学习，多多研究竞争对手网站和行业内公认 SEO 做得比较好的网站。当然，在注重 SEO 本身的同时，不要忽略了内容和资源的积累，没有内容和资源，只为了 SEO 而做 SEO 的网站，在搜索引擎上一般都不会走得太长远。笔者对于网站页面和 SEO 有两个小观点，放到本章最后讨论一下。

5.5.1　所有网站都只有两类网页

通常进行网站分析的时候，往往会把站内网页分成首页、频道（子域名）首页、目录页、目录分页、专题页、聚合页、聚合页分页、内容页、内容页分页以及索引页（导航页）等类型来进行专门的分析和设计改动建议。其实宏观来看，所有网站都只有两种类型的网页：内容页和聚合页。

内容页是具体的信息页，是网站的根本，也是用户真正需要的页面；而其他页面实际上都是通过对内容页的聚合，按照一定的规则把内容页中的部分内容和内容页的链接聚合到一个页面上，按照 URL 层级设计、页面内容及链接布局，分出了以上所提到的内容页之外的其他各类页面。或搜索聚合，或标签聚合，或格式化数据聚合，或属性聚合，或专题化聚合。在数据库中看，内容页会有很多属性和标签，这些属性和标签就为"聚合"提供了便利条件。分类目录页、TAG 聚合页、专题页等都是根据内容的单一属性或标签进行的聚合；网站首页和频道首页是对内容进行了多属性和标签的聚合，只是为每个属性或标签单独设立了一个数据调用模块。在这些聚合中处处都透露着"站内搜索"的影子。

使用这种观点来看待网站，应该会把 SEO 工作简单化一些。传统分析网站会从首页到内容页进行顺序分析，其实完全可以从内容页到首页进行逆序分析，这样就简单地把整站网页划分成了内容页和聚合页两类，只是内容页之间和聚合页之间由于内容、主题的不同使用了不同的网页模板而已。

既然除了内容页之外都是聚合页，那么站内 SEO 相对就容易研究了。比如在常见的页面类型中，研究除了内容页之外哪类页面是最容易获得搜索排名的，这类页面本身从 URL 设计、关键词定位、内容布局、内容页的聚合方式、内链设计及外链获取上相对于其他类型的聚合页面有什么优势等问题。如果你可以明确地得到这些问题的答案，那么你就找到了一个小的 SEO 方向，至少可以把你发现的这种 SEO 优势运用到其他类型的聚合页面中去，而使其他类型的聚合页在搜索引擎中也得到一定的提升。

例如现在很多大中型网站都会制造一些 TAG 页面，以内容集合的形式获取更多的搜索流量。由于关键词质量控制不严格，或网站本身内容不给力造成很多网站使用这种操作方法不成功，或收录不好，或排名不好，甚至有的还遭到了百度的严重降权。按照以上思路，TAG 页是聚合页，网站的传统目录和专题页也是聚合页，只是模板不同而已，那为什么网站的目录页和专题页就可以获得良好的收录和排名，TAG 页就不可以呢？此时就需要挖掘一下网站目录页和专题页的特点和优势，并把这种优势也融入到 TAG 页的设计中去。

比如目录页和专题页一般都有比较短的 URL，甚至会直接放到主域名下；目录和专题页一般都有比较丰富多样的内容，用户到达该页面后会有很多相关选择，跳出率会比较低；目录页和专题页一般会有丰富的内链甚至外链，内容页会通过面包屑自动为目录页添加链接，编辑也会在相关内容页中添加专题页的链接等。

反过来研究 TAG 页是否也拥有这些优势呢？如果没有，就可以从这几方面改进了。可以为 TAG 页分配比较短且比较靠近主域的 URL；可以通过对站内多种内容的不同形式的聚合来丰富 TAG 页的内容，甚至可以根据不同 TAG 词的词性做成不同模板的专题页；可以通过人工为内容打标签、让技术配合使用中文分词和 TF-IDF 自动为内容打标签、直接为内容中的 TAG 词添加链接等方法来为 TAG 页增加内链。

关于外链，由于 TAG 词数量太多，所以不可能为每个 TAG 词都导入外链，但 TAG 词之间也肯定会通过站内搜索相关或语义相关，甚至按照数据库 ID 顺序平铺推荐的方式进行内部推荐，此时只需要按照一定的规则提取出部分有代表性的 TAG 词，如果结构上为这些 TAG 词导入外链可以惠及绝大部分 TAG 页面，那就为这些 TAG 词专门导入外链就可以了。这些工作中会涉及很多的细节设计、效果试验及质量评测，这里只是提供一个思路供大家参考。

前面提到的这些页面都没有严格的模板，站长把它们设计成什么样它们就是什么样。比如 WordPress 博客的首页就是内容列表页，如果后台配置每页只显示一篇文章，那么博客首页就是文章内容页。也没有哪儿规定网站列表页就是一列列内容页标题+链接的陈列，站长完全可以把列表页的首页设计成其他的模样，只要用户体验 OK 就可以了。当然为了使用户和 Spider 方便地浏览全站内容，目录或列表的分页还是可以保留通用样式的。以上只是举例说明所有类型的网页都没有死板的表现形式，完全可以任意使用用户能够接受的形式，并不表示以上改动一定会如何。关于聚合，大家可以多关注一下美丽说，能直观地看出这是一个由各种聚合页组成的网站，并且没有传统导航、面包屑，"聚合"中的页面质量、内链搭建和技术细节有很多可以研究的内容。

另外，"聚合"只是一种表现形式而已，SEO 如果只关注关键词库及聚合本身就有些肤浅了。站在 SEO 的角度，要考虑到网站实际内容量和内容类型，以及关键词库的质量和词性分类等，站在网站运营和用户需求角度考虑的就是数据的二次萃取和挖掘了。网站内容繁多，把用户最需要、最有价值的内容挖掘出来，以什么样的形式呈现给用户，这才是需要更深入研究的。SEO 不要只停留在关键词和内容简单聚合的表层，还需要尝试着深入研究一下自身网站用户的直接、横向和纵向需求，以尽可能符合用户需求、尽可能丰富的形式为用户提供一种有价值的"聚合"。

有不少 SEO 人员把 SEO 理论了解得很熟，但是一旦接触到拥有复杂网页类型的网站时就会迷惑，不知道如何下手。希望这个把网站内的页面抽象成内容页和聚合页两类网页的逆向思维观点，能够帮助一些基础 SEO 人员理清站内优化的思路。如果感觉这样表述不容易理解或更迷惑，那就直接跳过此节吧。

在本书后面的"一线实战达人经验分享"章节中，途牛网 SEO 夜息的分享内容也涉及 TF-IDF 算法，在此简单介绍一下 TF-IDF。TF-IDF 其实是 TF*IDF，是一种用于数据挖掘和信息搜索的常用加权计算框架。TF（Term Frequency）为词频，指的是指定字符在指定文档中出现的次数；IDF（Inverse Document Frequency）为逆文档频率，是指定字符在整个文档集合中出现频率的一个相关数值，频率越大，IDF 值越小；频率越小，IDF 值越大。

对于指定关键词，在指定文档中，往往词频越大的关键词越能反映文档的主题；在指定文档集合中，往往关键词出现在越多文档中，就越不具有区分性和重要性，比如"我""的"等。这样 TF*IDF 就可以比较客观地反映出指定文档的特征主题关键词了，指定文档集合中的指定文档的 TF*IDF 值越大的关键词越能代表该文档的主题，TF*IDF 值越小的关键词越代表和该文档主题不相关。

另外，TF*IDF 只是一个计算框架和模型，具体的计算方式会有很多，这就需要技术人员去搞定了。在经过大量试验确保效果良好后，SEO 方面一般会提取单篇文档中 TF*IDF 值最大的 3~5 个关键词作为该文档的主题关键词，或为内容页智能打标签，或做内容之间的相关推荐等。关于 TF-IDF 更多的介绍和细节，大家可以多阅读一些网络资料或和技术人员进行深入的交流。

在此有必要提及的是，针对"聚合"类的网页，LEE 在 2013 年 9 月 6 日发布了一篇《不相关静态搜索结果页将被严厉处理》的公告，公告核心内容如下：

百度网页搜索反作弊团队近期发现一部分网站遍历热门关键词生成大量的站内搜索结果页来获取搜索引擎流量，其中存在大量的不相关内容严重损害了搜索引擎的用户体验并且侵占了相应领域的优质网站收益，对于此类网站我们将做出严厉的处理，希望存在此问题的站长及时进行整改调整。

在 LEE 发布公告后，笔者与 LEE 有过几句简单的交流，LEE 表示这次打击的都是明显垃圾的页面，一些垂直或行业网站的站内搜索页面其实质量很不错，并不在打击范围之内。利用词库做 TAG 聚合页或站内搜索页来抢夺搜索流量的现象已经存在很久了，百度官方也不止一次在不同场合声明这是明显的作弊行为，并且将会打击这种行为。但聚合页和站内搜索页本身的存在是没有问题的，也是顺应用户的需求而产生的，那为什么今天会有如此之多的网站所制作出来的聚合页或站内搜索页就沦落到被百度搜索专门列为打击对象了呢？笔者简单总结了一下原因：

1．关键词本身规范问题

部分网站不区分关键词的类型，都直接导入站内，使用统一的模板生成页面。比如有些网站会硬性把"电磁炉""电磁炉图片""电磁炉品牌"等词导入站内生成统一的搜索页面，但是搜索页面中只有内容的标题和发布时间，只是简单搜索，并没有给用户呈现"图片""品牌"的相关内容。当网站中这种杂词量级达到一定程度，宏观上看，整个类型的页面都是垃圾页，它只是为了骗取搜索流量，并没有为搜索用户提供相应的内容，严重降低了搜索结果的质量，这种行为影响比较大且必然会受到搜索引擎的专门打击。

2．关键词和网站之间的相关度问题

部分网站不分析关键词和网站之间的相关度，什么词都敢向站内导，比如手机网站可能导入一些房产、旅游关键词，旅游网站可能导入一堆美容、汽车或者工业关键词等，甚至有些正规内容网站导入了"买卖新娘""济南人妖"等完全不搭边的关键词。网站本身的定位和这些关键词不搭边，网站内就更不可能有相关内容了，无论通过什么手段做出来的页面，质量都不会好到哪儿去。这类页面必然会被搜索引擎排斥和打击。

3．关键词数量和网站内容量平衡关系

部分网站所收集处理的关键词类型及关键词和网站内容相关性都比较好，但是没有事先检查网站的内容量是否足以支撑这些关键词。比如有的网站只有 5W 的内容，但是却导入了 100W 的关键词，即使关键词质量再好、关键词和网站主题再相关，用 5W 的内容去整合出 100W 的页面，那么这些页面如果不是空页面（搜不出内容），宏观来看就肯定有大量重复页面。从而导致整个类型的页面也都是垃圾页面，受到搜索引擎的打击。

4．站内搜索质量问题

有些网站可能把以上问题都解决了，在放出关键词之前也做了确定工作，确定用该关键词能搜出相关内容。但是网站站内搜索质量太差，导致所有聚合 TAG 或站内搜索页的内容和关键词本身很不相关，这并不是什么特殊的问题，大部分网站都会存在这个问题，"搜索"是一件很难的事儿，百度做了这么多年搜索，搜索结果还经常被大家吐槽，更何况其他非专业搜索公司

做的"搜索"了。但是既然想用"搜索"做一些事儿，那就要保证最起码的搜索质量，不要搜索"会计培训"而给出一堆"小吃培训""Java 培训"之类的内容。大部分网站如果自己没有比较强的技术团队，也没有第三方比较强的搜索技术支持，站内搜索结果的质量都不会很高，从而建立在低质站内搜索技术基础上的 TAG 和站内搜索页的质量也就不敢恭维了。由此做出的相关类型的页面也就可以被归到垃圾页面的行列中了。

常见的垃圾聚合页和站内搜索页产生的原因基本是以上这 4 种之一，有些网站的确是用户搜索行为而产生了大量质量低下的搜索结果页，但网站没有做好审核，就把这些页面全部开放给了搜索引擎。其实这种被动原因和以上几个主动原因的结果都是一样的，在搜索引擎眼中并没有什么区别（在本书第 12 章中还会提到一些行业的推广人员专门利用有权重网站的站内搜索设置进行暴力推广）。在了解到常见原因后，如果 SEO 人员还是想利用聚合或站内搜索做一些事情，那么一定要在保证避免出现以上情况的前提下进行操作，否则可能会受到搜索引擎的处理，甚至导致整个网站受到惩罚。

其实如果 SEO 人员真的能够从用户需求的角度来设计获取搜索流量的产品，根本就不会产生以上这类页面，这样的产品和网页是不可能获得任何一个负责任 PM 的支持的。之所以有很多网站会存在这类页面，是因为 SEO 人员充当了 PM 的角色，把 SEO 做得太"SEO"了，完全没有站在用户、资源、产品和运营的角度进行思考。

5.5.2　只做当下必要的工作

SEO 有很多工作可以做，但是并不是所有对 SEO 有利的工作都是必需的。SEO 其实是一个不断解决问题的工作，解决诸如内容不丰富、收录不好、内链设计、外链获取、排名不给力、搜索流量太低的问题等。一般是经过研究分析后，发现了切实的问题才会提出解决相应问题的建议和方案，所谓的"SEO 方案"一般就是解决网站现有各种问题的建议文档，如果网站各方面都没问题，我认为这个 SEO 方案也不会有什么实质性的内容。

既然 SEO 是一个解决既有问题的工作，就代表在接手一个网站之后，并不需要把 SEO 涉及的方方面面都进行调整，并且根据"问题"的大小，还应该将其排序，而不是想起什么就做什么。比如大家都知道高配置的服务器和带宽可以提升网站的浏览速度和用户体验，同样也可以相应地提升网站流量，但这是建立在网站的服务器资源和带宽资源已经达到瓶颈的基础上的。为一个只有几十页内容和几个 IP 的企业站建议增加多么大的服务器和带宽资源是没有必要的，也不会有什么明显的 SEO 效果。再比如接手了一个拥有很老域名高权重的网站，网站已经积累获取了很多外链，但是网站的内容不足，不足以获取更多的搜索流量，那么此时 SEO 最应该做的工作就是研究与网站主题相关的关键词，并想办法为网站增加丰富专业的高质量内容，此时如果还建议加大在外链建设上的投入，那就走了岔路，根本看不到效果。

所以，大家在进行一项工作或做出某种决定之前，一定要根据网站的实际情况来分析网站当下到底需不需要这些方面的工作，如果不需要，那么一切都是事倍功半甚至是完全徒劳的。对网站 SEO 方面有利的工作太多了，但是具体到某个网站上，并不是所有工作都是必要和有用的，所以站长和 SEO 人员要综合分析，只做必要的工作，而不是在某些地方了解到某项工作对网站有利后就盲目去做。

5.6　本章小结

　　站内优化是一项非常细致的工作,往往很多不起眼的细节综合影响了网站整体的 SEO 效果。比如专业词库、分词和站内检索系统的精度等基础功能的优劣,这些一般是站外人员分析不出来的,如果没有对大量用户的可用性测试,绝大多数站内人员可能也不会感觉出有什么差别。但是搜索引擎是宏观分析网站整体页面和内容质量的,这些细微质量方面的差异可能使得网站在搜索引擎中的表现产生天壤之别。除了这些"看不见"的细节,本章中所提到的和没提到的很多看得见的细节,相信包括笔者在内的很多朋友都没有完全重视或优化到位。SEO 需要从细节做起,不必追求面面俱到,先把自己所知道的基础性细节工作做好,再谈其他提升性质的工作。

第 6 章　外链建设

SEO 行业内一直有"内容为王，外链为皇"的说法。因为有了链接把各个网页联系起来才有了互联网。链接包含了丰富的信息，搜索引擎的算法从文本分析转变为链接分析后，大大提升了搜索结果的质量，并且至今还没有其他算法可以完全代替链接分析算法。只要链接还在搜索引擎的排名中起作用，那么怎么为网站做外链就是一个比较恒定的话题。随着链接作弊越来越疯狂，Google 和百度均接二连三地针对链接作弊进行了严厉打击。在这个大环境下，外链建设显得更为重要，成本更为昂贵，对技术和思路的要求更为严谨。常言说得好："搜索引擎越是打击的方面，代表对排名越有作用"。随着搜索引擎反作弊技术的逐步完善，现在已经不是群发链接就能获得排名流量的时代了。

6.1　外链的作用、原理和方向

一个网站外链的多少和外链质量的高低，在比较大的程度上决定了这个网站权重的高低，也决定了这个网站能够从搜索引擎中获得排名和流量能力的大小。在本书前文也简单讨论过搜索引擎链接分析的内容。站在搜索引擎的角度考虑，如果整个网络上的链接都是自然的，那么得到链接最多、质量最好的网页应该是最重要的，不然不会获得大量高质量链接；有高质量、高权重的网站指向的网页和网站应该是重要的，就相当于有一定数量比较权威的投票认可；链接使用的锚文本也就是对链接网页的主要内容的描述。

链接就类似于投票。票数、投票人的地位、投票人的行业、投票人和被投票人的关系都决定着链接所发挥作用的大小。票数的多少可以决定一个网页的受欢迎程度，也可以等同于重要程度；投票人的地位越高，那么所投的票的价值就越高，普通票数量再多可能都比不上这一票；投票人和被投票人的行业如果是相关的，那么这一票将更有说服力，如果一个搞建筑的人说另外一个人文学造诣很高，一般不会有太高的可信度；投票人和被投票人如果是一家人（内链），那么这一票的价值也会低于外人（外链）的投票；同样的票数，如果所得票大部分都来源于一个家庭，那么肯定不如来源于多个家庭有说服力。

所以站长和 SEO 人员在进行外链建设时，一般要有几个建设的方向：尽可能建设大量的外链；尽可能在权重高的网页建设外链；尽可能在内容和自己相关的网站或网页上建设外链；尽可能找和自己没有直接关联的网站建设外链，并且所找的网站之间没有太多的直接关联，比如 IP 不同、备案不同、不是兄弟站等；尽可能在多个域名上建设外链。在顺着以上方向建设外链时，外链所使用的锚文本还要和站内被链接页面定位的关键词相一致。

6.2　常见获取外链的方法及点评

在几年的 SEO 行业发展中，SEO 人员已经总结了一系列建设外链的方法。有不少方法已经随着搜索引擎算法的改进而失效，有些方法依然继续发挥着重要作用。在很多初级 SEO 人员眼中，SEO 工作就是发外链，是因为一般这些人只能或者只被分配了建设外链的任务，没有太多的机会在公司中接触到 SEO 工作的其他内容。其实在现在外链建设比较困难的环境下，一个好的链接专员也会拥有丰厚的收入。当下链接建设的方法无外乎换、发、买和制作链接诱饵。下面讨论一下这些曾经或现在很流行的外链建设方法的效果及其可操作度。

6.2.1 友链交换方法和注意事项

友链交换应该是几乎所有进行 SEO 优化的网站都会使用的一个链接获取方式。寻找和自己权重对等或权重高于自己、内容相关的网站进行链接交换，或交换网站首页，或交换子域名首页，或交换目录页，或交换内页。例如 58 同城几乎所有可以进行链接交换的页面都开通了链接交换功能，整个 58 同城网站的友情链接数量应该已经超过 10 万，并且现在依然还在增加着。下面就来谈谈友情链接交换中的那些事。

1. 寻找交换对象的方法

需要交换就需要寻找对象。现在随着 SEO 行业的发展，已经有多种渠道可以寻找链接交换对象了，常见的寻找方式如下。

（1）现在有大量的链接交换 QQ 群，里面有很多有同样链接交换需求的站长或者 SEO 人员。可以直接批量发出自己所需要交换的网页的情况，等着别人联系自己；或者看到别人发出的和自己相关的链接时，进行质量和内容检查后联系交换。现在友情链接交换的 QQ 群也会根据网站内容质量或权重进行划分了，大大方便了同内容、同权重网站之间的链接交换，现在主流的划分方法就是根据行业和 PR 值划分，有需要的朋友可以自己搜索并批量添加。

（2）站长和 SEO 论坛也是链接交换的主要场所。链接在 SEO 工作和网站运营中都占了相当大的比例，所以一个拥有大量用户的站长论坛或 SEO 论坛，若没有链接交换板块或禁止链接交换信息，就代表拒绝了大部分草根站长和 SEO 人员用户。有链接交换需要的朋友可以收集一下站长和 SEO 论坛，会有海量论坛供你选择。

（3）现在有一些链接交换平台做得很不错，大大地方便了站长和 SEO 人员的友链交换工作。有需求的朋友百度搜索"链接交换"之类的关键词，就会找到大量的链接交换平台。在绿萝算法推出后，有不少链接交换平台在百度搜索中阵亡了，但是这并不影响站长和 SEO 人员的使用。

（4）在自己网站各个网页的页脚上都挂上交换友情链接的 QQ，并设置点击链接（图标）即可直接对话。只要自己的网站稍微有一些流量，自然就会有同行或内容相关的网站前来主动交换友情链接，有些网站并不注重这种方式，其实只要加一个即时对话的链接，就可以毫不费力气地获得很多高质量相关的友情链接。

（5）最后就是自己寻找了。站长和 SEO 人员可以通过搜索引擎搜索和自己内容相关的网站，然后查看对方网站是否留有友情链接交换方式和信息。现在大部分有 SEO 需求的网站，基本上都会在首页底部友情链接模块中注明联系方式。站长和 SEO 人员可以通过百度搜索相关关键词，也可以使用爱站网"相关站点查询"之类的工具来寻找和自己的网站内容相关的站点。

2．判断对方网站是否适合交换

一般在寻找交换对象的过程中，就需要查看对方网站的各项指标是否符合自己的交换条件。一般都需要查看对方网站的权重、内容和所交换的页面是否符合自己的要求。针对这几方面，有如下一些指标是站长和 SEO 人员经常参考的。

（1）对方页面的 PR 值。虽然大家都知道 PR 值只是 Google 搜索排名算法 200 多项中的一个，并且所占比重越来越低，但是毕竟它现在还是唯一比较权威反映一个网页权重高低的数值，所以还是有一定参考价值的（在 3.8 节中已经说明 Google 正在通过降低 Google 工具条中 PR 值的更新频率来降低站长对这个数值的过度关注）。并且现在大部分网站对自己网站和网页权重的评价还局限于 PR 值，不少人交换链接的目的就是提升自己的 PR 值。

在友情链接交换中，你要仔细考虑，你是只为了提升这个有实际数值判断的 PR 值，还是为了网站获得更好的排名和流量。如果只为了获得一个高 PR 值然后卖链接，那么 PR 值肯定是主要的甚至是唯一的参考；如果是为了网站的整体质量，就不要只局限于 PR 值。毕竟现在中文网站主要是研究百度了，PR 值高的网站在百度搜索中的表现并不一定理想，并且现在有很多人操纵站群提升 PR 值来进行或卖或换的行为，所以做中文网站的 SEO 工作，PR 值还是要参考，但是一定要理性参考，对方网站的其他表现也应该足够重视。

（2）对方网站的内容。也就是查看一下对方网站的内容和自己的网站是否相关，以确保自己交换的链接是相关的链接。同时也要看对方网站的内容是否违法，如果违法就敬而远之吧。现在有不少非法网站使用普通的锚文本来骗取链接，比如网络赌博类的网站可能随便使用一个"**商城"之类的锚文本，所以在检查对方网站情况时，一定要检查一下对方网站的内容。

（3）对方网站的收录量。权重高的网站如果有丰富的内容，一般都会得到良好的收录，站长和 SEO 人员就进行逆向推理，认为收录量大的网站会有比较高的权重。这个指标只能作为参考条件，因为实际上很多权重高的网站并没有太过丰富的内容，并且收录量大的网站也不一定是本身权重高，有的甚至是曾经有比较高的权重，被百度降权后并没有 K 掉的网站，但是没有任何排名。所以网站收录量这个指标要综合其他指标进行参考。由于规模化操作中需要有一定的数字指标，所以一般要求收录量过 100 或过 1000 还是合理的，毕竟一个正常运营的正规非企业网站，如果没有这些收录量就太说不过去了。

（4）对方网站是否备案。在现在中国的网络大环境下，没备案的网站随时都可能 Over。为了使网站获得的外链具有稳定性，最好只和有备案的网站进行链接交换。

（5）在百度搜索中 site 对方域名，查看对方网站的首页位置，如果在搜索结果的前几页都找不到对方网站的首页，那么或者进一步分析对方网站是否被百度降权，再决定是否进行交换，或者省事一些，直接拒绝交换。

（6）对方网站的百度权重。在后续站长工具中会对这个百度权重进行详细讨论。虽然这不是百度官方的数据，但是还是有一定参考价值的，百度权重高的网站不一定好，但是百度权重低的网站一般都不怎么样。此数据要进行理性参考，切不可当做唯一的参考数据。

（7）对方网页上导出链接的多少。众所周知，如果对方网页导出链接过多，就不会有太多的权重导给你了，所以一般都喜欢和导出链接比较少的网页进行交换。

（8）PR 输出值。有部分朋友在交换友情链接时也会查看对方网页的 PR 输出值的大小。PR 输出值的计算公式为（1-0.85）+0.85*（PR 值/外链数），在后面站长工具介绍中会对此公式进行详细介绍。通过公式可以看出，PR 输出值的大小是根据对方网页的 PR 值及导出链接数量决定的，即 PR 值越高，导出链接越少的网页就越值得交换。

在链接交换中有时也会参考对方网站的 Alexa 排名趋势，查看对方网站是不是慢慢经营起来的，并估算对方网站的流量情况等。如上所述，想要找到一个良好的交换对象所要参考的因素太多，如果人工一项一项地查看对方网站的这些数据，工作效率会非常低，此时使用站长工具类网站的综合查询功能，就可以很方便地一键查询对方网站的以上数据了。这里推荐使用 chinaz 站长工具的 SEO 综合查询功能。后续在站长工具介绍中，也会对这个功能所获得的数据的参考价值及数据背后的含义进行详细介绍。

3. 警惕链接交换中的小把戏

有一些站长和 SEO 人员为了获得单向指回的链接，会采用一些欺骗的手段，在进行链接交换工作时，一定要进行细心甄别。常见的小把戏如下。

（1）加上链接一段时间后恶意删除。这种情况一般是利用大家不及时检查链接的习惯。很多站长和 SEO 人员在交换完友情链接后，很少会频繁地进行链接检查，也就给了这些人可乘之机。他们通过频繁的交换和删除，获得大量的未及时检查的单向链接，从而使自己获得比较高的权重。所以大家需要每周甚至每天都进行链接检查。也可以根据自己的实力自行开发或者使用第三方友链管理平台，每日都自动检查友链情况。

在此有必要提醒一下重视友情链接的大型站点相关负责人：大中型重视友情链接的站点，一般会有大量的链接人员或者链接兼职人员，链接的交换和审查工作是分开的，很多都是人工交换后系统自动检查和清理不符合要求的链接，这也就造成了这些站点有"骗链接"的嫌疑，最冤枉的应该是 58 同城了。其实并不是这些站点"骗链接"，而是工作流程有问题，一般系统删除链接时并没有通知相应的链接人员和对方站点负责人，从而在这方面给网站带来一些负面声誉。建议这类拥有大量友情链接交换需求的网站都完善一下友情链接交换流程和系统功能，比如要求链接人员记录对方的 E-mail 或 QQ，并且配置当系统或人工删除链接时，系统都会自动给对方发送相应的邮件，说明原因，表示歉意，并提醒对方及时处理。如果不是出于骗链接的目的，相信如此处理可以在一定程度上避免网站在圈内出现负面信息，据笔者所知，淘房网就有类似的配置。

（2）源代码中看不到友情链接。有些站长会使用 JS、框架来调用友情链接，这样普通用户可以看到，但是搜索引擎并不能读到这些链接，也就是该网站在搜索引擎眼中只获得了外链，并没有导出链接。虽然这种方式已经被广大站长和 SEO 人员熟知，但是还有不少人经常因为疏忽而上当受骗。

（3）禁止友情链接导出权重。现在有不少站长会在友情链接中使用 nofollow 或者把友情链接做成经由站内链接跳转的形式，这样就减少了相应页面的权重导出，被链接的网站几乎不会得到权重，也是一种比较流行的小手段，需要仔细提防。

（4）使用假页面。大多数站长眼中文件名为"index.***"的网页就是首页，其实不然，服务器可以指定任意文件名作为首页，不仅仅是网站的首页，还包括目录的首页。所以一般在交换友情链接时，如果对方给出的网页不单纯是域名或者目录形式，而是域名或目录后面跟了一个文件的形式时，就要特别注意了，需要检查一下这些页面是不是真正的网站或目录首页，有可能对方制作了一些非站内正常使用的页面来骗取你的链接。

（5）垃圾站或链接农场做交叉链接。经行业内不少人总结，交叉链接更有利于网站权重的提升，所以现在交叉链接盛行，不过要提防对方使用的其他网站是否是垃圾站或链接农场。比如某大型门户网站养了几千个有 PR 值的小网站，这些小网站一般只有首页有 PR 值，百度搜索流量很少或没有，收录量很小，内容更新不快或质量不高导致网站首页快照更新很慢。此门户网站使用这些小网站和其他站长交换链接，让其他站长把链接指向他们的门户站，以做成交叉链接为门户站导入大量单向链接。有朋友的网站被这种链接连累过，所以在交换友情链接过程中，对于交叉链接要格外慎重。

做 IT 的人都是极为聪明的，欺骗手法也层出不穷，很多欺骗手法只有遇到了才会了解，那时可能已经被骗了一段时间了。比如有一些网站会限制页面有固定数量的友情链接，超出数量限制的链接会被显示到一个专门的链接页面，当对方站长或 SEO 人员通过在对方网站点击进入到自己网站时，会发现他们的链接在首页友情链接的第一位或者其他位置，但是如果直接进入该网站，可能会发现首页上根本没有自己的链接。单纯的站长和 SEO 人员一定要仔细提防这些欺骗手段。

4．不推荐接受友情链接专页

网站的首页是不可能交换太多友情链接的，所以有一部分网站就培养了一个或几个友情链接页面。首先使用全站的资源把这些页面的 PR 值带起来，然后再和其他网站交换友情链接。此时这个友情链接专页其实已经成为一个链接农场，只是为了交换链接而使用，并没有实质性的内容。这种网页是被搜索引擎所重点处罚的，有些可能是因为对方是大站或其他的原因，搜索引擎并没有对其进行明显的处罚，不过这些网页并不具有太高的交换价值。所以笔者不推荐接受对方使用友情链接专页进行交换。

5．正文中也可以交换链接

大部分人在发布软文时，会加上自己网站的链接，但是比较少的人会使用交换正文中链接的方式。在搜索引擎的链接分析算法中，正文中自然出现的链接更有推荐意义，并且现在普通的友情链接已经被站长和 SEO 人员做滥，搜索引擎已经大大降低了友情链接的作用，网站正文内容中的链接将会显得更有价值。站长和 SEO 人员可以寻找内容相关、权重质量相当的网站洽谈相关合作。

在合作中，最好是在文章发布前就插入链接，而不是文章发布被搜索引擎收录后，再修改文章插入链接。前面已经讨论过，搜索引擎对内容页面的抓取频率很低，当文章发布且收录后，搜索引擎的 Spider 可能需要很久或者永远不再回来重新抓取。所以洽谈的合作形式最好是只在内容相关的文章中自然出现的关键词上加链接，并且需要在文章发布之前就添加。

6. 目录页也可以大批量地交换友情链接

现在稍有规模的网站差不多给除内容页之外的其他页面都设置了添加友情链接的功能。如果网站的外链和索引量都达到了一定的量级，比如都已过百万，那么单个的链接交换就显得有些无力了。此时可以考虑和同类或同级别的网站进行目录页的批量交换，使用着陆页精准的锚文本，为网站导入大量精准链接。在进行大批量目录页链接交换时，根据自己的观念也可以多多观察一下对方页面的情况，不过在批量链接的操作中，其实只要对方站点整体在搜索引擎中的表现挺好，所交换的页面也都是被收录的老目录，且和自己的交换页面内容相关可以了，定位关键词有相应排名就更好了，其他 PR、快照神马的其实都是浮云。这种操作方法就是为了导入大量、高质量、多高质域名、精准锚文本的外链。不过这种方法要根据自己站点的具体情况谨慎使用，避免出现副作用。

7. 严格控制数量和相关性

对于普通的友情链接交换，单页中一定要控制数量和相关性。百度在两次算法升级公告中，明确警告了包含交换链接过多的情况，以及不具推荐意义的链接，也就是内容不相关的链接。所以以后在进行链接交换时，单页交换链接数量不宜过多，可以开辟更多的页面交换链接，并且只和内容相关的网站进行链接交换。有的朋友担心即使为目录页开通了友情链接的功能，总的交换链接数量过多是否也会不好？当然这里的"数量"是相对而言的，对于收录量只有 100 的网页，50 个友情链接可能就"过多"了，但是对于收录量几万、几十万、几百万、上千万的网站来说，分布到各级域名首页和目录页就可以忽略不计了。比如 58 同城、赶集等网站的友情链接交换数量已经可以用"海量"来形容了。

8. 锚文本要多样化

自然的链接，不可能所有链接的锚文本都是相应页面的核心关键词。为了使链接构建显得更加自然，应该设计多样化的锚文本。可以在一开始做友情链接交换的时候就设置几个核心的锚文本，多个核心关键词扩展出来的辅助型长尾关键词锚文本；也可以先使用统一的锚文本，等到该关键词的排名达到预期后，之后的友情链接锚文本使用其他相关的长尾关键词。最根本的目的就是使得友情链接多样化，防止被搜索引擎认为优化过度而被惩罚，同时也可以使着陆页获得尽可能多与核心关键词相关的关键词的排名和流量。

交换友情链接并不是一个轻松的活儿，辛苦但是并不低级。合格的链接交换人员需要掌握很多寻找目标网站的方法，掌握与人进行网络沟通的技巧，更要掌握页面和关键词之间的关系。可以说友情链接交换工作其实是一项比较高端的工作，只不过在 SEO 行业苦力如此之多的今天，很多链接交换人员其实只是按照主管的要求在机械地、不加思考地做着有限的 SEO 工作，把这项工作做低级了而已。

6.2.2　登录和运营导航站

把网站登录到导航站和开放分类目录是常见的建设外链的方式。现在网络上有很多收集这些导航站和开放分类目录的文章或帖子，有需要的朋友可以多多搜索。对于知名的导航站比如

Hao123、360、114 啦和 2345 等，大家也都可以试一试。虽然一直有传这些导航网站不再接受新站的收录申请，传被这些导航站收录需要经过多么麻烦的流程，但是笔者在最近就成功申请到了 Hao123 的收录，其他导航站没有申请成功，所以并不知道是否真的不再接受申请。其实大家大可以自己尝试申请一下，不试永远不知道会不会成功，即使不成功也不会损失什么。

既然站长都有登录导航站的需求，那么我们何不也根据自己主站的定位运营一个导航站呢？通过各种方法和渠道为导航站获取一定的流量和 PR 之类的数据，然后接受站长们的收录申请。此时可以要求站长们首先为自己的主站添加一个链接，才可以通过对方的申请，以此来为主站建设链接。虽然百度在绿萝算法升级中打掉不少导航站，但还是有大量综合和垂直类导航站活得很好，在为用户提供一定使用价值的基础上附带获取一些优质外链。

同时还可以通过导航站的数据设计网站排名之类的东西，然后进行大力推广。有不少站长都会在意这种排名，到时自然就会有一批站长找上门来，要求提升一下他们网站的排名，此时就可以自然地提出首先为自己主站加个链接的要求。建设外链的方法很多，就看大家肯不肯想和肯不肯做了。

6.2.3 普通群发已有害无益

当大家意识到链接的重要性之后，就都在想方设法地给自己的网站增加链接。由于大部分网站自己资源有限，可以交换到的链接就有限，去别的网站发布链接就成了大部分网站 SEO 工作的重心或者全部。至今，在站长和 SEO 人员交流中还会使用各种图片自嘲"SEO 是什么？发外链……"。

在搜索引擎没有意识到垃圾链接的时候，群发链接确实是非常有效的。因此也诞生了一批链接群发软件，批量注册各种论坛、博客或 SNS 平台，然后自动采集内容插入链接，群发。部分不愿意花钱买软件的公司会招聘几个链接专员，收集大量论坛进行批量注册，然后手工设置论坛签名，手动完成上述软件的工作。现在搜索引擎为了遏制这种不健康的行业状态，频繁地升级算法，对这种"不具推荐意义"的垃圾链接进行了重点打击。

现在搜索引擎对于论坛签名、垃圾帖和垃圾博客中的链接基本不感冒了，并且现在大部分权重高的平台都对链接进行了严格限制，所以基本上群发链接这个外链建设方法除了浪费时间就是浪费精力了，几乎没有什么正面作用。反而有不少网站因为之前或使用软件或使用人工批量发布了大量垃圾链接，在近期的百度算法升级过程中遭到了降权。

普通的群发链接现在已经是有害无益，不过这是群发垃圾内容中附带的链接，如果在别的网站或平台上发布的都是内容不错的信息，并且自然地出现了自己网站的锚文本或文本链接，那还是质量不错的外链。比如一些维护自己博客的朋友，经常会去一些论坛或可以投稿的网站发布自己的文章并带上自己的链接，此类链接所在网站权重比较高，链接形式也比较健康，所以不能定性为垃圾链接，不过"批量"操作有难度。因此，当网站刚刚发布时，还是可以去 A5、站长站之类的平台发一下软文，挂个链接引引 Spider 的。

有些朋友可能会有疑问"前面所说的交换内容页链接和群发锚文本链接有什么区别吗？群发会被降权，那交换内容页链接就没问题了吗？"其实两者之间有本质的区别，内容页链接的交换都是建立在优质内容的基础上，并且只有当内容中出现指定关键词的时候才会自然地加上链接，同时合作双方网站的主题内容一般也要相近；然而普通的群发链接，一般都是采集内容，机器伪原创一下，然后硬性插入锚文本链接，并且所群发的网站的主题内容和自己可能完全不相关。因此两种链接方式是没有什么可比性的。

过去不少站长和 SEO 人员或急于求成，或为了冲 KPI，就使用了各种制造垃圾内容然后硬性植入链接的方式，链接所发布的网站质量低下，并且链接形式也不健康，从而给自己的网站制造了大量的垃圾外链。如果网站因为曾经制造了大量垃圾外链而遭到百度的降权，现在可以使用一下百度站长平台的拒绝链接工具，虽然并不能使网站立即恢复权重，但是有朋友试验这个工具还是很有效果的。当站长使用此工具把垃圾外链都"拒绝"后，百度应该是根据网站的作弊程度来设置恢复时间的。

6.2.4 买卖链接的走向

买卖链接已经成为 SEO 行业内的常态，大量买卖链接平台的出现，使得买卖链接的行为更加优惠和便捷。不得不说买卖链接对网站的权重和排名提升作用很明显，在过去的一段时间内有不少网站依靠买链接和采集信息获得了大量的搜索引擎流量，同时也有很多人赚得钵满瓢盈。买卖链接打破了网站依靠优质内容，在搜索引擎上进行公平竞争的行业状态，并且愈演愈烈。大量网站每月花费大量预算购买链接，大量门户类等权重高的网站出售首页或全站链接，并且不关心对方网站的内容和质量，这也严重影响了搜索引擎排名中最重要的链接分析算法。

Google 和百度都意识到了买卖链接问题的严重性，先后都发布声明要严厉打击买卖链接行为。很多买卖链接的网站都收到过 Google 发来的邮件，提醒网站存在制造垃圾外链和购买链接操作 PR 的行为，让站长尽快自行处理。很多网站也受到了 Google 搜索的惩罚，在 Google 管理员论坛中几乎所有申诉网站 PR 清零、排名消失的网站都被回复有链接作弊嫌疑。2012 年 10 月下旬以来，百度也连续升级算法重点打击买卖链接的行为，不仅买方会受到一定的惩罚，卖方也同样会受到相应处理，根据各大站长论坛中的反馈来看，陆续有不少网站因为链接问题而受到了惩罚。可见通过买卖链接来进行链接建设的方法也慢慢行不通了。

不过，从技术方面来思考，搜索引擎并不能真正识别所有的买卖链接行为，只能识别太过明显的买卖链接行为。根据搜索引擎原理部分的讨论，搜索引擎一般会通过黑白名单和特征匹配的方法进行反作弊算法升级。由于买卖链接是阶段性行为，并且有着明显的特征，所以搜索引擎应该采用了特征匹配找出作弊站，然后根据作弊站揪出一些其他明显作弊的网站。在买卖链接行为中，链接平台性的链接是最容易识别的，大部分都有明显的标示"**链"，并且含有大量的医疗、小游戏和非法链接，此类买卖链接行为应该是重点被打击的。如果网站内重要页面有大量导出链接是没有回链的，并且被链接网站的内容各异，就有出售链接的嫌疑，判断此类链接时，网页底部的链接区域应该是主要分析目标。判断出哪些链接是出售的之后，就可以相对应地判断出哪些网站购买链接了。

当然，搜索引擎判断买卖链接的算法肯定会比较复杂，也会建立一个比较完善的特征模型进行匹配。不过再怎么匹配也只能匹配出太过明显的买卖链接行为，SEO 的工作目标就是看不出 SEO，在买卖链接方面也是。在百度打击买卖链接的过程中，也有不少买链接的网站没有受到影响。这些网站会单个地去联系内容相关且没有明显出售链接行为的站长，然后高价购买对方网站的链接。由于买方和卖方网站的内容相关，卖方的卖价高卖出的量少，甚至有的卖方网站把出售的链接放到了二级导航中，或者出售网站内页内容中的锚文本链接，这时搜索引擎就不能百分百地判断出这些链接到底是买卖的还是网站自主推荐的了。现在，有不少链接中介经过百度多次算法升级的洗礼后，已经从单纯地提供买卖友情链接服务，过渡到了提供买卖网站内容页中的锚文本链接服务，如果网站质量还可以，且操作比较谨慎，这种做法暂时还是安全的。

所以搜索引擎打击买卖链接的算法，在一定程度上会修正行业内的不正之风，但是并不能完全避免买卖链接行为的存在。搜索引擎需要"自然的链接"，那么有些站长和 SEO 人员就制造"自然的链接"，只不过花费的时间、精力和金钱更多一些而已。打击买卖链接算法升级，使得小型网站承担不起购买"自然链接"的成本，大型网站不屑于继续买卖链接，但是还是会有那么一批中型有资本的网站继续买卖"自然的链接"，这些链接可能人工也不能识别，搜索引擎对于这些链接的识别也会非常困难。所以总会有一些漏网之鱼没有被搜索引擎逮到。

买卖链接的行为还继续存在着，不过已经不会泛滥到影响整个行业的生态发展，这是任何搜索引擎都不愿看到的。搜索引擎靠的是技术，不是意念力，总会有技术不能完全识别的地方。不过针对买卖链接作弊的算法升级，至少给了大部分网站一个依靠内容公平竞争的机会。如果你没有足够的预算和精力来购买"自然的链接"，那就另寻他路吧。同样，现在的黑链也是这个状态，普遍地被打击了，但是总会有一些依靠黑链生存很好的网站，不过正规网站还是远离黑链吧。

6.2.5 链接诱饵的前景

如果你的网站换链接达到了瓶颈、群发链接已经失效、买卖链接也渐渐没有了太大的操纵空间，那么就在链接诱饵上动动脑筋吧。能够自动扩散你网站链接的方法都可以算做链接诱饵。常见的链接诱饵方式如下。

1. 发布原创文章

在一些受欢迎的接受投稿的平台上，发布带有自己链接的原创文章，通过后一般会有大量的网站进行转载和采集，这样可以扩散产生一部分链接。比如 admin5、chinaz 这些平台网站，都接受投稿，有一些 IT 媒体类网站会设置作家专栏，成为"专栏作家"后更加方便发布带有自己链接的文章。不论你的网站是什么内容，只要是网站就和 IT 有关，并且自己所写的内容可以捎带描述一下自己行业的情况，所以这些平台上的链接一般都可以被认为是内容相关的。发布文章也是现在比较流行的外链建设方式，不过人力和时间成本稍高。

对此部分朋友有些疑问，这些原创文章是在自己网站上发布之后，就马上加上链接发布到其他平台，还是过段时间再去发布？针对现在百度并不能完全识别原创的情况下，最好还是等文章在自己的网站中收录之后，再把这篇文章加上链接发布到其他平台，这样至少可以辅助百度识别出自己网站上的文章才是原创。如果刚在自己网站上发布的文章，还没有被百度抓取和收录就发布到了其他平台上，一般这种平台上的内容会被搜索引擎秒收，此时搜索引擎就有可能把自己网站上的文章当做转载或采集，这样站长自己就有些得不偿失了。

2．提供优质资源

这个方式可以参考视频类网站，视频网站中精彩视频都会得到大量的外链。这些视频有两个共同点，一是资源优秀，视频精彩；二是不易被采集或盗用，因为使用自己的网站提供视频播放太消耗服务器和带宽。所以提供优质资源这个方式要向这两方面努力，首先要提供优质的资源，如果资源受欢迎，对多数人有益，稍加推广肯定会得到大量外链。为了发挥出最大的链接诱饵效果，也要在防采集盗用方面做足功课，如果你的资源可以方便地被复制走，或者其他网站很方便就能引用你的资源而不给你链接，那么这个方式的链接诱饵效应就会大打折扣。在这方面，一些文档下载站点做得很不错，常见的形式为把文档内容做成 Flash 的形式，以防止其他网站采集。为了使得 Spider 能够抓取到一定的文本内容，这些网站也会在代码中隐藏或截取文档部分内容放在网页上。

3．在站内制造话题

在站内制造引人关注的话题，同样可以获得其他网站的主动链接。比如最近比较火的"京东客服妹子"，神级回复内容得到了众网友的强烈围观，有大量网友主动转发京东客服的回复内容并附上链接，同时也有一些新闻媒体跟进分析，多数也会附上链接。当然京东商城的这一举动应该并不是只瞄准了这点儿外链，而瞄准的是这个事件带来的推广营销价值，但是这种方式确实可以获得不少优质和自然的外链。并且这种话题并不是一篇文章，其他网站不能随意复制，只要谈论这个话题一般都会附上链接。可见这是一种高级的链接诱饵，不过制作难度较高。

4．分享插件的使用

对于提供优质资源和制造站内话题来说，网站还应该提供方便的分享渠道。现在有许多分享插件可以选择，方便网友把相应网页的标题和简要内容一键分享到其他平台网站上，从而获得大量的回链。这种网友自发帮助建设的外链一般都是优质的外链，这种链接越多代表网站越受用户喜欢，用户喜欢的就是搜索引擎所推荐的，并且这种分享的链接多为 Web 2.0 社区中的链接，不仅质量高，还会带来一定的流量。所以有必要在站内优质内容页面添加分享插件。如果网站的内容确实不错，推荐使用百度分享，会进一步在百度搜索中提升排名和点击率；如果网站本身是一个垃圾站，最好就不要使用百度需要 JS 代码支持的所有产品了，否则百度会很容易甄别出你的网站是个垃圾站点。关于百度分享对百度搜索的影响，会在第 11 章百度相关产品介绍中进行详细的讨论。

5．做小插件或网站模版

如果有技术实力，可以为一些 CMS 系统或论坛制作一些实用的小插件和模版，或者为大众网站设计一些小工具，免费提供给站长使用也是一个不错的方法。比如为使用 Discuz 和织梦 CMS 的网站提供一个自动生成 Sitemap 的工具，很多站长都在到处寻找这种工具，如果能够设计一个比较优秀的插件在网站后台一键生成，一定会受到不少人的欢迎和使用。当用户生成地图后一般会想尽办法把 Sitemap 提交到搜索引擎，或者在网站重要页面添加一个入口，如果插件作者在

HTML 版的 Sitemap 中加上自己的链接，就可以轻松获得外链了。同样，为开源的 CMS 系统制作一些漂亮的主题模版，在模版中加上自己的链接，也是一种比较不错的链接诱饵。

需要注意的是，现在此类链接中的部分可能对 Google 已经没有作用，Google 在官方帮助文档中已经做了相关声明（如图 6-1 所示）。

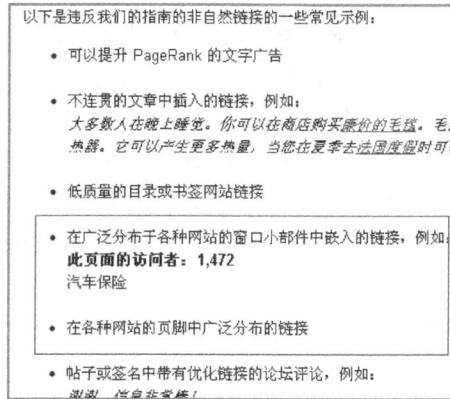

以下是违反我们的指南的非自然链接的一些常见示例：

- 可以提升 PageRank 的文字广告
- 不连贯的文章中插入的链接，例如：
  大多数人在晚上睡觉。你可以在商店购买廉价的毛毯。毛毯热器。它可以产生更多热量，当您在夏季去法国度假时可以
- 低质量的目录或书签网站链接
- 在广泛分布于各种网站的窗口小部件中嵌入的链接，例如：
  此页面的访问者：1,472
  汽车保险
- 在各种网站的页脚中广泛分布的链接
- 帖子或签名中带有优化链接的论坛评论，例如：
  谢谢，信息非常棒！

图 6-1　Google 官方对非自然链接的举例

链接诱饵的制作方法还有很多，其实根据自己的实力思考出来的方法才是最有效的，其他人的方法只能是参考而已。现在链接诱饵已经成为最有效的外链建设方式。大部分人对于大部分相关文章只是看看而已，并不会或者不能运用到自己的实际工作中去，所以站长和 SEO 人员需要找的是思路而不是方法，有兴趣的朋友可以多看看这方面的资料，结合实际想想自己有没有比较切合实际的制作链接诱饵的方法和渠道。

6.2.6　付费新闻源软文

这是有钱网站使用的方法，截止到本书写作时，百度新闻源网站的发稿费用已经涨到了每篇 30~200 元。由于接受软文的网站中有不少是百度新闻源网站，拥有比较高的权重，并且自己撰写的软文内容肯定是和自己网站相关的，所以此类软文中的链接是比较优质的链接。不过此种方法成本较高，小型网站根本承受不起这个成本，并且在新闻网站发布软文的主要目的是做宣传，加链接只是附带行为，并不是所有网站的编辑都接受带链接的软文，所以站长和 SEO 需要量力而行。

有能力的朋友可以多参加各种网络访谈和线下各种大会，以增加对网站的 PR 宣传，由于主办方会在各种权威网站上大力宣传活动本身，因此也会捎带为你做一些宣传并挂上你网站的链接。现在软文中介泛滥，搜索引擎也察觉到了这一点，和买卖链接一样，以后在权威度越高、限制越严格、价格越高的媒体网站上建设的链接才是最有效的，当然也是建设难度和成本最高的。

另外，随着百度绿萝算法 2.0 的上线，百度不仅加大力度过滤掉了垃圾软文中的链接，并且还对发布垃圾软文链接及接受垃圾软文的网站进行了严厉打击，这以后对软文的链接要求更高了。在百度官方所列举的例子中，明显可以看出百度已经识别出低质量的软文，站在百度的角度考虑一下，他会根据什么来判断垃圾软文和垃圾链接呢？文章内容的质量、文章中链接是否自然、文章所批量出现的平台质量、文章内链接在其他网页中的表现情况、文章中所提到的链接是否持续大量地出现在低质量的文章中等都可能会成为判断依据。因此，站长和 SEO 人员以后如果还想持续做软文链接，那么就应该考虑以下几点。

（1）所发布内容并不是纯广告性质的，最好带有一定的知识性或新闻性，自己站在普通用户角度审视一下软文有没有阅读价值。不能再单纯为了发链接而去持续大量地发布垃圾软文，要转变方向，争取发布少量的高质软文，引起其他网站的自动转载，从而达到建设外链的目的。

（2）软文中最好不要硬性地出现链接，也不要出现太多的链接，更没必要重复多次出现同一个链接。所插入的链接多元化一些，不要只是插入网站首页的链接。另外，所有的软文链接都以文本形式出现可能也会不利。

（3）要严格筛选软文所要发布的网站，尽量不选择已经被发滥的网站，搜索引擎根据"大数据"可以很容易地判断出哪些网站的哪些频道是专门的"软文频道"。一定要选择和自己相关的网站，如果选择的网站和自己并不相关，那么链接效果就会大打折扣。

（4）同一篇软文不要投放过多的网站，如果想要将一篇软文投放多家网站，那么最好确定一家为直接发布，其他网站尽力设置成转载，以模仿普通热点新闻稿在互联网中的流传形式，并控制好"转载"发布的时间。

（5）多研究正常的新闻稿和有价值的信息稿，体会正常内容中是如何引用站外链接的，把找到的这种规律运用到自己的软文发布工作中来。和专业的新闻编辑多聊一聊，可能远比自己琢磨收获要多得多。

观察百度多次打击链接的算法可以看出，百度的目的只是为了清理低质垃圾链接对排名的影响。站在搜索引擎角度考虑，这也是应该做的；站在站长和 SEO 的角度考虑，以后就不能只为省事批量制造垃圾链接了，要严格把关链接质量。从另一个方面也反映了，以后高质软文中的链接对搜索排名可能会更有效，并且平时正常 PR 宣传的软文还是可以放心大胆发布的，只要不是持续批量制造大量垃圾软文和链接就可以了。最后附上绿萝算法 2.0 公告地址：http://zhanzhang.baidu.com/wiki/191。

6.2.7　内容平台的利用

现在有不少内容平台网站与接受投稿的媒体网站一样，接受网友的内容提交。百度的产品中就有百度文库、百度百科和百度经验等，像优酷、酷六这些视频网站同样可以被利用。制作符合这些内容平台的内容，然后附带上自己的链接，一般在内容质量比较靠谱的情况下，都会通过审核，并且这些平台都拥有比较高的权重，也是现在站长和 SEO 人员建设链接的主要方向。虽然现在百度的内容产品也在积极地为导出链接加上 nofollow 标签，但是被 nofollow 的链接到底有没有导出权重的作用，也并不是一个非白即黑的问题。按照百度官方的说法，要看这个链接对用户有没有意义。一般在内容平台上被审核通过的链接，都是对用户有延伸阅读意义的，不可能因为 nofollow 就任何权重都没有了。哪怕真的是没有权重导出，至少还可以导出流量，并且搜索引擎也会抓取这种链接，也会为网站引一下 Spider。所以不论平台网站是否为导出链接设置了 nofollow，高权重、高流量的内容平台还是值得继续利用的。

另外，关于百度百科、知道、经验等产品清理导出链接和为导出链接加 nofollow 的行为，应该并不是网传的"卸磨杀驴"，有传以后百度大搜索会慢慢减少对百度这些内容产品线的特别提权，所以百度的内容产品线也在开始注重 SEO。因此，以后多多关注百度内容产品线内部的改动，也有可能"洞察"到百度搜索的一些动态。

6.2.8　群众的力量是最大的

链接建设往往被当成一种人力活，必须有足够的人和足够的时间才能积累起足够的外链。其实有些网站并不太需要自己来配备这些"人力"，自己网站的用户就是最好的"人力"。挖掘出用户的潜力，其效果将比你使用任何外链建设方式都要好得多，用户帮忙产生的外链才是最自然、最有价值的链接，不仅为搜索引擎所认可，也可以为网站带来流量。

所以想办法让用户帮忙推广网站尤为重要，在第 9 章中将简单分析一呼百应网鼓励用户帮忙建设外链的方法，虽然并不适用于所有类型的网站，但是做 Web 2.0 类型的网站，让用户在网站上建立自己的"小窝"，并鼓励用户主动去推广自己的小窝，是可以通用的思路。

另外，微博中的链接虽然经过了 301 或 302 跳转，但是这些链接已经被确认对排名也是有效的，然而网站自己去微博群发链接意义并不是很大，发动群众在微博上传播带有链接的内容才是微博外链建设的正途。并且现在 SMO 也是一种趋势，SMO 操作中所附带的外链是更为丰富、强大的，然而这种丰富的链接并不能单靠网站自己去建设，通过各种平台策划活动，发动群众传播内容和链接才是比较高效的方法。

除了上面提到的思路，也可以回归网站本质，在网站内容和功能上多下功夫，在优质的内容和功能性页面上都加上类似百度分享这类便于用户分享的工具，并引导用户做出分享行为，也是很多网站现在正在运用的方法。站在 SEO 的角度可以利用"链接诱饵"的思路，在站内制作容易引起用户分享的话题、专题或小功能，并帮用户简化分享的过程，以达到让用户帮网站做外链的目的。像优酷、56 等视频网站在这方面都做得很不错。如果能引导用户帮网站"工作"，不仅能节省人力成本，也是最为正规的 SEO 方法。

6.3　外链要丰富和平衡

LEE 在 2013 年 4 月底发布了《谈外链判断》的文章，给出了百度判断外链的原则，黑链、群发链接、站群互链、蓄意友情链接等垃圾外链和作弊外链的区分与实例。站长和 SEO 人员可以好好研究一下这篇文章，虽然百度给出了判断规则，但并不代表符合描述类型的外链都处于雷区，外链建设主要还是看操作是否得当。

百度处理不处理一个网站，也是根据一个网站作弊行为的程度来决定的。如果一个网站有 100 条外链，90 条是群发的垃圾链接，那么明显就是找抽型的；如果一个网站有 10 万条外链，其中 1000 条是百度明确指出的垃圾或作弊链接，那也不会有什么影响。另外，垃圾和作弊链接都是有量级的，一般单条链接是谈不上垃圾或作弊的。比如论坛签名类链接，量少一些虽然可能没有为网站增加权重的作用，但至少可以帮助新站引一下 Spider，还是有正面作用的；但如果一个网站的外链绝大部分都是此类链接，那么就可能会被搜索引擎认定为垃圾或作弊链接了。

所以大家要控制链接的平衡，同时网站的外链形式要丰富，要做到没有哪一种单一形式的链接占网站外链总数的比例过大，同时注意不大量制造已经被百度明确指出的垃圾和作弊形式的链接。至于"过多""比例大"的度，就看站长和 SEO 人员的经验和感觉了。对于数字 10 来说，8 就算"过多"和"比较大"；但是对于数字 10 000 来说，8 基本上就可以忽略不计了。

有必要讨论一下的是，LEE 在文章《谈外链判断》中表示会把"蓄意交换友情链接"大规模批量增加外链的方式定性为作弊。在实际的工作中，试问有哪个网站交换友情链接不是"蓄意"的呢？至于这个"大规模批量"也是一个相对概念，站长和 SEO 人员根据自己网站的情况不要做得太过分就可以了。假设 30 个只有 100 个网页且没几个外链的网站，两两之间批量交换 80 个以上的链接，同时交换的时间太过集中，这就是作弊行为；假设 30 个百度收录量超过百万，且外链比较丰富的网站，两两之间批量交换几百个链接，保险的交换时间分散一些，那就是正常的链接交换行为。所以 SEO 任何动作都有个"度"，不要太激进就可以了。

附上 LEE《谈外链判断》的地址：http://zhanzhang.baidu.com/wiki/160。

6.4　思考"具有推荐意义"的链接

百度官方在《谈外链判断》及其他多个场合都表示过，一个链接是否传递权重，都是以该链接是否有真正的推荐意义为判断依据。如图 6-2 所示为百度搜索工程师在"百度站长俱乐部"中的相关回应："我们对链接是否应该传递权重，唯一的判断标准是，这个链接是否是用户 or 对方网站真心推荐你的网站、这个推荐是否对用户有价值。"

在站内链接优化中也提过"具有推荐意义的链接"。理想状态下，搜索引擎也应该只参考这种具有推荐意义的链接。但是网络上链接复杂，搜索引擎会怎样从技术角度来确定这个链接是否具有推荐意义呢？最能体现出被用户或对方网站真心推荐的链接方式就是文章内部自然出现的链接和用户分享的链接。并不是所有的文章内部链接都具有推荐意义，这个链接必须出现得自然，并且当前页面和被链接页面的内容应该有一定的相关性，这种可以引起用户点击过去浏览的链接才算具有推荐意义。由于现在用户分享行为也存在大量作弊现象，所以用户的历史操纵行为及用户分享出去的链接的受关注度，都可能成为这个分享链接是否具有推荐意义的参考。

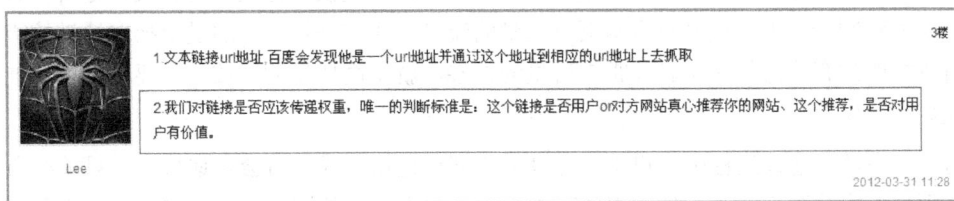

图 6-2　百度官方工程师相关回应

其实 SEO 中所探讨的所有链接建设方式的目的，都是刻意操纵网站权重和排名，都是为了干预搜索引擎对自然链接的判断，从目的出发都可以归于链接作弊。但是上述这两种形式的链接，不论是花钱或刻意为之，只要对用户有意义，不论是怎么产生的，目的是什么，都是具有推荐意义的，都是有价值的。在网络中并不是只有这两种链接形式具有推荐意义，还有很多其他形式的链接也都具有推荐意义，最重要的是"自然"和"相关"，值得大家进行深入的思考。

站在 SEO 的角度考虑"具有推荐意义的链接"，在建设外链时不应该只考虑这个地方该不该加链接，加了链接是否对权重和排名有效果，而是应该考虑这个地方是否应该出现这个链接，在这儿推荐这个链接是否能够引导用户点击浏览，该链接所链向页面的内容是否和当前页面或该链接位置周围的内容有所关联，内容是否有所呼应。

例如在文章被引用过程中所体现的"自然的链接"，一般会以"关于上文提到的**请移步到**浏览详细介绍"或"关于**的更多介绍"等常见形式出现。相比之下，这种链接明显远比大家在各种论坛签名及博客留言中所留下的链接要"具有推荐意义"。正常自然推荐的链接肯定和大家硬性插入的链接有很大的区别，搜索引擎也可以很容易地区分这两种链接。所以，不论采用什么样的外链建设方法和策略，都应该审视最终所建设的外链是否符合以上要求，以确保花费大精力所建设的链接可以长久有效。

有必要说明的一点是，并不是只有行业或定位主题词完全一样的两个页面才算是"相关"。比如有些站长为了保证自己网站所建设的外链都在"相关"的范围内，就要求链接专员只和相同主题词的网站或网页交换友情链接。这其实是一个误区，比如定位家电维修的页面和定位工业机械维修的页面，两个页面的主题词虽然都有"维修"，但是"相关性"其实并不是特别大；再比如定位租房的页面和定位生活服务的页面，定位旅游的页面和定位天气的页面，虽然两者所定位的关键词并不同，但在用户浏览需求的角度考虑，都是具有很大"相关性"的。

以实际链接建设工作中的交换友情链接为例，除考虑常规和"权重"相关的参数外，在判断交换的友情链接是否相关、是否有意义时，不妨这样来考虑一下：当对方网站的用户浏览我方链接所在页面时，如果看到我方的链接是否会点击过来浏览？如果会，就代表我方所使用的锚文本和链接所在页面很相关；如果不会，这个链接就可能不相关。当用户通过点击我方在对方网站上的链接过来之后，是否会仔细浏览我方的网站？如果会，就代表我方所使用的锚文本和我方着陆页也很相关；如果不会，则代表我方所使用的锚文本或着陆页可能有些问题。

如果用户从对方网站通过友情链接来到我方网站，且仔细地浏览了我方网站的内容，这个友情链接对于我方来说就是相关的，就是有意义的。因为我方在对方网站上的链接对用户有扩展或延伸阅读的作用，这也是自然链接应有的作用。在进行友情链接交换时，可以把自己当成对方网站的一个普通用户按如上过程来感受一下，以确定交换的链接是否相关，是否具有推荐意义。即主观判断一下，假设对方网页有大量的流量，我方是否可以通过交换友情链接吸引来一些对我方网站有价值的流量。能带来流量的链接，就是高质量的链接，只要搜索引擎能够抓到，就会带来权重。

另外，在链接建设过程中，也不必过度关心某种链接形式是否会传递权重，只关心所建设链接是否具有推荐意义即可。搜索引擎可能很少会参考链接的形式，链接的锚文本也只是一种补充说明，它主要想判断的是这个链接是否有推荐作用，一般是参考链接所在页面的内容、权重及链接所在的位置，而并不是根据链接形式去决定链接的作用。所以很多朋友在咨询百度官方某种链接是否会传递权重时，笔者猜测官方人员可能也在纠结该怎么回答，因为他们很可能根本不是完全按照链接形式来决定链接作用的，链接是否会传递权重要放到具体环境中去评价。当然在同一页面、同一位置上，正常锚文本链接的效果应该是最好的。其他几种链接形式之间效果的比对并没有确定性的结论，除非是在其他所有因素绝对相同的情况下测试出结果，否则无论结论是什么都可能不正确，然而这种"绝对相同"的测试环境是不可能存在的。与其研究链接形式所能传递的权重，还不如研究在什么样的网页、什么样的位置上、以什么样的链接形式更能引导用户点击浏览，当这种链接达到一定量级之后，网站肯定会有质的提升。很多人感觉图 6-2 中 Lee 的回答太过官方，不具有实际指导意义，其实不然，Lee 已经给出了最核心的判断方法和最具指导意义的答案。

只有具有推荐意义的链接才是永久有效的，永远不会受到搜索引擎针对链接作弊惩罚的影响。即使搜索引擎发现这种方式是刻意为之或者通过购买而为的，但是这种链接确实为用户延伸阅读提供了一定价值，那么搜索引擎也是没有理由进行惩罚的。所以站长和 SEO 人员，在外链和内链的设计上都要多想一想什么样的链接才是最自然的、具有推荐意义的。不必过度研究搜索引擎会具体通过什么样的算法来判断链接的"推荐意义"，只要了解清楚搜索引擎所推荐链接形式的含义，自己把链接都做得具有"推荐意义"了，就是把链接做到位了。不论搜索引擎当下能不能完全判断出你所做链接的意义，如果你所做的链接都是搜索引擎所推荐的链接，并不是为了做链接而批量制造的垃圾链接，那么至少不会被搜索引擎各种打击超链接作弊的算法命中。

6.5 本章小结

外链的建设方法有很多，每个人有不同的思路，每个网站也有不同的手段，不必强用其他人的思路和其他网站的手段，高质、高效且适合自己就好。外链虽然重要，但是在正规 SEO 中应该处于次要的位置，SEO 工作最为重要的还是想办法为网站增加优质的内容，并把这些优质的内容和用户搜索关键词、习惯及需求关联起来。同时还要研究网站的用户体验，使搜索流量尽可能地留在站内或转化为直接流量。

例如百度官方在很多场合都表示现在还有很多 query（搜索），百度并不能找到相应合适的内容，如果你的网站能够提供这些内容，相信不用外链，你的网站都能获得很好的流量。虽然强大的外链完全可以托起一个网站的搜索排名和流量，但是如果没有足够的内容承载这些流量，那么这个网站在搜索引擎中的存活期也不会太长。我们要清楚，虽然外链很重要，但 SEO 不能舍本求末，它的价值要体现在对网站运营效果的促进上。外链建设工作需要摆正位置，它是提升 SEO 效果的一种有效方法，但绝不是 SEO 工作的全部。

第 7 章 站长常用工具

本章在第 1 版中有比较大的争议，争议的焦点是本章的篇幅。笔者也曾考虑大幅度缩减本章内容，但也有不少类似"以前用工具只是看看数，从来没有想过每个数字背后的含义，通过读这一章，学到了很多"这样的评论出现，这是符合笔者最初设计本章的初衷的。并且笔者相信持有"只是个工具就介绍这么大篇幅，有严重凑字数嫌疑"观点的读者基本没有认真读本章内容，有个客观的事实，不少读者买书只是随便翻两页就束之高阁了。笔者对本章进行了部分精简，删掉了大部分 Google Webmaster 的内容，把百度站长平台合并到了本章中，保留本章绝大部分内容以供需要的读者阅读。

数据分析是 SEO 和网站运营中必不可少的工作，工作过程中有了各种工具不仅会极大地提升工作效率，也可以使自己的工作目标更加明确，工作进度更具可掌控性，对网站的整体把握度更强。

常见的站长类工具主要有三大类：外部分析工具、网站管理员工具和流量统计分析工具。

随着各种各样的外部分析工具被推出，目标网站数据的获取变得很容易，不再需要去百度或者其他地方一项一项地查询统计网站的多项外部数据。并且这些工具也各自计算出了很多总结性的数据供站长和 SEO 人员参考，这些数据可能是个人无法统计和分析出来的，甚至一个团队都需要很长的工作时间和很强的技术才能获得。这些站长工具在方便站长和 SEO 人员工作的同时，也大力推动了整个行业的发展。

随着各个搜索引擎网站管理员工具的完善，SEO 人员现在可以轻松了解到网站在各个搜索引擎中的真正表现，并根据工具给出的数据来优化网站，以做到网站最大程度地配合搜索引擎的工作机制，这也是 SEO 人员的本职工作。搜索引擎官方的数据会让 SEO 人员的工作事半功倍。

使用功能丰富的流量统计分析工具可以一目了然地掌控网站整体的流量情况，通过深入的分析，也可以详细了解网站优化的不足，内容在用户眼中的质量，网站结构设计是否合理，甚至转化流程是不是优化不足等情况。只有对流量统计工具进行深入的使用，才能真正了解自己工作的效果，把控网站整体的运转情况（将在第 10 章流量分析的相关章节中详细介绍）。

在日常工作中，除以上三大类常用工具之外，还会有很多小巧的工具，恰当使用会极大地方便自己的工作。本章主要从网站分析的角度出发介绍一下站长和 SEO 人员常用的工具，以及工具数据所代表的含义，并为大家推荐一些虽小但很实用的工具，而不是为了介绍工具而介绍工具。可能在本书出版时这些站长工具和这里所介绍的已经有些差别了，不过万变不离其宗，主要工具的使用方法是不会变的。

7.1　ChinaZ 站长工具

站长之家（www.chinaz.com）的站长工具是比较老牌的站长工具了，很多站长朋友都是它的粉丝，百度搜索"站长工具"长期排名第一。随着站长和 SEO 从业者们的需求不断提升，它也在不断地改版并增加新功能，同时也在去掉一些站长不经常使用的功能，并且在速度和用户体验上都做了很多工作，可以说是国内最常用的通用站长工具了。这里重点介绍一下 ChinaZ 站长工具和 SEO 密切相关的主要功能、发散思维的扩展使用、扩展问题，以及相关数据可以反映出的问题等。

7.1.1　Alexa 排名查询

Alexa 排名（alexa.chinaz.com）是对安装了 Alexa 工具条的网民的上网数据进行统计换算的结果，以每 100 万网民中访问目标网站的网民数量占比，乘以总网民数得出的网站日均 IP 和 PV 等数据，所以其数据并不具有绝对的准确性，并且不同行业会有比较大的差距。但是 Alexa 排名提供了网站的综合排名和流量数据等多个评价指标，并且目前还没有其他更科学准确的工具，所以 Alexa 排名数据被大部分站长和 SEO 人员作为评价网站发展情况的重要参考依据。

虽然 Alexa 网站排名有中文网站（alexa.cn），但是结果页面广告太多，用户体验远不如 ChinaZ 的查询结果页。并且 alexa.cn 对目标网站日均 IP 和 PV 的换算中所使用的网民总数远远高于实际情况，ChinaZ 的数据相对比较保守，也就造成最终对目标网站流量的估算中，ChinaZ 要比 alexa.cn 更加准确。alexa.cn 对目标网站的流量估算一般是 ChinaZ 数据的 5 倍左右（如图 7-1 和图 7-2 的数据对比所示），并且远远高于网站实际流量。所以 ChinaZ 的 Alexa 排名查询工具受到国内更多站长和 SEO 人员的普遍认可和使用。

日均 IP 访问量[一周平均]	日均 PV 浏览量[一周平均]
≈ 222,000	≈ 2,553,000

图 7-1　ChinaZ 的 Alexa 对 youboy.com 的流量估计

日均 IP [周平均]	日均 PV [周平均]
1110000	12210000

图 7-2　Alexa.cn 对 youboy.com 的流量估计

因为各行业中网民情况不同，安装 Alexa 工具条的比例也不相同，所以非同行业网站之间的 Alexa 数据对比并没有实际意义，同行业网站之间的数据对比还是很值得参考的。

使用 Alexa 排名查询工具，一般主要关心目标网站的世界排名和中国排名、Alexa 统计目标网站的日均 IP 和 PV、目标网站下子域名的被访问情况（只可以查询顶级域名）及排名的趋势图等数据。

世界排名、中国排名及网站流量估计可以定位目标网站在全互联网网站中的位置。把目标网站数据和同行业网站的排名对比，可以了解到目标网站和其他网站之间的差距。如果知道目标网站自身的流量数据，那么就可以估算出其他同行网站的真实流量情况，前提是目标网站和其他网站都不存在刷 Alexa 排名的情况。例如 ChinaZ 的 Alexa 工具估算赶集网的日均 IP 有 141 万，58 同城有 229.8 万，假设知道赶集网的实际日 IP 为 400 万，就可以估算出 58 同城的实际日 IP 有 229.8/141*400≈652 万。

分析目标网站下子域名的被访问情况，可以分析出目标网站的流量分布情况，以及目标网站主要发展的子域名等数据。在这块数据中，经常发现有很多网站的后台子域名有很高的访问量。一般认为原因可能是网站工作人员都是 IT 人员，电脑中浏览器一般都安装了 Alexa 工具条，再加上工作人员每天对网站后台的访问和刷新次数很大,就造成了 Alexa 数据认为网站后台登入域名拥有很高流量的情况。

使用 Alexa 的排名趋势图可以了解到一个网站的历史运营情况,如果某个网站的 Alexa 排名历史曲线并不是缓慢上升，而是突然提升的，那么这个网站或者是由于某种手段流量爆发，或者有刷 Alexa 排名的嫌疑。这个数据在网站之间的合作中有很高的参考意义,有不少站长为了获得比较高的合作筹码，都会为自己的网站刷出一个漂亮的数据，当然个别 SEO 人员为了应付领导们定的 KPI 也会小刷一下。

7.1.2 死链接检测

死链接检测工具（tool.chinaz.com/links/）原来可以在检查指定页面死链的同时查询所有链接的 PR 值。如图 7-3 左上角所示，现在该工具还叫"死链接检查/全站 PR 查询"，但是已经没有查询指定页面上所有链接 PR 值的功能了。

图 7-3 ChinaZ 死链接检测工具

此工具的正常使用方法是：首先输入指定 URL，然后选择站内链接、站外链接或者全部链接，再单击"显示链接"就会显示出该页面的所有链接，单击"开始执行"后就会显示页面上所有链接是否可以正常访问，并有死链数量统计。

虽然此工具的设计是检查页面死链接的，但是在实际工作中用得还是比较少的。笔者一般会在网站首页换模板的时候使用一下来检查死链，因为首页很多链接需要人工设置，使用此工具可以快速检查人工设置是否有错误。站长和 SEO 人员除使用此工具检查页面死链接之外，由于此工具的"显示链接"可以以列表形式直观显示页面上所有链接锚文本、链接 URL 和链接数量，所以也经常用来直观地了解指定网页上的链接数量和内链布局情况。因为一个网页上如果有太多链接，可能比较靠后的链接就不会被搜索引擎 Spider 爬取，所以在重新布局自己网站各个页面的内链时，就要了解到现在该页面已经有多少链接，最佳可以再增加多少内链，此时也可以使用 ChinaZ 的死链检查工具来了解目标网页上已经有了多少内链，以及布局了哪些部分的链接，是否还可以多增加一些内链等。

7.1.3　关键词密度检测

虽然现在 SEO 人员不再强调页面的关键词密度，更倾向于"尽可能自然地多次出现关键词，并且不要过分太多"。但是关键词密度还是在一定程度上代表了该网页和该关键词的相关程度，并且 SEO 人员头脑中的"尽可能自然多地出现关键词"和"不要过分太多"并没有一个确切的限制规定。SEO 人员在对网站编辑人员进行培训或大家初学 SEO 的时候，关键词密度还是一个很重要的概念，很多编辑和 SEO 初学者还是很在意关键词密度的。他们会认为在没有明显堆砌的情况下，关键词密度越高，页面和目标关键词的相关度就越好。此时这个"关键词密度检测工具"（tool.chinaz.com/Tools/Density.aspx）就起到了相应的作用。

图 7-4 为检测网易上一篇医疗软文的目标关键词密度的结果，这个密度结果是用关键词的长度乘以重复次数得出关键词总长度，再除以页面中文本的总长度得出的结果。有时可能在同一篇文章中，短的关键词重复 10 次所得出的密度要小于长的关键词重复三四次所得出的密度，但是这个数据并不能完全说明文章到底和哪个词更相关。

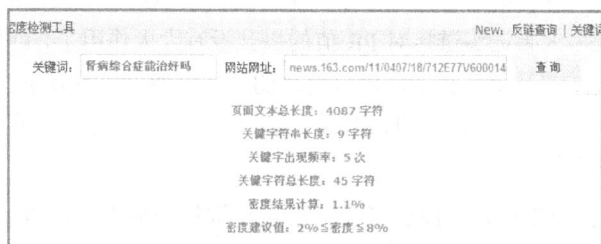

图 7-4　长关键词的页面密度查询

例如图 7-5 和图 7-4 的对比，"肾病综合症能治好吗"在页面中出现了 5 次，关键词密度为 1.1%；在同一个网页中"肾病"出现了 15 次，而密度只有 0.7%。在刚了解 SEO 时知道有关键词密度这个概念就可以了，页面内容要自然地出现关键词，而不要为了追求密度去堆砌关键词。工具中 2%~8%的建议也没有太大的现实意义，很多网站的网页关键词密度都不在这个范围之内，排名和流量照样杠杠的。

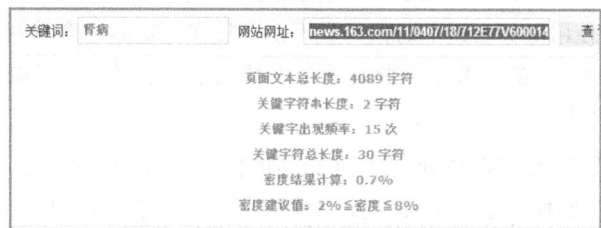

图 7-5　短关键词的页面密度查询

7.1.4　PR 输出值查询

PR 输出值查询工具（tool.chinaz.com/ExportPR/）所依托的公式是根据 PR 值的计算公示简化而来的，计算的结果也并不是真实结果，不过这个公式计算结果的大小和真实的 PR 输出值大小在趋势上是基本一致的。根据公式可以看出一个有固定 PR 值的页面导出链接越少，那么它的 PR 输出值就越大，获得它给的链接的价值也就越大。现在站长和 SEO 人员在进行友情链接交换时只是偶尔会使用一下此工具，因为知道对方导出链接越少越好，就没有必要知道具体的导出数字了。

PR 输出值计算公式：

$$（1-0.85）+0.85×（PR 值/导出站外的链接数）$$

如果死扣 PR 输出值计算公式可以认为任何页面不论导出链接有多少、有没有 PR 值，它的 PR 输出值最小都会是 0.15。如果一个页面只导入不导出，那么就可以获得无限大的 PR 值了，这显然是不可能的。真正的 PR 值计算公式中有阻尼系数在平衡这个公式的结果，并不会出现无限大的情况，因此"PR 输出值"只是作为友情链接交换的一个参考就好，不必太过较真。

因为理论上 PR 越高、导出链接越少的网站的 PR 输出值越高，所以就有很多人来买卖高 PR 网站的链接，并且很多卖链接的网站也会打着自己网站 PR 输出值有多少的口号。现在 Google 已经对这种企图操纵网站 PR 值的行为进行了严厉打击，很多购买链接的网站遭到了 PR 清零等降权惩罚。现在也有很多人感觉买链接对 PR 值的提升没有太大作用了，可见 Google 在 PR 值的算法中加入了很多其他参考因素，被发现出售链接的网站可能已经没有了输出 PR 值的能力。所以交换友情链接的时候，可以参考对方的 PR 输出值，也要注意对方是否存在买卖链接等恶意操纵 PR 值的行为，否则可能会得不偿失。

另外 PR 输出值已被 ChinaZ 集成到了友情链接查询的功能中，所以站长和 SEO 人员交换友情链接的时候一般会直接使用友情链接查询功能查看对方网站，而不单独使用 PR 输出值查询工具。

7.1.5　查看网页源代码

查看网页源代码工具（tool.chinaz.com/Tools/PageCode.aspx）非常实用，可能你会说只要在浏览器中点击鼠标右键直接查看就可以查看源代码了嘛。大部分网页是可以这么操作，但是也有很多情形下不能够使用这种方法。比如在页面做了 JS 跳转、301 或 302 跳转、Refresh 跳转、Flash 跳转及页面禁止使用鼠标右键的时候，就不能直接在浏览器中查看网页的源代码了，也就没有办法直接分析该页面上的内容了。此时这个工具就派上了用场，可以方便地查看跳转前的页面中究竟隐藏着什么内容。

在分析网站中，经常会遇到目标网页做了跳转的情况，如果确定不是 301 和 302 等重定向性质的跳转，那么就需要使用这个工具对目标网页进行深入的研究分析。比如有不少网站都使用各种跳转方式作弊，此时无法直接在浏览器中查看跳转前页面的源代码，也就没有办法分析该网站的作弊手法，使用查看源代码工具可以很方便地分析对方作弊页面源代码。

比如以前百度搜索"刘德华"的时候，新浪网排名比较靠前的链接如图 7-6 所示，该链接是新浪网二级域名下的链接，点击后会自动跳转到新浪网四级域名下的链接 http://data.ent.sina.com.cn/star/263.html，可见新浪网站的明星主题，参与百度搜索排名的页面和实际主题页面并不是同一个。因为页面直接跳转了，所以并不能直接用鼠标右键查看网页源代码的方式查看页面 ent.sina.com.cn/s/h/f/ldh.html 的真实内容。为了分析新浪娱乐的 SEO 手法，"查看页面源代码"工具就派上了用场。

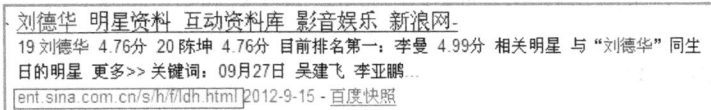

图 7-6　百度搜索"刘德华"新浪比较靠前的网页

图 7-7 为使用"查看网页源代码"工具查看 ent.sina.com.cn/s/h/f/ldh.html 的源代码，可以看出新浪使用了 Refresh 的方式进行了跳转。新浪娱乐之所以这么做，原因可能为：网站最初的结构设计把明星专题放到了 data.ent.sina.com.cn 专门放数据的四级域名中（大型门户网站常见这种情况），并且 URL 是系统自动生成的。新浪娱乐的 SEO 团队可能认为这个四级域名下的页面不利于做排名，所以就在新浪娱乐二级域名下做了一个跳转页面，页面的 URL 中使用了明星名字的拼音首字母，来抢夺明星名字的关键词排名。在基础部分提到过相关原理，一般二级域名下的页面要比四级域名下的页面拥有更高的先天权重，并且 URL 使用了自定义加入了明星名字拼音的首字母，提高了页面的关键词相关度。不过，注意到现在在大多数明星名字的百度搜索结果中，新浪参与排名的页面已被更换为真实的专题页 URL，原因有很多可能性，总之不建议其他中小网站使用这种策略。

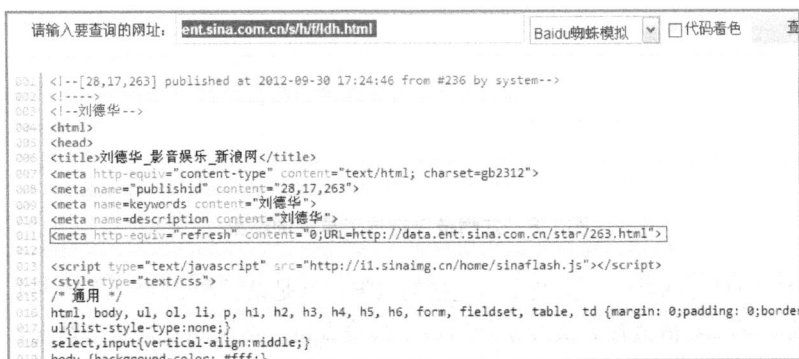

图 7-7　新浪明星专题参与百度排名页面的源代码

也有时黑客黑掉网站，使用被黑网站的权重做关键词排名，然后做跳转，把流量导向自己的网站或者直接导向淘宝客链接，此时也没有办法直接在浏览器中直接查看被黑页面中黑客究竟做了什么手脚，"查看页面源代码"工具就有了很重要的作用，后续在第 12 章"常见黑客类SEO 手法"一节中会详细地分析此种情况，也会经常用到此工具。

此工具还有一个功能，它可以模仿百度或 Google 的 Spider 读取目标网页的源代码。有些站长会担心和自己交换友情链接的网站会不会对搜索引擎的 Spider 进行了专门的设置，让普通用户可以看到网站上的友情链接，但是 Spider 却看不到，从而骗取自己网站的链接。此时使用查看页面源代码工具中的 Baidu 或 Google 蜘蛛模拟功能就可以很方便地甄别对方站长有没有要以上手段。因为使用此功能后，chinaz 会把访问 IP 的 User Agent 伪装成搜索引擎的 Spider 名称，以查看对方目标网站在指定 Spider 眼中的真实面目。所以这个"查看网页源代码"的工具看似不起眼，其实用途很广泛，就看大家是否能够运用发散性思维去使用了。

另外，百度站长平台也曾经调研过站长有没有查看网页在百度 Spider 眼中真实情况的需求，不过至今一直没有相应的工具推出，如果后续推出，应该就和这个工具类似。

7.1.6　友情链接查询

图 7-8 为使用友情链接查询工具（link.chinaz.com）查询网站 china.makepolo.com 的友情链接的情况。可以看到这个工具不仅详尽地给出了目标网站自身百度收录、首页位置、百度权重、百度快照、PR 值、PR 输出值、出站链接个数及属性（出站链接中图片链接、文字链接、被 nofollow 的链接）、出站链接页面中有反链的个数及属性、友情链接中有多少页面没有反链的统计等数据，还详细地给出了所有友情链接的域名、目标网站对该链接所使用的锚文本、该域名的百度收录、首页位置、百度权重、PR、百度快照、是否有目标网站的反链的统计数据。

图 7-8　友情链接查询工具查询结果

此工具给出的目标网站的数据及友情链接的数据，都是站长和 SEO 人员在进行友情链接交换时所看重的因素。友情链接人员经常使用该工具检查自己网站的友情链接情况，以对友情链接进行分析和调整。同时站长和 SEO 人员也会经常使用此工具来检查要交换链接的对方网站，查看对方网站已有导出链接的个数、PR 输出值大小、对方网站友情链接中是否有被 K 或明显降权的网站，以及对方网站导出的链接是否绝大多数都有回链（没有回链的网站过多，会有卖链接的嫌疑）等，然后再决定是否同意和对方交换友情链接。

细心的读者应该可以发现检测结果中的"外链数"是"数字/数字"的形式。第一个数字是查询 URL 在对方页面出站链接中的位置，一般交换友情链接时都喜欢对方把自己的链接放到比较靠前的位置，所以此数据也比较有参考价值；第二个数字是对方页面中总的出站链接个数，一般都不愿意和出站链接太多的网站进行交换。这两个数据对评判对方网站导给目标网页链接的好坏有一定的参考价值。此数据是从网页源代码中统计的，有时直接看对方网页，可能数量和位置数据都和检测结果不同，那可能是因为对方使用 CSS 改变了链接位置，或者在友情链接模块之前还有导出链接。

该工具还可以手动输入友情链接网址进行查询，如果自己的网站交换友情链接的页面比较多，又只是想看看友情链接的情况及是否还有回链，而不和自己相应页面的质量进行对比，那么这个手动输入友情链接网址的查询功能就会很方便。比如 58 同城中有很多交换友情链接的页面，SEO 人员如果只是想看看友情链接中有没有删除自己的链接、被 K 或降权的情况，就可以使用这个手动输入功能，在目标网址处只填写"58.com"即可。当然此处只是举例而已，58 同城肯定拥有自己独立开发的友情链接监控系统。

由于此工具支持手动输入友情链接网址，又可以对友情链接的百度收录、首页位置、"百度权重"、PR、百度快照等数据进行一次性的查询。因此可以利用此工具来批量查询目标域名的这些数据，如果数据量不是很大，此工具的查询会比较快速，查询结果也比较直观。比如，如果想批量查询赶集网城市子域名的这些数据情况，就可以使用此功能（如图 7-9 所示）。

序号	站点/链接地址	百度收录	首页位置	百度权重	PR	百度快照	对方链接是
6	nj.ganji.com	230万	1	5	6	2012-10-10	无反链 外
5	wh.ganji.com	284万	1	6	5	2012-9-3	无反链 外
4	sz.ganji.com	417万	1	6	5	2012-10-15	无反链 外
3	gz.ganji.com	386万	1	6	6	2012-10-15	无反链 外
2	sh.ganji.com	834万	1	6	7	2012-10-15	无反链 外

图 7-9　友情链接查询工具的其他批量查询数据的用途

7.1.7　关键词排名查询

关键词排名查询工具（tool.chinaz.com/KeyWords/）一般会在如下两种情况下使用。

（1）查询目标网站排名比较靠后的某个关键词排名情况。此时一般只关心单个关键词排名的情况，并且目标网站一般在百度 Google 搜索结果第 3 页之后或者几百名之后了。如果关心的词比较多，就可以使用"观其站长工具"之类的工具进行批量查询。

（2）查看在全国各地搜索某个关键词时，目标网站的排名和本地是不是相同的，也就是确认一下目标网站有没有处于地域性搜索结果中。随着用户需求的细分，搜索引擎也在不断地挖掘同一个搜索词背后不同用户的真正需求，地区性搜索就是搜索引擎在这方面努力的一个结果，并且有越来越多的搜索词的结果有了地区性的差异，其中生活服务类的搜索词最为突出。如图 7-10 所示，ChinaZ 的关键词排名查询工具提供了不同地区查询的功能，站长和 SEO 人员可以比较方便地确认在指定搜索词的结果中目标网站的排名情况是不是和本地一样。

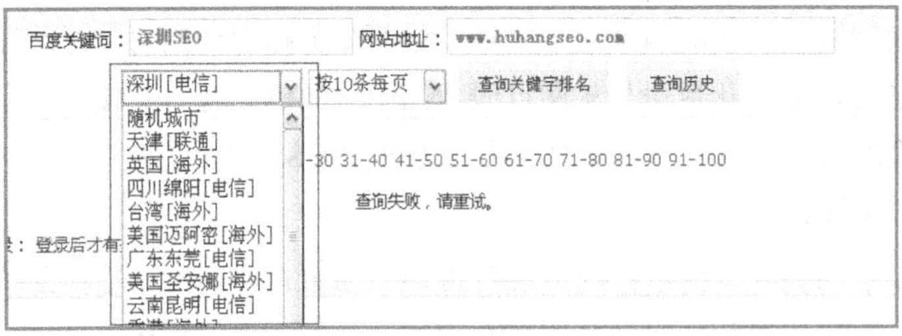

图 7-10　关键词查询工具

7.1.8　关键词优化难易分析

关键词优化难易分析工具（tool.chinaz.com/kwevaluate/）是用来分析目标关键词竞争程度的，还根据竞争程度给出了优化估价。此工具是为了帮助 SEO 人员进行关键词分析，或者为还没有自己报价标准的初创型 SEO 服务公司提供报价参考。一般进行关键词竞争分析时都会查看该关键词的指数、收录量、前几十名中顶级域名的个数、第一页搜索结果中网站的基本数据，以及这个词的竞价网站数量，ChinaZ 把这些 SEO 人员主要参考的数据进行了格式化的计算，计算出来一个优化难度，并根据优化难度给出了优化估价。

这个工具是后来才出的，省去了 SEO 人员进行关键词优化难度分析时的很多工作，并且这个工具最多支持 3 个词同时查询，查询结果都是用表格横向比较的，可见 ChinaZ 站长工具时刻在挖掘着 SEO 人员的需求。图 7-11 为关键词“尖锐湿疣”和“尖锐湿疣的图片”的优化难度分析结果及对比，可以看出“优化估价”真的是根据“优化难度”估算出来的，并且最高就是每年 4 万元。不过实际上“尖锐湿疣”这个词每年只给 4 万元应该没有人会接这个单子，这个词实际的经济价值远大于这个估价，能把这个词做上去的朋友，直接都去找医院合作了。

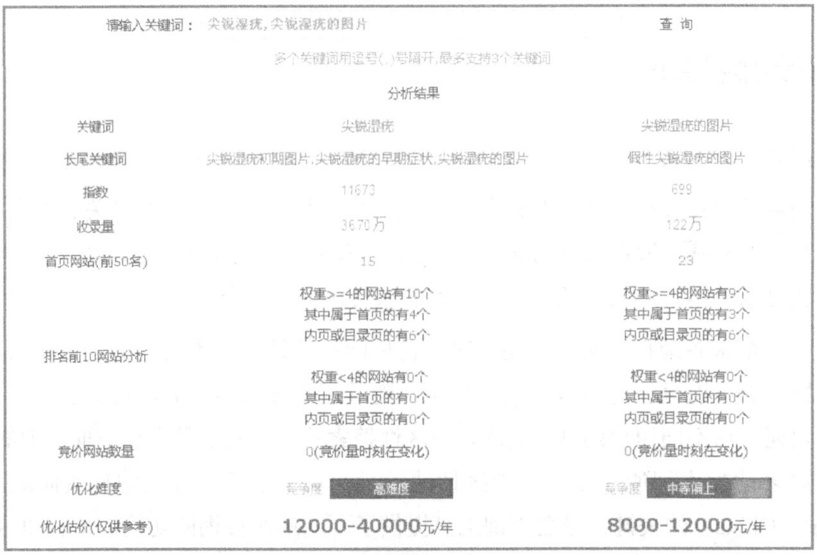
请输入关键词：尖锐湿疣,尖锐湿疣的图片　查 询

多个关键词用逗号(,)号隔开,最多支持3个关键词

分析结果

关键词	尖锐湿疣	尖锐湿疣的图片
长尾关键词	尖锐湿疣初期图片,尖锐湿疣的早期症状,尖锐湿疣的图片	假性尖锐湿疣的图片
指数	11673	699
收录量	3670万	122万
首页网站(前50名)	15	23
排名前10网站分析	权重>=4的网站有10个 其中属于首页的有4个 内页或目录页的有6个 权重<4的网站有0个 其中属于首页的有0个 内页或目录页的有0个	权重>=4的网站有9个 其中属于首页的有3个 内页或目录页的有6个 权重<4的网站有0个 其中属于首页的有0个 内页或目录页的有0个
竞价网站数量	0(竞价量时刻在变化)	0(竞价量时刻在变化)
优化难度	竞争度 高难度	竞争度 中等偏上
优化估价(仅供参考)	12000-40000元/年	8000-12000元/年

图 7-11　关键词分析工具

7.1.9　"百度权重"查询

爱站网由于第一个提出"百度权重"（mytool.chinaz.com/baidusort.aspx）的概念而在站长圈一炮走红，随后各个站长工具网站都效仿推出了自己的"百度权重"查询工具。其实这个"百度权重"并非网站在百度搜索中真正的权重，百度官方并没有公布"百度权重"相关的数据，百度站长平台也早已发布声明"第三方工具的'百度权重'并不是官方数据"，并让网站管理员不要把"百度权重"当成真实数值来参考使用（如图 7-12 所示）。由于百度官方的公告发布时，已经有很多站长和 SEO 人员把这个"百度权重"当成了衡量目标网站权重的一个指标，并且这个数据也确实有着相应的意义，所以百度官方的公告并没有起到多么大的作用，"百度权重"依然受到广大站长和 SEO 人员的重视和参考。

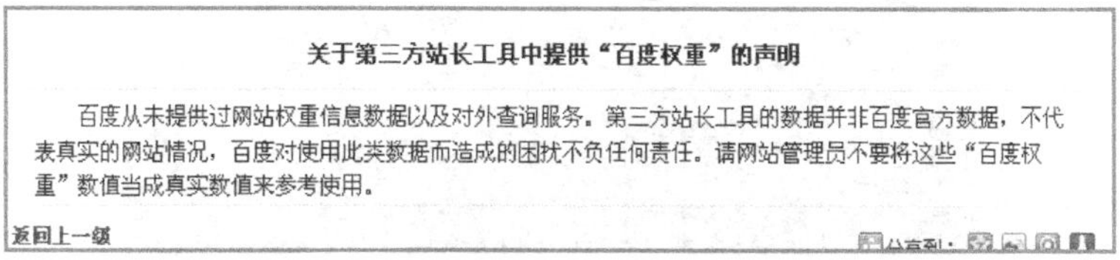

关于第三方站长工具中提供"百度权重"的声明

百度从未提供过网站权重信息数据以及对外查询服务。第三方站长工具的数据并非百度官方数据，不代表真实的网站情况，百度对使用此类数据而造成的困扰不负任何责任。请网站管理员不要将这些"百度权重"数值当成真实数值来参考使用。

返回上一级

图 7-12　百度站长平台关于"百度权重"的公告

ChinaZ 站长工具的"百度权重"其实是首先自己估算百度会给目标网站带去多少流量，然后把流量数值划分为 0~9 总共 10 级别（如下面的对照，经 ChinaZ 官方证实没有"权重 10"这个等级）。这并不是百度官方类似于谷歌 PR 值对网站质量的评级，只能算是对网站在百度上获取流量能力的估算，所以称其为"百度流量估算"更为准确。

　　　　百度权重 9：（估算每天从百度来访 1000001 次以上）

　　　　百度权重 8：（估算每天从百度来访 200001-1000000 次）

　　　　百度权重 7：（估算每天从百度来访 50001-200000 次）

　　　　百度权重 6：（估算每天从百度来访 10001-50000 次）

　　　　百度权重 5：（估算每天从百度来访 5001-10000 次）

　　　　百度权重 4：（估算每天从百度来访 1001-5000 次）

　　　　百度权重 3：（估算每天从百度来访 501-1000 次）

　　　　百度权重 2：（估算每天从百度来访 101-500 次）

　　　　百度权重 1：（估算每天从百度来访 1-100 次）

　　　　百度权重 0：（估算每天从百度来访 0 次）

　　随着 ChinaZ 对站长和 SEO 人员的需求的不断研究，"百度权重"的计算方法也肯定会有所改动，并不完全参照估算的百度流量，还应该会参考百度收录量、快照历史更新频率数据等，比如没有流量，但是有不错的收录量，也会给出一个非零的"百度权重"值。至于 ChinaZ 站长工具是如何估算百度搜索可以为目标网站带去多少流量的，其原理大概如下。

（1）根据相关统计数据，搜索引擎搜索结果的前几页每个排名都有一定的点击率。如图 7-13 所示为康奈尔大学实验显示的搜索关注时间及点击分布，就统计到了 Google 搜索结果首页各排名位置的点击率。站长工具网站也是为百度搜索结果前几页的各个位置设置了自己认为合理的点击率。

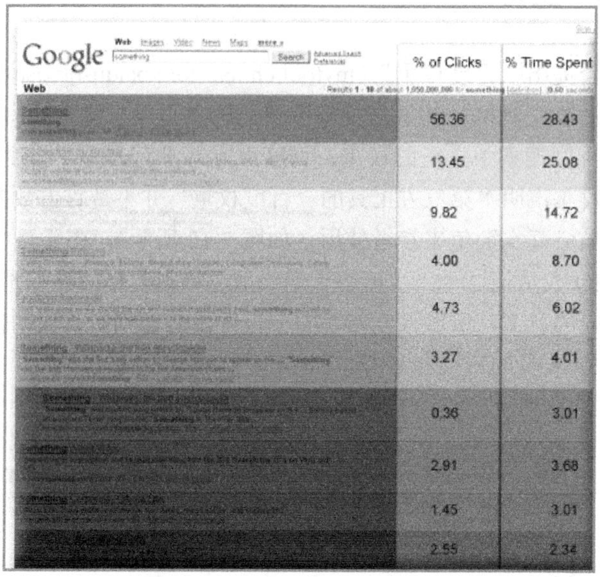

图 7-13　康奈尔大学实验显示的搜索关注时间及点击分布

（2）站长工具网站拥有自己的词库，并每天更新所有关键词的百度指数数据，站长工具在估算流量中使用的是该关键词近一周的平均指数。

（3）站长工具网站根据自己的词库来获得词库中所有关键词的百度搜索结果，以域名为单位分析该关键词搜索结果前几页的网站分布情况，并建立对应关系。

（4）根据第一步中的点击率和某一关键词的百度指数，来计算出该关键词能为其搜索结果前几页网站分别带去的流量。

（5）根据词库中所有关键词搜索返回的结果前几页，按域名统计出所有网站，并估算出词库中所有关键词能为这些网站带去的流量。

（6）当用户查询某个网站的百度估算流量时，站长工具就自动查询数据库中是否存在该网站。如果存在，就会返回以上估算出的流量；不存在，就返回 0 流量。

图 7-14 为 ChinaZ 站长工具百度流量估算的示意图，假设 ChinaZ 站长工具词库中只有 5 个关键词的百度搜索结果中有网站 A 的 URL，根据 5 个关键词的指数和相应排名的位置的点击率，就计算出了每个关键词可以为网站 A 带去的流量，最后估算出百度每天可以为网站 A 带去 460IP，按照前面所述的 ChinaZ 站长工具"百度权重"的原理来推算，网站 A 的"百度权重"就是 2。

ChinaZ 站长工具只是简单估算而已，和目标网站真实的百度流量可能会相差很多。这种计算方式只是简单做个参考而已，会存在以下不准确因素。

（1）ChinaZ 站长工具的词库并不全，也就是说 ChinaZ 站长工具的词库并没有拥有全部有百度指数的关键词。除非百度搜索或者百度指数把数据卖给了 ChinaZ，否则 ChinaZ 站长工具就不可能有全部有指数的关键词。ChinaZ 站长工具"百度权重"查询列表右上角也有"添加新词"

的工具，所以其词库并不全。

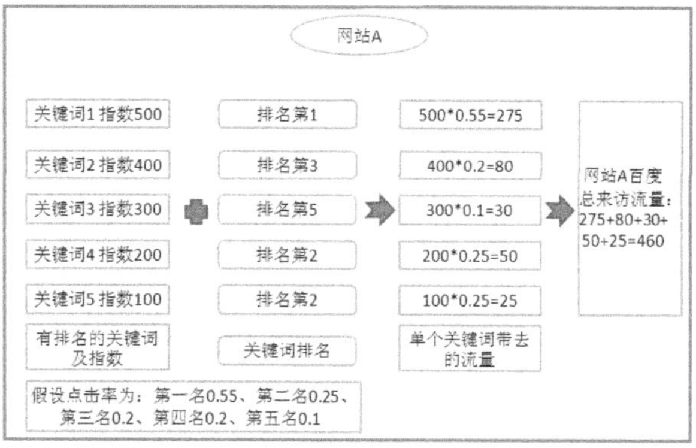

图 7-14　ChinaZ 站长工具百度流量估算示意

（2）绝大多数网站都会拥有大量的长尾词流量，然而这些长尾词可能没有百度指数数据，这样 ChinaZ 站长工具也就不可能把这部分流量计算进来。

（3）此处使用关键词的百度指数，来充当百度搜索量是不恰当的，因为百度指数是某关键词百度网页搜索量和新闻搜索量加权得出的数值，并不是该关键词在百度网页搜索中的搜索量（第 3 章中已有详细讨论）。并且现在刷百度指数的现象屡见不鲜，有不少词的指数都是刷出来的，并没有参考价值。如图 7-15 所示，该词的指数明显是刷出来的。

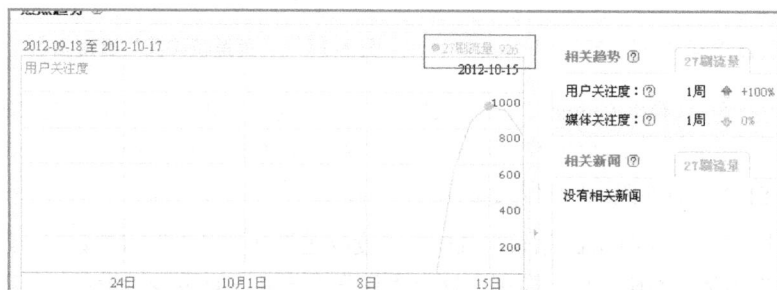

图 7-15　典型刷百度指数的词

（4）"各排名位置的点击率"比较适合信息类和事务类关键词，对于品牌导航类关键词就不适合了，比如"淘宝"这个搜索词，除了淘宝网之外，后面其他的网站虽然可以获得可观的流量，但是各排名位置的点击率要远小于其他的普通关键词。

（5）现在百度的框计算、阿拉丁、百度其他产品的醒目展现及百度竞价都对"各排名位置的点击率"产生了比较大的影响，如图 7-16 所示，百度搜索"我是特种兵"，虽然这个词此时有 20 多万的百度搜索指数（如图 7-17 所示），但是流量被百度阿拉丁、百度视频搜索、百度框计算和百度百科截获后，下面的普通网站几乎不会获得什么流量了，显然这种词是不适用于大众性"各排名位置的点击率"的。（越是当下的热播剧，百度搜索结果中的百度自有产品展示越强势；非当下的热播剧，百度搜索结果中的百度自有产品展示相对会少一些。）

图 7-16　百度搜索"我是特种兵"

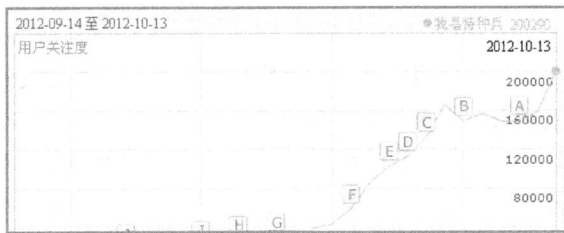

图 7-17　"我是特种兵"百度指数

综合这 5 点，可以看出 ChinaZ 站长工具的这个"百度流量预计"并不是很准确，不过站长和 SEO 人员可以记录目标网站的"百度流量预计"趋势及有排名的关键词数量变动趋势，来衡量目标网站的 SEO 效果在跟踪时间内是增强还是减弱。

由以上分析可以看出 ChinaZ 站长工具的"百度权重"并不是百度官方数据，其参照的"百度流量估算"也不是很准确，所以原则上这个"权重"值并没有多少参考价值。不过这个"百度流量估算"的趋势还是比较有价值的，至少能分析出目标网站的 SEO 效果、目标网站在百度搜索中表现好坏、目标网站哪些页面的搜索表现比较强悍，以及目标网站的主要流量词有哪些等。虽然这个流量估算值也不能作准，但是可以当做目标网站的 SEO 得分，同行业网站之间还是有可比性和参考性的。并且现在这个"百度权重"值已经被很多人作为友情链接交换的重要参考，笔者所接触到的很多链接专员都以爱站的"百度权重"为主要参考，后续会重点讨论一下爱站"百度权重"和 ChinaZ"百度权重"的区别。

7.1.10　网站历史查询工具

网站历史查询工具（tool.chinaz.com/history/）很实用，可以分析目标网站的历史发展趋势。现在可以查询近 6 个月的历史数据，在分析自己网站和对手网站在各大搜索引擎上 site 指令的结果数时，不必再自己每天都记录相关数据，制作表格做对比了。在此需要了解的是这类站长工具只会记录有过查询的数据，也就是说如果某天某个站点没有被查询过，ChinaZ 的历史记录中应该是没有数据的。不过对于稍微有一点规模的网站，站长自己不查，也会有很多热心同行帮忙查询的。图 7-18 所示为酷易搜网站的历史数据，ChinaZ 支持数据导出，站长和 SEO 人员不必再自己统计数据；图 7-19 所示为单位时间内的变化趋势曲线图，站长和 SEO 人员也不必自己使用 Excel 制作趋势图了。在分析目标网站趋势和制作工作总结报表时，这些数据大大方便了SEO 人员的工作。

图 7-18　历史数据表格

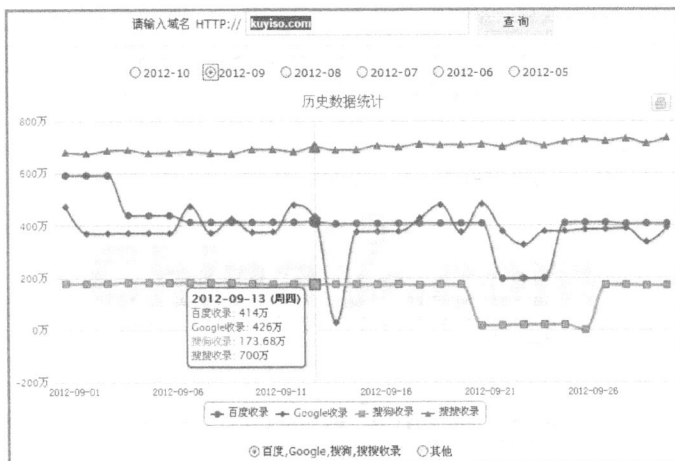

图 7-19　历史趋势曲线图

不过比较遗憾的是，现在 ChinaZ 站长工具只有各个搜索引擎 site 指令的历史数据值得参考。其他所谓的外链数据，不是其本身并不是外链，就是本身不具有太大的参考价值，也很少有人关注这方面的数据了。相对来说爱站网的"历史数据"工具做得还是很不错的，可以查询目标网站将近两年"排名""权重""收录""反链"和 PR 的历史数据等。

7.1.11　HTTP 状态查询工具

HTTP 状态查询工具（tool.chinaz.com/pagestatus/）也是站长和 SEO 人员经常使用的。当发现某一 URL 实现跳转后，就要分析对方使用了什么方式跳转，是不是 301 或者 302，这时使用HTTP 状态查询工具就可以很容易地进行分析。如果确定对方使用了 301 或者 302，就要深入分析对方使用这种跳转方式的原因，是正常改版，还是有其他作弊的考虑。如果确定对方没有使用重定向形式的跳转，也就是目标网页返回的 HTTP 状态码为 200，就要使用查看源代码工具来分析对方网站的操作手法并揣测对方如此操作的原因了，多用于对竞争对手的分析。当自己的网站进行 URL 改版或者程序调试时，也需要经常查看页面返回的状态码是否正确。此工具在 SEO 人员的工作中被使用的频率还是比较高的。

7.1.12　网站排行榜

网站排行榜（top.chinaz.com）是 ChinaZ 站长工具自己推出的网站排名，使用的是 ChinaZ 自己的排序规则。相对于 Alexa 排名来说，至今没有发现这个"总排名"有多么大的意义，不过根据 ChinaZ 在站长中的影响力，此排名很可能也会成为各网站之间 PK 和吹嘘的一个指标。

网站排行榜中的分类排行还是有些意义的，可以了解一下自己的网站在同行业网站中的位置，当然这个排名没有太大的权威性，只是可以加深对自己网站在行业中表现情况的了解。通过图 7-20 可以看到"酷易搜"在分类信息网站中的位置。

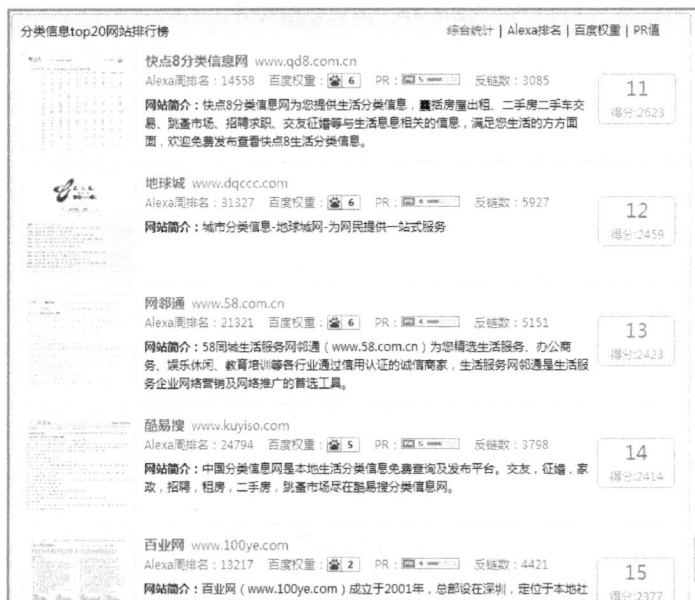

图 7-20　ChinaZ 网站排行榜中的分类信息排行

据观察这个排行榜是根据网站整体可探测到的外部数据来计算排名的，并且算法还在不断调整中。以后如果这个排行榜发挥出它的商业价值，还是有必要研究一下它的排名规则的，理论上推断影响排名的因素也就是 SEO 综合查询中的这些数据，不过各自在排名中被赋予的权值不同。虽然各种形式的排行榜越多，站长和 SEO 人员能够参考的数据就越多，但是反过来看，站长和 SEO 人员就会被越多的"排行榜"牵着鼻子走，天天研究各种排行榜的排名规则，甚至花钱手动提升排名，或花钱把自己的网站在排名中抹掉。这就是做这种排名平台的优势，一旦用户数有一定的规模，必定会有人找上门去花钱要求提升或抹掉排名。

7.1.13　SEO 数据风向标

ChinaZ 站长工具依托自己数据查询平台的性质，记录了所有查询网站的结果数据，并进行了数据同比分析，得出了 SEO 数据风向标（mytool.chinaz.com/SEOreport.aspx）。让站长和 SEO 人员可以轻松了解到全互联网中网站 SEO 方面数据的变动，以确定自己的网站处于什么状态。SEO 数据风向标的数据是使用抽样的形式进行统计整理的，并不是调用所有在站长工具中查询过网站的相关数据，不过用来反映数据趋势已经足够了。图 7-21 为 ChinaZ 站长工具 SEO 数据风向标的截图，明确给出了当天的 SEO 数据变动和单位时间内 SEO 数据变动的趋势图，直观地反映了全网网站的 SEO 数据趋势。不过有不少站长和 SEO 人员只有在自己网站收录下跌的时候，才会使用此工具了解全网数据，查看自己的网站是不是个例，有多少网站和自己网站的数据变动趋势相同等，所以 SEO 数据风向标工具还是很有意义的。

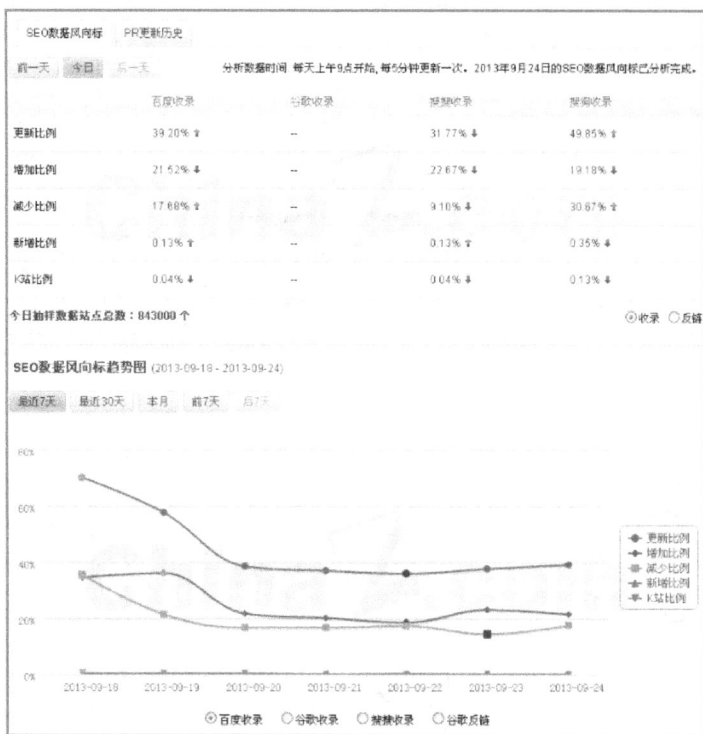

图 7-21　SEO 数据风向标

7.1.14　SEO 综合查询

如图 7-22 所示为 ChinaZ 站长工具的综合查询结果页，涵盖了一个站长或 SEO 人员在了解一个网站的基本 SEO 情况时所需要的所有基本信息。不论是链接交换人员，用来查询对方网站的基本情况是否符合自己交换的条件，还是站长和 SEO 人员分析目标网站整体的数据情况，也不论需不需要这个结果页中的所有信息，大家都习惯了使用这个 SEO 综合查询工具

（SEO.chinaz.com）来查看自己所需要查看的数据。

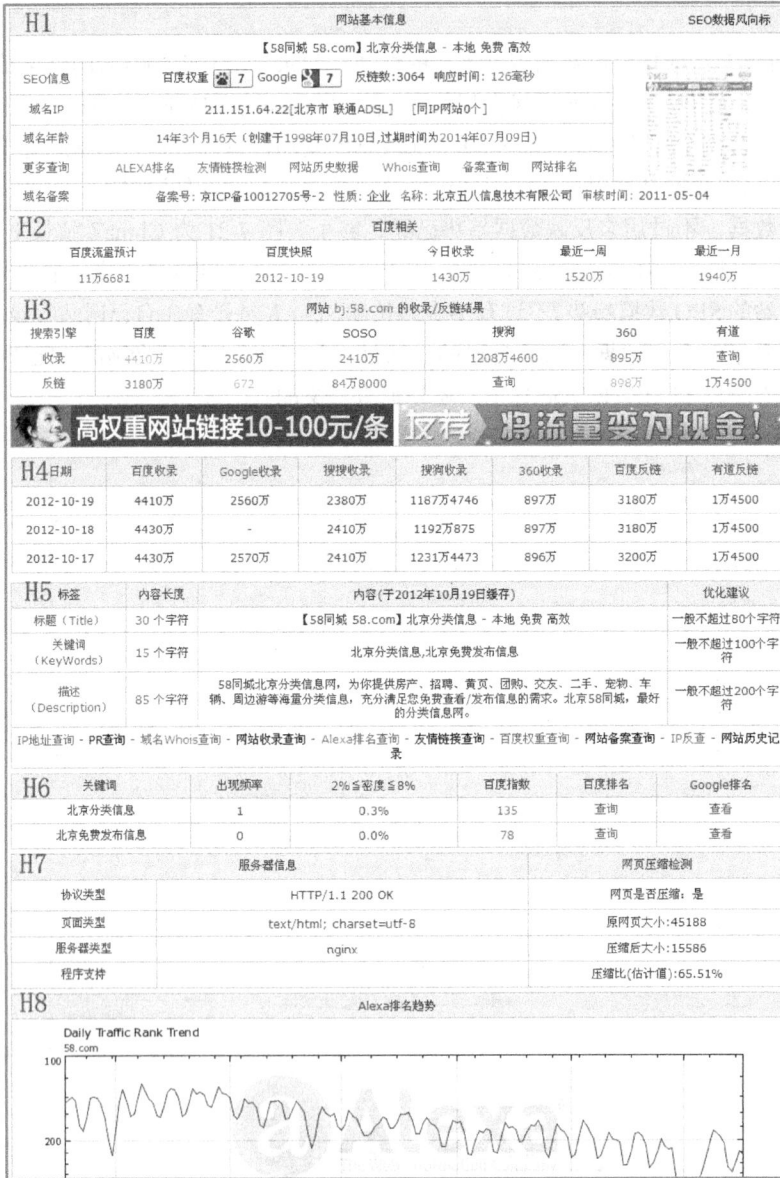

H1 网站基本信息 — SEO数据风向标

【58同城 58.com】北京分类信息 - 本地 免费 高效

SEO信息	百度权重 7 Google 7 反链数:3064 响应时间:126毫秒
域名IP	211.151.64.22[北京市 联通ADSL]　[同IP网站0个]
域名年龄	14年3个月16天（创建于1998年07月10日,过期时间为2014年07月09日）
更多查询	ALEXA排名　友情链接检测　网站历史数据　Whois查询　备案查询　网站排名
域名备案	备案号: 京ICP备10012705号-2　性质: 企业　名称: 北京五八信息技术有限公司　审核时间: 2011-05-04

H2 百度相关

百度流量预计	百度快照	今日收录	最近一周	最近一月
11万6681	2012-10-19	1430万	1520万	1940万

H3 网站 bj.58.com 的收录/反链结果

搜索引擎	百度	谷歌	SOSO	搜狗	360	有道
收录	4410万	2560万	2410万	1208万4600	895万	查询
反链	3180万	672	84万8000	查询	898万	1万4500

高权重网站链接10-100元/条　友荐　将流量变为现金！

H4

日期	百度收录	Google收录	搜搜收录	搜狗收录	360收录	百度反链	有道反链
2012-10-19	4410万	2560万	2380万	1187万4746	897万	3180万	1万4500
2012-10-18	4430万	-	2410万	1192万875	897万	3180万	1万4500
2012-10-17	4430万	2570万	2410万	1231万4473	896万	3200万	1万4500

H5

标签	内容长度	内容(于2012年10月19日缓存)	优化建议
标题（Title）	30 个字符	【58同城 58.com】北京分类信息 - 本地 免费 高效	一般不超过80个字符
关键词（KeyWords）	15 个字符	北京分类信息,北京免费发布信息	一般不超过100个字符
描述（Description）	85 个字符	58同城北京分类信息网,为你提供房产、招聘、黄页、团购、交友、二手、宠物、车辆、周边游等海量分类信息,充分满足您免费查看/发布信息的需求。北京58同城,最好的分类信息网。	一般不超过200个字符

IP地址查询 · PR查询 · 域名Whois查询 · 网站收录查询 · Alexa排名查询 · 友情链接查询 · 百度权重查询 · 网站备案查询 · IP反查 · 网站历史记录

H6

关键词	出现频率	2%≤密度≤8%	百度指数	百度排名	Google排名
北京分类信息	1	0.3%	135	查询	查看
北京免费发布信息	0	0.0%	78	查询	查看

H7 服务器信息 / 网页压缩检测

协议类型	HTTP/1.1 200 OK	网页是否压缩: 是
页面类型	text/html; charset=utf-8	原网页大小:45188
服务器类型	nginx	压缩后大小:15586
程序支持		压缩比(估计值):65.51%

H8 Alexa排名趋势

Daily Traffic Rank Trend
58.com

图 7-22　ChinaZ 站长工具的综合查询结果页

　　站长和 SEO 人员在了解目标网站的整体情况和某项数据的概要时，往往不需要找到专门的工具页面去查询那么详细的数据，使用 SEO 综合查询工具一键就可以得到自己需要的概要数据，这也是这个工具比较受欢迎的原因，并且这个工具的结果页面的用户体验的确做得非常出色。

　　使用 SEO 综合查询功能除分析目标网站 SEO 数据概况外，在交换友情链接的时候使用频率也是比较高的。先使用 SEO 综合查询查看对方网站的概要数据是否符合要求，如果符合基本要求，再使用 7.1.6 节中介绍的友情链接工具查看对方网站的友情链接中是否有被 K 或者明显降权的网站，最终决定是否同意和对方交换友情链接。

这里分别站在友情链接交换和目标网站 SEO 数据分析的角度，简单讨论一下应该如何看待 SEO 综合查询结果中的这些数据，以及这些数据可能反映出的问题。如图 7-22 所示，SEO 综合查询结果页数据部分被分成了 7 个部分（H1~H7）。

1. 站在交换友情链接的角度

一般会着重注意 H1 区域中的"百度权重"、谷歌 PR、同 IP 网站个数及 H3 中的百度和谷歌收录量等数据。虽然不严谨，但是现在大部分站长和 SEO 人员在交换友情链接时只看这几个数据。

（1）"百度权重"：前文已经很详细地讲解过，现在已经被很多站长和 SEO 人员当成了友情链接交换的重要参考标准。这并没有太大的坏处，站长和 SEO 人员能参考的数据本身就不多，这也算是一个比较不错的参照物吧。不过最好进入该工具进行详细的查看，分析对方是否做了前文所述的刷百度指数的工作。

（2）谷歌 PR：谷歌早就声明 PR 值只是 200 多个排名算法中的一个，所占比重并不大，并且也改变了原来的 PR 更新周期。现在很多站长和 SEO 人员也说网站的 PR 值不重要了，建议换连接的时候不要再看 PR 值了，但是当自己去交换友情链接的时候 PR 值还是会被当成一个很重要的参考。首先是因为大家长久以来已经习惯了这个参考；其次，PR 值确实还是 Google 评价页面权重的一个标准，在没有其他权威的页面权重评价数据出来之前，PR 值的地位还是不会动摇的。

（3）同 IP 网站个数：这个数据所反映的问题会在爱站网介绍中进行详细介绍，相对于爱站网中的同类工具，ChinaZ 的同 IP 网站查询工具显得比较简陋。

（4）百度和谷歌收录量：也是友情链接交换的重要参考，一般认为收录越多，网站权重越高。其实不然，有很多网站被百度降权后内容都是秒收且收录量巨大，不过没有排名。如图 7-23 所示为网站 qu114.com 的查询结果，此网站有段时间被百度降权，虽然拥有近 700 万的收录量，但是百度流量估算还不到 1500。有段时间由于百度搜索的策

百度流量预计		百度快照	
1343		2012-10-17	
			网站 qu114.com 的收
搜索引擎	百度	谷歌	SOSO
收录	698万	936万	2310万
反链	88万5000	78	331万

图 7-23 qu114.com 的查询结果

略问题，不少被植入垃圾页面的企业站"收录量"都有几十万或上百万，但是权重应该是很低的，甚至会为互链站带来负面影响。所以"收录量"并不能严格地说明什么问题，只能说"收录量"大的网站在搜索引擎的权重评价中可能会更有优势。并且工具中所说的"收录量"，其实是调用的目标网站在各个搜索引擎中使用 site 指令得到的数据，site 指令返回的数据在基础知识部分有详细介绍，并不是真实的收录量，不过也有一定参考价值。

站长和 SEO 人员评价一个网站质量好坏、权重高低的指标就只有这么几个，其他的指标更加没有参考性，所以不论行业内有多少人在说这些指标不重要，但是交换友情链接的时候都会综合地检查对方网站的这几个指标，期望百度站长平台以后可以推出更多工具，放出更多站长

和 SEO 可以参考的数据。

2．站在网站详细分析的角度

如果是做网站分析，SEO 综合查询结果只是一个概况，发现异常或者分析人员感兴趣的数据，都需要进入专门的工具进行研究分析。SEO 综合查询结果给出了站长和 SEO 最关心的网站数据，相信这也是 ChinaZ 站长工具用户使用量最多的功能。除了友情链接需要关心的数据及前文已经单独详细介绍的工具和数据外，结果中的其他数据也有着各自的意义。

图 7-22 内 H1 中的反链数是 ChinaZ 自己的数据，虽然并不准确，但是也可以作为目标网站外链建设情况的参考。虽然百度推出了外链分析的工具，但是百度官方并没有给出外链的权重高低，并且据观察早期百度外链工具中好像刻意隐藏了"友情链接"的数据。ChinaZ 站长工具不论怎样，至少给出了外链网站 PR、"权重"和反链数的情况，并且用户可以按自己的需求进行排序，还是很值得使用的。另外，使用同一个工具的数据来对比两个网站的外链建设情况，或者研究目标网站外链建设的方向及方法，还是有很大的参考价值的。

图 7-22 内 H1 中的响应时间，是查看目标网站服务器和域名解析情况的重要指标，如果在检查自己网站的时候反应时间过长或者超时，可能自己服务器在带宽或服务器压力等方面存在问题，甚至可能服务器在遭受类似 DDOS 的攻击，需要及时检查服务器运行和带宽使用状况；也有可能域名 DNS 解析出现问题，需要详细检查。即使国内最大的域名注册商，也会经常出现DNS 解析错误，所以响应时间出现问题后需要分析的因素有很多。一旦发现自己网站的响应时间很长或者超时，最好使用站长工具的中"超级 ping"或"DNS 查询"等工具来进行进一步的详细分析。

图 7-22 内 H3 和 H4 的数据对比，可以简单看出目标网站当下被各个搜索引擎收录的情况，以及近几天网站相关数据的变化趋势，如果不需要研究目标网站太早的历史数据，此处的数据对比就能满足用户需求。原来 SEO 综合查询结果页是没有 H4 部分的，现在增加了 H4 部分，就省去了部分站长和 SEO 人员再去"网站历史记录"查询的一步，这部分人员可能只是想看一下目标网站昨天的数据。虽然有可能降低了 PV，但是却在用户体验方面得到了很大的提升，受到了很多同行的欢迎。

图 7-22 内 H5 方便了站长和 SEO 人员查看目标网站的三个标签。当在 QQ 或者论坛发现一个网站时，很多站长和 SEO 人员已经习惯直接使用 ChinaZ 的 SEO 综合查询工具查看目标网站的这三个标签，而不再打开目标网站然后再右击查看源代码了。这大大方便了站长和 SEO 人员的工作，可以轻松查看目标网站的定位和目标关键词。这三个标签是 SEO 人员向来很注重的内容，所以对于分析网站来说，首先需要查看的也应该是目标网站三个标签设置得怎么样。

图 7-22 内 H6 部分给出了目标网址的关键词，在网页中出现的次数、密度、关键词指数，以及百度和 Google 的排名快捷查看。目标网址关键词定位是什么、关键词重复次数、布局密度、所选关键词的搜索量、已经在百度和 Google 上获得的排名情况，这些都是分析目标网站所必须了解的信息。这部分是提取的目标网站 Keywords 标签中的关键词，虽然现在有不少人认为Keywords 标签已经没什么意义，但是大家还会在主要页面都设置好这个标签。比如有的站长和SEO 人员开玩笑说："写上总比不写好，至少用站长工具查看关键词排名时比较方便。"

图 7-22 内 H7 中的内容一般只需简单地扫一眼，看看目标网站有没有开启压缩。有没有开启压缩也快成为判断目标网站 SEO 人员水平的指标了，因为 SEO 人员从一开始接触 SEO 就在接受"网页文件一定要小才能方便用户和 Spider 更快捷访问网站"的理论。这其实没有什么不对，但是往往很多 SEO 人员在给出目标网站的 SEO 方案时都会在比较靠前的位置指出该网站没有开启网页压缩功能，并把该功能在 SEO 中的效果无限扩大化了。

对于一些小型网站来说这只是辅助，并不是主要 SEO 问题，至少一般不会成为影响当下网站排名的问题，除非你的带宽已经不能满足用户和 Spider 了，开启之后对于低带宽的用户来说体验会更好，Spider 爬得也会更快。对于大站来说会减少资源的消耗，但大部分出于用户体验角度也都已经开启；对于小站来说大多数时候并不是必要的行为，只能说开启比不开启要好，但是没必要每个 SEO 文案中都把这一项放到比较靠前的位置来谈。

通过图 7-22 内 H8 的 Alexa 排名趋势图，可以一眼看出目标网站一直以来的表现，并且能够简单了解一下目标网站流量水平或者目标网站发展的趋势和强悍程度，然后再继续进行深入的分析。

SEO 综合查询，给出了站长和 SEO 人员评判一个网站的发展和 SEO 水平如何的大部分简要指标，并在数据上添加了专门工具的链接，当发现某个数据异常或者目标网站表现过于强悍时，都可以方便地进行详细分析。不同人在这个结果页所读出的数据含义是不同的，得到的信息量更是不同的，越懂 SEO 的人所获得的信息应该是越多的。自笔者从事 SEO 工作以来，使用频率最高的就是这个工具，深深地感觉到了 ChinaZ 站长工具部门不断在挖掘站长和 SEO 人员需求和改善产品。有广告但是不影响用户体验，不影响正常查看和分析数据，这应该也是这个工具比同类工具更受欢迎的原因吧。

7.2　爱站网

爱站网（www.aizhan.com）瞄准了 SEO 行业内 PR 值已经失去光彩，其他像搜狗 PR 没有被重视，百度又迟迟不推出自己评判网站权重的数据的契机，设计了一套还算比较务实的算法，为每个网站计算出一个"权重值"，大炒"百度权重"概念而在站长和 SEO 圈中走红，并被大部分站长和 SEO 人员列入日常站长工具使用的范畴。爱站网的一些数据和功能确实做得很不错，有不少都超越了 ChinaZ 等其他的站长工具，还是很值得使用的。

"百度权重"虽不是百度官方的权威数据，但是也为站长和 SEO 人员带来了新的网站评价参考数据，虽然随后广受欢迎的 ChinaZ 站长工具也推出了相应的工具，但是爱站网的"百度权重"已经深入大部分站长和 SEO 人员的心了，交换友情链接也不再执着于 PR，只看爱站的"百度权重"。爱站网无疑成为站长工具类网站中的一匹黑马，依靠一个工具带动了整个网站的发展。由于大部分功能在 ChinaZ 站长工具部分已经详细介绍，这里只和 ChinaZ 站长工具对比介绍一下爱站网的常用工具。

7.2.1　"百度权重"查询工具

据观察，爱站的"百度权重"（baidurank.aizhan.com）规则不像 ChinaZ 那样简单，并不是对目标网站进行百度流量估算然后简单划分等级，并且爱站百度权重有 0~10 总共 11 个等级，ChinaZ 只有 0~9 总共 10 个等级。爱站网的"百度权重"计算公式也在不断调整中，大家利用爱站网的"历史数据"查询一下备案网站 www.miibeian.gov.cn"百度权重"的历史变化，就可以看出爱站网多次调整了计算公式。所以只研究这个"百度权重"一时的计算方法是没有意义的，由于爱站网不可能公布"百度权重"的计算公式，所以对这个数值比较关心的朋友就只能自己动手研究了。下面来讨论一下爱站网"百度权重"可能参考的数据、数值变动特点、参考价值及算法上的不足，有兴趣的朋友也可以自己多多研究一下。

（1）既然号称是"百度权重"，并且是为了给站长和 SEO 人员一个工作上的参考，那么就应该使用 SEO 人员比较注重的、爱站作为第三方能够统计到的目标网站在百度上的表现数据。无外乎有百度 24 小时内、一周内、一个月内的收录量，domain 指令结果数，快照历史更新频率，爱站自己估算的百度流量，爱站词数，各排名的关键词个数、外链数、首页导出链接、域名年龄，甚至 PR、Alexa 排名，以及是不是百度新闻源等数据。不过"百度权重"不一定会完全参照这些因素，但是肯定是由这些因素中的几个按照一定公式计算出来的。

（2）爱站的"爱站词数"和"百度来路"是随着"百度权重"一起推出的，且在同一结果页面展示。另外，按照正常的思路，一个网站在百度搜索中有排名的关键词个数多少和百度为这个网站带去的流量大小都会和这个网站在百度上的权重有关。所以"百度权重"必然参考了"爱站词数"和"百度来路"的数据。

（3）这个"百度权重"肯定也和 PR 一样，越大越难升。8 绝对不是 4 的两倍，有可能会是 8 倍甚至是几十倍以上。有不少网站"百度权重"一开始提升很快，但是后来爱站词数、百度估算流量都有了很大提升，"百度权重"却没有变化。如图 7-24 所示为新浪中医（zhongyi.sina.com）的历史数据，由 2012-09-22 和 2012-09-23 的数据对比可以看出，爱站词数和百度来路相对来说提升并不是很多，但是"百度权重"却从 4 升到了 7；由 2012-10-15 和 2012-10-16 的数据对比可以看出，爱站词数和百度来路已经提升了很多，但是"百度权重"一直是 7，所以爱站"百度权重"应该是越大越难提升。

（4）"爱站词数"和"百度来路"是"百度权重"最重要的参考数据。对图 7-24 和图 7-25 进行数据对比，9 月 22 日到 9 月 23 日，百度收录和百度反链都没有变化，经分析当时新浪中医网站其他数据也没有大的变动，只有"百度来路"产生了一定的变化，就造成了"百度权重"的变化。另外，有兴趣的朋友也可以到爱站网比对一下央视网（cntv.cn）2012-09-06 和 2012-09-07 的"百度权重"由 9 升到 10 的相关数据，也可以很容易地感觉出"爱站词数"和"百度来路"是"百度权重"最为重要的参考。

日期	今日排行	一周平均排名	一月平均排名	三月平均排名	爱站词量	百度来路	百度权重	PR
2012-09-22	2539	2413	2905	2709	431	598 ~ 1195	4	
2012-09-23	2007	2331	2869	2695	892	1170 ~ 2426	7	
2012-10-15	3322	3307	2543	2699	2091	5976 ~ 13448	7	7
2012-10-16	3570	3277	2561	2703	2120	11673 ~ 20328	7	7

图 7-24　新浪中医历史"权重"数据

日期	百度收录	百度反链	搜搜收录	搜搜反链	雅虎收录	雅虎反链	谷歌收录	谷歌反链
2012-09-22	288000	171000	1920000	372000	475138	-	-	-
2012-09-23	288000	171000	1960000	381000	475138	-	-	-

图 7-25　新浪中医历史 "收录反链" 数据

（5）理论上百度收录量也会成为判断 "百度权重" 的标准，但是如图 7-26 所示，酷易搜网站的百度收录量翻了一倍多，其他数据没有大的变化，最终百度权重也没有大的变化。如图 7-27 所示，ledinside.cn 虽然有 55 000 的收录，但是爱站词数和百度来路太少，所以 "百度权重" 只有 1；图 7-28 所示为保定独立团网站数据，虽然百度收录只有 688，但是爱站词数和百度流量还可以，"百度权重" 就为 4。因为如果收录量为 0，是不可能有爱站词和百度来路的，因此推断很可能百度收录量也参与了 "百度权重" 的计算，但是对最终结果的影响很小或者起作用的跨度很大，或者只是作为是否有 "百度权重" 的一个参考，而不决定 "百度权重" 大小。

日期	百度收录	百度反链	搜搜收录	搜搜反链	雅虎收录	雅虎反链	谷歌收录	谷歌反链
2012-10-16	4070000	5560000	6880000	3560000	1015952	-	5370000	-
2012-10-17	8690000	5560000	6140000	2510000			4850000	

日期	今日排行	一周平均排名	一月平均排名	三月平均排名	爱站词量	百度来路	百度权重	PR
2012-10-16	17013	15010	16651	14228	10353	14498 ~ 22128	8	5
2012-10-17	19177	14302	17076	14291	10390	14753 ~ 22677	8	

图 7-26　酷易搜网站历史数据

请输入你要查询的地址：ledinside.cn

百度权重	⭐1	网
百度来路	预计百度来路：10 ~ 10 IP	
爱站词数	2 条记录	
百度快照	2012-10-16	
总收录	55000 篇	一周收录　25900 篇

图 7-27　ledinside.cn "百度权重"

请输入你要查询的地址：dltgo.bdall.com

百度权重	⭐4	网站优
百度来路	预计百度来路：3423 ~ 3809 IP	
爱站词数	181 条记录	
百度快照	2012-10-19	
总收录	688 篇	一周收录　234 篇

图 7-28　独立团 "百度权重"

（6）有时又发现，有些网站的爱站词数不多，百度来路也不多，收录量大一些，也有很高的 "百度权重"。如图 7-29 所示，该网站域名时间不长，PR 不高，爱站词数、百度来路也很少，并且还是二级域名，只是收录多一些，"百度权重" 就有 7 了。再把图 7-29、图 7-24、图 7-25、图 7-28 的数据进行对比，发现爱站词数的提升对 "百度权重" 影响最大。再综合（5）的分析，也可以看出百度收录量对 "百度权重" 有影响，不过这

请输入你要查询的地址：fuwu.huangye88.com

百度权重	⭐7	网站优化首选
百度来路	预计百度来路：1290 ~ 2420 IP	
爱站词数	890 条记录	
百度快照	2012-10-12	
总收录	967000 篇	一周收录　503000 篇　24小

图 7-29　fuwu.huangye88.com "百度权重"

个收录数字起作用的跨度比较大，可能收录量增长几万、几十万或几百万才会在"百度权重"中体现出来。

（7）经过以上这种方式对大量网站的数据进行对比分析后，发现可以提升爱站"百度权重"的因素中，按影响程度排序应该是：爱站词数，百度来路，百度收录。其他的因素也可能影响最终的"百度权重"，但是不是不可控，就是操作难度太大。相对来说百度收录影响"百度权重"所需要的跨度太大，如上所说可能把收录量提升几十万或者几百万才会明显影响"百度权重"，操作难度也很大，并且本身这也是网站运营和 SEO 的一个常规目标。那么可以用"作弊"手法来快速提升"百度权重"的就是爱站词数和百度来路了。

（8）爱站的百度来路计算规则和 ChinaZ 站长工具类似，也是使用的关键词百度指数的近一周平均值。所以就可以把最终提升"百度权重"的有效操作定位到爱站词的数量和指数上了。

（9）这里提一个可以参考的方法。想提升爱站词数很容易，注意到爱站词可以计算到指数只有十几的词，那么就可以有针对性地多优化一些指数很小的词，只要有指数就可以，并且只要优化到百度搜索第三页就可以，如果关键词有指数且已经优化到百度搜索前三页了，爱站还是没有统计到该关键词，那么就手动提交该关键词到爱站（在百度权重查询的列表底部有提交入口），这样就可以比较快地提升爱站词数了。当然也可以挖掘自己网站排名比较靠前的词，哪怕都没有指数，或者自己找一个可以为百度指数添加关键词的账号主动添加关键词到百度指数和爱站网，或者找刷指数的公司或工具自己刷出来就可以了。有了关键词，百度来路的数据就容易解决了，刷指数刷得越高，百度来路就越大，从而"百度权重"就越高。

（10）以上内容仅供研究参考，爱站的算法随时可能变得完全不同，有兴趣的朋友可以即时研究。现在有部分站长盲目地参考这个"百度权重"，部分小站的站长和 SEO 人员就有空子可钻了，毕竟不是百度官方权威的数据，盲目参考并进行使用，可能会在百度搜索表现方面有所损失。虽然爱站的"百度权重"综合了很多因素，但是也是根据网站表现反推"权重"，并不是直接展示"权重"，站长和 SEO 人员暂时直接拿来做交换友情链接或者其他资源交换的唯一参考还是不太靠谱的。利用各种工具"百度权重"来分析目标网站的流量词，以及同行网站之间的百度 SEO 水平对比还是很有意义的，最重要的还是要正规运营网站。

同是"百度权重"，因为以上"权重"计算方法的不同，爱站和 ChinaZ 的数据也就不同。在对目标网站百度搜索流量估算上，两个工具的原理是相同的，但是得出的数据往往相差比较大。这是为什么呢？两个"百度权重"又有什么区别呢？站长到底怎么看待这个非官方"百度权重"呢？

数据相差大的原因应该是：ChinaZ 根据计算给出了一个单独的估算值，而爱站应该是为每个排名位置设立了点击率区间，才会有一个流量区间出来。并且在估算百度流量方面，爱站对加入百度阿拉丁和框计算的网站进行了一定程度的统计，而 ChinaZ 站长工具并没有统计。zhongyao365.com 已经加入了百度阿拉丁平台，通过图 7-30 和图 7-31 的对比可以看出差距。从这方面来看在"百度流量估算"功能中，爱站统计数据要比 ChinaZ 更全一些。所以两个工具对流量估算的整体公式可能相同，在细节处理上爱站比 ChinaZ 更好一些。由于还涉及词库大小等其他计算因素，所以并不能确定对于所有网站来说，爱站的数据一定比 ChinaZ 更接近百度为目标网站导入流量的真实数值。不过爱站网是"百度权重"的开创者，并且也在一直改进算法，所以在这方面做的工作应该会比其他网站的同类工具更优秀一些。

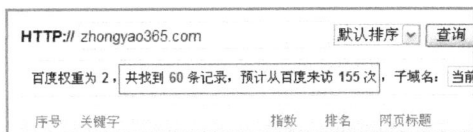

图 7-30　ChinaZ 站长工具数据

图 7-31　爱站网数据

另外，ChinaZ 站长工具没有提供目标网站的"百度估算流量"的历史记录，然而爱站网在"历史数据"中提供了，所以爱站网比 ChinaZ 站长工具更人性化一些。有时间轴上变动的数据才是最有意义的，才可以方便观察目标网站的动态，以进行深入的分析。并且，爱站网的"百度权重"查询工具已经支持按照目录查看有排名的结果和估算流量了（如图 7-32 所示），增加了数据的细分维度，也就是增加了数据的可分析性，所以爱站网的"百度权重"相对于其他网站上的同类工具更具实用性。

大部分情况下爱站网估算的数据趋势是可以参考的。但是只是参考而已，因为影响估算数据的因素太多了。随着爱站词库不断增加完善，以上分析中刷关键词百度指数行为的出现及爱站自身计算方法的调整，都可能影响最终的数据，甚至会经常看到估算的百度流量和"权重"大起大落。当发现爱站网估算的数据突然出现大的浮动时，一定要理性分析，拉长时间维度去看待数据。目标网站的爱站百度搜索流量突然增加或减少，影响的因素可能包括爱站词库的更新、对百度产品的支持、流量估算算法的调整等。刷百度指数也会引起数据的波动，往往刷指数在拉长时间维度以后，就经不起考验，站长可以通过观察轻易识别。

图 7-32　爱站网"百度权重"支持按目录细分数据

图 7-33 和图 7-34 所示分别为爱站网估算搜房网和央视网"爱站词"和"百度来路"的流量数据，差不多都翻了 1~2 倍，并且那几天有不少网站的数据都有比较大的变化。经和几个网站内的朋友交流，得知网站实际百度搜索流量并没有什么波动，也就是说这个估算的波动和实际情况是不符的。"爱站词"和"百度来路"流量数据突增，可能是爱站突然导入了大量有指数的关键词，也有可能爱站支持了更多百度开放平台的数据。

| 2012-09-05 | 352 | 289 | 314 | 299 | 109619 | 678150 ~ 997467 | 9 | 7 |
| 2012-09-06 | 263 | 288 | 317 | 298 | 252013 | 1074853 ~ 1658232 | 9 | 7 |

图 7-33　搜房网相关数据

| 2012-09-06 | 525 | 406 | 311 | 300 | 70975 | 1166062 ~ 1531983 | 9 | 8 |
| 2012-09-07 | 360 | 459 | 324 | 303 | 115744 | 3269694 ~ 4319089 | 10 | - |

图 7-34　央视网相关数据

综上，爱站网开先河地推出"百度权重"，确实帮了站长和 SEO 人员很多，但是站长和 SEO 人员应该理性对待和使用这个"百度权重"，分析工作中可以使用，但是暂时还不可以在资源交换时绝对替代 PR 值作为唯一的参考。在这里可以简单对此工具的数据做个结论："'百度权重'高的网站不一定是好网站，可能是刷出来的；但'百度权重'低甚至为零的网站，一般都是新站或者质量不怎么样甚至被降权的网站"。大家要善于使用数据，而不要被数据牵着鼻子跑。

鉴于以往各个站长工具网站推出的"百度权重"功能都容易被人刷，站长帮手网（www.links.cn）的草上飞和金花关键词工具（www.1n11.com）的肖俊合作推出了"不能被刷"的"百度权重"。在"百度权重"查询中首次引入了"关键词权重"的概念——KR（如图 7-35 所示），KR 一直是金花关键词工具中的数据，由肖俊设计了一系列算法来综合评判一个关键词的权重。如果某个关键词的指数很高，但是权重却很低，那么这个关键词的指数很有可能是通过工具刷出来的。大家可以以"关键词权重"来判断所查询网站有排名的关键词是否存在刷指数、刷"百度权重"的现象。不过草上飞暂时没有直接把"关键词权重"直接应用到"百度权重"的计算中。如果能够直接把数据应用到最终"百度权重"的计算中，或者提醒用户某个关键词可能在刷指数、所查询网站可能存在刷"百度权重"的问题，那就更完美了。此外，草上飞还率先推出了同类的"360 权重"查询工具：http://360.links.cn/。

序号	关键字	排名	指数	收录量	KR	网页标题	添加新词
1	一呼百应	1	1992	30900000	8	做生意就要一呼百应__全球领先专业商贸搜索引擎：中小企业采购... 主页	
2	一呼百应网	1	889	344000	8	做生意就要一呼百应__全球领先专业商贸搜索引擎：中小企业采购... 主页	
3	一呼百应登录	1	502	2020000	7	商铺用户登录:企业商铺注册登录/注册开通企业网店登录 主页	
4	一呼百应企业商铺	1	406	6100000	7	一呼百应企业商铺_B2B贸易网_B2B电子商务平台 b2b.youboy.com 主页	
5	张飞十字绣网	1	184	121000	4	张飞十字绣批发网 商铺 iloveszx962.b2b.youboy.com 主页	
6	一呼百应b2b搜索引擎	1	70	14100000	5	做生意就要一呼百应__全球领先专业商贸搜索引擎：中小企业采购... 主页	
7	杭州纸箱厂	1	70	911000	6	杭州纸箱厂商铺 hzzhixiang.b2b.youboy.com 主页	

图 7-35　站长帮手的"百度权重"查询工具

随着近两年移动搜索流量的大幅度提升，站长帮手和爱站网先后推出了"百度移动权重"查询工具，原理类似，只不过数据都换成了移动端的，这样对纯移动网站也可以进行比较细致的分析了。

7.2.2　相关站点查询工具

相关站点查询工具（www.aizhan.com/tag/）是用来寻找和目标网站行业相同或定位相同网站的。原理就是搜索数据库中所存网站的所有 Keywords 标签中设置的内容。其实是以关键词搜索为中心的，即使输入了目标网站，也是自动提取目标网站的 Keywords 标签中的关键词让你选择（如图 7-36 所示），然后再在其他网站的 Keywords 标签中查找含有该关键词的网站。如果目标网站没有设置关键词，则输入目标网站的域名就是没有意义的（如图 7-37 所示）。此工具也可以直接输入关键词进行查找。

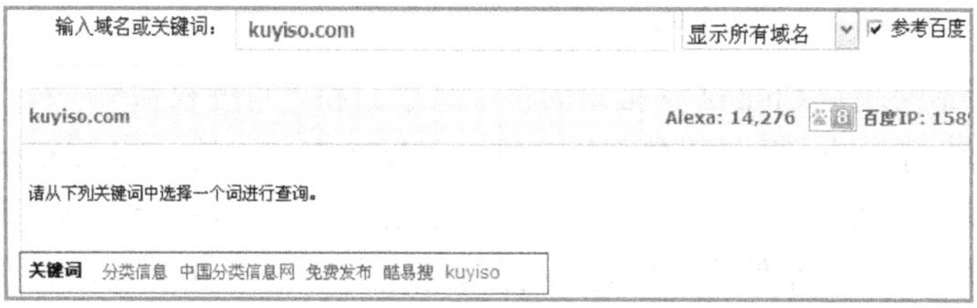

图 7-36　相关站点工具查询 "kuyiso.com"

图 7-37　相关站点工具查询 "zhidao.baidu.com"

另外，此工具对关键词是进行完全匹配的，比如搜索"一呼百"，并不会匹配"一呼百应"。如图 7-38 所示，搜索"一呼百"，搜索结果只有 1 条，且关键词"一呼百应"中的"一呼百"也没有飘红。当搜索"一呼百应"时，会出现比较多的网站。

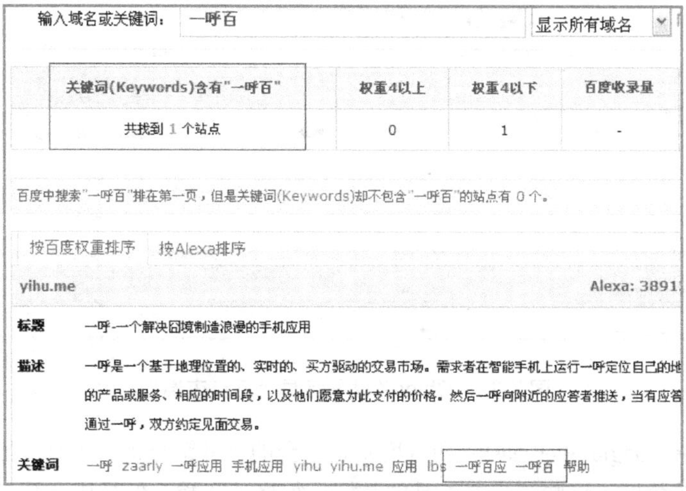

图 7-38　相关站点工具查询 "一呼百"

这个工具可以作为竞争分析的辅助工具。在做关键词竞争分析时，一般会查看这个关键词的百度搜索结果数、前几页网站的个数及前面网站的整体情况等（ChinaZ 有"关键词优化难易分析"工具）。站长把某关键词写入网站 Keywords 标签就表明了该关键词是该网站的核心目标关键词，那么该网站是明确的竞争对手，也很值得研究。虽然现在站长和 SEO 人员普遍接受的信息是"Keywords 标签对 SEO 排名已经没有作用"，但是还是习惯性地把网站核心关键词写入其中。并且暂时应该没有什么指令可以直接查询网站 Keywords 标签中标明含有某关键词的网站有哪些，所以这个工具还是有一定价值的，可以作为关键词竞争研究分析的辅助工具。

7.2.3　反链查询工具

忘记到底是爱站网还是 ChinaZ 先推出的该工具了。和"百度权重"一样，瞄准了雅虎外链工具被取消，迟迟没有外链工具推出的契机而推出了反链查询工具（link.aizhan.com），也受到了不少站长和 SEO 人员的欢迎。由于没有搜索引擎数据的支持，也就没有办法做比较全的链接分析，所以两个工具的数据还是偏少，但是现有的数据已经有一定的参考价值了，也被不少站长和 SEO 人员作为重要的分析工具。

两个工具也都在努力丰富数据，所以站长和 SEO 人员可能会在网站日志中发现不少爬虫，不过相对于搜索引擎 Spider 来说还是太弱，暂时两个工具中所能查到的应该大部分都是高权重网站或者目标网站友情链接网站中的链接。非主流搜索引擎推出的外链查询工具数据都是不全的，因为站长一旦发现这种爬虫，一般都会选择封 IP 以减少资源消耗。

ChinaZ 站长工具的反链查询改版升级后，比爱站网的数据稍微多一些，展现形式也比以前好多了，外链锚文本、外链网址、外链所在页面的网址及标题、外链所在网页的 PR、外链所在域名的"百度权重"、外链所在域名的反链数及外链是否被 nofollow 都有展示，并且支持数据排序（如图 7-39 所示）。两个工具的用户体验都很好，可能 ChinaZ 的数据更全面、更多一些，但爱站网的功能更强大一些，比如爱站网推出了"内页反链查询"的工具。

图 7-39　ChinaZ 站长工具"反链查询"

后续还会介绍 Google Webmaster 和百度站长平台的"外链分析"工具。虽然相对于搜索引擎官方给出的外链数据，这些第三方工具的数据显得格外寒酸，但是毕竟第三方工具给出了外链的评级，而搜索引擎官方都没有给出，并且搜索引擎可能会考虑到个别外链数据对站长产生不良的导向，而对外链数据进行过滤，不完全放出来，所以两种外链数据都是值得参考的，在 SEO 工作中可以综合使用。

7.2.4　同 IP 网站查询工具

同 IP 网站查询工具（dns.aizhan.com）可以查询目标网址所在 IP 上其他网站的情况。如果目标网站的 IP 上存在多个网站，那么很可能造成目标网站的不稳定。并且同 IP 网站过多，其中有一个网站作弊就可能导致整个 IP 下的网站都受到影响。虽然百度官方声明不会如此惩罚网站，但是永远都有一些菜鸟级的站群会使用同一个 IP，如果你的网站不幸和这些站点放到了一起，那么就有可能遭遇不幸了。所以交换友情链接时，站长都比较喜欢和同 IP 下网站个数较少的网站进行交换。

如图 7-40 和图 7-41 所示，ChinaZ 站长工具也有此功能，不过 ChinaZ 只显示同一 IP 下绑定了哪些域名，爱站却会把同一 IP 下绑定域名返回的状态码、网站标题和网站 PR 全部列出。相对来说在交换友情链接或者选择 IP 时，爱站网同 IP 网站查询工具给出的数据具有更好的用户体验，可以一眼看出目标网站同 IP 下所有网站的概况，以决定是否同意交换友链或者是否让空间商另选 IP。

图 7-40　ChinaZ 同 IP 网站查询结果

图 7-41　爱站网同 IP 网站查询结果

通过两图对比也可以看出，ChinaZ 的数据并不全，同一个域名或者 IP 查询，爱站总会比 ChinaZ 多一些，并且没有发现数据错误。所以综合来看，爱站网的同 IP 网站查询工具数据更全面，参考意义更大。

7.3　Google Webmaster

由于对于国内网站来说，Google 基本没有什么流量了，并且近两年百度站长平台的工具完善了很多，大部分 Google Webmaster 中的工具在百度站长平台上都有了，百度站长平台更加贴近中国站长，因此同本书第 1 版比较，笔者仅保留了 Google Webmaster 中功能较强大的"站内链接"工具以及非常实用的"HTML 改进"工具的介绍。这两个工具在自我站点分析中有着很强的不可替代性。

7.3.1 站内链接（流量）

站内链接（流量）工具对于大型网站或者结构复杂的网站来说很有指导作用。在设计站内导航和内链布局时，总会有很多侧重策略，然而链接策略制定并实施后，如果不使用此工具，就只能等着搜索引擎排名的反馈，从而模糊地判定内链策略的正确与否，也并不能百分百地肯定内链策略的实施达到了理想布局状态。

站内链接工具按照获得内部链接的数量，对站内网页进行了排序（如图 7-42 所示），这样就可以轻松地看到获得链接比较多的页面是不是自己想主要推荐的，是否有不想推荐的页面获得了大量内链，是否有自己想推荐的页面没有获得充足的内链等，可以直观地观察自己内链策略的实施情况。如果发现异常，有可能是技术或编辑等人员在策略实施过程中出现了错误，也可能是 SEO 人员在制定策略时有考虑不周的地方。比如有时站长和 SEO 人员希望给同一组锚文本或站内网页导入同等数量的内链，但是往往不能确定技术指定的布局规则到底是否符合自己的要求，此时 Google 的站内链接工具就起到了很重要的参考作用。

内部链接

查找指向反向链接详细信息的内部链接：http://www.uponny.com/   查找

下载此表	显示 25行 ∨ 第 1 到 25 条记录（共 98 条） ‹ ›
目标网页	链接数量
http://www.uponny.com/	47,991
/house.php	27,137
/v.html	27,087
/plugin.php?id=piaobo_qqgroup:main	16,984
/plugin.php?id=dsu_paulsign:sign	16,862
/home.php?mod=magic	16,776
/plugin.php?id=ysysyan_psmeitu:ysysyan_psmeitu	14,648

图 7-42 内部链接

在使用站内链接工具的时候，针对以上提到的异常都需要点开目标网页进行详细分析（如图 7-43 所示）：到底哪些页面为目标网页设计了链接但是 Google Webmaster 没统计到，到底哪些页面没有为目标网页设计链接，却被 Google Webmaster 统计到了有相关链接。再进入具体的网页进行页面分析，分析到底是哪个环节的工作出了问题。

所以，站内链接的数据对于结构简单的小型网站可能没有太大的作用，但是可以指导和监测结构稍微复杂一些的网站的内链设计工作。同时站内链接还提供了手动输入查询功能（如图 7-42 所示查找功能），可以手动输入验证网站的内部页面链接，来查询该页面获得的网站内链情况，大大方便了站长和 SEO 人员的网站内链分析工作。

图 7-43　站内链接详情

7.3.2　HTML 改进（优化）

　　HTML 改进（优化）应该是所有使用 Google Webmaster 的站长和 SEO 人员都必用的工具了。网页标题和元描述在页面排名中会有很大的影响，并且元描述设计得好与坏会直接影响网页在搜索引擎结果中的点击率。所以在开始优化一个网站的时候，所有的 SEO 人员往往都会优先分析目标网站各个页面的 Title、元说明是否定位准确、优化到位，并进行重新设计和调整。

　　人工设计总会有纰漏的地方，比如含有分页的列表或者文章会出现 Title 和元说明的重复，技术实施时可能会造成 description 的重复或者缺失等。有时也会因为程序自动生成的原因，造成 Title 和元描述过短或过长等问题。

　　如果网站存在以上描述的问题，都会在 HTML 改进工具中有详细的提示，HTML 改进工具首页会把网站页面中存在的问题和有问题页面的数量都展示出来（如图 7-44 所示）。进入相应问题页面后，会展示都有哪些页面有问题，对于 Title 或元描述重复的页面还会给出详细的重复页面的 URL（如图 7-45 所示），这样就可以具体分析出现问题的页面、出现该问题的原因并加以改正，以保证站内网页的整体质量，促进站内网页在搜索引擎中的收录率、排名和点击率。虽然百度还没有这方面的工具，不过有 Google Webmaster 就足够了。

图 7-44　HTML 改进概要数据

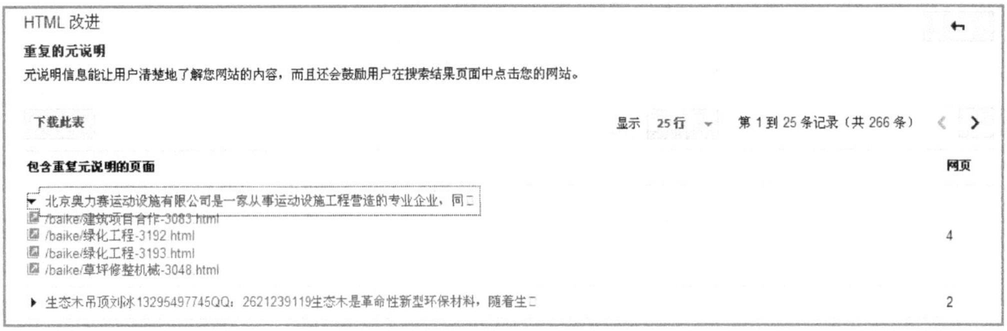

图 7-45　HMTL 改进详细数据

SEO 7.4　百度站长平台

百度站长平台近两年发展很快，已经得到了大部分站长和 SEO 人员的认可，并且被广泛地使用。百度站长平台主要由工具、VIP 俱乐部、站长学院、站长社区、新闻源申请和反馈中心组成。由于站长平台一直在强调优化和变化，所以笔者在此只对站长平台核心部分进行简单介绍及用途说明，引导还未使用过站长平台的同学进行深入研究和使用，其他细节部分请大家阅读站长平台"学院"中的相关文章。

7.4.1　核心工具

站长平台的工具主要由我的网站、移动专区、网页抓取、搜索展现、优化与维护和网站组件组成。这些工具基本都经历了多个版本的改进和优化，具有很强的实用性和指导性，站长们很有必要逐个进行仔细研究。

1．"我的网站"

【站点信息】：展示了当前网站的核心信息，如图 7-46 所示。流量、索引量、抓取、死链、外链等数据如果有明显波动，站长都可以在此工具中直观地观察到，进而进行更为细致的分析。如果网站有什么值得百度重点提醒的信息，站长平台也会在此进行优先醒目提醒，便于站长们第一时间发现和解决问题，避免不必要的损失。

【站点管理】：主要用来增加删除所管理的站点，并且可以批量为已经验证过所有权的主域添加子站点。另外比较实用的功能是用户管理，站点"拥有者"可以为当前站点增加不同权限的管理员，以便于公司内部多人共同使用站长平台，并且通过权限管理可以很好地提升站点的安全性。

【消息提醒】：主要用来给站长们 PUSH 重点消息。例如网站数据发生剧烈波动、站长所反馈的信息得到回复、站长或站点获得了某项权益等。

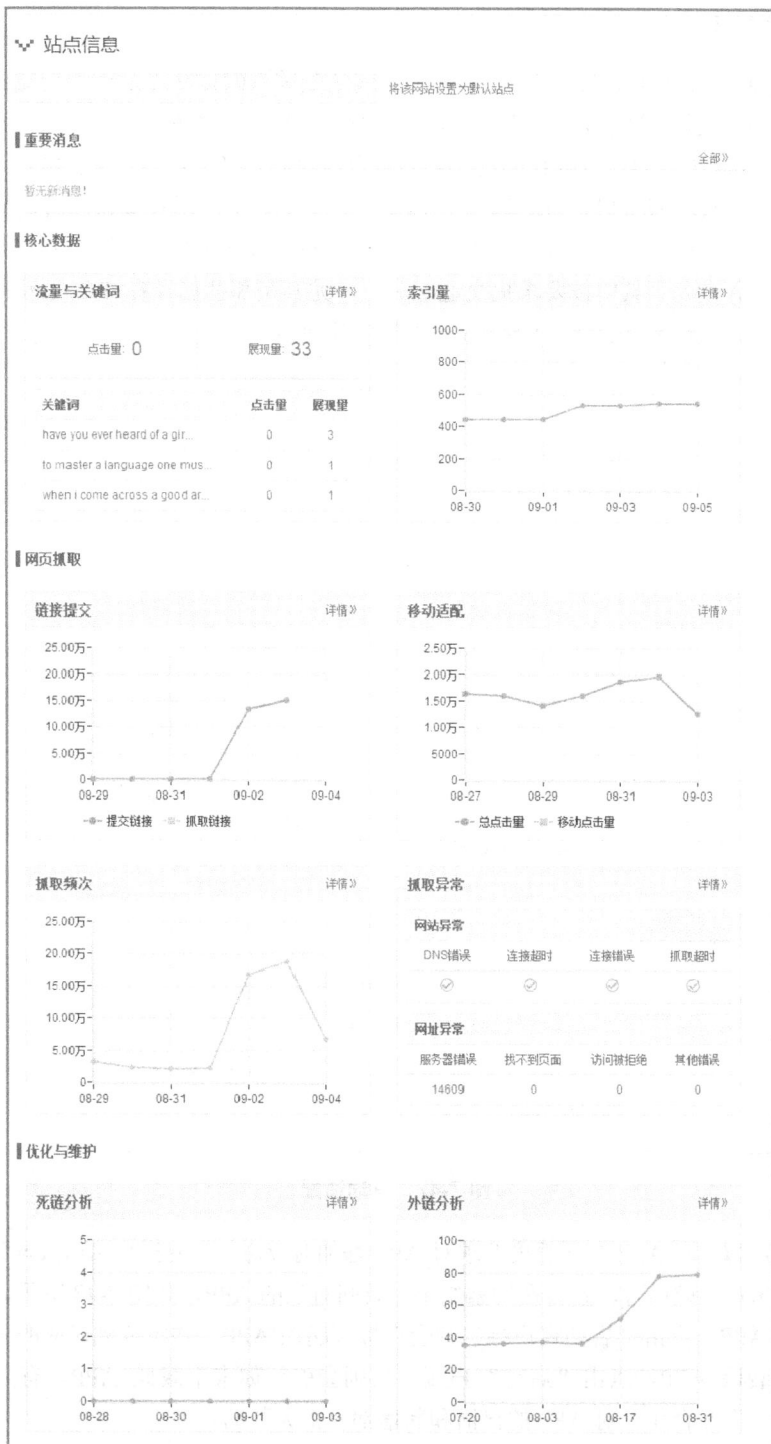

图 7-46　站点信息

2．"移动专区"

【移动适配】：主要用于 PC 站点和移动站点之间适配关系的提交以及适配后流量效果的信息展示，如图 7-47 所示。虽然移动大潮早已兴起，但是还是有很多 PC 网站无移动站点或移动站点只有部分 PC 站点的内容。百度移动的相当一部分排名暂时还是继承于 PC 排名，对于无对应移动网页的排名，百度移动根据情况选择了把流量直接导给 PC 网页或百度转码页面。这两种页面都是百度移动陆续要降低展现的，所以已经拥有 PC 站点的站长应尽快制作并上线对应内容的移动站点，并在此工具中按要求提交适配关系，尤其是那些已经在 PC 上获得较大流量的站点，百度移动每日超 10 亿次的点击分发在等着你来掘取。

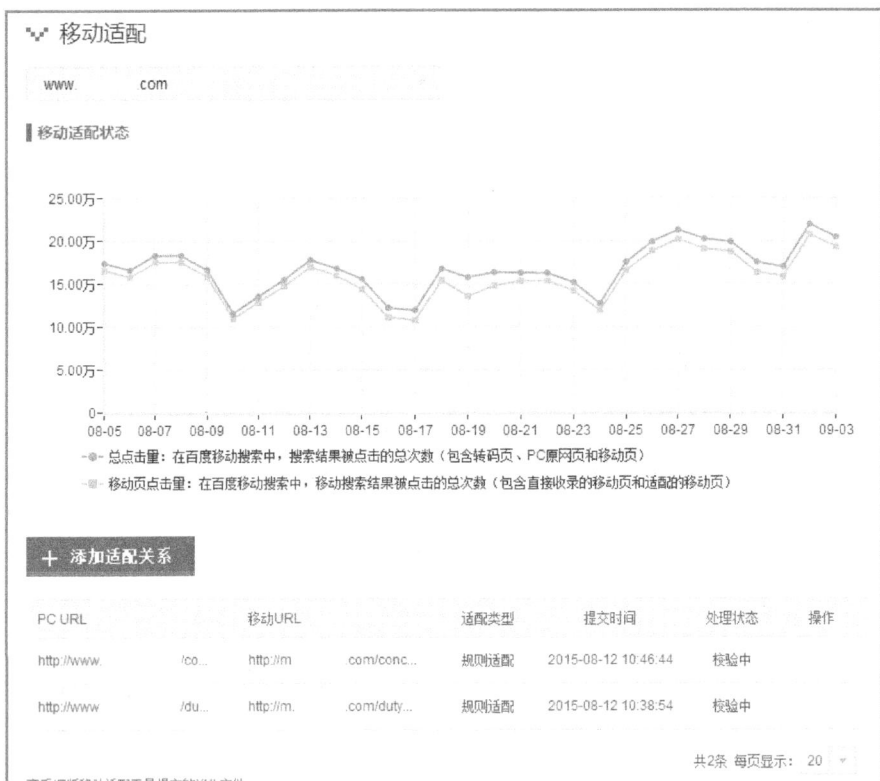

图 7-47　移动适配

【应用内搜索】：即 APP 方按百度要求对 APP 增加对应协议，并提交接口数据到百度，则在百度移动搜索指定关键词时，就会在搜索结果中召回对应的 APP，如图 7-48 所示。如果你的手机已经安装该 APP，点击"启动客户端"则会直接调起该 APP，并定位到对应的页面；如果你的手机没有安装该 APP，点击"启动客户端"后则会引导你来下载此 APP。有一定影响力的 APP 可以申请一下此合作，对 APP 的日活和新增都有很大帮助。

【Site App】：是老牌工具了，如果你已有 PC 站点，暂时无能力或精力开发对应的移动站点，则可以借助百度的 Site App 工具来快速生成一个移动站点，以更方便地获取移动搜索的流量且变现。

图 7-48　百度移动搜索"产品招聘"

3．网页抓取

【链接提交】：站长可以通过此工具主动把网站上新增的 URL 及时推送给百度，并通过 sitemap 把网站中有价值页面的 URL 全量提交给百度，如图 7-49 所示。主动推送和 sitemap 权限需要申请，如果暂时无此权限，对于少量的 URL 也可以通过此工具中的"手动提交"来提交网站中的 URL，以便于百度及时发现网站中的内容并第一时间进行收录。主动推送可以以便于百度及时抓取原创内容，辅助百度判断原创；sitemap 有助于百度高效获取全站有价值页面的 URL，省去了百度 Spider 主动爬取 URL 的步骤，可以更加方便百度对站内内容的全量索引。此工具是大中型内容站点不得不使用的工具之一。

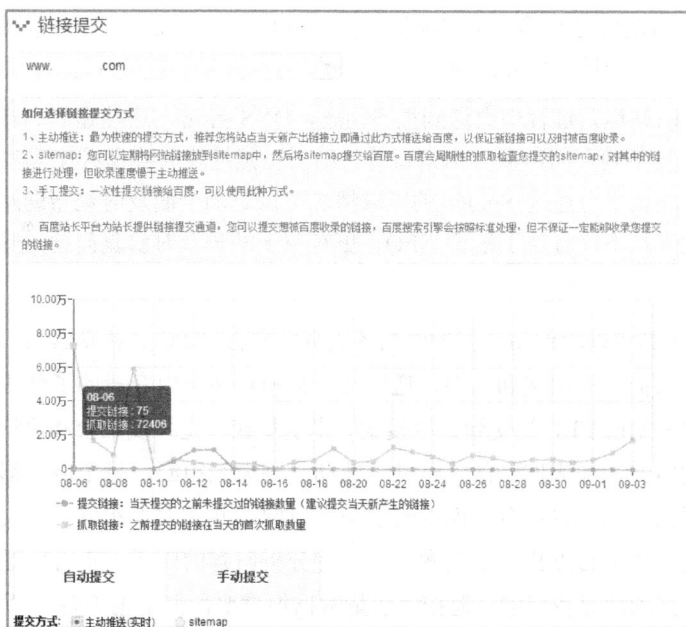

图 7-49　链接提交

【死链提交】：用于提交站内的死链接。随着网站的发展、运营、改版，站内势必会产生大量的死链接，这些页面往往都已被百度收录，百度如果全量 check 死链则会对站点服务器带来不必要的负担，同时百度也会很耗费资源，另外大量死链的索引也会占用百度索引站内其他正常页面的配额，从而影响网站正常内容的索引、排名和流量。所以站长根据规则主动提交死链到百度还是非常有必要的。需要注意的是，此"死链"并不只是被删除的页面，还包含帖子被删除、内容已转移、空间被关闭、信息已过期、交易已关闭之后未删除或删除后未进行 404 跳转的"内容死链"。现在此工具支持文件提交、规则提交以及模板提交三种方式，极大地方便了站长主动提交死链。如果站内已经产生了死链，为了正常内容不受影响，站长们应尽快把死链提交到百度。

【Robots】：现在百度对 Robots 文件的支持已经很规范，百度站长平台的 Robots 工具不仅可以及时通知百度站点 Robots 文件的更新状态，还可以辅助站长校对 Robots 文件规则的正确与否，避免因站长对 Robots 规则的不熟悉而误提规则，造成百度对站内很多有价值内容的不收录。

【抓取频次】：为站长展示了百度每日对站点的抓取频次和每次抓取耗时。站长不再需要自己去分析网站日志就可以得到相关汇总数据，并且站长还可以通过此工具来根据站点内容量、服务器配置来适当地调整抓取量的上限。这里需要注意，抓取频次适量为宜，每日能把最新内容、已更新页面抓取完就好，过少则会更新不及时，过多则会浪费自己的服务器资源。切不可一味地追求"大"。

【抓取诊断】：便于站长了解站点页面在百度抓取时的状态，及时发现百度抓取时所存在的问题。例如页面被黑，被添加了只有 Spider 可见的黑链、隐藏文本；百度是否可以正常地抓取网站；网页上是否有大量有价值内容存在于 JS 或 Ajax 中从而造成百度不可见；Robots 文件是否错误屏蔽了不该屏蔽的页面；服务器是否有连接问题；页面是否存在多层跳转；网站切换 IP 后，百度的 DNS 是否及时更新等。这些都是站长做 SEO 过程中需要非常注意的地方，通过抓取诊断工具则可以非常方便地发现和解决相应的问题。

【抓取异常】：网站运营过程中会遇到很多问题，DNS 异常、连接超时、抓取超时、连接错误、访问被拒绝、找不到页面、服务器错误等。站长虽然通过各类监控工具也可以及时发现这些问题，但是百度站长平台通过 Spider 的抓取情况可以更加全面及时地帮助站长发现问题，并及时通知站长。此工具不仅有益于站长 SEO，更有益于站长及时修复问题，降低对用户体验的损伤。

【索引量】：此工具可以辅助站长监控网站各类页面被百度 PC 和移动索引的情况。站长如果仅仅需要了解各类页面的索引量和比例，通过此工具和对站内内容量的了解即可随时掌握，不必再耗费精力批量把站内 URL 提交到百度搜索。索引量在一定程度上会和流量成正比，但是当发现索引量暴跌的时候，如果网站的流量并无波动，则无须担心，每个网站都会存在大量的获取不到流量和展现的页面，这部分页面的索引与否对网站并无太大影响。如果索引量和流量都有较大波动，则是站点或百度出现了问题，在自行分析问题的同时，也可以通过反馈渠道反馈给百度官方，让官方辅助寻找问题。监控索引量数据很重要，但是也需要冷静观察。

4．搜索展现

【站点属性】：在此工具中提交站点属性信息便于百度更好地判断和展现你的站点信息。其实此工具中所要提交的信息，百度根据数据分析基本都能得到，但是这个分析过程需要很大资源，并且精确度也并不是 100%，此工具让站长自己来提交相应信息，站长平台会进行人工审核，这样既节省了百度的资源，同时也提高了数据的准确性，在用户搜索某些关键词时，也可以更加准确地进行展现。站长可以最为直观地感受到此工具的作用应该是"站点 LOGO"，此数据审核通过后，在搜索结果召回站点首页时可以展现 121*75 的 LOGO，在搜索结果右侧的相关数据中召回站点的品牌词时可以展现此工具提交的 75*75 的 LOGO。

【站点子链】：也就是弱化的品牌专区，如图 7-50 所示。站长先申请使用权限，拥有使用权限后即可提交站内最受用户欢迎的页面链接，所提交链接必须为双数，并且最多 6 条。百度会自行判断进行展示。此工具暂时还是试用版，只有较少站点可以获得使用权限，大家可以持续关注，后续应该会逐渐放开。现在当用户在百度搜索站点品牌词时，针对部分站点，百度也会根据自己的分析展现一定的子链，不过目前的数据并不理想。

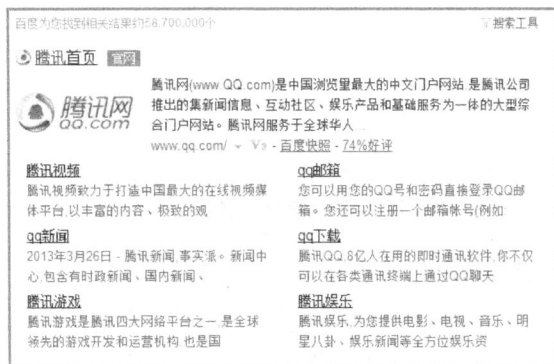

图 7-50　站点子链

【结构化数据】：数据标注、结构化数据和结构化数据插件这三个工具的功能类似，都是通过站长辅助，在搜索结果页个性化地展示站点相应的页面，以提升搜索结果的点击率，同时站点也会获得更多的流量。有可以结构化数据内容的站点，可以关注并积极申请这三个工具的使用权限。如果站点使用的是 WordPress 或 Discuz! 程序，则无须申请，直接使用站长平台工具的插件即可使用此工具。

5．优化与维护

【流量与关键词】：此工具直观地展示了网站在百度 PC 和移动上获取流量的趋势，如图 7-51 所示，并包含了有搜索展现的搜索词、展现量、点击量、点击率及对应点击的页面举例等。尤其在百度对 Refer 中的关键词数据加密之后，此工具更是站长获取站点关键词数据的重要渠道。虽然此工具可以很直观地展示站点在百度搜索中获取流量的状态和趋势，但遗憾的是此工具的数据有大约 4 天左右的延迟，并不是实时的。也就是说站长并不能根据此工具及时地发现网站的流量异常，并根据关键词的数据来定位问题。此工具有用，但还有较大优化空间。此处需要注意的是百度移动分发到站点的流量有三种：移动网页、PC 网页、百度转码网页。站长应该力求所有流量都分发给移动网页，才可以获得比较全的搜索流量，并且不会损伤用户体验。

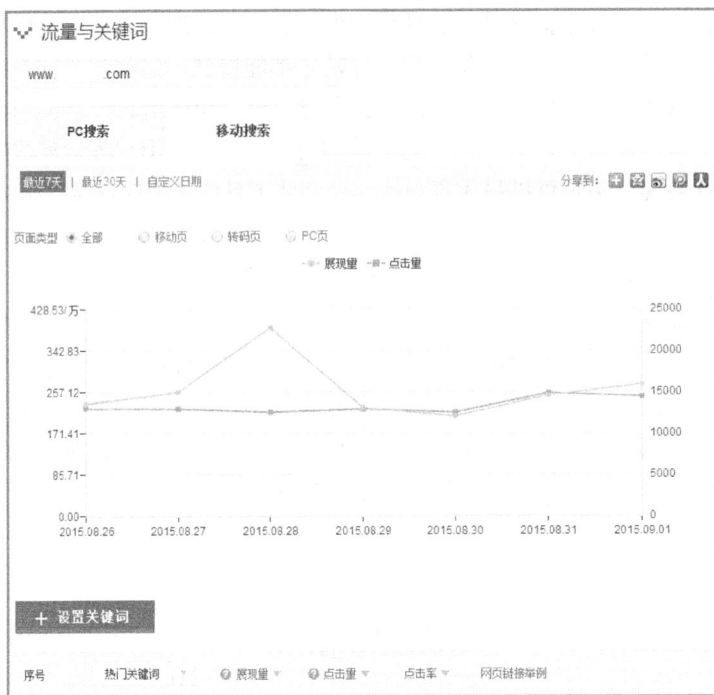

图 7-51　流量与关键词

【**链接分析**】：包含死链分析和外链分析，如图 7-52 所示。

死链分析可以辅助站长及时清理站内的死链接，站长平台把此工具的数据分成了三类：内链死链（站内页面中链接了站内死页面）、链出死链（站内页面中链接了站外的死页面）、链入死链（站外页面链接了站内的死页面）。站长可以根据数据中的"死链前链"很方便地定位存有已死页面链接的页面，从而进一步分析和解决问题，优化站点。同时此工具也给出了按时间轴发现的死链的数据，以发现的数量来警示站长问题的重要程度。

外链分析经过改版后，对结果进行了优化，不仅展示了站点外链的变化趋势图，还对外链按域名进行了合并展示，并按外链的数量对外链域名进行降序排列。这更加方便站长分析网站外链数据。但是改版后的工具取消了对非自己站点外链的分析功能，不得不说是一个遗憾。但也有可能是外链分析工具的需求确实没有想象中那么大，并且近两年明显可以感觉到外链对排名和流量作用的弱化。

【**网站改版**】：此工具适用于换域名、换目录等对现有内容换 URL 的情形。曾经只要有 URL 的切换，势必会造成流量的波动，尤其在换域名和换目录时，往往都有 20%以上的流量损失。此工具可以很方便地辅助站长来对站点内容 URL 进行切换。站长有这方面需要时，一定要仔细阅读工具使用说明，减少损失。不过能不切换 URL 最好不要切换，只要切换 URL，涉及的页面量越大，站点的损失也会越大。因为暂时还不能实现"无缝切换"。

【**闭站保护**】：站长平台良心出品。比如站长碰到备案取消或受到地方政策影响，而不得不暂停访问时，此工具可以最大化地减少站点因临时关闭而造成的损失。此工具使用几率较小，但是站长理应熟知此工具，以备不时之需，降低损失。

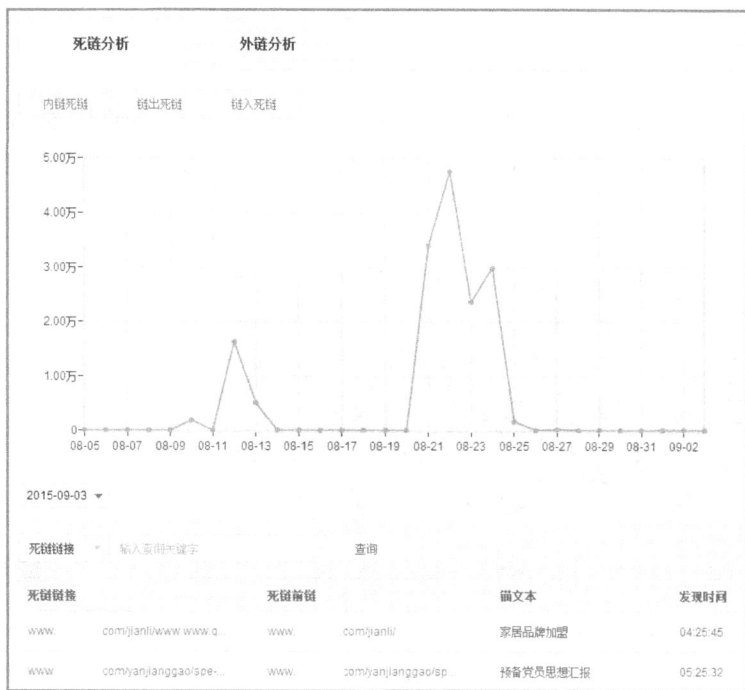

死链分析　　　　　外链分析

内链死链　　　链出死链　　　链入死链

图 7-52　链接分析

6．网站组件

【站内搜索】：这是站长平台主推的工具之一。大部分缺少专门做搜索的人才的网站，站内搜索结果都不尽人意。站内搜索工具则可以通过简单配置就给网站增加一套优秀的站内搜索系统。不过较为遗憾的是，现在并不是所有站点的站内搜索都可以使用自己的域名。但是站内搜索工具绝对有很高的使用价值。如果站长对搜索结果的个性化要求并不是特别高，笔者建议使用百度站内搜索工具，既可以提升站内搜索结果质量，提升用户体验，又可以减少资源消耗。

站长平台的其他工具基本是辅助工具，使用频率不是很高，并且也并不是最专业的工具，在此就不多做介绍了。站长们如果想在百度搜索中获取更多的流量，建议把百度站长平台的所有工具都仔细研究一下，熟读所有工具文档。

7.4.2　VIP 俱乐部

VIP 俱乐部是百度站长平台运营部门推出的服务于优质站点和优质站长的俱乐部。优质站点和优质站长如果有一个验证站点经过了 VIP 认证，则可以享受多项百度站长平台的特权。主要有工具特权、资源特权、沟通特权、服务特权、活动特权、特权设置等。其实也就是可以优先享受站长平台推出的各种工具和资源合作，更加畅通地和百度官方进行沟通，以及更加方便地参与站长平台组织的各种活动等。做网站和百度官方靠近还是很有必要的，有条件的站长最好都申请一下，最为明显的就是可以和官方直接沟通（有专门的 QQ 群），报名参加站长学院的培训，培训后可以加入站长学院微信群，直接和站长官方人员进行沟通和学习。

7.4.3　站长学院

站长学院是百度站长平台推出的对站长们普及搜索知识的平台，如图 7-53 所示。现任院长已有超 10 年的搜索经验，为人亲和，对于参加过站长学院培训的同学提出的合理问题，基本上

图 7-53　站长学院

有问必答。站长学院会不定期在全国站长较为集中的城市针对 VIP 站点的相关人员进行线下培训，并且有当地的站长学院微信群，以供大家和百度官方直接沟通，并深入了解百度搜索的各项策略，如对百度其他产品线有疑问也可以通过院长进行了解。同时，在线下培训时，院长还会邀请和培训主题有关的产品线的百度人员出席，现场回答学员的问题，每次线下的培训都是

难得的站长和百度面对面沟通的机会。感兴趣的站长首先需要申请 VIP 认证，然后关注站长学院的最新线下培训活动即可。

另外，站长学院中也汇总了官方指导文档以及诸多得到官方认可的文章，官方会不定期邀请一些业内比较有经验的站长或 SEO 人员进行分享，所分享的内容中会经常包含官方想向外界传达的信息。站长学院中的文章是站长和 SEO 人员了解百度搜索第一手信息的重要渠道，对于大部分人来说可能也是唯一渠道，所以只要是需要百度搜索流量的站长和 SEO 人员，都应该时刻关注百度站长学院中新增的任何文章。

7.4.4　站长社区

对于大部分站长和 SEO 人员来说，百度站长社区是和官方进行沟通的唯一渠道。经过近一年多站长平台运营人员的不懈努力，现在站长社区已经做得风生水起，非官方的版主也有了很多。现在站长社区分为有发言权限的板块和无发言权限的板块，普通无发言权限的账户只要在相应板块的历史发帖、回帖记录表现良好，且发布过适当的高质量的帖子，也可以申请发言权限。也就是说无论有没有发言权，都可以通过站长社区和百度官方以及业内比较有经验的人士进行较为畅通的交流。

官方也经常在站长社区发起各种征稿、沙龙聚会、SEO 诊断等活动，加强官方和站长们的互动，和站长们保持良性互动。百度越来越开放，站长获取官方动态、获得官方回应的渠道越来越畅通，百度站长社区起到了重要作用。靠百度生存的站长和 SEO 人员都应积极申请百度站长社区的发言权。

7.4.5　新闻源申请和反馈

引用站长平台对新闻源的介绍：

新闻源是指符合搜索引擎种子新闻站的标准，站内信息第一时间被搜索引擎优先收录，且被网络媒体转载成为网络海量新闻的源头媒体。新闻源在网络领域内地位举足轻重，具有公信力与权威性，也是辐射传播至国内媒体网络的源点。加入百度新闻源站点，站内信息将在百度新闻搜索下得到内容展示。

新闻源申请和反馈是百度站长平台的一大亮点渠道，新闻源的申请渠道几经变化，在站长平台把此通道拿过来之后，进行了较为规范的管理，剔除了不少新闻源中的垃圾站点，并明确了新闻源收录的条件及惩罚规则。从另一角度看，想申请新闻源越来越难了，但也加强了新闻源站点的权威性。

新闻源收录范围包含传统媒体、综合门户、政府机构、垂直行业、地方门户和地方媒体，内容质量要佳，每日具有一定的更新量，有一定的受众和权威性。另外新闻源收录粒度为频道或目录，所以切不要把想申请新闻源的文章都放到根目录下，一定要在 URL 中有明确的频道或目录归属；基于新闻的时效性，文章的发布时间也至少需要精确到分钟；当然最重要的还是文章的新闻属性，如果所申请的频道不具备新闻属性，则不要浪费自己和百度审核人员的时间了，是不可能成为新闻源的。

7.4.6 反馈中心

过去当网站出现搜索问题，站长又不能自行分析出核心原因时，只能在各种站长论坛发贴抱怨，但是并不能解决任何实际问题。站长平台反馈中心的推出，搭建了一座站长和百度搜索工程师之间就网站问题进行精准沟通的桥梁。

现在的"反馈中心"包含 PC 搜索、移动搜索、站长工具、新闻源四块问题的沟通分类，并且每一分类下又有诸多小分类，基本涵盖了站长日常需要和百度沟通的所有问题，如图 7-54 所示。站长平台在收到站长的反馈信息后，会有专人进行审核，审核通过的反馈信息会被分配到指定产品线上的产品经理或工程师进行跟进和处理，并且在"反馈中心"中会及时把当前该问题的状态反馈给站长，受到了广大站长和 SEO 人员的欢迎。

站长平台每日都会收到大量的反馈信息，这些反馈信息本身的质量参差不齐，甚至有的反馈连问题主体都没有说明，直接只是"我的网站排名没了，怎么回事？"，这种问题没有指明主体，也就没有办法予以指导和解决。站长在反馈问题时，理应说明问题的主体，最好首先精确到问题主体的最小粒度，例如某个目录或某类页面的问题等。并且在精确描述且不废话的前提下，最好能提供相应的数据截图以方便官方快速定位问题。

另外由于每日反馈较多，官方处理起来也需要一定时间，还需要大家耐心等待，切不可反复多次提交同一个问题的反馈，这样不仅会浪费官方人员的大量时间和精力，很可能也会引起官方的反感，对于该站长所提问题一律不处理、不回应。

反馈中心是站长们唯一的和官方正式沟通具体问题的权威渠道，切不可肆意透支自己网站或账户在百度官方那里的信用，每一次反馈都要争取是有价值的反馈，杜绝无意义的谩骂、指责、描述不清等。

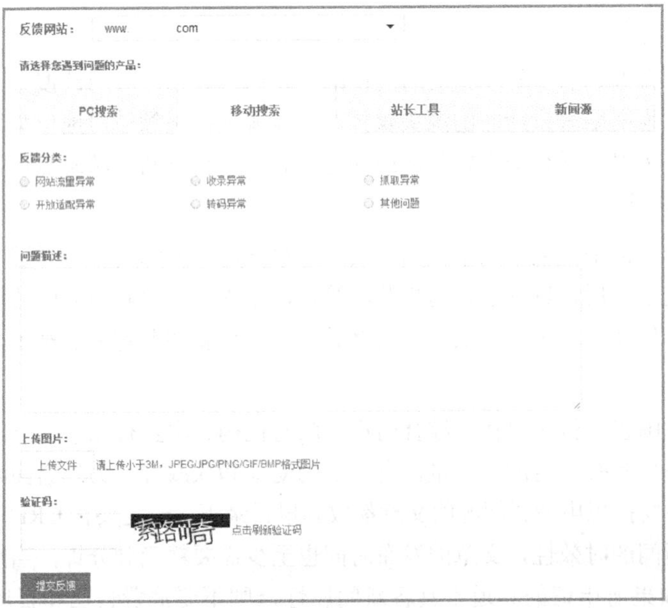

图 7-54 反馈中心

SEO 7.5　其他常用站长工具

除了前面介绍的主流的站长工具，还有很多方便实用的小工具也在辅助着站长和 SEO 人员的日常工作。做 SEO 就需要和数据打交道，处理大量的甚至比较复杂的数据，然而不是每个公司、每个人都有开发这些小工具的能力和时间，所以很多热心的朋友或有市场洞察力的公司开发出了很多实用的小工具，下面依次来简单介绍一下。

7.5.1　大批量获取百度竞价关键词工具数据

在第 4 章关键词研究一章中已经介绍了常见的两款关键词挖掘工具：飞达鲁长尾词查询工具（以下简称飞达鲁）和追词助手，相信这两款工具已经能够满足大部分朋友的需求。这里为有更高需求的朋友再介绍一款专门获取百度竞价关键词工具数据的小软件，这款软件是美团网的小五自己开发维护的，一直只是在小圈子内使用，对于有大量关键词挖掘需求的网站还是很有帮助的。

如图 7-55 所示为该工具的使用界面，该软件的数据直接来于百度竞价的关键词工具，所以对数据的质量就不用多做评价了，这里主要介绍一下该工具的具体用途和用法。

在使用此软件查询关键词之前，要先配置账号（如图 7-56 所示），此软件同时支持普通账号和有 API 的账号。在获取数据方面两种账号是没有区别的，普通账号是通过进入竞价后台获取数据，而 API 账号是直接通过百度竞价的 API 接口获得数据，可能在查询频率限制上和查询速度上，API 账号要比普通账号好一些。不过申请百度竞价的 API 是需要一定条件的（如图 7-57 所示），相信有不少朋友没有这个申请能力，所以只使用普通账号就好，对于此工具来说两种账号的差距并不是特别大。

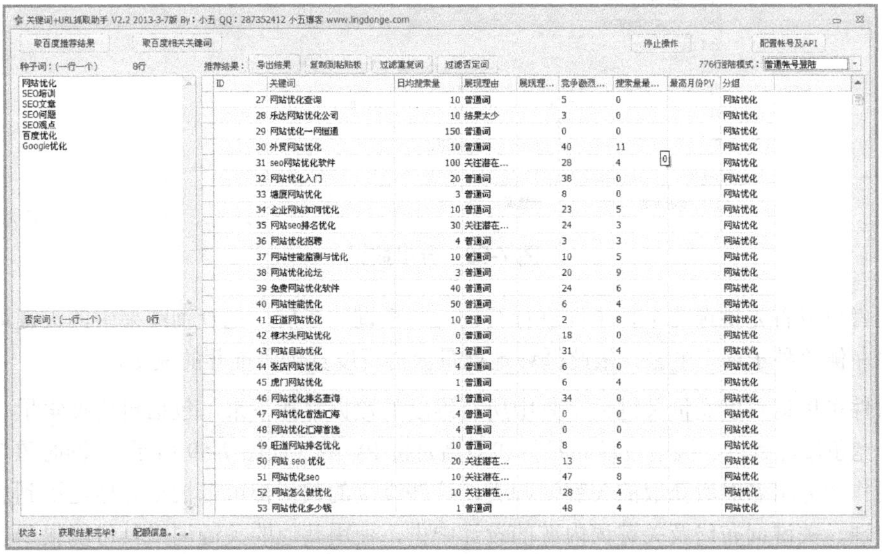

图 7-55　小五工具界面

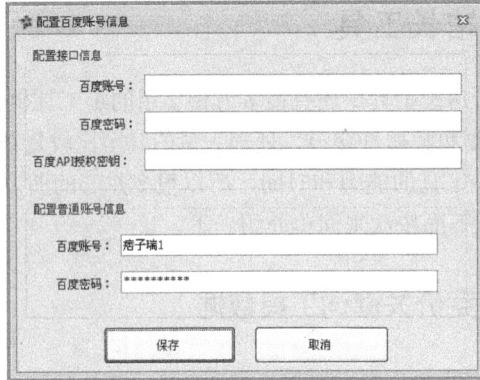

图 7-56　配置账号

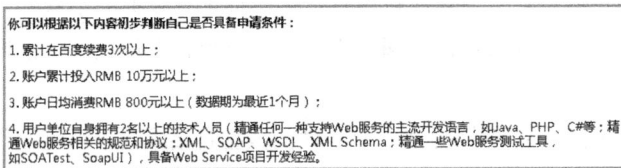

图 7-57　百度竞价 API 申请条件

此软件最大的功能就是可以把查询批量化，百度竞价关键词工具一次只可以查询一个关键词或一条 URL，使用此软件，直接把要查询的关键词和 URL 按照一行一个的格式贴到软件左侧"种子词"中，然后单击"取百度推荐结果"按钮就可以进行批量查询了。此软件还可以针对获取的结果进行简单的整理和操作：过滤重复词，过滤否定词（右下填写否定词），把获取结果复制到系统粘贴板并以多种格式导出数据（如图 7-58 所示）等。

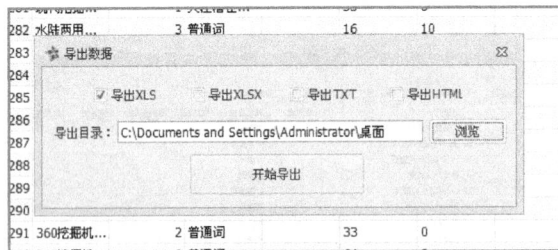

图 7-58　导出数据

使用者可以首先挑选几个种子词进行查询，待查询完毕后，把查询结果中的关键词批量复制到软件左侧"种子词"中去，依此循环地批量获得百度竞价所推荐的关键词。

此软件可以把百度竞价关键词工具中所有维度的数据都抓下来，包括日均搜索量、两个展现理由、竞争激烈程度、搜索量最高月份和最高月份 PV 等（如图 7-59 所示），同时该软件还会把查询词作为分组名对所获取的关键词归类，这些维度的数据都可以被很好地运用到后续对关键词的整理、关键词布局及关键词内链的设计中去，使用其他的关键词工具可能很少能够获得关键词之外这么多维度的数据。

	推荐结果:	导出结果	复制到粘贴板	过滤重复词	过滤否定词			
ID	关键词	日均搜索量	展现理由	展现理由2	竞争激烈程度	搜索量最高月份	最高月份PV	分组
297	新手seo	1	普通词	黑马词	1	6		SEO服务
298	seo服务...	0	普通词	黑马词	0	0		SEO服务
299	seo就业	0	普通词	黑马词	11	8		SEO服务
300	seo服务...	0	普通词	黑马词	56	0		SEO服务
301	seo培训	1600	普通词	百度相关搜索	28	6		SEO顾问
302	seo优化	1900	普通词	百度相关搜索	43	9		SEO顾问
303	淘宝seo	330	普通词	百度相关搜索	30	1		SEO顾问
304	seo顾问	30	普通词	百度相关搜索	3	9		SEO顾问
305	seo技术	370	普通词	百度相关搜索	22			SEO顾问

图 7-59 软件所获得的数据

和飞达鲁对比一下，使用飞达鲁只能获得大量的关键词，但是这些关键词并没有其他维度的数据，在后续还要进行关键词指数和搜索量批量查询、关键词竞争程度评估、关键词分类等工作，尤其在面对海量没有分类的关键词时，如何对关键词进行聚类建立关键词之间的关系将是比较困难的工作，然而使用百度竞价关键词工具所给出的数据后可以省去后续的很多工作。这也是笔者大力推荐此工具的真正原因之一。

此软件对笔者来说还有一个很有意义的功能，就是支持根据网页批量推荐关键词（如图 7-60所示），因为此软件直接使用百度竞价关键词工具的数据，所以根据网页 URL 所推荐的关键词质量还是很高的。由于百度竞价关键词工具在根据网页推荐关键词时，会把和网页最相关且值得站长推广的关键词进行优先推荐，所以根据网页所推荐关键词列表中的前几个基本上就可以认为是百度判定该网页的核心关键词。因此笔者会使用此软件来批量获取百度眼中网页的核心关键词。因为自己对站内内容进行分词和主题词提取是一项技术难度很大的工作，所以相信该软件这一用途对大多数 SEO 人员来说都是很有意义的。获取每个网页的核心关键词之后，就可以做很多工作了，比如基本上可以做部分网站人工为文章"打标签"的工作，相信中小网站不论采用人工还是技术自动为文章打标签方式，都不如使用百度所推荐的关键词精准；可以为内容页导入除以标题为锚文本之外更精准的锚文本链接；可以制作相关性更好、质量更高的专题或聚合页；也可以优化站内的相关推荐，等等。总之，这一数据还是具有很大价值的，就看 SEO人员怎么使用了。

ID	关键词	日均...	展现理由	展	竞...	搜...	最	分组
440	ibm服务器 硬盘	0	关注最新...		48	0		http://beijing.kuyiso.com/diannao/19724286x...
441	macbook 台式机	0	结果太少		0	0		http://beijing.kuyiso.com/diannao/19724286x...
442	服装饰品	20	普通词		41	6		http://beijing.kuyiso.com/fushi/19732298x.htm
443	爱马仕服装	10	关注潜在...		31	6		http://beijing.kuyiso.com/fushi/19732298x.htm
444	服装奢侈品	10	关注潜在...		27	5		http://beijing.kuyiso.com/fushi/19732298x.htm
445	奢侈品服装	20	关注潜在...		39	3		http://beijing.kuyiso.com/fushi/19732298x.htm
446	二手名表	130	结果太少		41	5		http://beijing.kuyiso.com/fushi/19732298x.htm
447	服装回收	30	关注最新...		32	3		http://beijing.kuyiso.com/fushi/19732298x.htm
448	回收服装	60	关注最新...		27	9		http://beijing.kuyiso.com/fushi/19732298x.htm
449	回收名表	40	关注最新...		33	7		http://beijing.kuyiso.com/fushi/19732298x.htm
450	名表回收	110	关注最新...		32	5		http://beijing.kuyiso.com/fushi/19732298x.htm

图 7-60 根据 URL 获取关键词

该软件暂时没有免费版，大家完全可以把此软件当作是飞达鲁的升级版。如果没有这么多需求，那么只使用飞达鲁等免费软件就可以了，如果感觉对百度竞价关键词工具的数据有比较大的需求，就可以花钱购买软件。当然有技术能力的朋友或公司完全可以自行开发一个类似的工具，技术实现上也不会太困难，不过对比一下开发和后续维护成本，其实使用靠谱人员开发的工具更合算一些。软件介绍地址：http://www.lingdonge.com/keyword-tool。

7.5.2　批量查询百度指数和搜索量

百度指数的查询结果是加密在 Flash 中的，现在能够批量查询百度指数的工具大部分都是破解了该密码。百度指数官方也多次加密，但是有加密就有解密，还是有一些工具和方法可以辅助站长和 SEO 人员对关键词指数进行批量查询的。在关键词分析章节中也介绍过批量查询关键词真实搜索量的方法，但是并不是每一个站长和 SEO 人员都有相应的资源和开发能力。同样，现在也已经有第三方开发出批量查询关键词百度搜索量的工具了。这里简单介绍一下老牌工具追词助手中的相应功能。

免费版的追词助手一次可以查询 100 个关键词。把需要批量查询的关键词复制进去，然后一键查询就可以得到图 7-61 所示的结果，不仅有关键词的搜索量，还有关键词的百度收录、百度推广、Google 收录、竞争程度评价以及细分指数情况。

根据追词助手提示，工具中的搜索量是百度在精确匹配模式下，最近一周内网民的平均搜索次数，即直接使用百度竞价关键词工具中的数据。追词助手很有可能使用了百度竞价的 API，相对于普通站长工具使用百度指数数据来说，百度竞价关键词工具中的数据更加接近真实数据，更具有 SEO 参考价值。

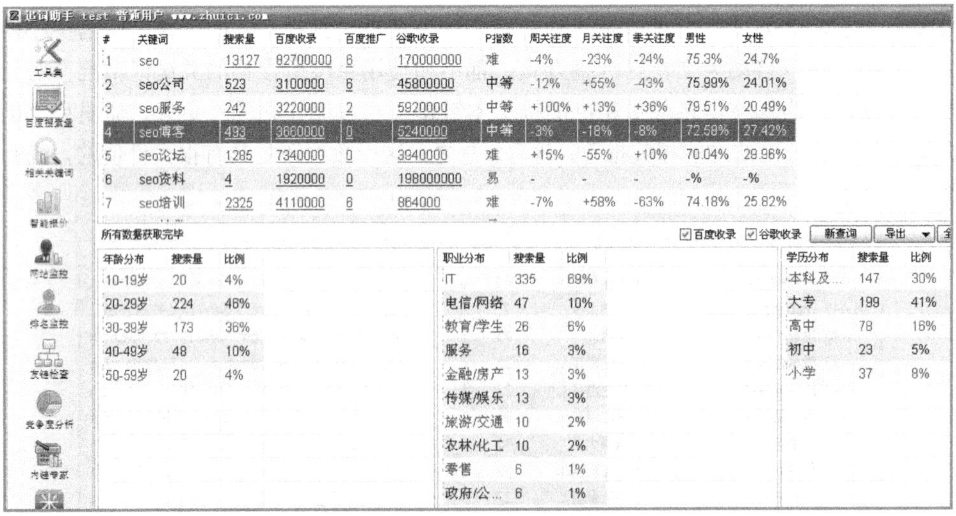

图 7-61　追词"百度搜索量"

除了自己复制关键词到追词助手查询外，追词助手还提供了"相关关键词"查询，免费版可以查询 200 个相关关键词。并且可以自定义要查的相关词数量、相关关键词的其他数据、过滤设置、数据来源等（如图 7-62 所示），也是相当给力的。如果有需要可以购买该软件付费功能，会获得更大的查询上限，对于 SEO 人员来说，这点费用应该不是问题，关键是确实可以在一定程度上帮助解决关键词的分析定位和挖掘问题。如果想查询的词量比较大，又不想付费，也可以麻烦一些，进行多次查询。

图 7-62　追词"相关关键词"

除此之外，追词助手还有友情链接检查、云长尾关键词查询、百度排名监控等不错的功能。追词助手是一款非常不错的站长辅助工具，拥有不少站长和 SEO 人员粉丝。站长和 SEO 人员虽然普遍不是很缺钱，但大家还是热衷于使用免费的工具，追词助手免费试用可以放出这么多数据，其实已经足够大部分人员使用了。

拥有同类功能的工具还有金花站长工具、爱站 SEO 工具包等。

7.5.3　批量查询关键词排名

前面介绍的追词站长工具就有批量查询关键词排名的功能，这里再介绍一款站长和 SEO 人员常用的工具观其关键字排名查询工具（以下简称观其）。这款工具是使用 Flash 制作的，不需要安装，下载后导入查询关键词也不会生成其他文件，很方便干净。下载地址为：http://www.flashplayer.cn/Webmaster-toolbox/。

如图 7-63 所示，观其支持所有主流搜索引擎的关键词排名查询，支持一个网址对应多个关键词、一个关键词对应多个网址的批量查询。并且会自动显示每个关键词在百度搜索结果中，左侧和右侧推广广告的个数。查询完关键词后，点击导出查询结果，浏览器会自动打开一个查询结果页面（如图 7-64 所示），这些结果可以直接生成 Excel 表格保存到本地，也可以复制该页面的 URL 给自己的同事或朋友，这些数据利用了 FlashPlayer 网站中转，只要保留 URL 就可以访问，比较方便，这也是笔者比较喜欢使用此工具批量查询关键词排名的主要原因。

图 7-63　观其关键词排名查询工具

　　虽然这个工具会自动保留查询设置，但是并不会保留查询的历史结果，所以需要工作人员把每次的查询结果进行处理，然后对多次查询结果进行对比，再做出每个关键词的排名趋势。此工具也有"相关关键字"查询功能，不过相比之下追词站长工具的相关关键词挖掘功能数据更加全面一些，主要是"百度搜索量"比较准确。

图 7-64　观其关键词排名查询工具导出网页

7.5.4　批量查询收录量、PR、"百度权重"

　　观其还有一款观其站长工具箱，可以用来批量查询网站在各个搜索引擎上的收录量，也就是 site 结果数和 PR 值。优点也是数据导出支持 Excel 表格和网页，方便同事之间的临时共享。和别人共享数据时，只要把导出的网页 URL 发给对方即可，不必再传送文件。图 7-65 所示为该查询工具截图，由于都是本地发送查询，所以不要查询太多，否则可能会造成 IP 被封的情况。和关键词排名查询工具一样，此工具并不会自动保存历史数据，需要站长自己保存数据，并对每次数据进行整理对比，这一点是比较令人纠结的。

图 7-65　站长工具箱

除了类似这种的直接工具外，还可以使用前面介绍过的 ChinaZ 友情链接检查中的"手动输入友情链接网址"功能来进行批量查询。现在很多站长和 SEO 人员比较认可爱站网的"百度权重"，那么也可以使用爱站网的友情链接检查工具，还可以捎带批量查询域名的"百度权重"。由于此时并不是真正检查友情链接，所以目标 URL 中随便写一个网站即可，同时"对方回链""过滤 nofollow 链接"也不用选择，只选择自己需要的数据即可，这样可以提高查询速度。

如图 7-66 所示，轻松批量查询了目标网站的 PR、百度收录和"百度权重"。可以看到网络上有很多在找批量查询爱站网"百度权重"的帖子，并且有人开发出了相应工具进行出售。其实使用爱站自身的友情链接检查功能就可以进行批量查询，如果需要批量查询 ChianZ 站长工具给出的"百度权重"，使用 ChinaZ 的友情链接检查工具就可以了。不过比较遗憾的是此查询结果不能自动导出，只能选中复制到表格中，然后进行手工处理。另外，其实完全可以使用火车头采集器批量获得指定域名的"百度权重"，套用爱站网查询"百度权重"的 URL 格式对目标域名进行操作，然后使用火车头直接采集这些页面，然后提取"百度权重""爱站词数"等数据就可以了。不过为避免被爱站网封 IP，最好把采集的频率和线程都调低一些。

如果大家只想批量查询 URL 的 PR，可以使用草上飞站长帮手中的 PR 批量查询工具：http://pr.links.cn/webspr.asp，一次性可以批量快速地查询几百甚至几千条 URL 的 PR 值。

图 7-66　爱站网友情链接检查工具

7.5.5　批量查询指定页面中链接的 PR

有时站长和 SEO 人员想寻找自己或其他网站上高 PR 的目录或页面，此时一般不可能把所有的 URL 都提取出来，然后进行批量查询。在此项工作中，一般都会先查询指定网站目录页的 PR 如何，这时可能就需要批量查询一个页面上所有链接的 PR 值了。此时可以选择使用火车头之类的工具把该页面上的 URL 提取下来然后再进行批量查询。不过在草上飞的站长帮手网站（www.links.cn）中有个 "全站 PR 查询" 工具可以一键解决这个问题。如图 7-67 所示为批量查询 bj.58.com 首页所有链接 PR 值的结果，此时就可以直观地看出 58 同城北京站首页中所有目录链接的 PR 值情况。

此工具也可以变相使用，把日常需要查询的 URL 都写到一个网页上，然后使用此工具一键查询页面上所有链接的 PR 值就可以了。当然现在有更好的工具可以使用，大可不必这么操作。其实很多站长工具都可以有多种用途，比如前面所述用爱站网站的友情链接检查功能来批量查询目标网站的 "百度权重"。如果懂得变通，其实现在网络上的站长工具已经足够普通站长和 SEO 人员使用了，不必再寻找新的工具了。只需要做点辅助工作，现在的站长工具就可以发挥更大的作用。

还有一个很小巧的 PR 查询工具 Parameter，也可以批量查询页面上链接的 PR。在 Tools 菜单中有 Exract URLs 工具，可以先把目标页面上的链接都提取下来（如图 7-68 所示）。然后单击 "保存" 按钮，就可以保存到开始的查询 PR 的界面中，随后就可以一键批量查询这些 URL 的 PR 值了（如图 7-69 所示）。相对于 linkhelper 网页版的工具来说，Parameter 的缺点就是需要安装；优点就是高效且无广告干扰视线，并且支持数据导出。在提取页面 URL 时，还可以自定义忽视哪些 URL 等。这个小工具也是 SEO 人员分析网站的必备工具之一，不过不知道是不是接口原因，Parameter 偶尔会罢工，查不出数据。关于 Parameter 的下载地址，大家自行搜索就可以了。

图 7-67　全站 PR 查询

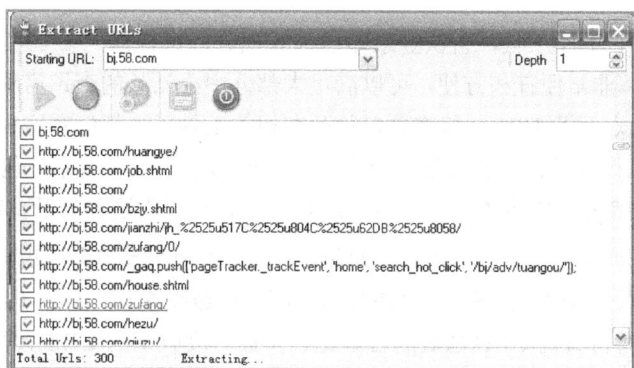

图 7-68　Parameter Exract URLs

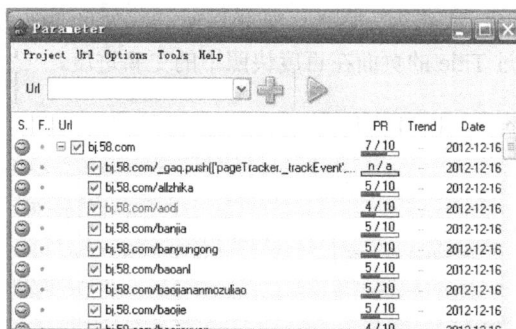

图 7-69　Parameter 查询结果

7.5.6　批量查询 URL 百度收录情况

有些站长和 SEO 人员会想统计每天网站新增网页的收录情况，以确定文章更新质量和方向有无问题，但是人工一个 URL、一个 URL 地查询太浪费时间了。如果个人没有时间或能力开发一个批量提交查询的工具，就可以使用网络上的免费工具。这里推荐奏鸣工具中的百度收录批量查询工具，工具网址为：www.zouming.cc，可以进行小批量 URL 的百度收录查询。如图 7-70 所示为奏鸣百度收录批量查询工具的界面。

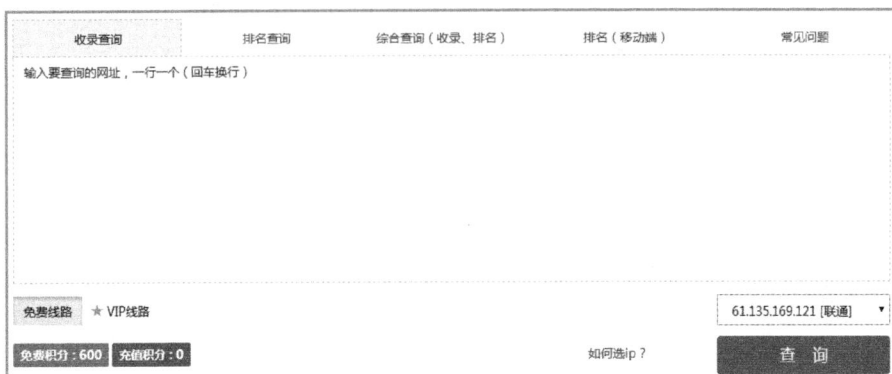

图 7-70　奏鸣百度收录批量查询

这是个人开发维护的小工具，首次登录即送 600 积分，每查询一条 URL 消耗 1 积分，1 元可以购买 2000 积分，非常便宜和方便，可以满足大部分中小站长的查询需求了。如果查询量巨大，比如几万甚至几十万条 URL，就需要自行开发相关工具了，相信有这么大量查询需求的网站基本上也就有了自行开发百度收录批量查询工具的能力了。或者联系外包给此类工具的开发者也是可行的，经笔者和奏鸣本人沟通，奏鸣还是有意有偿提供这种大量查询服务的。

如图 7-71 所示为奏鸣百度收录批量查询的结果页，查询结果中会标识出所查 URL 的网页 Title、URL 地址本身、是否收录等，同时还会提供简单的数据统计，总查询的 URL 数、已被百度收录的 URL 数及所占查询 URL 总数的百分比、未被百度收录的 URL 数及所占查询 URL 总数的百分比。工具的使用非常简单，数据结果非常实用。另外，如果所查询 URL 已被收录，则查询结果中的"标题"会是百度快照中显示的该网页的标题，如果所查询 URL 未被收录，则此"标题"会提取网页当前的 Title 内容。因此，如果网站的部分页面改动过 Title，还可以使用此工具不定期检查这些改动过 Title 的页面在百度快照中的更新进度。

图 7-71　奏鸣百度收录批量查询结果

另外，奏鸣百度收录批量查询工具还提供以 Excel 表格的形式导出查询结果的功能。如图 7-72 所示为图 7-71 查询结果导出的报表。站长和 SEO 人员可以对本次查询结果进行存档，以便于和以后的查询结果进行对比分析。比如分析所查询 URL 的收录比例、上文提到的网页更改 Title 后百度快照的更新进度等。

	A	B	C	D	E	F
1	标题	网址	收录	发布时间		查询日期: 2015-09-04
2	【南天电子信息产业股份有限公司招聘信息】-看准网	http://www.kanzhun.com/job/g1049.html	已收	-		查询ip: 180.97.33.67 [电信]
3	【国网招聘信息】-看准网	http://www.kanzhun.com/job/g1003.html	已收	-		总数: 77
4	【中国电信招聘信息】-看准网	http://www.kanzhun.com/job/g1007.html	已收	-		收录数: 65
5	【迈瑞生物医疗电子招聘信息】-看准网	http://www.kanzhun.com/job/g1054.html	已收	-		未收录数: 12
6	【中国中化集团公司招聘信息】-看准网	http://www.kanzhun.com/job/g926.html	已收	-		收录率: 84%
7	【和黄地产招聘信息】-看准网	http://www.kanzhun.com/job/g1012.html	已收	-		表格由奏鸣网（zouming.cc）生成
8	【太极计算机股份有限公司招聘信息】-看准网	http://www.kanzhun.com/job/g1048.html	未收	-		
9	【北京四方继保自动化招聘信息】-看准网	http://www.kanzhun.com/job/g1051.html	已收	-		
10	【长江计算机(集团)公司招聘信息】-看准网	http://www.kanzhun.com/job/g1052.html	已收	-		
11	【广州凌峻房地产咨询有限公司招聘信息】-看准网	http://www.kanzhun.com/job/g1111.html	已收	-		
12	【上海百马房地产顾问有限公司招聘|上海百马房地产顾问有..._	http://www.kanzhun.com/job/g1115.html	已收	-		
13	【中粮集团招聘信息】-看准网	http://www.kanzhun.com/job/g1015.html	已收	-		
14	【上海开启房地产投资咨询有限公司招聘信息】-看准网	http://www.kanzhun.com/job/g1116.html	已收	-		
15	【泰豪软件股份有限公司招聘信息】-看准网	http://www.kanzhun.com/job/g1080.html	已收	-		
16	【华迪计算机有限公司招聘信息】-看准网	http://www.kanzhun.com/job/g1071.html	未收	-		
17	【北京富通东方科技有限公司招聘信息】-看准网	http://www.kanzhun.com/job/g1068.html	已收	-		
18	【北京乐金系统集成有限公司招聘信息】-看准网	http://www.kanzhun.com/job/g1081.html	未收	-		
19	【上海策源置业顾问有限公司招聘信息】-看准网	http://www.kanzhun.com/job/g1107.html	已收	-		
20	广州市数控设备有限公司招聘-看准网	http://www.kanzhun.com/job/g1099.html	已收	-		
21	【北京中科希望软件股份有限公司招聘信息】-看准网	http://www.kanzhun.com/job/g1100.html	已收	-		
22	【北京亚豪房地产经纪有限公司招聘信息】-看准网	http://www.kanzhun.com/job/g1120.html	已收	-		
23	【上海富阳物业咨询有限公司招聘|上海富阳物业咨询有限公..._	http://www.kanzhun.com/job/g1110.html	已收	-		
24	【重庆立业房地产顾问有限公司招聘|重庆立业房地产顾问有..._	http://www.kanzhun.com/job/g1136.html	已收	-		

图 7-72　查询结果导出的报表

奏鸣工具网站上暂时没有繁乱的广告，并且工具本身非常简便实用，受到了很多站长和 SEO 人员的欢迎。除了批量查询页面是否被百度收录之外，奏鸣工具还有百度 URL 批量提交（走的是百度站长平台的那个接口）、百度排名批量查询（含移动）、360 收录和排名的批量查询等功能。作为个人开放维护的工具，能有这种开放的功能和实用性已经很给力了，有这方面需要的朋友可以去试一试。

7.5.7　批量获取子域名及其 SEO 数据

有时 SEO 人员会定向查询自己或别人的网站下有多少子域名及子域名的 SEO 数据，以便分析网站结构。使用 Alexa 可以获得指定顶级域下二级域名的流量分布情况，不过 Alexa 只给出了部分二级域名，没有给出全部数据，并且也没有提供三级和三级以上的域名。这里推荐一下草上飞站长帮手中的“子域名查询”工具：http://i.links.cn/subdomain/。

图 7-73 所示为“子域名查询”工具的查询结果，使用此工具可以方便地获得所查询顶级域下二级、三级及多级子域名的百度收录、百度权重和 PR 情况。SEO 人员可以通过 Alexa 工具了解查询网站流量的分布情况，相对应地，使用此工具观察各个子域名的“br”可以方便地了解到查询网站百度搜索流量的分布情况，从而快速确定查询网站面向搜索引擎主要发力的子域名。并且使用该工具所获得的子域名是比较全的，也非常具有使用价值。

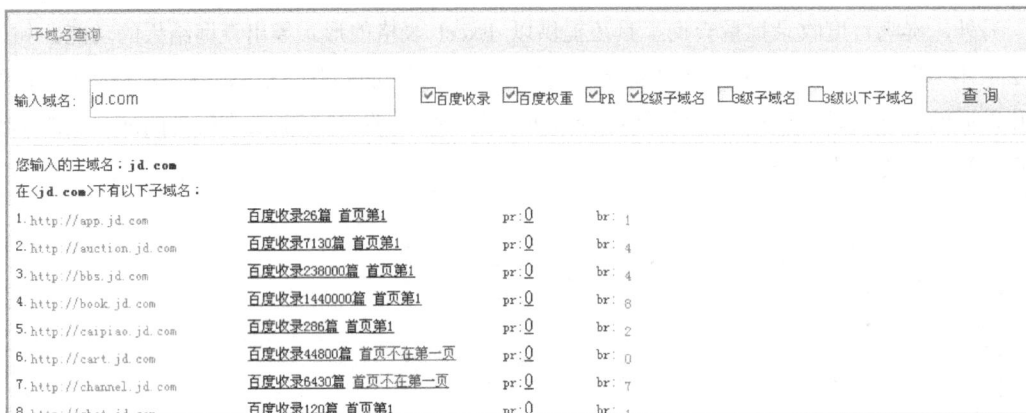

图 7-73　子域名查询工具

7.5.8　刷流量工具

做网站和 SEO，经常会谈到刷流量的问题，有需要自己刷流量冲 KPI 的，也有平台类网站被刷的。刷流量工具在 SEO 工作中也是必不可少的，比如后面要讨论的做百度知道时，需要刷百度知道的浏览量，因为这也是知道条目在百度知道内搜索和被推荐到百度网页搜索结果中的比较重要的因素；有些 B2B 网站会把商铺浏览量作为站内搜索的一个排名因素，为了让自己的百科词条尽快上百度搜索首页，也需要刷一下词条浏览量，所以刷流量工具还是有一定市场的。这里要介绍的这款刷流量工具就是流量精灵（www.spiritsoft.cn）。这是一款很小巧也很方便的工具，如图 7-74 所示为流量精灵的界面。

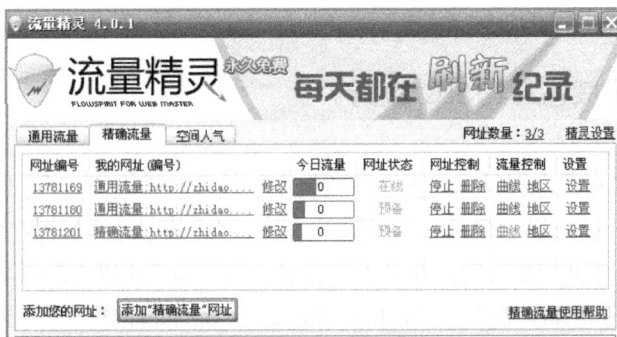

图 7-74　流量精灵

现在流量精灵可以设置刷通用流量，也就是普通 IP 访问的直接流量，没有来源地址的流量；空间人气，只需要输入 QQ 号码就可以直接刷 QQ 空间的浏览量；最后比较霸气的是精确流量，可以设置所刷目标页面的停留时间、每天刷多少流量、IP 和 PV 的比例以及来源网址和来源网址各自占的流量比例（如图 7-75 所示）。

当子页访问设置 IP:PV 为 1:1 时，也就是不断刷目标页的流量；当子页访问设置 IP:PV 为 1:2 时，表示一个 IP 访问目标网页后，还会访问该目标网页的子网页；当子页访问设置 IP:PV 为

1:3 时，表示一个 IP 访问目标网页后，会访问一次该目标网页的子网页，然后在子网页中再找到该页面的子网页进行访问。这里的"子"指的是物理结构的从属关系，比如 www.baidu.com/google/abc.html 是 www.baidu.com/google/的子页面，而 www.baidu.com/google/又是 www.baidu.com 的子网页，并且使用流量精灵可以刷到的都是该子网页的 URL 存在于上一级页面上的情况，也就是流量精灵会在本页面上所有链接内随机挑选一个物理结构属于本页面下一级的 URL 进行访问。这样就可以增加所刷流量的真实性。

当选择 IP:PV 为 1:2 或 1:3 时，下面的"自动访问""重新刷新""重新访问"和"匹配访问"就有意义了。默认选择的是自动访问，也就是上面所说的随机挑选子页面；重新刷新也就是不断刷新本页面，只增加本页面的 PV；重新访问也就是重新访问目标 URL，如果 URL 有跳转也会再跳转，可以对应增加 Google analytics 中的访问次数；匹配访问，可以限制被访问的子页面的 URL，可以更精准地刷某一部分页面的流量，造成网站内某一部分内容比较受欢迎的假象。

来源网址，如图 7-75 所示，可以为所刷的每个目标网址添加 10 个来源网址，这里可以设置百度搜索某个关键词的链接，也可以设置其他任意链接，并且可以设置每个来源网址流量所占比例，这样可以使刷的流量更加逼真。升级后的流量精灵真的很强大。更多详细的介绍可以到流量精灵官网进行了解：http://www.spiritsoft.cn/。

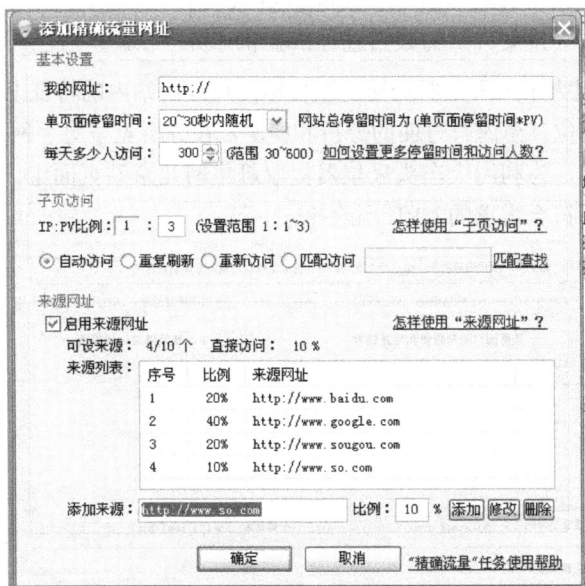

图 7-75　添加精确流量网址

有一些导航类或者行业网站，为了给客户造成自己的广告效果很好的假象，就会使用类似的工具来为客户刷流量，并把流量来源和 IP:PV 比以及子页面的访问形式都设置成模拟正常访问。现在的互联网其实有很多流量都是假的，当然这是其他更多的刷流量软件和流量精灵"共同努力"的结果，并不都是流量精灵所制造的。

如果是自己做的网站，使用这种刷流量的方式基本上就是自欺欺人。SEO 人员可以根据情况刷一些平台网站，使目标网页在平台中获得更好的展现以推广自己的信息。这里应该说明的是，这样刷流量的方式并不会直接引起百度的惩罚，因为和百度没有关系，也并没有通过百度刷流量，只是自己刷给自己。如果你没有安装任何百度产品的 JS 代码，百度第一检测不到你是不是刷流量，第二对搜索用户也没有影响，所以不会被百度惩罚。如果网站页面加载有百度产品的 JS，刷的流量跳出率比较高，占总流量的比例也非常大，理论上百度会察觉到这种行为，那就有可能会有不良影响，也只是有可能而已。

7.5.9 火车头采集器

火车头采集工具（www.locoy.com）应该是站长的必备武器，也是 SEO 人员的重要辅助工具。火车头是一款功能强大且比较容易上手的专业采集软件，强大的内容采集和数据导入功能，几乎可以采集任何网页数据并发布到远程服务器。用户可以自定义 CMS 系统模块，也就是说可以把自己的网站发布接口和火车头打通，使火车头采集的数据可以直接发布到网站上。火车头虽然功能很强大，但是采集规则还算比较简单，只要懂一些 HTML 代码，参考一下官方给出的采集规则，一般都可以轻松上手。

使用采集工具不一定就是为了做垃圾采集站，关于内容的原创和价值型会在后续章节中讨论，在这里也不详细介绍火车头采集器的采集规则，在火车头采集器官方网站有详细的资料。这里只是简单介绍一下火车头采集器在站长和 SEO 人员手中都能做什么。站长除了利用火车头采集器来做采集站，也会采集大量的数据进行试验和分析，以调整自己网站运营的方向。

SEO 人员可以使用火车头采集器轻松提取目标网页或网站内的特征 URL，然后进行收录、排名、标题、关键词定位甚至内容方面的分析和检测，在分析竞争对手网站情况时经常会用到。如图 7-76 所示的设置，为利用火车头采集器提取赶集网北京站页面上，北京子域名下的目录 URL，可以方便地把不符合需求的 URL 剔除掉。

图 7-76 提取 URL

SEO 人员在进行关键词挖潜的时候，也可以使用火车头采集器，轻松挖掘竞争对手的站内锚文本甚至是行业词库，这些对于 SEO 人员来说都是很珍贵的资源。

笔者不反对采集他人网站内容，但不赞同剽窃他人网站内容。采集数据的目的可以是个人研究分析，对数据进行分类筛选，利用筛选后的数据进行衍生、拓展，达到储备内容资源的目的，也是节省时间成本的一个办法。做 SEO 发现优质资源就储备是个好习惯，但是不要一味地做网络内容搬运工，为了采集而采集。搜索引擎也在极力打击采集站点，只获取而不创造内容，被处理纯属得不偿失。

火车头采集器很强大，很值得研究，在研究这个工具和采集其他网站数据的过程中，也可以自然而然地了解很多目标网站架构和页面代码设计方面的东西，取之所长，补己之短，对 SEO 工作也是很有启发和帮助的。并且，火车头采集器在实际工作中可以使用的远不止采集一项功能，有兴趣的朋友可以仔细研究一下。

7.5.10　SEO in China 插件

在 Google 浏览器（360 极速浏览器也可以）的扩展应用中有一个名为 SEO in China 的插件。这款插件是由 heku.org 博客的博主所推出的，在 Chrome 网上应用店中直接搜索该插件名，就可以找到此插件。安装好插件后，会在浏览器的右上角出现一只百度的小熊掌，如图 7-77 右上角所示。

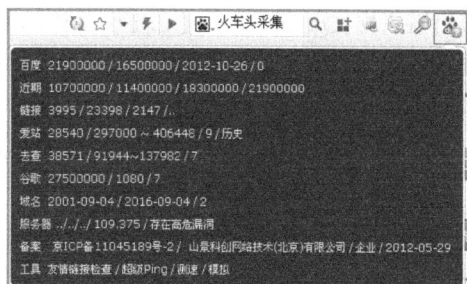

图 7-77　SEO in China 检测数据结果

此插件可以一键检查当前访问页面的和该页面所在网站的 SEO 数据情况，并集成了很多其他工具的入口，很方便。检测结果如图 7-77 所示，集成了当前网站的大部分 SEO 数据，数据来源于几大站长常用工具，浏览网站 SEO 概况不必再用相应的站长工具查询和比对数据，并且所有的数据都有链接导向该数据的详情页面，可以很直观方便地帮助站长和 SEO 人员进行网站分析。

此插件还可以自定义检测结果中的数据，如图 7-78 所示，有大量的相关数据可以根据自己的需求进行选择，这样就可以使用此插件一键查询和显示自己所关心的数据及自己所信任的数据来源。只是此插件有时会不稳定，点击图标没有反应或没有数据显示，不过大部分时间都是可以正常使用的，对于 SEO 分析工作也是很有帮助的。

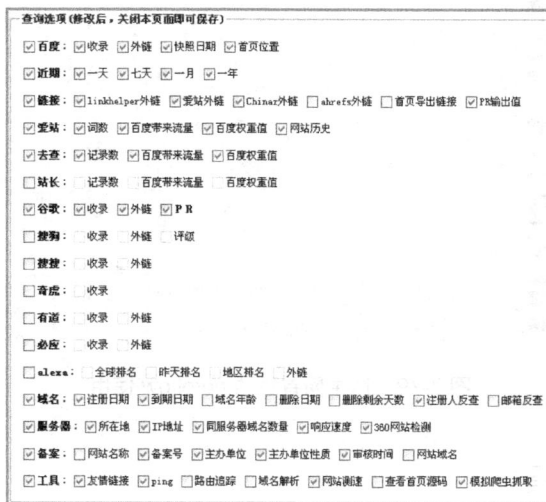

图 7-78　SEO in china 设置

7.5.11 检测 nofollow 链接插件

这款插件也是由 heku.org 博客的博主推出的，非常方便、实用。此插件可以自动标识出当前访问网页上被 nofollow 的链接。自从百度回应支持 nofollow 标签以来，很多网站都在陆续使用此标签进行网站内部权重的引导，对广告类导出链接也在使用 nofollow，甚至有些网站也会在友情链接中使用 nofollow。在本书基础部分重点介绍了百度对 nofollow 的支持形式，使用此插件就可以很方便地分析目标网站的 nofollow 使用情况，也就可以很方便地分析目标网站内部链接的设计架构了。

如图 7-79 所示为途牛网首页首屏中 nofollow 的使用情况，可见途牛网把首页的权重只导向了旅游目的地、游记、论坛、旅游攻略这些链接，其他登录注册等不竞争排名的链接全部被 nofollow 掉了，甚至把旅游团信息都 nofollow 掉了。原因可能是途牛网只想把网站首页的权重导给主推的页面，旅游团信息的页面没有什么流量，或者链接被分配到了其他页面，保证首页权重的有效利用。具体原因还可以进行深入分析，本节只是展示一下"检测 nofollow 链接"插件在网站分析中的便捷使用。同样，在 Chrome 网上应用店中直接搜索该插件名，就可以找到该插件。

图 7-79 途牛网首页的 nofollow 使用

7.5.12 自动外链工具

这种工具在初级 SEO 人员中还是很受欢迎的，百度搜索"自动外链工具"也会有很多结果，既有客户端版也有网页版。这种工具原理一般是把你填写的域名批量提交到各个站长工具网站中进行查询。如图 7-80 所示为某一款此类软件的说明。因为站长工具网站一般会设置一个"最近查询"模块，用来展示最近在工具中查询过的域名，并且这些域名都有链接链向查询结果页。如图 7-81 所示为爱站网"百度权重查询"结果页底部的"最近查询"。当搜索引擎抓取甚至收录这样页面后，就可以给自己的网站增加一些"外链"。

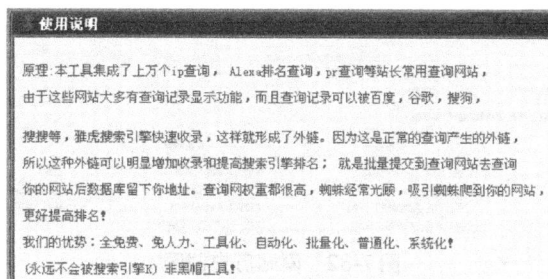

使用说明

原理：本工具集成了上万个 ip 查询，Alexa 排名查询，pr 查询等站长常用查询网站，由于这些网站大多有查询记录显示功能，而且查询记录可以被百度，谷歌，搜狗，

搜搜等，雅虎搜索引擎快速收录，这样就形成了外链。因为这是正常的查询产生的外链，所以这种外链可以明显增加收录和提高搜索引擎排名；就是批量提交到查询网站去查询你的网站后数据库留下你地址。查询权重都很高，蜘蛛经常光顾，吸引蜘蛛爬到你的网站，更好提高排名！

我们的优势：全免费、免人力、工具化、自动化、批量化、普通化、系统化！

（永远不会被搜索引擎K）非黑帽工具！

图 7-80　自动外链工具原理说明

最近查询：www.youboy.com　www.youboy.com　www.010hua.com　www.gycfcz.com　ask.qyer.com　www.nthfw.com

图 7-81　爱站"百度权重查询"结果页底部的"最近查询"

这样的页面都是自动生成的，虽然不能简单称之为"垃圾页面"，但是确实没有太大的意义，并且也不会有太高的权重，所以这些页面上的链接并不会导出多少权重。也就是说如果花费太多精力在这个东西上面是有些浪费感情的。这个工具对于已经有收录的站来说几乎没有什么意义，但是对于新网站来说，还是值得用一用的。在搜索引擎原理一章中已经讨论了 Spider 抓取网页的策略，所以新网站多增加一下网站曝光率也可以增加搜索引擎对自己网站的抓取次数，进而加快收录。不过各个搜索引擎最近打击垃圾链接一直都很严格，当搜索引擎收录网站后，最好就停止使用这种工具，并且之前也不要太过频繁使用。相对来说，在 A5、ChinaZ 之类的网站上发表几篇软文引引 Spider 可能更实在有效一些。

7.5.13　网站历史截图

SEO 人员应该都知道，在选择域名时要选择一个历史干净的域名，以防止网站还没上线，就已被搜索引擎列入黑名单，以至于努力运营很久搜索引擎也不收录。此时就需要查看一下目标域名曾经做过什么。现在提供网站历史截图的网站有很多，在这里推荐使用 archive.org，历史数据相对多一些。如图 7-82 所示为查询域名 www.zaibaoding.com 在 2011 年 2 月 9 日时的界面。由这个历史截图，一眼就能看出此域名历史上做过的内容。

当然确定一个域名是不是有被处罚史，还需要查看其他数据，网站历史内容只是一个参考而已。比如可以使用其他工具查询一下外链数据，或者直接在搜索引擎中搜索该域名，看看该域名的外链和外链所出现的网页上是否有违规信息等。

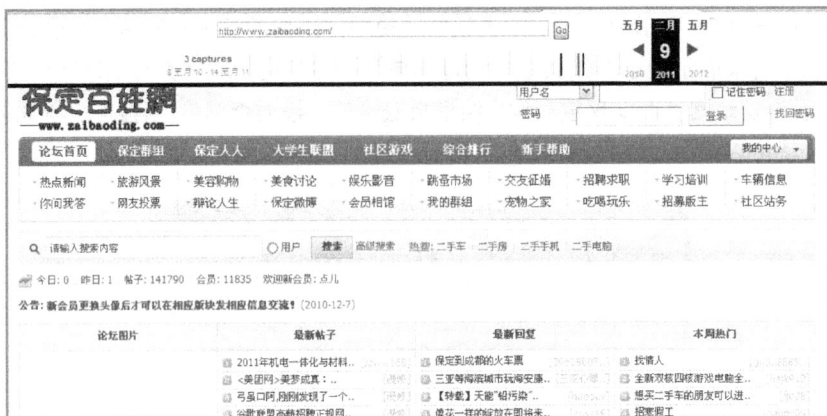

图 7-82　网站历史截图

7.5.14　Ahrefs

有必要提一下 Ahrefs，这是一个很强大的外链查询工具，会根据目标 URL 的外链数据生成多个图表。免费用户只能查询目标 URL 的外链概况及各种外链数据详情中的前 5 条。不过用户注册后，就可以添加三个自己关注的网站，可以给出 500 条详细数据。需要注意的是每个注册用户只能免费添加三个域名，添加后删除并不会重新获得再次添加的机会。

当然这个工具是使用邮箱注册的，注册多个免费邮箱就可以监控多个网站的外链数据了。虽然免费用户只能查询 500 条数据，不过这个网站的数据分析很强大，尽管数量较少，但是也可以分析出目标网站很多问题。由于该工具生成的报表过多，页面过长，在此就不进行截图详细介绍了，有兴趣的朋友可以自己多加研究，网址是 www.ahrefs.com。虽然百度也已经推出了外链查询工具，但是还不具备这么详细的分析和报表生成功能，所以此工具还是很值得 SEO 人员关注的。另外，此工具收费服务算比较昂贵，有兴趣的朋友组织团购一下，也是一个比较不错的办法。

7.5.15　光年 SEO 日志分析系统

日志分析是站长和 SEO 人员的日常工作之一。稍有规模的网站的单天日志可能会有几百 MB，甚至会有几个 GB。如果手动打开日志文件进行分析，就显得有点不专业了，不仅打开文件是个问题，打开文件后因为数据太多也不容易分析出什么问题来。光年 SEO 日志分析系统就可以很好地对日志文件进行拆分分析，虽然对整个日志的分析是十分必要的，但是作为 SEO 人员，其实只分析搜索引擎 Spider 的访问日志就可以了。光年 SEO 日志分析系统介绍和下载地址为 http://www.semyj.com/archives/1539。

光年 SEO 日志分析系统的拆分工具如图 7-83 所示，可以很方便地进行自定义日志拆分。针对百度 Spider 的分析，就把日志中 username 为 BaiduSpider 的记录全部提取出来进行分析。还可以对拆分出来的百度 Spider 抓取日志进行再次拆分，比如拆分出 Spider 得到 404 状态码的抓取记录或者 Spider 对某类 URL 的抓取记录等。这样多次拆分就可以分析出整个 Spider 对网站的抓取情况，以获取是否有不需要收录的内容被 Spider 抓取，是否有自己没有发现的死链接被 Spider 发现，Spider 对最新内容是否都有抓取，Spider 对自己主推的栏目抓取是否正常，以及 Spider 对网站、目录或指定页面的抓取频率等数据。还可以针对状态码进行更详细的分析，比如 304 是不是返回过多，以配合分析网站各类页面的快照更新情况等。

同时此工具还可以对日志生成分析报表，如图 7-84 所示为光年 SEO 日志分析系统生成的日志分析报表，这里是笔者针对百度 Spider 抓取记录进行分析生成的报表，此工具也可以直接对整个日志文件进行分析，同时得出用户和 Spider 对网站的访问情况。如果不愿自己打开日志逐行分析，并且对日志分析结果的要求也不高，就可以使用此工具来辅助分析，在这个报表中也可以分析出不少问题。需要注意的是，光年工具给出的日志分析报表中 Spider 对网站的抓取次数，应该不是搜索引擎对网站真正的抓取次数，而是工具默认为如果单个 Spider 在 30 分钟内没有继续抓取就算作离开了，即算作完成了一次抓取（这里可能参考了 GA 对访问次数统计的设置）。

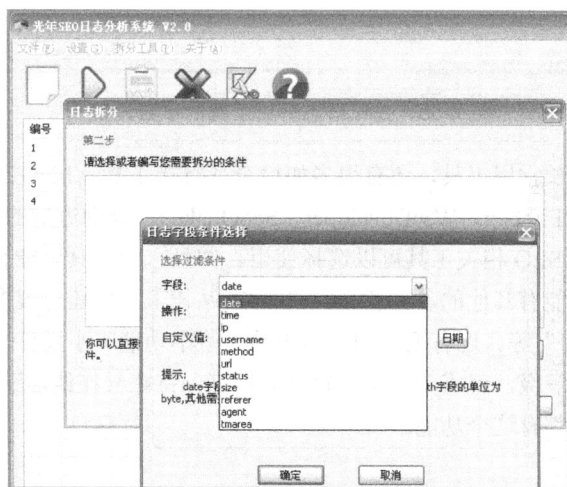

图 7-83　日志拆分工具

图 7-84　日志分析报表

如图 7-85 为光年日志分析工具的参数设置界面，大家可以自行修改此数据。如有需要，可以使用百度站长平台的压力反馈工具了解百度 Spider 每天对网站的真实抓取次数。本书在后续日志分析的相关章节中还会对光年 SEO 日志分析工具进行更深入的介绍。

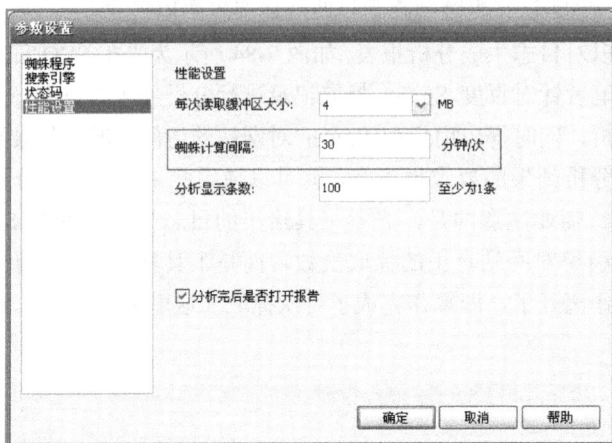

图 7-85　光年日志分析工具的参数设置

除了以上介绍的站长常用工具，还有很多如检查死链接工具 XENU、SEO 工具条、火狐浏览器中大量插件（例如 Firebug，WebDeveloper，SeoQuake）、查询流量的工具 similarweb、5118 站长大数据等很不错的 SEO 相关工具可以选择使用。并且一个工具可能有多种用途，一个工具所查询的中间数据也可能有其他的参考意义。ChinaZ 站长工具中还有很多工具没有介绍，比如"超级 ping""DNS 查询"等。还有很多浏览器中的一些小功能、小插件，比如有时为了刷某个账号的在线活跃时间和等级，就需要浏览器自动刷新来保持账号在线活跃的状态，在 360 浏览器和 360 极速浏览器中都有这个功能。

7.6　本章小结

其实有很多站长工具平时一般用不到，但是用到的时候又找不到。并且，其实大家所需要的很多功能和数据在常见的工具中已经存在了，只是大家没有去发掘而已。要善于发现、善于分析。推荐站长和 SEO 人员把所有自己知道的工具都用一用，知道是干什么的，思考一下还能做什么。工具只是辅助提高效率，最终还是需要自己去发现和分析这些工具提供数据所代表的含义，以及数据背后的问题。另外，工具会出现 Bug，数据也会骗人，工具和数据是死的，人是活的，在使用工具辅助工作的时候，不可以尽信工具给出的数据，要多多分析原始数据。同时工具是做辅助工作的，站长和 SEO 人员要善于利用工具，而不要沉溺于数据本身，被工具和其给出的数据所累。

第 8 章　竞争对手分析

原本由于时效性原因想直接删除本章，但读者对本章评价还不错，综合考虑后决定保留且原封不动本章内容。所有涉及案例的内容都会有时效性的问题，因此不论怎么更新，过几个月就会"过时"，但是分析的思路是不变的，保留本章内容为不知如何进行"竞品分析"的同学做一个参考。

竞争对手分析是 SEO 工作中必不可少的一部分。SEO 需要不断监测自己网站的排名，有排名就会有对手。知己知彼才能百战百胜，要挖掘竞争对手的优势和不足，结合自己的实际情况进行 SEO 策略的调整，以达到最好的 SEO 效果。然而在实际的 SEO 工作中，真正对竞争对手有详细分析和实时监控的朋友并不多。并且有不少朋友反映自己并不懂得如何分析竞争对手，不知道如何下手，不知道分析什么。那么如何进行竞争对手分析呢？

其实分析竞争对手和分析自家网站并没有什么实质性的区别，只是你不能看到对方网站的内部数据，不能完全掌握对方的各种策略，只能依靠对方网站外在表现出的数据和特点反推其技巧和策略。现在行业内有大量优秀的站长工具，很多数据其实已经接近透明化了，竞争对手分析就是发掘对方的优势和不足，以指导自己网站 SEO 工作的进行。现有的站长工具和外部数据足以支撑这个工作，并不需要明确地了解对手网站日志或流量统计中的数据。所以，懂得分析自家网站一般就懂得分析对手网站，如果不懂得做竞争对手分析，那么可能连自家网站都没有分析清楚。本章就来简单地讨论一下应该如何做竞争对手分析。

分析网站要有头绪，不可盲目，要分类统计与对手网站相关的数据，逐类进行彻底分析和研究。SEO 涉及网站大的方面就只有那么几类，所以网站分析工作并不是太难。网站的 SEO 分析工作一般应该有：统计网站的搜索表现和运营状况；分析网站各类页面定位的关键词及排名情况；分析网站结构、导航和内链的布局情况；分析网站的页面优化情况；分析网站的外部链接建设情况及建设方向；根据以上数据反向分析对手网站的 SEO 策略、思路和方向等。但根据对方网站实际情况，值得分析的方面可能并不相同。简单点说，其实竞争对手分析就是研究对方网站中使得你意外的数据、设置、方法和策略，然后优秀的方面吸收，低劣的方面自省。

现在行业内有个奇怪的现象，就是"竞争对手分析"已经变成一个噱头，相关文章也是千篇一律的软文居多，翻来覆去就是用工具查看一下对手网站的几个数据，然后看完也就看完了，只是为了分析而分析，没有明确的目的。当然也有可能大部分的"竞争对手分析"就是看看对方多牛或者多差，然后表示出羡慕或不屑，然后就没有然后了。

如上所述，竞争对手分析就是找出对方网站令你眼前一亮的数据、设置或可能的策略。如果你在浏览对方网站的时候，什么都感觉不出来，那么就没有分析的价值了，不是没有分析思路，就是对方的所有数据、设置和策略都是你所了解并已经很熟悉的，甚至是你已经更细致地运用到自己网站中的。因此竞争对手分析工作，就是要把对方网站了解透彻，并把让你眼前一亮或者感觉十分迷惑的数据、设置和策略标识出来，以便更加细致地研究。如果做完竞争对手分析的工作，还是没有把对方网站了解透彻，那就是白浪费时间和精力了。另外，SEO 的工作在网站中并不是独立的，所以在做分析的时候，对方网站的功能和产品设计也需要分析，从而能更方便地了解对方的 SEO 思路。

由于自身水平、SEO 认知和日常的 SEO 工作内容不同，不同人对同一网站的分析结果可能会有很大差异，并且每个人的视角不同，对同一个网站分析所得到的观点也会不同。所以这方面的工作还是主要靠提升自身的专业知识、经验和能力，进行独立分析和思考。另外，竞争对手的站外分析只是分析自己所需就好，不必刻意用自己的眼光去评价对方网站的设置和策略，也许对方网站有其他原因或者更高层次的考虑。不要以自己的知识和经验轻易地去对别人的网站或 SEO 负责人的水平评头论足，一个网站的好与坏并不是完全由 SEO 决定的，外部分析 SEO 很有水平的网站可能是产品和运营人员的功劳，外部分析 SEO 不怎么样的网站也可能是由诸多非 SEO 人员因素造成的，我们只需要从分析中发现个人认识中对方的优势和不足，然后比对一下自己的网站，把分析结果应用到自己的实际工作中去就可以了。

一开始笔者在本章打算以央视网举例，并且也和央视网的搜索营销总监大庆沟通过几次，但是后来发现把央视网各类子域名搞明白后可能半本书的篇幅就没有了，所以最终放弃了央视网。后来注意到一呼百应网有段时间一直是爱站网查询框中的默认网站，也就是说一呼百应网应该是欢迎其他站长和 SEO 人员分析他们的，在此笔者就把一呼百应网假想为竞争对手，简单流水账般地过一遍一呼百应网。在此之前笔者曾经简单看过一呼百应网，但并没有详细地分析过，只知道一呼百应网的百度收录量很庞大，也有着很庞大的 B2B 商业流量，应该是一个各方面都比较优秀的网站。本章内容以当下的一呼百应网为分析对象，只是简单走个分析对手网站的流程，日后一呼百应很可能会对很多细节的地方做出改版或改进，本章主要想讨论的是分析思路而非一呼百应网站本身。

8.1 了解目标网站概况

在站长工具使用如此方便的今天，这一步骤几乎可以一键获取。使用 ChinaZ 站长工具的 SEO 综合查询，即可一键获得目标网站的大部分与 SEO 相关的基本数据：网站运营时间、同 IP 网站个数、PR、收录及趋势、快照、首页标题及元标签关键词定位、是否使用 Gzip、Alexa 排名趋势等。现在还可以根据"百度权重"来衡量目标网站获得 SEO 流量的级别，基本上可以判断出目标网站的 SEO 水平。在 ChinaZ 站长工具的介绍中已经详细地介绍了 SEO 综合查询结果中各个数据所反映出的问题，在此不再重复。

首先通过 SEO 综合查询对目标网站有个大概的了解，比如通过这些数据来判断一下目标网站的实力：

（1）域名多久了？备案多久了？这些可以反映目标网站的运营时间。

（2）IP 在哪儿？同 IP 网站有多少？这些可以初步反映目标网站的运营态度和实力，比如通过分析 IP 在国内还是国外，一般正规长期运营的国内网站是不会冒风险放到国外服务器上的；通过分析使用的是虚拟主机还是独立服务器，可以初步反映该网站的资本投入情况等。

（3）PR 多少？"百度权重"多少？配合运营时间可以简单反映目标网站的 SEO 实力，比如最近有很多域名被发现只有几个月甚至一年多的历史，但是爱站"百度权重"估算百度流量有十几万甚至几十万。

（4）百度现在和历史收入情况怎么样？这些可以反映目标网站的大小、内容的多少，以及最近内容收录情况是否良好等。

（5）Title 和元标签基本上就可以确定目标网站的核心关键词是什么，接下来在 ChinaZ 站长工具 SEO 综合查询中还可以直接查看目标网站定位关键词的排名，很方便地综合查看目标网站当下的 SEO 情况。

（6）通过 Alexa 排名和估算流量，也可以反映出目标网站的运营情况及历史发展情况。

使用站长工具查看一呼百应网的相关数据，可以发现一呼百应网的首页 PR 值为 5，域名已经使用 6 年，ChinaZ 统计到的反链数近两万，网站收录已经有 6000 多万，Alexa 排名和"百度流量"都比较高，可见一呼百应网在搜索引擎上有着不错的搜索表现。单纯看以上数据，除大概了解目标网站概况外，没有什么意义。但是比对一下自己网站的情况，发现目标网站哪些方面的数据表现得更好，从而有针对性地进行分析，就很有意义了。

通过工具直观了解目标网站的情况后，也要自己去百度中 site 一下目标网站的顶级域名。先简单查看一下目标网站的子域名和目录使用情况，并了解一下各类子域名或目录的内容定位等。在 site 结果中，一般重要的页面排名会比较靠前，由此可初步了解目标网站的重要频道有哪些。比如在百度中 site 一呼百应网，可以很方便统计到一呼百应主要由以下几个子域名组成。

（1）网站主域：www.youboy.com

（2）企业商铺：b2b.youboy.com

（3）商铺登入：my.youboy.com

（4）企业名录：qiye.youboy.com

（5）通讯录：book.youboy.com

（6）供应商：gongyingshang.youboy.com

（7）团购：tuan.youboy.com

（8）寻人搜索：look.youboy.com

（9）3C 网购：3c.youboy.com

找出目标网站的主要频道后，如果是子域名的形式，那么就可以把每个子域名都当成一个独立的站点来进行分析。使用站长工具了解每一个子域名的 PR、收录及"百度流量"情况等。经过一系列分析确定出目标网站最主要的频道，以进行更深入的分析。常规性地查看了一下一呼百应网是否设置 robots.txt 文件，发现一呼百应几乎所有域名都没有设置 robots.txt 文件，也就是站内所有页面都是允许搜索引擎索引的。除了使用 site 简单了解一下目标网站的主要频道外，如果确定目标网站有子域名，那么还可以使用 Alexa 排名查询工具查看目标网站各子域名的流量比例，以确定哪些频道才是目标网站主要运营的频道。

如图 8-1 所示，为 Alexa 对一呼百应网站流量分配情况的统计。由"近月网站访问比例"和"近月页面访问比例"就可以轻松确定一呼百应网的主要频道，后续只要对这些主要频道进行深入分析就可以了。对于目标网站概况的了解，每个人侧重的数据都不同，在系统地分析目标网站之前，这只是简单确定一下目标网站的优势主要是什么，以指导后续分析工作的进行。

了解了目标网站的基本数据情况后，最应该了解的就是目标网站的站内分类和网页类型。需要了解目标网站都有哪些频道和分类，并了解目标网站内都有哪些类型的页面。页面类型可以简单分为首页、目录页、内容页、专题页、聚合页、站内搜索页、功能性页面等。结合网站内容的分类，这样页面可能也会有更详细的细分，比如首页，可能会分成网站首页、频道子域名首页、专题子域名首页、各种索引首页等；不同分类下的目录页模版可能也会有所不同，页面链接推荐规则也有所区别；不同分类下的内容页的模版、链接和展现形式也千差万别等。不论多么复杂的网站，站内网页的类型一般都不会超出上面说的这几种类型，只是根据对方网站内容的性质和设计，可能会有一些更独特的变体而已。

被访问网址 [17 个]	近月网站访问比例	近月页面访问比例	人均页面浏览量
b2b.youboy.com	55.29%	39.97%	7.2
my.youboy.com	56.79%	38.19%	6.67
youboygl.youboy.com	4.51%	9.47%	20.8
youboy.com	38.63%	8.69%	2.23
daili.youboy.com	0.77%	0.76%	10
news.youboy.com	3.95%	0.54%	1.35
gongyingshang.youboy.com	2.71%	0.42%	1.5
qiye.youboy.com	3.12%	0.39%	1.25
book.youboy.com	2.82%	0.34%	1.19
upload.youboy.com	1.17%	0.33%	2.8
tool.youboy.com	0.44%	0.31%	7
tuan.youboy.com	0.54%	0.12%	2.1
file.youboy.com	0.81%	0.10%	1.3
help.youboy.com	0.46%	0.09%	1.8
3c.youboy.com	0.53%	0.07%	1.4
techan.youboy.com	0.41%	0.05%	1.3
OTHER	0	0.17%	0

图 8-1　Alexa 对一呼百应网流量结构的统计

SEO 人员在分析网站时，不论网站多大，架构多么复杂，都应该把网站进行简化，所有的网站都是上述几种类型页面的集合而已，只是内链的规则有所不同罢了。理顺头绪后再细分地分析下去，至少不会有见到大网站就发懵、没有头绪的感觉。一呼百应网的主要页面类型和分类在后续 8.3.1 节的内链结构图中有所提及，在此不再冗述。

SEO　8.2　统计分析收录、排名及确定流量支点

了解目标网站的概况后，就需要对目标网站进行深入的统计分析了，进一步了解分析目标网站被百度收录的主要页面都有哪些，这些页面的内容类型是什么样的，目标网站在各种内容上的更新力度如何，哪些页面有排名，主要依靠哪部分内容获取搜索流量等数据，最后找出目标网站在百度搜索中的核心竞争力是什么。

在经过 site 指令、Alexa 数据及对各个子域名的单独了解后，确定一呼百应网在百度搜索中主要发力的是 www 域名和 b2b 子域名；qiye 子域名、gongyingshang 子域名和 book 子域名是次

要发力的，其他子域名不是在百度搜索中有点像打酱油的，就是不符合一呼百应网本身 B2B 平台定位。另外在图 8-1 所示一呼百应网的 Alexa 数据中，my 子域名是用户管理商铺的后台域名，域名下的内容并没有参与搜索排名，所以排除分析，不过由 my 子域名的数据可以看出一呼百应网的固定用户流量是非常强大的，这不是 SEO 的功劳，而是网站整体运营的功劳。站在 SEO 的角度，我们只需要分析一呼百应网这几个子域名的详细情况就可以了。

8.2.1　www 域名的分析

首先查看各个主要子域名的百度收录情况：

（1）www.youboy.com 的百度 site 数值为 6150 万

（2）b2b.youboy.com 的百度 site 数值为 3010 万

（3）qiye.youboy.com 的百度 site 数值为 531 万

（4）gongyingshang.youboy.com 的百度 site 数值为 393 万

（5）book.youboy.com 的百度 site 数值为 816 万

注意到顶级域名 youboy.com 的百度 site 数值为 6030 万，也就是说按照百度 site 指令给出的数据，各个子域名的收录量的总和要大于顶级域名的收录量，这显然是不可能的。使用站长工具网站的历史记录查询工具，查到一呼百应网的 www.youboy.com 域名的收录量原来不到 4000 万，在 2012 年 10 月 18 日突然猛增到了 6000 多万（如图 8-2 所示），同时查询酷易搜网的顶级域名收录量，在 2012 年 10 月 17 日由 407 万猛增到了 870 万。可见这个数据的错误应该是 site 指令本身的问题，在那两天应该调整了估算算法，不

2012-10-19	6070万
2012-10-18	6060万
2012-10-16	3930万
2012-10-15	3940万
2012-10-14	3940万

图 8-2　www.youboy.com 的 site 数据猛增

过这并不影响我们对一呼百应网的分析，不论 www.youboy.com 的收录量是 3000 多万还是 6000 多万，都是一呼百应网最为主要的一个域名，都需要进行重点分析。

经浏览，www 域名下主要有产品信息、产品图片和求购信息等内容。经过在百度搜索中仔细查看域名 www.youboy.com 的 site 指令返回结果，以及对此域名下页面内容的分析，得出 www.youboy.com 域名下主要有以下 4 类页面，由于 inurl 指令的结果数和实际收录肯定会有很大出入，所以以下数据仅仅是参考比对。

（1）URL 形式为"www.youboy.com/s"+"ID"+".html"的产品供应信息页，百度搜索 inurl 指令有 1 330 000 条结果。

例如 http://www.youboy.com/s56141620.html

（2）URL 形式为"www.youboy.com/pics"+"ID"+".html"的产品图片页，百度搜索 inurl 指令有 73 400 条结果。

例如 http://www.youboy.com/pics75718102.html

（3）以 www.youboy.com/cp/为首页，URL 形式为"www.youboy.com/cp/"+"产品词拼音"的索引页，百度搜索 inurl 指令有 5500 条结果。

例如 http://www.youboy.com/cp/shoudongqianzi/

（4）URL 形式为 "www.youboy.com/b" + "ID" + ".html" 的求购、回收信息页，百度搜索 inurl 指令有 15 600 条结果。

例如 http://www.youboy.com/b657340.html

除了这 4 类主要页面外，还有一些在 SEO 方面看来无关紧要的页面，比如 URL 以 "www.youboy.com/home/" 开头的一些专题页面和含有 "www.youboy.com/s/s.jsp？kw=" 的站内搜索页面等。通过 inurl 指令的结果数对比可以看出一呼百应网站 www 域名下已被百度收录的产品信息应该最多。

分析得出一呼百应网 www 域名下除了有少量的索引页，并没有聚合页面，以详情内容页为主。使用站长工具的 "百度权重查询" 也可以看出 www 域名下绝大多数都是这些内容页面的长尾词流量，即 www 域名的流量支点主要是这些内容页面。并且有三种 URL 形式的内容页，以及一种 URL 形式的从信息页中抽离出的图片页面，初步发现这几类页面之间存在着某种对应关系。比如，

产品信息：http://www.youboy.com/s68907758.html

信息中的图片的链接为：http://www.youboy.com/pics68907758.html

两个 URL 中的 "ID" 是相同的，也就是说图片页是根据信息页自动生成的。暂时没有发现 URL 以 www.youboy.com/b 开头的页面和其他两类页面有直接的关系，这将在 8.3 节关于网站结构、内链以及 8.4 节关于页面分析的内容中再进行详细讨论。

8.2.2　b2b 子域名的分析

经浏览，此域名下的内容定位为企业商铺、供应商和供应信息。经过在百度搜索中使用 site 指令查看，使用站长工具 "百度流量" 工具查看有百度搜索排名的页面，以及在 b2b 子域名内浏览后可以统计出 b2b.youboy.com 域名下主要有以下几类页面。

（1）三级域名形式的公司商铺，商铺下有两级分类页面，有包含 ID 的产品信息页面。例如，

- 商铺页面：fshuihuang304.b2b.youboy.com
- 商铺一级导航：fshuihuang304.b2b.youboy.com/spjs.html
- 商铺二级分类导航：fshuihuang304.b2b.youboy.com/spzsf2.html（产品分类）
- 产品供应信息：fshuihuang304.b2b.youboy.com/show0sp67084833.html
- 产品求购信息：xm5987.b2b.youboy.com/show1sp656392.html（和供应信息略有区别）

（2）直接存放在 b2b 子域名下的产品信息，URL 中包含 ID，例如，

- b2b.youboy.com/show0cp75033010.html

（3）直接存放在 b2b 域名下产品信息的行业和地区两种多级索引页面，例如，

- 一级行业：b2b.youboy.com/class1/index13.html
- 子行业：b2b.youboy.com/class2/23_1153

- 省份和城市分类：b2b.youboy.com/class2/dqp5.html

（4）首页及一些索引首页，例如，

- 行业索引首页：b2b.youboy.com/class.html
- 地区索引首页：b2b.youboy.com/area.html
- 最新供应信息索引页：b2b.youboy.com/zhuigongying.html（不知道是否拼音打错了）

初步发现企业商铺三级域名下的产品信息页面 URL 中有 ID，直接存放于 b2b 子域名下的产品信息也有 ID，并且两者的 URL 比较相似。经过试验，同一 ID 的两种 URL 都是有内容的，并且主题内容是相同的。再联想到 www 域名下的产品信息及图片信息页面 URL，经过试验，发现同一 ID 的 4 种 URL 都是可以访问的，并且三个产品信息页面的主体内容是一样的，图片页面使用的是相应产品的图片。例如产品信息：

www.youboy.com/s75065010.html

b2b.youboy.com/show0cp75065010.html

xlbwx518168.b2b.youboy.com/show0sp75065010.html

同 ID 的三个页面的主体内容是一样的，并且三个页面的图片都有一个共同的链接，指向 www 下同 ID 的图片页面：www.youboy.com/pics75065010.html。初步可以确定一呼百应网利用用户发布的同一条信息自动生成了 4 个页面，分别放在了三类域名下面，从而使得网站拥有了大量的信息。当然一呼百应确实也有大量的真实产品信息。在一开始已经检查过一呼百应网的几个主要子域名，是没有 robots.txt 文件的，所以可以确定一呼百应网之所以被百度收录这么多网页，肯定有一条信息被多次利用的原因。

同时经比对后发现 URL 以 www.youboy.com/b 开头的信息和三级域名商铺中的求购信息相对应。例如以下两个同 ID 的页面的主体内容是相同的：

xm5987.b2b.youboy.com/show1sp656392.html（供应信息为 show0）

www.youboy.com/b656392.html

并且发现求购信息中的图片和供应信息并不一样，求购信息中的图片是没有专门页面的。

在使用站长"百度权重"工具查询 b2b 子域名时，发现在有排名的页面中有以下形式的 URL：

b2b.youboy.com/class2/4956.html?pid=25

b2b.youboy.com/class1/1.html

注意到 URL 中有 "class"，有可能这是一种前面没有统计到的分类页面，经过在各级索引页面中的查找，终于找到与上面两个 URL 相对应的 URL：

b2b.youboy.com/class2/25_4956

b2b.youboy.com/class1/index1.html

在站内简单浏览，发现站内索引和面包屑导航中使用的都是下面这类 URL。也就说明一呼百应网站内可能存在 URL 规范化问题，存在多套 URL 形式，并且并没有使用 301 重定向，百度在进行排名时选择使用了一呼百应推荐之外的 URL 形式。进一步分析，也就是一呼百应网站内可能存在权重分散和浪费的情况。

在站长工具"百度权重"给出的结果中，发现一呼百应网 b2b 子域名也是以产品信息为主要百度搜索流量贡献点，分类索引页面也有一定的页面，不过主要还是来自于内容页的长尾流量，毕竟信息页的量级是其他类型的网页不可比的。

同时在"百度权重"中还发现一呼百应网有不少三级子域名的公司商铺排名非常不错，也有大量搜索量比较低的关键词有排名，如果这些词有一定量级，那么这一部分搜索流量也是不可小视的。如图 8-3 所示为查看一呼百应网"百度权重"的部分结果截图，截图中除了第三行"影院椅"不是商铺首页，其他记录均为三级域名商铺首页。不论一呼百应是否刻意为之，B2B 类网站分配给各个公司会员子域名的首页也都具有很强的竞争关键词排名的能力，就看网站是否布局或引导用户在商铺首页中布局关键词了。

82	安徽拓展	61	2	6420000	安徽拓展训练商铺 websl.b2b.youboy.com
83	北京塑料托盘	58	2	1670000	北京塑料托盘实业集团 ycppz.b2b.youboy.com
84	影院椅	58	2	223000	影院椅_影院椅供应商_供应影院座椅舒适电影院…
85	焦作风神轮胎	55	2	1220000	焦作市风神轮胎有限公司 jzfslt.b2b.youboy.com
86	西安包月电话	55	2	770000	西安移动包月电话商铺 xabydh.b2b.youboy.com
87	免费商铺	54	2	5590000	一呼百应企业商铺 b2b.youboy.com:中小企业网上商铺
88	重庆福利彩票网	54	2	2850000	重庆市福利彩票中心商铺 cqssc.b2b.youboy.com
89	中国人名网	51	2	32600000	中国人名解放军第一零零医院商铺 sunnysunny5656.b2b.youboy…

图 8-3　一呼百应"百度权重"查询

8.2.3　qiye 子域名的分析

经浏览，此域名下的内容定位为企业名录。经过 site 指令及在站内浏览分析，统计出一呼百应网站 qiye 子域名下，主要有行业和地区分类页面及公司详细介绍页面。例如，

- 行业分类：qiye.youboy.com/type/1.html

    qiye.youboy.com/type/1037_1.html

- 地区分类：qiye.youboy.com/pro1_1.html

- 公司介绍：qiye.youboy.com/jiangsu/ao/qiye6888471_2037.html

经分析各类页面的 Title，以及使用站长工具"百度权重"分析 qiye 子域名发现，此域名下的内容主要竞争**（行业）企业名录、**（地区）企业名录及公司名字的百度搜索排名。经在百度搜索此类关键词后发现，此域名的搜索排名并不是很给力。比对此域名公司信息和 b2b 域名下的商铺信息后，qiye 域名虽然百度收录量比较大，但是公司信息有采集的嫌疑。如果是小型网站，那么采集的可能性就比较大，像一呼百应网这种级别的网站，更有可能是通过其他渠道批量获得的，比如找相关部门、组织或研究中心购买数据库等。

还可以注意到，此域名下的地区分类并不准确。选择某地区后，列表中的公司不只是本地区下的公司，甚至所有地区的列表内容都是相同的。如图 8-4 和图 8-5 所示，分别是湖北地区和

云南地区的公司列表页，可见列表内容是完全一样的。也就是说此子域名的网站程序可能存在 Bug，在笔者所观察的一周时间内，一呼百应网都没有修复这个问题，从侧面反映了这个子域名在整站中的地位并不是很高，可能一呼百应网站站内并没有人在维护这个子域名。

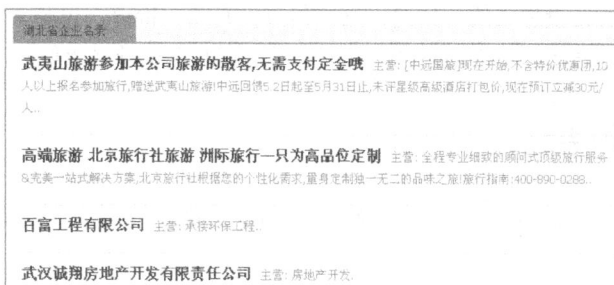

图 8-4　湖北地区

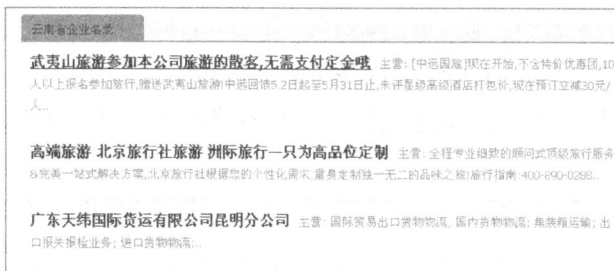

图 8-5　云南地区

8.2.4　gongyingshang 子域名的分析

经浏览，此域名和 qiye 子域名雷同，只不过索引页面定位的关键词为"**厂家""**供应商"。对比两个子域名内容页的面包屑和内容页的推荐链接，会发现在 qiye 域名中是以行业分类为主，在 gongyignshang 子域名中是以地区分类为主。

猜测：这两个域名下的内容是一呼百应网批量整合的公司信息内容资源，只是捎带在搜索引擎中捞一些流量。这些信息对于用户的价值并不是很大，经查看这些公司中有不少没有联系方式，根据经验这类信息即使有联系方式也是失效的，也就是说对电话推广营销人员来说并没有意义。公司信息对于营销推广人员来说没有意义的话，也就没有了任何价值。所以 qiye 和 gongyingshang 两个子域名下大量内容的质量有待考量。

8.2.5　book 子域名的分析

经浏览，此域名下的信息主要来优化"**公司联系电话"之类的关键词。经过在百度搜索使用 site 指令和在站内浏览，统计得出此子域名下主要有以下两类页面。

● 地区分类页面：book.youboy.com/list/13/1.html

● 公司联系信息页面： book.youboy.com/com/10938174.html

注意到有的内容页面根本没有相应公司的联系方式，所以可以猜测：这个域名下被百度收录的近 900 万页面，是一呼百应网根据 b2b 子域名、qiye 子域名和 gongyingshang 子域名中的公司名字和联系方式内容批量生成的。猜测：这些信息没有太大价值，也是一呼百应网整合出来抢搜索流量的。当然，这只是个人猜测而已，目前来看，这几个子域名貌似都没有多少搜索流量。

8.2.6 本节分析所得结论

通过以上分析不仅可以进一步了解一呼百应网主要子域名下的内容，还可以初步得出以下几个主要结论。

（1）一呼百应网的主要搜索流量是由内容页面带去的，也就是其搜索流量多为长尾流量。如此庞大的内容量应该是网站整体运营的结果，和 SEO 的关系并不大，如果读者自己也是做 B2B 网站的，可以建议公司运营和产品人员仔细研究一下一呼百应网的各个产品及运营策略。

（2）一呼百应网全站的 URL 设计还比较不错，至少除去站内推荐的一些搜索链接外，整站 URL 设计得都比较短，并且 URL 层级也都非常浅，相对来说页面所继承域名的权重都会比较不错。

（3）一呼百应网之所以会有如此大的信息量，首先是因为他们的确有大量的用户发布了大量的信息，但他们把一条信息进行了多元化的使用，也是从外部看感觉他们信息量超大的一个重要原因。也可以说他们重复使用同一内容，站内存在重复信息。对内容整合得比较好的话，在网站有一定权重和技术能力的前提下，这个方法也是比较不错的。不只和一呼百应网一样的 B2B 网站，很多媒体网站也存在大量这类现象，有的称之为"双保险"或"双排名"。这种操作手法是建立在网站拥有高权重基础之上的，不建议小站模仿。虽然站内存在重复内容，并不是搜索引擎打击的对象，但是安全起见，当自己网站权重不够高时，不要如此操作。当然，有些网站并不是出于 SEO 角度才如此操作的，而是因为公司内部部门冲突、资源互争或 BOSS 意见造成的。

（4）一呼百应网站内细节优化可能有些问题，至少存在少量 URL 规范化问题。

（5）部分不重要的内容使用的服务器并不太好或者维护不到位，在笔者分析 gongyingshang 子域名时，一直有大量 502 错误出现。

（6）一呼百应网各子域名虽然各有主攻方向，但是索引页面的关键词定位也有所冲突，比如几个子域名的行业分类索引页面几乎都定位了 "**供应商" "**厂家" 之类的关键词。一般性考虑，其实没有必要开这么多子域名优化不同的关键词，完全可以把 qiye，gongyingshang 和 book 的内容放到同一个域名下。可能一呼百应网根据数据来源及数据用途的不同而使用了不同的子域名。

（7）一呼百应网在 SEO 方面以 www 和 b2b 两个域名为主，其他域名相对来说在 SEO 方面有点像打酱油的，是一呼百应网利用相关资源或者采集然后批量组合生成的页面。相对来说，www 域名和 b2b 域名下页面之间的关系最有分析价值。

SEO　8.3　分析网站结构和内链布局

站内的网页可以根据页面内容分成几类，内链分析就需要分析各类页面之间以类别为单元的链接关系，以及同类页面之间的链接关系。从而分析出对方网站主推的内容有哪些，网站发展的核心内容是什么。

8.3.1　各类页面之间的链接关系

由上一节分析可以得出，一呼百应网除了 www 和 b2b 子域名外，其他子域名的结构和内容都是相对比较简单的。最值得分析的就是一呼百应网自动生成的这些信息之间的链接关系。之前我们简单分析了一呼百应网的内链布局，并由笔者同事制作了示意图。如图 8-6 所示为我们概要统计的 www 和 b2b 两个子域名之间的链接关系。这是对两个域名下的所有页面中的链接分析的结果，目的是为了全面地了解一呼百应网站内的链接布局和权重导向情况。在实际工作中，只根据需要标注出自己认为重点的链接就可以了，不过做一张全面的内链图，可以更好地辅助分析目标网站。

在一呼百应网的内链设计中，最值得注意的是 www 下的信息页和图片页，b2b 子域名下的信息页，以及三级域名商铺下的信息页四者之间的链接关系。根据内链图，可以分析出：

（1）一呼百应网把图片页当做了四个扩展页面的枢纽，因为三个信息页面的内容是一样的，图片也是一样的，所以给图片加链接也应该都指向同一个页面，因此三个信息页面都有链接指向了同 ID 的图片页面。

（2）www 域名下图片页面中使用了部分信息内容，然后使用"详情"加链接指向了 www 域名下的信息页面。由内链图可以看出，www 域名下的信息页除了获得自身的相关推荐外，只有图片页导过来的链接了。猜测一呼百应网可能考虑至少从外部给这部分信息一些链接，并且加强 www 域名下内容之间的链接关系，从而在图片页面加了指向 www 域名下信息页面的链接。

（3）www 域名下图片页除了指向 www 域名下信息页之外，还有一个重要的导出链接，就是使用面包屑的形式给对应的三级域名商铺首页导了一个链接。

（4）b2b 域名下面的信息页面，在内容的最后使用"查看全部详细描述"加链接指向了三级域名商铺下的信息页面。同时页面中也有指向相对应的三级域名商铺首页的链接。

（5）b2b 子域名首页也在主推三级域名商铺和商铺下的信息。

（6）综合来看，三级域名商铺首页是链接的核心；三级商铺下的信息是信息的主体。四个扩展页面都有链接导向商铺首页。在四个扩展页面和商铺页中，商铺页是核心，得到了其他所有页面的链接；三级商铺页下的信息相对来说在四个扩展页面中得到了最多的链接；其他页面只是简单得到了一些逻辑链接而已。

根据以上内链走向可以看出，一呼百应网站整站主要推的就是三级商铺页及商铺下的信息页，其他信息页和对应的行业索引页都是附加的，可能是为了整合获取更多流量而按照一定规则生成的。

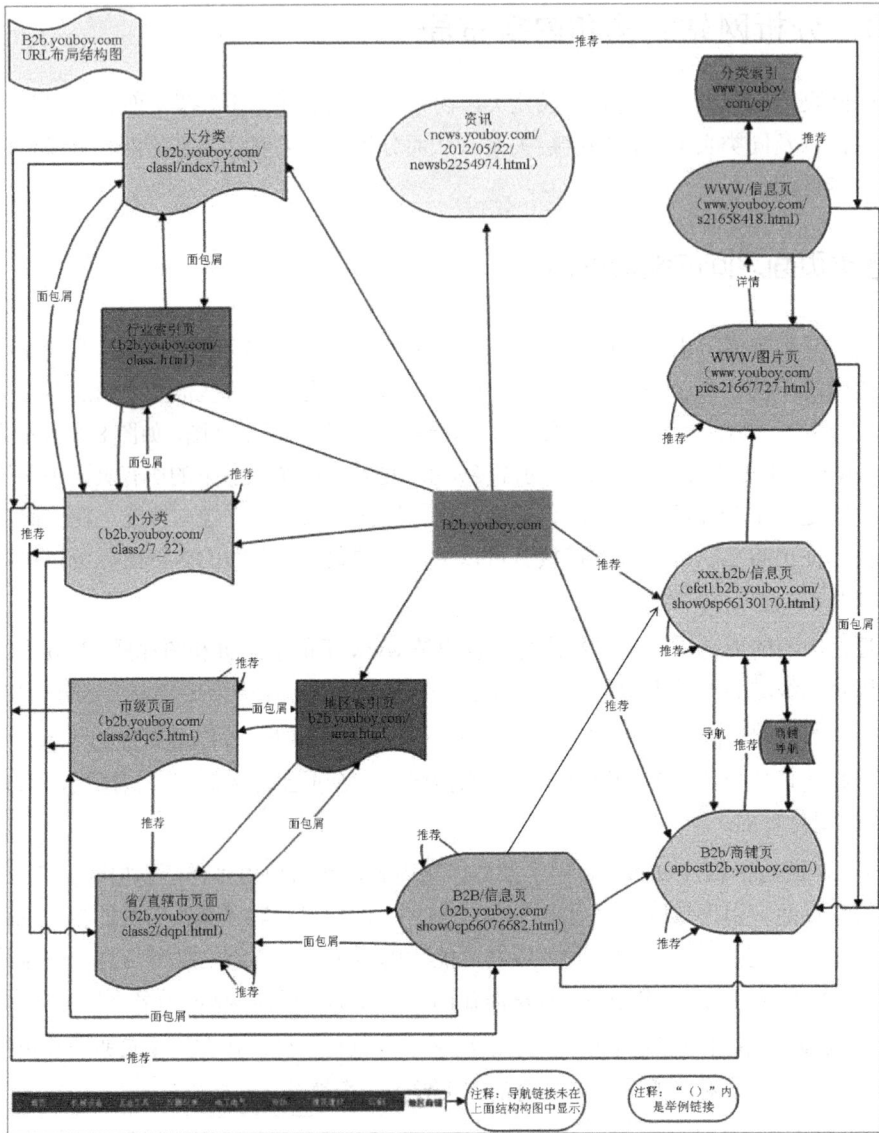

图 8-6　www 和 b2b 子域名内容之间的链接关系

注意到 www 和 b2b 两个域名下的行业分类是分别对 www 域名下的信息和 b2b 子域名下的信息的索引。但是根据实际索引情况来看，这些分类页面只是起到引导 Spider 抓取这些信息页的作用，并没有实际的导入权重的作用，因为相应分类下的信息和分类名字根本不对称。看列表中的信息和列表名字的对应关系，更像是搜索的结果，而不是把信息按行业归类，并且这个搜索结果的质量也不敢恭维。具体相应页面抢夺的什么类型的词，以及列表页的质量问题，会在后续的页面分析中进行详细的讨论。

再来简单看一下 qiye 子域名和 gongyingshang 子域名的内链情况，由于两个子域名下的内容结构比较简单，在此只是简单提一下。如图 8-7 和图 8-8 所示分别为 qiye 和 gongyingshang 子域名的内链结构示意图。可以直观地分析出两个子域名一个以行业分类为主索引、一个以地区分类为主索引，分别优化对应的组合关键词。同时两个子域名下还都推荐了站内搜索链接，不过两个子域名的站内搜索页面的收录情况都并不是很好。并且可以发现 gongyingshang 子域名内推荐的站内搜索链接存在大量的 404 错误，应该是系统问题，可见一呼百应网应该有一段时间没有维护这个频道了。

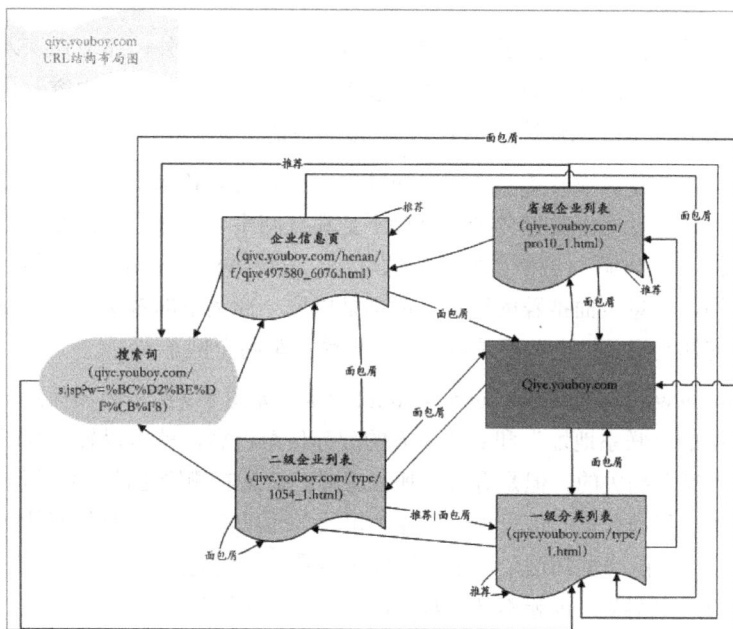

图 8-7　qiye 子域名的内链图

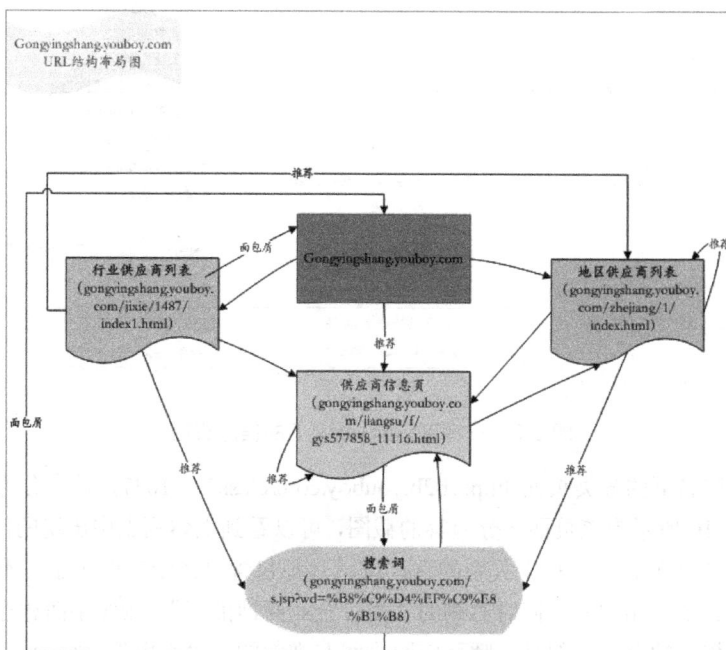

图 8-8　gongyingshang 子域名的内链图

根据两个域名各类页面的内容和标题，基本上可以给这两个域名定性为"多渠道整合了一些信息来获取搜索引擎流量"，公司用户自己登记的可能性比较小。

8.3.2　同类页面之间的链接关系

分析目标网站的内链，除了分析表面上各类页面之间的链接外，还应该深入分析目标网站同类页面之间的链接情况。常见的内容页面一般都会推荐同类别的最新内容、相关内容和热门内容，内容页和相应的分类目录页之间也会有一定的内链设计。

笔者详细查看了一呼百应各类页面中的链接，也许是笔者水平有限，并没有找到令笔者眼前一亮的链接设计。反而感觉部分推荐链接不是那么回事，一呼百应网站内链接有点像"硬加的"。笔者使用了一下一呼百应网的发布信息后台，发现只有发布信息的功能，所填写的产品词没有在前台使用，信息页面推荐的链接一般都是以同一商铺下的链接为推荐规则。站内所标注的"相关"内容其实相关性也并不是很大。这里简单举两个例子。

（1）信息 http://www.youboy.com/s665043.html 页面。如图 8-9 所示为该信息页面的部分内容截图。根据信息中的"联系地址"和截图下方的部分信息内容，就可以轻松判断出这个页面是与"物流"和"搬家"相关的。但是看看一呼百应网在信息右侧给出的"相关信息"，8 条信息中只有两条物流信息和当前页面信息内容还算"相关"，但是其他链接是按照什么规则推荐出来的，就不得而知了。只能感觉到这个"相关"有些不妥，这些链接和本页信息的内容并不相关，也就不能吸引用户点击浏览，也就不是"对用户有价值"的链接。

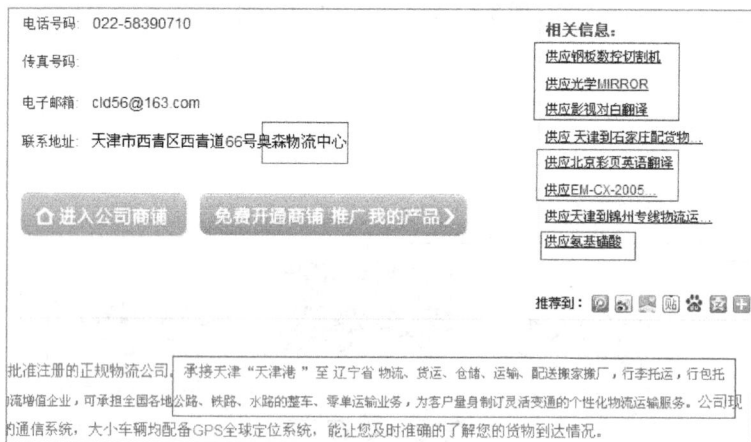

图 8-9　一呼百应网 www 下的信息页面

（2）b2b 子域名下的分类页面 http://b2b.youboy.com/class2/1_1037，这个分类的名字是"对讲系统"。如图 8-10 所示为该页面部分内容的截图，可以看到主体列表中出现的信息和"对讲系统"之间并没有什么关联，硬扯上关系的话，也就是都包含"系统"两个字，不过这是一个辅词，内容应该是和主词相关的。同时右侧的"类目企业商铺推荐"，按照字面意思，应该是推荐和"对讲系统"相关的公司，但是一呼百应网给网友推荐的是"水电""化妆品"等公司，也就是完全不相关。

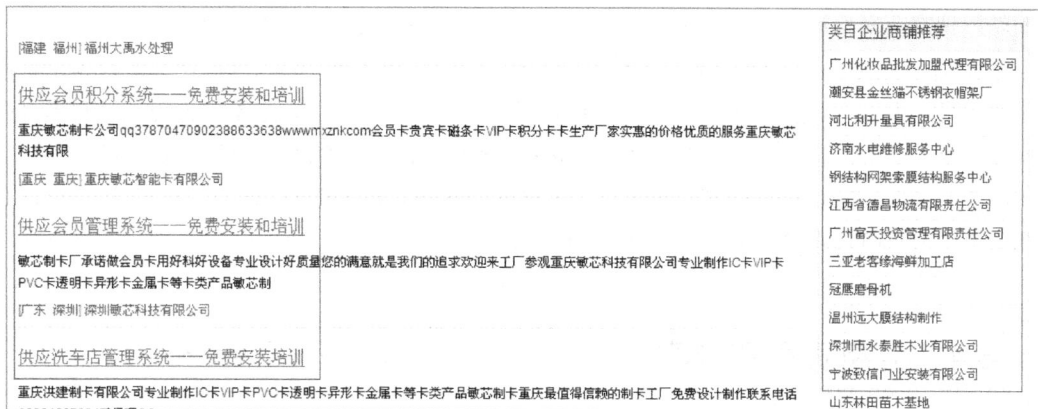

图 8-10　b2b 子域名分类页面

当然一呼百应网可能有着自己的设计思路，但至少在笔者的眼光看来，这些链接都"只是链接"而已，并没有发挥相应位置的链接应有的作用。这样的内链设计可能会显得有些不妥。

有必要提及的是，在上面的综合链接图中并没有标注上前文所述 www 下的求购、回收信息。求购、回收信息和供应信息一样，不过没有专门的图片页面。这里比较有意思的是一呼百应网的一个链接设计错误，比如回收信息 www.youboy.com/b718011.html 页面，此页面上的面包屑导航及本页用了 H1 标签标题上的链接是错误的。如图 8-11 所示为面包屑最后一级和本页标题上所加的链接，理论上这两个地方应该加上本页的链接，是"www.youboy.com/b"+"ID"+".html"的形式，但是现在该页面使用了"www.youboy.com/s"+"ID"+".html"的形式。通过前文分析可以知道这是供应信息的 URL 形式，所以一呼百应网的技术人员，应该没有区分开供应信息和求购回收信息的 URL 特征，而使得站内出现了大量的错误链接。如果相对应的 ID 有供应信息还好，只是锚文本有些乱而已；如果相对应的 ID 没有供应信息，那就是错误链接，也就是死链了。

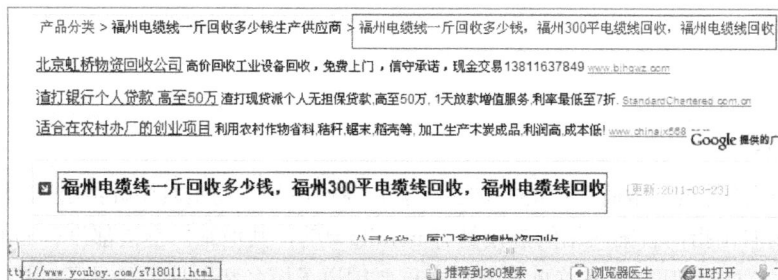

图 8-11　回收信息页面错误链接

经过分析，一呼百应网除了四类扩展页面和商铺首页之间的链接设计是比较不错的，其他的站内链接设计整体并没有发现太多特别之处。建议大家多研究一下优酷网的"相关链接"及58 同城各级页面之间的链接关系。站内链接设计的核心应该就是"相关性"，只有相关的链接才是对用户有意义的，也是搜索引擎所推崇的。这个"有意义"应该是让用户浏览完本页的内容后有浏览推荐链接页面的欲望，比如优酷网视频页面的相关视频。不过"搜索"是个挺难的工作，百度做了这么多年的搜索引擎，搜索结果的质量也有很多不尽如人意的地方，所以其他网站的站内搜索结果质量，以及通过站内搜索来推荐的链接都会或多或少有些问题。

站在 SEO 角度，站内所有链接的推荐都应该首先保证相关性。有一些网站喜欢在内容页推荐一些"最新内容"，这个"最新内容"也应该是和本页内容相关的，最不济也应该是和本页内容同属一个分类的。总之，一切和当前页不相关的链接设计一般都是失败的，只有内容相关了，其他的才有意义。在设计链接时，不仅仅要考虑权重导向，还要把自己当成一个普通用户，看看在浏览当前页时是否会点击页面中所推荐的链接。

8.4 分析页面和内容

由于一呼百应网为信息发布平台，并没有自己的编辑人员更新文章，所以内容质量方面取决于发布信息的用户及一呼百应网的审核人员。这种信息发布平台的内容质量都是半斤八两，大部分信息都是以拥有搜索排名和展示联系方式为目的，往往在内容本身的相关性和引导转化上并没有太多的设计。作为平台运营者，应该引导发布信息的用户提升信息质量，并注重信息本身内容的转化引导性。

图 8-12　一呼百应网首页

在前面已经发现一呼百应网把一条信息反复使用了多次，从而让百度收录了大量的页面。众所周知搜索引擎对重复信息收录应该是不好的，如果站内有大量的重复信息，还有可能会降低搜索引擎对整站的印象，那么一呼百应是如何把同一条信息做成不同的页面的呢？一呼百应网的内容页之外的页面 SEO 做得又怎么样呢？下面来逐一进行讨论，这里只对 www 和 b2b 子域名进行分析。

8.4.1 首页

1. 网站首页

一呼百应网的首页非常简洁（如图 8-12 所示），使用站长常用工具中介绍过的"检测 nofollow 插件"，很容易看出指向备案网站的链接是有 nofollow 的，其他站内链接都没有 nofollow。查看页面源代码后，发现一呼百应网首页只为站内重要频道子域名和主推产品导了链接，"厂家导航"有产品信息索引页 www.youboy.com/cp/的链接。网页底部的"百度""新浪"等链接为一呼百应网提供给用户的导航，搜索引擎是不可见的，用户可以自己编辑，目的应该是鼓励用户把一呼百应网设置为浏览器主页。对于平台类的网站，这的确是一个不错的方法，使用这个平台的用户肯定是目标用户，并且也是回头率比较高的用户，给网站首页增加导航功能，可以促使用户把网站首页当成其以后上网的入口，从而获得更多的直接流量，逐渐留住和积累更多的用户。

经分析，一呼百应网力求首页的简洁性，并没有怎么考虑为内页多导链接。只是在"厂家导航"文字上给产品信息索引首页增加了入口，由于这样的设置并不会引起普通用户的注意，所以此链接应该是为搜索引擎准备的；没有竞争排名作用的页面并没有使用 nofollow；查看首页的 Title 和元标签，也没有刻意优化的痕迹；一呼百应网站首页和商铺频道首页都没有友情链接，可见这两个频道并没有使用友情链接的方式获取外链。也可能 SEO 人员希望加"友情链接"模块，但是被产品、运营或者 BOSS 给否决了，SEO 人员要懂得让步和使用这种方案。

2．商铺频道首页

首先分析该网页的 Title 和元标签，使用站长工具查看该页面 Keywords 标签中定位关键词的排名情况。如图 8-13 所示，除去含有品牌的关键词外，其他核心关键词的百度搜索排名并不理想，这些关键词也像是随意写的，可能一呼百应网的 SEO 人员认为 Keywords 没什么作用，就没有刻意做什么设计吧。这代表 b2b 子域名首页本身并没有明确地抢夺什么关键词，只是起到一个权重传递的作用，把权重传递给重要分类页和索引页、重要内容页、最新内容页等，以提升重要页面的排名和新内容的收录。注意到关键词中还有"电动车成品""深圳华洋食品商贸有限公司"两个奇葩关键词，暂时不明所以。

关键词	出现频率	2%≤密度≤8%	百度指数	百度排名
一呼百应企业商铺	2	0.1%	487	1
企业网站	1	0.0%	444	100名以外
b2b	2	0.0%	1752	61
电子商务	1	0.0%	2735	100名以外
供求信息	0	0.0%	423	重试
求购信息	0	0.0%	157	100名以外
供应信息	1	0.0%	56	100名以外
商机服务	0	0.0%	查询	81
电动车半成品	1	0.0%	查询	8,38,41
深圳华洋食品商贸有限公司	0	0.0%	查询	3,5,6,7,20

图 8-13　b2b 子域名首页定位的关键词百度排名

查看页面的 description 标签，如图 8-14 所示为使用站长工具查看到的页面 Title 和元标签内容。明显注意到 description 的后半部分有一个"最新加盟商铺"，并且前两个词和 Keywords 中最后两个奇葩关键词是一样的。所以可以基本确定这些内容是一呼百应网自动调用的最新加入商铺的名字。

内容（于2012年11月15日缓存）

一呼百应企业商铺 b2b.youboy.com: 中小企业网上商铺注册免费平台，注册开通企业网店

一呼百应企业商铺,企业网站,b2b,电子商务,供求信息,求购信息,供应信息,商机服务,电动车半成品,深圳华洋食品商贸有限公司,

免费注册企业网上商铺，开通企业网店。每天2万多家中小企业网上注册企业商铺/注册开通企业网店推广销售公司产品,最新加盟商铺,电动车半成品,深圳华洋食品商贸有限公司,乐清正传电气科技有限公司,。

图 8-14　b2b 子域名首页的标题和元标签

如图 8-15 所示为百度搜索"一呼百应商铺"得到的结果，不仔细看页面描述的话，会感觉摘要有点乱，如果这个词是普通关键词，这个链接并没有什么吸引力。理论上说这样操作并不合理，可能一呼百应网的相关人员认为这样更新页面的元标签，有利于页面快照的更新。当然也有可能是为搜索用户刻意在搜索结果中展示两个最新商铺。不过，注意到描述中有一个数字

"2 万"，在一堆普通的文字中，数字相对来说对用户的眼球是有一定刺激力的，并且数字也可以更具体地展现实力、说明情况，因此在页面 description 中使用数字在吸引用户的眼球方面也是不错的方法，如果能够在 description 最前面设计一个醒目的数字，效果应该会更好。

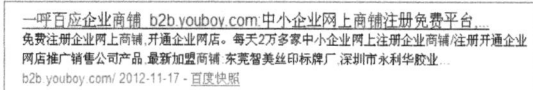

图 8-15　百度搜索"一呼百应商铺"

对于页面上的内容，这个首页就是为重要页面和最新页面导权重的。比对页面源代码和页面显示结果的区别，可以发现：

（1）一呼百应网把 b2b 子域名首页左侧的产品分类链接模块实际放到了页面源代码的后方，把商铺、信息链接放到了代码比较靠前的位置。可能是为了让 Spider 优先发现页面有所变动而更新页面快照，并及时地发现网站新增的网页。

（2）页面显示中的"推荐商铺"在页面源代码中是没有的，应该是使用 JS 调用的。理论上这部分商铺应该是付费用户的，可能一呼百应网感觉没必要给这些页面导权重过去，只要在首页多多为客户展现就好，也有可能是对于当前的系统使用 JS 实现比较方便。

同时发现 b2b 子域名首页居然还有一块链接调用了信息简介。如图 8-16 所示为 b2b 首页"最新产品供应资讯"模块中的部分内容，使用了"标题+摘要"的形式。很少会见到在网站首页调用出部分信息简介的网站，并且此处应该也没有吸引用户点击的作用。一般在列表页调用出信息部分简介内容，是为了为列表页提供一些文本内容。此处的设置可能和列表页有相同的含义，也有可能出于方便用户了解信息内容的目的。不过在首页提取信息摘要，一般是为了吸引用户浏览该信息，比如一些新闻门户网站，如果真的是为了增加首页中纯文本内容，应该并不是十分必要，当然也没有什么坏处。

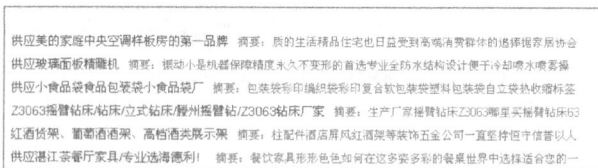

图 8-16　b2b 子域名首页部分内容

在 b2b 子域名首页并没有发现太多出彩的地方，当然常见的 SEO 方法和策略都很有限，也并不会有太多的奇特方法和思路的出现。一般首页凭借自己的高权重优化几个核心词，为站内页面做好入口就已经很不错了，不必刻意地追求太多个性化的设计。注意到该页面页脚处的链接部分也使用了 nofollow（如图 8-17 所示），不过"产品推广""广告服务"之类的链接并没有使用 nofollow，也许是考虑到有些商家会搜索"一呼百应网推广""一呼百应网服务"之类的搜索词吧。反思自己进行相关设置时，不要人云亦云地为这些链接都加上 nofollow，当自己的网站有一定品牌时，这些页面也会拥有一定排名价值。

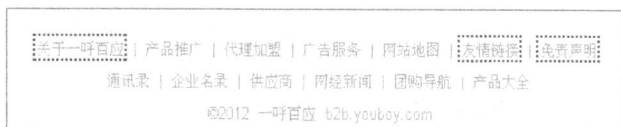

图 8-17　b2b 子域名首页页脚

除此之外，并没有发现 b2b 子域名首页本身刻意优化什么关键词的迹象。可能一呼百应网并没有在首页上花费太多心思，或者并不在意吧。不过单纯从 SEO 角度出发，两个首页都没有抢夺品牌词之外的关键词，确实有些可惜了。

8.4.2　分类目录页

本节主要以 b2b 域名下的分类目录为例进行简单分析，例如会计用品分类目录页：b2b.youboy.com/class2/2_819/。

在正常的网站中，分类索引页应该是站内底层内容的重要入口，搜索引擎和普通用户都需要通过这些分类目录浏览整站内容。和首页一样，分类目录除了本身为内容页的入口外，一般也会利用自身的高权重重点优化一些关键词。分类目录页一般会成为普通网站重点优化的对象，因为其列表性质而造成内容高度相关，也因为它拥有分类下大量内容页的面包屑导航链接而拥有较高权重，并且优化好分类目录页也有助于分类下内容页的收录和排名。

除去首页和索引入口页这些一般只有链接的页面，其他所有含有内容的分类目录页、专题页、内容页的分析，都要分析内容的相关性、关键词密度和频度、Title 和各种标签优化情况、链接布局、源代码和页面内容显示有没有区别等。下面来看看一呼百应网的分类目录页是如何做的。

1．内容相关性

前面提到过，在一呼百应网发布信息时，并没有分类可以选择，只可以选择自己在商铺下自定义创建的分类。也就是说除了三级域名商铺下的信息有分类外，其他地方的信息是没有分类的，又因为每个人自定义的分类是不同的，质量也是不完全可控的，所以正常思路下网站不会在其他地方使用用户创建的分类。那么一呼百应网 www 和 b2b 子域名下的分类目录就应该是网站自己生成的，然后使用站内搜索对信息进行归类。其实这种做法也是无可厚非的，只是 Spider 可能通过这个分类不能完全抓取站内所有信息页面而已，但是至少要做到这个"搜索"的有效性，也就是说分类下的内容应该是和分类相关的。

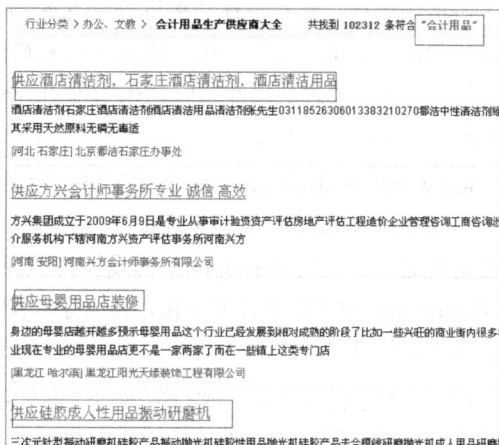

图 8-18　b2b 域名"会计用品"分类目录页

通过前文对一呼百应网站内链接的分析，就可以看到一呼百应网站内部分信息归类有些不妥，在部分分类目录中出现了大量不相关的信息。如图 8-18 所示，这是"会计用品"分类目录页的内容截图，然而列表中居然出现了清洁、母婴和成人用品的信息，并且在这些信息中也没有找到和"会计"相关的字眼，猜测一呼百应网站内搜索系统的分词词典中有"用品"一词，当使用"会计用品"搜索信息时，分词后搜索更多地命中了信息标题中的"用品"。为了实现良好的用户体验，也为了加强本页内容和分类名字的相关度，使得本页在搜索引擎中有个良好的排名，页面内容怎么也要做到"大体相关"。如果内容和分类名不相关，也就是内容和标题不相关，这将会成为排名中的一大弊端，并且内容和标题不相关的话，也容易被搜索用户当做垃圾站而导致跳出率过高，从而引发一系列问题。

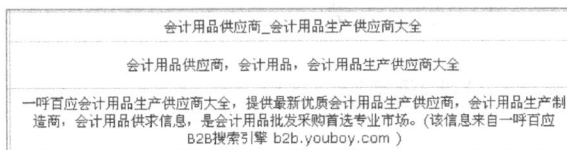

图 8-19　b2b 域名分类目录的 Title 和元标签

不过，就像前面讨论过的那样，"搜索"真的很难做，单条信息各方面的排名权重容易配置，但是对内容进行分词需要很专业的词库，如果词库不够专业、不够全，那么分词的质量就不会太好，从而导致站内搜索不太给力。站内搜索是网站内非常重要的一项功能，不仅仅是搜索结果，还会在相关推荐、内链设计中使用，所以有规模、有能力的网站都应该先把"搜索"研究一下，至少能够让搜索结果质量看得过去。

关键词密度和频度方面，一呼百应网只是在列表上方使用了两次"会计用品"，其他地方并没有刻意出现。关键词密度和频度从一定程度上可以反映页面和关键词的相关度。一呼百应网分类目录页内容本身和分类名相关度不高，也没有完整出现"会计用品"这个关键词。正面来讲，一呼百应网没有进行关键词堆砌；反面来讲，一呼百应网并没有对该类页面进行有针对性的优化。

2．Title 和标签的优化情况

一呼百应网分类目录页的 Title 和元标签设计如图 8-19 所示，Title 设计得中规中矩，组合出现了两次关键词，并且该标题可以完全匹配和非完全匹配"会计用品供应商"各一次，非完全匹配"会计用品生产商"一次，就这方面来看设计得还算不错。分类目录页的 Title 没有加上网站品牌名，应该是为了提升关键词在 Title 中的密度，加强 Title 和关键词的相关度，当然也有可能是相关人员忘记添加了。

Keywords 和 description 两个标签也是使用模版生成的，刻意重复了几遍关键词，也是中规中矩。如果这个 description 出现在百度搜索结果中，搜索用户的目的不是刻意寻找一呼百应网站内的页面，那么该 description 的设计并不会特别地引起搜索用户的关注和点击。也就是说这个 description 的设计比较大众化，符合了匹配几次关键词的常识，但是并没有在吸引用户眼球和点击上做特殊设计。

在页面列表的上方，一呼百应网对"会计用品生产供应商大全"和"会计用品"使用了<b>标签进行加粗，算是对关键词的一种着重表示吧。搜索引擎会对页面中突出显示的文字进行一定的加权，一般为关键词使用加粗变色样式会使得搜索引擎认为当前网页是主要描述这个关键词的。虽然可能没有太大区别，但是如站内优化中所提过的那样，笔者个人认为使用<strong>标

签对页面中的关键词进行着重表示会更好一些。

比较不解的是一呼百应网为列表中的信息标题全部使用了<h1>标签（如图 8-20 所示）。<h1>标签一般是用来声明当前网页内容的标题的，也就是声明当前页面内容的主题，列表页可以专门为关键词使用一次。比如一呼百应网的分类目录页，完全可以给列表页面上方的"会计用品生产供应商大全"使用<h1>。现在一呼百应网列表页中对<h1>的滥用，会让搜索引擎糊涂到底哪个才是当前页面内容的主题。检查页面源代码，并没有发现其他特殊使用的标签。

3．链接情况

在内链结构设计中分析链接布局，是为了了解网站结构和寻找目标网站内链设计的高明之处。在页面分析中分析页面上的链接情况，是因为页面中除了主要内容之外的推荐链接和内容也会参与到关键词相关度的计算中，并且导出链接的多少，网页信噪比也会决定当前页面的权重和关键词相关度。

```
<li class="de_content">
<h1><a title="供应酒店用品洗发液一次性洗发液批发" href="/show0cp81800418.html" target="_blank">供应酒店用品洗发
</a></h1>
<p class="text_1">



    扬州亨泰旅游用品有限公司座落在国家历史名城，优秀旅游城市-扬州，多年来我们产品遍布全国，有着与许多星级酒店供
    产商之一。专业生产宾馆、酒店一次性旅游用品，其中包括：供应拖鞋，酒店拖鞋，一次性拖鞋，航空铁路拖鞋，牙具，头梳，

    本厂坚持：信誉第一，质量第一，公道的</p>
<p class="text_2">[江苏  扬州] 扬州亨泰旅游用品有限公司</p></li>

<li class="de_content">
<h1><a title="供应徐州会计上岗证培训" href="/show0cp81799485.html" target="_blank">供应徐州会计上岗证培训
</a></h1>
<p class="text_1">
```

图 8-20　列表中信息标题的源码

在内链部分已经讨论过，一呼百应网分类目录页的推荐链接相关性有些问题，也就是说现在的"相关推荐"并不会促进当前页面内容和关键词的相关度。幸好页面中的链接并不是很多，不必担心页面噪声太大的问题。不过有意思的是这个页面中链接 Title 属性的设计，一般认为链接 Title 属性的含义仅次于锚文本，当锚文本不能完全展示链接含义时，可以使用 Title 属性进行辅助说明。如图 8-21 和图 8-22 所示，分别为列表页上方导航和列表下方"你还可以找"推荐链接的源代码。一呼百应网给这种分类链接都使用了"**信息网"的 Title 属性，但是这些页面所定位的关键词都是"**生产商""**生产供应商"。如果对定位的关键词优化已经很到位，可以使用多元化的锚文本和 Title 属性，但是一呼百应网分类目录页现在的状况显然不能算"到位"，所以链接定位可能稍微有些分散。

```
<li class="navs"></li>
<li><a title="回到企业商铺首页" href="/">首页</a></li>
<li><a title="机械设备信息网" href="/class1/index13.html" target="_self">机械设备</a></li>
<li><a title="五金工具信息网" href="/class1/index29.html" target="_self">五金工具</a></li>
<li><a title="仪器仪表信息网" href="/class1/index33.html" target="_self">仪器仪表</a></li>
<li><a title="电工电气信息网" href="/class1/index6.html" target="_self">电工电气</a></li>
<li><a title="安防信息网" href="/class1/index1.html" target="_self">安防</a></li>
<li><a title="建筑建材信息网" href="/class1/index17.html" target="_self">建筑建材</a></li>
<li><a title="印刷信息网" href="/class1/index34.html" target="_self">印刷</a></li>
<li class="nav_cur"><a href="/class1/index2.html">办公文教</a></li>
<li class="nave"></li>
```

图 8-21　列表上方导航链接源代码

图 8-22　列表下方推荐链接源代码

如图 8-23 所示为分类列表页右侧推荐的地区目录链接的源代码。这块还是比较合理地使用了链接 Title 属性的，Title 属性中的关键词和相对应页面定位的关键词是统一的。很多网站都会有这些地区类型的链接，在集中推荐内链时并不方便使用完整的锚文本，此时就可以只使用地区名作为锚文本，同时使用链接 Title 属性进行补充。不过使用这种方法应该考虑一下链接的数量，如果你推荐 80 个地区链接，然后每个链接都加 Title 属性 "**地区企业商铺"，那么这个链接块就会有比较大的体积，会造成页面噪声比较大的情况。

图 8-23　地区链接块源代码

www 域名下的产品分类目录页面，现在已被一呼百应网改成了 "类瀑布流" 的形式。如图 8-24 所示为 www 域名产品分类目录页面的翻页和相关推荐链接。可见一呼百应网对这样的链接都使用了 nofollow，也就是说这个 "分类目录页" 就是聚合页面，只有分类首页被用来优化相关关键词，该页面是不给分页导权重的，面向搜索引擎只有分类首页有作用。相关推荐的链接都是站内搜索链接，一呼百应也对其使用了 nofollow，一呼百应把页面的权重导向了其他页面。由此可见一呼百应网其实在 SEO 上也做了一定的工作。

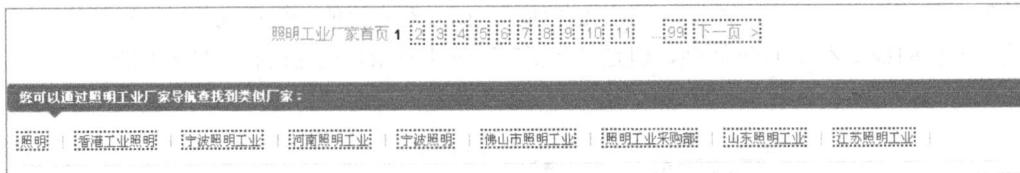

图 8-24　www 域名产品分类页翻页和相关推荐

最后检查一呼百应网的分类目录页的源代码和网页内容并没有特殊的差别，所以一呼百应网并没有在这方面做特殊手脚。有部分网站为了降低分类页面噪声，又想给普通用户多推荐一些内容，这些内容可能本身没有排名的作用，所以就会使用 JS 或框架调用。

8.4.3　内容页面

内容页面的操作应该是一呼百应网在 SEO 方面最出彩的地方，当然也有可能这些设置的出发点并不是 SEO。一呼百应网把用户发布的一条供应信息做成了 4 个页面供搜索引擎收录，本身这种自己特意制造重复页面的做法就比较大胆。下面来简单分析一下一呼百应网怎么把同一信息的 4 个页面做得不同，以及同一信息做成 4 个页面后怎么差别化地获取不同的关键词排名。

本节以 ID 为 "62601714" 的信息为例说明。为方便表达，三级商铺下的信息用 "信息 1"代替；b2b 子域名下的信息用 "信息 2" 代替；www 域名下的信息用 "信息 3" 代替；对应图片页面用 "图片" 代表。

信息 1：http://zjby07.b2b.youboy.com/show0sp62601714.html

信息 2：http://b2b.youboy.com/show0cp62601714.html

信息 3：http://www.youboy.com/s62601714.html

图片：http://www.youboy.com/pics62601714.html

1．页面主体内容

由内链分析部分就可以看出信息 1 才是最原始的信息页面，也就是内容没有经过处理的页面，其他页面可能是映射出来的。

下面来看信息 2 页面中的主体内容和信息 1 的区别。如图 8-25 所示为信息 1 页面主体内容上方的内容，图 8-26 所示为信息 2 主体内容上方的内容。两个页面相对比，信息 2 页面和信息 1 页面有所区分，在主体内容上方调用出了该信息所在公司的一些格式化数据，信息 1 只提供了一些查看联系方式的链接和导航，信息 2 直接把这些信息展现出来了。在 SEO 基本常识中，一般认为内容的前 100 或 200 个字比较重要，那么在实际操作中对内容前 100 或 200 字的差别处理也应该是比较重要的，一呼百应网应该是考虑了这一点。

图 8-25　信息 1 页面上方内容

两个信息页面虽然对该公司的联系方式的展现形式不同，但是用户都可以比较方便地获取相应信息，所以这种提高信息差别度的方法还是不错的。

再来看信息内容部分，如图 8-27 所示为信息 2 页面的信息内容。信息 1 为原始信息页面，所以拥有信息本身的全部内容，信息 2 为映射出来的，一呼百应网并没有在此页面上调用信息的全部内容，而是调用了信息开头的几百个字，然后使用"查看全部详细描述>>"指向了信息 1 页面。这就使得信息本身内容部分也有所区别了，当用户通过搜索引擎到达信息 2 页面时，通过此链接也可以获得全部信息内容，并且这样也为原始信息页信息 1 增加了一个内链支持。

图 8-26　信息 2 页面上方内容

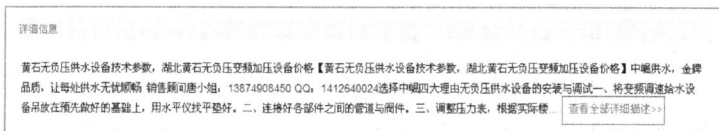

图 8-27　信息 2 内容部分

最后看一下信息周围的推荐内容，图 8-28 所示为信息 2 页面内容下方的推荐链接和内容，图 8-29 所示为信息 1 页面内容下方的推荐链接和内容。都是调用的同一个公司的供求信息，但是两个页面调用的信息并不相同，并且调用的数量也不相同。一呼百应网的考虑应该是：信息 2 页面主题内容只有比较短的简介，调用两条信息足够；信息 1 页面拥有信息的全部内容，可以多调用一些信息，调用了 10 条信息。这样一来就可以在更大程度上把信息 1 和信息 2 两个页面区分开来，给搜索引擎以两个页面内容不同的假象，从而促进收录。

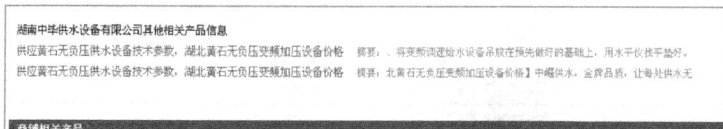

图 8-28　信息 2 页面内容下方推荐的链接内容

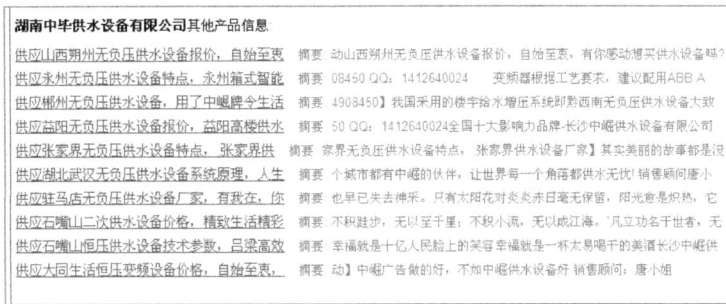

图 8-29　信息 1 页面内容下方推荐的链接和内容

如果你足够细心，应该可以看出一呼百应网的这个相关信息调用左侧为信息标题，右侧为信息摘要，但是这个摘要并不是从信息头部开始提取的，而是随机在相应信息中截取了一段文字。这样就使得同一条信息被调用时，所提取出来的信息摘要一般也是不相同的，这样就可以使用这种方式来最大程度地把几个映射出来的页面和信息原始页区分开来了。

一般认为搜索引擎会把网页上的非链接文本当做本页的实际内容，也就是会把当前页面上的纯文本当做当前页的实际内容。这也就给了这种调用不同摘要来做页面差别度的方法理论以支持。当然外界没人能真正确定搜索引擎是如何来定位页面中的内容的，也许是多种方法综合使用。但是这种依靠推荐信息来区分网页的方法在 SEO 中常见，不过一呼百应网利用了随机调用的摘要，把这个方法进一步优化了一下。就当前百度对一呼百应网站收录的情况看，这种方法还是比较有效的。

在两个网页上还有其他的一些不同的内容，不过已经没有太大的影响，这两个页面的主体内容上的区别应该只有以上几点了。下面来看一下一呼百应网站对信息 3 和图片页面是如何处理的。

把信息 3 页面同信息 1 和信息 2 进行对比，发现信息 3 页面虽然是信息 1 页面映射出来的，但是也拥有全部的信息内容。如图 8-30 所示为信息 3 页面上方的内容，和信息 2 页面几乎一模一样，再加上信息 3 页面有信息内容的全部，所以整体上看信息 3 页面与信息 1 和信息 2 页面都不相同。但是相对于信息 1 和信息 2 两个页面之间的差别度来说，信息 3 所做的差别度工作很小，可以很容易地识别出来。推测百度之所以还会收录信息 3 这种页面，有两个原因：一是一呼百应网 www 主域名高权重的带动；二是同一 ID 的信息 1 和信息 2 收录不好时，信息 3 被收录，就和网址规范化问题一样，当搜索引擎发现站内两个 URL 页面的内容完全相同时，一般会自动综合选择一个 URL 进行索引和排名。

如图 8-31 所示为前面所述信息对应的图片页面主体内容的截图。该页面主要展示信息的图片，因为搜索引擎是不能识别图片的，所以一呼百应网在图片下方自动调用出了对应信息的部分简介。图片页的简介是从信息的头部开始调用的，因为这是给普通用户看的，所以并不能像前面所说的相关信息一样随机调用。同时图片页面调用出部分信息内容后使用"详细"加链接指向了信息 3 页面，这样就给信息 3 页面导了一个内链，使得信息 3 这类页面可以方便地被搜索引擎发现和抓取。

图 8-30　信息 3 页面上方内容

图 8-31　图片页面

通过这种来回整合的方法，一呼百应网就把一条信息用了 4 次，简单来看的确是把页面都做得各不相同了，但是搜索引擎毕竟不是普通用户，理论上搜索引擎是可以识别一呼百应网这种做法的。并且除了信息 1 页面，其他三个页面有明显为搜索引擎制造内容的嫌疑，还是比较危险的。不过这种处理方式对于普通用户来说并没有太大的体验伤害，对于权重高的网站来说，也不能单独成为被惩罚的理由。

一呼百应网做这种工作应该是想多获取一些搜索流量，所以不会只在页面内容上动脑子，页面标题和元标签及 H1 标签这些彰显页面关键词定位的地方，也应该有做出改动，不然一条信息做出的 4 个页面的标题都是重复的，一般搜索引擎对一个普通的关键词只会在搜索结果首页推荐同一个网站一次，这样一来一呼百应网在页面上的处理工作几乎就等于白费心机了。下面来简单看一下，一呼百应网是怎么来处理 4 个页面的标题、元标签和 H1 标签的。

2．标题、元标签和 H1 标签

在信息 1 页面中可以得到 ID 为 62601714 的信息的原始标题为"供应黄石无负压供水设备技术参数，湖北黄石无负压变频加压设备价格"。使用一呼百应网的发布信息后台可以了解到，当填写"产品名称"时，一呼百应网会自动为信息标题添加上"供应"两字（如图 8-32 所示）。如图 8-33 到图 8-36 所示，分别为 4 个页面的标题和元标签。比对 4 个页面的标题和元标签，以及根据一呼百应网信息发布后台的所填信息设置，可以看出一呼百应网使用了这条信息的"产品名称""信息标题""公司所在省市""公司名"及自动提取用户所填"产品名称"中的核心关键词，使用不同的组合方式为各个页面制作不同的标题。

图 8-32　一呼百应供应信息发布界面

图 8-33　信息 1 页面的标题和元标签

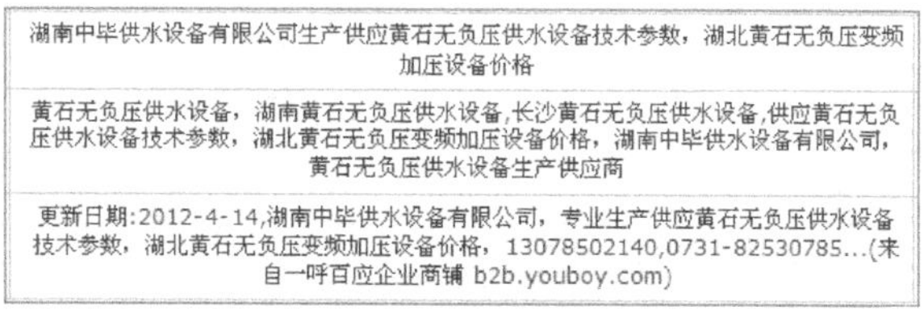

图 8-34　信息 2 页面的标题和元标签

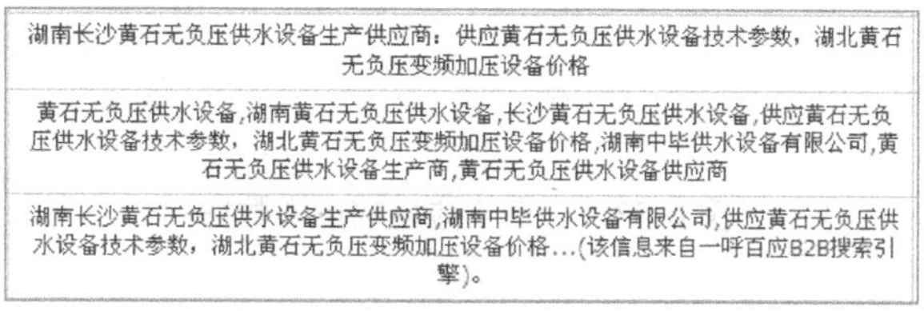

图 8-35　信息 3 页面的标题和元标签

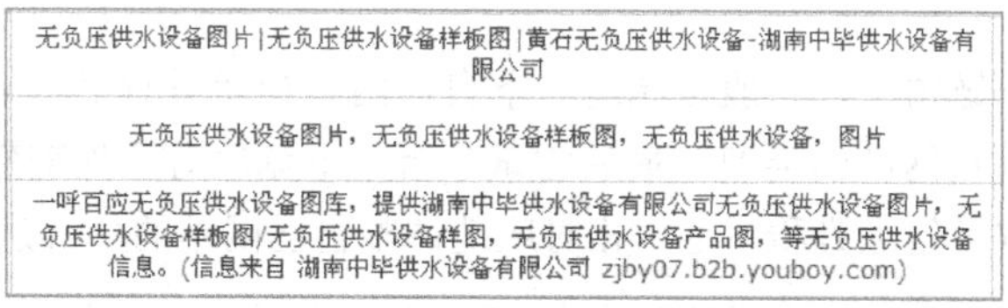

图 8-36　图片页面的标题和元标签

对于 Keywords 和 description 也是一样，各自使用了不同的模版来组合，以达到让搜索引擎认为这几个页面并不是重复页面的目的。在这块中，一呼百应网对用户所填产品名称进行自动提词做得是不错的。这个提取关键词技术的使用，在图片页面中尤为突出，虽然对于某些信息提取的关键词并不合适，但可见一呼百应网本身应该有一个不错的词库和分词系统，还是值得研究和学习的。

对于 H1 标签，三个信息页都对内容标题使用了 H1；图片页面上使用 H1 的标题和页面的 Title 不是完全相同的，Title 使用了提取关键词和产品名词组合，页面标题使用了信息标题和提取关键词组合。虽然两者不完全相同，但是如果提取的关键词准确，核心关键词还是相同的，如果提取关键词不准确，在页面 Title 和 H1 中都有用户填写完整的产品名词和信息标题，所以一般也会囊括关键词。

不得不说，一呼百应网的这种做法暂时确实起到了比较不错的作用，看百度对一呼百应网各个域名的收录量就可以了解。不过这终归不是一条纯"白帽"的手法。在本章还没有完成的时候，一呼百应网被百度处理了一下。如图 8-37 所示为使用爱站网"历史数据"查询一呼百应网历史数据的部分结果，短短几天最高估算流量就从近 13 万降到了不到 1 万。当然这只是爱站网估算的搜索流量而已，由于爱站网本身词库有限，并且大量长尾搜索词都是没有百度指数的，所以一呼百应网肯定还有着可观的长尾搜索流量。

经历了短暂的降权，一呼百应网的搜索流量现在已经慢慢在恢复了。之前一呼百应网好像发出了严格限制和清理垃圾信息的公告，权重的恢复应该和这些动作也有关系。虽然一呼百应网的操作手法对于长远发展的小网站来说并不可取，但是其很多操作手法还是值得研究借鉴的。下面外链分析一节，还是继续以一呼百应网为例，因为一呼百应网的外链还是非常强大的。

2012-11-17	2770	2513	2449	2453	36954	78596 ~ 128002	9
2012-11-18	2552	2506	2407	2449	36954	78596 ~ 128002	9
2012-11-19	2552	2506	2407	2449	36954	39298 ~ 64001	7
2012-11-20	2963	2749	2438	2472	36954	39298 ~ 64001	7
2012-11-21	7047	3050	2503	2480	36954	39298 ~ 64001	7
2012-11-22	3404	3299	2528	2483	36954	39298 ~ 64001	7
2012-11-23	3404	3299	2528	2483	36954	39298 ~ 64001	7
2012-11-24	2283	3189	2520	2518	896	6978 ~ 8878	7
2012-11-25	3192	3264	2515	2560	817	7258 ~ 9104	7

图 8-37　一呼百应网的历史数据

8.5　分析网站外链建设情况

分析竞争对手的外链情况，一般是比对一下自己网站和竞争对手网站外链数量的差距，然后分析竞争对手外链所在网站的类型，最后尝试分析一下竞争对手外链建设的方向和方法。找到竞争对手网站外链方面的优势和不足，相对应地调整自己网站的外链建设方向和方法。

虽然雅虎外链查询工具的停止运营对广大 SEO 人员来说是一个不小的遗憾，但是现在包括百度站长平台在内的很多站长工具都推出了外链查询功能，以供站长和 SEO 人员使用。现在对其他网站的外链分析，使用爱站网、ChinaZ 和 Bing 网站管理员工具以及百度站长平台都可以，这些工具各有各的优势，也各有各的不足，大家综合使用就好。这里为了方便区分外链的类型和权重，会以第三方外链查询工具收费版 ahrefs 的数据为主，百度站长平台外链分析工具的数据为辅来进行分析。有兴趣的朋友也可以几个人组团购买 ahrefs 的服务，还是比较划算的。

8.5.1　外链数量和类型

首先使用 ahrefs 查看一呼百应网顶级域名 youboy.com 的所有外链。如图 8-38 所示为 ahrefs 统计到的一呼百应网所有站外链接的数量和概况，还是很强悍的。如果你的站点也是 B2B 平台类的网站，可以与一呼百应网比对一下外链的数量和含有自己链接的网站的个数，比对一下差距，寻找一下自己努力的方向。如果达到 11 530 683 的总外链数和 2 911 318 的含有自己外链的网页数比较困难，相对来说建设 19734 个域名的外链，在合理的时间内还是比较容易达到的。

再次看一下目标网站外链的类型，图 8-38 中给出了一呼百应网外链所在网站域名的类型及个数；图 8-39 给出了外部链接本身的类型，以及对应的数量。这样就可以简单了解到一呼百应网的外链概况，同时和自己的外链情况对比一下，发现自己的不足，并寻找可以短期内赶超目标网站的方向。查看目标网站的外链数量和类型的主要目的就是为自己确定目标和方向。

Referring pages	2,911,318
Total Backlinks	11,530,683
Referring IPs	13,335
Referring subnets	6,197
Referring domains:	19,734
.gov	0
.edu	0
.com	13,617
.net	1,436
.org	298

Backlinks types:	
text	11,105,258
dofollow	10,188,622
nofollow	916,636
sitewide	7,199,548
not sitewide	4,331,135
redirect	714
image	781,409
frame	292
form	424,419
.gov	0
.edu	0

图 8-38　一呼百应网外链总数和概况　　　图 8-39　一呼百应网外链的类型及数量

8.5.2　外链建设的方法和方向

使用外链工具当然不只是为了查看一下目标网站的外链数量，还要对目标网站的外链进行详细分析，按照域名重点分析目标网站外链建设的方向和方法。一呼百应网拥有如此丰富的外链，也是几年内逐渐积累起来的，肯定有多种外链建设方向和方法，这里简单举例分析。

ahrefs 是一个很强大的外链分析工具，有兴趣的读者可以使用付费版进行深入的研究。如图 8-40 所示为使用 ahrefs 按照域名查看 b2b.youboy.com 的外链的数据。ahrefs 默认是按照域名中含有目标网站链接的个数由多到少排序的。在分析时，可以简单把这些目标网站的外链站，按照给目标网站导的链接数量分成三类：几乎全站都有链接、相当部分页面有链接、只有极少页面有链接。

按照顺序分析每一个网站，然后把它们归类，寻找自己也能使用的资源。如果只是分析目标网站的外链建设方法，而不在目标网站的外链资源中寻找自己可以利用的资源，那么只需要抽样对目标网站的外链网站进行分析即可。首先对含有大量目标网站链接的网站进行分析，分析一下为什么这个站会为目标网站导这么多链接。

经分析，会发现一呼百应有大量类似 www.dlpaper.com 、www.whtyjz.com 这样的自有网站，可能是培养新网站，以防主站被百度降权。培养新网站在现在的中文 SEO 行业环境下，也是无奈的必要措施。

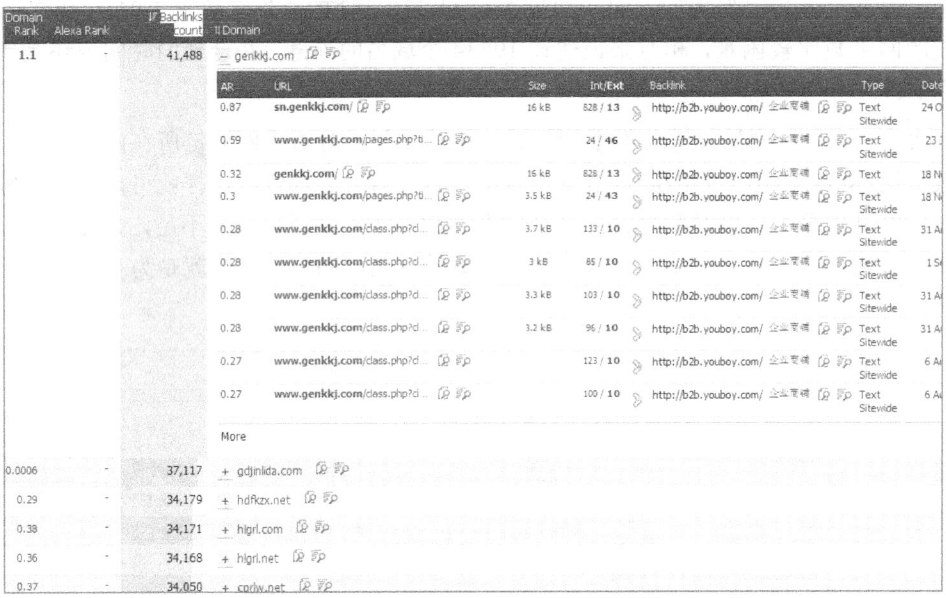

图 8-40　按域名查看外链

　　会发现有一些类似 www.wxrk.net 友情链接为全站链接的网站。现在还有不少网站在站内所有页面都调用了友情链接模块，和这些网站交换友情链接，一般使用一个首页的链接可以换得对方全站网页的友情链接，是比较划算的。不过这种网站并不容易寻找，在竞争对手的外链中寻找这种优质资源再好不过了。

　　会发现有很多类似 www.esunny.com、www.bestb2b.com 这样的大型 B2B 平台网站。深入分析发现，外链大部分存在于这些平台网站的商铺页面，也就是说这些链接都是用户通过商铺的"友情链接"添加的，一呼百应的用户主动为一呼百应网做的友情链接。鼓励用户宣传自己的商铺和鼓励用户把自己平台上的商铺和其在其他平台上的商铺互相"友情链接"一下，也是获得高质外链的有效方法。这种方法是依靠自己的用户去实施的，鼓励到位会节省自己大量的时间和精力，并且会获得大量的高质自然链接，值得 B2B 平台类网站的研究和学习。

　　会发现有大量的类似 www.yzysmw.com、www.hkhxauc.com 这样的企业网站，这是一呼百应网的高级 VIP，拥有独立的域名解析到一呼百应网的商铺。这些网站一般使用的都是同一个 IP，虽然理论上价值并不是很大，但是有足够的量级，作用也是不可忽视的。B2B 平台类网站从商业运营和 SEO 角度都可以考虑这种方式，甚至可以使用国外的多 IP 空间为用户建站，把主站商铺的数据同步过去就可以了，在 SEO 角度，这样就可以获得大量不同 IP、不同行业且还算比较优质的外链了。

　　同时还发现了大量独立的企业站，在网站上添加了自己在一呼百应网上的商铺链接。和上述 B2B 平台商铺链接一样，也是用户主动添加的。这种给用户归属感，让用户把自己平台上的商铺真正当成自己的网站来维护的策略是很值得学习的。往往做 SEO 的人都会感觉外链一般是人力活，发动自己的用户为自己建设外链是最理想的方法了。如果你的网站是内容性网站，能够发动用户把你的网站的链接分享到网络上的各种平台上，也是一种比较高效的外链建设方法。

深入分析还会发现一呼百应网也存在大量的黑链和论坛签名类垃圾链接，不过这些链接都不是一呼百应网自己操作的，而是一些用户利用一呼百应网的平台优化一些违规非法或暴利型关键词。如此大的外链数据量，需要长时间的细心分析，分析得越细致，就会发现越多的有意思的事，发现更多目标网站在外链建设上使用的有价值的方法和策略。

以上数据同样可以使用站长平台的外链工具获得和分析，并且大部分人认为只有百度站长平台外链查询工具放出来的链接才算有效链接，所以使用百度站长平台的外链查询工具分析的结果会更加准确。尤其是在分析突然冒出来的"牛站"的链接时，使用百度站长平台外链查询工具，来分析到底哪些链接在短时间内支持起来的这个"牛站"是非常有价值的。单纯分析目标网站长期以来的外链建设方法和方向，只要使用有一定数据量的工具就可以了，并非必须使用搜索引擎官方的数据。

值得注意的是，根据测试 ahrefs 所提供的数据只是当前域名的外链，百度站长平台的外链查询工具还提供了 301 到所查询网站上域名的外链。比如域名 A 使用 301 重定向到了域名 B，那么在使用百度站长平台的外链查询工具查询域名 B 的外链时，是可以查询到域名 A 的外链的。如图 8-41 所示为使用百度站长平台外链查询工具查询 www.pizirui.com 网站的外链数据，"保定百姓网""保定二手网"为笔者当年为域名 www.zaibaoding.com 加的链接，然而现在域名 www.zaibaoding.com 已经 301 重定向到域名 www.pizirui.com 上了。但是使用 ahrefs 是查不到这种数据的，笔者测试了几个使用过其他域名 301 的大站，也没有查询到相关数据。

也就是说，使用百度站长平台的外链查询工具可以查询到目标网站更全面的数据，可以很容易发现使用其他域名 301 来优化目标域名的手法。但是百度站长平台的数据并没有进行有效过滤，有不少已经失效或删除的页面存在，也有不少明显垃圾无效的链接存在，需要大家自行辨别；ahrefs 的查询结果是笔者见过的用户体验最好、数据之间的逻辑层级关系建设最合理的工具，很方便 SEO 人员的分析工作。希望后续百度的外链工具给出的数据更加准确有效，用户体验也越来越好。有了这些外链查询工具，再加上分析人员稍加细心，竞争对手网站在外链上的所有技巧或思路都可以很方便地发现，黑链、买卖链接更是能够很轻松地分析出来。

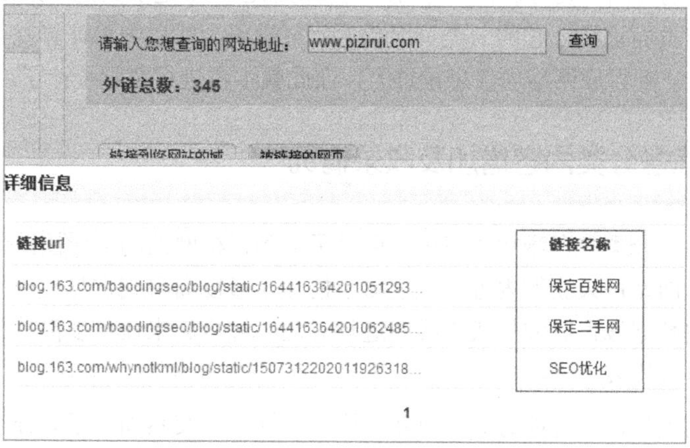

图 8-41　www.pizirui.com 的外链数据

8.6 追踪统计分析相关数据

对目标网站除了以上分析外，还应该进行更全面的数据统计分析，追踪分析目标网站随着时间变化的一些数据。比如统计目标网站所有分类目录的信息量；每个分类目录每天或每周新增信息的数量，以及新增信息的百度收录比例；选用一个站长工具，监控目标站点每天的"百度权重"；目标网站的外链数量等。通过对这些数据的统计和追踪，可能会使你比目标网站的 SEO 人员或站长更了解这个网站。下面几节简单举几个例子。

8.6.1 统计分析站内有效页面数量

想办法统计到目标网站中有多少有效开放给搜索引擎抓取的页面，然后再分析目标网站的百度收录量，因为只是参考，所以可以以 site 的结果数为准。也可以把统计的单位缩小到目录级别，然后根据目录下的信息量及百度收录情况，来分析目标网站哪类页面收录好、哪类页面收录不好。进一步分析目标网站收录好与不好的页面的内容和模版，并配合目标网站的内链和外链建设情况，来分析造成目标网站各目录收录差异的可能性原因。

分析这种差异是网站本身问题，网站管理员并没有意识到，还是目标网站刻意为之？如果是刻意为之，那么目标网站的意图是什么？是集中资源推一部分信息，还是响应目标网站近期或长期的某种运营目标？通过统计目标网站站内的 URL 数量以及统计百度收录情况，就会发现问题，然后按上面所说思路深入分析问题，洞察目标网站的 SEO 方向。

统计目标网站的 URL 数量可以使用 xenu，它是非常强大的检查死链的工具，可以简单设置检查哪些页面、不检查哪些页面，用来统计目标网站站内有效页面的数量再好不过了。如果大家熟悉火车头工具的使用，也可以使用火车头来批量采集目标网站的页面，把整站下载到本地，来进行进一步分析，火车头不仅可以用来做采集站、垃圾站，也可以用来辅助做数据分析。在这个过程中应该尽可能地减少采集目标网站的数据量，不要为对方造成太大的服务器负担，也不要太过消耗自己的时间和资源。像一呼百应网，前面已经知道了其把一条信息使用 4 次的规律，那么对于内容页面只统计它的一类页面数量就可以了，然后简单计算就可以得出其有效网页的总数量。由于一呼百应网站内信息量过大，在此就不再进行实际统计了。

8.6.2 统计追踪各分类内容增加及收录情况

统计目标网站各分类内容增加的情况，可以了解到目标网站的编辑团队的实力或用户数量及质量；统计目标网站每天新增内容的百度收录情况，可以简单判定目标网站各分类下内容的质量。并且把这些数据根据时间做成折线图进行对比，综合起来还可以简单分析出目标网站搜索流量的基础内容是什么。

如果进行长期统计，还可能有其他收获。比如目标网站突然加大了某分类内容的建设，可能预示着目标网站即将重点优化某一类关键词。对于优化季节性和时效性的关键词，网站都需要提前布局内容，所以统计追踪目标网站各分类内容增加及收录情况，可以使你及时发现目标网站的 SEO 方向和运营动态。这样可以让你比目标网站的大部分员工更了解他们的网站。

8.6.3　追踪分析“百度权重”

第三方站长工具推出“百度权重”以来，虽然使得整个 SEO 行业的气氛有点不正常了，但是这个工具的原理对于网站分析来说还是很有帮助的。由于不需要获得目标网站的精准数据，只需要确定目标网站的 SEO 方向就可以了，所以即使“百度权重”给出的关键词的数量及流量并不准确，也足以分析目标网站的 SEO 方向和主要流量支撑点了。

在“百度权重”中可以看到目标网站百度搜索排名的关键词，也可以看到与关键词对应的网页。通过对“百度关键词”的分析，可以分析出目标网站主要流量来自于哪一类关键词；通过对有排名的网页进行分析，可以分析出目标网站主要的流量支撑点是站内的哪一个模块。如图 8-42 和图 8-43 所示分别为使用爱站网查询一呼百应网和马可波罗网的“百度权重”结果列表。根据关键词的类型、目标网页的 Title 及目标网页的 URL 就可以判断出：一呼百应网主要以内容页为流量支撑点；马可波罗网主要以产品库聚合页为流量支撑点。

32	g470alb940	第6位	40	8080	Lenovo/联想G470ALB940 价格:3859.0元
33	毛人爵	第6位	38	1090	太仓市岳王星月卫星商店,主营:日用百货,调味品,糖烟酒...
34	荷鲁斯咨询投资公司	第6位	32	211	上海小投资项目荷鲁斯咨询投资公司生产供应商:小投资项...
35	乐德小腹克星	第6位	20	51	购物图片|购物样板图|天津天天购物乐得小腹克星同款-北...
36	荷鲁斯咨询投资公司	第7位	32	211	天使投资人荷鲁斯咨询投资公司生产供应商:唐龙服装贸易...
37	孟村管件李海旺	第7位	26	3150	弯头管件图片|弯头管件样板图|孟村弯头管件-沧州华泰管...
38	乐德小腹克星	第7位	20	51	天津批发天津天天购物乐得小腹克星同款厂家价格
39	砖烟筒拆除顾志来	第7位	20	54	江苏盐城河南烟囱新建公司生产供应商:供应河南烟囱新建...

图 8-42　使用爱站网查询一呼百应网的“百度权重”

8	宗申三轮摩托车	第1位	242	2530000	【宗申三轮摩托车】_宗申三轮摩托车价格_宗申三轮摩托...
9	拖拉机价格	第1位	215	2440000	【东方红拖拉机价格】_东方红拖拉机价格价格_东方红拖...
10	511军品	第1位	206	2290000	【511军品】_511军品价格_511军品批发_511军品厂家_马...
11	拳击沙袋	第1位	204	1510000	【拳击沙袋价格】_拳击沙袋价格价格_拳击沙袋价格批发...
12	家用燃煤采暖炉	第1位	197	1420000	【家用燃煤采暖炉价格】_家用燃煤采暖炉价格价格_家用...
13	拖鞋批发网	第1位	196	3460000	【2元拖鞋】_2元拖鞋价格_2元拖鞋批发_2元拖鞋厂家_马...
14	东风多利卡货车报价	第1位	196	5770000	【东风多利卡货车报价】_东风多利卡货车报价价格_东风...
15	钓箱	第1位	194	1470000	【钓箱价格】_钓箱价格价格_钓箱价格批发_钓箱价格厂家...
16	舞台设备	第1位	193	7820000	【舞台音响设备全套】_舞台音响设备全套价格_舞台音响...
17	残疾人汽车	第1位	193	2930000	【残疾人专用汽车】_残疾人专用汽车价格_残疾人专用汽...

图 8-43　使用爱站网查询马可波罗网的“百度权重”

发现目标网站的流量支撑点后，就可以对目标网站的该模块内容进行重点分析：内容、页面、内链、外链等。同时对目标网站“百度权重”的持续追踪也可以及时发现目标网站搜索流量结构的变化，进而分析目标网站最近的 SEO 操作方法和方向，甚至是网站的运营方向。

8.6.4 追踪分析外链情况

对目标网站的详尽分析肯定不是一次性的，要持续性地分析下去。当下的数据只代表目标网站过去的动作，新增的数据才能体现出目标网站当下的 SEO 方向和策略，在外链方面也是一样的。

首先把目标网站的外链类型尽可能地细分，比如分成域名级别、页面级别；普通网站、论坛博客、SNS 社区；交换链接、单向链接等。按照分类统计目标网站的外链数量，并且也按照时间做成折线图，这样当目标网站的某一类外链数据出现比较大的波动时，经过进一步分析，你就可以及时地发现目标网站外链建设方向或建设力度上的变动。你可以分析出目标网站认为什么样的外链更有效，目标网站的外链建设团队是否加强，目标网站是否使用了什么新的活动或者链接诱饵来建设外链等目标网站的外链动向，从而思考自己的网站是否在外链方面需要加强，外链建设方向上是否需要调整等。

除了以上介绍的数据，对于目标网站，一切随着时间变动的数据都应该有所监控，只要分类足够精细，分析足够细心，你将会比目标网站的 SEO 负责人或站长更了解他们的网站。目标网站不一定很优秀，但是至少要有一些 SEO 方面的亮点，分析它的不足，了解它的优势，监控它的动态，以映射和思考自己网站的数据情况和 SEO 状态。

要注意的是，追踪分析的是数据，最终需要得到的是目标网站的 SEO 方向和思路。只有了解到目标网站的 SEO 思路，你才算真真正正地了解了这个目标网站，才可以充分发现它在 SEO 方面的优势并加以借鉴，洞察到它在 SEO 方面的不足并加以自省。

SEO 8.7 目标网站不止一个

以上是对单个目标网站的分析，在实际的竞争对手分析中，一般会对自己所定位核心关键词百度搜索排名的前 10 或前 20 个网站进行了解分析。现在站长工具网站一般会保留在自己平台上查询过的网站数据，如果发现目标网站在站长工具中没有历史数据，那么每天都帮对方查询一下，或使用站长工具的历史记录，或自己每天统计数据进行跟踪分析。

如果有足够的技术实力，可以自行开发工具自动监控竞争对手以上提到的这些数据，并自动生成折线图和报表。当然对于小型网站并不需要如此复杂的竞争对手分析过程，只需要寻找行业内同类百度搜索表现比较好的几个网站进行分析就可以了。对于大中型网站的 SEO 负责人来说，以上的竞争对手分析工作应该是家常便饭，并且一般也都同时监控着很多家同类网站，并不一定全部都比自己做得好，SEO 做得不怎么样的网站往往也有自己的优势所在。

SEO 8.8 本章小结

本章以一呼百应网为例，简单讨论了一下竞争对手分析，由于并非是"诊断方案"，所以并不是那么正式，只要能够获得自己所需要的信息就可以了。其实针对不同类型的网站，分析方法和重点都会千差万别。对于架构简单的中小网站，可能只需要分析页面优化技巧和外链建设的"对象"就可以了；对于架构复杂的大型网站，页面、内链、架构和数据操纵手法都需要细心研究分析，对于外链的分析，也主要研究方向和方法，相对来说"对象"本身的意义就不是很大了。

根据竞争对手的网站的表现，其 SNS 相关数据也是值得分析的，例如微博中的链接都是转译并跳转的，也是对搜索排名有作用的，很值得分析，同时品牌传播情况也可以进行追踪分析。所以竞争对手分析需要根据实际情况自己研究，你掌握的 SEO 知识越全面、经验越丰富，所分析出的结果内容就越丰富。每个人的分析结果和观点可能都不太相同，但都会非常有参考价值。只要不让"竞争对手分析"只成为一个口号或者一个噱头就可以了。

第 9 章　网站数据分析

虽然在网站数据分析工作中，面向 SEO 的数据分析只占一小部分，但是 SEO 是一项八面玲珑的工作，几乎网站的所有数据都能和 SEO 扯上关系，围绕数据驱动的 SEO，也可以写一本很厚的书了。数据分析是 SEO 工作中核心的一环，有了流量数据才知道 SEO 工作的效果，有了日志数据才知道搜索引擎 Spider 对网站整体的抓取情况，有了数据才能比较完整地把控整个网站。不少网站都设立了 SEO 数据分析师，网站的数据分析结果直接影响着 SEO 方向和策略的制定和调整，对于稍具规模的网站来说，SEO 数据分析往往是整个 SEO 工作的大脑。不过现在行业内"数据分析"和"竞争对手分析"一样，多多少少有些口号化，成为一个噱头。

SEO 中的数据分析一般包括流量分析、日志分析、收录排名数据分析等。这些数据分析结果或反映网站的 SEO 优化效果，或用来发现 SEO 工作中的问题，都是用来辅助 SEO 负责人做出相关决策使用的。下面就来简单讨论一下在 SEO 实际工作中是怎么做这些数据分析工作的，希望可以起到抛砖引玉的作用。

SEO 9.1　流量分析

网站流量分析一般会使用 Google Analytics、百度统计、CNZZ 和 51la 等第三方流量统计工具。虽然使用第三方统计工具不如直接分析网站日志得到的数据准确，但是现在第三方统计使用都比较简便，并且一般都有比较强大的分析功能。直接分析日志还需要一定的技术能力处理日志文件，不然很难分析出精准的数据。所以现在一般使用第三方统计工具来统计网站的流量情况，通过日志分析来分析搜索引擎对网站的抓取情况。

9.1.1　统计工具的选取

现在有很多流量统计工具可供站长选择，常见的 Google Analytics、百度统计、51la、CNZZ 等都是不错的流量统计工具。Google Analytics 侧重于分析，其他三个工具侧重于统计。站长和 SEO 人员根据自己的需求选择就可以了。

Google Analytics（GA）是公认的免费统计工具中分析功能最强大的，其高级细分、交叉条件报表及支持简单正则表达式的高级筛选等功能，都可以在很大程度上方便站长对网站流量和用户行为的分析。GA 配合"网址构建工具"还可以很方便地跟踪和分析网站广告投放的效果。GA 的优点数不清，不过 GA 也有如下几个缺点。

（1）如果网站流量稍大，GA 的数据就会有一到两天的延迟，数据不是很及时。

（2）对于数据量比较大的网站，在流量报表中往往会有一大部分数据在"other"中（如图 9-1 所示）。很多时候这部分数据并不参与高级筛选，也就是说不论怎么设置排除条件，这部分数据都是不会变动的，也就造成了高级筛选数据的不准确性。

网页	浏览量	唯一身份测览量	平均页面停留时间	进入次数	跳出率	退出百分比
1.　(other)	6,365,670	6,331,589	00:01:19	2,530,162	83.97%	45.43%

图 9-1　GA 目标网页中的"other"

（3）GA 还存在一个 Bug，可能出于资源消耗方面的考虑，如果在用户所选择的时间段内，所分析的网站被访问次数超过 50 万次或唯一网址数超过 100 万条，那么 GA 就会使用采样数据，而不再对全部数据进行处理。此时趋势图和各种分析结果会是 GA 对样本数据分析的结果，和真实数据会有些差距。比如精确到某一天，趋势图上的数据可能会低于该日的实际数据。

（4）虽然 GA 推出了异步加载功能，保证了数据统计的准确性，不过由于众所周知的原因，有些时候 JS 代码会加载缓慢，拖慢网页速度。如果你把其他统计工具的 JS 放到了 GA 代码下方，就可能造成其他统计工具获得的数据偏少，并且有时国内是访问不了 GA 的。

对于大中型流量的网站，对网站流量数据的需求不仅仅局限于统计，还需要比较详细和高阶的分析，GA 无疑是免费统计工具中最好的选择，不过也要认识到 GA 现在确实存在以上问题。

百度统计是百度旗下的网站流量统计工具。相对于 GA 来看，百度统计更侧重于统计，实时统计、页面点击图是百度统计的亮点功能，流量预计也是很多站长和 SEO 人员重点关注的数据。现在百度统计也在逐渐完善数据分析相关的功能，并且顺应站长需求推出了受访域名事件跟踪、自定义变量等功能，对广告投放效果方面的统计跟踪功能也日益强大。站在 SEO 的角度，百度统计也能满足基本的流量分析需求，相对来说是值得大众网站使用的。百度统计适用于国内大部分对网站流量分析需求并不是很高，但是希望得到比较准确、比较实时数据的网站。需要注意的是，可能是百度推出实时统计的问题，偶尔会造成统计中突然没有新数据，不过好在百度统计的技术人员都会及时地处理。

现在很多网站都是同时使用 GA 和百度统计，使用百度统计的统计，同时使用 GA 的分析。不过需要注意的是，最好把百度统计代码放到 GA 代码的上方，否则在 GA 的 JS 代码加载失败时可能会影响到百度统计的数据。GA 和百度统计还有很多各自的优势，比如 GA 也有实时监控和页面点击图，百度有百度索引量、SEO 建议和直观的升降榜等。其他流量统计工具也有自己相应的优势，大家可以根据自己的需求自行选择。站在 SEO 角度，笔者推荐采用 GA 和百度统计并用的方式，基本上可以满足大众网站的流量统计和分析需求了，不论是对统计还是对分析的需求，两个工具综合使用一般都可以满足站长。比如 GA 中的细分在某些地方可能不能按小时查看趋势，但是百度统计是可以的，使用时间长了，你会发现两个工具会有很多类似的互相补充的功能。

对于某些商城类网站，有多种流量来源，并且需要严格统计分析各种流量的用户行为和 ROI，有时 GA 可能也不能满足需求。还有一些大流量的大型网站，使用大众化的流量统计工具可能也不能满足 SEO 人员分析网站流量的需求。对于以上情况，站长就可以使用 piwik 这类的开源流量统计工具，根据自己的需求进行二次开发，或者完全自己开发，或者购买第三方流量统计工具。相信有相关需求的网站也具有了相应的技术和经济能力。下文中所提到的数据，在 GA 或百度统计中都可以很方便地得到。

9.1.2 基本数据及作用概述

流量统计中会有各种数据来反映网站当前的流量状况，功能越强大的流量统计工具就拥有越丰富的数据，比如 GA 有几十个流量报表，每个报表都有着特定的作用。由于 SEO 的工作就是尽力把搜索引擎上的目标流量引入到站内，严格来说其他的工作并不归 SEO 人员，所以保守来讲 SEO 人员只需要懂得从 SEO 的角度分析流量就足够了，但是对于现在的行业状况，SEO 人员也需要根据流量转化率来研究和确保流量的质量。在流量分析中，有几个基本的重要数据是必不可少的。

IP：在公用的广域网中，每个终端都有一个唯一的 IP 地址，网站流量中的 IP 数即访问网站的广域网终端数。在互联网中，多台终端设备可以通过路由器共享一个 IP 访问广域网，所以 IP 数并不能反映访问网站的实际用户数。一般提到网站流量的 IP 数，指的是单位时间内的数据，在单位时间内同一 IP 的重复访问并不重复计数。

UV：即独立访客数，绝对唯一访问人数。是指不同的、通过互联网访问这个网页的自然人数量，是依据 Cookie 来进行统计的。现在局域网已经很普遍，局域网内的终端在广域网上使用的都是同一个 IP，但是在访问同一个网站时会被设置不同的 Cookie，也就可以用来计算网站的真正独立访问的自然人数量。同 IP 数一样，UV 数一般也是指单位时间内的 UV，单位时间内的重复访问，并不进行重复计数。由于多个终端可以公用一个 IP，同一台电脑的多个浏览器也可以获得多个 Cookie，并且用户也可以禁止和使用 Cookie，所以 IP 数和 UV 数严格地说都不表示精确的网站流量。不过随着局域网的普及，相对于 IP 数来说，UV 更能反映一个网站的真实流量。

PV：即网站访问量。网站内网页被访问的次数，每打开一个网页或刷新一下网页都算一个 PV。一般用一段时间内网站搜索流量的 UV 数和 PV 数的趋势，来评估这段时间 SEO 工作的直接效果。

PV/V：即平均页面访问数。是网站访问量和网站独立访客数的比值，即网站平均每人的访问页数。这个数据反映了网站的黏度，数值越大代表用户在站内浏览的数量越多，也就代表网站内容有足够的吸引力。不同来源流量的 PV/V 会有着比较大的差距，正常情况下搜索流量的 PV/V 会远低于直接访问和推荐访问流量的 PV/V，所以在做流量分析的时候，需要进行细分分析。

访问数：即网站被访问的次数，同一个用户在单位时间内可能多次访问同一个网站，一般如果两次访问的时间差超过 30 分钟，就会被流量统计工具记录为两次访问。所以一般情况下网站流量中的访问数>独立访客数>IP 数。当然三个数据也可能相同，如果一台终端在访问网站时突然更换了 IP，也可能造成网站的 IP 数大于独立访客数，不过这两种情况一般只会在流量极少，甚至每天只有一两个用户访问的网站中出现。

流量来源：网站的流量来源一般分为直接访问流量、引荐访问流量和搜索流量。直接访问流量是指直接在浏览器地址栏输入 URL 访问网站的流量，可以反映一个网站的规模和受欢迎程度；引荐访问流量是指从其他网站上点击过来的流量，可以反映网站在网络上的流行度或有效外链的数量与质量；搜索流量即通过搜索引擎搜索进入网站的流量，也是 SEO 人员需要重点分析的流量。在业内对于正规网站有一句很有哲理的话"做 SEO 的目的就是为了不做 SEO"，既要努力通过 SEO 提升网站的流量，又要设法把流量尽可能地转化为直接流量，降低搜索流量在网站总流量中的占比。做 SEO 是为了获得更多的流量，终极目的"不做 SEO"是为了使得网站摆脱对搜索引擎的依赖。

搜索词：即网站搜索流量中用户在搜索引擎中搜索的关键词，这是 SEO 流量分析中最为宝贵的资源，然而大部分 SEO 人员并没有充分利用这一资源。

着陆页：即用户访问网站时访问的第一个网页。通过分析搜索流量中的着陆页，可以发现 SEO 的更多操作空间。同时搜索流量的着陆页数量才是网站的有效收录量，没有搜索流量的收录都是白收录的。很多网站收录数超过千万，但是每天的搜索流量着陆页可能只有几百个，那么其他如此多的网页收录和不收录有什么明显的区别吗？SEO 的理想目的就是网站所有拥有有效内容的网页都是搜索流量着陆页，但这也仅仅是个理想而已，相信几乎没有任何网站可以做到这种境界。所以与其纠结 site 指令的结果数和百度索引量到底哪个才是真实的百度收录数，还不如跟踪统计研究网站每天、每周或每月搜索流量着陆页的数量和详情。

跳出率：即只浏览了一个页面便离开了网站的访问次数占总的访问次数的百分比。和 PV/V 一样，跳出率也可以反映一个网站的黏度。不过跳出率更能反映的是着陆页是否符合用户的预期，一般会用来衡量流量来源设置是否合理，在 SEO 中可以衡量网站内容是否能够满足网站定位关键词所带来的用户，是否有改进空间。众所周知，跳出率可以影响网站的排名，但是这句话中的跳出率指的是搜索流量的跳出率，其他来源流量的跳出率并不能影响排名。所以狭义上说，如果网站各种流量来源都很大，SEO 分析网站跳出率时，只需要分析搜索流量的跳出率即可，这个跳出率反映了网站内容是否和有排名的关键词相符，降低搜索流量的跳出率，可以更有效地稳定和提升网站排名。

退出率：即单位时间内，用户从一个网页退出网站的次数和该网页总浏览数的比值。跳出率只是针对着陆页的数据，退出率则是针对所有受访页面的数据。退出率一般用于网站转化率优化中，分析用户从进入网站到最终产生转化的网页之间哪些网页的退出率比较高，设法优化该页面降低该页面的退出率，引导用户进入转化流程的下一级页面，可以提升网站的整体转化率。此概念一般在营销型网站中使用，在 SEO 的网站流量分析中不常使用。另外，退出率只是网页级的概念，对整个网站提退出率是没有意义的，所有流量最终都会退出网站，所以整个网站的退出率肯定是 1。

转化率：网站的运营是有目的的，每有一个用户做出站长所期望的行为就产生了一次转化。站长期望中的行为包含但不局限于购买、下载和点击广告等。单位时间内产生转化的用户数和总独立访客数的比值即网站单位时间内的转化率。网站所有获取流量的方式都应该由转化率做指导，在网站结构设置合理、页面引导设置到位时，高转化率的流量才是有价值的流量。在 SEO 工作中，也要优先努力寻找具有高转化率的关键词进行优化。在一些偏营销型的网站或公司中，转化数会是对 SEO 团队的唯一考核指标，所以 SEO 人员不仅要努力获得更多的流量，还需要提升流量的转化率，挖掘转化率最高的流量。

在流量统计工具中还有其他多种数据指标拥有各自的含义和作用。比如网站用户的浏览器使用情况，可以指导前端开发人员优先保证哪些浏览器的正常访问；用户男女比例和地域分布可以辅助网站广告的投放和用户挖掘等。甚至不同的工具都有各自不同的数据，但是以上数据指标是最基本的，数据趋势和数据本身或能反映网站的运营状态和 SEO 工作效果，或能直接、间接地指导 SEO 工作。

在《百度互联网创业者俱乐部—网站分析白皮书》中把流量中的数字型数据分成了流量数量指标、流量质量指标和流量转化指标三类。数字指标一般是公司绩效考核中的参考数据，不同运营目的的网站会考核不同的流量指标。所有的网站一般都会考核流量数量指标，除营销目的比较强的网站注重流量转化外，还有不少网站对流量的质量和转化指标没有足够的重视。

有转化的流量才是有价值的流量，SEO 人员和公司的考核制度不应该只是考核流量数量，也应该加大流量质量和转化的考核比例，这样会减少相关工作人员刷相关 KPI 的风气，保障网站的健康发展。如果 SEO 获得流量都没有转化，那么一般有排名的关键词和网站内容会有所出入，会造成搜索流量的高跳出率，长远来看对 SEO 也是没有好处的。所以站长和 SEO 人员在注重流量数量的同时，也应该足够重视流量质量和转化指标。

9.1.3 流量来源和 SEO

在前面说过正规网站做 SEO 的目的是最终不再做 SEO，所以 SEO 人员在尽力提升网站搜索流量的同时，也要努力降低搜索流量在网站总流量中的占比。众所周知搜索流量是不容易控制的，不论你有没有过明显的作弊迹象，都有可能在搜索引擎算法升级过程中受到影响。作为站长和 SEO，也不应该把鸡蛋都放到一个篮子中，对其他流量来源渠道也应该有足够的重视，要经常警示自己，如果搜索引擎把你的网站降权了，你的网站还有生存的希望吗？现在也有大部分网站对 SEO 的考核就是流量，而不去详细考核是否是搜索流量，甚至有一些公司把广告投放的工作也交由 SEO 人员去做。所以 SEO 人员在研究搜索流量的同时，也要详细研究其他流量来源，至少 SEO 中的外链建设和引荐流量是密切相关的。

在网站推广中，除 SEO 以外，还有很多高效引进流量的方法，比如 QQ 群推广、邮件推广、平台推广、微博 SNS 推广及最近兴起的微信公众号的推广等诸多推广方式。并且搜索流量之外的流量可能价值更高。其实只要掌握技巧，有足够的执行能力，每一种推广方式都可以获得不菲的流量，现在有不少讲解各种推广方式的书籍和网络文章，但是大多数人只是看一看就完了，并没有尝试性地思考一下"这种推广方式适不适合自己的网站，是不是有足够的可持续性，是不是可以成为网站除 SEO 外另一个主要的流量来源"。

如图 9-2 所示为某网站百度统计中近段时间的流量来源数据，可见直接访问和外部链接所带来的流量的跳出率、平均访问时长和平均访问页数都要远优于搜索引擎带来的流量。这个数据一方面反映了搜索引擎流量之外的流量价值可能更高，另一方面也反映了网站内容可能不太符合搜索引擎用户的搜索预期，网站内容和定位关键词之间的关系，以及网站内容的质量或网站内容结构需要进一步优化。

	来源类型		浏览量(PV)	访客数(UV)	IP数	跳出率	平均访问时长	平均访问页数
1	直接访问		65,489,459	7,143,465	6,233,137	41.81%	00:16:50	6.91
2	搜索引擎		51,373,916	16,942,717	16,302,640	76.52%	00:06:40	2.53
3	外部链接		8,374,840	1,124,407	998,570	55.65%	00:11:57	5.71
	当页汇总		125,238,215	25,210,589	23,534,347	65.03%	00:10:00	4

图 9-2 某网站流量来源数据

从图 9-2 所示的数据中可以看出,这个网站搜索引擎带来的独立访客占总独立访客数的三分之二左右,也就是说该网站有三分之一的流量并不依附于搜索引擎,如果突然遭到搜索引擎的处罚,并不至于被迫停止运营。经过分析该网站所有页面都有"百度分享",并且网站的实用性功能比较吸引用户,所以直接访问流量可以占总流量这么大的比例。如果搜索引擎或只是百度的流量占到网站总流量的八九成,由于普遍认为百度的短的更新周期为一周,那么网站真的一直离死亡只有一周的时间了。下面先简单谈一下直接访问流量和外部链接引荐流量的分析和优化,在这个分析过程中也许会发现 SEO 之外其他的有效推广方式和方向。

1. 直接访问流量

直接访问,顾名思义就是没有通过其他媒介,直接访问网站的流量。一般包含三类:

(1)用户直接在浏览器地址栏输入网站地址;

(2)用户通过浏览器收藏栏中的网址链接直接进入网站;

(3)其他没有或丢失来源的流量,比如 QQ 类 IM 工具聊天窗口中的链接流量,Flash 中的链接流量、弹窗广告及经过 JS 等特殊处理成直接访问形式的流量等。

要提升网站的直接流量,就需要通过以上三个渠道去推广网站。常见的方式是提醒用户把网站首页保存为桌面快捷方式,在各个页面都提醒用户收藏当前页面到浏览器收藏夹。现在这些功能可以由百度分享等分享类工具轻松地实现,站长只需要简单配置即可。

由于整个网站中一般只有网站域名即网站首页的链接是容易记忆的,所以用户直接在浏览器中输入的地址一般也是网站的首页。如果没有做过付费弹窗类的广告,那么直接流量中网站首页之外的着陆页,基本就是被用户收藏或者在 IM 工具中被动传播的,这部分网页是非常值得监控和分析的。

由于 IM 工具有其即时性传播的特性,通过 IM 工具得到大访问量的着陆页,一般持续时间并不会长久。在流量统计工具中查看直接访问流量中着陆页历史趋势,很容易发现这种页面,进而研究这种页面的内容何以引起被动传播。如果是网站自己策划的 IM 工具传播,那么可以通过监控相应着陆页的直接访问流量情况来跟踪分析传播效果,比如分析哪个时间点的传播效果最好,是否在固定时间达到预期中的爆发点等,这样可以粗略把控关注此类内容的用户在 IM 工具中的活跃时间,方便在下次类似推广中加以参考。

如果没有经过特殊推广,直接流量中历史趋势比较平缓,且非网站首页的着陆页的流量,多数是由于用户收藏了这些页面,也就是此页面上的内容受到比较多的用户喜欢。分析此类页面上的内容,可以研究哪一类或者哪一个方向的内容容易促使用户收藏并多次访问,这种内容是用户所需要的且长期需要了解的,比如某支股票的趋势分析页面,用户一时间不足以消化、内容比较丰富的网页等。通过以上分析可以发现新的内容建设方向，以有效提升网站流量和降低网站对搜索引擎的依赖。

在 GA "流量来源>>来源>>直接" 中可以方便地得到直接访问流量的着陆页数据。不过在对部分数据的分析中要排除比较极端的数据，比如别有用心者友情帮忙刷的流量。当然这部分数据也是值得分析的，分析为什么这些网页会被人刷流量，刷这些网页流量的用户的目的是什么，网站是否可以做出相应的动作引导这部分用户帮忙推广网站。如果发现是恶意刷流量的情况，出于减少服务器和带宽的浪费的考虑，决定是否需要删除这些页面等。

2．外部链接的引荐流量

不少 SEO 人员都有 "什么样的外链才是有效的链接" 的疑问，百度官方给出的回答永远都是 "链接是否对用户有价值"，相信其他搜索引擎也是这样来对待链接的。那么什么样的链接才算对用户有价值的链接呢？肯定不是面向搜索引擎所硬性制作的链接，在本书链接部分已经讨论过这个话题，在此还应该对这个 "有价值" 添加上 "有用户点击访问" 的属性。在 SEO 操作中链接的 "相关性" 应该是外链建设的大框架，那么能够引起用户的点击访问，应该是外链建设的理想状态，反过来讲，因为这些链接对用户有价值，所以搜索引擎比较注重这些链接，同时这些链接也可以为网站带来直接流量，所以应该是 SEO 人员特别分析的数据。

通过分析引荐流量源中的页面和网站，发现对于自己的网站来说，什么类型的网站、什么类型的内容、什么形式出现的外链能够获得用户的点击访问。分析这部分数据就是分析方向和方法，以指导后续 SEO 工作中链接建设方向和方法的改动。如图 9-3 所示为百度统计 "外部链接" 中所拥有的数据，还可以自定义显示指标。通过仔细分析外部链接中 URL 和域名及其相关的 PV、UV、跳出率、平均访问时长和页数就可以确定哪一类外链链接所带来的流量的价值更高，进一步分析这一类外链是如何产生的，是否可以进行大规模的制作和推广。

图 9-3　百度统计 "外部链接"

跳出率为 100% 的来源 URL 或域名价值是不高的，因为网站上的内容并不符合在这些页面上点击网站链接用户的预期，除流量跳出率为 100% 的外部链接外都是很值得研究和参考的。流量跳出率为 100% 的外部链接也值得研究其产生的原因，以改进外链建设方向和方法，或降低这部分流量的跳出率，或减少此方向链接建设的精力。

同时 "外部链接" 可以监控到邮件推广和微博类 SNS 社区的推广效果，根据这部分数据可以研究网站本身什么样的内容使用 SEO 之外的方式也可以同样获得比较可观的流量，并加以放大。

9.1.4　搜索词和 SEO

搜索词应该是流量统计数据中 SEO 人员最为关心的数据。搜索词数据中包含：搜索词的个数、搜索词本身以及搜索词带来流量的数量质量指标数据。

一般网站首页和主要目录、频道、专题页面的排名变动不会太大，或差不多能一直为网站带来搜索流量，或一直都不能为网站带来搜索流量。所以网站每天的搜索词个数的变动一般可以反映出网站内容页长尾词的排名状况，搜索词的个数越多，代表网站的长尾词优化越好。同时搜索词个数的趋势也可以反映出网站整体的搜索表现如何。如果网站只有几个核心词可以带来搜索流量，并没有长尾词流量，那么这个网站的搜索表现可能就是不健康的。有不少有些规模的网站遭到百度惩罚后会保留主要页面的排名，但是内容页却全部没有排名，所以搜索词个数的趋势在一定程度上可以反映网站内容在搜索引擎上的整体表现。网站有没有被降权，搜索引擎有没有比较大的算法变动，SEO 人员通过分析自己网站相应搜索引擎搜索词的个数就可以大概了解了。

搜索词本身及其带来的流量数量和质量指标数据，是需要 SEO 人员特别重视的。首先，通过分析网站核心关键词带来的流量情况，参考网站核心关键词的搜索引擎排名和关键词的指数，来评定这些关键词所带来的流量有没有达到网站预期，相应网页的 Title 和 description 撰写得是否不够吸引用户，是否有更好的改进空间；同时分析网站对这些关键词所投入的精力及真实带来的流量数量和质量是否符合预期，是需要继续加强对这些关键词的投入，还是调整方向挖掘其他带来流量数量和质量更优的关键词。

其次，通过把网站搜索流量的搜索词进行分类整理，可能会发掘出一些“意外”的关键词，可能网站并没有针对这些关键词进行内容建设，但是一些内容稍微相关的网页确实通过这类关键词带来了不少目标流量，那么 SEO 人员就可以指导编辑人员着手进行相关内容的建设，从而获得更多的相关流量。具体的实施方法为：把单位时间内的搜索词进行分类，找出那些网站目标以外的关键词，这类关键词一般都是长尾关键词，SEO 人员不应该只注意这些词本身，还应该分析这些词和网站内容及核心关键词之间的关系，从而发现新的长尾关键词扩展方向，继而进行批量的扩展关键词，加强这类关键词对应内容的建设。

如果网站是偏营销型的，那么流量的转化率应该是 SEO 人员不可忽视的数据，现在 GA 和百度统计等主流的流量统计工具都支持流量转化跟踪，只需要按照官方说明进行简单配置，就可以很方便地得到各个搜索词带来流量的转化情况。在网站结构和引导统一的情况下，SEO 人员应该按照转化率对关键词进行等级分类，同样不应该只注意关键词本身，而应该注意关键词的类型特征，分析是否有批量扩展性，如果有扩展性就应该直接指导关键词的选取方向，从而影响整个 SEO 工作的方向和策略。对单个关键词的分析价值往往是不大的，对关键词特征的分析才是最重要的，也最能指导 SEO 方向。

9.1.5　着陆页及其跳出率和 SEO

着陆页也是比较重要的数据，如前面所述，搜索流量的着陆页个数才是网站最有效的收录数，site 指令得到的结果数及百度索引量数据相对来说都是浮云。在对着陆页的分析中应该注重分析着陆页和搜索词之间的关系，分析搜索词、着陆页内容和着陆页目标关键词之间的关系；还要分析和降低着陆页的跳出率。

首先，要分析搜索词和着陆页的目标关键词是否统一。

如果不统一，就需要分析搜索词和目标关键词之间的差距，以及相应网页中内容和关键词的布局情况。分析是什么原因造成了搜索词和目标关键词的差别，同一个网页目标关键词和目标关键词之外的搜索词的流量质量哪一类更好，如果目标关键词之外的搜索词流量质量更好，就要考虑是否需要重新定位页面的关键词以加强更高质量流量的获取。

针对这种情况，有些网站会在网页合理的位置插入 refer 关键词，也就是统计每个页面的搜索流量的搜索词，然后把这些搜索词自动布局到页面中，以加强网页和该搜索词的匹配程度，从而获得更好的排名和流量。不过这种方法一定要慎用，如果都是硬性插入到网页中的，那么就有堆砌关键词的嫌疑，很可能会受到搜索引擎的处罚。最好还是人工分析搜索词和相应网页定位的目标关键词之间的差别关系，从而对网站的内容或特定类型页面所定位的关键词进行统一的调整。

其次，需要分析着陆页的跳出率情况。

搜索流量的跳出率会直接影响到搜索引擎对网站的印象，如果大部分用户通过搜索引擎访问网站后，马上又退回到搜索引擎访问其他结果或者重新搜索，那么网站在搜索引擎上的表现可能就要悲剧了。但是针对这个"跳出率"要详细分析，不同运营目的的网站对跳出率的观点是不同的，比如导购类的网站，就希望用户进入网站后快速跳转到相应的购物网站产生购买行为，并且还会在用户引导方面进行大量的研究和改进工作，这种跳出率是不会影响到网站的搜索引擎表现的。对于 SEO 来说，只要大部分跳出的用户不是重新返回搜索引擎即可。

针对着陆页跳出率数据的分析就要结合网站功能及用户行为进行分析。根据搜索用户在着陆页的停留时间和链接点击情况基本上就可以判断出用户是否又重新回到了搜索引擎，是否对网页的搜索排名有所不利。

停留时间足够长，反映出用户可能仔细浏览了网页内容，一般是网页内容满足了搜索用户的需求，这种着陆页即使跳出率稍微高一点，影响也不会很大。因为用户已经找到了答案，所以即使用户重新返回了搜索引擎，大部分用户一般也不会去选择同一搜索词的其他结果了，根据用户重新返回后的行为，搜索引擎也可以判断出用户已经找到了答案，相应网页满足了用户的搜索需求，这对网站在搜索引擎上的表现应该有促进作用。不过这种情况页面的高跳出率也是需要足够重视的，高跳出率代表网站的相关推荐做得不到位，没有引导用户继续浏览站内其他相关的内容。

页面链接点击情况，如果用户在着陆页根据网站的引导跳出到了站外的页面，这种跳出率一般也不会影响网站在搜索引擎上的表现，因为这并不是用户重新返回搜索引擎所产生的跳出率。如果跳出链接是直接跳出，现在 GA 和百度统计都有热力图，经过简单配置就可以追踪特定页面上的链接的被点击情况，并且百度还会对每个链接的点击进行流量来源分类。这样比对该网页的总流量和页面链接点击次数，两个数据之间的差别应该就是比较危险的跳出数，这部分用户没有根据网站的引导跳出，就很可能返回了搜索引擎。如果这个数据比较大，就可能是网站的内容出现了问题，或搜索词和网页内容不符，或网站打开速度慢，或网页不够简洁等。

所以并不是所有跳出率高的情况都对网站在搜索引擎上的表现不利。只有那些跳出率高，且跳出的用户确实返回了搜索引擎的情况，是对网站在搜索引擎上的表现有所不利的。所以当发现一些页面的跳出率比较高时，首先要分析该页面的用户停留时间，如果时间比较长，那么就应该优化相关推荐，来引导用户继续浏览网站其他内容；如果用户的停留时间比较短，并且可能重新返回了搜索引擎，那么就需要进行仔细研究和优化了。降低着陆页流量跳回搜索引擎的细节方法有很多，网站需要做的基本方向有：

（1）保证网页的打开速度，减少因为网页打开速度过慢而造成的高跳出率。

（2）页面所定位的关键词一定要和内容密切相关，尽量保证该内容能够满足通过该关键词的来访流量，并且做好相关内容或专题推荐，引导用户多浏览网站内容，同时也保证当着陆页不能满足用户时，相关推荐中有能够满足用户需求的内容。

（3）对于导航型网站，在保证以上两点外应该做好用户引导，使用户跳出也最大程度地跳出到目标站外网页，而不是重新跳回搜索引擎。

（4）有些网站没有完全符合目标关键词的内容，那么就要在相关推荐条目上做足功夫，做好站内搜索和相关推荐，让用户即使在本页没有找到想要的内容，也能最大程度地点击浏览网站所推荐的内容。比如现在很多问答类网站这方面做得就很好，虽然它们很可能并不是出于这个目的。

分析着陆页的数据，降低着陆页"危险"的跳出率，是 SEO 人员的一项重要工作，这可能会涉及网站内容建设方向、网站结构设计等，大部分 SEO 人员只知道降低跳出率很重要，但是并没有对这个跳出率进行详细分析和对应优化。

9.1.6　流量下降的分析思路

分析流量，最常见的应该就是当网站流量上升或下降时，如何使用流量统计工具找原因。本节就简单讨论一下当网站流量下降时的分析思路。

当发现网站流量有明显下降时，首先应该分析什么来源的流量下降了。在百度统计中使用"升降榜"的日环比和周同比，或者使用自定义的两天数据对比，两个日期最好选择同一类型的，比如都选择非节假日的周三等，很容易分析出搜索流量、引荐流量和直接访问三种流量来源中哪部分流量下降了，或者是全部都下降了。

如果三种流量都下降了，又不是节假日等特殊的日子，那么就很可能是网站出现了问题，或打不开、或速度慢等，也有可能是技术人员改动网站时，把统计代码误删了，在网站改版时经常会遇到这种情况。如果自行检查确定网站没有以上问题，那么还可以继续向下分析流量的地区分布，在百度统计中使用"地区分布"功能进行以上所述对比操作，分析是否有个别地区出现流量明显下降的情况，有可能是南北通信有问题或部分地区 DNS 解析有问题。

如果是引荐流量下降了，那么就使用"升降榜"继续分析到底是哪些网站过来的流量下降了，找出确切的网站后，再分析对方网站是否有打不开的情况，对方网站是否撤掉了你的链接，或者直接联系对方网站负责人了解相关情况。

如果是直接访问流量下降，直接访问的分析比较麻烦，至今也没有非常靠谱的分析方法。不过直接访问的流量一般都是老用户，可以了解一下有哪些原因使得你的网站的老客户突然不来网站了。比如有些中小型电商网站，在"双 11"或其他大型电商有促销活动的节假日时会出现流量大幅度下降。需要了解的是"直接访问"的流量并不真的全部是直接访问，还有一些丢失来源的流量，比如 360 搜索刚上线时，有段时间隐藏了来源，对于网站来说 360 搜索过来的流量都是直接流量，后来 360 搜索改动，又不隐藏来源了，这时就造成了网站的直接流量大幅度下降，不过这种情况下网站的总流量是不会有太大变化的。可以分析网站的 Flash 或者弹窗广告是否变少了。

如果是搜索流量下降了，首先需要确定的是具体是哪个搜索引擎过来的流量下降了，同样使用百度统计的"升降榜"就可以分析。比如分析到是百度的搜索流量下降了。这时需要先看一下网站的核心词是不是还有排名，如果没有排名了，继续查看一下网站主要页面的目标关键词排名，如果也没有排名了，那么网站就可能被百度降权了。当然还需要根据 site、索引量等数据进一步分析。如果发现网站的核心词排名都在，那么在百度统计"升级榜"中点击"百度"，就可以看到各个搜索词带来流量的对比了。可以简单分析一下具体是哪些关键词的流量下降了，一般是相对应的关键词没有搜索排名了，根据这些关键词找出具体是网站的哪部分内容的排名被百度处理了。也可以直接使用百度统计的"受访域名"或 GA 中的高级筛选来确定具体是网站的哪部分内容被百度处理了。找到具体的"病体"后再对该部分内容进行详细分析，后续就不是流量分析的范畴了。

网站流量的上升和下降都可能会有很多原因，也并不是搜索引擎的流量下降就意味着网站被搜索引擎降权。搜索流量的浮动在 10%~20% 都是比较正常的，很可能是自然的波动，可能是网站内有部分内容信息过时或部分内容突然被搜索引擎推荐，有时也有可能是百度的排序规则有微调。一般只要不是搜索流量减半或搜索流量直接全无，应该就不是被搜索引擎降权了。

流量分析重在分析，只是找出真正的"病体"，具体"病体"的病因是什么就需要另外根据网站近期的实际情况进行具体分析了。

9.1.7 多分析、多发现、多成长

在实际的流量分析工作中，还有很多其他数据值得分析，以上的数据也还有很多值得分析的地方。同样也有很多需要注意的地方，有时候数据也会骗人，比如极端的数据都是需要分析后再确定是否值得相信的，跳出率 100% 或者 0% 的数据以及突然有一篇文章的流量比重要目录页的流量还要高出很多的情况是否是真实的流量呢？再比如同一数据不同比例尺的趋势图可能会造成变动幅度不同的假象等。

SEO 中流量分析的目的就是效果检测、发现和分析问题及发现网站流量的成长空间。不同问题的细分分析方法和思路都不尽相同，不同 SEO 基础的人员在数据中所看出的问题也会不同。现在由于 SEO 这个工作的特性，几乎网站流量中所有数据都可以和 SEO 扯上关系，SEO 人员应该提升自己对数据的敏感性，学会发现流量数据背后的问题。要想使流量分析在 SEO 工作中真正起到指导性的作用，做数据驱动型的 SEO，还是需要 SEO 人员提升自身的相关知识储备和素质，没有足够的基础知识支撑，SEO 人员也就只能是看看统计中的 PV 和 UV 数据了。

另外，所有的流量数据本身所能反映出的问题都是有限的，只有结合"趋势"和"细分"才能发现更多更深层次的问题。百度统计中的升降榜及 GA 中的多维度高级筛选都是流量分析中的高级助手。多分析，多发现，多成长。

SEO　9.2　日志分析

日志分析也是 SEO 工作中比较重要的数据分析工作，SEO 人员都知道这一点。但是和流量分析不同的是，部分 SEO 人员还知道使用流量统计工具看一下网站的 PV 和 UV 数据，但是从来没有看过或者还不懂得如何看网站访问日志。日志文件对网站的所有访问行为都有记录，日志文件中的数据比普通流量统计工具中的数据更加全面、精确，但是通过日志来分析网站的流量数据需要借助特定的工具，技术大牛一般会自己写脚本跑整个日志文件以获得自己所需要的数据报表，并且与 GA 和百度统计这样的工具相对比，使用网络上的日志分析软件所得到的网站流量数据和报表往往可分析性会差很多。所以如果不懂相关的技术，还是使用普通的流量统计工具来统计分析流量吧。

对于大众 SEO 人员来说，对网站日志的分析，更多地还是针对搜索引擎 Spider 抓取行为的分析，当然技术大牛同样可以自写脚本获得自己需要的日志分析报表，大众 SEO 人员还是通过类似前面介绍的光年 SEO 日志分析系统来进行日志分析工作吧。本节以光年 SEO 日志分析系统和 IIS W3C 格式的日志为例，简单从 SEO 的角度讨论一下日志分析相关的内容。和流量分析中重复的内容不再冗述，比如用户浏览器使用情况等。

9.2.1　基础知识

SEO 工作中与日志相关的基础知识包含日志中各字段的含义和状态码的含义。现在网络上有很多相关知识的介绍，在此为了章节内容的完整性，对相关内容也进行简单的介绍。现在很多经常做日志分析的 SEO 人员，并不完全明白日志文件中各字段的含义，对不常见的状态码同样不是太明白，当遇到相关问题时，才会重新查询相关知识。

IIS W3C 格式的日志中常用的字段有：date、time、cs-method、cs-uri-stem、cs-username、c-ip、cs-version、cs(User-Agent)、cs(Referer)、sc-status、sc-substatus、sc-bytes。这些字段各自的含义及 SEO 人员所应该了解的内容如下。

- date：发出请求时候的日期，也就是年月日。在日志分析中，一般会提取一天的日志进行分析，并且大部分网站都是按天生成日志的。所以日志分析中的这一列数据基本都是相同的。

- time：发出请求的时间，也就是时分秒。这个字段可以分析出搜索引擎对整站或指定内容的抓取频率。

- cs-method：请求中使用的 HTTP 方法，值为 GET 或 POST。GET 是向服务器索取数据的一种请求，POST 是向服务器提交数据的一种请求。搜索引擎对网站的访问一般不会自动提交数据，所以搜索引擎 Spider 的抓取记录的状态基本上都是 GET。

- cs-uri-stem：访问的 URL，也是日志分析中的主体对象。

- cs-username：用户名，访问服务器已经经过验证的用户名。搜索引擎 Spider 的访问一般是匿名的，匿名在日志中会以 "-" 表示。

- c-ip：客户端 IP 地址，也就是访问者的 IP。如果及时发现同一 IP 地址频繁地访问网站，可能会是采集器，可以经过分析确定后加以封禁。

● cs-version：客户端使用的协议版本，值为 HTTP 或 FTP，搜索引擎 Spider 为 HTTP，不必在乎此字段。

● cs(User-Agent)：用户代理，客户端浏览器、操作系统等情况。搜索引擎 Spider 也会在此字段表明身份，也会有一些假 Spider 混迹其中，比如站长工具一般都有模拟搜索引擎 Spider 抓取的功能，这种访问就会产生假的搜索引擎 Spider 访问。现在拥有外链查询的站长工具，为了防止网站封禁 IP，也会冒充成搜索引擎 Spider 访问网站。SEO 人员可以统计各种搜索引擎对网站的抓取情况，屏蔽无流量的搜索引擎或工具的抓取，以减少网站的服务器和带宽压力。

● cs(Referer)：访问来源，即普通引荐流量中的引荐页面，如果没有来源，则会以"-"表示。在搜索引擎基础知识章节中已经详细讲过，搜索引擎 Spider 并不会从一个页面爬到另一个页面，所以 Spider 对网站的访问都是直接访问，因此搜索引擎 Spider 对网站的访问记录中该字段都是"-"。

● sc-status：协议状态，记录 HTTP 状态码。200 表示成功访问、404 表示找不到网页、301 表示永久重定向等，这个字段是需要 SEO 人员尤为关注的字段，后续会对各种状态码进行简单介绍。

● sc-substatus：协议子状态，记录 HTTP 子状态码。一般网站都不使用子状态，所以这个字段的值一般为 0。

● sc-bytes：服务器发送的字节数，可以理解为文件的大小。

以上为日志文件中常见的字段，还有一些字段如 cs-bytes 表示服务器接受字节数，这些字段对 SEO 来说几乎没有什么分析价值，所以不再介绍。需要了解的是，网站日志中的所有字段记录与否及字段的排序都是可以在服务器上配置的，所以并不是所有的服务器日志的字段都会按以上顺序排列。在以上介绍的字段中，协议状态码是 SEO 比较关心的数据，根据需要，常见的状态码简单介绍如下。

● 200：表示访问成功，访问正常。

● 301：表示资源永久重定向，即向搜索引擎表示该网页已经完全转移到另一个网页，告诉搜索引擎该网页的相应权重需要叠加到另一个网页上，并删除该网页的索引。虽然百度站长平台已经推出了网站改版工具，但是现在对于 301 的支持还是比较缓慢。由于 301 有叠加权重的作用，所以有不少人利用大量子域名 301 到某一个固定网页以提升该网页的权重，简称 301 作弊。

● 302：表示资源暂时转移，如果网站改版，建议使用 301 而不是 302。302 作弊曾经流行过一段时间，已被搜索引擎打击，其实现在 302 作弊依然存在，正规网站不必过多关注此状态码。

● 304：网页无变化，如果搜索引擎 Spider 访问返回 304，可能会造成 Spider 访问该页面的频率降低。

● 404：资源未找到或已删除，有的服务器在数据出现读取错误时，会默认返回 404 状态码，对 SEO 非常不利，应该改为 503。同时所有 404 状态的访问都应该引起站长和 SEO 人员足够的重视。

- 503：服务器过载或暂停维修，建议网站出现突发事故时最好默认返回 503，未建好的网页也最好返回 503 而不是 404。

以上为日志分析中常见的状态码，在日志中还有其他很多状态码，SEO 人员最好都了解一下，但是不熟知其他状态码表示的含义也没有多大关系，按照开头数字对状态码的含义总结如下。

- 1**：表示请求已经收到，需要继续处理。
- 2**：表示请求已被服务器成功接收、分析。
- 3**：表示客户端需要进行进一步操作才能完成请求。
- 4**：表示请求包含语法错误或不能完成。
- 5**：表示服务器错误。

在日志分析中，4** 和 5** 的状态码是需要足够重视的。在实际工作中，经常会把 404 状态码的访问记录单独提取出来进行分析；会搜索日志中 503 之类的服务器错误，来查看指定时间段服务器是否出现宕机、带宽使用是否超过限制等。

9.2.2　确定目标和精简样本

不仅是日志分析，所有的数据分析工作都应该有其目的性，不然就失去了分析的意义。SEO 人员分析日志一般有两个目标：了解网站内容和链接是否正常、了解搜索引擎 Spider 对网站的抓取情况。前者是为了发现网站运行中的问题并加以修复，保证网站的良好运营；后者是为了发现搜索引擎的抓取规律，并分析是否有优化的空间，引导搜索引擎多抓取指定重要内容而弱化对无关紧要页面的抓取，一般会配合搜索引擎对网站的收录情况进行分析。

因为网站日志记录了网站的所有访问数据，所以稍有规模的网站的单天日志可能会很大，少则几百 MB 多则几个 GB。作为 SEO 人员，平时只需要分析搜索引擎的抓取情况就可以了，如果网站存在服务器错误和页面 404 之类的错误，一般都会在搜索引擎抓取中遇到，并且较普通用户的访问，搜索引擎的抓取可能更加全面。所以在进行日志分析前，可以根据分析目标先对日志进行精简，比如只提取出百度 Spider 和 Googlebot 的抓取记录来进行分析。当然也可以根据分析目的只提取指定时间段、指定 IP、指定浏览器、指定来源页面或指定状态码的记录。根据分析目标把日志分析范围缩小和精简，可以大大提高分析效率及提升分析工作的质量。如果你想查看是否有垃圾爬虫或对网站运营无关的工具批量访问的 IP，进行封禁以降低服务器和带宽的浪费，还是需要即时查看日志或分析整个日志文件的。

9.2.3　发掘死链接及网站异常

1．发掘死链

百度一直在强调站长应该重视站内死链接，并在百度站长平台推出了死链提交工具。因为搜索引擎的 Spider 在抓取之前并不知道链接是不是死链接，所以对于死链接也是正常抓取。如果由于网站程序错误或批量删除了一些页面，就可能白白浪费掉搜索引擎 Spider 的抓取；由于单位时间内搜索引擎对一个网站的抓取是有上限的，所以站内过多的死链接会影响到搜索引擎对正常内容的抓取；如果网站批量删除了一批页面，且这些页面在搜索引擎中是有排名的，众所周知搜索结果中的网页出现 404 是对搜索用户体验的最大伤害，所以针对这种情况搜索引擎一般是严格控制的，如果网站中突然大量有排名的网页出现 404 的情况，搜索引擎可能会认为网站整体的运营有问题，从而降低网站整站的搜索表现。可见站在网站的角度，死链接也是必须清理的，但是主动地去寻找这些死链接并不是一件容易的事。

虽然现在可以通过 xenu 来批量发掘网站的死链，但是对于网页数量比较大的网站来说，这样做是非常消耗资源的，并且如果网站页面数量过多，在普通 PC 上跑 xenu 会经常造成软件不响应甚至电脑死机的状况。如果是批量删除网页所产生的死链，可以根据删除规则批量生成 URL，如果是其他原因产生的死链，就只能通过类似的批量抓取验证来寻找了。

其实完全可以通过日志分析寻找死链。因为站外拼写错误之类的原因所产生的死链接总是有限的，这种链接也不是站内产生的，所以没有必要过于关注。而如果网站存在大量的死链接，那么这些死链接的产生肯定有特定原因的。分析少量样本发现死链接的规律，并寻找产生死链接的根本原因，寻找网站中存在这些死链接的页面，之后不论是修补错误还是批量生成死链接列表都不是太大问题了。所以发掘网站内的死链接只需要分析一定的死链接样本就可以了，由于搜索引擎每天都会抓取一定量的网页，所以分析网站日志中搜索引擎抓取的记录就可以了，或者分析整个日志中的 404 状态的访问都可以。

2. 发掘网站运行异常情况

一般是分析网站是否出现过服务器错误或误删资源的情况，也就是分析日志中状态码为 5** 和 404 为主的记录。根据 5** 状态的记录，分析网站是否出现过异常，根据出现异常时间分析可能的原因并予以解决。根据 404 状态的记录，分析网站中是否有误删的图片和资源或 CSS 及 JS 文件等，如果相应的图片和资源访问用户过多，根据需要考虑是否恢复删除的图片和资源，以保证用户体验良好；如果相应的 CSS 和 JS 当下还被网站中不少页面使用着，那么就要设法恢复相应文件，以弥补网站网页样式错乱或功能出现错误。

另外，在网站程序一切正常的情况下，搜索引擎也可能会抓取一些奇怪的站内不存在的链接，这一般是由外链造成的，如果站长发现搜索引擎 Spider 抓取了过多的 404 页面，并发现这些页面都是站内不可能存在的，那就要分析一下这些外链产生的原因了，有可能是网站分享程序有问题，也有可能外链建设过程中由于某种意外使用了大量错误链接，需要根据实际 404 的 URL 进行具体分析。当然除了搜索引擎抓取的 404 页面外，在日志中也会经常看到黑客扫描网站漏洞产生的 404 访问记录，虽然站在 SEO 角度这并没有什么可分析的，但是为了网站安全还是需要多加注意。

通过日志分析还可以发现网站是否有意料之外的重定向，比如有的网站因为泛解析问题，会导致用户访问不存在的页面 www.domain.com/abc 时，网站会自动 301 或 302 跳转到子域名 abc.domain.com，如果该域名不存在，服务器或返回网站首页内容，或返回 404 状态码。这种错误在日志中提取 301、302 及 404 状态的记录都可以很容易地发现。除了 200 之外的状态码稍微过多就需要高度注意，仔细分析其产生的原因，并找出解决问题的办法。

在日志分析中什么千奇百怪的问题都可能遇到，有时可能服务器设置错误，删除的内容也会返回 200 状态码，这些都需要 SEO 人员仔细分析网站的日志文件才能发现。站长在日志分析过程中，可以使用光年 SEO 日志分析系统的日志拆分功能按照需求进行提取，以辅助分析。如果没有明确的分析目的，那么日志分析工作就是在日志文件中找寻一切异常的记录，并深挖异常记录产生的原因，从而为网站解决一些潜在的问题。

9.2.4　Spider 抓取情况和 SEO

搜索引擎 Spider 对网站的抓取情况，应该是最值得 SEO 人员研究的内容。但是很多 SEO 人员面对已经在日志中提取出来的搜索引擎抓取记录，并不知道需要分析什么。这里简单讨论一下 Spider 对网站的抓取情况都有哪些方面是值得分析的，以及分析出的结果是如何指导 SEO 工作的。

Spider 的抓取数据可以分析：Spider 对整个网站的抓取频率、Spider 对重要页面的抓取频率、Spider 对网站内容的抓取分布情况、Spider 对各种类型网页的抓取情况、Spider 对网站的抓取状态码情况等。

（1）通过分析 Spider 对整个网站的抓取频率的趋势，可以简单了解网站在搜索引擎眼中的质量。如果网站没有进行过大幅度的变动，并且内容正常更新，搜索引擎的抓取频率却逐渐或突然大幅度降低，不是网站运行出现错误，就是搜索引擎认为网站质量出现了问题；如果搜索引擎的抓取频率突然增大，可能是网站有 404 之类的页面引起了 Spider 的集中重复抓取；如果搜索引擎的抓取频率逐渐增大，可能是随着网站内容的逐渐增多，权重的逐渐积累，而获得的正常抓取。持平和平缓的变动不足为奇，如果出现大幅度的变动，就需要引起足够的重视了。

（2）通过分析 Spider 对重要页面的抓取规律，可以辅助网页内容更新频率的调整。一般搜索引擎 Spider 会对站内的重要页面进行高频度的抓取，这类页面一般不会是内容页，而是首页、列表页或者拥有大量外链的专题页。

如图 9-4 所示为提取的百度 Spider 对某网站 nbc.html 页面的抓取情况，该页面为该网站的最新内容页面，即专门为搜索引擎发现网站内的新内容所准备的页面。该页面中有 300 个链接，每 5 分钟更新一次，并且已知 5 分钟内网站所产生的新页面要远远超过 300 个，也就是说并不是所有新产生的页面都会在 nbc.html 中出现。根据图 9-4 中百度 Spider 对该页面的抓取情况可以看出，最多间隔不到 2 分钟百度 Spider 就会抓取一次该页面，然而该页面的更新频率为 5 分钟，也就是说百度 Spider 有超过一半的抓取次数并没有获取到新链接，并且网站新内容的链接也没有完全在该页面上展现一遍。根据这种数据差，就可以指导 SEO 人员推进技术人员对该页面的缓存时间的改进，增大更新频率，可以把更新频率设置为 2 分钟一次，这样不仅可以使百度 Spider 每次对该页面的抓取都获得新链接，同时也可以增大网站新内容被百度发现的几率。

在网站中有很多种此类抓取频率非常大的页面，比如前面所说的网站首页、目录页和专题页。在网站中往往还会有其他更多类型的聚合页同样有着比较大的抓取频率。尤其是网站的首页，很多网站的首页每天都会得到搜索引擎成千上万次的抓取，但是不少网站首页上更新的链接很少，有些浪费了首页本身权重所带来的 Spider 高抓取频率。在不影响 SEO 关键词密度和布局的前提下，SEO 人员可以充分利用这部分资源，来使网站内所有的新内容都被搜索引擎及时发现，也减少搜索引擎的无效抓取。

```
4   #Fields: date time cs-method cs-uri-stem cs-username c-ip cs-version cs(User-Age
5   2012-12-01 00:00:39 GET /nbc.html - 220.181.108.109 HTTP/1.1 Mozilla/5.0+(compat
6   2012-12-01 00:01:38 GET /nbc.html - 220.181.108.108 HTTP/1.1 Mozilla/5.0+(compat
7   2012-12-01 00:03:10 GET /nbc.html - 220.181.108.174 HTTP/1.1 Mozilla/5.0+(compat
8   2012-12-01 00:03:29 GET /nbc.html - 220.181.108.89 HTTP/1.1 Mozilla/5.0+(compat
9   2012-12-01 00:03:39 GET /nbc.html - 220.181.108.94 HTTP/1.1 Mozilla/5.0+(compat
10  2012-12-01 00:05:21 GET /nbc.html - 220.181.108.181 HTTP/1.1 Mozilla/5.0+(compat
11  2012-12-01 00:06:28 GET /nbc.html - 220.181.108.174 HTTP/1.1 Mozilla/5.0+(compat
12  2012-12-01 00:06:37 GET /nbc.html - 220.181.108.166 HTTP/1.1 Mozilla/5.0+(compat
13  2012-12-01 00:07:39 GET /nbc.html - 220.181.108.143 HTTP/1.1 Mozilla/5.0+(compat
14  2012-12-01 00:07:43 GET /nbc.html - 220.181.108.121 HTTP/1.1 Mozilla/5.0+(compat
15  2012-12-01 00:09:16 GET /nbc.html - 220.181.108.185 HTTP/1.1 Mozilla/5.0+(compat
16  2012-12-01 00:09:30 GET /nbc.html - 220.181.108.166 HTTP/1.1 Mozilla/5.0+(compat
17  2012-12-01 00:10:41 GET /nbc.html - 220.181.108.102 HTTP/1.1 Mozilla/5.0+(compat
18  2012-12-01 00:12:30 GET /nbc.html - 220.181.108.75 HTTP/1.1 Mozilla/5.0+(compat
19  2012-12-01 00:12:40 GET /nbc.html - 220.181.108.96 HTTP/1.1 Mozilla/5.0+(compat
20  2012-12-01 00:13:39 GET /nbc.html - 220.181.108.181 HTTP/1.1 Mozilla/5.0+(compat
21  2012-12-01 00:13:47 GET /nbc.html - 220.181.108.172 HTTP/1.1 Mozilla/5.0+(compat
22  2012-12-01 00:14:35 GET /nbc.html - 220.181.108.187 HTTP/1.1 Mozilla/5.0+(compat
23  2012-12-01 00:16:44 GET /nbc.html - 220.181.108.165 HTTP/1.1 Mozilla/5.0+(compat
```

图 9-4　百度 Spider 对以网页的抓取频率

虽然现在通过百度站长平台的 sitemap 工具，可以直接把站内的 URL 提交给百度，并不需要太过担心百度发现不了网站内新内容的问题，但是现在也有部分网站是没有 sitemap 提交权限的，并且这种通过页面发现链接的形式还会带有一定的权值传递。众所周知，网页的收录与否，除取决于网页内容的质量外，与网页所获得的外链和网页的权重也是有关系的，所以以上分析和改进还是值得进行的。

（3）分析 Spider 对网站内容的抓取分布情况。每个网站都会分出一些不同的频道，可能大家感觉在网站内链和外链的建设中并没有特别的偏向，或者为某个频道做了很多链接，就认为该频道应该会得到搜索引擎的青睐，但是事实可能不是这样的。Spider 对网站内容抓取分布情况的分析一般会结合网站的收录数据，分析网站各频道内容的更新量、搜索引擎收录量和 Spider 对各频道的每日抓取量是否成正比。

如果某个频道的搜索引擎收录不佳，首先就要分析搜索引擎对该频道的抓取是否正常。比如分析百度对网站各频道的抓取情况，可以使用光年 SEO 日志分析系统先把百度的抓取记录提取出来，然后使用该工具对提取出来的日志进行分析。在该工具生成的报表中有一个"目录抓取"的报表（如图 9-5 所示），可以轻松获得百度对网站目录级别的抓取。也可以通过该工具的日志拆分功能，拆分出百度对网站每个频道的抓取情况，然后进行详细分析。

	蜘蛛名	目录	爬取量
1	BaiDu Spider	fenghuang.domain.com/	1963
2		news.domain.com/	1335
3		qinzi.domain.com/	1193
4		image.domain.com/	1122
5		vedio.domain.com/	803

图 9-5　光年 SEO 日志分析系统报表

通过这种分析可以很轻松地了解到百度对网站内各频道的抓取情况，会经常发现收录不佳的频道得到的抓取次数也很少，或者会发现百度对该频道内容页的抓取情况不佳。此时就需要调整网站内的链接分布，或者使用 nofollow 标签来弱化百度对不重要频道的抓取，而引导百度多抓取指定的频道。如果搜索引擎的收录并没有异常，百度对内容的抓取分布情况也是值得分析的，研究百度抓取量大和抓取量小的频道之间的差别，从而了解百度 Spider 的喜好，进而对网站结构或者内容建设方法进行改进。

（4）分析 Spider 对站内各类页面的抓取情况。不同网站都有着自己不同的网页类型，这里进行举例说明。在大众网站中一般首页、目录页、文章页，目录页和文章页可能会有分页，但是经过分析百度 Spider 的抓取记录后，可能会发现百度 Spider 几乎不怎么抓取分页，不论是列表分页还是文章分页。

如果网站更新量比较大，每天更新的内容会在列表新增很多分页，就可能造成百度不能及时发现网站新内容的情况；如果网站的文章的内容量都比较大，并且分页也是经过精心设计的，每个分页都有一个核心的小主题，这种文章的分页也是有收录价值的。为了解决这两个问题，可以在网站上建立不进行分页的"最新内容"页，然后引导百度 Spider 频繁抓取该页面；把文章的分页的 URL 格式和文章首页的 URL 统一，并在列表页或上述"最新内容"页进行推荐。先保证百度发现这些页面才能进一步促进百度对有价值分页的抓取和收录。

（5）分析 Spider 对网站的抓取状态码情况。除了上面所提到的注意网站异常的状态码，还应该留意 Spider 对网站的抓取记录中是否还有其他不常见的状态码出现。如图 9-6 所示为 2012年 12 月 9 日（星期日）百度 Spider 对某网站首页的抓取记录。因为周末没有人更新网站，所以网站首页内容全天是无变化的，造成了百度 Spider 抓取全部返回了 304 状态码。这样一段时间后百度 Spider 就会发现网站的首页更新规律了，以后即使周末有更新内容也不会得到百度的及时抓取和收录了。所以，虽然这不会对网站的排名造成直接的负面影响，但是如果以后整个周末百度 Spider 都不来抓取网站，以至于以后在这个时间段内发布新内容都不再被及时收录，那多少都有点悲催了。面对这种情况，SEO 人员一般都会策划根据 Spider 抓取频率在相应的时间对页面做出一定的更新，以保证搜索引擎 Spider 持续地抓取网站。根据具体情况或加大内容发布量，或为页面增加最新内容的调用，或为页面增加评论类的动态内容等。当然诸如大部分内容页返回 304 是很正常，需要具体情况具体分析，并没有必要单纯为避开对 Spider 返回 304 状态码而刻意改变网页内容。

```
5   220.181.108.89  - - [09/Dec/2012:00:57:30 +0800] "GET / HTTP/1.1" 304 -
6   220.181.108.91  - - [09/Dec/2012:01:13:49 +0800] "GET / HTTP/1.1" 304 -
7   220.181.108.139 - - [09/Dec/2012:01:31:12 +0800] "GET / HTTP/1.1" 304 -
8   220.181.108.178 - - [09/Dec/2012:01:47:23 +0800] "GET / HTTP/1.1" 304 -
9   220.181.108.92  - - [09/Dec/2012:02:03:25 +0800] "GET / HTTP/1.1" 304 -
10  220.181.108.147 - - [09/Dec/2012:02:20:54 +0800] "GET / HTTP/1.1" 304 -
11  220.181.108.146 - - [09/Dec/2012:02:36:30 +0800] "GET / HTTP/1.1" 304 -
12  220.181.108.153 - - [09/Dec/2012:02:51:43 +0800] "GET / HTTP/1.1" 304 -
13  220.181.108.111 - - [09/Dec/2012:03:09:03 +0800] "GET / HTTP/1.1" 304 -
14  220.181.108.181 - - [09/Dec/2012:03:25:37 +0800] "GET / HTTP/1.1" 304 -
15  220.181.108.114 - - [09/Dec/2012:03:41:42 +0800] "GET / HTTP/1.1" 304 -
16  220.181.108.177 - - [09/Dec/2012:03:57:37 +0800] "GET / HTTP/1.1" 304 -
17  220.181.108.89  - - [09/Dec/2012:04:15:24 +0800] "GET / HTTP/1.1" 304 -
18  220.181.108.157 - - [09/Dec/2012:04:32:55 +0800] "GET / HTTP/1.1" 304 -
19  220.181.108.169 - - [09/Dec/2012:04:50:55 +0800] "GET / HTTP/1.1" 304 -
20  220.181.108.79  - - [09/Dec/2012:05:07:04 +0800] "GET / HTTP/1.1" 304 -
21  220.181.108.145 - - [09/Dec/2012:05:22:40 +0800] "GET / HTTP/1.1" 304 -
22  220.181.108.111 - - [09/Dec/2012:05:39:06 +0800] "GET / HTTP/1.1" 304 -
```

图 9-6　百度 Spider 抓取记录

在分析日志的过程中，所有的状态码都有可能会发现，都需要根据状态码的实际含义及网站的实际状态进行分析，从而考虑是否需要改变现状，以保证网站在搜索引擎上的良好表现。

以上只是简单讨论了一下日志分析中常见的分析目标、方法及对 SEO 的指导性作用，在网站日志中还可以分析出很多问题，当网站遇到搜索引擎相关的问题时，也应该优先分析搜索引擎对网站的抓取日志。网站运营过程中可能会遇到很多千奇百怪的事，SEO 人员就需要多遇问题，然后进行分析、思考和解决，从而提升自己。如果有能力，可以开发一个小程序监控网站日志，以方便分析每天搜索引擎对网站的抓取记录中的常规数据：Spider 总抓取 URL 的条数、Spider 抓取唯一 URL 的条数、各种主要状态码出现的次数、网站主要页面的抓取次数、站内各类页面的抓取次数等。同流量分析一样，可能单天的数据所能说明的问题有限，长期监控并做成趋势图，就可以及时发现搜索引擎 Spider 对网站抓取过程中的很多问题了。当然这种监控只是辅助及时发现问题，具体的问题分析还是需要提取到相关记录，进行逐层细分分析。

9.3 收录、排名、站内搜索数据分析

在前面竞争对手分析一章中已经简单提到过收录排名数据的监控了，由于那是站外分析，所以数据在很大程度上是不准确的。SEO 人员对自己的网站应该进行全面的了解，不仅要详细了解网站的收录和排名，对网站用户的站内搜索数据也要进行细致的分析和研究，进而才能了解网站自身哪些方面存在明显的不足，哪些方面已经拥有绝对的优势，从而更好地指导 SEO 的工作。

9.3.1 收录和排名统计分析

对于站内的数据，SEO 人员最起码需要统计网站各频道及各类型页面的收录情况，通过 site、inurl 指令及百度站长平台的索引量查询工具可以获得相关数据。虽然 site 和 inurl 所得到的数据并不准确，但是体现在时间轴上的大趋势应该是正确的，这些数据的趋势可以让 SEO 人员随时了解网站各方面内容的收录情况的变动，一旦网站的收录量出现异常，可以方便地追查到具体是哪方面的内容或哪些类型的页面出现了问题，是内容问题、模版问题还是链接问题，这些都很容易进行分析。

和搜索引擎收录量相对应，SEO 人员也应该掌握网站各频道及各类型页面的实际数量，和搜索引擎的收录量进行对比，可以发现网站页面的收录比例有多大。这个收录比例在时间轴上的趋势可以反映出相应时间段内网站内容的质量有所提升还是下降。前面在 Google Webmaster 的介绍中，介绍了"索引状态"工具，这个工具就有这方面的作用，百度站长平台还没有类似工具的推出，所以只有靠站长和 SEO 人员自己来进行数据统计和分析了。

除了以上数据的跟踪统计外，SEO 人员还应该了解到网站每天新增内容的搜索引擎收录比例是多少。如果网站每天所产生的新页面并不是太多，完全可以让技术人员写个脚本批量地在搜索引擎中查询这些新页面的 URL，查看是否收录及收录比例，也可以使用站长工具介绍章节中所提到的"批量查询 URL 百度收录情况"的工具进行查询和统计。如果每天新增大量内容，但是搜索引擎并不收录，就有点儿悲催了。收录比例突然出现异常，也可能是网站出现了某些

问题，都需要根据实际情况进行分析，比如分析每天的新内容是否都被搜索引擎所抓取，未被收录的内容和已被收录的内容页面之间有什么区别等，来指导调整 SEO 工作的方向。

比对搜索引擎收录情况和相应的网站中实际网页的数量，发现收录相对不理想的频道或特定类型的网页。这种页面是有足够的收录提升空间的，此时就按照上一节日志分析中提到的那样，先确定网页类型，然后分析日志抓取情况，进而调整站内链接或设置专门推荐这些网页链接的页面，来促进搜索引擎发现这类网站的链接。当然也有可能是网页内容的问题，需要根据实际情况做出相应的分析。

针对关键词排名方面，SEO 人员应该跟踪统计网站所有核心关键词的排名变化情况。同时也利用流量统计工具统计每天的搜索词数量，以及搜索流量中的着陆页数量。这些数据的单日数据可能并不能反映出太多问题，但是在时间轴上建立趋势图就可以反映出很多问题了。比如搜索流量中的着陆页数量，代表了网站内有多少搜索有效页面，这个数值占网站总网页数的比例越大，代表网站的"无效页面"越少，搜索引擎越认可网站的内容。如果这个数值占网站总网页数的比例很小，代表网站中大部分网页是不能从搜索引擎上带来流量的，如果网站没有发展其他推广方式，这些页面甚至都可以被当成垃圾页面了。这个比例在时间轴上的趋势，可以反映出网站在 SEO 方面是否是良性发展的，当然也要根据网站的类型进行具体分析。

9.3.2　站内搜索统计分析

虽然大多数网站都配有站内搜索的功能，但是有相当一部分网站并没有统计和分析网站用户的站内搜索数据。对于运营人员来说站内搜索用户在站内的所有行为都非常值得进行跟踪和分析。但对于 SEO 人员来说，站内搜索的搜索词才是最重要的数据，在第 4 章中也提到过，通过分析站内搜索词可以分析网站用户对网站内容和功能的需求。在搜索引擎中，用户搜索是想通过搜索引擎找到自己所希望得到的信息；在网站中，用户的搜索目的虽然和在搜索引擎中没有什么太大的区别，但是对网站的意义就有所不同了。

"站内搜索"这个行为的产生一般会有这几类原因：一是用户经过浏览，没有在站内找到自己所需要的信息；二是用户认为网站应该有自己所需要的信息，但是懒得通过网站导航寻找；三是站内搜索结果页的展现形式更符合用户的浏览需求等。前两个原因一般都是用户在了解了网站主题的前提下又发起的站内搜索，此时站在网站的角度就应该尽力提供用户所需要的这些内容，所以通过分析用户的站内搜索词可以发现网站内容的不足，并了解网站目标用户的内容需求，从而指导网站内容的建设工作。

如果感觉自己开发站内搜索数据统计分析功能比较吃力，就可以使用 Google analytics 提供的比较给力的站内搜索分析功能，基本上可以满足大部分网站对站内搜索数据的统计和分析需求。在 Google analytics 的"管理>>配置文件>>配置文件设置"中可以很容易地找到统计站内搜索的设置，经过简单配置就可以轻松获得用户站内搜索的数据及多个数据分析报表了。如图 9-7 所示，设置好"查询参数"就可以统计用户的搜索词和相关数据了，如果站内资源有进行分类，并且在搜索的 URL 中有所体现，那么就可以配置好"类别参数"，以便更细分、更精准地分析用户站内搜索的数据。只要简单配置好这两个参数，就会给网站增加一个强大的辅助用户数据分析的功能。

图 9-7　Google analytics 站内搜索设置

　　Google analytics 的站内搜索分析，在给出了站内搜索用户的一系列数据报表之外，还会给出使用站内搜索的用户与没有使用站内搜索用户之间的数据比对，同时还支持站内搜索用户特有的数据与普通流量数据的交叉分析，功能非常强大。如图 9-8 所示，对站内搜索词报表，使用了流量来源为关键词的次级维度过滤，通过综合此报表及相关数据可以进行如下分析：用户通过在搜索引擎搜索这些关键词进入网站后，着陆页内容并没有满足用户的需求，用户又在站内发起了相应的搜索，比对来源关键词和站内搜索词之间的区别，并分析这些关键词的着陆页内容，就可以分析出相应着陆页内容的不足或网页关键词定位的失准等，并可以根据以上数据研究相应用户的真实需求，以指导日后网站常规 SEO 方向及校准用户需求、内容建设和关键词定位三者之间的对应关系等。

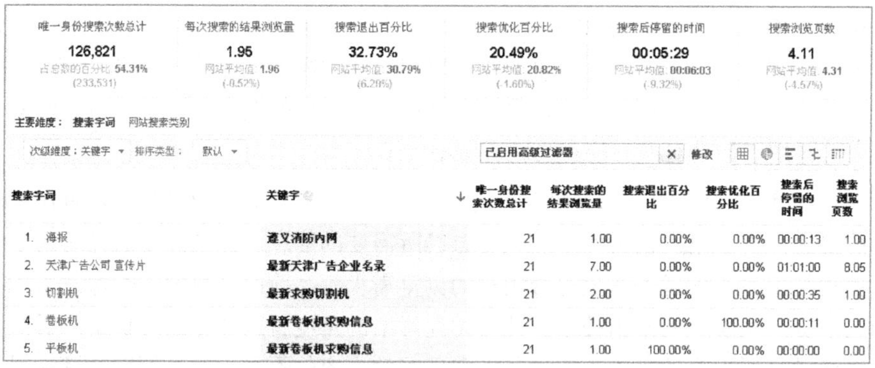

图 9-8　站内搜索数据报表

　　站内搜索有太多的数据值得分析，每种数据报表都有其特定的意义和作用。同样 Google analytics 中还有很多的数据、报表和功能值得大家研究，有兴趣或需要的朋友可以自行配置尝试使用一下，太多的功能和数据需要大家亲自使用之后才能体会到它的强大。

9.4　多少学点文本处理命令

　　在 SEO 工作中，多数数据分析工作会是和文本数据打交道，分析日志、获取关键词、整理词库等。虽然现在有很多现成的工具可以使用，但是可扩展性都不是很强，可能满足不了一些个性化需求。当所需要处理的数据较少时，使用 EditPlus、Word、Excel 等软件就能满足需求。但是文件稍大、数据稍多时，如果电脑配置不是很高，就很容易发生软件不响应的情况。尤其是在处理日志文件时，所面对的日志文件往往都是单个文件大于 100MB 甚至超过 1GB 的，此时普通的编辑软件都会非常吃力。因此，多少学一点 DOS 或 Linux 的文本处理命令还是很有必要的，非常简单，并且处理数据非常高效。

笔者在此只是简单介绍一下可以在 Windows 系统下使用 Shell 命令的常用工具和几个简单命令。笔者非技术出身，是典型的技术白痴，仅懂得一些处理日常数据的简单命令而已。本节可以说只是 Linux 命令的入门，主要写给和笔者一样非技术出身的业余选手，技术出身的专业选手可以跳过此节。非技术出身且有兴趣的朋友可以自己深入学习一下，市面上有丰富的相关书籍可以阅读，网络上也有大量的相关资料可以浏览。另外，本节侧重于应用，会尽可能把所涉及的命令都介绍清楚。不过不会太过详尽地展开介绍，若有朋友有疑问，可以百度一下相应命令进行详细了解。不要把命令行想象得那么难，其实只要实际地去使用，就会发现并不难，最不济把常用效果的命令行死记下来也会很有效地提升相应的工作效率。

9.4.1 UnxUtils 和 Cygwin

相对于 Shell 命令来说，DOS 命令会弱很多，很多 Shell 的一条命令就能完成的工作在 DOS 下要花费很多心思编写脚本，并不能很简单地在 DOS 窗口下直接完成，因此我们主要来了解 Shell 中的一些文本处理命令。提到 Shell，可能大多数人会想到要安装 Linux 系统，或在 Windows 下安装虚拟机间接使用 Linux 系统，对于大部分没有相关基础的人来说，这个工作会比较麻烦，并且 Windows 安装虚拟机后，系统响应速度可能会大大降低。其实想要使用 Shell 命令，并不一定非要使用真正的 Linux 系统，现在有很多种方法可以在 Windows 下使用强大的 Shell 命令。这里简单介绍一下 DOS 下可以使用的 UnxUtils 工具包和可以在 Windows 下直接近似傻瓜式安装的 Cygwin 软件。

1. UnxUtils

UnxUtils 是一个集成了大部分 Shell 常用命令的工具包，如图 9-9 所示为 UnxUtils 包中所包含的 Shell 命令，使用 UnxUtils 就可以在 DOS 窗口中体验大部分常用 Shell 命令的魅力。

UnxUtils 的使用也比较简单：

（1）下载 UnxUtils 压缩包（网上搜索下载地址即可）。

（2）解压到固定位置，推荐解压到 C 盘根目录下，不易被不小心删除。

（3）"开始"→"运行"或"Win 键+R"输入"cmd"回车，打开 DOS 窗口。

（4）为了方便使用 UnxUtils 中的命令，把 UnxUtils 包中命令所在文件夹的绝对路径添加到系统 path 路径中。如图 9-10 所示，在 DOS 窗口中输入"path %path%;C:\UnxUtils\usr\local\wbin"即可（笔者把 UnxUtils 放到了 C 盘根目录下）。第一条命令是把 wbin 文件夹的绝对路径添加到系统 path 路径之后，这样系统会优先使用系统内部命令，当所使用的命令并非内部命令中时，系统才会在 C:\UnxUtils\usr\local\wbin 中查找相应命令程序；第二条命令是查看当前系统 path 路径的值，可以看到已经添加成功。这样以后就可以在 DOS 窗口中直接使用 UnxUtils 包中所有的 Shell 命令了。

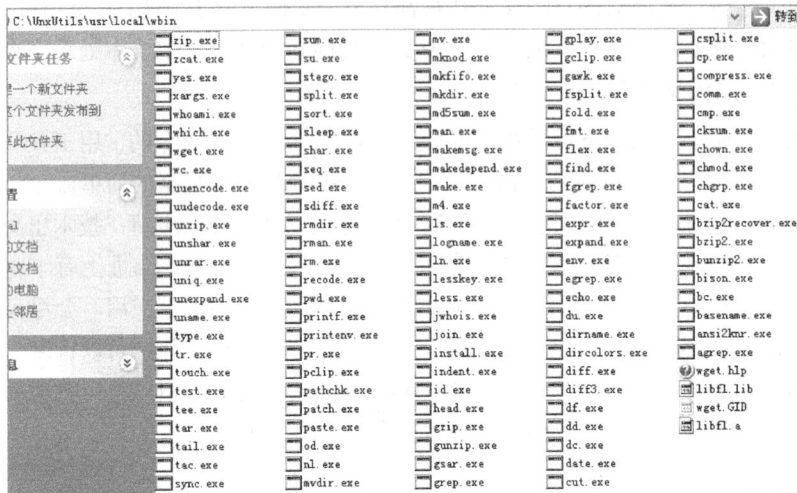

图 9-9　UnxUtils 工具包中 Shell 命令

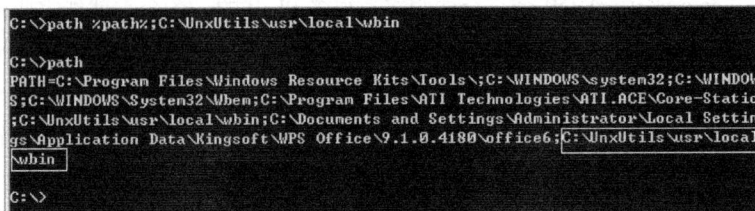

图 9-10　添加 PATH 路径

需要注意的是，直接在 DOS 窗口使用 path 命令可能默认为只在当前窗口有效，如果想保存设置永久有效，比较简单的方法是在"右击'我的电脑'>属性>高级>环境变量>系统变量"中找到"path"，在"path"后追加上"C:\UnxUtils\usr\ local\wbin"，并以"；"与默认路径分割开。

如图 9-11 所示为使用命令行对文件 ceshi1.txt 中的数据实现去重和统计每行字符的重复次数效果。在日志分析和词库整理中"去重"的需求是非常普遍的，所以这条命令也是非常实用的，后续会进行详细介绍。

虽然 UnxUtils 包含了大部分常用的 Shell 命令，但还是缺少一些命令工具，比如 curl.exe，lynx.exe 等，大家可以自行在网上搜索下载后添加到 UnxUtils 的 wbin 文件夹中。

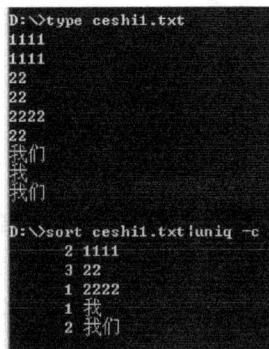

图 9-11　简单命令行实现去重和统计重复次数

2. Cygwin

Cygwin 是一个在 Windows 平台上运行的 UNIX 模拟环境，能实现 UNIX 系统的大部分功能。直接在网上搜索下载 Cygwin，安装接近傻瓜化，如果只是使用普通 Shell 命令，一直点击"下一步"进行安装即可，如果需要使用 curl、lynx 及 gcc 之类的工具，则在图 9-12 所示这一步中搜索单击选中即可。另外，如果安装完成之后想添加一些组件，直接重新运行 Cygwin 安装程序，然后在图 9-12 所示这一步搜索选择相应组件即可。如果安装全部组件，则需要近 1GB 的空间，并且下载时间可能会非常长，我等非技术开发人员只是使用一些简单的 Shell 命令，没有必要安装全部组件，一般使用默认安装或选择 curl 和 lynx 等几个工具就可以了，以后如果有其他需要，重新安装即可。

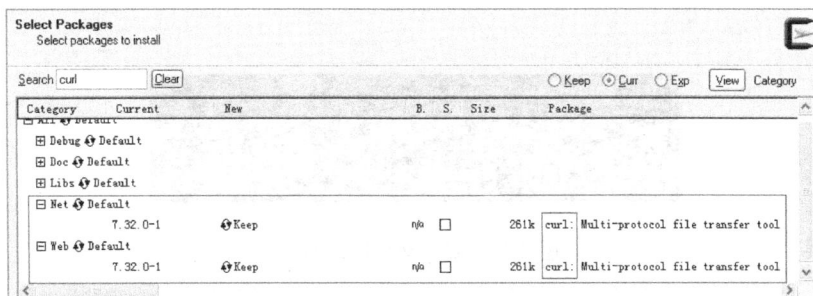

图 9-12　Cygwin 安装过程中选择组件步骤

如图 9-13 所示为在 Cygwin 中使用 Shell 命令提取日志文件 log.log 中 404 的记录，由于日志文件中数据比较多，"head -10"是提取符合要求的前 10 条，以便展示，后续会对此命令行进行详细的介绍，"|"为通道，可以把上一条命令的结果传递给下一条命令，后续也会进行相应的介绍。

在 DOS 下使用 UnxUtils 包和在 Windows 下直接使用 Cygwin 都是比较方便的，大家根据个人喜好选择使用就可以了。个人推荐使用 Cygwin，当需要一些特殊工具时，直接重新运行 Cygwin 安装程序重新选择即可。如果使用 UnxUtils 包，则需要在网上搜索寻找相应工具。本节主要以 Cygwin 环境进行介绍，如果相应命令在 DOS 下有所区别会进行相应说明。另外，有兴趣的朋友也可以研究一下 Msys，Msys 类似于 Cygwin，也是 Windows 上运行的 UNIX 模拟环境，不过由于编译方式不同，速度更快、体积更小、功能更强大，号称是"Windows 上最优秀的 GNU 环境"。不过相对来说 Msys 的安装比较麻烦，我等需求不高的非技术人员，其实使用 Cygwin 就已经足够了，速度方面也不会感到有太大的差距。

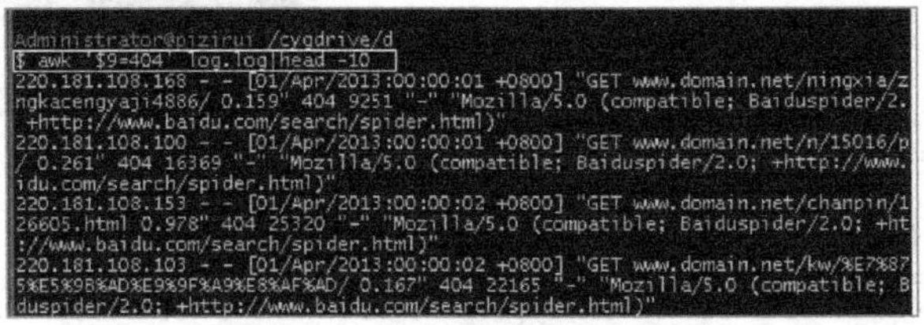

图 9-13　提取日志中 404 的记录

9.4.2　文本处理基本命令

这里主要介绍一些常用的和文本处理相关的命令，如未特别说明，全部默认以 Cygwin 演示。

cd：严格来说这不是文本处理工具，而是磁盘管理命令。但无论在 DOS 还是在 Cygwin 下都需要使用这个命令进入被操作文件所在的文件夹，所以很有必要了解一下 cd 命令，其他修改名称、生成删除文件或文件夹的命令就没有必要介绍了，对于大部分朋友来说直接用鼠标操作更方便一些。

在 Cygwin 下直接使用 "cd 路径" 即可，图 9-14 所示为 Cygwin 下使用 cd 命令，不论当前位置是哪儿，cd 命令后加上绝对路径都可以直接进入指定文件夹。dir 为显示当前文件夹下文件的命令。

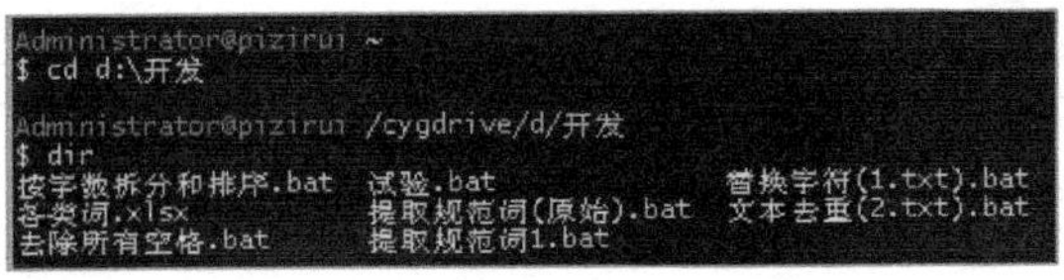

图 9-14　Cygwin 下 cd 命令

在 DOS 中 cd 命令稍微有些区别，不加参数的 cd 命令只能在当前磁盘中转换路径，并不能跨磁盘直接跳转，如果想跨磁盘跳转，则需要使用参数 "/d"。图 9-15 所示为 DOS 下使用 cd 命令，可见第一条不带参数时进入同样在 C 盘下的 Windows 目录可以成功，但是在第二条中当不带参数从 C 盘进入 D 盘时就没有成功，在第三条中加上参数 "/d" 就跳转成功了。

图 9-15　DOS 下的 cd 命令

需要注意的是，在 DOS 命令中参数使用 "/+参数" 的形式，在 Cygwin 也就是 Linux 中命令的参数形式为 "-+参数"，由于 UnxUtils 中没有 cd 命令，所以在 DOS 中使用 cd 命令时，使用的是系统中的 cd 命令，参数需要使用 "/+参数" 的形式。另外，当路径中特殊字符时需要使用双引号或单引号把路径引起来，否则就会出错。如图 9-16 所示，当直接执行 "cd

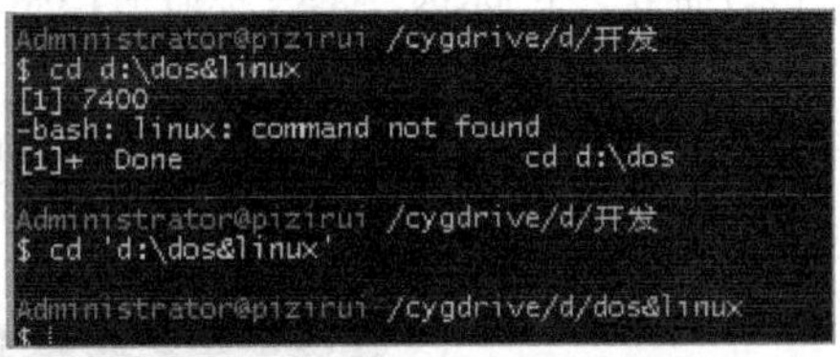

图 9-16　路径有特殊字符

d:\dos&Linux" 命令时并没有成功，当执行 "cd 'd:\dos&Linux'" 时，成功了。另外，使用 cd 命令时，路径中的 "/" 和 "\" 在 DOS 和 Cygwin 中有时会有不同的意思，大家多多实验一下即可了解。学会了 cd 命令，就可以在 DOS 和 Cygwin 中定位所要操作文件的位置了。下面开始正式介绍处理文本的相关命令。

less&more：不知道什么原因，UnxUtils 和 Cygwin 中默认都没有 more 命令，但都有功能更为强大一点的 less 命令，而 DOS 中是有 more 命令的，所以在 DOS 中使用 more 命令是 DOS 系统命令，并不是 UnxUtils 中的 Linux 命令。less 和 more 都是用来方便浏览内容超过一页文件的命令，命令形式都为"命令 文件"，都可以使用空格进行翻页，在 Cygwin 中使用 less 命令后还可以使用键盘的"上下左右"及鼠标的滚轮来流量文件内容，而 more 不可以。在 DOS 和 Cygwin 中使用 less 命令后需要输入"q"退出 less 命令，而在 DOS 中使用 more 命令后需要使用"ctrl+c"来执行退出操作（Cygwin 中也可以使用 ctrl+c 来退出正在执行的命令）。

在处理文件中的数据时，必须要了解文件中的数据格式，当文件过大时并不能直接打开查看文件中的内容，此时 less 和 more 命令就会派上用场。如图 9-17 所示，使用"wc -c log.log"命令可以看到日志文件 log.log 有近 250MB（后续会详细介绍 wc 命令），此时使用 Windows 下的编辑工具打开会非常吃力，然而了解文件中的数据格式，使用 less 或 more 可以很容易地实现。当输入图 9-17 中所示的命令"less log.log"后就会得到图 9-18 所示的结果，很方便地了解日志文件 log.log 的数据格式。此时只要输入"q"就可以退出 less 命令，回到图 9-17 所示的命令行界面了。

图 9-17　wc　-c　命令查看文件大小 　　　　图 9-18　less 命令查看文件中的内容格式

cat：贴出文件内容，后面可以跟多个文件，也可以使用通配符合并贴出所有符合条件文件的内容。如图 9-19 所示，log 文件夹中有两个 TXT 文件 1.txt 和 2.txt，内容分别为"11"和"22"，使用"cat 1.txt 2.txt"和"cat *.txt"都合并输出了两个文件中的内容，"*.txt"即代表所有 txt 文件，不了解的朋友可以简单地搜索了解一下正则表达式。

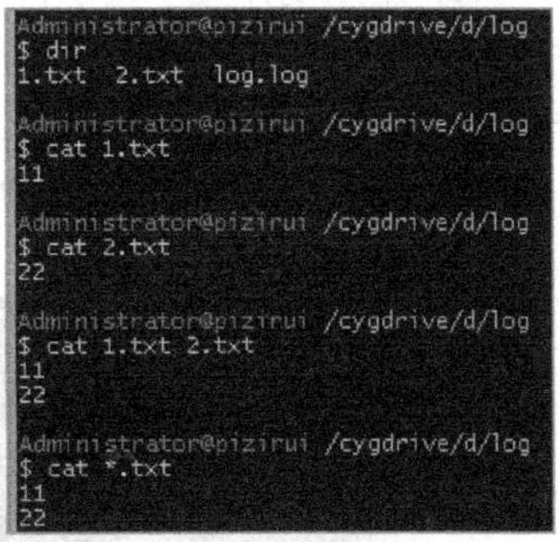

在处理数据的过程中，经常会需要先合并一些文件，然后进行统一处理或分析。比如分析近一周或近一个月的网站日志，日志文件一般是按天保存的，每天的日志为一个单独的文件，如果需要同时分析多天的日志，就需要先对日志文件进行

图 9-19　cat 命令

合并，此时就用上了 cat 命令。另外，在 DOS 的系统命令中有类似的 type 命令，不过 UnxUtils 包中已有 cat 命令，所以在 DOS 窗口中也用 cat 命令就好。

grep：文本搜索命令，支持正则表达式，把符合搜索条件的行打印出来。命令格式为"grep

-参数 文件名"，可以不加参数直接使用。常用的参数有"-i"不区分大小写；"-v"显示不符合搜索条件的所有行；"-c"显示符合搜索条件的行数。如图 9-20 所示，第一条命令为不分大小写地在文件 log.log 中搜索包含字符串"/kw/"的行；第二条命令为不分大小写地在文件 log.log 中搜索不包含字符串"/kw/"的行（为了便于展示，两条命令均使用 head 命令只提取了前两行数据，后文不再进行重复说明）；第三条命令为不分大小写地在文件 log.log 中搜索字符串"/kw/"，只显示符合搜索条件的记录行数。

由图中举例就可以看出 grep 命令在 SEO 中分析处理数据的作用。另外 grep 支持正则表达式，这也使得该命令有非常强的灵活性，满足很多个性化的数据提取需求。如图 9-21 所示为使用 grep+正则表达式提取 ciku.txt 文件中 10 个字符的关键词。

图 9-20　grep 命令

图 9-21　grep 支持正则

head&tail：加上整数参数用来提取数据的前几行和后几行。head 在前文中已经使用多次了，tail 和 head 的用法相同，只是提取的是数据的后几行。如图 9-22 所示，使用 head 和 tail 查看 ciku.txt 文件中数据的前 5 行和后 5 行，这两个命令一般用来查看数据格式，在数据分析中有时只需要查看数据的前几行或后几行，后续在日志分析中会进行相关说明。另外，两个命令组合使用可以提取指定行段的数据，比如命令行"head -210000 ciku.txt|tail -10000 >>nkw.txt"就可以提取 ciku.txt 文件中从 200 001 行到 210 000 行的 10 000 行数据，并写入 nkw.txt 文件中。

wc：用来统计文本大小、字符多少及行数等。常用参数有："-c"，统计文本的字节数；"-m"统计文本的字符数；"-l"统计文本的行数等。如图 9-23 所示，使用 wc 命令查看 ciku.txt 文件的字节数、字符数和行数。其中"-l"参数应该是 SEO 人员使用频率最高的，用来统计数据数量，比如日志文件中的记录行数、某文本文件中的数据量等。

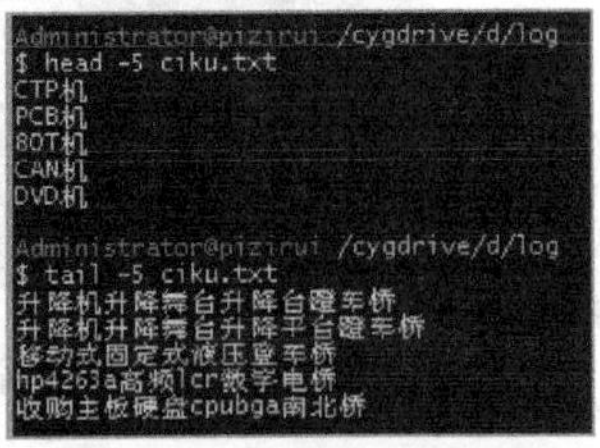

图 9-22　head 和 tail

图 9-23　wc 命令

sort：用来对文件中的数据排序，命令格式和以上命令相同。常用参数有："-n"用于按数字排序，而非按数字字符的 ASCII 码排序，sort 默认使用的是 ASCII 字符集的顺序，具体区别如图 9-24 所示。使用"-n"参数后即按数字的值进行排序；"-r"反向排序，即不加参数时是"a-z""0-9"的顺序，使用"-r"参数后，就会变成"9-0""z-a"的顺序，效果如图 9-25 所示。当一个命令中使用两个参数时，一般是可以合写，只使用一个"-"的。

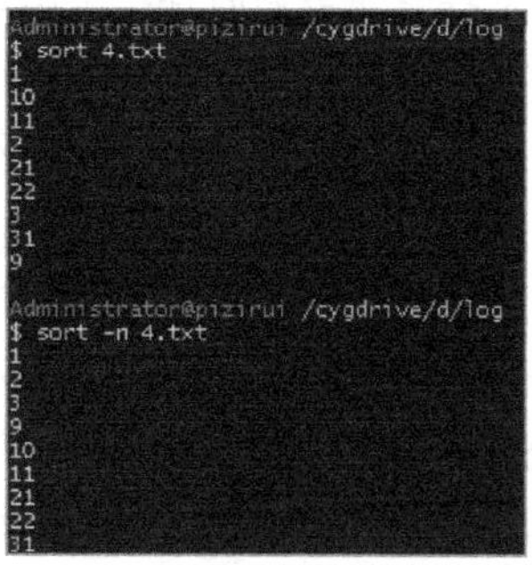

图 9-24 sort 命令"-n"参数的作用 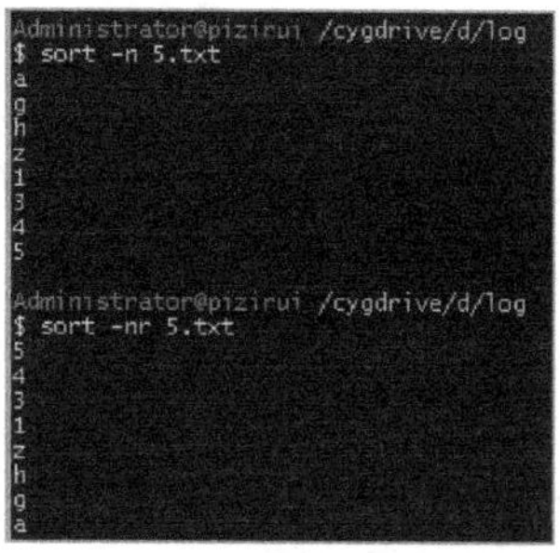　　　　　图 9-25 参数"-r"的作用

不知为什么，在 DOS 窗口下使用稍微复杂点的命令行中调用 UnxUtils 包中的 sort 命令时会出错，所以在本节开头建议大家把 UnxUtils 包的路径放到系统默认路径之后，这样在 DOS 窗口中使用 sort 命令时，默认调用的是系统内部命令，而非 UnxUtils 包中的命令。由于使用的是 DOS 系统内部命令，那么在 DOS 窗口下使用 sort 时如果需要使用参数，则需要使用"/"而非"-"，否则就会报错（如图 9-26 所示），并且 DOS 中的 sort 不支持/n 只支持/r，不过并不太影响在日志分析中的使用。

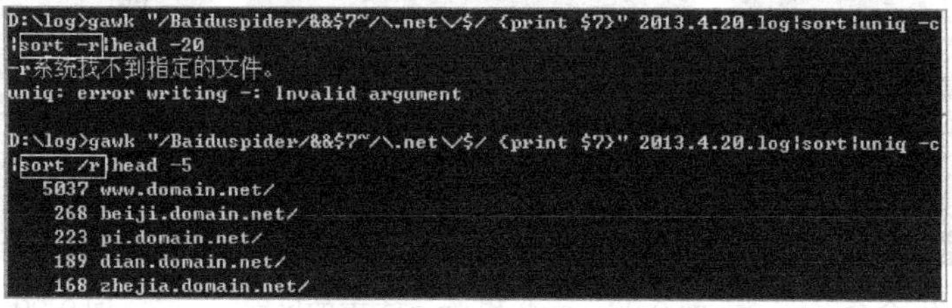

图 9-26　DOS 窗口下 sort 命令演示

sort 命令在数据处理中被使用的频率很高，并且在使用下面要介绍的去重命令 uniq 之前也需要先对数据使用 sort 命令排序，否则就会出错。

uniq：展示重复行中的一行，使用"-c"参数后可以在数据前显示该行数据重复的次数。需要注意的是，uniq 只能用于已经排序的文档，才能起到去重和计算数据行重复次数的作用，因此一般在使用 uniq 命令之前会先对数据使用一下 sort 命令。如图 9-27 所示为 uniq 命令的效果，该命令行的意思为"先对文件 6.txt 中的数据进行排序，然后去重并统计出每行数据的重复次数，最后按照重复次数对数据排序"。看介绍就知道这个命令非常实用，在对数据去重方面一键就可以搞定。另外此命令在日志分析中也会经常用到，比如统计被抓频率最高的页面、目录或子域名等，后续会进行详细介绍。

另外，去重还可以使用命令"awk　'!a[$0]++' 文件名"，根据数据量的不同，两者的速度会有些差别。重要的是使用此命令去重并不需要对文件中的数据排序，也就是说数据去重后的顺序和源文件是一致的。如图 9-28 所示，可见两个命令的去重效果是相同的，但是使用 uniq 命令之前对源数据进行了排序，以至于去重后的数据排序和源文件不同，而使用 awk 去重后的数据排序和源数据排序是一致的，所以当对源数据排序有特定需求时，可以选择使用 awk 工具来做去重工作。并且，awk 对文本的处理效率是很高的，在处理少量数据时体现不出它的优势，在处理百万、千万甚至上亿的数据时，这两种去重方式的效率就会有天壤之别了。后面会对 awk 进行详细介绍，不过这行命令涉及数组，相对麻烦一些，后文就不对此进行深入介绍了，有兴趣的朋友可以搜索了解一下 awk 中数组的使用。

split：文件分割命令，常用参数有："-行数"或"-l 行数"，按行数切割；"-b"按字节切割文件，默认单位为 b，也支持 m 和 k；"-C"同"-b"一样也是按字节切割文件，不过"-C"会尽量维持每行的完整性。了解此命令后就不需要在网上到处寻找切割文件的工具了。在 SEO 工作中"-行数"是被使用比较频繁的命令。如图 9-29 所示，笔者认为 ciku.txt 数据太多，文件太大，所以就以 4 000 000 行为条件对 ciku.txt 进行切割，切割效果如图 9-29 所示（切割后的文件和源文件在同一个目录，并且默认以 xa 开头命名）。另外，在按照字节也就是文件大小对源文件进行切割时，推荐使用"-C"参数，因为有时使用"-b"可能会出现乱码。

图 9-27　uniq 命令 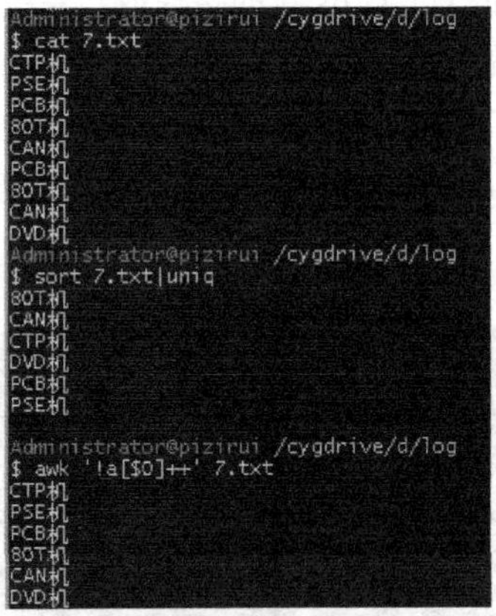　　　　图 9-28　awk 和 uniq 去重的区别 　　　　图 9-29　split 命令

|：管道，竖杠而非 L。可以把上一条命令的结果传输到下一条命令，在上文中已经使用多次，相信大家已经了解如何使用了，不再过多介绍。使用管道可以综合使用一些命令来达到一些个性化的数据处理需求。

重定向：重定向有两个">"和">>"，当指定文件不存在时两个重定向都会生成指定文件，区别是">"会首先清空文件中的内容，再把数据写进文件，而">>"是把数据追加到文件原有数据之后。为了方面展示，上文对相关命令进行介绍时，笔者都使用了 head 命令限制显示行数，在实际工作中对大量数据进行处理时，肯定不会全部在命令窗口展示，而是把数据写入到一个文件中，此时就用到了重定向命令。当使用重定向命令之后，数据就不会展示在命令窗口了。如图 9-30 所示，图 9-28 中

图 9-30　重定向展示

介绍的命令使用重定向后，数据并没有展示在命令窗口中，而是写入到了文件 quchong.txt 中。

至此 SEO 工作中最常用的文本数据处理命令就介绍完了，综合使用后可以处理最基本的文本处理需求了。其实 Linux 中还有不少文件处理命令，有兴趣的朋友可以自行深入研究一下。下一节会介绍一下文本处理的高级工具 awk，awk 在平时的日志分析工作中是必不可少的工具。

9.4.3　awk

awk：是一款功能非常强大的数据处理工具，是一种用于文本处理的编程语言工具，如果对其进行详细介绍，完全可以写一本书了，在此我们只是简单了解一下它的初级应用，这款工具在 SEO 的日志分析工作中是最为重要和方便的。

awk 其实是早期 UNIX 中的文本处理工具，后来 GUN 做了 gawk，gawk 包含了 awk 的所有功能，现在很多地方都使用 gawk 代替了 awk。在常见的 Linux 系统中，为了保留大家使用 awk 的习惯，系统做了一个软链接，将 awk 指向 gawk，因此在大部分系统中使用 awk 其实调用的是 gawk 程序，在 Cygwin 中也不例外，因此在 Cygwin 中可以使用 awk，也可以使用 gawk，可以认为 awk 是 gawk 的一个简短的别名而已。不过在 DOS 下使用 UnxUtils 包中的命令时要使用 gawk，因为在 UnxUtils 包中只有 gawk.exe 程序，系统中又没有把 awk 指向 gawk.exe，所以在 DOS 窗口下并不能直接使用 awk（如图 9-31 所示）。当然为了自己的习惯，也可以在 UnxUtils 包中直接把 gawk.exe 改名或复制并改名为 awk.exe。

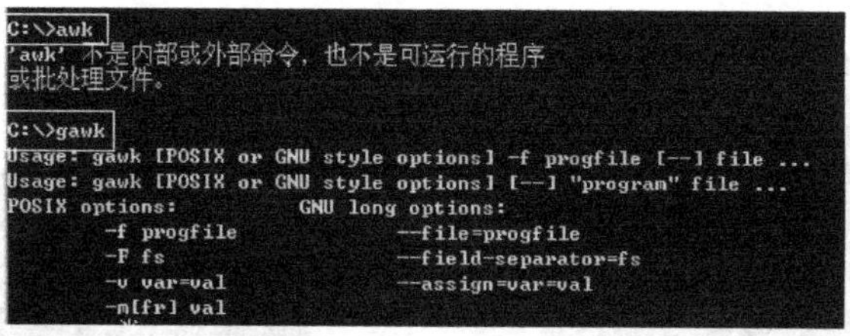

图 9-31　DOS 下的 gawk

awk 在 SEO 中最为突出的功能就是支持对字段的处理，可以按照指定字符把每行数据分成字段的形式，然后按照字段数据做出相应的处理。众所周知日志文件中的数据都是以空格分段的，因此 awk 会在日志分析工作中起到很重要的作用。awk 的基本格式如下：

awk -F pattern {action}

-F 后面跟的是分隔符，也就是以指定的符合来对每一行要处理的数据分段，默认为空格。

pattern 模式，也就是 action 执行的条件，当命令中缺少 pattern 时，awk 会对每行数据都执行 action。在 SEO 中经常用到的 pattern 形式有：正则表达式，关系表达式，模式匹配表达式。

action 即执行的操作，一般是按照一定格式打印出所需要的数据。当命令中缺少 action 时，即打印出整行符合条件的数据。

在 awk 中，使用 $n 来记录第 n 段数据，n 为整数；$0 表示整行数据；NF 为当前记录中的字段数，$NF 可以用来表示最后一个字段。

如图 9-32 所示，笔者建立了一个文件 9.txt，里面有三列数据：关键词、指数和百度搜索结果（数据为随便虚构的），下面通过对此文件中数据的处理来演示一下 awk 的使用方法。

条件为正则表达式：图 9-33 为在 9.txt 中提取以 "SEO" 开头的整行数据，"//" 中为正则表达式条件，$0 为整行数据。打印整行数据时可以省略 action，也就是可以使用图 9-33 中的第二种形式。

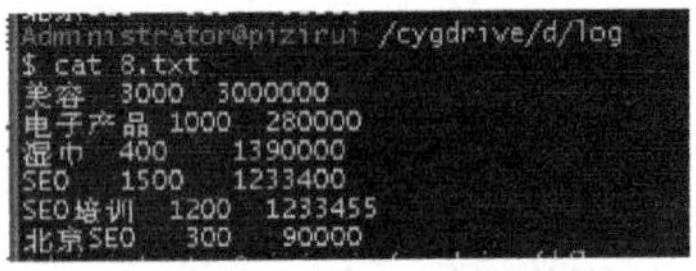

图 9-32 文件 9.txt

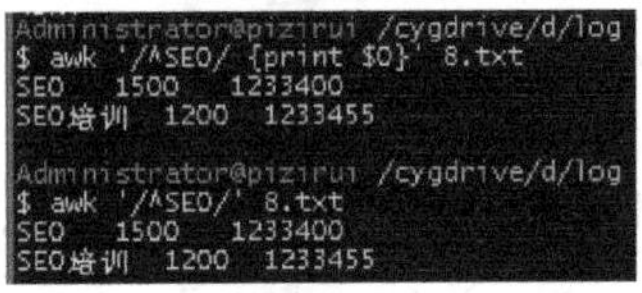

图 9-33 条件为正则表达式

条件为关系表达式：图 9-34 中第一条命令为在 9.txt 中提取指数大于 1000 的数据行；第二条命令为在 9.txt 中提取指数大于 1000 的数据，且只需要提取关键词和指数数据，并不需要提取百度搜索结果数。$1 记录的是数据的第一个字段即关键词，$2 记录的是数据的第二个字段即指数，在 action 中使用 "," 分割两个变量，结果中会表现为空格，如果不加 ","，则两列数据会紧贴到一起。第三条命令表示变量之间也可以进行运算，意思是在 9.txt 中提取指数和百度搜索结果数的比值大于 0.0 01 的数据（在一定程度上表示可优化价值），只提取关键词不需要其他数据。

条件为模式匹配表达式：图 9-35 中的两条命令分别表示为提取 9.txt 内关键词中包含和不包含 "SEO" 的数据。"~" 为匹配，"!~" 为不匹配。

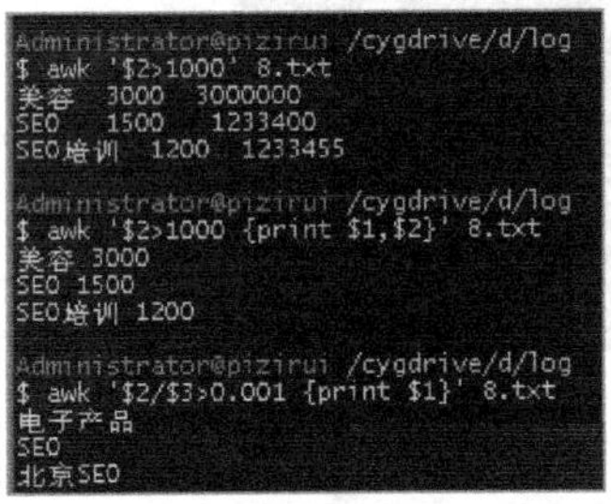

图 9-34 条件为关系表达式

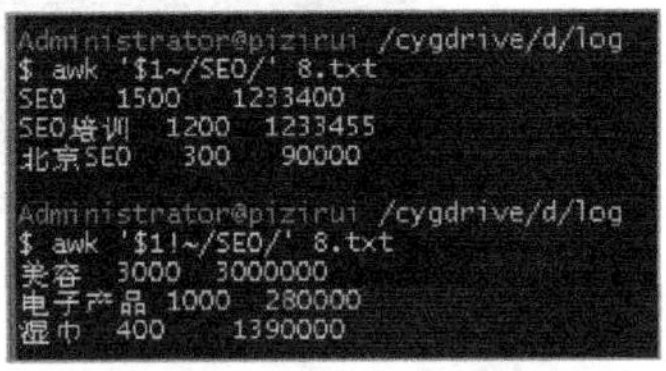

图 9-35 条件为模式匹配表达式

本节对于 awk 的介绍就到此为止，以上只是 awk 最基础的应用，由于 awk 本身支持数组和支持格式化输出的特性，以及其和流程控制命令（if、while、for）及其他命令的组合使用会有更强大的效果和更高效的应用（比如前文中提到的去重），有兴趣的朋友可以自行研究一下，有任何疑问都可以搜索一下，基本上每个命令和每种简单的数据处理效果都可以在百度或 Google 上找到相应介绍。相信经常分析日志的朋友已经感觉到了 awk 的作用。另外，需要注意的是在 DOS 中使用 awk 时，需要把命令中的单引号换成双引号，否则会出错。

至此最为常用的一些文本处理工具已经介绍完了，大家至少可以使用以上命令和工具对日志和关键词之类的数据进行一定的个性化处理，不用依赖于其他相关工具了。如果以上介绍勾起了你学点 Shell 命令的兴趣，那你除了更深入了解以上命令和工具外，还可以了解一下 join、tr、cut、diff、sed、lynx、curl 等命令和工具以及正则表达式，相信这些命令和工具会大大方便你的工作。

最后提醒一下，Linux 和 Windows 默认支持的文本格式是不同的，Linux 一般为 UTF-8，Windows 一般为 ANSI。当使用 DOS 处理 UTF-8 格式的中文文本或使用 Cygwin 处理 ANSI 格式的中文文本时会出现乱码的情况，此时可以使用 Editplus 编辑文本另存为指定格式，也可以使用转码工具对文件进行转码。不过当需要处理的文件过大时，转码会很麻烦，因此笔者一般习惯保持电脑可以同时使用 Cygwin 和通过 DOS 使用 UnxUtils 包中的命令，平时会使用 Cygwin，当出现乱码情况时就临时使用一下 DOS，这也是为什么 DOS 在使用中有些特殊情况比 Cygwin 要麻烦一些，却还是要介绍 DOS 的原因（有时因为文本进制问题，DOS 并不能正常直接处理，使用 UTF-8 格式然后使用 Cygwin 处理，兼容性会更好一些）。

9.4.4　在日志分析中的应用

这些 Shell 命令在日常工作中有着很重要的作用，基本上可以用于对所有文本数据的处理，但对于 SEO 人员来说，其作用经常体现在日志分析工作中。日志分析主要分析搜索引擎对网站的抓取情况。下面就简单演示一下前文介绍过的基础 Shell 命令在日志分析中的应用。笔者提取了某一网站两天的日志文件进行演示。

1．首先查看一下日志文件中的数据格式

由图 9-36 可知，以空格划分字段，被访问的 URL 为第 7 字段，状态码为第 9 字段，服务器所发送的字节数为第 10 字段。

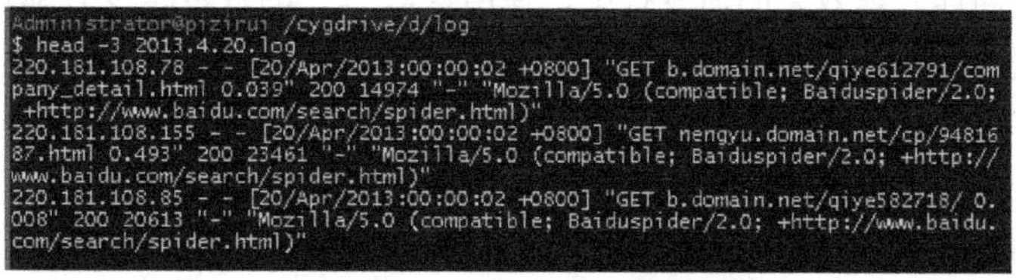

图 9-36　查看日志文件数据格

2．查看百度对网站的总抓取数量

也可以根据其他搜索引擎 Spider 的名字查看其他搜索引擎对网站的抓取情况。图 9-37 表示百度在这 2013 年 4 月 20 日和 24 日分别对网站抓取了 841 331 次和 719 804 次，两天对比百度对网站的抓取少了近 1/8，有下跌迹象。只看两天的日志并不能说明太多问题，在实际工作中，可以多比对几天的日志，观察百度对网站总抓取次数的变化，突升突降或持续下跌都有可能是网站出了问题，如果

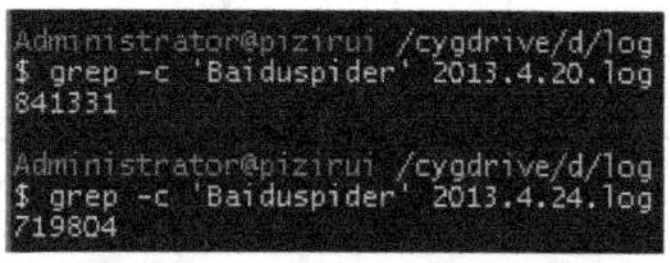

图 9-37　查看百度抓取数量

有问题则需要细分分析下去（现在也可以通过百度站长平台的"压力反馈"工具得到抓取次数的趋势数据）。

3．查看百度对网站的唯一抓取量，即查看百度一共抓取了网站多少唯一 URL

图 9-38 中第一条命令，首先提取日志文件中的百度抓取记录，然后在百度抓取记录中只提

取被抓的 URL，再对被抓的 URL 排序和去重，最后统计去重后也就是被唯一抓取 URL 的数量。合并统计一周或一个月的唯一抓取量，然后和网站实际 URL 数进行对比，可以以此简单作为百度对网站页面的抓取比例，抓取比例越大越好，如果太小，可能是网站结构存在一些问题以至于百度并不能很好地抓取全站内容。在实际工作中会对这部分分析工作细分到网站的各个模块或产品，以确定百度对网站各个模块或产品的抓取情况，再结合百度对各个模块或产品的索引情况进行综合分析。

图 9-38　查看百度对网站的唯一抓取量

图 9-38 中后面的几条命令主要演示通配符和几条命令的灵活使用，图中所使用的命令在前文都已有过详细介绍。通配符可以使得输入更加方便；充分利用命令的功能可以提升数据处理速度。相对来说，同样处理效果的命令行中，使用管道"|"的数量越少效率越高，再加上 awk 工具本身处理数据的效率就很高，因此图 9-38 中在对目标文件合并后处理的几条命令行中，最后一条的处理效率一般是最高的（其实，如果大家对 awk 工具中的数组使用理解比较透彻，那么图 9-38 中最后一条命令还可以进一步简化为 "awk '/Baiduspider/&&!a[$7]++ {print $7}' 2013.4.2 *.log|wc -l"，使用一次 awk 直接对 URL 字段进行去重，更为高效）。

4．查看百度抓取最多的前 n 个页面，并查看这些页面每个页面被抓取的次数

如图 9-39 所示，uniq 命令的"-c"参数可以在数据行之前输出该行数据的重复次数，也就是可以得到需要的 URL 被抓取次数；sort 命令的"-n"参数可以让数据按照数值排序，前文有过介绍，如果需要数据按照数值排序，当数据行开头的数字超过 10 时就需要使用"-n"了。"-r"参数可以使得数据从高到低排序，这样就可以使得被百度抓取的 URL 按照被抓取次数从高到低排序了。最后使用 head 命令提取需要查看的前几条 URL 的抓取次数（频率）情况。

根据图 9-39 中的数据可以看到，被抓取次数比较多的基本上都是主要频道页，大部分网站都会是这种情况。根据这个数据可以调整相关页面上内容更新的周期或数据缓存周期，以便于百度可以抓取网站更多新内容；如果发现有一些频道页面的更新频率不是很大，频道下内容也不是很多（可能在站内的重要程度也不高），但是百度对这些频道页面的抓取频率很高，为了提升百度对其他页面的抓取，可以适当在站内对导向这些频道页的链接进行 nofollow 处理。另外注意到提取结果的最后一条 URL 应该是一个工具页面，而非内容页，理论上不应该被百度抓取到，可以进行进一步分析该 URL 的入口及该页面的价值，考虑是否需要在 robots.txt 文件中把该

URL 对百度屏蔽，以促进百度对网站其他页面的抓取。

```
Administrator@pizirui /cygdrive/d/log
$ awk '/Baiduspider/ {print $7}' 2013.4.20.log|sort|uniq -c|sort -nr|head -20
   5037 www.domain.net/
    972 www.domain.net/jqgongying/
    650 shengh.domain.net/cp/
    608 lip.domain.net/cp/
    506 jianc.domain.net/cp/
    460 www.domain.net/jqqiugou/
    440 guwww.domain.net/cp/
    420 dian.domain.net/cp/
    415 jiao.domain.net/cp/
    381 www.domain.net/jqgongsi/
    340 yangz.domain.net/cp/
    308 suli.domain.net/cp/
    292 ship.domain.net/cp/
    286 gongche.domain.net/cp/
    268 beiji.domain.net/
    252 yej.domain.net/cp/
    251 wuj.domain.net/cp/
    249 jiaotongyuns.domain.net/cp/
    235 weix.domain.net/cp/
    235 h.domain.net/ajax/spider.do
```

图 9-39　百度抓取最多的前 20 个页面

另外，如果此时使用的是 DOS，那么“sort -nr”应该改为“sort /r”，其实紧跟在“uniq -c”之后的“sort”命令是否使用“-n”参数结果都是一样的。

5．统计百度抓取网站时的各个状态码的数量

由第一步已经知道，在要分析的日志文件中状态码为第 9 字段，因此只要提取百度抓取记录第 9 字段的数据处理即可。如图 9-40 所示，相信大家都已经很清楚这条命令行的意思了，不再过多解释。注意到数据中 404 的比例是比较大的，如果网站是新闻媒体类网站，每天很少删除内容，那么这个数据就可能代表网站程序出了问题，需要具体细分分析；如果网站是分类信息等 UGC 类的网站，因为每天都要删除大量垃圾内容，所以这个数据相对来说是比较正常的，不必过于担心。还注意到数据中 301 的比例也比较大，这需要根据网站具体情况具体分析，如果网站刚刚改版，301 的数量过多也是比较正常的，要时刻注意这个数据的变化，在网站正常的改版过程中，301 的数量应该是从改版后慢慢减少的；如果网站没有做过任何改动，日志中就突然出现了大量的 301，就需要检查网站是否有 URL 错误或泛解析错误等造成服务器自动对这些访问返回了 301 状态码，根据网站具体情况进行深入的分析。

```
Administrator@pizirui /cygdrive/d/log
$ awk '/Baiduspider/ {print $9}' 2013.4.24.log|sort|uniq -c|sort -nr
 647592 200
  37759 404
  34061 301
    351 503
     12 499
      3 500
      2 302
```

图 9-40　统计各个状态码的数量

6．查看返回某个状态码最多的频道或目录

在上一步中发现该网站 24 日 404 比较多，细分分析一下到底是哪块返回的 404 最多。由日志中的数据可以了解到该网站下有大量子域名，那么第一步就需要先查看主要有哪些子域名返回了大量 404。图 9-41 中第一条命令行首先提取日志中第 9 段也就是状态码字段值为 404 的 URL（$7）；然后使用 awk 以“.”为分隔符对 URL 进行分割并提取第 1 字段，也就是域名中第一个“.”之前的数据，也就是子域名名字；最后对数据排序去重提取数量最多的前 10 条数据。根据第一条命令行的执行结果可以看出 jianc 子域名返回的 404 最多，也是主要问题域名。这个分析

就把问题进行了进一步的定位，下面再进行更细分的定位（这一步其实也可以使用“/”为分隔符，然后提取整个子域名，而非只是子域名名字）。

```
Administrator@pizirui /cygdrive/d/log
$ awk '$9==404 {print $7}' 2013.4.24.log|awk -F"." '{print $1}'|sort|uniq -c|sort -n
r|head -10
  14041 jianc
   3566 www
   2243 weix
   2187 shengh
   1635 fu
    958 b
    856 jix
    839 jiao
    547 meiro
    456 chuang

Administrator@pizirui /cygdrive/d/log
$ awk '$9==404&&$7~/^jianc/ {print $7}' 2013.4.24.log|awk -F"/" '{print $2}'|sort|un
iq -c|sort -nr|head -10
  13963 cp
     71 tag
      2 ?_=1357310972421
      1 menchuangwujin
      1 ?rnd=1353241939335
      1 ?_=1359367123203
      1 ?_=1358850151890
      1 ?_=1355300483359
```

图 9-41　查看返回 404 最多的频道和目录

如图 9-41 所示，首先使用 awk 把日志中状态为 404 且以“jianc”开头的 URL 提取出来（“&&”表示“且”，“||”表示“或”）；然后使用 awk 以“/”为分隔符对 URL 进行分割，并提取第 2 字段，也就是一级目录（根据网站结构，也可能会有内容页）；最后对提取的数据排序、去重，提取数量最多的前 10 条数据。根据第二条命令行的执行结果可以看出“jianc”子域名下的“/cp/”目录是 404 的主要根源。有了这个分析结果在去网站中相关频道分析具体产生 404 的原因，是其他部门对该频道进行了规模清理，还是这个频道所在的服务器出现了问题，或者是这个频道本身网站程序出现了问题等。

7．查看百度抓取最多的频道或目录

在上面的命令演示中基本上包含了这个需求，如图 9-42 所示，首先把日志中百度抓取的 URL 数据提取出来；然后以“/”把 URL 进行分割并提取第 1 字段，也就是域名数据；再对这个数据进行排序、去重，按抓取量由高到低排序。由于此网站子域名过多，笔者只提取了抓取量最多的 15 个域名。图 9-42 中显示百度对各个域名抓取量之间的比例，基本上和各个子域名下的资源数量的比例是差不多的，因此这个数据表示百度对站内资源的抓取分配还是比较合理的。如果在这个数据中发现不合理的地方，那么就可以通过使用 nofollow 或 robots.txt 屏蔽的方式来调整百度对站内资源的抓取。

```
Administrator@pizirui /cygdrive/d/log
$ awk  '/Baiduspider/ {print $7}' 2013.4.24.log|awk -F"/" '{print $1}'|sort|uniq -c|
sort -nr|head -15
  62375 b.domain.net
  61175 jix.domain.net
  51697 jianc.domain.net
  33889 shengh.domain.net
  33553 www.domain.net
  31135 jiao.domain.net
  26684 s.domain.net
  24289 lip.domain.net
  21921 fu.domain.net
  20085 dian.domain.net
  15746 ship.domain.net
  15048 yej.domain.net
  14712 gongche.domain.net
  14535 suli.domain.net
  13878 huago.domain.net
```

图 9-42　查看百度对各子域名的抓取情况

8．统计百度一共抓取的字节数

在前文查看日志格式时已知服务器所发送的字节数在第 10 字段，因此只要统计百度抓取的第 10 字段的数据然后求和就可以了。在实际的日志分析工作中这个需求还是比较小的，这儿使用了 BEGIN、END 和变量，有兴趣的朋友自行问百度或 Google，此处不再进行详细介绍了。如果有同样的需求，直接套用图 9-43 中的命令行即可。第一条命令行为统计百度在 24 日抓取网站的总字节数；第二条命令行做了进一步计算，计算出了百度抓取网站的总兆数。可见百度在 24 日对该网站总抓取 16 414 892 668Byte，也就是 15654.5MB。

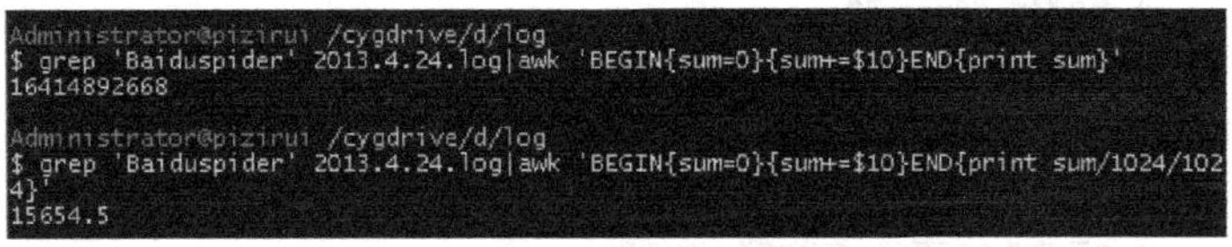

```
Administrator@pizirui /cygdrive/d/log
$ grep 'Baiduspider' 2013.4.24.log|awk 'BEGIN{sum=0}{sum+=$10}END{print sum}'
16414892668

Administrator@pizirui /cygdrive/d/log
$ grep 'Baiduspider' 2013.4.24.log|awk 'BEGIN{sum=0}{sum+=$10}END{print sum/1024/102
4}'
15654.5
```

图 9-43　统计百度抓取的总字节数

有不少朋友的网站是放在虚拟空间中的，可能有些主机提供商会对空间流量做一定限制，当这部分朋友发现网站实际流量变化不大，但空间流量消耗很大时，可以使用此命令行来查看是否是某个搜索引擎对网站的抓取量太大。一般情况下主流搜索引擎不会无节制地抓取网站，当发现是不知名的搜索引擎 Spider 对网站抓取量太大时，可以选择对其进行 robots.txt 和 IP 封禁；如果经过分析发现是主流搜索引擎对网站的抓取量过大，则推荐做升级空间的工作。

以上演示基本把日志分析工作中的基本命令应用都涉及了，更为具体和细分的工作就需要大家根据自己网站的数据情况自行研究了。不过要时刻提醒自己，除非自己想转向技术，否则这些命令只是辅助自己分析数据的工具而已，只要懂得如何使用这些命令分析数据就可以了，并不需要把 Shell 命令都系统地学习一遍。另外这些命令行只能得出数据，作为 SEO 人员，需要细分分析数据背后所反映出来的问题，否则这些命令行所得出的数据都是没有意义的。

另外，在以上演示中笔者都是对原始日志文件进行操作，大家在真正分析日志时，如果只需要分析某个搜索引擎的抓取情况，可以先根据其 Spider 名字把相关记录提取到新文件中，这样就不必每次都对原始比较大的日志文件进行处理，分析速度会提升不少。还有，一般服务器的日志格式是固定不变的，所以以上常规分析的命令行其实可以打包成脚本（DOS 下直接保存为批处理文件），每次执行一下脚本就可以把常规数据提取出来，不需要再一行行地重复输入命令行。例如如图 9-44 所示，笔者使用 editplus 简单写了几行命令，把这几行命令保存为以“.bat”结尾的批处理文件，然后按照自己所写批处理的要求把批处理文件和日志放到同一个文件夹下，双击批处理文件，就可以得到图 9-45 所示的结果了。

不仅仅是分析日志，日常工作中需要反复进行的数据处理工作大部分都可以做成脚本处理，这样会大大提升工作效率。比如笔者有段时间喜欢处理关键词，在多渠道获得的大关键词库中提取出笔者需要的特定类型关键词，处理步骤比较复杂，涉及去除包含特殊符号、停止词、明确不符合要求的词根，根据所统计的近 1500 个规范词根对已经净化过的关键词库进行提词，把按照各种条件抽取的关键词单独存放待用，并对各个词库进行按照指定要求排序等。需要去除、提取的核心字符有近 2000 个，如果在命令行窗口中进行操作，可能至少需要手动敲 2000 多行命令，并且每次敲完命令都要等待命令执行完成之后，才能进行下一步操作，当需要处理的原始词库有几千万甚至上亿数据时，这个等待过程也是非常痛苦的，更别提每次处理数据都要做一遍重复工作了。因此笔者把相应的命令按照顺序进行了打包，做成了一个比较粗糙的批处理文件，在这个过程中重复的命令可以使用 Excel 批量生成，把复杂工作尽可能地简单化了，同时也大大提升了工作效率。需要处理数据时，只要打开批处理文件，然后去做其他工作，过段时间回来取结果就可以了。

```
@echo off
echo ●亲，请把要分析的日志文件改名为log.log，并放到当前文件夹下。
echo ●修改完成后，按任意键开始分析日志。。。 & pause > nul

echo ●百度对网站的总抓取数量：
gawk "/Baiduspider/ {print $7}" log.log|wc -l

echo ●百度对网站的唯一抓取量：
gawk "/Baiduspider/ {print $7}" log.log|gawk "!a[$0]++"|wc -l

echo ●百度抓取网站各状态码的数量：
gawk "/Baiduspider/ {print $9}" log.log|sort|uniq -c|sort /r

echo ●百度对具体产品页（/cp/下的详情页）的抓取量：
gawk "/Baiduspider/&&$7~/\/cp\//||$7~/html/" log.log|wc -l

echo ●百度抓取网站404最多的5个频道（子域）：
gawk "/Baiduspider/&&$9==404 {print $7}" log.log|gawk -F"/" "{print $1}"|sort|uniq -c|sort /r|head -5

echo ●百度抓取首页次数最多的5个域名：
@gawk "/Baiduspider/&&$7~/\.net\/$/ {print $7}" log.log|sort|uniq -c|sort /r|head -5

echo ●有其他需求可自行添加。。。

echo ●分析已经完成，按任意键退出 &pause >nul
```

图 9-44 批处理内容

有兴趣或有更多个性需求的朋友可以自行研究一下这些常用的命令。针对日志分析，大家也可以求助于技术人员，抽时间写一个常规的分析脚本，每天在服务器上自动分析昨天的日志，还可以要求把日志分析结果以邮件的形式发给自己，也算是对网站运营情况的一种监测，当在这些数据中发现异常时，再去详细细分的分析日志文件以找到问题根源。同时，真正对数据分析感兴趣的朋友也可以深入研究一下 excel，excel 中有大量的函数可以辅助进行批量数据分析和整理，基本上可以满足绝大部分朋友的需求，除非你要处理的数据超过了 1 048 576 行或 16 384 列（Excel 2007 的限制）。

```
C:\WINDOWS\system32\cmd.exe
●亲，请把要分析的日志文件改名为log.log，并放到当前文件夹下。
●修改完成后，按任意键开始分析日志。。。
●百度对网站的总抓取数量：
109087
●百度对网站的唯一抓取量：
105757
●百度抓取网站各状态码的数量：
  98721 200
   5871 404
   4495 301
●百度对具体产品页（/cp/下的详情页）的抓取量：
63895
●百度抓取网站404最多的5个频道（子域）：
   1938 jianc.domain.net
    631 www.domain.net
    433 shengh.domain.net
    362 fu.domain.net
    211 weix.domain.net
●百度抓取首页次数最多的5个域名：
    562 www.domain.net/
     26 beiji.domain.net/
     25 zhejia.domain.net/
     22 pi.domain.net/
     22 dian.domain.net/
●有其他需求可自行添加。。。
●分析已经完成，按任意键退出
```

图 9-45 批处理执行结果

9.5　本章小结

只有数据没有分析，这些数据就是垃圾。往往单个时间点上的数据并不能说明太多问题，只有把数据放到时间轴上才会反映出各种问题，比如 SEO 效果检测其实就是一些流量相关数据在时间轴上的趋势分析。所谓的效果检测一般就是按照网站的 KPI 来做数据对比，指定时间段内公司所看重的数据有没有提升，提升和未提升的原因分别是什么，本章已经简单讨论过了，在此不再冗述。针对站内的数据分析，每个人能力、掌握知识多少、个人经验及分析角度不同，会造成分析思路、方法和习惯等都不尽。并且对于大型网站的数据分析，以上内容只是小儿科而已，数据分析工作甚至可以细致到：比如把已删除的页面都跳转到一个独立的 404 页面，还是在当前 URL 下返回 404 状态和一些推荐浏览内容，是否为 404 页面添加流量统计代码，以及 404 页面统计代码追踪参数的单独配置等，因为这些设置可以影响到网站流量来源分析、流量在站内行为的分析以及网站内容质量分析等。以上内容只是起到抛砖引玉的作用，抛出的也的确都是碎砖头，希望可以为那些对站内数据分析工作毫无头绪的朋友带来一些思路。总结为一句话：数据分析，就是对时间轴上的数据对比、细分、细分、再细分。

第 10 章 SEO 专题

本章主要讨论几个 SEO 圈内常见的有意思的话题。"个性化搜索""地域性搜索"等话题以前常常被提及，并且已经被很多专家和 SEO 书籍详细介绍过了，现在已经慢慢淡出圈内讨论话题范围，在此就不再讨论了。本章主要是对 SEO 基础知识及理论的思考和综合运用。

10.1 移动搜索优化

移动网站的 SEO 基本上和 PC 网站的 SEO 雷同，基础理论都是相通的。搜索引擎基本上也是在 PC 的整套算法框架下根据移动网页、网站的特性进行了调优，并增加了一些明显带有移动特点的规则和算法。底层抓取、索引、排序的算法和框架基本上都是通用的。本节不再冗述通用部分，默认读者已经了解了搜索引擎的基本原理。本节先通过介绍百度移动搜索中的"三类网页"和"四种流量"，来介绍当下移动搜索特有的机制，然后再讨论移动搜索优化工作。

10.1.1 三类网页

百度移动搜索的排名初期基本上就是把 PC 的搜索结果进行了移动化，排名和 PC 基本一致。随着移动搜索的独立发展，现在逐渐在 PC 算法和框架下融入了很多移动专用的算法和机制。在这个发展的过程中，移动搜索结果中出现了三类网页：转码网页、移动网页和 PC 网页。

1. 转码网页

早期由于大部分站点都没有上线移动网站，且早期移动上网资费贵得一塌糊涂，百度为了提升移动搜索体验，便于用户在手机上浏览网页，就对抓回去的网页进行了移动转码处理，剔除了一些 PC 网页的样式，压缩了网页体积，以便于用户在移动设备上进行省流量的浏览。当用户在移动端浏览这些网页时，实际上是在浏览百度处理后的"网页快照"，也就是"转码网页"，并没有跳转到对应的网站上，这就是"转码网页"的由来。

"转码网页"只是百度移动搜索发展过程中的过渡产品，也是百度移动搜索面对匮乏的移动网页资源所做的无奈之举（其他搜索引擎均有类似产品），并不是特意想拦截这部分流量。搜索引擎的本职工作还是把流量分发到用户体验更好的页面中去，如果移动网页资源足以满足每日海量的移动搜索需求，"转码网页"则将会自动消失。所以，有能力的站长还是尽快上线自己的移动网站吧。

2. 移动网页

对于网站来说，百度分发给"转码网页"的流量其实被"拦截"掉了。百度移动搜索很早就存在，不过由于早期流量不大，大家都没有重视。随着近几年 3G、4G 的发展，移动流量直线上升，现在百度移动搜索的日分发流量应该远超过了 PC，站点方也都纷纷注意到了这块肥肉，或顺应移动的大趋势，或单纯想拿到百度移动上理应属于自己的流量而上线了移动网站。

随着 HTML5 的发展、移动上网成本的越来越低以及 Wi-Fi 的普及，移动版的网页不仅可以基本上完全实现 PC 网页的功能，还可以针对移动设备的特性加入很多移动专有的设计。这大大激发了大家上线移动站点的热情。移动流量不仅仅只是"过客"，在某些行业或场景下的转化率甚至远超 PC 流量。经过 2014 年一大波"网站移动化大潮"之后，现在很少有网站还没有对应的移动版本的站点。

很多网站仅仅是建立了和 PC 站对应内容的移动站点，流量就增加了一倍以上。现在百度移动搜索结果中"转码网页"越来越少，移动版网页越来越多。随着移动网页资源的不断丰富，不久的将来，移动搜索中肯定会仅保留移动网页，"转码网页"将慢慢退出历史舞台。不过需要了解的是，当前在百度移动搜索中还是有不少"转码网页"的。

3. PC 网页

有部分网站由于各种原因暂时不能上线移动版本的站点，但是又不想失去移动搜索中这"白来的"流量，就可以通过 no-transform 协议来告知百度禁止转码，直接在移动搜索中展现 PC 网页。需要了解的是，移动搜索发展早期，由于移动网页资源的匮乏，还会允许部分"转码网页"和 PC 网页存在于搜索结果中，随着移动网页资源的逐渐丰富，PC 网页肯定会和"转码网页"一样逐渐在移动搜索结果中消失。所以，有能力的站长还是尽快上线自己的移动网站吧，禁止转码只是短期策略，如果迟迟不上线移动网页，后续这部分流量肯定也会损失掉。

10.1.2　四种流量

虽然移动搜索结果中有三类网页，但是站在百度角度来看，移动搜索其实分发了四种流量。表面上是分发到转码网页、PC 网页和移动网页三种流量，但其中分发到移动网页上的流量其实由两种流量组成，一种是通过移动适配分发给站点的移动网页，另一种是直接分发给移动搜索索引库中的移动网页。在此简单介绍一下两者的区别，以方便读者更清晰地了解百度移动搜索。

1. PC 网页适配的移动网页

PC 网页适配的移动网页为当下百度移动搜索分发的四种流量中最大的。如果已经拥有一个有一定 PC 搜索流量的 PC 站点，那么只要上线对应内容的移动版本站点，做好移动适配规则，基本上就可以获得对应的移动搜索排名和流量。这部分流量将会占百度搜索带来总流量的三分之一，个别行业和站点甚至能占到 90% 以上。

这部分网页仅仅是百度移动基于对应 PC 版网页的排名进行了对应移动网页 URL 的替换，这部分网页的排序基本集成了对应 PC 网页在百度 PC 搜索上的排名，但由于移动搜索也有自己的点击调权机制，还有其他比 PC 网页更加丰富的移动资源，所以这部分网站在移动搜索结果中的排名和 PC 排名并不完全一致。从这个角度来看，网站在百度 PC 搜索中获取的流量越多，只要做好移动适配，在百度移动搜索中也可以通用地获取越多的流量。此处需要了解，这并不是绝对正相关的，现在有很多搜索需求在 PC 和移动端并不是一致的，例如大型单机游戏类的搜索需求在移动端的量肯定不会太大，移动搜索量一般会远小于 PC，但手机软件类的搜索需求移动一般会远超过 PC。

最后需要了解，由于这部分流量是直接在搜索前端进行适配和替换后的分发，并没有经过抓取、索引等底层环节，所以这部分网页是没有进百度移动搜索的索引库的。这也就是部分站长发现自己百度站长平台移动搜索索引量工具中显示自己移动索引量很少甚至没有，但是依然可以获得大量移动流量的原因。

2. 移动索引库中的移动网页

百度移动搜索结果早期基本上全是转码网页，并没有自己单独的移动网页索引库，仅仅是把 PC 网页快照通过一定处理机制展现给了用户。随着移动搜索的独立发展，移动搜索也有了自己单独的"移动索引库"，也就是百度站长平台索引量工具中"移动搜索"TAB 中的数据（如图 10-1 所示）。不过当下移动索引库还很小，绝大部分网站的移动索引量还远小于 PC 网页索引量。

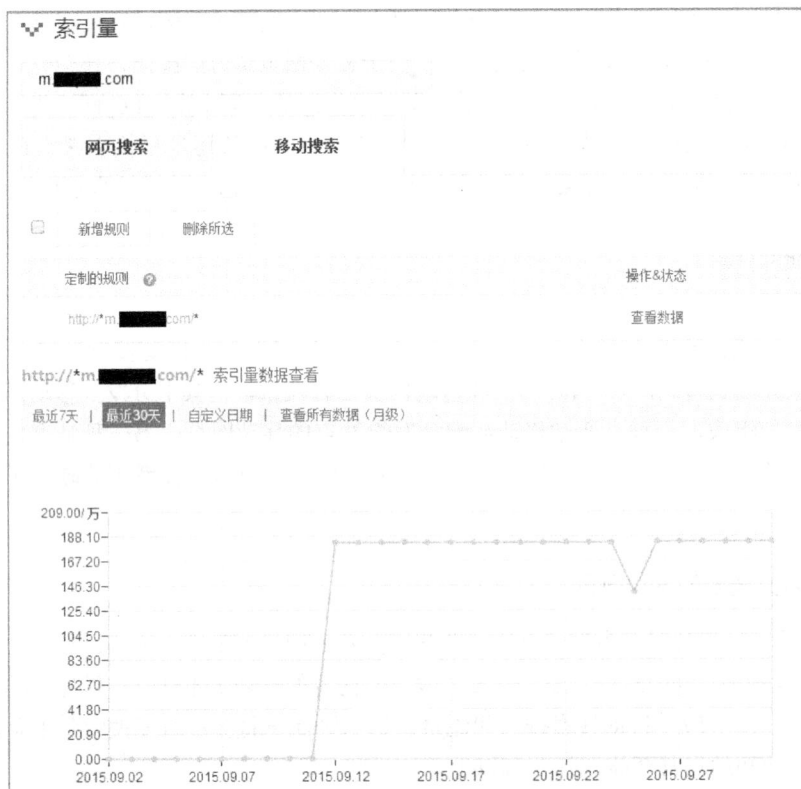

图 10-1　移动搜索引量

虽然移动索引库中的网页在整个移动搜索中所获得的流量还并不是特别大，但是随着移动的深入发展，会有大量纯移动搜索需求的出现，仅有少量的 PC 资源经过适配后可以满足这部分需求，从而纯移动资源所获得的流量比例也会慢慢提升。如图 10-2 所示，"阿果"网站为纯移动版的站点，相对于移动流量来说，PC 流量接近于没有，相信这个站点所获得的移动流量基本都是被百度移动索引库索引之后而获得的，并不是通过 PC 网页移动适配获得的。

也就是说，哪怕没有 PC 站点，单纯通过优化移动站点，同样可以在百度移动搜索中获得大量流量。移动流量的获取，并不是一定要先搭建和优化 PC 站点。纯移动站点的 SEO 和 PC 站点的 SEO 大同小异，只要多注意移动搜索的用户体验就好，比如移动搜索结果中网页 Title 展示的字数远少于 PC 网页，那么移动版的网页 Title 就要针对移动进行特殊设计（总数少于 17 个汉字）等。

图 10-2　阿果的"百度权重"

10.1.3　移动适配

如上所述，移动适配的流量占了移动搜索分发流量的大部分，且如果有一个 PC 搜索流量较高的 PC 站点的话，上线内容一一对应的移动站点，并做好移动适配，是最快最有效的移动 SEO。目前 PC 站与移动站配置方式有三种：跳转适配、代码适配和自适应。下面来具体介绍一下三种配置方式的区别及具体操作注意事项。

三者简单的比对如下：

	PC、移动网址是否一致	PC、移动网页代码是否一致
跳转适配	否	否
代码适配	是	否
自适应	是	是

跳转适配即单独上线和 PC 站内容一一对应的移动站点，移动版（部分站点还会把移动版分为移动设备版和平板版，为了便于表述，本书使用"移动版"）和 PC 版网站的 URL 不同，但一一对应，例如 m.abc.com/abc/ 和 www.abc.com/abc/。服务器会根据用户的 UA 来跳转相应的版本网页，移动设备跳转到相应的移动页面（移动版 URL），PC 设备跳转到相应的 PC 页面（PC 版 URL）。相对来说，跳转适配是三者中最简单也最常见的。

代码适配和跳转适配的最大区别是：代码适配的 PC 网页和移动网页的 URL 相同，服务器根据用户的 UA 返回相应版本的网页，访问过程中不会产生跳转，同一个 URL 根据用户 UA 的不同返回不同版本的页面。

自适应建设成本较高，但后期维护成本最低。因为 PC 和移动设备访问的 URL 及网页代码完全一致，所以后期维护时只需要维护时一套代码即可，跳转适配和代码适配都需要维护多套。由于自适应需要在最开始搭建网站时就进行统一规划，对已存在的 PC 站重构自适应代码是项很庞大的工程，所以自适应现在多见于新建立的网站中，老站点多采用跳转适配的方式。

三种配置方式操作和注意点如下。

1. 跳转适配

- 提交适配关系，生效速度最快的方法。在百度站长平台的"移动适配"工具中主动提交适配关系，站长平台支持规则适配和 URL 适配。对于 PC 版和移动版 URL 有一定对应关系的站点可以采用规则适配；如果较难使用正则表达式匹配两版 URL 之间的对应关系，则可以使用"URL 适配"。通过此工具，百度可以较快地发现网站的移动适配关系，从而加快适配处理的速度。这也是移动适配生效的最快方式。具体工具的使用，参见百度站长平台的官方工具介绍文档。笔者建议大家在设计移动站点 URL 时，尽可能地保证移动内容在和 PC 内容一一对应的同时，URL 也可以有一定规则的一一对应。

- meta 标注，生效速度第二快的方法。在页面 head 中增加一行 meta 标注，来告知百度当前页面对应的移动版页面的 URL 是什么以及采用的声明语言，格式如下：

    <meta name="mobile-agent" content="format=[wml|xhtml|html5]; url=url">

使用 format 可以告知百度指定移动页面采用的是什么语言（现在一般都是用 HTML5），URL 的值为对应版本页面的 URL 地址，如果网页有多个版本，此标注也可以写多行。

- 自主适配，生效速度最慢的方法。使用 301 或 302 跳转，不要使用 JS 判断 UA 再跳转。由于客户端会先加载网页然后再解析 JS，所以如果使用 JS 判断 UA，用户则会感觉到较强的顿挫感；同样蜘蛛需要渲染 JS 之后才能获取信息，也会加大搜索引擎蜘蛛的抓取难度。

建议大家把以上工作全部做好，以促进适配关系的快速、稳定生效。不过切记适配关系的一致性，不要有冲突，且多个版本网页中的主体内容要一致，否则可能会造成适配失败。

- 另外建议大家在 PC 版网页上，添加指向对应移动版网址的特殊链接 rel="alternate"标记，这有助于百度发现网站的移动版网页；在移动版网页上，添加指向对应 PC 版网址的链接 rel="canonical"标记。例如，假设 PC 版网址为 www.abc.com/page-1，且对应的移动版网址为 m.abc.com/page-1，那么此示例中的注释如下所示：

    在 PC 版网页(http://www.abc.com/page-1) 上，添加：<link rel="alternate" media="only screen and (max-width: 640px)"href="http://m.abc.com/page -1" >

    而在移动版网页(http://m.abc.com/page-1)上，所需的注释应为：

    <link rel="canonical" href="http://www.abc.com/page-1" >

- 在页面 head 中使用 meta 标签声明当前页面是 PC 页还是移动页。

    如果是 PC 页则使用<meta name="applicable-device" content="pc">

如果是移动页则使用<meta name="applicable-device" content="mobile">

2．代码适配

● 为了使百度能够知道当页面发生变化时，同时需要用其他的UA重新抓取一遍，需要添加 Vary HTTP 标头，如"Vary：Accept-Encoding，User-Agent"。Vary HTTP 标头具有以下两个非常重要且实用的作用（引用于百度站长平台）。

（1）它会向 ISP 和其他位置使用的缓存服务器表明：在决定是否通过缓存来提供网页时它们应考虑用户代理。如果没有使用 Vary HTTP 标头，缓存可能会错误地向移动设备用户提供 PC 版 HTML 网页的缓存（反之亦然）。

（2）它有助于百度 Spider 更快速地发现针对移动设备进行优化的内容，这是因为百度在抓取针对移动内容进行过优化的网址时，会将有效的 Vary HTTP 标头作为抓取信号之一，百度会提高用其他 UA 抓取此网页的优先级。

● 在给用户返回的代码中使用 meta 标注所返回的代码为 PC 版还是移动版：

如果是 PC 版则使用<meta name="applicable-device" content="pc">

如果是移动版则使用<meta name="applicable-device" content="mobile">

3．自适应

● 在 head 中添加以下代码并且使用<picture>元素处理自适应图片：

<meta name="viewport" content="width=device-width, initial-scale=1.0">

● 在页面 head 中使用 meta 标签声明当前页面适合同时在 PC 和移动设备上浏览：

<meta name="applicable-device" content="pc,mobile">

10.1.4　要点汇总

除了做好适配工作，移动 SEO 工作相对于 PC 站的 SEO 还有一些要点值得提及：

（1）如果已有 PC 站，且不采用自适应和代码适配，对应的移动版站点最好采用单独的二级域名，例如 m.abc.com，3g.abc.com 等，正规站点能不采用多级域名就不采用。

（2）移动搜索结果页对网页的 Title 只展现 24 个汉字，且超过 17 个汉字就会折行，所以如果对应的 PC 网页 Title 过长，则移动网页需要有针对性地简化和优化。

（3）由于移动设备的特性，移动搜索结果中的网页摘要会比 PC 更容易引起搜索用户的注意，所以移动网页的摘要需要以吸引用户眼球为主，基本无堆砌关键词的需求。

（4）百度移动搜索有"3 秒死"的说法。同 PC 相比，用户对移动网页对速度的要求更高，打开网页的速度 1 秒以内最佳，1～3 秒为正常，如果长期超过 3 秒，则可能会被百度移动搜索剔除。

（5）由于移动适配屏幕较小，搜索结果前三条拿走搜索流量的比例远大于 PC，大词的竞争激烈强度也会大大增加，且移动阿拉丁会拿走大部分搜索量较大词的流量，所以同 PC 站相比，移动 SEO 需更加注重长尾词的优化。

（6）移动搜索有不少搜索需求具有明显的地域属性，具有地域属性的站点按照百度的要求做好地域标注有助于精准流量的获取。百度移动不仅在搜索结果中明显标注了网页的地域，还针对部分 query 单独聚会了地域性页面，如图 10-3 所示。

（7）向百度 Spider 表明自己是移动网页还是 PC 网页很重要，如果被判断错误，则可能会失去参与排名的机会，其至移动网页也会被转码。表明身份要注意

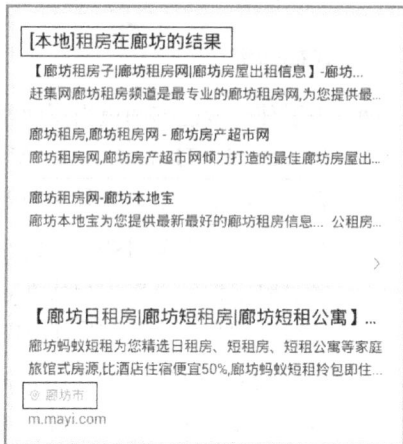

图 10-3　百度移动搜索"租房"

除了前文介绍的使用 meta 标注的方式外，页面中 PC 和移动的标签尽可能不要混用。图 10-4 为百度站长平台站长学院院长在一次培训中所使用的一页相关 PPT。

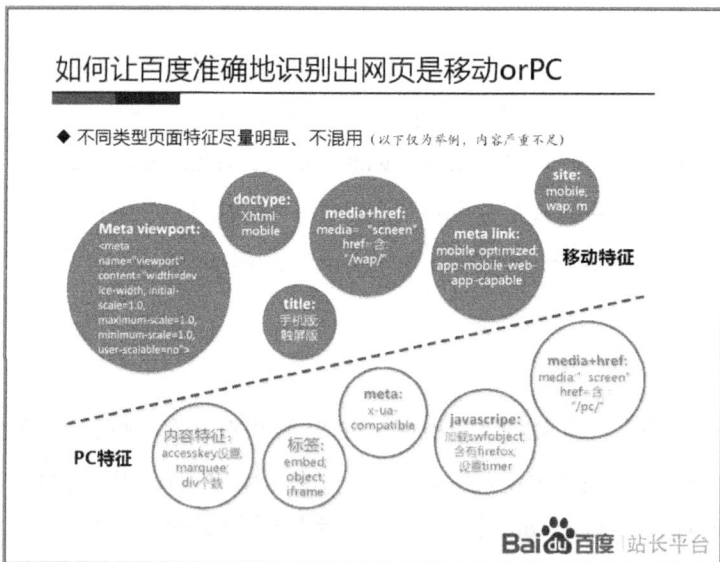

图 10-4　百度官方培训 PPT

（8）和 PC 站一样，提交 sitemap 是促进百度快速抓取全站最为有效的方式。在 sitemap 文件中，如果当前页面为 PC 页面则不做特殊处理；如果当前页面为移动网页则用 <mobile:mobile/>或<mobile:mobile type="mobile"/>标注；如果当前页面为代码适配页面则用 <mobile:mobile type="htmladapt"/>标注；如果当前页面为自适应页面则用<mobile:mobile type="pc,mobile"/>标注。如图 10-5 所示，几条数据依次表示向百度提交了一个移动网页、一个 PC 网页、一个自适应网页和一个代码适配网页。

```
1  <?xml version="1.0" encoding="UTF-8" ?>
2  <urlset xmlns="http://www.sitemaps.org/schemas/sitemap/0.9"
3  xmlns:mobile="http://www.baidu.com/schemas/sitemap-mobile/1/">
4  <url>
5  <loc>http://m.example.com/index.html</loc>
6  <mobile:mobile type="mobile"/>
7  <lastmod>2015-12-14</lastmod>
8  <changefreq>daily</changefreq>
9  <priority>0.8</priority>
10 </url>
11 <url>
12 <loc>http://www.example.com/index.html</loc>
13 <lastmod>2015-12-14</lastmod>
14 <changefreq>daily</changefreq>
15 <priority>0.8</priority>
16 </url>
17 <url>
18 <loc>http://www.example.com/autoadapt.html</loc>
19 <mobile:mobile type="pc,mobile"/>
20 <lastmod>2015-12-14</lastmod>
21 <changefreq>daily</changefreq>
22 <priority>0.8</priority>
23 </url>
24 <url>
25 <loc>http://www.example.com/htmladapt.html</loc>
26 <mobile:mobile type="htmladapt"/>
27 <lastmod>2015-12-14</lastmod>
28 <changefreq>daily</changefreq>
29 <priority>0.8</priority>
30 </url>
31 </urlset>
```

图 10-5　sitemap 格式示例

（9）PC 和移动的外链同样有效，PC 指向移动以及移动指向 PC 的链接同普通链接无太大差异，优质链接同样有传递权重的作用。

（10）纯移动站点（无对应的 PC 站）的 SEO，除了以上需要注意的地方，同 PC 站点无太大区别。外链、内链、关键词、数据分析等理论都大同小异。只是在具体设计内链时，由于瀑布流在移动站中的流行，需要特别注意一下。

（11）移动搜索资源比 PC 更具有多样性，百度也在尝试推出更多移动化的产品，例如 APPLINK、INAPP 等搜索和 APP 内容打通的产品，符合官方要求的朋友可以申请一下。

10.2　利用 SEO 做百度搜索危机公关

在公司的正常发展过程中，即使中规中矩地运营网站和公司，也会或多或少被竞争对手制造负面信息，或被不良媒体恶意发表负面信息以勒索删稿费等。如果自己公司或网站品牌词的搜索引擎搜索结果被负面信息霸占了，除了公关部门需要发挥他们的作用搞定一些媒体之外，SEO 部门也需要贡献自己的一份力量，SEO 就是折腾搜索引擎排名的，自己的品牌词都被负面信息霸屏，那还混什么呢？在此笔者分情况简单介绍一下曾经为客户解决百度上负面搜索信息的一些经验。

10.2.1　未雨绸缪

当自己的品牌在网络上还是空白时就把品牌保护的策略实施好，以后会为公司公关部门省去很多工作。网络上一旦出现了品牌的负面信息，再去清理和压制，所需要花费的时间、精力和成本就没有上限了，并且不论清理和压制的速度有多快，都会对品牌的形象造成一定的损伤。所以对于有品牌的网站或公司来说，品牌保护工作要未雨绸缪。因为本身讨论的是 SEO，所以在此只讨论搜索引擎结果中的品牌保护。

大型网站常用的一个方法是：如果网站内容和网站类型允许，最好开设 10 个或 20 个以上的子域名，并且都在 Title 中附带上自己网站的品牌名。正常运营的网站，域名级别的页面都会有比较高的先天权重，搜索品牌名可以使得自己的网站霸占搜索结果的首页或前几页。这样在一定程度上就避免了用户在搜索品牌词时，发现其他网站上所发布的和自己网站品牌相关的负面信息了。现在有不少网站都如此操作，虽然设立子域名的初衷并不一定是为了品牌保护，但确实起到了品牌保护的作用。如图 10-6 所示，在百度中搜索"黄页 88 网"，搜索结果首页中只有百度百科和知道是百度的产品，其他条目都是黄页 88 网站自己的子域名，在一定程度上起到了品牌保护的作用。

当然，在网站运营层面，并不是所有的网站都可以因此就开设大量的子域名，如果网站权重足够高，使用网站内权重比较高的内页也可以达到这种效果，不过可能需要花费的精力和资源就比较大了。另外，这只是一种防范手段和思路而已，站长和 SEO 人员完全可以利用自己可控的其他形式的网页、其他网站或其他平台，使用正面信息占据自己品牌词搜索结果的首页或者前几页，不必局限于"子域名"一种形式的网页。

对于品牌保护需求比较大，且执行力比较强的网站或团队，还应该在品牌推广之前就在各种权重比较高的内容平台和新闻网站中布局自己的正面信息。并且也要考虑到自己所拥有的子品牌，各型号的产品等，比如每个手机商都会有多个型号的手机。使用正面信息把"品牌词+垃圾""品牌词+骗子""品牌词+怎么样""品牌词+评价""品牌词+效果怎么样"等关键词拿下，先下手为强，以防被不良竞争对手钻了空子。否则很容易就会被别人利用百度贴吧、百度知道、百度文库、百度百科以及其他高权重平台给制造负面信息，直接影响自己品牌词在搜索用户心中的形象。

有些朋友可能会有疑问"怎么能够用正面的信息拿下这些'品牌词+负面词'的搜索词排名呢？内容怎么撰写呢？"。其实很简单，完全可以使用"负面标题，正面内容"或"负面标题，脑残抱怨内容"形式的文章来进行操作，如果内容撰写的比较好，还会起到"负面营销"的作用。其实网站运营过程中，会有很多比较奇葩的用户，那么 SEO 人员就把自己定位成这种奇葩的用户就好，发布网站或公司品牌的负面标题，然后内容中设计"用户"明显错误的桥段，这样既可以拥有抢夺品牌负面关键词排名的作用，也可以赢得其他用户对网站或公司的同情和支持，因为这个负面信息是"明显用户错误，且无知谩骂或抱怨的"。

比如抱怨网站上商品非正品的标题，可以配上"用户明显查错商品编号"的图片或内容，设计另外一名"普通网友"发布真实的官方验证信息，并添一句类似"楼主自己没看清楚编号就不要无知地谩骂人家网站了"之类的反驳观点以回应上面的负面信息。这样不仅不会给网站带来负面影响，还会使网站得到一些同情分，并且也间接地证实了网站商品为正品。其他负面标题也类似，只要想办法，总能够搞定。当然，这是给良心企业提供的避免被竞争对手诬陷的思路，无良企业就应该负面信息满天飞。

如果搜索结果中已经出现了自己的负面信息，也可以清理或压制，但是工作量就会无形中大了很多，远不如直接不给负面信息的机会，在品牌推广之前就把品牌保护工作做好。现在很多电商网站当初就没有考虑到这一点，以至于现在在搜索引擎中搜索他们的品牌词上"垃圾""骗子""怎么样""评价"之类的关键词，甚至直接搜索品牌词时都会有大量的负面信息充斥着搜索结果页。下面再来简单讨论一下怎么压制搜索结果中的负面信息；至于"清理"工作，只能依靠公关部门，或靠关系，或靠人民币搞定了。

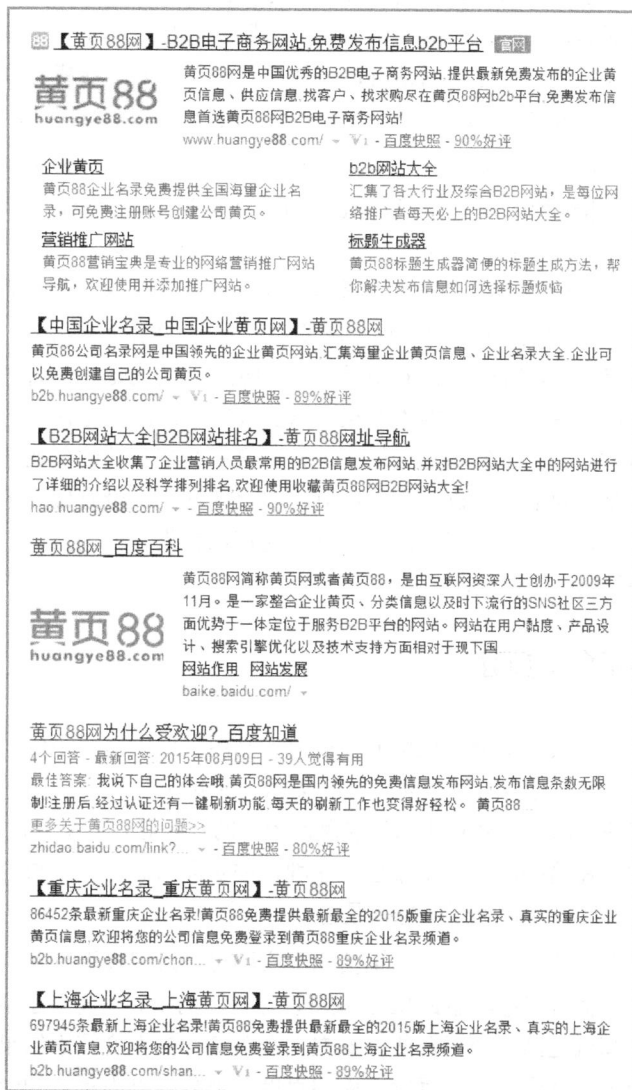

图 10-6　百度搜索"黄页 88 网"

10.2.2　应对媒体新闻类负面

如果被媒体类网站发布负面新闻。一般这种情况并不是只有一家媒体发布，会有多家媒体互相转载。如果发现得早，这时只有一家媒体发布负面信息，那么最好的解决办法就是及时公关。如果第一时间没有发现，或者条件没有谈拢，可能就会造成多家媒体转载该文章，如果对方是一家百度新闻源网站，那么转载量可能会更大。

如果被报道的内容是捏造的或者与实际不符的，则直接找源头网站协商删除，否则发律师函，并要求发布公开道歉的新闻。一旦源头网站的新闻删除，转载的网站就容易搞定了。直接电话告知对方源头网站已经删除不实新闻，要求对方删除相关稿件，否则将起诉对方，并给出源头网站已经删除的证据，此时一般网站都会按要求删除。如果为了快速解决，不论报道是否失实，或靠关系或靠人民币先把源头网站解决，然后让源头网站的负责人联系其他转载这篇文章的网站，要求对方删除相关文章。此时源头网站说话的分量要远高于当事人或当事公司本身。

如果被报道的内容确实是实际情况，并且公关部商议无果，那么作为 SEO 部门也不能置身事外。除非有人故意把事情炒大，否则只要 Web 2.0 类的网站没有讨论该新闻，那用户一般只能通过搜索品牌相关的关键词才能看到这些负面新闻，此时就到了 SEO 人员发挥价值的时候了。因为是"新闻"，百度新闻搜索和百度网页搜索对于文章的"新"和网站权重都很重视，在排名中都起到了决定性作用。了解到了大概原理，就要靠权重更高的网络媒体持续发布公关软文了，文章要精心设计，一定要融合所有的 SEO 元素，分词也要重点考虑，这样才会事半功倍，用同一篇稿件压制比较多的关键词的负面搜索结果。软文发布的时间肯定比对方新，只要选择的媒体数量多且权重比对方高，坚持发布几天软文，差不多就会把相关的负面新闻压制到搜索结果的几页之后。如果只是针对品牌词进行负面压制，自己的网站又没有做到第一节中提到的自家网站霸屏，那么除了依靠新闻压制新闻的办法外，还可以依靠百度的内容产品和其他高权重平台来压制，后面会进行详细的讨论。

10.2.3 应对内容平台类负面

除了被网络媒体进行负面报道，也可能会被对方利用公用的内容平台发布负面信息。常见的平台有百度贴吧、百度知道、百度空间、百度文库、百度百科等百度自己的内容平台，优酷、土豆等高权重视频网站，以及天涯和西祠等权重比较高的社区等。如果自己没有做 10.2.1 节中提到的工作，那被别人在这些网站上发布包含品牌词的负面信息后，就很容易被百度显示在搜索结果的首页，好像百度对这种负面信息很是喜欢。

被在这些平台上发布负面信息后，如果信息不实则可以发起投诉删除。如果信息属实或者比较迫切需要隐藏这些负面信息，那么 SEO 就可以派上用场了。首先要了解搜索引擎（这里指百度）的一个原则，那就是同一个平台或网站在大众关键词的百度搜索结果首页一般只会获得一个位置，也可能会出现百度知道、百度文库和百度贴吧分别以小集合的形式占据一个普通搜索结果的位置。有了这个基本原理之后，并且也感觉百度对负面信息有格外的照顾（百度对负面信息有照顾，大多为当事人的个人感觉，只因过于关注），那就有了执行策略。

先统计对方都在哪些平台发布了负面信息，然后各个击破。只要在同一平台上用内容优化该关键词，把对方负面信息的排名挤掉就可以了。百度知道上的负面信息用百度知道条目对付；百度贴吧中的负面帖子用另外的帖子对付，当然也可以联系贴吧吧主删帖，其他社区类平台也一样；优酷中的负面视频信息用优酷网站内其他视频对付等，其他情况以此类推。针对百度百科需要去除负面内容，简单提供一个具有一定说服力的理由提交就可以了，再或者直接找理由投诉百科词条，让官方删除词条。

由于感觉百度对负面信息比较照顾，那自己制作的标题和内容最好是虚贬实夸，以守为攻。

比如应对 "****公司欺骗消费者" 为题目的负面信息，可以和对方使用同样的标题。但是内容却是该公司给消费者的服务或产品质量比承诺的还要好。一是搅乱对方发的负面信息，二是迎合百度搜索对负面信息的喜好，挤掉对方负面信息所可能抢到的一切负面搜索词。

因为是同平台内页面之间的排名竞争，也就是页面优化针对同一关键词的内部竞争，那 SEO 人员只要能把自己发布的内容优化好目标关键词，并且把页面上与主体内容相关的 "用户投票数据"（顶踩数量、评论数、浏览数、分享数、播放次数等）提高至超过对方，就可以把对方的信息从百度搜索相关关键词的结果中替换掉了。如果对方所发布的信息并没有注意页面优化，那么可能不必刷 "用户投票数据" 就可以把对方所发信息的百度搜索排名替换掉。如果对方发布的信息也很注重优化，也就是同一平台内关于同一关键词的两个页面内容相当了。百度只能依靠该平台页面上相应的 "用户投票数据" 来判断两个页面上的内容哪个更好，哪个更受网民欢迎认可。当然，如果能给自己制作的页面导入点外链就更好了，不过对于权重如此高的平台网站，导入的外链权重不高也不会有太大的作用。

页面和内容优化前文都有涉及，在平台上做页面优化，要奔着关键词无处不在的原则布局关键词，不仅仅是标题、内容和评论中可以布局关键词，甚至注册名都可以用关键词。同时研究平台的内链推荐规则，要把标题、内容和标签设计的获得尽可能多的相关内容，这样可以获得更多其他相关视频所推荐的内链。

如图 10-7 所示，优酷视频页面的右下方会有 "大家都在看" 模块，推荐了一些和本页相关的视频，如图 10-8 所示，"大家都在看" 的部分源代码，这些视频都是直接链接，并没有用 JS 或其他不便搜索引擎 Spider 抓取的方式，所以这些内链对于搜索引擎都是有效的。因此，大家在自己所发布视频的标题、内容以及标签中布局多一些比较 "泛"、其他视频也经常会用的关键词，就会增大自己的视频被其他视频页面推荐的机会，也就会获得比较多的内链。其实这个地方也使用了分词的理论，懂得分词的朋友，才能使用几个词或一篇内容匹配出更多的 "相关内容"。

在前面第 5 章视频优化一节中简单提到过，互动性质页面中的 "用户投票数据" 也可以体现出当前页面的内容质量。下面简单以百度知道和优酷举例说明，使用这两个平台来 "挤掉" 平台中其他内容网页在搜索引擎中排名时，所需要提升的 "用户投票数据"，其他平台类似。

百度知道，在题目和问答内容中布局好关键词后，页面中可操作的 "用户投票数据" 有回答数量、满意答案被赞同次数和评论条数、问题的浏览量、有多少人同问这个问题等；因为百度知道的目的是帮助网民解决问题，所以只要能解决网民的问题，该知道条目提问和获得满意答案的时间就不太重要了，也就不需要刻意注重了；另外，如果满意答案提供者的百度知道级别越高，就会使得这个问题答案越权威，从而使得该问答条目在百度知道搜索和百度网页搜索中排名更加靠前。在操作百度知道条目的过程中，也要把主要精力用在这些 "有效" 的 "用户投票数据" 上。

如图 10-9 所示，被框起来的这几个参数的大小也就反映了关心这个问题网民数量的多少，以及这个问答条目的答案被相关网民的认可度大小。除了回答者的用户等级，其他参数都是可以后期操控的，想办法把这些 "用户投票数据" 的参数自然慢慢地刷高就可以了。具体操作可以人工或软件，浏览器有自动刷新的功能，在第 7 章介绍站长工具时也介绍了刷流量的工具等，灵活运用即可。

图 10-7　优酷视频页面

图 10-8　优酷"大家都在看"源码

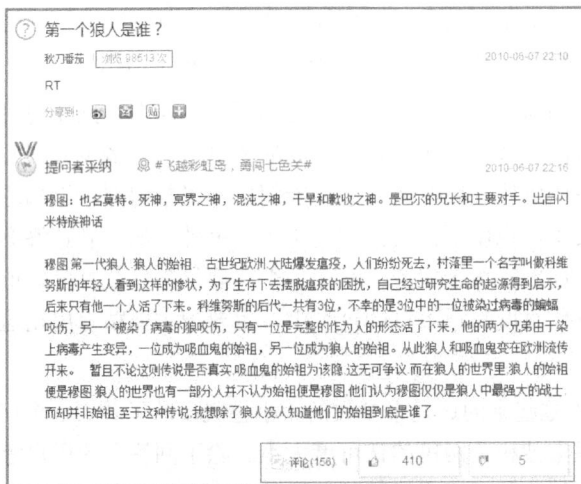

图 10-9　"百度知道"相情页

同样题目或者同一个关键词对应的百度知道问题，当然是越多人关注和关心的条目才是用户喜欢的，才是能够帮助用户真正解决问题的。百度会从用户体验角度出发优先把这类条目放到百度知道相关搜索词搜索结果的前面，以及百度网页搜索结果中。如果百度网页搜索结果中是几个百度知道条目的小集合形式展现，那就多做一些核心关键词相同的问答条目，但是内容要区别，或者方向有所不同，这样几个问题才可能会被一起放到网页搜索结果中。不然内容都一样，百度知道只会推荐其中一条。如图 10-10 所示，"用户投票数据"都比较高的词条被在百度搜索结果中优先推荐，被主推显示的百度知道条目即图 10-9 中的条目。

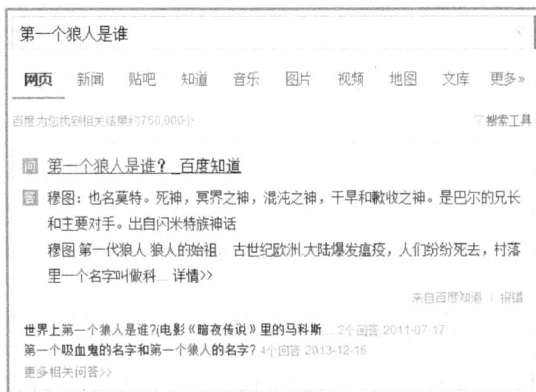

图 10-10　百度网页搜索"第一个狼人是谁"

优酷视频页面的优化在前文也有提及，不过之前是站在视频网站站长或 SEO 的角度考虑问题，现在是站在一个站外用户的角度，在视频网站平台上做页面优化，使其在百度上的表现超过该平台上的其他核心关键词相同的页面。优酷可以被操作的"用户投票数据"有播放次数、顶和踩的次数以及评论数等（如图 10-11 所示），笔者在 2011 年帮一个客户做危机公关，从上传视频然后刷"用户投票数据"到百度搜索结果被替换，整个过程用了不到两个小时（也可能是正好赶上百度小更新）。当然根据对方发布的视频的标题和内容的相关性，以及"用户投票数据"的大小，操作难度和所需要花费的时间与精力也不同。

图 10-11　优酷视频页面的"用户投票数据"

提醒大家，在选择对付对方的视频素材时，一定要综合考虑选择一个合适的。虽然百度不能读到视频内容，但是越相关越不会被百度屏蔽掉。当初笔者选择的是其他地区同名商品的一个介绍视频，搞定百度搜索后，客户才再次提出把视频换成他们宣传片的要求，以给他们进行正面推广。当时让笔者很纠结，当然也是笔者自己最初考虑不周全。虽然当时笔者所制作的页面并没有因为选错视频素材被百度屏蔽掉，但是可见一开始选择正确的视频素材还是很重要的，后期可以避免不必要的麻烦。

10.2.4　利用高权重平台压制负面

在百度搜索中权重高的内容平台，当然以百度的内容产品为先了，本节的"高权重平台"中百度内容产品占了一大部分，并且因其独有的先天优势，也是经常被 SEO 利用的对象。

搜索结果出现负面，除非刻意寻找负面信息，否则一般只会是搜索品牌词，而品牌词一般都是名词。这个名词的属性会使得这个关键词可以用多种平台去争取排名，从而使得百度搜索第一页都是自己制造的信息，把含有负面的网页压制到百度搜索品牌词结果页的第二页或者更靠后。此时可以利用的平台如下。

百度百科：创建百度百科词条（这是首选）。只要没有广告内容，也不要加链接，百科词条创建的申请就很容易通过。创建成功后，用流量精灵之类的刷流量软件刷一刷该词条的浏览量（如图 10-12 所示），多换几个 IP 点击一下词条下方的大拇指"本词条对我有帮助"（如图 10-13 所示）。一般几个小时之后在百度搜索品牌词，此词条就会荣登百度搜索结果第一页。多刷一些浏览量和大拇指会使得排名更加靠前，但百科词条的浏览量并不是实时更新的，所以挂着刷流量软件时，并不会马上就看到浏览量的变化，一般第二天会有数据更新。

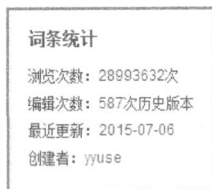

词条统计

浏览次数：28993632次
编辑次数：587次历史版本
最近更新：2015-07-06
创建者：yyuse

★ 收藏　♡ 47457　↱ 18982

图 10-12　百度百科词条浏览次数　　　　**图 10-13　百度百科词条的"大拇指"**

搜狗百科：虽然不是百度自己的产品，但是搜狗百科在百度上也有很高的权重。有不少关键词，搜狗百科都紧跟百度百科之后，也有不少搜狗百科词条排名超过百度百科的情况（如图 10-14 所示），使用站长工具"百度权重"查询功能会发现搜狗百科有大量的名词在百度搜索中排名第一。所以搜狗百科也可以用来抢占品牌词百度搜索结果首页的位置。互动百科相对弱一些，但是也是可以同样利用的，偶尔也会见到互动百科在百度网页搜索结果的首页，并且 360 搜索初期几乎完全使用互动百科替代了百度百科在自己搜索系统中的位置。

百度贴吧：用品牌词申请开通百度贴吧，一般开通贴吧后不会直接上搜索结果的首页，贴吧中有一些帖子之后才会被百度提到关键词的搜索首页。所以开通贴吧后，要抓紧时间发帖和申请吧主，如果没有把握把吧主的位置拿下来，那就不要利用百度贴吧了，否则贴吧中都是你的负面信息的话，那就是自己给自己刨坑了。吧主的申请也需要时间，所以效果虽好，但是要慎重选择。

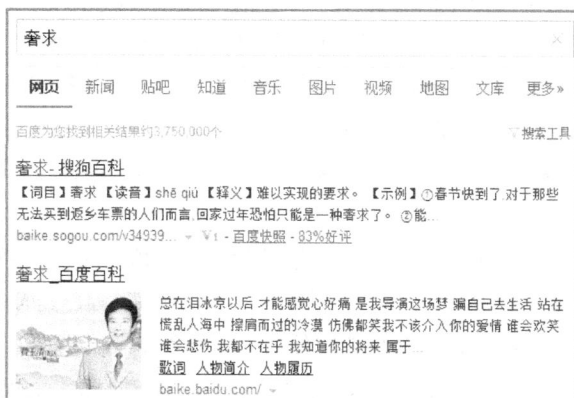

图 10-14　百度搜索"奢求"

百度文库：百度文库也是一大法宝，利用好了也可以很快进入百度关键词搜索首页。利用百度文库要注意文档的内容要尽可能多一些，太少不容易通过审核。文档开头可以声明版权，百度文库因为版权打过多次官司，所以声明版权后审核会相对宽松一些。还要多上传一些以目标关键词为核心关键词的文档，因为百度文库也是有可能以小集合的形式出现在关键词搜索首页的。多制作一些文档，以便多抢几个位置。

腾讯新浪微博：经过实名认证的微博，一般搜索关键词都会在百度搜索的首页（现在不一定必须认证，但是同名字的太多的话也要刷"用户投票数据"：听众数、广播数等），两个微博就可以占据两个位置，但是认证微博需要时间，处理负面信息最紧张的就是时间，所以要有选择地决定要不要利用微博解决当前问题。不过长远来看，微博认证和维护还是很值得操作的，并且微博运营和营销已经成为一个行业。

根据现在的情况，如果搞定微博，关键词的搜索量和相关信息量不是太大的话，搜索结果首页不仅仅会出现腾讯和新浪微博，还会有很多其他网站微博的出现。这就是微博开放平台的一大优势，但是理论上百度应该会清理这种重复信息。当然也可以自己主动在这些微博平台上注册并用不同的内容优化目标关键词，百度搜索人名是比较有代表性的（如图 10-15 所示），如果自己有负面信息，且自己的名字或品牌搜索量和信息量不大，当下利用各种微博就可以占据百度搜索首页不少位置。

图 10-15　百度搜索"杨文松"

百度知道，在抢占关键词搜索结果首页时，同时具备了百度百科和百度文库两个平台的属性。要和百度百科一样，做好内容后刷百度知道页面的"用户投票数据"：浏览数、大拇指"赞同"数等；同时也要和百度文库一样，做多条百度知道，因为百度知道也很可能会以小集合的形式显示在百度搜索结果首页。并且百度用百度文库和百度知道抢夺关键词搜索结果首页的位置时，几乎都是以小集合的形式出现。

高权重网站空间，有很多网站的个人空间页面也有很高的权重，并且页面的优化都是模版式的，有的网站甚至为每个用户空间都分配了独立的二级或三级子域名，优化很到位，几乎把目标关键词作为用户名后再随便做点内容，就可以在关键词搜索结果中获得很好的位置，最明显的就是搜索人名。这种平台有很多：各大免费博客、互动百科、各 IT 网站的专栏、百度空间甚至大型 SNS 社区的个人中心页面等。只要该网站的用户空间允许百度抓取，一般都会有比较好的效果，SEO 人员需要做的仅仅是把空间名字设置为目标关键词，再随便填充点关键词相关的内容即可。

如果自身网站没有足够的内容和子域名，把品牌词的百度搜索结果首页的位置统统拿下，那么这些高权重平台就要好好利用一下了。同样需要未雨绸缪，最好提前布局好，一旦负面信息出现在百度搜索结果首页，再亡羊补牢地做任何工作都多少显得有些迟了。

相信本节提到的所有内容，稍懂一些 SEO 的人就会了解，但是可能真正去实际操作过的人会比较少。SEO 需要自己动手实验，需要比较强的执行力去执行，才会达到预期的效果。只是看看别人纸上的经验是没有多大作用的，很多关键点需要在自己实际操作过程中去慢慢总结。另外，以上介绍的都是"贫农"的做法，"土豪"也可以通过投放百度品牌专区推广、制作独立域名的站群等来霸占百度搜索结果的首屏或前几页。

10.3 万能三句话诊断模板

"好吧，我承认我有罪，我标题党了。"这个三句话模板是有使用范围的，并不是所有网站被处罚后的诊断模板，只是讨论一下业内比较有趣的现象而已。适用对象为稍懂一些 SEO，且网站被降权或者被 K 的站长和 SEO 人员。

如后面 SEO 黑帽白帽中谈到的一样，其实每个人都知道自己网站有什么问题，只是在搜索引擎没惩罚的时候自己不认为那是问题而已。而一旦被搜索引擎惩罚了，又感觉原本就存在的过度优化的问题不足以成为被惩罚的原因。这种类型的 SEO 人员或者站长，当网站被处罚或者被 K 后往往会去找其他人帮忙诊断，其实这部分朋友只是需要外人帮他们确定他们已知的问题而已，相信不论什么水平的 SEO 从业人员都被人邀请过帮别人诊断网站。其实应对这种要求，不用看对方网站，一般三句话就可以解决：

- 你先想想有什么可能的原因会造成你的网站被处罚或者被 K 呢？
- 还有其他的吗？你再仔细想想。
- 好了，就是你说过的那一条或那几条。

为大家举个很典型的例子，笔者曾被一位好朋友要求帮忙诊断一下他的网站。他的网站 2012 年年初的时候被降权了，收录还在但是排名全无，百度没有流量，让笔者帮忙看看是什么原因。以下是对话删减版：

如果不愿多说废话，又喜欢装一装酷的话，那就只说三句话就好了。造成这种现象的原因是站长和 SEO 人员已经不是站在用户角度来做网站了，纯粹只是为了在百度上吸取流量。所以不少有作弊嫌疑的行为，大家已经不认为那是作弊了，大家脑中已经没有正规优化和作弊之间的明确界限了。很多优化和抢流量的方法，其实大家自己也在质疑，这会不会被百度当成作弊。

但是当看到有别家网站用了，自己也就不去分析具体情况直接用上了，结果可能别人没有遭殃自己却掉坑里了。

笔者说"我先不看你的网站，你自己先想想自己做过什么，或者网站存在过什么问题可能会造成被百度降权。"

回应说"（1）买过几个外链，但不是找中介买的，是自己找站长买的；（2）网站的老标题模板我一直感觉不好，当时连续改了两次；（3）网站有五分之二左右的伪原创；（4）服务器宕机过一次，不过那是去年 11 份的事了。我能想到的可能的原因也就这些了"。

笔者说"还有其他的吗？你再仔细想想。别放过任何一个可能点，比如群发过链接吗？内容不足但是也做过词库吗？……

回应说"对了，去年一直有词库做的 TAG 词页面来着，但是过年之后发现很多导入的词都没有合适的内容匹配出来，后来就删除了。但是我已经删除了啊，并且有很多网站都那样做啊"。

笔者说"好了，就是这个词库问题，年初百度大面积处理过一部分用词库抢流量，但是本身又没有足够相关内容的站。"

比如上面这个"词库"问题，如果网站拥有大量的内容，这个词库可以引导用户更好地找到自己想要的内容，那就是对用户有意义的；如果网站本身没有相关内容，那就是恶意抢流量了，用户通过在百度搜索这个词来到网站也会扭头离开的，时间长了肯定会被百度屏蔽掉。

很多时候被处罚的站长和 SEO 其实都知道原因，只是不愿承认或者只是想求证一下而已。你用前两句话让对方把所有他认为可能的原因都列举出来，然后指出一条最可能的原因就好了。对于这种情况，这三句话就是万能的诊断模板。

10.4　原创内容和 SEO

有不少站长和 SEO 人员在以自己网站存在多少比例的原创内容，或者全站都是原创内容来标榜自己网站的价值。当一个网站被搜索引擎降权或者被 K 时，往往站长和 SEO 抱怨比较多的也是"为什么我原创那么多，还是被 K 呢？"这里就来简单讨论一下搜索引擎、原创内容和 SEO 之间的各种问题。

10.4.1　什么是原创内容

百度百科中对原创的解释是这样的：

（1）作者首创，非抄袭模仿的、内容和形式都具有独特个性的物质或精神成果。

（2）作者自己创作的、具有社会共识价值的文学、艺术或科学性质的作品。

（3）特指自己写的、非抄袭或转载的博文。

并注释：第三条本不恰当，但已是网络上约定俗成的规则，应予认可。

那么站长和 SEO 人员口中的"原创"应该就是第三条所描述的情况了，只要是自己写的，不是抄别人的内容就是自己的原创。并未像第一、二条中那样要求有"独特个性的物质或精神成果"或有"社会共识价值"，也就是说"原创"的内容并不等同于"有价值"的内容。

10.4.2　原创不等同于有价值

站长和 SEO 人员所说的大部分"原创"只是阐明文章是自己人写的、并非抄袭别人的，那么文章的内容质量如何就不得而知了。极端地说，在擦拭键盘的时候，打在文档中的内容也可以算是原创的，然而这个"原创"对普通大众用户并没有实际意义，更没有阅读价值。

比如一个定位于房地产信息的网站，却发布了很多和肾病有关的"原创"文章，那么这些"原创"在这个站上就是没有意义的。同样，即使所有的原创文章都没有偏离网站主题，但是文章没有实际信息传递给用户，只是行业文字堆砌而已，那么这个"原创"也不是有价值的。

所以原创并不等同于有价值，虽然搜索引擎并不能直接分析出网站上的原创文章是否对网民有价值，但是百度搜索可以根据网站权重、历史内容表现、跳出率，社会化分享数据，甚至百度工具栏返回的网民数据来辅助判断网站的内容价值。在运营网站的过程中，站长和 SEO 人员并不应该标榜自己有多少原创，而应该标榜自己网站上的内容是否对目标用户都有意义。在标榜自己原创的很多网站中，其实有不少内容都是围绕事先设定的关键词拼凑出来的，可读性并不是特别好。

不少网站原创内容并不是很多，但是用户体验非常好，网站固定用户量非常大，即使内容并非原创但是依然会在搜索引擎中获得比较好的排名和流量；也有不少网站站内原创内容比例非常大，但是内容质量参差不齐，或服务器反映比较慢，或内容页面添加了大量的广告严重影响了用户对正常内容的阅读，或网站存在其他问题，而导致坚持原创内容很久都不能够在搜索引擎中得到良好的排名和流量。

如果网站所有内容都是站在目标用户需求的角度上进行的原创，这最好不过了。但就目前国内的网络发展状况来看，任何一家网站做到所有的内容都是原创且都对用户有价值是不太可能的。其实网站运营也并不需要完全都是原创，运营网站和做长远的 SEO 对内容的要求，都应该是以对用户有价值为主，原创为辅。

10.4.3　搜索引擎能否判断原创

很多站长和 SEO 人员都反映百度不支持原创网站，自己原创的内容被大站复制走后，排名都是大站的了，自己的站甚至都不被收录，更别提排名了。不讨论现在百度和各大搜索引擎具体是怎么识别原创的，先按照咱们的思路简单推断一下如果搜索引擎想要识别原创应该会怎么做。

部分人都认为用文章发布时间是最直接的了，谁发布的早谁就是原创。这个道理是正确的，但是对于搜索引擎要判断某一篇文章谁是原创，是比较困难的，因为网站发布内容的时间存在太多不确定因素。

如果以网站上标注的发布时间戳为准，那么就会诱使网站去主动改变自己网站上显示的文章发布时间。比如内容源网站标注发布的时间是 2015 年 12 月 28 日 17 点 35 分，那么采集网站完全可以根据源网站的时间把发布显示的时间改成 2015 年 12 月 28 日 17 点 30 分，这样采集网站就是原创了。所以理论上以网站标注的时间戳为准是可以解决原创判断问题的，但是前提是所有的站长都遵守规矩，这显然是不可能的，并且偶尔可能会出现服务器时间有偏差，而造成网站上标注的文章发布时间并不准确。

如果以 Spider 发现这篇文章的时间戳为准，那么小网站被大网站采集后，肯定会被搜索引擎认为这篇文章是大网站原创的。因为根据网站权重不同，搜索引擎抓取网站的频率就不同。比如搜索引擎的 Spider 可能会 24 小时都在新浪首页等着新内容的出现然后秒收，但是可能一天内只光顾个人的小网站一两次。当一篇原创文章在小网站上发布后，被新浪的编辑选中然后推荐到新浪首页，搜索引擎肯定会先从新浪上发现这篇文章，那么就会认为这篇文章是新浪原创的。所以在现实情况下，以 Spider 发现内容的时间戳为准也是不能识别原创的。这并不能怪搜索引擎不分配资源实时抓取网络新内容，相信搜索引擎的老大哥 Google 都不能实现对网络新内容的实时抓取。

第三种假设，如果以来源网站作为对原创的判断，理论上和以网站的文章发布时间为时间戳判断是一样的。只是理论上可以做到判断原创，问题是现实中大部分网站转载或复制文章后都不留来源地址。而且自动采集程序都是在想办法去掉来源地址。站长不配合，搜索引擎在这个方法上就进行不下去。

通过这样简单分析，按照普通思路搜索引擎其实是不能严格识别出原创的。现在国内搜索引擎一般都是以谁能够提供好的用户体验，具有更好的传播影响力为排名基础。因为大网站确实有更稳定的服务器支持，更佳的用户体验，所以现在在百度中的状况是大网站采集了小网站的内容，搜索排名却比小网站要好。网络上所传的参考 PR、权威度、网站域名注册时间等信息基本上都不是判断原创的标准，只是判断网站权重的标准，如果真的以这几项来判断原创，那边小网站的原创内容就更永无天日了。LEE 曾在百度站长平台的站长学院发布过一篇《谈谈原创项目那点事》的文章，有兴趣的朋友可以仔细阅读一下，了解一下当下百度是打算如何识别原创内容的：http://zhanzhang.baidu.com/college/articleinfo?id=31。

不可否认 Google 在这方面的表现要比百度、搜狗都强很多。但是在 Google 上的这种"公平"现象也是建立在原创文章的网站本身有一定权重的基础上的。比如极端一点，一个还在沙盒中的新网站，文章全部是原创，但是并不一定会被收录，即使被收录，因为整站都在沙盒中也不会有排名。其实采集网站本身不用太高的权重，只要不在沙盒之中，相关文章标题和关键词的搜索排名肯定是采集网站的。所以 Google 对原创的识别判断也是有其他条件的，并不是所有网站的原创内容都能得到 Google 的尊重。

10.4.4　SEO 和站长应该怎么做

理性分析一下，即使原创被搜索引擎当作重要排名算法，那也是几百个算法中的一个，并不能因为原创就获得最好的排名，主要还是看用户的搜索词及搜索场景。所以，站长和 SEO 把"原创"当成和关键词布局、内链布局、外链建设、网站结构优化等可以有助于收录和排名的可操作因素一样就好了。

对于百度搜索现在的排名规则，一味地询问"我的文章是原创，为什么排名不好，或者被 K 了？"和询问"我的网站内链是独创，为什么别人模仿了我的，收录和排名比我好，反而我的站被 K 了？"一样。相信大家都会觉得第二个问题比较可笑，其实原创和内链一样，都只是判断一个网站综合质量的因素，并不能独自成为完全决定一个网站收录和排名的因素。

站长和 SEO 在面对"原创"和外链、内链时要把心态调正，在做原创内容的同时也要优化好网站的其他指标：稳定的服务器、良好的站内导航、丰富逻辑性的内链布局、大量高质外链等。所以站长和 SEO 与其纠结于"原创为什么被 K，为什么收录和排名不好"，倒不如把网站的整体优化好。网站整体优化好之后，也就不存在上述问题了。大家所发现的复制自己内容且网站收录和排名很好的网站，肯定这些站其他方面要比自己做得好，比如网站权重高、相应的文章页面获得的内链和外链多等。

万事靠自己，别把百度搜索神化。把自己所有希望的状态都奢望让百度去实现，无异于农民只期望老天爷给自己一个好收成，结果可能只是一次一次的失望。百度的搜索部门也是由一个一个普通的技术和运营人员组成的，技术实力的确很强，但是整个百度搜索系统也肯定存在可以改进的空间。

有一些朋友反映自己的原创网站被采集后，自己的站被 K 了，感觉不公平。其实网站和网站之间本来就是平等的，有排名就会有排名高低。同样是个人博客，同样是原创，为什么有的朋友个人博客原创内容被采集后就被百度 K 了，ZAC 老师的博客文章不多，也是个人博客，被采集转载的次数肯定比一般的个人博客要多一些，为什么没有被 K 呢？网站性质都一样，为什么在百度上会有两个极端的现象呢？可能有人会说 ZAC 老师博客的权重高外链多，那大家为什么不向这方面努力发展呢？而是只纠结在"原创"上呢？

在尊重原创方面百度搜索确实应该再多做一些工作，但是站长和 SEO 也应该多思考一下，很多资源都是需要自己去争取的。和 Zac 老师博客一样，把自己做强了，不一定要做大，总会得到属于自己的"公平"。做 SEO 被 K、被降权不重要，重要的是坚持下去，继续创作有价值的内容。运营网站 SEO 最初的目标应该是想尽办法从百度获得流量，最终的目标应该是让百度想尽办法收录你的内容给你流量。

另外，运营网站不能完全只是从原创出发，要从"对用户有用"的角度出发。现在已经是信息爆炸的时代，除了过于偏门的行业，几乎任何问题和信息在网络上都已经存在了。只是对于某些情况来说，零散的信息并不能很好地解决问题。比如"领带的打法"，常见的方法可能就有十多种，并且有的人寻找文字说明，有的人寻找图片示意，有的人寻找教学视频，这些信息可能分散在各个网站上，你只需要把这些信息有机揉合在一起做成符合用户搜索需求的信息页或者专题页。这就是"对用户有用"的，虽然不是原创，但相信百度和其他搜索引擎也是欢迎这种网页的。

也有人把这种形式称作"伪原创"，不过笔者并不认同这种叫法。正规运营网站，没有"伪原创"的概念，只要是对用户有用的，并且不是简单剽窃其他人的内容，就是值得做的。如果网站内容更新时就是以"伪原创"为主导，那网站内容的可读性和价值都是值得怀疑的，因为出发点就把自己定义为"作弊"了。当然也可以利用这个理论和搜索引擎机器判断之间的区别寻找作弊空间，这也是现在部分 SEO 人员的工作了——研究搜索引擎想达到的理想状态和当下实际机器识别技术之间的差别。

如果自己网站的内容被一个各方面都不如自己的站采集后，却抢得了比自己还好的排名，并且这个网站没有其他作弊行为，一直持续着这种状态，那么搜索引擎就该关门大吉了，因为它们已经判断不出哪个网站和哪些内容的综合质量最优秀了，也就不能提供给普通用户最优质的信息了。把"原创"和关键词布局、外链、内链以及网站结构一样对待，就只当成是所有排名因素中的一个，当成是站长和 SEO 人员可操纵的一项 SEO 因素。综合了解到自己和对手相比之下的不足后，就去努力想办法优化和超越吧，这不是 SEO 人员的正常工作之一吗？

除了正常 SEO 之外，具体到保护原创的操作方法，首先如果自己有条件申请加入百度的原创星火计划，则尽力申请一下吧，星火计划介绍地址为 http://zhanzhang.baidu.com/act/spark。另外，百度近期强化了链接提交功能中的"实时推送"，站长可以通过此工具每天及时地把自己的原创内容推送给百度，让百度第一时间来抓取自己的原创内容，这样在一定程度上也可以被百度识别为原创，从而得到一定的排名倾向。

10.5　利用高权重网站的疏忽做推广

由于此方法是制造网络垃圾页面，对所使用的网站影响也非常不好，所以在此只是简单陈述一下这个现象。站长和 SEO 发现自己网站存在此方面的问题，最好尽快解决，否则可能会遭到搜索引擎的处罚。

10.5.1　利用站内搜索

很多高权重网站的站内搜索都是允许被百度抓取的，站长和 SEO 人员一般都会在站内搜索结果页面的模板中刻意插入几次关键词，即在页面中搜索结果区域之外的地方刻意出现几次搜索词。并且大部分网站还会把搜索词插入到搜索结果页的 Title 和 Description 中。也就是说在站内搜索某一个关键词，即使站内没有相关内容被搜出，这个页面也会被搜索引擎判断为和关键词比较相关。再加上网站域名本身的权重，使得很多网站的站内搜索结果页面在百度上的排名都比较不错，并且这些页面的 Title 和 Description 中就明显包含了搜索词本身。这就给外人留了一定的空子，让外人容易使用自己的站内搜索进行网络推广。

推广者所需要做的是根据目标网站查询的 URL 特征，批量生成含有自己推广信息（包含网址或联系方式）的查询链接，并想办法让搜索引擎 Spider 能够抓取到这些链接。如果目标网站把站内查询结果链接显示在网站上，类似站长工具类查询（如图 10-16 所示），那么推广者只需要批量访问这些 URL 即可，因为目标网站自己存有查询历史，并且可以被搜索引擎抓取到；如果目标网站没有在页面上显示可以被搜索引擎抓取到的历史查询记录链接，那推广人员就需要在网站外部给这些批量生成的查询链接导入外链了。只要使得搜索引擎能够抓取到这些链接，具体排名依靠目标网站自身的权重就可以搞定了。已经有不少大型网站的站内搜索被别人使用过，多是被批量查询各种色情关键词+QQ 号码类的关键词，网站运营和 SEO 人员需要高度重视这个"漏洞"。

图 10-16　Chinaz "百度权重" 查询底部的 "最近查询"

10.5.2　利用 UGC 功能

在 10.2 节 "利用 SEO 做百度搜索危机公关" 中提到过可以利用高权重网站的开放空间功能抢得目标关键词排名。这里讨论批量群发推广信息，所以要选择权重高且注册限制不严格、空间简介等内容审核不严格的网站进行攻克。比如在笔者整理此节书稿时，onlylady.com 已经被攻克，如图 10-17 所示。

随便点击一条结果，进入后的页面如图 10-18 所示，只有博客标题和简介，并且插入了大量的关键词（网址），如果普通用户空间提交内容权限再大一些，就可以实现自动跳转到相应网站的效果了。近期有不少拥有 UGC 功能的网站沦陷了，大都是通过这种方式。只要是普通用户可以提交内容的网站，都有可能成为这种推广人员的目标，人人网的分享功能 share.renren.com 也曾经被这些网址类垃圾信息占领过。

图 10-17　ChinaZ "百度权重" 工具查询 onlylady.com　　图 10-18　onlylady 沦陷的空间页面

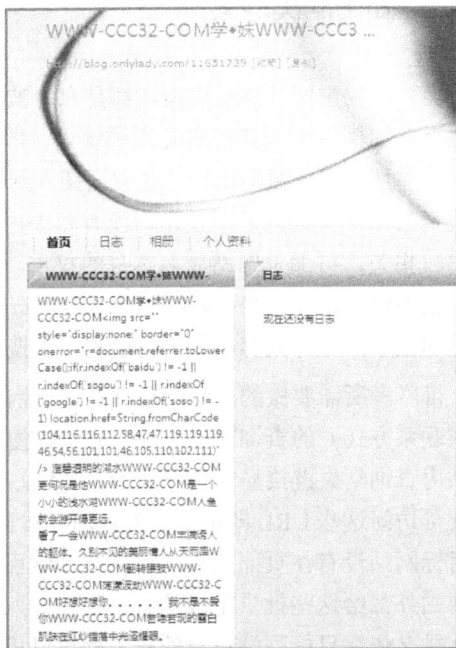

10.5.3　站长应如何应对

对于站内搜索被利用的情况，最直接的方法就是利用 robots.txt 屏蔽搜索引擎对站内搜索链接的抓取。如果网站也想通过站内搜索链接获得一部分搜索引擎的流量，可以使用其他结构的 URL 提供给搜索引擎收录，并且这种 URL 结构中的搜索词必须是经过审核，或存放于数据库中的，也就是不允许外部直接生成。

比如正常站内搜索结果的 URL 形式为 domain.com/so/搜索词/，那站长可以把这种 URL 进行屏蔽，设置另一种 URL 允许搜索引擎收录，比如 domain.com/search/搜索词/。只有经过审核且站内确实有相关内容的搜索词才使用第二种 URL，其他情况一律使用第一种 URL。这不仅仅是为了屏蔽垃圾信息，也是为了保证被放出来的站内搜索页面是有实际相关内容的。

对于类似站内空间和人人分享等UGC类型的网站，只能是采用和论坛类似的屏蔽审核机制，并且建立完善的屏蔽词库，运营人员进行实时监控，限制同一 IP 单位时间内的注册数量等。一旦遇到问题第一时间做屏蔽和补漏洞工作，防止因此造成被搜索引擎降权的情况。

10.6　站群

现在 SEO 人员口中的站群一般是指较流行的作弊方式。出发点一般是以下两点：认为哪怕平均每个网站每天只有几十个 IP，如果有 1000 个网站，那每天就有几万 IP 了；搜索引擎搜索结果首页一般有 10 个结果，最好的情况，对于非网站品牌词，一般一个网站只能占有一个位置，如果有 10 个或 20 个网站，就可以有更多的机会占领同一个关键词的搜索结果首页位置，从而最大限度地获取此关键词的搜索流量。由于方法和软件的泛滥，使得新建站群不少是采集内容、堆砌关键词和制造垃圾链接的垃圾站点集合，从而逼迫搜索引擎对站群作弊进行了严厉打击。其实站群不一定是作弊，当然也有不少作弊站群并没有被搜索引擎识别出和惩罚。

10.6.1　站群不一定是作弊

在站群作弊手法逐渐泛滥之前，其实很多大型公司或网站都有很多主题内容不同的网站群，像政府网站、门户网站以及分类信息等大型网站，都或使用独立域名、或使用二级域名建立了大量的网站群。本身这种站群并不是以 SEO 为出发点做的，每个网站都相对独立，有专业的内容和相对独立的运营，没有严重涉及恶意抢夺搜索引擎流量，所以并不能算做作弊。比如搜狐、CBSI、58 同城等都有大量站点，但并不会被搜索引擎视为作弊。

所以真要从 SEO 角度做站群的话，要多研究没有被搜索引擎视为作弊的这些站群，以避免被搜索引擎惩罚。那么搜索引擎一般会根据什么来甄别作弊站群呢？

10.6.2　作弊站群的识别和操作

作弊站群往往是一个人或一个团队来操作的，搜索引擎判断一个网站集合是不是站群，肯定会是判断这些网站有没有什么共性，再根据网站内容质量和链接健康度等来判断这个站群的作弊程度和对搜索结果的影响程度，从而做出相应的处理措施。搜索引擎所能获得网站集合的一切信息都可能被用作来识别此网站集合是否为站群，比如 IP 是否相同，域名注册信息是否相同，网站使用的 CMS 及模板是否全部一样，网站内容是否大幅相同，主推关键词是否完全一样，网站联系方式、备案信息、统计 ID、Google adsense ID 等是否相同，集合内网站之间的链接情况是否有明显同一人操作的规律等。

其实这些因素就是来判断这个网站集合是否是同一个人或同一个团队控制的。如果 Spider 能够获得的信息，都不能判断出这个网站集合是同一个人或团队的，那么就不能武断地断定这是一个作弊站群。如果每个网站的内容还都不错，那么这就是一个精品站群了。

反向来看，随着网络的发展，几乎各行各业都有着大量的网站，同一个行业或产品都有大量的网站来竞争搜索引擎排名。其实宏观来看同一个关键词搜索出来的这些网站集合就可以算做是一个"站群"，只不过这个"站群"不是同一个人或团队操作的。那么这个"站群"有什么特点呢？可能除了定位关键词相同，就没有其他的集体共性了。所以 SEO 站群的操作就应该尽最大努力使得各个网站之间没有任何集体共性。

由于百度的专项打击，现在站群的操作难度越来越大。1 元的 cn 域名已经一去不复返，1.99 美元的"雅虎域名"也没有了什么操作空间，现在只能使用几十元的域名了，1000 个域名的成本就有几万了。由于国内实名备案的制度，使得服务器和备案成本也比以前增加了很多，现在在业内人员的经营下，国外有了不少"站群主机"，淘宝上就有很多人在出售，一个主机或一块虚拟空间附带着几十个 IP，不过相对稳定性并不是很好。随着百度频繁地专项打击垃圾内容和链接作弊，使得单个精品网站的维护成本增大很多，不再是以前批量采集、伪原创、互链、购买链接就能有不错效果的时代了，站群的内容和链接维护成本都比较大。

所以现在站群操作手法的投入产出比大不如前了，稍有操作不当被百度惩罚，就血本无归了。现在在资金和人力有限的情况下，如果还是想走站群模式，最好是走小量精品维护模式，否则很容易被百度识别，曾经很流行的站群软件，现在都有唱衰的趋势。当然如果有技术牛人发现了百度算法的新漏洞，就另当别论了。

10.7 关于 SEO 黑白帽

基础知识部分提到过 SEO 白帽和黑帽的概念，但是那只是针对行为的一种概念而已。现在很多 SEO 人员其实并没有真正地区分黑帽和白帽，只要有排名有流量，并且没有被搜索引擎处罚的时候，就会认为自己的所有操作都是正规白帽优化。一旦搜索引擎搜索表现突然不佳甚至被降权或被 K 时，才会反思自己是不是"涉黑"了。笔者并没有那么高尚，为了净化网络环境而推崇白帽 SEO，本节内容只是站在一个网络人、一个站长或者一个 SEO 人员的角度来讨论一下这个问题。

10.7.1 白帽和黑帽的区别

百度百科中是这样来描述白帽和黑帽的：

白帽 SEO，是使用符合主流搜索引擎发行规定的 SEO 优化方法。关注长远利益，需要的时间久，效果更加稳定。即使搜索引擎对排名算法进行调整，网站排名也相对稳定。

黑帽 SEO，黑帽 SEO 手法不符合主流搜索引擎发行方针规定。为了短期利益而采用的作弊方法，效果为"短平快"。随时因为搜索引擎算法的改变而面临惩罚。

同时百科中还列举了一些白帽 SEO 的好处，以及黑帽 SEO 的特点弊端以及常见的手法。也声明白帽 SEO 和黑帽 SEO 并没有一个精准的定义，可以把所有作弊手段或可疑手段统称为黑帽 SEO。也就是说白帽 SEO 和黑帽 SEO 的说法其实大部分只是停留在概念上，除了一些司空见惯的作弊手法，搜索引擎也并没有具体给出判断某一做法是白帽还是黑帽的标准。

也就说搜索引擎说你是黑帽你就是黑帽，说你是白帽你就是白帽，只要搜索引擎不处罚你，稍微做些大众 SEO 思想中的作弊行为也是可以视为白帽 SEO 的。这就造成现在白帽和黑帽之间其实并不是非黑即白的关系，而是一种过渡关系。
如图 10-19 所示，除了两端的极端行为可以定性为
黑帽和白帽，中间的过渡部分因为不是明显的极端

图 10-19　黑白帽 SEO 的过渡关系

作弊，又没有受到搜索引擎的处罚，所以叫白帽和
黑帽都可以，也可以称之为"灰帽"，并且是现在所有 SEO 网站中使用最多的。这也成为现在国内一大部分 SEO 人员的生存空间。

10.7.2　现在观念中的黑白帽

对应上节所示图中 SEO 白灰黑三部分，现在国内网站的 SEO 情况也可以分为三类。

第一类是纯白帽 SEO，不过已经很少见了，大多数网站做 SEO，都会多多少少自己折腾折腾外链，刻意在页面上堆些关键词等。现在国内也就是公益性网站、部分无直接盈利目的的网站和没有专人打理的企业网站没有做 SEO，也就没有涉及折腾链接和堆积关键词这些做法，站内只是普通的更新内容，站外可能会有网络媒体报道中的自然链接或无外链。这些可以称之为纯白帽的 SEO，因为没做 SEO。

第二类是黑帽 SEO，自从有 SEO 以来就有了黑帽 SEO，并且很多政府、企业和个人网站安全意识比较差，以及某些大中型网站站长目光短浅，造成很多人都在依靠黑帽 SEO 幸福地生活着。黑链、买卖链接、群发链接、黑掉高权重网站做淘宝客、采集然后制造大量垃圾伪原创内容等 SEO 涉及到的部分几乎都有黑帽的存在。这些极端的行为可以无异议地被定性为黑帽 SEO，国内同胞也确实太过聪明，层出不穷的作弊手法让百度搜索应接不暇。

第三类是黑白帽 SEO 的中间地带，国内的中文网站，除了以上可以明确定性为白帽和黑帽的网站，其他几乎所有网站在 SEO 方面都处于这个状态。并且大家的意识中甚至都没有明确的黑白帽界限，群发链接、买点高质量链接、培训编辑有意无意地多重复几次关键词、有些页面显示文本内容不美观那就弄个"display：none"之类的样式隐藏一下刻意凑的内容等都可以列为黑帽 SEO 的做法，大家的确都在普遍地使用着。甚至交换友情链接刻意操作 PR 和权重的方法也可以视为黑帽 SEO，比如百度就明确声明友情链接交换过多可能会被视为作弊。

如果没有链接，网站就没有权重，那么就没有排名，那需要依靠搜索引擎起家的网站还怎么运营呢？百度和 Google 对于这些做法采用了模糊对待的策略，也就是不过火就是白帽，有益

于网站；过火就是黑帽，网站降权或者被 K。过不过火，什么程度是过火，什么程度是不过火，没人知道确切的判定条件。而国内绝大多数的 SEO 人员的操作空间就在于此。能把这个"度"掌握好，你就可以算是一个比较牛的 SEO；掌握不好，那就代表你的 SEO 经验水平还不到位。

现在国内大部分站长和 SEO 人员观念中 SEO 黑白帽的区分就是"我尽可能地不断强化我能操作的排名因素，只要没受到搜索引擎处罚，我就是白帽 SEO；一旦受到处罚降权或者被 K，那就是用了黑帽 SEO 手法"。所以现在就有很多人，当网站被处罚之后才意识到自己用了黑帽手法，或被处罚后才到处询问自己的哪种做法属于作弊了。如图 10-20 所示，是有位朋友在某 SEO 论坛上发的聊天记录帖，看到最后一句，有没有觉得有点滑稽呢？曾经也有人当面问过 LEE "我有个站全部都是精心伪原创的，但是百度为什么就不收呢？"，LEE 当时很无语地表示"你刚才也说了，你使用的都是伪原创"。

图 10-20　伪原创网站没用过任何作弊手法

搜索引擎的暧昧，加上站长和 SEO 人员无准确规则指导，造成了国内现在依据已经出现的结果去判定之前的 SEO 做法是黑还是白，而对自身正在进行的操作到底是黑是白无从判断的现象。虽然 SEO 的本意的确并不是作弊的意思，但是已经被 SEO 人员用实际行动做的有点 SEO 就等同于"合理作弊"的意思了。

10.7.3　为长远利益做打算

不论用什么方法在搜索引擎上获得了流量，都应该为长远利益做打算。提升网站内容质量和粘性，尽可能提升这部分流量的回头率。已经有很多站长和 SEO 人员因为"灰色"操作"过度"，受到了搜索引擎的处罚，从而整个网站就变为零流量，没有继续坚持运营下去，网站最终的命运是荒废甚至直接停止运营了。

就目前国内 SEO 整个行业的状况来看，不论号称自己多么白帽的 SEO，除非你已经混到了新浪、腾讯等内容门户的位置，否则 SEO 的流量不确定性还是太大。所以站长应该做的工作不仅仅是从搜索引擎上获得更多的流量，还要想办法把流量留在站内，并且还要多开拓一些其他获得流量的路子，降低搜索引擎流量在全站流量中的占比。这样既可以在一定程度上稳定自己在搜索引擎上的权重，也可以降低因某个做法不当受到搜索引擎处罚时网站运营的风险，为自己多留一条后路，从而获取比较长远稳定的利益。

10.8　本章小结

　　SEO 并不是一堆死概念，不只是把常规 SEO 范围内的事做差不多就可以了，并且 SEO 也不仅仅只是用来在搜索引擎上获取排名和流量，综合使用 SEO 的技巧和经验还可以为网站和公司解决诸多问题，也可以指导具体网站推广方法的实施。也可以说，SEO 不只是一种网络推广和网络营销的手段，更是一种思维。不要只是把自己 SEO 的知识、技巧和经验局限在搜索引擎排名上，有搜索的地方就有 SEO 思维，有内容质量评价、有内容相关判断、有链接价值衡定等需求的地方就都会有 SEO 的影子，跳出 SEO，利用 SEO 做更多的事。

第 11 章　一些观点

由于 SEO 并不是一门自然学科，所以没有权威的教科书，即使搜索引擎专家所写的搜索引擎基本原理也只是 SEO 工作的理论基础而已，SEO 中更多的是从业人员的个人综合基础和经验，所以就造成了 SEO 行业的不规范。很多人都想为 SEO 制定规范、规则，但是又没有足够的影响力。又由于在很大范围内，搜索引擎和中小站长是相对对立的，所以搜索引擎虽然有着绝对的影响力，但即使给出了 SEO 操作或行业规范，相信大众也是以质疑的态度来对待的。没有规范，也就造成了这个行业乱象丛生，像华山论剑一样，各种派别、各种理论、各种自推的大师层出不穷。有一些团体或个人有着自己独特、成熟、有效的理论和经验，也有一些团体或个人一直走着忽悠和传销的路线，依靠给行业新人"布道授业"生存着。本章就来"乱谈"一下笔者对国内 SEO 行业的几点认识，供大家参考和讨论，欢迎交流。

11.1　国内 SEO 行业现状

本节根据笔者的所闻所见来阐述一下国内混乱的 SEO 市场现状，SEO 从业者在公司的地位以及大家的生存现状，被部分初学者误解了 SEO 的工作内容和 SEO 从业者的职业发展情况。希望可以向打算进入 SEO 行业，并且已经对 SEO 有过简单了解的朋友，展示一个客观真实的行业情况，在还未进入这个行业时就对这个行业进行整体的了解，以便在从业之初就大概定位好自己的职业生涯方向。

11.1.1　SEO 行业还不是很规范

很多人在说 SEO 已经穷途末路，主要是觉得百度有变成"站内搜索"的趋势，但只要搜索需求还在，对搜索引擎的规则匹配就依然重要，那么 SEO 行业就还算朝阳行业。现在不断有大批的人才涌入 SEO 这个行业，并且有不少本职从事运营、技术和产品的人员，也都多少要对 SEO 有所了解，甚至背上了 SEO 应承担的一些工作和 KPI，可见大部分与网络相关的公司对 SEO 越来越重视。但是在国内 SEO 行业快速发展成长的过程中，出现了一些不和谐的现象，服务机构为了谋取利益，在 SEO 人才培养和 SEO 行业规范方面都在一定程度上搅乱了国内的 SEO 行业。同时 SEO 从业人员的信誉也在经受着整个市场的考验。

无良培训机构搅乱国内 SEO 人才培训市场。由于 SEO 这个职业的门槛比较低，很多 SEO 或者网络营销培训机构为了谋利，经常利用"SEO 不需要基础，短期培训后即可高薪就业"等不负责任的口号忽悠初学者，导致近几年国内批量产生了"SEOer"。由于国内教育和企业人才需求方面存在沟壑，使得大量的各种学历的学生都迫切希望通过职业培训来辅助就业，往往会被夸张的宣传和承诺迷惑，也就给了这种"神奇的"培训机构足够的生存空间，同时也造成了国内 SEO 人才培训市场的不规范，这应该也是造成现在部分国内 SEO 从业者工作能力严重参差不齐的原因之一。

今后大家如果觉得有参加培训的必要，一定要慎重考察甄别，一般培训机构都会用响亮的口号忽悠招生，常见如下。

- "免费初级培训"：或让你帮忙拉人，或给你洗脑让你交钱参加高级培训；
- "保证 100%就业"：交钱后培训完，就不是当初承诺的那样了，或者输送给网络公司做外链专员；
- "保证就业，底薪 N 千起"：收费贵，结果同上，不过会告诉你"钱"途无量；
- "淘宝客高级技术快速发财致富"：一个培训班才能赚多少钱？所以一般都是不再使用了的方法或技术，还在赚钱的方法谁会去分享？尤其是特别赚钱的淘宝客思路；
- "名师授课"：或培训结构自己包装自吹自擂，或只是某大型网站 SEO 部门的小喽啰来授课。

同样的口号和招生介绍，有的培训机构确实是帮助行业新人打下了一定的 SEO 基础，传授了一些 SEO 思路和方法，使得学员们少走了一些弯路，并且学员之间也建立了良好的人际关系；有的培训机构却是打着各种噱头，专业忽悠行业新人，用过时的理论、道听途说的思路和方法、虚假的个人或机构成绩和数据来给行业新人"引路"，致使不少从事 SEO 的朋友在 SEO 行业摸爬滚打了好几年，还是做着最初级的工作，领着最基本的工资。虽然个人的职业发展与个人本身的整体素质有很大关系，但是被人忽悠偏了方向，还是很耽误职业发展的。所以有想参加 SEO 培训的朋友一定要擦亮眼睛，找到可靠的机构或个人，并且选择适合自己水平的培训和交流，千万不要被天花乱坠的宣传迷了双眼。

虚假"大神"盲目吹嘘和个别 SEO 服务机构的虚假承诺，造成了国内 SEO 行业的不规范。由于 SEO 并不像程序设计语言那样，有官方标准"语法"，规则相对固定。程序设计在不同的地方获得的编程知识或者编写原理都是基本相同的，而 SEO 不是。SEO 是一门寄生在搜索引擎上的技术，或者叫策略，在百度发布《百度搜索引擎优化指南》之前，国内是没有任何权威的 SEO 资料的。国内 SEO 人员需要自行实验去发现百度的排序规则，或者把国内外对 Google 排名算法的研究运用到百度上。这就造成了没有人真真切切知道百度（包括其他大众搜索引擎）排名算法的情况，初学者只能从国内知名 SEO 人员的博客或者著作中了解百度的排序规律。

因为没人了解百度搜索的真正算法，并且曾经百度搜索部门在外界甚至在百度内部都一直很神秘，所以就有了一些虚假职业"大神"到处活跃吹嘘演讲，也有了一些 SEO 服务机构盲目给客户承诺以获取高额服务费。有的号称百度搜索为他们这批人单独开设了可以删除快照的权限，有的则号称掌握了百度搜索的核心算法，如果这些人真的有这些权力和能力，那么就不用到处赚这培训和演讲的辛苦钱了。百度搜索在国内的市场份额这么大，拥有这两种"神力"随随便便一年都能收益不少，何必还到处走穴呢？由于搜索引擎流量的巨大价值，国内渴望这些权力和信息的人太多了，但行业内的信息不对称，有些无良人士利用这种迫切的心理，误导了需要学习的人，做臭了 SEO 这个职业。

SEO 市场鱼龙混杂，不仅在上述 SEO 职业内，在整个行业中也存在着不少欺骗行为。许多企业老板被无良的 SEO 服务公司或个人欺骗，让他们对 SEO 产生了彻底质疑的态度。虽然这种情况在整个行业内还算个别现象，但是也造成了整个 SEO 行业的不规范。

由于以上情况的存在，就需要 SEO 行业内每一个人都努力提升自身素质（后文有关于 SEO 从业者素质和能力的讨论章节），玩网络的被别人"玩"了就太说不过去了。现在网络信息已经很丰富，微博传播速度和广度都很强大，各种信息都可以快速获得和传播，大家要多方面理性甄别和揭露各种行业乱象，为国内 SEO 行业的规范尽一份力。百度搜索为了规范国内 SEO 市场，用户在百度搜索"SEO"时，百度在搜索结果右侧加了一个提示，如图 11-1 所示。

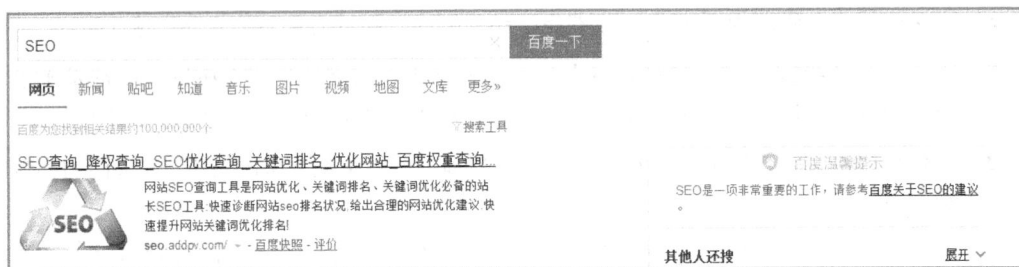

图 11-1　百度搜索包含"SEO"的关键词

11.1.2　从业者在公司地位

在不同类型的网站和公司中，SEO 部门和工作人员的地位都是不同的。这要看 SEO 部门能为网站和公司带来的利益大小，有不少公司的网站只是展示公司文化或者只是公司跟风做的一个网站而已，并没有实际的网络推广和营销用途，也就不需要 SEO，即使跟风设立了 SEO 岗位，大多也不会受到足够的重视。

把常见有 SEO 需求的网站简单分类，可分为展示型企业网站、营销型企业网站、论坛社区类网站、垂直和综合性门户网站、B2C 商城（团购网站和 B2C 商城类似）、B2B 和分类信息网站等；按 SEO 从业者所在公司类型分类，可以简单分为网站运营公司和专业 SEO 服务公司（或个人）。不同类型的网站整体营销推广的思路是不同的，相应的对 SEO 的需求以及 SEO 在整站推广中占的比重和分配到的资源也就不同。下面简单讨论一下这几类网站和 SEO 服务公司中对 SEO 的需求，以及 SEO 人员在各类公司中的地位，以供有意到相应类型的网站做 SEO 工作的朋友参考。

1. 展示型企业网站

此类网站一般是企业跟风找网站建设公司制作的，然后在公司员工的名片上加上自己网站的网址，只是为了方便别人从网上了解自己的公司和产品，而不是为了通过网络去推广自己的公司品牌和产品。所以此类网站一般只需要搜索公司名的时候排在百度 SERP 的首位就可以了。在 2012 年 8 月 22 日百度搜索更新算法之前，如果企业网站没有 SEO 硬伤（比如屏蔽 Spider、全站 Flash 且没有锚文本外链等），一般企业网站都可以占有自己公司名搜索结果的首位。在更新算法之后，有一些朋友反映在百度搜索自己的公司名，自己网站没有排名了，有不少 B2B 网站的子域名在百度 SERP 首页。据笔者观察这种情况只是少数，有相关反映的网站多数不是在被严厉打击的私营医院，就是把行业或者产品名称当做公司名来优化的网站。

由于展示型企业网站的目的并不是通过网络推广公司品牌和产品，一般也就不需要 SEO，但是有不少此类网站后期会被公司管理人员要求转型为营销型企业网站，大部分都是想跟风网络，响应马云的"21 世纪，要么电子商务，要么无商可务"。殊不知多少传统线下企业在试水电子商务的过程中，被诸多不规范的企业建站、网络营销培训、网络营销公司忽悠且对电子商务失望。"转型"后的网站或全权委托给 SEO 服务公司维护，或招聘一个 SEO 专员维护，但并不会太被重视。

2. 营销型企业网站

笔者把此类网站分成普通企业网站和医疗类企业网站。

普通企业网站或由公司委托建站公司直接制作，或由开始的展示型企业网站转变而来。公司希望可以通过这个网站卖出产品和打出品牌，这就需要网络推广，SEO 是网络推广中的一部分，并且在 SEO 行业外的朋友看来，SEO 除了基础人力成本外，本身就是网络免费推广的一种方式，所以不少此类网站都配有 SEO 人员。然而多数此类公司又没有太高预算，也不想花费太多的资金在这方面进行尝试，所以招进的 SEO 人员一般都是初级入门水平，且不少为上述培训机构培训出来的初学者。再加上企业网站没有配备技术人员，初级 SEO 人员大部分又不懂技术，这部分 SEO 人员只能在网站原始功能的基础上更新一些文章，然后就去想方设法发布大量的垃圾链接，甚至连修改页面标题和元标签的权限和能力都没有。至今在大量已经在优化的企业网站中，还存在所有网站页面的 Title 都是公司名的情况，这样的网站一般不会在百度自然搜索上为企业带来多少直接效益。

此类 SEO 人员在公司会愈加不受重视甚至离职，"试过 SEO 水"的部分公司也对 SEO 失去信心，部分公司开始重点试水其他网络推广方式或者把网站外包给 SEO 服务公司。当然也有不少自身 SEO 做得很不错的营销型企业网站，但在中国如此庞大的传统公司数量中还算是少数。

医疗类企业网站由于其暴利的性质，民营医院巨大的生存压力，以及搜索引擎各方面的打击，在国内已经达到了近乎疯狂的竞争状态。医疗网站在 SEM 和 SEO 上竞争都很惨烈，很多小型民营医院的网络部人员比全医院的医护人员还要多。SEO 流量对医疗企业网站的价值非常大，很多医疗网站每天只有几十个甚至几个 IP，但是同样也可以为医院或者相应公司带来不菲的收益。且不论此类网站社会评论的好与坏，不得不说此类网站为 SEO 技术和理论的发展起到了不可忽视的推动作用。各种做弊手法以及各种快速的 SEO 方法、SEO 软件、SEO 团队管理理论都出自于医疗行业。相应 SEO 人员在此类公司或医院中会受到足够的重视，同时相应的工作压力也是可想而知的。不过对于 SEO 初学者来说，医疗网络推广团队是个不错的历练自己的地方。在百度 2012 年 6 月到 8 月期间几次升级算法都严厉地打击到了医疗网站，所以医疗行业的 SEO 竞争和生存压力就更大了，同时医院对生存下来的 SEO 团队也就更加重视了。

3. 论坛社区类网站

论坛社区需要的是回头客，不太需要过客。所以谈到论坛社区，大家聊得最多的就是"论坛是运营出来的，不是 SEO 出来的"。的确，SEO 的流量很少能有长期留在论坛的。论坛需要长期运营，依靠话题、活动等引入用户，然后再引导用户参与到论坛的各种活动中，以便把用户留在论坛中；同时还需要让大部分论坛用户都感觉到在论坛的存在感，甚至被特殊优越对待等复杂的运营过程，而不是单单依靠 SEO 或者其他推广方法获得即时流量。据观察论坛社区的 SEO 流量的注册转化率都很低，一般搜索用户看完自己感兴趣的帖子就离开了。即使这部分流量的注册转化率比较低，但出于论坛的发展，也是需要不断引入流量的，所以很多发展不错的论坛社区也设立了 SEO 的职位。

在此类公司的发展初期还好一些，SEO 流量的提升还是比较令人兴奋的。但是对于已经稍具规模的论坛来说，SEO 流量就有点类似于鸡肋了：不要可惜，要了也不会获得多少目标用户。正因如此，SEO 人员在公司得不到太高的重视，还可能会有比较大的流量指标。国内的论坛社区只有少数的大型网站，如搜房网和天涯是独立开发的程序，绝大多数的中小型论坛社区都是采用 DZ、PW 等开源程序，此类开源程序对 SEO 照顾得比较全面，程序本身对 SEO 的支持已经很好， SEO 人员的实际工作就主要偏向内容和外链了。相对来说，对 SEO 比较重视的公司，SEO 人员会主动挖掘一些热点关键词然后要求编辑写帖子，不重视 SEO 的公司，SEO 人员就只能发外链了，甚至充当论坛编辑的角色。像"19 楼"这种大型社区论坛，SEO 人员还是有比较高的地位的，在 19 楼的招聘信息中可以了解到他们的 SEO 人员可能有着高质量内容的建设、萃取以及其他获取更多搜索流量的相关任务。

4．垂直和综合性门户网站

笔者简单将此类网站根据网站发展分成两小类，第一类是传统的大型门户主站和地方门户网站主站，第二类是包含综合性门户网站行业子频道在内的行业垂直门户。这两类网站或同一综合门户网站下两个频道对 SEO 的需求是不同的，也就相应地造成 SEO 人员的工作内容和公司地位有着比较大的差别。

第一类传统新闻门户网站，一般都是用了几年甚至十年以上的文章 CMS 系统。由于改版升级成本过高、影响过大，所以后期的功能一般是一点一点从外部加上的，专业术语应该叫迭代，甚至有一些门户网站会同时用好几套 CMS 系统。核心代码没有进行过优化升级，后期附加程序、迭代功能过于杂乱，以至于网站在架构优化方面会存在诸多问题。这类网站后面的运营公司多有体制内单位的特点，领导的感觉或一时兴趣比市场和数据更有推动力，往往如果没有足够的理由，仅凭借 SEO 观点，很难说服领导花费大成本、大精力对网站架构进行整体优化和改动，甚至增加一个频道或目录都可能需要层层无限期的审批。此类网站多数隶属于线下体制内单位，并且已经有了自有品牌和一定影响力，虽然也很需要流量，但是在此类网站中工作的掣肘太多，SEO 的很多工作都会受到很大制约。除非有比较开明的领导大力支持，否则这类网站中的 SEO 人员除了定期对编辑进行培训和弄外链外就没有太多实际性的工作了，并且突然额外地给编辑和技术人员增加诸多要求，改变他们编辑新闻的习惯和增加技术难度，肯定会遭到大部分人的排斥，所以此类网站的 SEO 人员如果得不到领导的强力支持，很有可能会被孤立，从而也很难做出什么成绩。SEO 人员在此类网站中，一般不是隶属于技术或编辑部门，就是不太被重视的独立岗位，鲜有比较高的职位。

第二类行业垂直门户或者综合门户中的垂直行业频道（医疗最甚），比较接近市场，网站或频道收入不像新闻门户那样只依靠品牌的力量，而是在依靠品牌的基础上还需要足够的流量支持，这样才可以保证广告收入的持续性以及品牌价值。只要流量对网站有足够的作用，那么相应的 SEO 就会受到一定程度的重视。比如搜房网、中关村在线、新浪乐居、好大夫等行业门户网站应该都会有专门的 SEO 部门或小组，且受到公司的足够重视，百度的算法调整也会引起他们除了 SEO 团队之外的领导层的密切关注。SEO 人员在推动工作和获取资源方面，只要有足够的理论和数据支持，相对来说也会比较顺利，并且很有可能会为 SEO 设立总监或高级经理的职位。

5. B2C 商城

可以把此类网站简单分为两类，第一类是与前面讨论过的营销型企业网站情况类似的公司，把自己的产品搬上网络的 B2C 独立商城网站；第二类是现在发展势头良好的电商 B2C 平台网站（含门户网站的商城类频道），例如京东商城、当当网、苏宁易购、1 号店、中关村在线经销商频道等。这里重点介绍一下需要百度搜索流量的这些大中型 B2C 商城对 SEO 的需求以及 SEO 人员在公司的地位。

无论是已经发展很好的大型 B2C 商城，还是发展良好的中型 B2C 商城以及刚上线且想发力的 B2C 商城都属于烧钱的电商。电商烧的钱有很大一部分用在流量导入上了，SEO 又是相对来说性价比比较高的引入精准流量的推广方式，所以大部分的 B2C 商城都配备了专业的 SEO 团队或独立部门。由于大力发展的 B2C 商城一般商品众多，且不少商品的参数也很多，这就有了相对充足的内容以及有一定规模的网站架构，需要针对搜索引擎做一些站内优化工作，而不仅仅是需要发外链的人员，因此公司的 SEO 团队就有了足够发挥作用的空间，也给网站带来了一定的高精准度和高 ROI 的搜索流量。相应的在此类公司中的 SEO 人员也会受到足够的重视，在中小型 B2C 商城中，SEO 人员一般隶属于技术、营销、运营等部门中；在大型 B2C 商城中，一般都会配备独立的 SEO 部门，且部门领导一般也会有着比较高级别的职位。

6. B2B 和分类信息网站

在整个网站的发展周期中，如果搜索引擎没有消失，SEO 应该都会为此类网站标配职位或部门。并且大部分此类网站内贸部分的流量很大程度上都是依靠百度搜索的，即使品牌再大，丢失了百度搜索的流量都可能使得此类网站业绩大幅度下滑甚至直接倒闭散伙。毕竟不是所有的 B2B 和分类信息网站都有现在阿里巴巴、58 同城和赶集的品牌和影响力。B2B 和分类信息网站是为中小企业推广自己的公司和产品以及给大众提供二手及生活信息的平台，这些信息都需要搜索引擎流量的支持，甚至中小企业的推广人员都以在某平台上发布的信息会不会被百度收录，以及收录的比例和关键词排名来评价此平台效果的好坏。

因此 SEO 在此类公司中一般都受到了足够的重视，相应的 SEO 人员和部门的地位、待遇也就比较好一些，在公司的话语权和在推动 SEO 项目上都多少会被重视和优先对待。但同时此类公司的 SEO 人员的 KPI 可能会比较高，压力会比较大。现在国内的 B2B 平台及分类信息大、中、小型网站数不胜数，行业内又有几家内容非常丰富的寡头，且大家都在做 SEO，都在争夺百度搜索上的流量，虽然相比医疗行业来说竞争程度很小，但是此类网站的 SEO 人员一般承担的不是某些词的排名指标，而是整个网站的流量指标，长尾理论在此类网站的 SEO 过程中被发挥得淋漓尽致。当然，在 SEO 如此普及的今天，几乎所有行业都有了比较大的竞争，差不多所有公司的 SEO 人员都不再像以前那样舒服。

7. SEO 服务公司（或个人）

此类公司是靠为别家公司做 SEO 服务生存的，公司中的 SEO 人员也会分三六九等。没有强硬品牌的小型 SEO 服务公司一般会接小企业网站全托的单子甚至包含建站的工作，负责改动网站、更新内容和外链建设等差不多 SEO 所涉及的所有工作，相应的在此类公司中工作的 SEO 人员以外链专员为主，策略和方案方面的工作一般都由老板或少数的几个领导负责了，更新内容和改动网站分别算作编辑人员和技术人员，那么此类公司需要最多的就是外链建设人员了；有品牌的 SEO 服务公司一般会接 SEO 顾问服务的大单，公司的 SEO 人员分成不同级别的顾问，分别服务不同级别的客户，一般一个人都会负责多家网站的 SEO 顾问服务，其待遇在行业内中等偏上，可能工作会比较累，出差去客户公司为客户培训和做不同的方案是常事，并且对 SEO 人员的经验和沟通能力要求都比较高；也有垂直行业的 SEO 服务或顾问公司，最常见的就是医疗行业，为客户拉客户，甚至会有自己批量建站，通过百度搜索获得咨询然后转给医院收取提成，由于高竞争力，此类公司中的 SEO 人员成长比较快，且根据能力会有不菲的提成和奖金。

通过对以上几类公司和网站中 SEO 人员的重要程度以及地位待遇的讨论，希望可以帮助刚刚入门的 SEO 朋友找到自己的方向，选择适合自己当前能力和状态的公司和网站，有个很好的职业发展方向。

11.1.3 SEO 人员的工作内容

如前面讨论的那样，不少 SEO 人员沦为了基础外链专员，有的其至已经跨入编辑的行列，在很多人眼中 SEO 人员几乎就是外链专员的代名词了。SEO 人员的工作内容到底有哪些呢？难道真的只是修改一下网站 Title 和元标签，然后就去自己折腾外链和弄原创、伪原创的文章了吗？相信有不少 SEO 人员由于接触到的网站类型有限，现在都处于这个状态，如果问他们 SEO 最主要做的是什么，大都会回答"发外链"。发外链确实是他们工作的大部分工作甚至是全部工作，也因此不少公司的 SEO 人员受到了技术人员的蔑视，因为技术人员认为 SEO 除了提交无聊的修改 Title 和元标签需求就没有什么了。虽然并不是整个行业都如此，但是此类情况也并不少见，这也算是 SEO 行业的一个悲哀吧。那么 SEO 人员的真正工作内容到底有哪些呢？下面来简单谈一下。

网站做 SEO 的目的就是获得高转化率的流量。反推一下，得到高转化率的流量首先是要有流量，想要有流量就需要网站有足够多的关键词在搜索引擎中有排名，一个或有限的几个网页不足以支撑太多关键词去做排名，那就需要有足够的页面来承载这些关键词，并且要有足够的高质量外链来提升网站和网页权重，从而 SEO 就要想方设法为网站创造足够多的页面和高质量外链。

再反过来想象一下，SEO 人员接手一个正规网站后，如果网站目的不是只冲击几个关键词，而是以增长流量为主，那么不论网站规模怎么样，站内需要做的工作都应该至少有：

第一，分析网站内部现状，是不是有不利于搜索引擎抓取的地方，基础的 Title 和元标签是不是有重复或者不恰当的地方，页面 H1、加粗、图片 alt、关键词布局等是否合理，目录设置、页面类型、各类页面内容质量、内容更新机制、robots 文件以及外链健康等是不是有问题；

第二，确定网站所在行业和涉及关键词的大分类，从而挖掘行业关键词（含长尾），根据关键词的长短及类型把关键词分类；

第三，要想方设法为网站创造更多的页面来承载第二步中的关键词，根据关键词类型，或分配编辑人员围绕关键词编辑文章，或在大量内容基础上做词库，或对有搜索需求的产品参数设置交叉查询页面（如商城和房产网站），或制作专题，或开设目录等来布局各种类型的关键词。如果网站已经存在很丰富的网页了，那就可以对既有页面进行调整以布局和增加各级别目标关键词；

第四，设计合理且尽可能物理目录扁平、逻辑结构严谨、方便搜索引擎抓取的网站结构，以分配第三条中产生的页面，配以外链建设来促进站内页面的抓取和收录；

第五，网站收录后就要解决排名问题，以上步骤该优化的地方都优化到位，也就是内容和内链都没问题后就要着手外链的建设了，提升网站的整体权重。网站结构是金字塔型，从顶部的首页到中部的目录页和专题页再到底部的内容页都要寻找相应的外链建设策略、方法和渠道；

第六，不断地监控和分析网站数据，发现问题、解决问题，没有明显问题就要想办法把 SEO 效果最大化，增大已有页面的收录比例，强化已收录页面的搜索排名，挖掘新的相关关键词继续循环以上步骤。

这些应该是 SEO 人员所需要做的基本工作，可能根据具体网站的具体的情况略有不同。每一步都有大量的工作要做，并且根据不同类型的网站、不同公司的实际情况，需要做的具体工作也会有很大区别，遇到的问题和解决方法也会千差万别。所以 SEO 远不是发外链这么简单，即使做外链，不同类型的网站也有不同的技巧，机械式的人工或软件批量发布的垃圾链接对百度搜索已经失去了以前的作用，有时甚至会弊大于利。所以"SEO 人员"并不是"外链专员"的代名词，往往是 SEO 人员自己由于环境所限，接触不到或者不知道如何去寻找其他方向的工作。同时可能还有一个原因会造成一些朋友对 SEO 工作有以上的误解，那就是个别培训机构所宣称的"不需要任何基础都可以很好地学好 SEO"，因为最基础发外链的人力工作的确不需要太多基础，只要会上网、会发帖就可以了。SEO 就像郭德纲评论相声"这个行业的门槛在门里面"一样，SEO 入门的确不需要什么基础和其他能力，但是想要把 SEO 做好还真不是一件容易的事。

上述内容是一个 SEO 人员本职的工作，在稍具规模的公司中，SEO 管理者还要配合其他部门思考 SEO 方向问题。比如，现在的教育类网站，刚上线初期需要为原始流量积累做 SEO；原始流量积累到一定程度就要配合其他部门为品牌做 SEO；当品牌有一定影响力之后公司的销售也会开始启动，那就需要配合销售重点做面向销售的 SEO，或销售广告或销售产品。被简单划分的这三个阶段，SEO 人员主攻的目标关键词应该是不同的，甚至有 SEM 部门参与后 SEO 部门的目标关键词也要调整，从而导致每个阶段或者每段时间的 SEO 策略都是不同的。SEO 管理人员还要尽力把在搜索引擎身上获得的流量做到可控，这也是一件比较困难的事情。

所以 SEO 是一件比较复杂但做好后又很值得骄傲的工作，借此节讨论内容向以为 SEO 只是发外链的 SEO 人员和非 SEO 人员简单展示一下正规 SEO 人员的部分工作内容。同时笔者也希望 SEO 初学者对这个职业充满信心，SEO 虽然没有太过复杂，但是也绝对没有太过简单。希望下面通过对 SEO 职业现今发展情况的简单讨论，让初级 SEO 从业人员对自己的个人发展有个大概的方向。

11.1.4 从业者的职业定位与发展

网上有不少对 SEO 人员和技术人员的调侃，在平时的交流以及群聊天中，也会有各种段子和图片来调侃 SEO 行业。如图 11-2 所示，百度知道上就有不少这种互相调侃的条目。

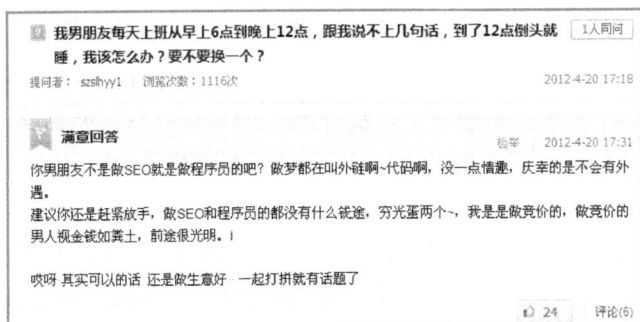

图 11-2　行业调侃

这种状况，一般都是 SEO 从业者的自嘲，大家只能无奈地苦笑。那么 SEO 还能走多久呢？有人说搜索引擎不断发力打击作弊，并且百度自身产品的权重不断加强，越来越像百度的站内搜索，百度推出阿拉丁、框计算、购物搜索和微购后更是大大压缩了 SEO 所能操作的空间，再加上移动互联网的强势发展，流量入口在不断被分散，SEO 不会再走太久，慢慢就会消失了。

笔者认为，国内搜索引擎有多家，虽然 Google 退出中国后百度搜索独大，但也不是占据了所有的市场份额，况且 2012 年 8 月 360 搜索偷偷上线并对搜索市场进行了一系列的发力和公关，迅速超过搜狗位居国内第二大搜索引擎的宝座。据报道 360 搜索占据了国内搜索市场的10%~15%，百度不会也不可能抛弃广大站长，而真的变成站内搜索，并且在短时间内，移动互联网暂时还不能完全替代 PC 互联网。只要网民还通过搜索寻找信息，并且搜索引擎本身的内容产品不能完全满足网民搜索需求，那么 SEO 就必然还会一直存在。

那么国内 SEO 人员的定位和发展又是什么样的呢？就目前国内的 SEO 人员的发展现状，可以简单分为四类：放弃类、坚守类、完美转型类和创业类。

1．放弃类

此类人员一般是刚入门不久的朋友，没有找到好的工作机会，并且对 SEO 没有完整的了解，认为 SEO 不过如此，也没有什么发展前途。从而工作一段时间后，认为学不到太多东西，自己得不到提升且又看不到希望，就放弃了 SEO 这个职业。

2．坚守类

行内有很多人依靠 SEO 在公司发展得很好，甚至已经做到公司的 SEO 总监或者 VP 级别，也有不少人依靠 SEO 偷偷埋头赚钱早已开上豪车、住上豪宅。暂且不论他们用的是黑帽 SEO 还是白帽 SEO，他们在 SEO 中、在百度搜索中一直不断地实现着自己的价值为自己攫取着利益，并且还在继续从事着这个职业。这个职业可能会有短暂的发展瓶颈，但是只要搜索引擎存在，只要网民还在通过搜索寻找信息，那么 SEO 就不会发展到触顶，到达一定高度后还会有无限的空间让 SEO 人员去发挥自己的才能。相信有能力、有毅力坚守的朋友也会得到自己应有的回报。

3．完美转型类

之所以没有把转型类人员归到放弃类中，是因为这一类朋友并不是因为感觉 SEO 没有前途而中途放弃了，而是在从事 SEO 过程中发现了更适合自己的职业，并且借助 SEO 和其他网络推广、网络营销、网站运营的关联性不断地强化自身素质，从而成功转型到相关职业。不少 SEO 人员的职业方向定位到了网站运营。网站运营需要对各种网络营销推广方式都有了解，并且需要对网站的推广、变现、发展都有自己的见解，是一份职业素质要求比较高的职业，如果有 SEO 人员希望向运营方向转型，那就要抓紧时间提升自身素质了。并且 SEO 本身就是一个"万金油"型的工作，在工作过程中需要了解和掌握多种知识和经验，也为 SEO 人员向其他职业的转型打下了良好的基础。另外，也有不少传统网站的 SEO 人员转向了淘宝 SEO 或移动电子市场的 SEO。

4． 创业类

此类朋友不是自己创办了 SEO 服务或相关公司，就是创办了依靠 SEO 生存或起家的网站。在经历了比较长时间的 SEO 工作后，人脉积累到了一定程度，并且不想继续再过领工资的生活，如果对自己的能力自信的话，的确可以创办一家 SEO 服务相关的公司了。可以创办 SEO 顾问或接单优化等比较常见的公司，也可以创办与 SEO 工作需要解决的问题相关的业务公司，比如软文写作、外链发布、友链交换等。由于 SEO 其实都是网络操作，所以即使没有创意，利用好一线城市和低消费地区的人力成本差距就可以创办公司进行盈利。另外，如果 SEO 能力不错，并且对基础的程序和美工都了解一些的话，那么完全可以自己建立网站盈利了，也可以发掘更好的创意组建团队、创办网站。当然，现在有不少 SEO 朋友其实都是一边领着工资，一边运营着自己赚钱的网站。想通过 SEO 创业的朋友需要有足够的自信和能力，也要有足够的人脉，最好也有适量的资金。不论怎样，创业还是要慎重的。

通过以上的讨论，可见 SEO 的确是一个门槛很低的职业，并且 SEO 确实有不少方向可以选择，但 SEO 同时又是一个对能力、经验等素质要求很高的职业。SEO 人员想要有个好的发展，需要根据自己的喜好及心态选择一个方向，持续不断地提高自身素质。如果想通过参加培训来提高自己，一定要擦亮眼睛仔细甄别培训机构和讲师的能力，以防花钱被人忽悠。SEO 可能不是永久的职业，但的确是一个不错的职业生涯起点。

11.2 SEO 人员应有的能力和素质

在 11.1 节中简单讨论了 SEO 人员的工作内容，并不只是发链接那么简单。本节再来讨论一下 SEO 人员应该具备哪些能力和素质，来应对这些工作。其实做好 SEO 并不容易，在没资源可支配的小公司不容易，在有资源但不轻易让你支配、且有更大的流量指标的大公司也不容易。为了更好地开展自己的 SEO 工作，SEO 人员应该具有以下这些能力和素质。

11.2.1 马步要稳

马步要稳，也就是基础知识要掌握全面。不仅是 SEO，任何职业都要对最基本的知识掌握清楚。如果一个数学老师连几何和代数都分不清，那么他还怎么当数学老师呢？

做中文 SEO，尤其是在现阶段大部分搜索流量来自于百度的情况下，其实完全就是在经受百度的"考试"。为了通过这个考试（被百度收录获得基本流量）并取得不错的成绩（获得不错的流量），那就要有扎实的基础（各种 SEO 知识），并且不可以作弊，否则太过火可能会被监考老师逮住（过度优化或者作弊被百度处罚）。所以基础知识的掌握程度对 SEO 人员的能力水平影响还是很大的。如果 SEO 人员对基础知识掌握得足够扎实，那么很多工作中的问题和疑问都可以自己解决，并不需要到处求人。

在百度站长论坛"站长门诊室"板块中有过一个《8 月 10 日，相约站长门诊开放日》的活动帖子。在 2012 年 8 月 10 日下午，百度搜索部门的工程师 Lee 就站长论坛会员提出的典型问题做出了回答，在 Lee 回答问题时说的最多的一句话就是"请参考《百度搜索引擎优化指南》"。的确，百度站长论坛会员提出的很多问题都是搜索引擎原理中最基本的问题，也是作为一个 SEO 人员应该了解的内容，但是还是有这么多人在持续不断地询问着重复的问题。可见 SEO 行业中还有不少朋友连马步都还没有扎稳。

如果把 SEO 的过程比作考试的过程，那么百度出的《百度搜索引擎优化指南》应该就是这门考试的大纲，需要大家详细地阅读，并深入地思考。参加过高考的人都有这个经历，高考大纲上的任何一句话，新、老大纲的任何一个用词的变化都会被老师解读出来，都有可能成为主要的考试题目。虽然对待百度搜索、对待 SEO，不需要这种程度地解读《百度搜索引擎优化指南》，但是最起码应该对里面的内容和原理都了解清楚。但现状是当百度搜索工程师 Lee 面对广大站长和 SEO 人员的问题时，只能无奈地发出"我们的《百度搜索引擎优化指南》算是白写了……"的感叹，如图 11-3 所示。

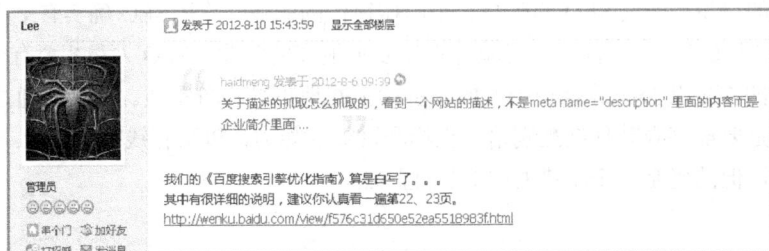

图 11-3 LEE 的感叹

SEO 人员不仅需要对百度官方发出的任何动态信息进行及时关注和研究，对百度搜索 SERP 中的任何动态也应该密切关注和研究，这是一个中文 SEO 人员必须要做的工作，因为这些都会指导和影响你的 SEO 策略和工作方向。比如，网站 robots.txt 中已经屏蔽了 Spider，为什么百度和 Google 还都会收录；为什么我的网站快照会显示非我的网站的内容等都是一些最基本的问题，这些问题通过搜索引擎原理及正常逻辑就能简单分析出原因，但是现在大家可以看到在各种站长 SEO 论坛上都存在大量此类问题的帖子。可见在整个 SEO 行业中，还是有很多朋友并没有全面地了解 SEO 基础知识。如果连常见的基础知识还不了解，那就更谈不上其他的分析和策略了。

掌握扎实的基本功，扎稳马步是做好 SEO 最重要的一环。现在各个搜索引擎官方一般都有 SEO 相关文档，也有不少前辈的书籍和博客已经对 SEO 基础知识进行过详尽的解析，网络上也存在着大量的 SEO 人员所需要了解的系统的概念和理论，SEO 人员应该养成除了及时关注搜索引擎官方的动态外，还要每天通过阅读行业内知名 SEO 人员的博客，每天逛一下 SEO 相关论坛，以及每天在百度新闻中搜索"SEO"等方式了解最新 SEO 知识和动态。当然，在浏览别人分享的内容时，自己也要有甄别、有选择地吸取，网络上并不全是正确无误的内容，同时别人使用有效的方法和思路，也并不一定适用于你的网站。另外，基本的 HTML、服务器基础知识、网站运行原理、基本数据分析知识等等也都应该算作 SEO 的"马步"，都需要有基本的了解。

11.2.2　反应要快

俗话说"天下武功，唯快不破"，用在 SEO 上也是成立的。搜索引擎的算法每天都在小变，不定期地大变，作为 SEO 人员应该时刻盯着搜索引擎算法的变动，以及同类网站甚至全网各类网站在搜索引擎上表现的变动，然后分析变动原因，并第一时间做出相应的 SEO 策略调整，来获取最好的 SEO 效果或避免因搜索引擎算法升级被连带处罚情况的发生。比如，百度发布绿萝算法之后，有不少导航网站并没有及时做出相应的改动，还继续卖着链接，以至于全站受到百度的严厉处罚，所以做 SEO 反应一定要快，否则可能会损失惨重。

除了上述搜索引擎算法的变动需要 SEO 人员做出迅速的反应外，在网站运营过程中也会有各种突发情况需要 SEO 人员做出迅速的应对方案，来降低自身网站在搜索引擎上的搜索表现风险。举个例子，假设一个大型网站数据库出错，所有需要读取的数据库的页面都返回了 404 状态码，当你遇到这种情况时你会做出怎样的应对方案，来降低网站被搜索引擎删除网页索引的风险呢？网站一直运行正常，从没有此类情况发生，技术人员肯定第一时间去解决数据库问题了，但是网站就一直 404 着吗？你是否能及时想起各个搜索引擎都提醒过的"当网站由于服务器或带宽原因出现问题时最好返回 503 而不是 404"？是否能及时想起在搜索引擎中 404 和 503 两个状态码含义的不同？如果数据库不能在短时间内修复，是否能够及时推动技术人员优先修改服务器返回的状态码呢？

笔者曾经就遇到过上述问题，《百度搜索引擎优化指南》中明确提到过，并且日常交流中也经常提及这个话题，当网站遇到问题打不开时，最好返回 503 状态码，通知搜索引擎网站服务器暂时有问题，稍后再进行抓取。笔者很熟悉这条原则，也很清楚其中的原理，但是当遇到突发情况时并没有及时做出反应，直到出现问题两个小时之后才做出相应的改动。所幸当时没有影响网站在各个搜索引擎中的索引，主要原因应该是：现在搜索引擎会在短时间内对已索引但出现 404 的页面进行多次访问，以确认该页面是否真的已经删除，在搜索引擎的频繁确认过程中，网站把状态码改成了 503，搜索引擎收到了网站的反馈信息，且过段时间再次访问时网站已经恢复正常，从而没有引起大的变动。

在这种情况下笔者非常感谢百度并不是抓到 404 就把该页面的索引删除（相反，很多时候网站主动删除一些页面后，都会想尽办法让百度尽快删除快照），同时也深刻领会到作为 SEO 人员要时刻保持警惕性，对突发情况要第一时间做出反应，不然后果可能是自己所不能承受的。网站运营过程中除了这些预料之外的非人为事故之外，可能还有诸如产品部门或者技术部门突然对某一模块或界面改版升级，但是没有通知 SEO 部门的情况，如果只是改动界面 UI 可能影响不大，但是如果改动了链接结构和页面内容及关键词布局，且 SEO 部门没有注意到或没有做出任何应对措施，那么在后续短时间内，SEO 部门可能就会措手不用及。

所以 SEO 人员要有足够快的反应能力，这不仅仅只是说说而已，当遇到问题时确实要快速做出反应，不然给网站和公司带来的损失将是不可预估的。

11.2.3　眼睛要"毒"

眼睛要"毒"也就是需要 SEO 人员善于发现细节问题，其实就是要求 SEO 人员要细心。作为 SEO 人员，眼睛虽然没必要去和显微镜相比，但是也要善于发现细微的不同和问题。虽然已经有很多工具和软件可以辅助 SEO 人员的工作，但是工作中仍旧需要 SEO 人员亲自去分析日志文件；分析网站结构及内链，尤其是在分析竞争对手网站时更应该注意细微的地方；分析检查新模块，新模版中是否有不利于 SEO 的地方；分析流量趋势、着陆页、来源链接和搜索词等。这些需要分析的对象都需要 SEO 人员去发现细节问题，感觉分析对象可能存在问题，就要一页、一块、一行地去看、去分析。并且大部分网站都会存在这样或那样的问题，需要 SEO 人员细心地去分析和研究。

比如，日志中可能会存在黑客批量扫描漏洞的行为，存在一些网站实际没有但是被搜索引擎 Spider 抓取的 URL，存在 Spider 陷入死循环等之类的情况（URL 不存在，服务器也不一定全部返回404）；流量分析中可能会存在极端流量，比如跳出率为 0 或者100%，不应该有太大流量的页面却突然拥有了很大的访问量，搜索词中出现奇怪的搜索词甚至乱码，外部链接的流量和来源突变等情况；技术开发的新模块生成的页面是否存在 SEO 细节问题都要一点一点检查，新模版是否有标签使用错误，美工人员是否习惯性地在页面 Logo 图片处用 H1，不符合 SEO 常识等问题都需要 SEO 人员去仔细分析，并找出问题根源和解决方法。

再举个例子，2012 年 9 月所有网站的 360 搜索流量骤降甚至消失，SEO 人员注意到直接访问流量上涨，然后分析是网站问题还是 360 搜索的问题（发现流量来源变动），细心的朋友在 360 搜索结果中发现，原来搜索结果都是直接给出目标网页的 URL，但当时 360 搜索改成了跳转链接。并且经过分析发现 360 搜索当时使用跳转和 JS 隐藏了来源，使得网站得到的都是直接访问，也就使得网站无从再对 360 的搜索流量进行分析。经过细心分析从而得出网站并不是被 360 搜索降权，而是 360 搜索自身的改动。如图 11-4 所示为 2012 年 9 月 17 日 360 搜索结果链接的源码，此页面为中间跳转页，360 搜索通过此中间页使用 JavaScript 的 window.location.href 定位语句把流量做成了直接访问，从而使得统计工具统计不到流量的来源（360 搜索后来又把搜索结果中的链接改回了直接链接）。

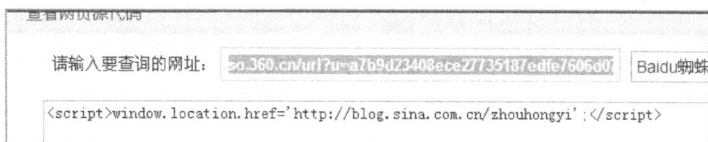

图 11-4　2012 年 9 月 17 日 360 搜索结果链接源码

所以，作为 SEO 人员一定要"眼毒心细"，善于发现细微的变动和问题，然后分析问题，找到问题根源，确定是不是自己可控的，然后把问题可能产生的负面效应降到最低。

11.2.4　逻辑要强

对于中小型网站来说可能会好一些，但是如果作为大型网站的 SEO 负责人，那就一定要有比较强的逻辑能力。网站结构和 URL 的设计在稍具规模的网站中都会比较复杂，如果网站频道、模块过多，那么它的内链布局应该很让 SEO 人员头痛，但又会对网站长尾流量贡献很大。没有比较强的逻辑能力是应付不了大型网站 SEO 的，并且在分析竞争对手时也会无从下手，找不到竞争对手在逻辑架构上的优势。

以上说的是站内部分，站外部分的外链建设也是对 SEO 人员逻辑能力和执行能力很有力的考察。对站内不同级别页面的外链导入都要有相应的策略，不仅要获得量还要获得质，不仅仅是"发一发"或者"买一买"就能搞定的。再比如前段时间很火的链轮，复杂的链轮会一环套一环，并且每一个链轮涉及的网站类型又不同，在第二届"博百优"SEO 比赛中，就有一个单页网站依靠链轮长时间位居"博百优"百度搜索第二名。笔者没有实际试验过链轮的效果，如图 11-5 所示为网络上比较流行的博客链轮示意图，可见强大的链轮还是比较复杂的，逻辑性也是比较强的。不过，LEE 在百度站长平台的站长资讯内的站长学院中曾经发布过一篇《谈外链判断》的文章，明确把链轮定性为了作弊链接。

图 11-5　曾经比较流行的博客链轮示意图

SEO 的工作如上节所述会涉及很多分析工作，只发现问题，却不能很好地推理出问题产生的原因和根源，以及对手网站特殊设置的意图和作用，那么就算不上是一个合格的 SEO 人员。SEO 有一个很重要的工作，就是根据搜索引擎的某一个表现，或者竞争对手网站的某一个动作来推断搜索引擎即将会做什么，是否有 SEO 可以利用的机会，是否有需要快速改动网站以适应搜索引擎的新变动，竞争对手的这个动作理论上推断可以产生什么效果以及现在对方网站的表现等。可见 SEO 人员一定要有比较强的逻辑能力，否则不能胜任复杂的分析和设计相关的工作。

11.2.5 嘴巴要"灵"

嘴巴要"灵"也就是需要比较强的沟通能力，可以将 SEO 人员比作公司内部的"交际花"。因为 SEO 需要和众多部门交流，常见的有技术部、编辑部、产品部、UI 部门，时而还会和 boss 进行交流。所以 SEO 人员应该拥有比较强的沟通能力，否则 SEO 相关的项目很难推动，SEO 所需要的资源也很难争取到，SEO 的工作也就无法顺利开展。

如果你搞不定 boss，你的方案可能就不会被执行，你之前的努力都付之东流；如果你搞不定技术部，你需要的功能或模块可能就被排到所有积累项目的最后再开发，到时该功能或模块可能就没有太大的作用或者失去了开发的意义；如果你搞不定编辑部，那么让编辑们写出的文章符合你给出的 SEO 建议的希望就会破灭，网站内容页的 SEO 效果可能就会大打折扣；如果你搞不定产品部，产品部门设计出来的产品可能就不符合你的 SEO 要求，然后会对你以后的工作产生很多阻力；如果你搞不定 UI 部门，你就不能在界面上添加你想添加的文本内容，因为这样可能会影响美观，也就达不到增加页面关键词次数、密度和相关性的目的等。

以上部门，有一个搞不定都可能会影响你的工作和效果，也会间接影响你的 SEO 业绩，如果所有的部门都搞不定，那么你在大公司根本没有办法工作，甚至你的专业能力都会受到质疑：为什么所有人都不配合你呢？是不是并不是他们反对你的工作，而是你的工作需求本来就不正确？以上都是上游部门，下游还有销售部门，销售部门可能会找 SEO 部门要求主攻利于销售的关键词，但是这可能会影响到 SEO 部门流量方面的 KPI。

同时，在沟通中也要注意技巧，如果所需要沟通的部门和 SEO 部门拥有共同的 KPI，那么沟通会顺畅很多，如果所需要沟通的部门只是辅助你的工作，与他们自己的 KPI 并没有实际关系，那么就需要仔细研究沟通中的技巧和艺术了。比如，网络上有一个调侃和程序员沟通的段子。当你对一个程序员说："你的程序有 Bug。"程序员的第一反应会是"你的环境有问题吧"或"你会用吗"；如果你委婉地说："这个程序和预期有点不一致，你看看是不是我使用方法有问题？"程序员会本能地想"是不是程序出 Bug 了"。这虽然是一个笑话，但是也体现出了跨部门沟通交流的技巧和艺术。

所以 SEO 人员不仅要有自信和专业能力，也要有比较强的沟通能力，因为与 SEO 牵连的部门太多了。SEO 人员除了本职的分析和制定策略的工作之外就是和公司内各个部门 PK 了，即使领导再支持，也不会随叫随到地帮你搞定所有部门，没有较强的沟通能力是搞不定的。

11.2.6 心智要坚

心智要坚也就是 SEO 人员要坚强并且要懂得坚持。不仅是百度，所有的搜索引擎都会针对不同时期的作弊现象进行针对性的算法升级，百度可能更频繁一些。由于国内做 SEO 的网站很少有不涉及作弊的，所以百度算法的升级很有可能波及你的网站，如果你自己负责的网站被波及，也要尽可能地从容应对，切不可自乱阵脚。当然，如果一个日 PV 几百万的网站一夜之间变得几乎没有流量，即使没有心脏病的朋友也可能会心脏病突发的，所以 SEO 人员心智一定要坚。玩笑地说，SEO 还是个高危的职业。

现在各大搜索引擎对于正常上线的新站都不会很快地予以比较好的排名和流量，被降权的网站在短时间内也不会被恢复权重，被 K 的网站更不会非常快地被搜索引擎放出。遇到以上三种情况最难得的就是坚持。贵在坚持，只要更新的内容没问题，外部垃圾链接该清理的都清理掉，就要坚持运营下去。回归本源地说，做网站不是做给百度的，做 SEO 只是诸多网络推广方法中的一种而已，只要正规运营下去，被百度收录并给予良好排名和重新恢复权重都是时间问题。有很多老牌网站因为运营者的一时贪心，恶意作弊抢夺搜索流量被百度降权，短时间内见恢复无望，就放弃了更新和运营，这是非常可惜的。搜索引擎一般都不会直接给网站判 "死刑" 的，只是根据网站的作弊程度和整改情况有不同长短的恢复时间，所以即使网站被搜索引擎一时降权，只要把涉嫌作弊的东西全部清理干净，正规运营下去，总会有恢复权重的时候。

所以做 SEO 心智坚强和懂得坚持也很重要。从这方面看，"没有被 K 过站的 SEO 不是好 SEO，拥有被 K 站且想办法成功恢复经验的 SEO 才算是好 SEO"，这句调侃的话虽然偏激，但也是比较有道理的。坚强和懂得坚持，正规运营，没准明天就会有排名，就会被恢复。另外，站在一个网站运营者的角度，网站在不断提升搜索引擎流量时，也要考虑降低搜索引擎流量在网站整体流量中的占比，综合运用多种推广手法推广网站，以及增加网站内容粘度留住用户，以降低搜索引擎不可预知的变动带来的风险。

11.3　SEO 工作需要多交流

SEO 在一定程度上是拼经验的工作，遇到问题时绝大部分朋友会这样问 "你以前遇到过吗？是怎么解决的呢"。每个人的经验都是有限的，这就需要沟通和交流，互相把自己的经验和观点共享出来，共同受益。以后有相关问题就可以不再临时抱佛脚，病急乱投医到处问人了，自己就可以从容解决，只针对这一点 SEO 人员就需要多交流。当然，多参与交流活动，还有更多的益处，同时也以此节向 SEO 初学者展示一下这个行业的可爱。

11.3.1　多交朋友

SEO 真的是一个很神奇的行业，只要不是培训讲课与被讲课的关系，一般就不会有网络营销行业大范围内的欺骗。从事 SEO 的朋友和行业内朋友的交流目的都相对比较单纯，只是为了交流知识、方法和经验，不会有太多其他的不良目的。

很多 SEO 行业内的朋友，外人看他们的关系好的像是亲兄弟，实际上他们可能都没有在线下见过面，只是通过网络交流 SEO 知识、经验才认识的；很多 SEO 圈内的组织也都是全国各地互相都没见过面的兄弟组成的。比如笔者所在的富营销，在 2011 年年会之前，核心管理人员和各地的聚会联络者大都互相没见过面，在年会的前一天大家才齐聚北京第一次见面，但是大家就像自家亲兄弟一样，聊各自的经验，聊市场，谈各自的发展，寻找合作机会等。

通过交流 SEO 经验获得的朋友往往比其他途径获得的朋友关系更牢固、更长久，大家是互相促进、互相学习的关系，即便有时大家从事同一个行业的 SEO，但是行业内搜索词是无限的，也不会太有竞争关系。"同行是冤家" 在 SEO 行业中是不存在的。

同时从事 SEO 且真正有能力的人一般都没有太大的谱，至少笔者至今没有遇到过既有能力又很自以为是摆谱的人。大家认识的行业内的大牛都不会认为自己有多大牌，笔者这无名小卒在 2010 年就有幸同国内 SEO 从业者的精神导师 ZAC 老师线下交流和共同用餐，笔者当时所做的只是在网络上邀请了 ZAC 老师。通过网络联系上你认为的"大牛"，如果不是对方真的太忙，一般都会得到回应，相对于其他行业，SEO 从业者之间的关系显得更加单纯。

SEO 从业者走出去，多交流，不仅可以获得更多的经验和知识，也会获得很多意想不到的朋友，而这些朋友也很有可能对你以后的职业发展起到关键性的作用。

11.3.2　了解行业动态

SEO 不是一个"闭门造车"的行业，需要"眼观六路，耳听八方"。搜索引擎动态和其他同类网站的动态都要有所了解，即使这些"动态"可能和自己所在的行业没有太大关系，也要多去了解，因为搜索引擎算法很少会根据行业来更新，指不定哪个算法的升级就涉及到了你的网站。

各大搜索引擎的最新动态大多数都可以通过交流获得相应信息，毕竟独自一人是不可能第一时间获得搜索引擎所有动态的，况且现在的中文搜索引擎不论是百度还是 360 搜索随时都可能有变动，有算法方面也有附属产品。作为一个 SEO 人员，应该了解搜索引擎的所有动态，因为这些动态很有可能就是搜索引擎下一步政策或者发力方向所表现出来的，也有可能会影响到整个 SEO 行业的方向变动，比如百度阿拉丁的推出、百度分享被添加到 SERP 条目后面、权威网站的 favicon 被百度自动放到 SERP 条目前面等，对 SEO 都或多或少地产生了一些影响。

另外，稍具规模的网站有新型的推广方式或者活动上线，或搜索流量、alexa 排名等外部数据猛增猛减等网站动态，也会第一时间在各种 SEO 交流场合被讨论。讨论他们新型推广方式和活动的利与弊、成本、效果预估以及其他网站可不可以复制，讨论他们网站的外部监测数据猛增猛减的可能性原因，自己网站是否可以模仿他们的优势做法，以及自己网站是否存在他们拥有的问题等。随着讨论的进行，大家在发表自己观点的同时也会讨论出很多干货。

SEO 是个基础规则不动，上层规则不断且可能随时变化的行业。SEO 要比较快地抓住搜索引擎动态所表现出来的机会，也要根据其他被处罚网站的作弊手法来及时处理自己网站所存在的问题，或模仿其他网站外部数据上升的可能做法等。机会稍纵即逝，错过机会再努力可能效果也不会很好，甚至根本就做不到当初的成绩了。所以 SEO 需要多交流，获得最新的行业动态，以便第一时间把握机会。

11.3.3　讨论有效方法

SEO 是一个不断探究新方法的行业，搜索引擎的抓取、收录和排序机制在不断地变化，SEO 的有效方法和思路也就相应地有一些变化。不仅是应对搜索引擎算法变化的部分，在研究搜索引擎基本原理或规则的过程中也会有很多新颖有效的方法和思路诞生。

在 SEO 行业中，独立思考是一种很重要的能力，能够有一定 SEO 成绩的朋友一般也有着很强的独立思考能力，同时也有着自己的一套行之有效的 SEO 方法。每个人所面对的行业、站点以及公司环境都各不相同，相应的每个人的"有效方法和思路"也就不同。不定期组织和参加同等水平的 SEO 交流会，大家可以共享和讨论自己近段时间所试验的方法、所思所想的一些思路，既可以在别人那里获得更多的方法和思路，也可以让大家帮助完善自己的方法和思路，这是一种多赢的关系。现在行业内已经有数不胜数的各种层次、水平的 SEO 小圈子，还没有融入到各种圈子的朋友可以走出去尝试一下。

参与这种讨论一定要本着分享的态度，不然只是听取别人的分享，而不分享自己的东西，时间长了可能就会受到别人的疏远，谁都想多了解、多学习一些东西，而不只是无私地为别人贡献自己的研究成果。在这种小范围的交流活动中，收获的将不仅仅是优秀的方法、思路和经验，还会收获更多的人脉资源。

11.3.4　获得更多的资源

SEO 在国内已经发展了有些年头了，现在稍具规模的网站的 SEO 拼的已经是资源了。在各大网站招聘 SEO 人员时往往也会加上一条"拥有丰富的网络资源者优先"的条件，这里的"网络资源"其实指的不只是链接专员所需要拥有的各种平台的基础账号资源，也包括行业内的人脉资源、内容资源、链接资源、媒体资源等。也有不少业内人士发出呼声"SEO 新人越来越难发展，现在已经进入拼资源的 SEO 时代了"。

确实，在 SEO 基础知识如此普及的阶段，SEO 的细节虽然还是占据着 SEO 的核心地位，但是资源的比拼也已经成为潮流。比拼谁能凭借自己的资源在新站上线之时，就获得大量高质量的外链以带动权重的提升；比拼谁拥有更多的优质内容资源，可以在网站上线到规模发展都有源源不断的高质量内容更新；比拼谁能在固定时间用自身的资源换得更多的外部资源支持；比拼谁拥有更多的人民币购买外链或批量发布新闻软文或其他形式的软文；招聘链接专员也都会有"拥有大量平台高级账号链接资源者优先"的要求等。可见这个"网络资源"对 SEO 人员是多么重要。

那么暂时手里没有资源的 SEO 新人，就真的没有机会了吗？答案当然是否定的，拼资源不是"拼爹"，只要多参与交流活动，机会还是有很多的，拥有丰富网络资源的朋友也是一点一滴积累起来的。SEO 人员获得资源的最佳途径就是多参与交流、分享和沟通，只有多走动，多分享，提升个人魅力才会有机会获得更多的资源，资源一般不是自己送上门来，除非你有钱或者有其他别人重视的资源等着别人来找你交换。

闲暇的周末不要都浪费在闷头大睡上，找几个 QQ、微信或 YY 上聊得不错的行内朋友出来交流，线下交流往往比线上更有意义，也更能拉近人与人之间的关系。并且，SEO 这个话题往往会使得同行之间消除很多顾虑，笔者所参加的每次聚餐、聚会差不多都会认识很多新朋友，同时也增加了不少彼此资源合作的机会。有朋友就有资源，多走动、多分享、多交流，不仅可以获得不少新朋友，还会整合出更多新资源。

11.3.5　开拓合作机会

SEO 有很多想法和项目都不是一个人能完成的，往往需要几个人共同合作来完成。通过多参与交流，你会发现有不少同行都有自己的想法和项目在找人合作，彼此把自己的项目拿出来，再加上资源合作会促成很多赚钱的机会。资源、优势互补，有钱大家一起赚，总比自己埋头研究，却迟迟赚不到钱要强很多。

SEO 交流会的参与者并不一定全部都是 SEO 人员，因为 SEO 和公司很多部门都有关联，所以在 SEO 交流会上经常会遇到运营、产品、SEM、EDM 甚至技术等职业的朋友，并且同样做 SEO 的人所擅长的技能也不一定相同，SEO 涉及的工作内容也有很多，不少 SEO 人员只是从事其中某一块而已。只要彼此都有不足，且彼此都有所擅长的方向，那就有很广的合作空间。

除了个人之间的合作之外，大家也可以代表各自的公司促成公司之间的资源整合合作，比如流量交换、文章内页锚文本链接、内容合作等。总之，只要走出去，多分享、多倾听，总会有意想不到的收获。

11.3.6 常见的交流方式

大众性的交流方式在 SEO 中都是适用的，但是大众的交流方式在 SEO 行业中各自发挥着不同的作用，下面简单谈一谈 SEO 业内常见的交流方式及其优势所在。

1. QQ&QQ 群&YY

QQ 和 QQ 群，QQ 几乎已经成为每个网民的标配，SEO 人员更是必不可少，名片上现在也已经少不了自己的 QQ 号码了。据笔者所知除了百度竞价的代理公司以外，很少有公司要求员工只能用百度 HI 而不能用 QQ，当然也有一些公司为了不让员工每天浪费太多工作时间在聊 QQ 上就禁止了在公司使用 QQ。不论怎样，QQ 都成了现阶段网络人必不可少的交流工具，甚至面对面的同事都会使用 QQ 交流。QQ 的普遍使用也使得人与人直接沟通不必像电话那样必须即时回应或拒绝，也比 Email 交流更加直接。在 SEO 大牛和小牛之间使用这种交流方式再合适不过，SEO 圈子就这么大，只要有心，想找到任何人的 QQ 都是很容易的，就看你有没有沟通的能力了。

QQ 群也是 SEO 人员重点使用的交流方式之一，但是大众性的 SEO 站长 QQ 群已经被外链专员霸占。有实质 SEO 交流的都是小众的 QQ 群，都有诸多条件限制，或必须是熟人介绍，或必须要求什么职位和案例才能加入，或要求只讨论某一主题等。这样也在一定程度上保证了 QQ 群内成员的质量，大家才能更方便快捷地交流经验心得以及网络动态。所以每当认识了新的业内朋友，彼此之间能力相互认可的话，也可以互相要求被介绍加入一些小众的 QQ 群，往往比在 QQ 群搜索中找到的 200 人或 500 人的群有价值得多。交流的质量并不在于人数多少，而主要在于真实参与交流的人数多少和质量如何。

YY，即 YY 语音软件。欢聚时代公司宣布，截至 2015 年 7 月底，旗下产品 YY 语音注册用户达到了 10 亿人。在 YY 语音上已经诞生了很多成功的教育培训个人和机构，并且也有很多知名的线下教育机构，例如新东方、北大青鸟等都在 YY 语音上推出了免费课程以供网友试听。YY 语音更是成就了不少 SEO 培训的个人和机构，例如利为汇、moonseo 等，暂且不评论这些个人和机构培训内容的质量，但不能否认他们借助 YY 语音获得了值得骄人的成功。YY 语音是依靠游戏起家的，但是现在却在教育安了家，并在持续发力 YY 教育频道。

YY 语音聊天室的各种插件：PPT 演示、电子白板（传统教室的黑板）、多图片播放、举手发言、文字沟通、桌面捕捉、不记名投票、送鲜花等，使得 YY 的教学频道在吸收和模仿真实教学场景的基础上增加了许多趣味功能。同时 YY 语音的高质量、清晰流畅、无延迟音质也为聊天室内成员的交流提供了优质的听觉服务。种种功能再适合不过 SEO 培训和小众网络会议了。大部分 SEO 培训不论是个人还是机构，不论是收费还是免费，绝大多数都选择了这一无场地成本的交流方式。同样 YY 语音也摆脱了地域的限制，给了大众人人当讲师分享自己经验和研究成果的机会。作为 SEO 人员的你，怎么可能少得了使用 YY 语音交流呢？或当讲师分享，或当听众学习，或自行组织网络交流活动，如果不经常参加线下的交流活动，那么经常在网络会议室中进行沟通交流也是一种不错的方法。

2．论坛社区

不论国内还是国外，论坛社区都是 SEO 和站长获得信息、交流经验的主要场所。相信每个做 SEO 或者个人站长的朋友都有 N 多个站长或 SEO 论坛的 ID。不过，由于水军、各行推广人员、SEO 外链专员的发力，大部分论坛已经沦为广告集中地了，精华经验贴越来越少，大都是转载加链接的软文或水贴了。普通论坛需要人气，所以不能一刀切地把所有推广和链接贴全部删除和禁止，也就造成了国内站长和 SEO 论坛质量普遍不高的现状。百度官方的站长论坛开放之初就被水贴攻陷，现在也不得不采用严格的邀请发言和严格的级别发言制度。

大浪淘沙，水贴再多也会有有内容、有价值的帖子值得关注，并且只要是管理员还在用心运营的论坛，高质量的帖子差不多都会被负责任的版主置顶。不是所有的软文都是垃圾文章，软文获得良好的传播就在于它有传播的价值，所以高质量软文的内容也是值得阅读和研究的。所以大部分 SEO 人员还都会有逛论坛的习惯，100 个帖子中有一个帖子对自己有用，能有所获也是值得逛的。并且现在的论坛还没有失去它交流的价值，也有很多重要的方法和经验是通过论坛交流传播开来的。

所以 SEO 人员在发链接、发广告之余，也应该好好利用论坛交流作用的本质，最大限度地获得自己需要的知识和经验。同样，在论坛的交流中也可以获得很多人脉资源。

3．圈内名人博客

圈内名人博客不仅是广大 SEO 人员获得知识和经验的地方，也是大家和这些圈内名人直接交流的地方。一般只要这些人还在更新着自己的博客，就会经常浏览广大网友给自己的留言，如果你的留言有实质内容，或者有独特的见解，一般都会给你回复并交流。每个人都不是全能的，并且由于 SEO 这个行业的特殊性，对待某一个指令或某一现象，每个人都会有自己的理解和见解，名人的理论也不一定是正确的，完全都是平等的交流。博客就是和他们最好的交流方式。希望正在做着 SEO 的朋友不要见到名人的博客就狂发垃圾带链接的留言，其实能够用自己的经验、理论和博主交流上才是最有价值的，并且现在大部分博客留言的链接都是被 nofollow 的，对于搜索引擎排名已经没有多少实际的意义。

4．各种会

国内几乎每个月都会有各种各样、各种名义的站长大会、SEO 交流会、网络营销大会等。

虽然现在很多会议都被办得以广告为主，但是也可以有选择地参与一些，也有不少会议的嘉宾会分享一些干货。同时，通过参与这些会议，也可以增加圈内朋友线下见面沟通交流的机会。

大型的站长会议促成了很多合作，也有很多大佬的动态发布，但是越大型的站长会议对于做 SEO 的朋友来说可能意义越不大。大型会议上嘉宾讲话的主题一般都会实时播报在新闻或微博网站上，很少会有和 SEO 以及小站长直接关联的内容，不过作为一个网络人多少还是需要了解一些的，但是通过网络途径了解就可以了。笔者认为真的没有必要为了去听演讲而参加这些大型会议，一般到场的都会收到一摞名片，不是经理就是 CEO，发广告的同志居多。这种会议一般是免费或者获得门票相对比较容易，再加上议题太泛，所以鱼龙混杂，会议内容价值会大打折扣。

SEO 垂直论坛会议和 SEO 小众的会议一般会有干货被抛出。因为面向的人群都是 SEO 行业或相关的人，嘉宾如果通篇都在讲虚话，会受到大家的鄙视，所以这种会议的嘉宾一般都会拿出自己的一些干货分享，同时也在行业内给自己树立一个良好的个人品牌。这种会议一般是收费或邀请制，并且部分嘉宾演讲内容也会保密不公开，所以这种会议的价值就大大提高，参与的人员也大都是专业 SEO 人员，并且一般都是值得深入交流合作的。

5．小范围吃喝玩乐

这应该是分享干货最多的一种形式了，可以凑到一块的必然彼此都有很熟悉的朋友甚至都是熟人，不定期地凑到一块吃点、喝点、出去爬爬山等，顺便交流一下最近的工作经验心得，把遇到的问题拿出来大家共同帮忙分析、出出主意，有什么可以合作的地方也当面深入地谈一谈。SEO 行业内存在很多这种小众的圈子，不过一般都是水平级别差不多的人才会聚到一块，所以想多参与这类活动，就和滚雪球一样，不断地认识新朋友，不断地被介绍进入新圈子。其实和之前谈到的小众 QQ 群一样，甚至这些活动就是这些 QQ 群内组织的。

另外，现在微博和微信也成为大家主要的交流方式，微博可以及获得行业内最新的资讯，微信可以更方便地维护行业内的人脉关系，都是很值得好好利用的。

SEO 是一个比经验、比积累的工作，需要不断走出去，获得新朋友、新知识、新见解、新经验、新资源。同时也要乐于分享，有付出才有回报，放出干货才能换得干货。通过不断地交换经验、观念，不断总结，不断积累，才能有更进一步的提高和发展。

11.4 SEO 需要多试验

SEO 是个需要不断揣测搜索引擎意图的工作。有做 SEO 的朋友形象地自嘲：做 SEO 就和做皇上身边的太监没什么区别。百度等搜索引擎就是"皇上"，你要不断地揣测它的意思、规则去办事，同时你可以利用它的规则中的漏洞"调戏"它，甚至"瞒过"它为自己或公司获取收益。这个"揣测"就是 SEO 工作中不断地试验各种策略，观察搜索引擎的表现，以制定新的策略。

11.4.1 SEO 原始知识都是试验所得

在 Google 发布《搜索引擎优化入门指南》之前，基本上所有的 SEO 规则都是自己或前辈试验得到并无私共享出来的。面向百度做中文 SEO 也是把之前总结的应对 Google 搜索排名规则的经验移植过来，因为两个搜索引擎的算法毕竟不是完全相同的，对个别标签、指令的支持程度和返回结果也不同。后来百度搜索发布了《百度搜索引擎优化指南》，不管怎么说，至少 SEO 人员之前的部分工作经验得到了肯定，也有少部分错误的理论得到了纠正，并且从此 SEO 人员的大部分工作有了确凿正确的理论支持。

但是搜索引擎不可能也没有必要把所有算法都公布出来，所以官方发布的《指南》只是搜索引擎原理的一小部分，不可能涵盖 SEO 工作所涉及的方方面面，这也就决定了 SEO 人员还需要继续不断地试验新方法、新策略来研究对搜索排名更有效的方法。虽然大家都在谈对用户有价值的内容也是搜索引擎优先推荐的，但是不管程序的识别、判断算法多么智能高效，它还只是一个程序，与人的感官体验是不可能完全一致的。所以也就有了 SEO 的存在，不然只要 UEO 就可以了。

做网站最终的目的是给网民提供有价值的内容或功能，同时附带获得广告或其他收益。但是在考虑到内容对用户有价值的基础上，还需要考虑网站结构、内容符不符合 Spider 的胃口。白帽 SEO 研究的是怎么为网站制造更多的优质内容，怎么合理地引导 Spider 抓取全站，怎么合理地把重要的页面推荐给搜索引擎，怎么使得自己的网站在网络上有更高的曝光度等；黑帽 SEO 站内研究的是搜索引擎 Spider 的程序属性和人的感官体验之间的差异，有没有可以动手脚的地方来欺骗 Spider 爬虫，站外研究的是如何不择手段地、最快地获得外部链接的支持，甚至有时不是真正地有外链，只是让搜索引擎认为有外链而已。

不论是何种方式的 SEO，不论是面对 Google 还是百度，都需要 SEO 人员继续试验、继续研究下去，不仅仅是现有的 SEO 原始经验，以后的 SEO 知识的大部分内容还会是 SEO 人员不断试验的结果，并通过各种形式的交流分享会、微信、微博、论坛等形式传播。不过现在百度搜索官方在站长平台开设了站长交流论坛和站长学院，偶尔会针对站长和 SEO 人员的问题进行解答，也会不定期地发布一些对站长和 SEO 具有指导性的文章，一方面表示百度搜索更加开放，另一方面表示站长和 SEO 人员更容易获得正确的与搜索引擎相关的 SEO 知识。搜索引擎官方可以通过各种方式告诉大家怎么做不对，他们容忍的底线是什么，但是并不会告诉大家各种网站的 SEO 策略和方法，所以更新、更有效的 SEO 方法还是需要 SEO 人员自己多试验、多研究和总结下去。

11.4.2　不要盲目相信任何人

有不少 SEO 前辈都提到过，"做 SEO 不要完全相信搜索引擎的话"，因为搜索引擎可能会出于他们的立场，不想让大家作弊，而给大家一些象征性的引导。其实这句话完全可以变化为"做 SEO，不要完全相信某个人，包括你自己"。

SEO 就是一个依靠搜索引擎算法排名规则生存的职业。搜索引擎的算法是不断变动的，可能每天都会上线无数个微调排名的小算法。因为它的多变性，造成对于 SEO 人员来说比较重要的"经验"偶尔就会成为弊端。由于 SEO 大部分知识都是前辈们试验所得，所以可能有的经验已经不适合现在的搜索引擎排名规则。比如，曾经很有效的 Keywords 标签堆砌关键词，早已被搜索引擎丢弃了。如图 11-6 所示，百度搜索引擎工程师 LEE 于 2012 年 8 月 10 日也在百度站长论坛做出了明确回应。不过经测试，当你的 Keywords 中填写了其他任何网站都不能完全匹配出来的字符串时，会看到 Keywords 也会稍微有些作用的，当然已经没有过去的效果。

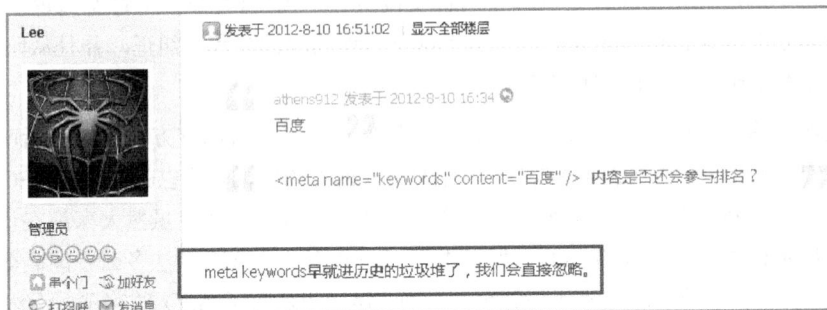

图 11-6　LEE 回应网页 mata keywords 已失效

所以拥有比较多的 SEO 经验是没错的，但是也要顺应搜索引擎算法的改变而改变。因此不要完全相信任何一个人，包括搜索引擎官方，也包括自己。同时也要及时更新自己储备的知识和经验，以防过时的知识和经验使自己铸成大错。

自己的经验不一定完全正确，其他人的经验就更没准了，也许是他自己一厢情愿的臆测而已，SEO 行业内大话连篇的"大神"太多了，不懂装懂的人就更多了。有时当你问到对方某一问题时，对方不知道明确答案也没有相关经验，由于拉不下面子来说"不知道"，就有可能有意或无意地胡诌，相信只要是做 SEO 且自己有点辨识能力的朋友都遇到过此类情况。也有可能对方有过相关经验，确实把自己所了解的告诉了你，但是他们的经验可能适合以前而不适合现在，并且不同类型的网站的解决办法也不一样，用了同一种方法可能会得到完全不同的结果。所以对其他人的经验要辨识地吸取，同时也应该多试验别人的解决方案和策略，而不是盲目信从。

搜索引擎官方的解释理论上的确也是不可以完全相信的，也需要大家有一定的辨别能力去评价官方的解释，因为搜索引擎官方完全有理由通过各种言论引导大家只做他们希望大家所做的事。但是现在不论是 Google 还是百度在遇到需要回应站长和 SEO 人员的问题上，如果他们确认这个回应是没有负面影响的就会大方回应，如果感觉这个回应可能会起到负面影响甚至可能会被抓住逻辑漏洞，他们一般会选择沉默，而不是胡诌或者应付站长和 SEO 人员。并且现在百度搜索发布的与网站收录排名有关的公告一般都是百度支持什么不支持什么，这些并不会引起作弊，理论上还是可以相信的。

在 SEO 工作过程中同样也不可以太过自负，太过相信自己，因为你的经验不一定适合这个时间、这几个架构、这个类型的网站，稍有不确定就要进行试验。比如 robots 书写规则，对于一些特殊情况，很多人都拿捏不准，这时最好用 Google 管理工具中的 robots 测试工具，测试一下自己的 robots 规则是否正确。在此，并不是极端地表示 SEO 人员什么都不能相信了，而是希望大家要针对具体情况具体分析，要有基本的辨别能力，辨别某个经验、某个方法对于当下的时间、当前的网站是不是有效可用的。并且在符合搜索引擎基本抓取规则的基础上，只要你的 SEO 策略对用户体验没有损害甚至还是提升用户体验的策略，那么在搜索引擎排名的表现上就不会有负面的影响。做 SEO 要有辨别所有来源方法和策略的意识和能力，不能盲目信从任何人。

11.4.3　应该长期持有"小白鼠"

上面提到在 SEO 的工作中做试验是必不可少的，那么做试验就需要"小白鼠"。公司的网站是不可以随便拿来做试验的，自己又有很多不解或者不知道效果的策略，这时就需要拥有一个或者多个网站进行试验，这样得到的结果才是最真实的，比向"大牛"请教得来的答案都要正确得多。

如果作为一个大中型网站的 SEO 负责人，也需要为公司建立几个和公司网站同类型的网站。网站越大所涉及的内容、架构、策略就越多，也有很多不确定的因素在里面，在做出比较大的改动策略之前一定要深思熟虑、多做试验，不然一次稍微大的改动可能就会毁了整个网站，即使这个影响可能只是暂时或者只是一段比较短的时间，但是对于初创网站或者以 SEO 流量为主的网站来说都是毁灭性的打击。所以需要多建立几个同类型的试验网站以辅助对主站 SEO 策略的推动，如果主站本身有足够多的资源或者频道，那么利用网站本身的一个或者多个小的频道做试验是最好不过了，因为在同一个站内，所以基本上所有的试验结果都可以推断出全站改动后的效果了。

另外，作为 SEO 人员，怎么能够没有自己的站点呢？哪怕是一些没有精力维护的垃圾站点，也应该有几个。SEO 人员都应该有几个或为做试验用的"小白鼠"，或为自己赚"外快"的工具。

11.4.4　灰度发布在 SEO 中的运用

灰度发布同"长尾理论"一样，虽然不是因为 SEO 而产生的，但是在 SEO 中都起到了很大的作用。互联网产品的发布过程较多采用灰度发布，产品的发布过程不是一步到位，而是逐步扩大使用用户的范围，从公司内部用户→忠诚度高的种子用户→各大范围的活跃用户→所有用户。在此过程中，产品团队不断收集用户的反馈并及时完善产品功能，同时如果发现推出的新产品效果不好或者有负面作用，则会回滚产品版本，甚至取消新产品的发布。

在 SEO 中，很多改动的效果都是不能十分确定的，同时在 SEO 理论中也有介绍说不宜对全站一次性做太大的改动，所以灰度发布在 SEO 中就起到了至关重要的作用，只不过较大 SEO 改动策略的上线会变成从小部分页面应用→整个目录应用→整个频道应用→全站应用的过程。策略逐步上线的过程中，需要时刻关注已经上线策略的页面前后在搜索引擎上的表现，同时也要观察比对应用新策略后的页面和其他没有应用新策略的页面分别在搜索引擎上的表现。两个维度的对比确定新策略的效果，发现效果不错则继续向下推进，如果发现有意料之外的问题，那么改进或直接取消新策略。这样既可以降低策略的失误带来的负面影响，也不会影响正确的策略在全站应用后的正面效果。

灰度有个比较大的弊端就是容易以偏概全，一开始选择的对小范围页面有效的策略，可能并不适用于全站。要避免这个弊端，就需要在选择灰度发布的初始页面时，所选试验页面应该涵盖大部分主要页面类型。也就是第一步选择的页面应该具有普遍性，而不是随意找一些页面或者某个小频道就可以了。

灰度发布运用得当对重大 SEO 策略的实施有着重大作用，不仅降低了策略对错的风险，也避免了完全正确的策略一蹴而就对网站在搜索引擎上产生的负面影响。作为一个稍具规模网站的 SEO 负责人，在面对重大 SEO 改动策略时都要慎重再慎重，同时也要严格按照灰度发布的规则向全站推动。

无论到何时，搜索引擎都不可能完完全全把它自己的算法公布出来，像 Google 和百度这样规模的搜索引擎内部的单个工程师也不可能完全掌握整个搜索系统的排名算法。所以试验就在所难免，多甄别、多吸收别人的经验或者培训老师所讲的理论，可以减少自己试验的时间和精力，但是作为一个 SEO 人员，要有质疑所有既有理论的心态（包括本书所有内容）和独立思考的能力。"尽信书不如无书，读万卷书不如行千里路"，SEO 人员亲自做试验证明给自己看，自己培养思考原理、方法和策略的有效性和可行性的能力才是最为重要的。

11.5 对 SEO 的一些认识

SEO 圈中经常会讨论竞价以及 SEO 对网站的重要性，本节就简单地讨论一下 SEO 人员应该怎样看待竞价，以及网站离开 SEO 后是不是就真的不能存活了。

11.5.1 客观看待竞价

有些专职做 SEO 的朋友可能会有些自负，往往看到对手网站在做竞价，或者发现某个 SEO 服务公司在购买搜索引擎上 SEO 相关关键词的竞价时，会表示不屑甚至鄙视。可能会认为对方 SEO 能力不强，想要做的关键词做不上来了，所以就去买竞价了。其实这种观点是很片面的，竞价是一个不比 SEO 弱的行业，专职的竞价相关从业人员也并不一定比 SEO 人员少；并且竞价也是一个方便快捷的营销推广渠道，虽然会和自然 SEO 排名有所冲突，但是和 SEO 行业没有必然的对抗关系。

SEO 人员不能只站在自己行业的角度看问题，需要跳出 SEO 这个圈子，站在网络营销推广的角度看待 SEO 和竞价，SEO 和竞价共同被称为 SEM，都是网络营销推广手段而已。只要 ROI 比较高，使用任何推广手段都是可以的。有很多不懂 SEO 的朋友，利用自己的线下资源，借助竞价，钱赚得很轻松；也有很多把 SEO 研究得很透彻的朋友，耗费很多精力，花费很多时间都可能冲不了几个商业价值比较高的关键词。在进行网络推广时，要综合评定各种推广方法的 ROI，这和本身 SEO 能力高低并没有直接关系。大部分朋友做 SEO 的目的是盈利，做竞价的目的也是盈利，两者并没有什么区别，SEO 和竞价也都有着自己的特点和优势。

所以 SEO 人员没有必要大肆讨论诸如"某某 SEO 培训机构居然在做'SEO 培训'这个关键词的竞价，连词都优化不上去还做什么 SEO 培训呢？"之类的话题。通过正常的 SEO 手段优化"SEO 培训"关键词的排名的成本可能会很高，并且见效比较慢；通过竞价直接购买该关键词的排名成本可能相对会低一些，见效也比较迅速，同时 ROI 也可能比正常 SEO 要高一些。如果这个对比是成立的，那么相关培训公司或机构有什么理由不购买竞价呢？也许对方在购买竞价的同时也在努力做着 SEO 呢，竞价只是弥补 SEO 在见效时间上的弱势而已。SEO 人员要跳出圈子多接触和接受各种有效的营销推广方式，任何有效的推广方式都是值得学习和使用的，SEO 不应该固步自封，要多方面提升自己的视野和能力。

11.5.2　没有 SEO 的网站也可以活得很好

SEO 只是众多推广手段中的一个而已，所以网站并不是离开 SEO 后就不能生存和发展了。有不少朋友在抱怨自己的某个网站被百度 K 了，整站一点流量都没有了。如果这是真实的，那么这个网站本身就有很大的问题，所有的流量都是搜索引擎导入的，没有使用其他的流量获取渠道，并且也没有自己的固定用户。如果一个网站每天的流量都是过客，并没有几个回头客和固定用户的话，那就代表这个网站的内容本身价值就不是很大。

只要网站内容有价值，能够满足用户的需求，即使没有 SEO 带来的流量，对于网站来说也只是少了一个推广渠道而已，并不会影响网站的正常运营和生存。比如，导购类网站"天上掉馅饼（www.tsdxb.com）"，如图 11-7 所示，该网站从百度来访的流量很少，除了网站名"天上掉馅饼"在百度排第一之外，就没有什么关键词有排名了。但是据笔者和该网站的站长交流得知，对方还是活得很滋润的，该网站主要通过邮件、微博推广以及购买其他拥有相关流量网站的广告位，来维持网站的生存和发展，现在该网站也在积极推广自己的微信公众账号，以期望获得一定的移动流量。据了解这个网站的转化率还是比较高的，并且网站流量的回头客和用户留存率也非常高。可见只要网站能够持续不断地为用户提供有价值的内容，不论网站有没有 SEO 流量，通过其他推广手段，都能获得可观的精准流量，也可以获得一定的固定用户。往往不靠 SEO 都能活得很好的网站，其内容和功能相对来说对用户更有价值。

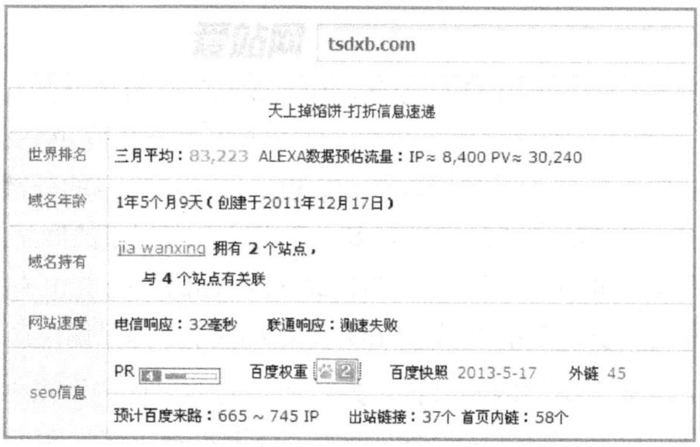

图 11-7　天上掉馅饼网站的数据

11.5.3　SEO 3.0 正在到来

不知道从什么时候开始 SEO 也分版本了，被分成了 1.0、2.0 和 3.0。浏览了一些相关网络文章，貌似这个版本是根据搜索引擎技术发展历史上的三个阶段来划分的，虽然为 SEO 划分版本比较奇怪，但这不失为一种指导 SEO 人员跟进时代发展的好方法。一般认为搜索引擎技术发展至今可以被分为三个阶段：第一个阶段是文本检索；第二阶段是链接分析；第三个阶段是用户中心。从而对应地有了以页面堆砌关键词为核心方法的 SEO 1.0，以大量制造外链为核心思路的 SEO 2.0，以及以用户体验为核心研究方向的 SEO 3.0。

SEO 1.0 早已过时，过度刻意堆砌关键词也已经被搜索引擎视为作弊；SEO 2.0 正在慢慢地变成历史，外链虽然对排名依然有很大的影响，但在网页排名中的影响比重正在慢慢减小，并且随着搜索引擎高频度地打击垃圾外链，外链部分留给 SEO 人员的操作空间已经不是很大；SEO 3.0 正在慢慢到来，搜索引擎由文本检索到链接分析的发展就是为了提升搜索结果质量，随着互联网信息的过剩以及搜索用户个性化需求的不断提升，搜索引擎正在尝试慢慢弱化链接对网页排序的作用，并在网页排序中加入更多用户搜索需求分析和网页用户体验质量判断的因素。

其实搜索引擎一直以来都是以用户为中心的，只不过在不同的时期使用了不同的技术。现在搜索引擎技术正在从链接分析向"以用户为中心"过渡，整个 SEO 行业也随之开始从 2.0 向 3.0 过渡。由于文本检索和链接分析是相对比较清晰的技术，"以用户为中心"则是一个比较模糊的概念，再加上整个 SEO 行业还没有完全从 2.0 时代转变过来，因此大家平时所接触到的 SEO 理论更多的还是 SEO 1.0 和 2.0 中所惯用的。站在整个行业发展的角度来看，如果 SEO 人员还是一味地只研究页面关键词密度和如何发外链之类的问题，那么就会被 SEO 行业慢慢地淘汰。

那以后页面布局关键词和建设外链对网站排名还有用吗？答案肯定是"有用"，不过随着搜索引擎技术的发展，这个"有用"的程度会慢慢缩小。为了适应行业的发展，SEO 人员也应该开始从研究页面关键词布局、密度和想方设法发布外链的历史 SEO 方向中跳出来，多去了解一些挖掘搜索用户需求的方法和思路，以及一些提升页面用户体验的因素。关键词布局和外链建设工作还需要继续做，但慢慢的就不会再是正规有规模网站的研究方向了。过去大部分的 SEO 招聘一般都会要求应聘者在发外链方面有丰富的资源，但现在很多有规模的网站在招聘时已经不再提及外链了，而是数据挖掘、用户需求研究以及相关度计算等这些提升网站用户体验的实现方法和思路。

比如，假设现在有大型网站招聘 SEO 经理，如果在面试你时还问如何做外链，那可能是一个"坑"，如果你对"做外链"回答得头头是道，那么就很可能会被 PASS，因为在现阶段你关注的方向错了，已经有些落伍了。现在稍微有点规模的网站所拥有的外链可能会有几十万甚至上百万，刻意制造那点儿可怜的外链已经没有多大意义了。有规模的网站对 SEO 的关注更多的是搜索用户需求和站内着陆页的用户体验，大型网站 SEO 部门中外链相关的人员配置已经很少，也有不少根本就没有专门负责外链的人员，SEO 人员大部分也都已偏向产品和运营方向。

不过，现在对于大部分中小型网站来说，外链还是要做，这些站点本身外链不多，需要通过外链来提升网站本身的权重。但是在此类网站中，外链也不应该是 SEO 唯一关注的重点了，在网络信息过剩的今天，众多大型网站基本上已经把大众性的信息全部覆盖了，一个内容和外链都不丰富，且内容和大型网站同质化严重的中小型站点很难有所发展，即使能稍微分得一小杯羹，也会活得很辛苦，因此对于中小型网站来说，最重要的也不再是链接，而是内容、服务和大型网站的区分度，挖掘大型网站所不能做或做不到的部分，深入研究细分领域的用户需求。刻意制造的外链只是一种促进网站权重提升的手段，但以后绝不再是决定网站权重的最大因素了。

现在整个 SEO 行业正处在转型期，这也是每个 SEO 人员对 SEO 理解有很大不同的原因之一。不论你理解的 SEO 是什么样的，SEO 3.0 的到来是挡不住的，因此 SEO 人员的思维也需要随之改变，过度地关注使用什么标签为关键词加粗和哪种形式的链接更有效，意义都不是很大了。数据挖掘、需求分析、用户体验等应该是 SEO 人员在新的 SEO 阶段重点研究的方向。希望所有 SEO 人员都能够在这转型期内不落伍。

11.6 争取把工资变成零花钱

不得不承认现在还有不少 SEO 人员处于"水深火热"之中，每个月只靠固定的工资生活。在二三线城市，很多 SEO 人员的工资只有一两千元，生活得确有些"悲惨"。虽说 SEO 并不是一定能发家致富的技能，但是如果视野稍微开阔一些，依靠 SEO 把日子过得稍微舒服一些还是比较容易的。本节就针对此类朋友进行简单讨论，高手可以略过了……

如果说个人做淘宝客太难，做高流量也不容易，那么为网站做几个竞争力不是很强的行业词还是可以做到的吧，这也应该是 SEO 最直接的目的。如果一个 SEO 人员没有真正做过几个词，那么他就可能还不熟悉 SEO，或者只是听别人谈论过 SEO，自己并没有真正独立操作过，虽然做着号称 SEO 的工作，其实只是听从主管指挥，不加思考地机械地做着一些 SEO 细分工作，甚至不知道自己所做工作的真正意义。不论是想自己独立赚点外快，还是想全面熟悉一下 SEO，SEO 人员都应该至少自己独立建立一个站点，并尝试做一些有商业价值关键词的排名，以体验一下最基本的 SEO 操作和见效过程。

现在建站成本如此低，但还是有很多 SEO 人并没有自己独立建立过站点。懂再多的理论，没有自己建立操作过站点也都是纸上谈兵。有不少新手朋友还会考虑"我懂很多 SEO 策略和技巧，但是自己没有能力修改网站和代码怎么办？"。首先，现在使用开源的 CMS 程序如果没有太多的个性化要求，是没有必要修改网站代码的，只需要傻瓜式地配置和安装就可以了，没有实际动手操作过，懂再多的理论又有什么用呢？再者，只是优化几个词的排名而已，甚至只用网站首页就可以做到了，不需要为网站目录页、内页带来多少排名和流量，根本就不需要太多的 SEO 策略和技巧，并且现在流行的开源 CMS 系统在 SEO 方面已经有很好的设计了，不需要再站在 SEO 角度进行太多代码修改了。所以自己没有操作过站点和没有做过关键词排名的 SEO 人员基本上不是懒惰，就是还没有真正了解 SEO 是做什么的，甚至还不了解"网站"的概念，扯太多的理论都只是口若悬河的空谈而已，甚至有可能自己都不能真正理解自己所说的"SEO 策略和技巧"。

身为 SEO 行业的一员，最起码自己先弄个小站做几个关键词的排名，体会一下一个网站的内容从没有收录到收录，从收录后没有排名到有排名，从排名比较靠后到排名上首页甚至前三名的过程。以及总结一下这个过程中自己所做的哪些工作是有效的，哪些工作是无效的，从而更加深刻地理解 SEO。

如果自己拥有了优化关键词排名的能力，那么就自己搭建几个站点，优化一些搜索量比较低但比较有商业价值的关键词就可以了，寻找这种关键词虽然不是很容易，但毕竟是 SEO 的基本能力，也不会太困难。当自己用自己的站点把这些关键词做到百度搜索结果的首页甚至前三名之后，就可以在网站首页声明或接受广告、或出租网站甚至出售网站，只要所选关键词有搜索量且有商业价值，自然而然地就会有"客户"自动找上门来，接下来就是根据关键词的排名、流量和商业价值谈价钱、谈合作了。现在有不少做 SEO 的朋友在这样做，并且也获得了丰厚的收入。现在在企业站下做 SEO 的朋友，不也是为企业站做几个关键词的排名吗？一个是为公司做排名然后领工资，一个是不受限制地为自己做排名然后变现，其实都是一样的。并且只要精力足够，善于总结方法和技巧，这种思路应该可以使得一个执行力比较强的基础 SEO 人员生活得很滋润。

SEO 还有很多基本的提升收入的思路，大家根据各自的水平、视野、资源和经验都可以找到适合自己提升收入的方法。并且这些并不是什么新奇的思路，其实大家基本都听说过或者见到过，但部分朋友就是不愿意迈出第一步去尝试一下，以致于现在有比较多的 SEO 朋友还只是每个月领取固定的比较可怜的工资来生活。当然造成这种情况的最大原因可能是"不自信"，不知道自己学的东西到底能不能做好排名，不知道自己掌握的知识能不能真正变成钱。其实只要走出第一步，对 SEO 有一定的掌握，还在二三线城市每个月拿一两千工资的朋友，依靠 SEO 把每个月的工资变成零花钱也不是没有可能的。

11.7　本章小结

SEO 并非自然学科，它是一个需要不断试验、不断交流、不断思考和不断总结的行业；是一个入门相对比较容易，但是做好比较困难的行业；是一个知识、技巧、经验更新比较迅速的行业；是一个不一定能够发家致富，但是只要搜索引擎还是用户上网的入口，真正有能力有视野的从业人员就能够生活得不错的行业。另外，大部分 SEO 人员最需要的其实并不是知识和经验，而是独立思考的习惯。同时也需要发散思维地考虑问题，不人云亦云，在了解了某个规则有效时，一定要跳出这个规则思考一下，为什么这个规则会有效，如果不按照这个规则操作会有什么不良影响，或者这个规则是否还有变通的空间以达到更好的效果等。最后再次强调一下，每个 SEO 人员心中对 SEO 的理解、评价和观点都各不相同，其实这些都不重要，最重要的是大家可以利用 SEO 为自己创造价值，可以依靠 SEO 获得不错的生活质量，并得到很好的职业发展。

第 12 章 一线达人分享

在阅读过本书前面的一些章节后，有些朋友可能觉得意犹未尽，抑或是对笔者的某些观点有异议，为此，笔者特地邀请了一些好朋友贡献了几篇经验之谈，分享干货文章，同时也是为了增强这本书"讨论"的初衷。

本章定位是邀请一些和 SEO 相关的牛人分享自己在实际工作中的各种经验，不仅仅局限于 SEO 本身，SEO 本身已经被谈论得足够多了，而 SEO 相关职位上的工作经验、思路、心态和视野暂时被 SEO 人员讨论得还不是很多，这些经验、思路、心态和视野往往会更有利于 SEO 的本职工作。笔者所邀请的朋友在所分享的内容方面都拥有丰富的经验，每一个分享嘉宾和所有分享内容都是笔者站在读者需求的角度进行邀请和请求的。希望他们的分享能够使读者可以通过本书收获更多东西。

12.1 余心妍团队：做一个流量捕捉的网

> 从用户需求出发，做内容。
>
> ——余心妍、李建红、许丽颖、肖洁纯

12.1.1 行业用户需求分析

1. 为什么要做用户需求分析

作为一名专业的 SEO 工作者，在接手并亲自操作的每一个项目中，我们首先应该了解要做什么，这个行业的特点是什么，需要怎么去做，只有了解了整个行业的现状、用户的搜索需求，也就是所谓的业务重点，我们才能有针对性地进行 SEO，才能在最短的时间内完成既定的目标。

SEO 这项工作，我更愿意将其称为一项技能，它并不是盲目的、完全凭借经验、感觉，在这项技能里面，我们应该想办法将其科学化、正规化。SEO 不是神乎其技、无迹可寻的，从科学的角度出发，SEO 将会变得更为有趣、可控、直观！

书本、老师告诉我们，所有的事情我们要多问：Why？What？How？也就是说，在每一件事情的背后都有其不为人知的另一面，我们应该首先去了解 Why，What，How。当然，如果我们希望某个项目的 SEO 工作可控、直观并且科学，那么我们首先就需要去了解：

（1）这个项目为什么要进行 SEO？（Why）

（2）为了达到项目目标，SEO 需要做什么？（What）

（3）SEO 需要具体怎么操作？（How）

如图 12.1 所示。

图 12.1 SEO 需求分析三部曲

言归正传，所谓需求分析，是指针对任何一项将要解决的问题进行详细的分析，弄清楚问题的根源、目的，包括为什么要做，要做什么，该怎么去做等。了解了这些，才能进行详细的规划及项目计划。要知道做任何事情都不是盲目的，只有做好需求分析，才知道如何在预期之内完成什么样的目标，而行业用户需求分析的意义也在于此！

因此，需求分析之于 SEO，显得尤为重要！

2．应该怎样进行用户需求调研

前面提到 SEO 需求分析包含三步：

（1）Why；（2）What；（3）How。

同时我们了解到以上三步骤的重要性，下面将对如何进行用户需求分析调研进行详细的阐述。

1．Why

在每接手一个项目的时候，我们都需要搞清楚一个问题：这个项目为什么要做 SEO，通过做 SEO 我们可以得到什么？

当然有人认为这些问题很白痴，做 SEO 为了什么，难道不是流量吗？

流量？当然这个回答是正确的，但这里我要说的是我们了解的所谓"why"并不仅限于此。很简单，举个例子。

我曾经接手过一个关于眼镜类电商的网站优化项目，跟客户进行前期沟通的时候，客户只告诉我们，他希望提高网站的流量，通过流量提高网站的订单量，并且告诉我们这是一个关于眼镜的网站，希望眼镜行业的主要关键词在百度都能获得很好的排名。在没有与客户进行更详细的需求沟通的前提下，我策划了第一版的 SEO 优化方案，主要核心关键词包括：眼镜、隐形眼镜、美瞳等，一期方案涵盖了眼镜行业 80%以上的核心关键词，并根据一期方案制定了项目的具体工作内容及实施周期。当将这样一份方案提交给客户的时候，客户提出了以下几点疑问：

（1）我们的主要产品是美瞳，做眼镜这种词会不会转化率不太高？

（2）眼镜行业内转化率比较高的词是各种品牌词，如博士伦、海昌、视康等，为什么不将核心关键词定为这些品牌词？

（3）眼镜、美瞳、隐形眼镜这种词流量高、竞争激烈，项目实施周期有点长，能不能缩短？

当客户提出这些问题的时候，我开始意识到，是不是跟客户前期的沟通不够，对客户需求的把握不够精准？基于这些问题，我又重新与客户进行了详细的沟通，了解了客户当前的业务情况及更深层次的需求挖掘，最终将一期方案进行了更改，减少了部分竞争激烈、流量高的关键词，缩短了项目时间周期。

第二个例子：

在 SEO 刚刚崛起的时候，我们做了一款减肥产品，在还没有想清楚产品定位的时候，我们把需求大体总结为：减肥、减肥药、减肥方法等，做了一段时间后，感觉"减肥"这个词虽然需求量很大，但是相应的竞争也很大，很多大的企业都盯着这块大蛋糕，我们显然没有更多的人力成本投入，不能把这个词在自然搜索中稳定地做到我们想要的位置，只能一切从头分析，再定位，然后一切都要从最初做起。在这里我们犯的最严重的错误就是没有结合自身做更好的需求分析，即没有想清楚自己的能力和定位，最后当然是很快被市场的洪流淘汰。

整理好你的思路，好记性不如烂笔头，可以做个图表使思路更更清晰，如表 12-1 所示。

表 12-1 整理思路

op	宣传类别	渠道方式				
1	站内资源	站内资讯	站内广告	推荐位	在线活动	专题页
2	sem	baidu	google	sogou	soso	
3	se 扩展产品	知道	百科	文库	阿拉丁	
4	精准类	掘金	人人精准	盛大精准	腾讯广点通	
5	Banner 广告	门户	垂直	区域		
6	病毒 SNS	微博	人人	论坛帖	群	
7	渠道	联盟广告	edm	短信	维络城	代报名
8	扩展广告	WAP 端	PC 端	导航站		

由此可见，在每一个项目开展前期，我们首先要做的不是刚一接手项目，在没有详细的需求分析情况下就开始进行整个项目的规划，并匆忙完成项目策划方案，这样只会让我们偏离项目目标，当项目进展到一定程度后再回头修改项目方案，可能为时已晚，到那时，也许我们需要付出更多精力、时间来修改我们之前犯下的错误！

了解"Why"，深层次地挖掘客户需求，是每一个项目的重中之重！

2. What

在需求分析的第二步，我们需要了解"What"，也就是我们需要做什么。

了解需求分析之"What"，我们需要对项目所涉及的行业有详细的了解，也就是平时我们经常提到的业务重点。除此之外还需要进行行业网站分析、网站 SEO 现状分析、用户需求分析、竞争需求分析等，对于行业了解得越多，对于后期的 SEO 优化效果就越能提高可控性。

我们通过以下几点来了解"What"。

（1）行业网站分析

SEO 行业网站分析，也就是所谓的竞争对手分析，对此我们需要进行一些详细的竞争对手数据收集，数据当然越全越好。我们需要通过某些特定的维度对竞争对手网站进行分析，一方面可以通过分析了解竞争对手情况，另外在分析的过程中充分了解行业知识，有利于后期的策划方案输出。

针对竞争对手 SEO 情况分析，可以通过以下几点进行。

① 基本 SEO 数据情况

● 域名时间

● 建站时间

● 收录

● 快照

● 历史记录

- PR
- 核心关键词排名

以上内容为网站的基本 SEO 元素，可通过爱站、站长之家等工具进行详细的分析。

爱站网址：http://www.aizhan.com/

站长之家：http://seo.chinaz.com/

在这里我建议大家通过表格等工具记录下来，并定期进行监控，因为有些数据积攒多了，我们一定可以看出一些弊端及做得好的地方，加以总结，都是宝贵的经验。

② 关键词分析

一是对竞争对手的关键词分析，了解竞争对手在优化的关键词有利于 SEO 人员更快地了解行业。也许你并不知道目前要做什么，那就看看别人在做什么吧，这样我们总能找到 SEO 的突破点，善于利用别人的资源扩大自己的声势。当然模仿一段时间以后，相信你也会找到自己的特点。

在这里介绍一种方法。

可使用火车头等采集工具对竞争对手网站 Keywords 进行采集，建立竞争对手关键词库，并通过关键词排名查询等工具了解竞争对手的关键词排名情况。这是一项看似枯燥、其实很有意思的工作，你会发现许多团队没有想到的点，也许别人已经做了。

并且通过近期采集到的竞争对手关键词可了解到竞争对手目前的一些 SEO 调整，有利于更加详细地了解竞争对手。

二是可以利用百度搜索结果对行业关键词做一个大体分析，具体方法如下：

刚入门的 SEO 人员都知道，我们可以通过分析百度搜索结果来分析行业内用户的需求，比如我在百度搜索框里面输入"诗词大全"，如图 12-2 所示。

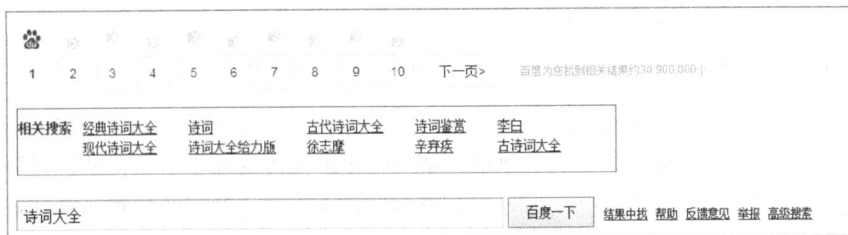

图 12-2　搜索"诗词大全"

上方大的搜索框中是基本包含诗词大全的长尾词，通过这个搜索我们可以直观地分析出以下方面。

- 词根：诗词大全、诗词鉴赏
- 诗词大全的分类：经典诗词、现代诗词、古代诗词
- 关于长尾词：诗词大全给力版
- 引申出来的用户需求：徐志摩、辛弃疾、李白

解释：长尾词，网站上非目标关键词、但也可以带来搜索流量的关键词，称为长尾关键词。词根，可以拓展出长尾关键字的词。

在这里不得不介绍一下百度的高级搜索。百度高级搜索给我的感觉，更像高级私人定制，如图 12-3 所示

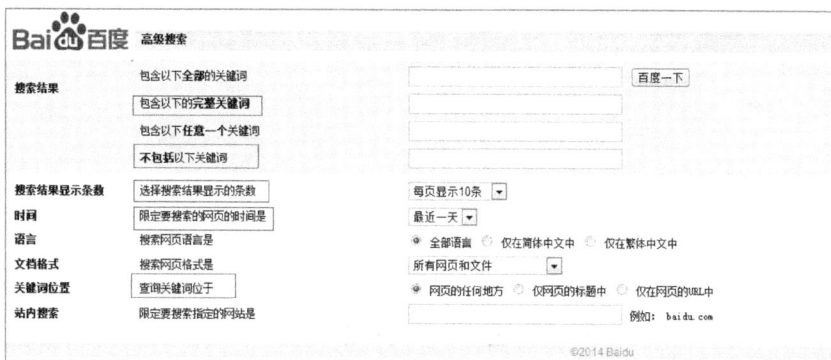

图 12-3　百度高级搜索

还可以利用工具分析，在这里为大家分享几个日常可以用到的小工具。

百度站长工具推荐地址：http://tool.chinaz.com/baidu/

图 12-4　百度站长工具

词库网地址：http://www.ciku5.com/，如图 12-5 所示。

百度指数地址：http://index.baidu.com/，如图 12-6 所示。

总结：每个工具都有自己的特点，可以分析趋势和整体走向，根据个人的喜好来使用。利用好工具可以让你的工作效率成倍增加。

图 12-5　词库网

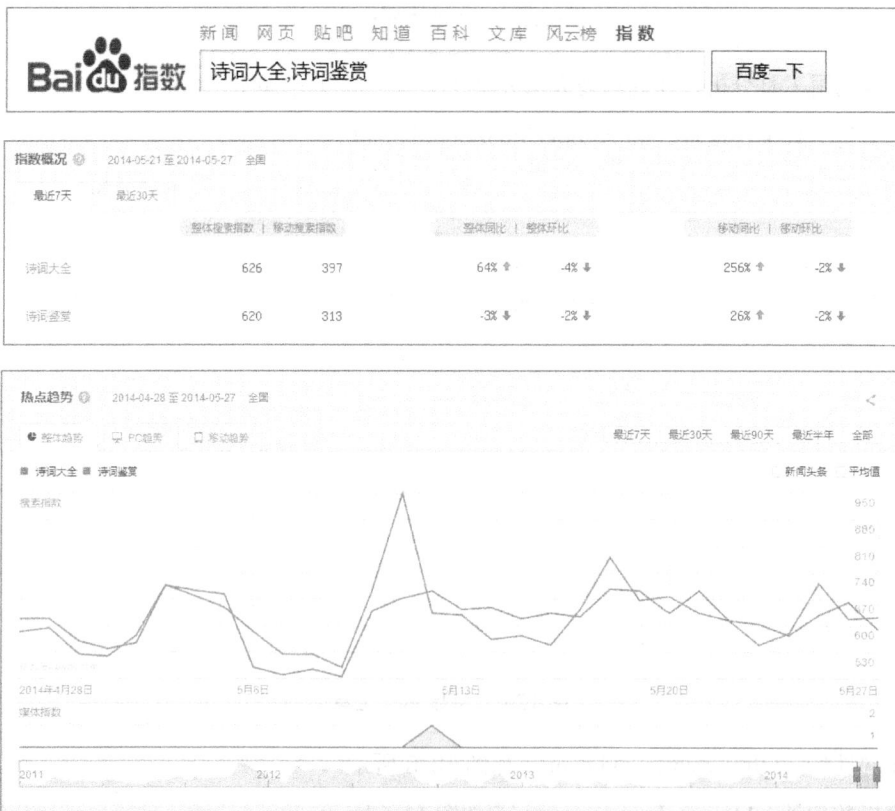

图 12-6　百度指数

③ RL 结构分析

分析竞争对手 URL 结构可通过以下几点进行。

● URL 静态化或动态化

- URL 的规范化命名（如统一使用相对网址，而非绝对网址，目录形式 URL 统一添加 "/" 结尾等）
- URL 链接唯一性（网站中每个 URL 对应唯一页面，每个页面对应唯一 URL）
- URL 层次深度（建议使用 3 层 URL 结构形式，最多不要超过 5 层）

④ 内链结构分析

- 内链关键词设置是否合理
- 内链结构组成部分（导航？内链系统？手工内链？tag 内链？）
- 内链是否使用 nofollow（是否对于 SEO 无用的页面内链使用 nofollow）
- 文字内链 or 图片内链
- 内链结构的广度、深度情况

⑤ 二级域名及目录使用情况

- 是否启用泛域名
- 目前共开放二级域名数量
- 重点目录及二级域名排名流量情况

了解竞争对手二级域名策略以及目录情况，有利于 SEO 人员对竞争对手重点产品线有一定的了解，方便了解竞争对手 SEO 关键词布局策略等问题。

⑥ 反向链接及友情链接

对于提升网站权重来说，反向链接无疑是最快的方式之一，所以了解竞争对手网站反向链接、友情链接情况就显得比较重要了。

- 链接数量
- 链接质量
- 链接 URL 指向情况
- 链接锚文本的选择

通过以上 4 点即可对竞争对手网站链接情况有一定的了解。

⑦ 页面 SEO 元素

- 关键词密度
- 图片 Alt 属性
- H 标签
- 导航设置
- TKD
- 代码简洁
- JS 合并（减少页面 JS 请求量）
- CSS 合并

⑧ 其他

- Sitemap（是否制作 Sitemap）
- Robots（搜索引擎屏蔽策略）
- 死链接情况（页面是否存在死链接）
- 服务器情况（服务器存放位置及同一服务器其他网站情况）
- 页面打开速度

通过以上 8 点分析监控，相信读者对行业情况竞争对手情况都有了非常清楚的了解。

（2）网站 SEO 现状分析

了解网站 SEO 现状，方便 SEO 人员进行策略调整并减少 SEO 无用工作，确定是否可通过对现有产品的一些优化改动更快地达到 SEO 预期的目标、效果。

网站 SEO 现状分析内容如下。

- 基本情况了解
- 关键词布局情况分析
- URL 结构分析
- 内链结构分析
- 二级域名及目录使用情况
- 反向链接及友情链接
- 页面 SEO 基本元素
- 其他

以上几点分析与竞争对手分析要点一致，最重要的是我们需要通过我们的分析结果与竞争对手进行对比，找到目前网站本身的 SEO 弱点在什么地方，并进行有针对性的优化工作分解。

除以上几点以外，针对自身网站还需要了解：

- 以前都进行过什么样的 SEO 工作
- 网站目前的流量、关键词数据情况
- 是否进行过改版
- 历史数据是否进行了 301 定向

（3）用户需求分析

以上两点针对竞争对手网站及自身网站基本 SEO 情况进行了详细的了解，当然除了这些以外还不够，还需要对行业的用户需求有一定的了解，更详细地说，是我们应该对整个行业的用户搜索需求有一定的了解。对于 SEO 来说，也就是行业关键词搜索情况。

首先对关键词进行分类：

- 品牌关键词

- 核心关键词
- 重点关键词
- 长尾关键词

如图 12-7 所示。

针对用户搜索需求分析，这里介绍几种方法及工具。

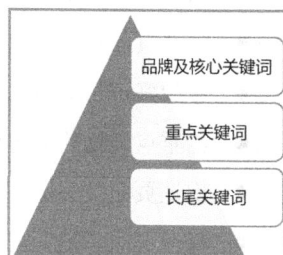

图 12-7 关键词分类

- 搜索引擎下拉框及相关搜索（了解每日用户热搜关键词，查找近期业务热点）
- 百度推广助手（收集重点关键词）
- 金花、战神、飞达鲁等批量关键词工具（可使用重点关键词、词根等拓展行业长尾关键词）
- Excel（这里主要说明一下 Excel，SEO 前期工作更多地在于关键词分析，Excel 可以有效帮助 SEO 专家分析并整理统计相关的关键词数据，对于结构化的 SEO 数据分析工作有很大的帮助，所以，大神们一定要掌握的 SEO 工具中，Excel 肯定是必备的一项）

通过以上的工作，我们整理了行业内的大部分用户搜索关键词，对于用户的搜索需求有了一个全面的了解，并通过工具整理了大部分的关键词搜索需求数据。

（4）竞争需求分析

这里提到的所谓的"竞争需求分析"，也就是指需要对行业关键词竞争情况有一定的了解，根据关键词的竞争情况，使我们的 SEO 工作分层次、有步骤地进行。

关键词竞争情况可通过百度指数（http://index.baidu.com）进行分析，百度指数是以百度海量网民行为数据为基础进行分析整理得出的一项指标，我们可以通过分析百度指数了解到某个关键词在百度的搜索规模有多大、一段时间内的涨跌情况以及搜索趋势情况。

通过对关键词的百度指数分析，我们可将关键词分为热门关键词、一般关键词及搜索量较低关键词，可根据百度指数调整 SEO 优化方案，将 SEO 关键词优化工作阶段性开展。

通过以上的行业网站分析、网站 SEO 现状分析、用户需求分析、竞争需求分析，我们可以清楚明了地知道下一步要做什么，SEO 需要进行优化的关键词有哪些，也就是我们提到的 SEO 需求分析三部曲中的"What"！

3．How

在这个步骤里面，我们需要进行的是了解如何去做。通过前两步的需求目标分析、需求内容分析，接下来我们需要做的就是对需求进行拆解，对其进行规划，有重点、分层次地进行需求的完成、布局。

每一个 SEO 人员都有自己不同的优化方法，每一个项目根据完成时间、目标、需求不同也会有不同的做法，在这里，我给大家介绍的不是一个具体的做法，更多的是一种思路、方法，上帝之手就掌握在我们自己手中，如何做到化腐朽为神奇，就看各位 SEO 大神们怎么操作了。

在这里我们需要注意几点：

- 对关键词进行分层次、分重点优化

- 将重要的关键词布局在重要的页面上

- 每个页面布局关键词不要超过 3 个，内容页面最好只做 1 个关键词

- 掌握好每种类型关键词的优化周期，做好每个阶段的优化重点规划

- 给重点优化的关键词更多的内链指向

- 保证页面及关键词的高度相关性

- 保证页面关键词密度

- 保证内容更新频率及质量

- 保证页面打开速度及服务器的稳定性

三、如何建立用户需求模型

在进行用户需求分析的过程中，我们需要通过一些标准化的模型来方便用户需求分析、统计，并形成可视化的文档，以便于交流、沟通及后期的 SEO 方案策划使用。下面介绍几个常用的需求统计模型。

1. 竞争对手数据监控模型

如表 12-2 所示。

表 12-2　竞争对手数据监控模型

日期	网站	网址	快照	收录	PR	反链	友链	团购	美食材购	酒店团购	KTV 团购	团构网
								关键词排名				
6.10	拉手网	www.lashou.com	2014.6.9									
	美团网	www.meituan.com	2014.6.9									
	窝窝网	www.55tuan.com	2014.6.9									
	糯米网	www.nuomi.com	2014.6.9									
6.11	拉手网	www.lashou.com										
	美团网	www.meituan.com										
	窝窝网	www.55tuan.com										
	糯米网	www.nuomi.com										
6.12	拉手网	www.lashou.com										
	美团网	www.meituan.com										
	窝窝网	www.55tuan.com										
	糯米网	www.nuomi.com										
6.13	拉手网	www.lashou.com										
	美团网	www.meituan.com										
	窝窝网	www.55tuan.com										
	糯米网	www.nuomi.com										
6.14	拉手网	www.lashou.com										
	美团网	www.meituan.com										
	窝窝网	www.55tuan.com										
	糯米网	www.nuomi.com										

统计周期：日

监控竞争对手数据：快照、收录、PR、反链数量、友链数量、核心关键词排名情况。

可方便针对某个竞争对手进行不同日期的对比，也可进行同一日期，不同竞争对手之间的数据对比。

2．名数据监控模型

如表 12-3 所示。

表 12-3　排名数据监控模型

日期	关键词	排　名				
		拉手网	美团网	糯米	窝窝团	大众点评
6.10	团购	1	2	3	5	7
	团购网	1	2	3	5	7
	北京团购	1	2	3	5	7
	上海团购	1	2	3	5	7
	美食团购	1	2	3	5	7
	KTV 团购	1	2	3	5	7
	酒店预定	1	2	3	5	7
	酒店团购	1	2	3	5	7
6.11	团购	1	2	3	5	7
	团购网	1	2	3	5	7
	北京团购	1	2	3	5	7
	上海团购	1	2	3	5	7
	美食团购	1	2	3	5	7
	KTV 团购	1	2	3	5	7
	酒店预定	1	2	3	5	7
	酒店团购	1	2	3	5	7

统计周期：日、周。

监控信息：竞争对手关键词排名情况。

方便监控各个竞争对手关键词排名情况，并进行对比，可提供风险预警功能。

四、如何进行行业用户需求分层

用户需求分层可帮助我们快速找到重点，并有计划、有目标地进行优化策略规划，更快地实现目标。例如拉手网，用户搜索需求大体可分为以下几类。

1．品牌需求

如针对拉手网，北京拉手网、上海拉手网、拉手网团购等，此类关键词需求为品牌需求，针对品牌需求类关键词有以下特点：

a）转化高

b）品牌效应强

c）易于优化

d）可控性强

此类需求应在方案中定为优先需求。

2．业务需求

如：美食团购、KTV 团购、酒店预订、酒店团购、电影团购等，此类关键词需求为兵家必争之地，有以下特点：

a）对品牌有促进作用

b）流量高

c）竞争激烈

d）优化周期长、难度高

e）根据业务重点随时调整

此类关键词需求视情况而定，需列为重点监控对象，监控竞争对手情况，并与自身网站进行对比，随时调整优化方向。

3．转化需求

如：俏江南团购、海底捞团购、通州博纳电影城团购等，此类关键词需求明确，排名好则网站转化率提升较为明显，有以下特点：

a）转化率高

b）时效性强

c）相对竞争较激烈

d）优化难度较强

e）词量大

f）随时调整

可作为网站重点优化关键词。

4．用户需求

如：俏江南好不好、海底捞怎么样、万达影院怎么走等，此类关键词用户需求明确，与网站主业务有一定关联性，有以下特点：

a）词量大

b）需求明确

c）优化难度低

d）与主业务有一定关联

此类关键词可作为次级优化方向。

五、完成用户需求分析报告

通过以上精准分析，我们就可以出一份用户分析报告了，这份报告的目的就是让头脑风暴或冥思苦想的结果做到可控化、数字化，把那些看似飘忽的数字展现在客户面前。用户需求分析只是你整个优化计划的一部分，但也是最重要的部分，它可以直接导致你对于这个项目的判断，也是对下一步工作的指导，我们一定不能小视。

12.1.2　简述如何做一款结构化内容产品

一、什么是结构化的内容产品

1. 简述结构化产品

结构既是一种观念形态，又是物质的一种运动状态。结是结合之意，构是构造之意，合起来理解就是主观世界与物质世界的结合构造之意。用哲学定义来说就是不同类别或相同类别的不同层次按程度多少的顺序进行有机排列。运用到我们日常工作中来，就是将不同类别或者相同类别的产品，按照一定的规则，进行有效的组合排序，最终将这些独立、单一的产品，打造成一款全面、完整的产品。

2. 选择合适的结构化产品

（1）根据网站内容选择与主产品相关的内容

每个公司，都有自己的主营业务，即使是同一行业的公司，在产品的侧重点方面也会有所区别。但是不管在任何行业里，如果需要做一款结构化的产品，就必须选择与网站业务相关的产品，结构化产品始终是围绕着这个行业的主产品的。

选择做一款结构化产品的时候，根据网站自身内容，选择具有相关或相近属性的产品，这样做的好处有：

- 网站本身具有相关行业的权威性，选择相关或相近的产品，更容易让人相信产品内容的真实性。

- 相关或相近的产品，可从自身网站获取内容，为前期内容积累奠定基础。

- 相关或相近产品，具有相同的用户群体，可以扩展网站目标的用户群体，为后期产品增值服务奠定基础。

（2）符合用户需求

一款产品是否是一款好产品，取决于一个核心点：是否满足用户的需求。如果不是用户所需，再好的产品也是失败的。因此，在选择一款结构化产品的时候，必须考虑目标人群需求，如何达到用户需求，最终打动用户使用我们的产品。

（3）节省人力成本

选择结构化内容产品时需要重点考虑的一个问题就是，这款产品是否是只需要一次性投入人力、物力、财力等开发成本，后期是否是只需简单维护就可以了。如果选择的产品需要持续不断地花费大量的人力、物力、财力去维护，那这款产品就不适合作为结构化的内容产品。

二、选择结构化产品，从网站分类开始

1. 如何给自己的网站进行分类

每个网站有各自的属性，因此在对网站内部进行分类的时候，会有不同的侧重点。选择一款结构化产品的内容之前，首先要明确自己的网站属于什么类型，然后根据自己网站的实际情况，选择合适的内容。

2. 知识普及：互联网中的网站分类

在选择结构化产品之前，我们首先来了解一下目前互联网中主要的网站分类有哪些。

（1）综合门户网站

主要是把各种资讯汇集到一个平台上，并用统一的界面提供给用户浏览。网站内涵盖的资讯服务有：新闻、财经、体育、论坛、免费邮箱、博客、影音资讯、网络社区、网络游戏等。其中的代表网站有：腾讯、新浪、搜狐、网易等。

（2）视频网站

主要是指在完善的即时平台支持下，提供用户在线发布、观看和分享视频作品的平台。根据技术及提供的内容，视频网站可以分为三大类：视频分享网站、网络电视、影视网站。

（3）网址导航站

主要是指一种集合较多网址并按照一定条件进行分类的网站。网址导航方便用户快速找到自己需要的网站。主要代表有：hao123、360 安全网址导航、2345 网址导航、搜狗网址导航、114 啦网址导航等。

（4）电子商务网站

主要是能让消费者通过互联网实现网上购物、网上支付等买卖交易的网络平台。其目的是帮助消费者和企业节省时间和空间，通过网络渠道足不出户地完成交易。主要代表网站：淘宝网、京东商城、亚马逊、当当网、1 号店、聚划算、易迅网等。

（5）搜索引擎网站

主要是指运用特定的计算机程序搜集互联网上的信息并进行处理后，根据用户的搜索需求，为用户提供检索服务的网站。主要代表有：百度、谷歌、360、搜狗、必应等。

（6）社交网站

主要是指帮助用户建立社会关系的互联网平台。主要代表网站有：QQ 空间、豆瓣网、人人网、开心网等。

（7）垂直网站

主要是指集中在某些特定领域或需求，提供有关这个领域或需求的深度信息和服务的网站。按照内容可以将其分类为：新闻资讯、IT 数码、休闲娱乐、金融服务、生活服务、汽车、教育、房地产、旅游、招聘等垂直网站。

其他分类还可以细分为即时通信、博客、微博、网络游戏、论坛等网站。在此就不一一介绍了。

3．根据分类，确定网站目标受众群体

目前互联网的用户人群逐步增长，在整个互联网的趋势下，每个网民是一个独立的个体，也是一个整体。没有一款产品能满足所有用户的需求，因此针对不同的用户群体，在不同的阶段，需要选择不同的产品。

以垂直教育网站为例，我们可以根据用户的年龄、考试、学科等多种维度区分不同阶段的用户。不同维度区分出来的用户，有着不同的用户属性和特征。最后根据这些不同的用户属性及用户特征，寻找最适合的产品，满足用户群体的需求。以下是教育行业几种常见的划分方式：

（1）按照年龄区分用户群体

- 0~6 岁年龄阶段：幼儿用户，也称学前用户

- 6~12 岁年龄阶段：小学用户

- 11~19 岁年龄阶段：中学生用户

- 17~24 岁年龄阶段：大学生用户

（2）按照考试区分用户群体

幼升小、小升初、中考、高考、考研等。

（3）按照学科区分用户群体

语文、数学、英语、物理、化学、生物、地理、历史、政治、理综、文综、四级、六级、专四、专八等。

三、结构化产品利器：标签库

1．标签的属性

标签用于标志产品的分类或内容，是相关性很强的关键字词。它便于人们轻松地描述和分类内容，以便于用户查找和定位目标。它可以运用到多方面，如根据用户的行为习惯，给用户打标签。也可以根据产品的属性，给产品打标签。根据使用的情况不同，可将标签的使用划分为两种类型：人口属性、产品属性。

（1）人口属性

按照此类方式给每个用户打上标签，主要适用于营销及推荐等。通过收集用户的性别、年龄、地域、商圈、学历、职业、收入、婚姻状况、家庭情况、生活习惯、消费情况等信息，可以勾勒出一个个完整的消费者。最后根据含有相同属性标签的用户，制定不同的营销策略及推荐设计，从而吸引此类用户的关注，最终增加使用产品或者网站的频次。

（2）产品属性

产品属性标签会根据不同的产品有所侧重，主要包含产品类别、产品作用、产品价格、适用人群等信息。

2．标签的收集、整理、过滤

标签的收集有多种方式，例如人口属性的标签，需要用户自身去完善，最好通过引导用户完善个人信息，或者利用一些问卷调查等方式进行收集。而产品属性标签则可以根据产品及行

业特性，收集一批初始化标签，后期通过网站自身的运营，不断增加和优化。又或通过网站的搜索框及用户搜索词，定期整理用户在网站上的行为习惯，根据用户的实际需求，过滤出用户关注的方向，确定用户属性或产品属性的标签。

在收集标签的过程中，需要定期地对收集来的标签进行整理及过滤，可以根据网站的实际情况，制定定期整理及过滤的规则。通过经常关注行业动向，及时发现行业及用户的新动向，配合行业方向及用户动向，更好地为用户服务。

3．标签的应用

标签收集后，可以建立一个标签库，标签库的建立用途很广，例如：

人口属性标签库的建立，便于人们对网站用户人群进行精准的人群画像，从而还原出一个真实的用户人群，围绕这个人群，可以根据其不同的特性和消费需求，提供个性化的产品及服务，最终提示营销效果的达成。

产品属性标签库的建立可以很好地提炼产品的核心，通过对该产品或内容的分解，从而寻找相近或相同产品之间的联系，最终进行相关推荐及相关产品聚合，最终为用户提供多方面的选择和服务。

结合人口属性及产品属性，可以将用户进行分组、归类，针对不同类别的用户进行个性化推荐。例如：

（1）根据相关人群属性标签，进行同类推荐

具有相关属性的用户人群，可以定义为同类人群，分析该群体共同特征，针对此类人群进行同类产品推荐，从而提高产品信息推送精准度，增加用户黏性。

（2）根据用户行为习惯标签，进行相关推荐

每个用户都有独立的行为习惯，将一个个独立的行为轨迹放在一起，所有的行为习惯都是有据可循的，挖掘用户行为轨迹，分析用户的潜在需求，走在用户的前面。

（3）根据热门标签，进行热门推荐

根据一段时间内用户关注的热门标签，可以将相关的热门内容及信息及时调取出来，作为热点推荐。

12.1.3　内容组合与网络专题打造

一、内容组合的意义

在营销界，有一个著名的营销组合案例：啤酒与尿布。这是一直被商家津津乐道的经典营销组合。在美国的沃尔玛超市，两种风马牛不相及的两种商品——啤酒和尿布摆在了一起，但是这对奇怪的"组合"居然使啤酒和尿布的销量大幅增加了。原来，美国的妇女通常在家照顾孩子，所以她们经常会嘱咐丈夫在下班回家的路上为孩子买尿布，而丈夫在买尿布的同时又会顺手购买自己爱喝的啤酒。仅仅是一个简单的改变，就收获到了意想不到的好效果。

在浩瀚的互联网，用户的需求是多种多样的，为了满足不同用户的需求，在组织内容的时候就要站在用户的角度去考虑。现在我们处在一个碎片化的时代，每天都有大量的信息涌到面

前，但却没时间深刻地理解和记忆，于是很多信息成为过眼云烟。所以把这些碎片化的内容组合在一起很有必要。

21 世纪已然进入信息爆炸的时代，互联网充斥着大量信息。面对扑面而来的信息，可能许多人患上了阅读焦虑症，但是聪明的人会选择自己想要看的信息，比如利用 RSS 订阅自己感兴趣的内容。这样就可以不受到垃圾信息的干扰。RSS 其实就是一种内容聚合方式，在这里所有用户可以只选择自己感兴趣的内容。这是按照分类和主题进行的内容聚合。

内容聚合的本质在于将相同主题的内容归类到同一标签下，最简单的内容聚合便是利用标签带动网站内容串联，每篇文章都会有几个标签，然后通过技术调取，将具有同一标签的文章全部抽取出来便形成内容聚合。另外一种则是由人工精心打造的网站专题。

说到专题，读者并不会觉得陌生，新闻报纸最开始就有专题，但是网络专题相比纸媒类专题内容更丰富，形式更多样。传统媒体的专题只有文字和图片，而网络专题可以有音频、视频和 Flash 等。并且网络专题拥有超文本，可以链接到更多的内容，这是传统纸媒所比不了的。现在各大门户网站及各种垂直网站、企业站都离不开专题策划，而各种各样的专题已俨然成为每个网站的"招牌菜"。网站专题不仅仅能够体现权威性和专业性，更重要的是为用户提供更佳的体验。专题可以多层次、多角度、深入地对某一主题进行阐述，令进入到碎片化时代的人们不会有"只见树木，不见森林"的迷惑感，从而使用户快速地获得完整的信息认知。

二、专题策划

专题策划之前首先要明确专题承载的目标。目前互联网网站的目标无非两种：一是流量，二是订单。内容型的网站都通过良好的内容运营吸引流量，然后吸引用户点击广告，只有流量多，才有更多的人点击广告，如此才有第三方广告主支付广告投放费用。电商网站则是直接促成用户订单交易。

明确了专题的目标之后，就要开始专题的内容策划。一般来说，专题大致可以分为三大类。

1. 主题类

主题类专题重点体现网站的专业性和权威性，多见于垂直网站。主题类专题要培养用户黏性和用户习惯，根据用户的兴趣量身定做，吸引属于自己的用户群。不仅要关注网站人群的年龄、性别、地域分布及受教育程度等属性，而且要关注用户的行为特征和心理活动，从而挖掘和收集用户需求，找到用户的痛点。定期更新内容和上线新的专题，留住老用户的同时吸引新的用户，做到开源节流。如此一来，网站用户的雪球才会越滚越大。

2. 活动类

活动类专题重在吸引更多的用户参与，常见于各大电商网站。最普遍的活动类专题就是抽奖和促销，抽奖和促销可以为网站带来更多的新用户。如果网站内容吸引人，那么就会形成用户沉淀。

3. 热点类

热点类专题是各大门户网站的"香饽饽"，打开任何一个门户往网站，几乎都可以看到每天的热点新闻。门户网站的立身之本便是新闻，所以专题大都以热点事件进行深度跟踪报道。但是热点类专题也并非是门户网站独享的，其他网站也可以选择和自己网站主题相关、内容契合度高的热点内容进行横向拓展和纵向延伸。

如何去发现和了解热点？百度搜索风云榜绝对是一大利器。百度中文搜索风云榜每天对上亿次搜索进行分析，权威、全面、准确、精彩。凸现热点，纵览风云，挖掘萦绕在我们身边的新奇和惊喜。另外，层出不穷的热门新闻和电视节目通常也会带动网络狂潮。

随着新技术的发展以及网络带宽的加大，使得多媒体形式成为可能。同时也对专题有了更高的要求。每年"双十一"，各大电商网站的专题盛宴堪称让人眼花缭乱。层出不穷的样式和新鲜创意不仅吸引了大量的流量，更保证了网站的生命力。

三、专题制作

主题确定，目标定好，接下来就是专题制作了。首先，进行资料收集，包括文章内容资料、图片资料、视频资料等；其次，分析专题架构和栏目设置，内容组织结构合理的专题更容易吸引和引导用户，进而提升网站整体的黏性；再次，专题版式设计，要么新鲜，要么有创意,总之要做到让用户眼前一亮。最后，进行内容填充和专题优化。

1．增加社会化分享

互联网最重要的就是分享精神，所以好的内容一定要支持分享出去让更多的用户看到。为专题加入社会化分享按钮可以让用户轻松分享到其他网站以及社交媒体账号。

2．加入互动模块

如果把 Web 1.0 比作电视机的话（只能阅读不能交流也不能分享），Web 2.0 的重点则是用户的交流和分享。专题加入互动模块不仅是基于用户体验提高用户的参与感，而且吸引用户进行评论和留言，同时为页面的更新做出贡献。好的专题要能与用户产生强烈的互动。

3．增加专题入口

网站专题是为网站服务的，目的是吸引用户，通过专题内容把用户留住。所以在专题设计的时候一定要注意有网站首页和网站其他频道的入口。

4．标题优化

专题的标题出现在搜索结果页面，标题内容直接决定了用户是否点击该条搜索结果，进而决定了用户是否通过该链接进入到专题页面。所以，专题的标题一定要精心设计，从用户的角度去思考用户在寻找什么样的内容，什么样的标题才会引起用户的兴趣进行点击。

5．关键词优化

关键词优化需要为专题选择合适的关键词并部署在专题页面的标题、关键词和描述里。一般来说，热门关键词的竞争程度较大，可以选择一些长尾词进行部署。比如专题的主题是三亚旅游，但是鉴于"三亚旅游"这个词的竞争比较激烈，那么就可以拓展出"三亚旅游"的长尾关键词："三亚旅游景点"、"三亚旅游攻略"、"三亚旅游报价"、"三亚旅游地图"等词。关键词的合理部署直接决定了专题的排名。

6．代码优化

代码优化的关键在于减小网页代码体积，加快网页的下载速度。提高蜘蛛对信息的抓取速度和准确性。代码优化减少网页的 JSP, JavaScript 的代码量, 另外 DIV+CSS 可以精简很多样式, 并且这些样式放在一个专门的 CSS 文件里面, 维护和更改起来相当方便。由于采用了 CSS 文件, 所以蜘蛛抓取 Head 中的内容更加迅速和准确。

7. 图片优化

虽然图片的表现力优于文字, 但是搜索引擎却无法读懂图片的内容, 所以尽量不要把重要的信息用图片表达, 保证为每一张图片添加 Alt 属性, 帮助搜索引擎理解图片的内容。另外, 图片的大小对于页面的打开速度是有影响的, 所以有必要对图片进行合理压缩。

四、上线推广

俗话说"酒香不怕巷子深", 但是在互联网时代, 这句话似乎已经不再适用。一个专题做得再好, 如果不推广, 就不会有更多的人知道, 从而被淹没在茫茫的互联网大海中。

1. 增加入口

在网站首页及频道页尽可能多地提供专题的入口, 让更多的用户看到专题并点击。

2. 微博微信

利用微博微信等社会化媒体工具进行传播。现在基本上每家企业都会有自己的企业微博和企业的微信公众号, 可以利用企业的官方渠道进行宣传推广。每一个粉丝都是潜在的营销对象。

3. 论坛推广

如今论坛虽然没有微博、微信火, 但是某些行业论坛内依然沉淀着许多重度用户, 所以行业内的权威论坛推广传播一定不可忽视。

4. 付费广告

打开网页, 广告随处可见, 如图片广告、文字链广告、视频广告及搜索引擎里面的关键字广告。针对以订单为目标的专题还可以进行广告投放。当然, 如果花钱进行推广, 就要衡量投入产出比, 选择 ROI 最大的渠道进行广告投放。

五、专题维护

专题上线之后的维护更为重要。专题的维护包括检查专题中的链接是否都可以正常打开、专题内的图片是否缺失以及专题内容的更新和增减。一个专题上线之后就要开始关注这个专题的收录及排名情况。通常, 页面的更新频率是搜索引擎判断该页面是否重要的根据之一。搜索引擎会判定一个更新速度快的页面优于一个长期不更新的页面。同时, 搜索引擎抓取一个页面的频率与该页面的更新速度也有关系。所以保证专题页面的内容更新将更容易得到搜索引擎的青睐, 有助于获得良好的排名。

六、效果监控

专题的效果监控除了对专题的流量和转化进行分析和统计, 跟踪用户的来源、去向, 更重要的是分析用户关注专题的哪些内容, 关注用户的兴趣点所在, 最终以数据驱动决策, 提升专题的价值。

效果监控的前提是为专题部署好统计代码，从而实现流量统计。推荐使用谷歌统计和百度统计。

一般来讲，专题页面最常见的监控指标包括基本流量指标，用户行为指标和浏览网站方式。通过对这些数据的统计和分析，从而发现用户的访问规律，衡量专题的推广效果及专题优化情况诊断。

1．基本流量指标

独立访问者数 UV

页面浏览量 PV

页面跳出率

2．用户行为分析

用户停留时间

用户来源网站

用户位置分布

退出页面

浏览路径

3．浏览网站方式

用户上网设备

用户浏览器

用户操作系统

一个专题的成功上线不仅需要编辑和 SEO 人员和合作，还需要设计和技术人员的配合。专题是最有效地将内容组合在一起的方式，一个优秀的专题可以获得可观的流量，不容小觑。在制作专题的路上，需要更多的学习和实践。

12.2　Zero：深入一线 SEO 的策略思路

12.2.1　写在前面的话

本节深入探讨 SEO 的本质，限于篇幅，不深入细节而侧重于整体的观念、策略等方向。因此或许全部阅读后，没法一下子掌握太多的 SEO 方法，但相信在深入体会了本节内容后，根据推荐的方向进一步花时间学习，最终会有很大的收获。

本节的主要目的，就是让更多仍在迷茫的 SEO 从业者，能够更正确客观地认识 SEO，并受益于 SEO。

SEO 大致可分为两步：

（1）让网站对搜索引擎友好，以免损失本可以获得的流量。

（2）通过对旧页面的微调，或是增加新页面，进一步获取流量。

很多没真正关注过 SEO 的网站，只做好第一步也能得到不错的效果，而第一步所需的知识，大多都在《百度搜索引擎优化指南》里面，这里不多重复。对于想要了解 SEO 的人员，仅熟读指南即可。

但对于专业的 SEO 而言，可以学习的东西就呈指数级上升了，有搜索引擎原理，有程序代码，有数据分析等，本节探讨这些。

因涉及面较广，因此或许有没写清楚以致难以理解的地方。建议以实战思路为"主菜"，其余的可以当作"调味品"。在 SEO 实践中，具有良好效果的往往是较简单的方法，即类似二八原理，80%的 SEO 流量仅需一些基础知识和大局观即可拿到，至于生涩的理论知识能提升的，怕只有 20%效果。

切勿因为深入理论而将之与实际操作本末倒置，这对于提升流量等效果，一般没有利处。

当然，很多东西之所以提到，还是有它的价值的。最典型之处或许在于流量异常分析。当网站流量出现波动时，往往需以程序获取数据，通过数据分析细分定位，再以对搜索引擎的了解去追溯源头。这类 SEO 相关的工作经常依赖于较广泛且深入的知识。专业的 SEO 应该还是尽量去了解为好。

12.2.2　写在进一步学习 SEO 之前的话

很多人忽视了一个事实，对任何东西的学习，首先应该去了解的不是开始怎么一步步学，而是应该先掌握学习的方法。

1．学校教育带来的弊端

照理说，学校的教育之所以存在，其主要目的就是教会人如何去学习。如物理、化学等，绝大多数人工作后不会和它们打交道，之所以还去学它们，是基于一个假设：如果你学会了一门知识，再学习这门知识中掌握的学习方法，有利于更快、更好地学习其他的知识。

但实际上，至少中国的教育几乎完全偏离了教人掌握学习方法的初衷。且不说应试化教育等已广为人诟病的问题，先说其长远的不利化影响，即，过于依赖他人。

学校里学习知识，几乎都是由老师在讲，于是学习成了被动地接收知识。而且学校里老师要顾虑到让所有学生都理解，通常相同或至少类似的知识会多次强调。因此很多人长期养成的学习的习惯是，需要被动地多次被灌输知识才能学会。

离开学校后很多人还是这样。

2．带入工作的糟糕学习习惯

笔者刚学习 SEO 的时候，有段时间想过要到 SEO 前辈级人物所在的公司工作，向他们多学东西；到笔者从事 SEO 数年后，经常有人向笔者的公司投 SEO 简历，说目的就是想来学习些东西。

在这里首先有个本质问题需要被意识到，即工作的每分钟都由公司付钱给你，从道理上说它不应该是用来学习的，而是应该用来为公司产生价值的。

实际情况中，一般工作中将小部分比例的时间用于研究怎么更好地完成工作，这多半也是可以被接受的。但是若把公司完全当成一个学习的地方，无论如何也是一个错误的想法。

为了更好地工作而进行学习，最重要的即打破在学校里养成的那些习惯。要做到尽多地自己学习而不依赖于他人，且在偶尔有机会有人指点的时候，务必一次记住，因为很可能没有第二次的强调了。

3．针对 SEO 的学习方法

学习的方法，总而言之对于学习各类知识都是通用的，但也会根据学习的东西不同，有不同的偏重。以下是 SEO 的展开学习中需要额外注意的一些要点。

（1）无知假设

总是假设自己是无知的，不轻易对没有经验证实的事情下结论，以求实的态度，对自己的判断去分析数据、寻找证据。

远离"感觉上怎么样"的思考模式。当脑海里面出现一个 SEO 假设的时候，务必客观求证，以尽可能地保证其靠谱的可能性。

（2）不轻信的原则

分清楚自己的经验和从别人那里听来的经验。最主要是因为别人所说出来的经验可能是猜的，SEO 圈很多"大师"都不负责任地将自己的猜测当作定论来传播，存在错误的可能性。只有通过严谨的研究方法得出的结论才是可靠的经验。

（3）现象背后必有原因

每个网页的排名背后，都有它排上去的原因。经常尝试去分析，可以挖掘出影响排名的因素。

不要不负责任地将原因倾向推向网站权重、提权降权等"万能"原因。

（4）寻找可学习的例子

取出某页面类型的关键词集合，查询它们的排名，并估算各个网站获得的流量大小。大多数情况下总可以找到比自己做得好的例子进行学习。

大多数 SEO 人员是低头做事不出来说的，关于他们的 SEO 方法，最好的学习方式就是看他们是如何做的。

（5）归纳总结

将几条经验总结成通用性结论，可以寻找出更多方法。

如：SEO 流量 ＝ 搜索需求覆盖率 × 收录量 × 排名 × 点击率

这个 SEO 公式在了解了用户从搜索到网站最终获取流量的过程后就可以总结出来。总结出来以后，用它细分可以穷尽所有的 SEO 流量影响因素。

4．方法->思路->体系

此处指的"方法"，是一个个零散的知识点。如做排名涉及知识点，包含内容、链接等。

此处指的"思路"，是一种能展开衍生到多个知识点的总结。如通过外链可以提升排名的思路，我们也可以想到是否内链也能提升排名。

此处指的"体系"，是从一系列互相相关且能穷尽核心目标，并能够逐步细分到所有知识点的总结。如 SEO 流量 ＝ 搜索需求覆盖率 × 收录量 × 排名 × 点击，其中的 4 个因素即构建起了 SEO 体系。如里面排名可以再细分出网页权重、相关性、用户行为数据，网页权重又可以细分出链接、内容、域名相关的因素等，它们都是可逐步细分的。

可以结合图 12-8，更好地理解这里所指的方法、思路、体系。

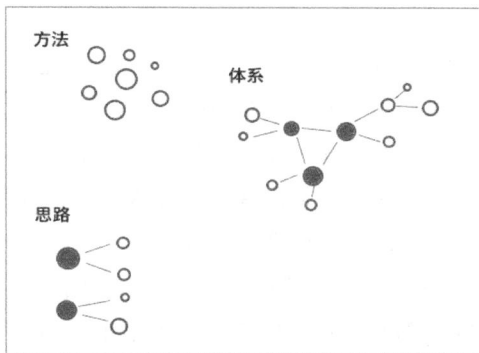

图 12-8　方法、电路、体系

在 SEO 的学习到达一定程度后，会了解到哪怕两个人看上去了解差不多的 SEO 方法，其最终水平，如能做出流量的多少，也会是截然不同的。

一方面是综合技能的水平，如除了 SEO 以外技术能力如何；另一方面即此处说的，懂的仅是一堆杂乱的方法，还是一套科学的体系。

将掌握的知识变成体系，其中的好处非常多却难以言喻，期望暂未做到者都能往这方向尝试，最终亲身体会到其妙处。

12.2.3　避免 SEO 的误区

1. 新手过程导向的误区

可以说，目前网上能看到的主流 SEO 方法，与各大 SEO 不错的网站实际所做的工作之间的交集很小。有部分 SEO 人员或许觉得懂 nofollow, canonical 是什么就不错了。于是在实际操作中，不断寻找网站上可以用上这些方法的地方，然而这是一种很不正确的方向。

新手 SEO 与老手 SEO 的最主要分水岭，并不在于懂得多少 SEO 知识，而在于解决问题的思路。

新手往往限于方法，尤其是喜欢一些新鲜的 SEO 方法，拿到网站就开始考虑自己"可以"做什么；而经验丰富的 SEO 会先确定最终目标，如确定一个流量指标，再考虑为了达到这个目标"需要"做什么。

此中本质，应再三体会。不然本节后面的内容，也全都会显得价值不大。

因为一线 SEO 人员大多已是目标所导向的，所以其工作的侧重点，很多时候和新手 SEO 人员截然不同。在新手苦苦做排名的时候，一线的 SEO 人员甚至可能是完全不做排名——一个网站在一定的规模下，自然而然就会得到它的资质对应得上的排名，而 SEO 人员除了做一些基础工作让网站对搜索引擎更友好之外，如何让网站覆盖更多搜索词，通常情况下才是 SEO 人员工作的重点。这些的具体解释与实例在本节后续会有所展开。

2. 老手认为 SEO 没有空间的误区

不少一线 SEO 从业者，在做了一定时间的 SEO 后，逐渐开始觉得 SEO 就那么点东西。

为什么会这么认为呢？

因为每个人都会遇到瓶颈。然而遇到瓶颈时，多数人喜欢追究外因，于是怪罪于 SEO 本身。但若追寻内因，即可发现并不是 SEO 就那么点东西，而往往是因为如此认为的人就那么点水平。

搜索引擎的规则极其复杂，百度数千个精英工程师共同打造了这个搜索引擎，多年积累下来排序因素之类均是数不胜数，怎可能只是普通的 SEO 人员所熟知的几种方法？搜索引擎的多数奥秘还不为 SEO 人员所知，还有巨大的空间待探索。

此外，结合到网站上，SEO 对网站和用户究竟产生了多大价值，如何更好地量化、如何从数据中找出可提升的点、如何从数据中挖掘出各类因素的相互影响，这里又涉及数据领域的庞大课题，也有巨大的空间待研究。

SEO 之路可以很长，也可以很短，取决于走这条路的人是否坚持。

瓶颈一般是能够突破的，不应一遇到瓶颈就自暴自弃，以笔者经验，遇到 SEO 的瓶颈只要不放弃，半年内即可有所突破。

但也不排除总是无法突破瓶颈。所以并不是每个人都能把 SEO 做好，这是事实，但这也只是自己的事。无论如何，都不适合去宣扬一些消极片面的 SEO 已死论——"SEO 已死"已被人说了很多年，但至今，大多数互联网公司还是很依赖 SEO 流量，很需要靠谱的 SEO 人员。

12.2.4　SEO 的重要性

SEO 行业存在了多年，近些年来一直有的言论是，SEO 已死。

诚然，SEO 效果拥有许多不确定性，深入研究 SEO 也存在难度，搜索引擎也通过开放平台等策略不断在剥夺 SEO 的流量空间等。这些因素，导致 SEO 从业人员确实应该给自己找一条后路——如果哪天 SEO 真的不能做了怎么办？

但是，时至落稿之日，SEO 还是很多网站的重要流量来源渠道，更是几乎所有网站最为重要的免费流量渠道。因此有不少公司肯开出几十万元的年薪招聘大牛，却依然难招到人，因为曾经的从业者大多觉得 SEO 已死而早早转行了。

1. 不同类型网站的 SEO 流量占比不同

显而易见，一个网站的流量构成中，SEO 的占比越大，越可能受重视。

不同类型网站，其 SEO 流量占比往往差距较大。SEO 占比问题受到很多其他渠道流量影响，诸如网站是否投放电视广告、是否大量砸 SEM、是否购买导航站的位置等，但通常情况下，同类网站有着相似之处。

一般来说 SEO 流量占比如下：

- B2C 网站　5%～25%

- 团购等内容量偏少的网站　10%～40%

- 分类信息等有大量内容的网站　30%～60%

（SEO 计去除品牌词之后的部分，且此数据仅供参考。）

B2C 网站比较特殊，因为购物搜索的主要入口在淘宝，而非百度等通用搜索引擎，所以 SEO 流量占比相对而言往往很小。但对于其他多数类型的网站而言，SEO 渠道是其不可缺少的重要流量来源。

2．网站的 SEO 流量需要有人维护

SEO 流量有时候被称为"自然搜索流量"，这是因为哪怕不去刻意做 SEO，当一个网站拥有一定规模的时候，它通常也会自然而然地拥有可观的 SEO 流量。

但并不总是这样，因为搜索引擎只是死板的程序，它处理分析网站的时候很容易碰到"坑"，一不小心就会损失大量的流量。

最典型的例子如一个网页上有着丰富的内容，但内容是 AJAX 异步加载的，而搜索引擎多数情况下不抓取 AJAX 内容，会导致搜索引擎低估网页的质量。

如 AJAX 这样的技术，在 SEO 角度上就应该是规避或至少是慎用的，但仅从技术产品等角度出发，网站可能为了提高网页加载速度而大量使用看上去无害的 AJAX，实则让 SEO 流量大量损失。

诸如 AJAX，又或是常见的重复链接统一化、页面 Title 的搜索友好性等，都需要 SEO 去把关，才能避免不必要的 SEO 流量流失。

哪怕不说做 SEO 能提升多少流量，仅从能维持网站 SEO 流量，也足够使得 SEO 有存在的价值。因为没注意基础的 SEO 规范，而导致网站流量大降的例子数不胜数。

3．不仅在百度等搜索引擎上面才存在 SEO

未来的发展趋势很可能是，如百度之类的通用搜索引擎会被人使用得越来越少，而更多人开始使用垂直搜索。如找生活服务相关信息的直接上赶集网搜索，找团购相关的信息直接上美团网搜索等。

垂直搜索引擎的 SEO，是未来最主要的发展趋势之一。

目前已被人重视起来的，是淘宝的 SEO。很多卖家希望自己的商品在搜索的时候靠前一些，就开始刷销量。近些年很火的，是 Apple APP Store 的 SEO，刷榜与防刷榜的斗争，就如早年的 SEO 与百度的斗争一样。

可以发现一些新平台上的 SEO 多以作弊手法为主，但和传统的 SEO 一样，随着时间过去，各平台的搜索系统会愈发完善，可作弊空间越来越小。与此同时，随着时间过去，也会有越来越多的人认识到各平台上 SEO 的重要性，这两点会引导着垂直平台的 SEO 需求扩大的同时也逐渐正规化，因此或可作为 SEO 人员的发展方向。

12.2.5　SEO 的核心思路

在不同环境下，SEO 的最终目标可能不同。多数情况下，流量被用作量化 SEO 效果的核心指标。但有时也未必，诸如交易额的指标，也可能在一些公司被作为 SEO 的核心指标。

但无论什么情况下，流量的获取总是 SEO 的核心部分。然而，如何有效地提升流量？

最最核心的一点是：先确定想要什么样的流量，然后再考虑为了获取这些流量，需要新增或者优化什么页面。

是否是这样的思路，是决定 SEO 水平好坏的最关键部分。

大多 SEO 人员懂得许许多多的 SEO 方法，然后到优化网站的时候，就一个个页面看过去，看哪些页面上缺少些所谓的 SEO 元素、是否存在所谓的 SEO 隐患等。简言之像苍蝇一样在乱撞，撞对了也是运气。

而若确定了流量目标，再有所优化的话，无论成败，总是在逐渐接近最终的目标，达成目标只是时间长短的问题。

1．以最终目标来确定思路与做法

最简单的例子：

若目标是平均一天提升 10 的每日流量，方法很简单，找个有 SEO 经验的编辑写十多篇文章放到网站上即可。

若目标是平均一天提升 100 的每日流量，依然可以考虑批量化复制前面的方法，找十个编辑一天内每人发布十多篇文章即可。

但若目标是每天提升 800 的日流量呢？继续复制前面的方法，找 80 个编辑吗？这时发布文章的方法就显得越发不切实际了。

（800 的每日 SEO 流量提升要求对于大型网站而言较为常见。若以百万日流量为基数，假设同比提升预期是 30%，平均分解到每日即为 822。）

因此对于这类情况，大型网站有较高的 SEO 流量期望时，如 UGC 网站该考虑如何让每条 UGC 内容带来更多流量，资讯类网站考虑如何用结构化数据生成页面带来更多流量，等等，靠人力的方法多半行不通。

而若网站对 SEO 的期望，只需要在稳定的 SEO 流量基础上，最好能有小幅提升，那么找编辑发布文章来获取 SEO 流量的方法就显得挺好——稳定、不需较多的跨部门协作、风险性小的优势能够体现出来。

2．通过搜索词找到流量突破口

在流量目标要求较高的时候，如何想明白自己想要什么样的流量？看竞争对手有什么流量是一种总是行得通的方法，但这里更推荐基于搜索词的分析来找流量空间，这样容易更全面地覆盖到之前遗漏的流量空间。

比如对于房产网站，可以找到这样几个用户的搜索词：

（1）中关村软件园租房

（2）中关村附近哪租房便宜

（3）北京中关村短租房

当前，通常一个房产类网站有的页面，除了房源详情之外，是由城市、区县、商圈三个维度为主，组成的大量列表页。

但前面三个词，超出了多数房产网站现有的页面的关键词承载范围，于是大多网站损失了这些流量。

实际情况中，

● "中关村软件园租房"可以通过收集全国的地标，再加上"租房"的后缀生成大量地标租房页面来承载。

● "中关村附近哪租房便宜"这样的疑问词可以通过问答频道的 UGC 内容来承载。

● "北京中关村短租房"这类略区分于常规租房的需求，可以通过额外的类目页面或 Tag 页面来承载。

这样一来，仅仅通过对三个搜索词的分析，就立马发现了 SEO 还有一大堆可以做的事情。

而很多 SEO，会盯着网站上现有的页面，寻思着城市租房形式的热门词（如"北京租房"），是不是换些链接加下关键词密度让它排上去。那么 SEO 自然会显得没有太多事情可做，也难以收获理想的效果。

3．不依赖于一招打天下

SEO 人员的日常工作，面对的是互联网上最为复杂的搜索引擎。且搜索引擎的规则大多数并不向 SEO 人员公开，导致 SEO 人员大多时候只能对搜索引擎进行经验总结性的猜测。

此外，因为搜索引擎近些年来越来越依赖于机器学习，所谓的机器学习大致是人工设定一些特征和网页样本，程序自动去处理各个特征之间的影响关系。因为最终的影响关系是非人为定制的，所以哪怕不是 SEO 人员而是搜索引擎的开发人员，也未必可以对搜索引擎的实际情况把握得一清二楚。

各种各样的因素，都导致了 SEO 多数时候无法 100%地确定某项改动是否有效。那么最保守的做法是，不要依赖于任何一个单一的 SEO 方法，而是通过同时使用尽量多的可以达成同一目标的方法，来将风险最小化。

因此，尽量避免想起做什么就做什么的凌乱做法。

需要先确定大方向，诸如若是想提升收录量，像随随便便提交一下 sitemap 完事是不太靠谱的做法。应该先想，影响收录量的因素是什么，很简单，爬虫的抓取量与页面的质量。然后在抓取量上，可以精简页面代码让抓取更快，屏蔽一些不需多抓取的低质量页面之类；在页面质量上，可以看看页面上是否可以额外加一些对用户有用的东西，添加一些相关链接等。

这样下来，SEO 效果就可以稳定提升。

12.2.6 搜索引擎浅析

各类搜索引擎领域的专业书籍都对其实现原理有较全面的阐述，在一些专利资料里，也有对和实际情况更接近的搜索引擎策略的深入信息。因此，在这样一本非搜索引擎专业领域的 SEO 书籍中不过多地展开其策略，仅补充一些专业书籍有时会忽略的总结。

1. 搜索引擎与 SEO 的历史

从 Google、百度等真正意义上的搜索引擎诞生至今，差不多可以划为三个阶段：

● 以查询词与网页的相关性为主

● 以链接对网页的推荐为主

● 以满足尽多用户的需求为主

在第一个阶段，诸如当用户在搜索引擎搜索 "SEO" 的时候，搜索引擎会把一个出现了大量 "SEO" 这个词的网页排上去。因为通过 TF-IDF 等规则，搜索引擎觉得这个网页更可能是相关的。

进一步地，搜索引擎还借用了类似于 LDA 及 PLSA 等方法，来处理主题相关的问题。即一个网页若出现了 "百度"、"搜索引擎" 等相关字词，也会有利于其 "SEO" 的排名。

但无论如何，只依赖于内容匹配的搜索引擎肯定是不合格的，不然随便一个由 SEO 精心塑造过的高相关度网页就能获得好的排名，这绝不是搜索引擎的初衷。

于是，搜索引擎引入了以链接来给网页加减分的规则。它认为一个网页获得越多的反向链接，就越可能是用户所推荐的高质量网页。

同样在这个阶段也有更多的规则，诸如主题敏感的 PageRank 算法，它认为来自同类网页的推荐是更有价值的。

但是，搜索引擎无法止步于做到这样就结束。因为它最初的目标很简单，让尽多的搜索用户用尽少的时间找到符合需求的内容。无论内容的相关性还是链接的推荐等，都不能直接证明网页是否满足用户的需求。

目前的 SEO 人员真正在打交道的商业搜索引擎，是以满足用户需求的概率为核心的。

举个最简单的例子，搜索 "苹果" 时，百度认为 Apple 官网能满足更多用户的需求，其满足需求概率最高，所以它排在第一名。而对于一个卖水果的网站，哪怕它的内容和 "苹果" 再相关，其外链再多，也不可能排到第一。

目前大多数的 SEO 人员，还因为现有资料的缺乏、自己的探索研究精神不够等原因，思路处于多年前的链接为主的年代，不得不说是一种悲哀。

略有经验的 SEO 人员很容易发现的是，尽管目前给网页里面添加一些关键词，发一些外链，可能可以让网页排名到某词的第一页，但要保证第一名却很难。因为单纯的内容和链接，如今是无法决定排名的。

那么，如何针对以用户需求为核心的搜索引擎有所操作？

一个简单的例子是，如一个网页介绍某个星巴克的分店，它上面就不应该只是星巴克的企业文化理念之类的，没多少人关心这个。用户关心的是其地址、评价之类，那么网页上就应该陆续加上地址、地图、电话、评价，包括其他分店的链接，其附近商户的链接等多样化的信息。这些搜索引擎都可能会觉得是对搜索用户有价值的，从而对网页进行加权。

目前，搜索引擎的规则已复杂到难以全部探究。但有一句话，看似空话但实则是万能方法——做好网页的用户体验。

若再补充一点，那就是做好网页，面向于搜索用户的用户体验。至于"搜索用户"特指什么，本节后面详细阐述。

2. 实际无法完美满足用户需求的搜索引擎

值得一提的是，尽管通常情况下，搜索引擎确确实实在自然搜索结果中，提供它认为最可能符合用户需求的结果，但实际情况中，经常会出现搜索结果一团糟的情况，这一般主要是因为以下两点：

● 由于搜索引擎毕竟只是程序，没有人那般的理解力，只能用一些粗糙的方法来分析网页，因此导致判断有误。

● 搜索引擎要处理极大量的数据，许多理论上可用的东西受限于服务器性能而被取消，这使得其部分规则较为简陋，导致最终结果混乱。

因此，正规的 SEO 做法是实实在在地给搜索用户提供更好的内容，而作弊的 SEO 方法则借由搜索引擎的短板来让搜索引擎误以为网站提供了符合搜索用户需求的内容。

3. 搜索用户与网站用户的区别

前面已经强调过几次，SEO 是主要面向搜索用户的。

这里首先要声明一个问题，做 SEO，在大多数情况下对网站用户的体验，或多或少有不可避免的负面影响。

举个最简单的例子，在网站上放个链接，"点此推广"。这个链接对于推广用户是有用的，对于普通用户却没有价值。各类用户的体验，在很多情况下是冲突的，没有办法，只能视情况权衡。

实际 SEO 的一个例子是，若一个网页 Title 为"网球场所"，这对于网站普通用户而言就够了，干净清爽地说明了这个网页介绍的是打网球的地方。

而对于搜索用户，"网球场所"承载不了什么搜索词，一个相对更合适的页面 Title 是"网球场/网球馆"。尽管这个页面的 Title 看上去比较重复，但只有这样，搜索用户才会在搜索这些词的时候能搜到该网页。

深刻意识到网站用户与搜索用户的不同之处后，再看一下两类用户的最主要差异：

网站用户访问的往往都是网站上的新页面，而搜索用户从搜索引擎过来，其入口可能是网站上的各类页面。通常情况下对于一个略有历史的网站，绝大多数流量来自于旧页面。

因此旧页面的优化，往往是 SEO 的重点。可惜很多 SEO 人员，尤其是缺乏大中型网站 SEO 经验的，忽略了这核心之处，那就自然难以提升整体流量效果。

基于搜索用户的角度出发考虑问题，就可以看到更大的 SEO 世界。

12.2.7 体系化的 SEO

1. SEO 公式

决定一个 SEO 从业者水平好坏的最主要判断因素之一是，是否对流量有感觉。这包括了对其数据分析意识、SEO 实战经验、大局观等的考量。

影响 SEO 流量的因素很多，其核心可以按照一个流量的产生流程来概括：用户先有一个搜索需求，然后去搜索。当网站上的网页被搜索引擎收录后，它就有可能于用户搜索的词中排名靠前，最后用户可能点击它，成为一个流量。

即这 4 点：搜索需求，网页收录，关键词排名，用户点击。

它们之间的相互影响关系，更像是乘法——只要有一点没做好，整体就会受到大幅影响。

因此可以归结为：

SEO 流量 ＝ 搜索需求覆盖率 × 收录量 × 排名 × 点击率

当然这个公式从计算角度看并不严谨，大多数情况下不推荐用这公式直接去进行数值的计算。但通过长期实践证明，这个公式非常好的一点在于，它用 4 个因素穷尽了 SEO 所有的面。SEO 的操作，均可由这 4 点细化衍生出来，因此它可以在多数情况下指导 SEO 的方向。

另外，感谢前阿里巴巴 SEO 人员张国平所分享的此公式原型（SEO 流量 ＝ 整体收录 × 整体排名 × 整体点击率）

2. 季节性流量波动分析

因为：常规 SEO 流量 ＝ 搜索需求覆盖率 × 收录量 × 排名 × 点击率

但品牌词流量基本不受收录影响，排名固定接近第一，点击率也接近于固定在 100%，所以可以推出：品牌词流量 ≈ 搜索需求覆盖率。

因此品牌词流量的变化，可以用来度量搜索量的起伏。通常情况下，如果常规 SEO 流量的变化趋势和品牌词流量差不多，那么季节性因素往往是引起流量波动的主要原因。

当然还有少数情况，比如网站进行大规模推广可能让品牌词流量大幅提升；网站加入导航站、购买品牌词 PPC 等可能导致品牌词流量有一定程度的下降。在这些特殊情况下，前述分析结论就不能用了，需要自行鉴别，不能只靠死板的数字。

12.2.8 大中型网站的 SEO

大中型网站往往比较需要 SEO，公司也有较大的规模，因此一般能给予 SEO 更高的薪资、更多的资源。但尤其是对于新手而言，如何接触到大中型网站是一个难点。

大多数大中型网站的招聘要求，或明写或没写，但实际上需要 SEO 人员有一定程度的大中型网站工作经验。这是一个死循环，让新手很难切入。

从工作角度上，一个建议是可以先争取到一些大中型网站的非核心岗位工作，这些岗位的招聘要求会相对低一些。之后尽量在工作中接触更多的面，在经验丰富后升职或是跳槽。

从 SEO 角度上，要想在大中型网站收获好的 SEO 效果，必须先有一些大局观，正确意识到合适的 SEO 方向，抛弃掉部分仅限于小网站优化的思路。

本节介绍一些大中型网站相对于小网站的侧重点。

1．提升流量比例的思路与做法

可以说，小网站的 SEO 和大网站的 SEO，这两者在某种程度上是一样的，都面向一样的搜索引擎，具有同样的规则。但小网站的 SEO 和大网站的 SEO，侧重点应该是完全不同的。

举个最简单的例子，一个小网站，有 100 条外链，然后给它再发 100 条外链，外链数量提升了 100%；而大网站，一开始有 10 万条外链，给它发 100 条外链，外链数量提升远不到 1%。这是基础资源差异，所导致的做法差异。因此若小网站招个外链专员，给网站每月能提升 10% 的流量，而大网站同样想靠外链提升 10% 流量的话，因为流量基数比小网站高了千倍万倍，所需的人力也至少是百倍的，就变得不切实际了。

尽管这是很简单的道理，但很多人想不通，又因为从未去量化外链的实际效果，导致现在还有不少大网站养着不少外链专员。从 SEO 角度看这是件非常奇怪的事情。

小网站做 SEO，可以通过人力来写文章、发外链，按照流量的量来提升；大网站大多数情况下，都需要站在全局角度调整网站，让流量按照比例来提升。

按照比例来提升流量的方法是什么？举个最简单的例子：

假设 UGC 的帖子，发布以后平均日流量是 10，但它里面若带一张图片，平均日流量可以到 15。

那么我们可以尝试引导用户发帖的时候也上传图片，实现方式可以是简化上传操作等。假设做了操作以后，用户发帖比率从 20%提升到了 40%，那么这部分 UGC 帖子的 SEO 流量就可以提升 20% × 50% = 10%。

按照绝对量来提升流量还是按照比例来提升流量，这通常是决定大网站的 SEO 是做出寥寥无几的流量，还是可以做出几万几十万流量的关键。

2．具体方案落实与推进

大中型网站公司架构往往比较复杂，从开始有一个 SEO 想法，到它最终被落实，可能是一个比较长期的过程。

若前提是 SEO 人员的水平不差，通常决定一个大中型网站最终 SEO 效果好坏的，其主要不是 SEO 人员对 SEO 的把握程度，而是其推动力。

3．方案的落实

无论什么情况下，只要是稍复杂的需求，都应该有一份写清楚该怎么做的方案。这份方案有助于理清自己的思路，让产品技术清楚怎么做，给公司的下任 SEO 留下历史项目记录等。

4．一份方案需要注意的地方

● 应该清晰、避免歧义性。

● 因为方案的受众很可能是对 SEO 了解很少的人，尽量避免 SEO 专有的一些名词。

- 通常在方案里面写上效果的预估，会使方案一下子变得说服力强很多。
- 方案不应是流水账，而是有层级的，诸如第一级是修改哪类页面，第二级是修改该类页面上的哪些东西。
- 一份糟糕的方案会给人留下不好的印象，影响到整个项目的推动流程，甚至可能影响到未来的项目，应尽量做到精益求精。
- 一句看似废话但实则常见的问题是，书写完方案后，请核实一遍错别字等问题。大量的错别字，是绝对可以避免、但容易给人留下坏印象的细节。

5．接口人的确定

一般的大公司，都由产品经理来负责协调诸如 SEO 等业务需求。照理研发资源的申请、与技术的主要沟通、确保项目时间点等，主要由产品经理来完成。

与 SEO 人员对接的产品经理，一般称为产品接口人。若尚没有明确的产品接口人，应想办法申请接口人资源。毕竟 SEO 人员在推动项目上，很难做到比产品经理更专业。

接口人未必是一个，可能是多个。根据一些经验，按照网站的业务区分，有 3~5 个需要常联系的接口人比较合适。

过少的接口人，会导致所有项目全都依赖于一两个人，很容易导致整体项目卡滞。

较多的接口人，可以同时进行多个项目，提升效率。但有较多接口人的时候，SEO 也需要来回跑，消耗精力较大。

6．讨论权衡方案

在落实项目前，有时需要进行项目的可行性讨论。因为 SEO 经常要改动一些东西，这些东西可能和网站用户的用户体验冲突，可能会减慢网页的打开速度，可能开发的预计耗时较长等。

在面临这些问题的时候，一般首先需要保证 SEO 本身，应强调项目所能带来的 SEO 效果，保证项目整体不被否决，然后基于这个基础去找权衡方案。

一般涉及 UI 的，可考虑将为 SEO 所做的区块，放到页面上相对不显眼的位置；涉及数据逻辑的，可考虑采用相对简单的规则，而不是一味追求完美等。

7．推动项目

一些时候，SEO 项目难以避免地影响到了其他部门的 KPI，或是需要占用过多的研发资源等，导致项目不是那么顺利，这些时候就要想其他办法推动。

强调预期的 SEO 效果总是中规中矩的好方法，尤其当产品经理等项目参与者的 KPI 也包含 SEO 可以提升的指标时，会有较大的帮助。

靠关系也是一种方法，在一些流程还不是特别死板的公司，一些争议性不大且耗时不长的项目，直接找技术人员帮忙或许就能上线，省去大量的常规项目流程。

还有一种方法即项目的升级，找自己的领导帮忙推动，如果不行的话，找领导的领导帮忙推动。若经常麻烦上级，容易让人不耐烦，但偶尔这样推动项目的效果一般很不错。

12.2.9　数据分析思路

经常被人提起的一句话是：用数据来说话。

尤其是对于 SEO，这个通过摸索搜索引擎规则来猜测做法的领域，通过实际数据来得到些可靠结论，在此显得更为重要。

1．Google 预测流感传播情况

以前美国爆发流感，一家专业的医疗机构使用传统的普查方法，来调查疾病的传播情况。这种方法有许多劣势，比如成本很高，需要几周长的时间才能准确地把握疾病的传播现况。

同时 Google 公司也采用了一种调查方法，它利用自己现有的搜索数据，看哪个洲的用户搜索疾病症状相关词的趋势发生了变化，从而估算疾病已经传播到了哪里。

最终证明，Google 的估算方法准确率也非常高，同时不需要什么成本。且最关键的是，它能及时了解疾病的传播情况，便于人们防范准备。

不止是 Google 公司才能做到这样的分析，借助于搜索引擎的开放数据，比如最典型的 Google Trends 与百度指数，几乎任何人都可以做到此般的分析。唯一的前提，就是具有数据分析的意识。

2．将数据逐步细分

笔者曾遇到过许多 PM，他们为了流量的提升预期，找 SEO 寻求帮助。

其中不乏一些思路很清晰的 PM，一开始就把业务线的来源流量进行拆分，如多少百分比是自有流量、多少是导航站流量、又多少是 SEO 流量。这一步他们清晰化了，SEO 对他们的重要性如何。

之后他们继续分解，SEO 带来的流量中，多少着陆页是列表页、多少是详情页，各自对应的访问深度（Pages/Visit）又是多少。在这一步，他们明确了希望重点强化 SEO 的页面类型，以及期望流量被引导的方向。

最终，仅是通过数据的几次细分，他们就将抽象的流量提升意图，具体成了明确改进需求。尤其对于大公司的跨部门协作而言，越清晰的需求代表着越高的靠谱几率，模糊的需求容易被应付了事。

数据细分，是分析整体中哪块更重要并将要做的事情清晰化的有力手段。

3．数据对比分析

数据对比分析，也是一个常用的利器。

比如招聘，它的需求有非常明显的季节性，春节前后分别对应低谷高峰，此时百度上面招聘类的搜索量也会随之有幅度极大的起伏。因此正常情况下，此类 SEO 流量也会跟着节前少、节后多。

但是凡是人总有个坏毛病，看到好事容易觉得是理所当然的，看到坏事就立马绷紧神经。节前招聘类 SEO 流量下降，绝对有人会紧张。哪怕可能已经考虑到季节性因素了，看着流量趋势图也可能会想，是不是降得太多了点啊？

为了抚平自己或他人的不安情绪，就需要进行数据分析，看流量的下降除了季节性因素之外是否还有其他因素。

分析的方法可以有很多，比如排除搜索量因素后，看收录、排名、点击率三个指标有没有变动；或者分析大量行业词的搜索趋势变化。这里只说一个常用的最简单的方法。

假如说网站是智联招聘，取来源关键词包含"智联"的作为"品牌词流量"，不包含"智联"的作为"常规 SEO 流量"。

在前面已经提到过，品牌词流量趋势可以用来大致量化行业整体搜索季节性变化，所以若常规 SEO 流量的变化趋势和品牌词流量差不多，那么可以判断流量波动的主要原因是季节性因素。

4．以解决问题为导向

只要有了分析的方向，其他相对而言都不是太大的问题。尽管涉及 SEO，各类不同数据的获取渠道都不尽相同，显得很麻烦，但毕竟也都是具有确定性的技术活。

我们要解决什么问题、要从何处切入去解决、数据在整个过程中能扮演怎样的角色帮助我们，这是需要用最多时间去思考的。

5．数据体系的构建

在拥有了数据分析的思路后，技术上如何将其落实则又是一个问题。

实际情况中，技术上如何去实现往往是最耗时的。

越深入进行数据分析，越容易发现现有的工具无法满足需求。哪怕 Google Analytics 等专业工具，在经过有针对性的配置后，也只能在其界面上完成日常性的分析需求。更不要说各公司内部自己开发的报表系统，绝大多数情况下与 Google Analytics 等相比差得很远，数据的可靠性尚待验证，想在报表上面进行细致的分析更是苛求。

报表系统，需要事先定义其可能需要的功能，总是不可能满足临时的奇怪的需求。所以需要一直备着原始数据，在有特殊需求时就要靠它。

许多 SEO 人员会倾向于靠专业的研发人员来完成数据相关的事情，但实际上 SEO 人员应该尽量了解数据生产的每一步流程。因为研发人员仅在技术上是专业的，但他们对 SEO 之类的业务理解往往很少，无法保证他们计算出来的数据是否有合理可靠的逻辑。

以下是长期总结的一套对于 SEO 流量原始数据的技术解决方案概述。

（1）原始数据

① 从 Hadoop 或服务器日志等原始数据源，仅抽取出核心维度与指标（主要维度如着陆页 URL、来源关键词，主要指标如访问深度）。

② 将维度与指标以制表符分隔，每行一条访问记录，将每日数据存到单独文件中。文件名需要包含日期信息。

数据如：域名 URL 关键词 访问深度

www /shouji/ 二手手机 5

③ 如果有需要的话，将文件以 FTP 等方式传到其他服务器上面去。

（2）数据计算（Python 实现）

① 通过命令行参数等方式来指定各维度的筛选规则，然后将各维度合并成一整个正则，编译正则后用它筛选数据。

```
'''计算满足筛选条件的总访问次数'''
filters = {
'host': '^www$',
'url': '^/shouji/$',
}
filter = merge filter(filters)
# filter = '^www\t/shouji/\t.*?\t.*?$'
filter = re.compile(filter)

count = 0
for line in open(log file):
if not filter.search(line):
    continue
count += 1
print count
```

② 如果有额外的指标，将其提取出来并累加。

③ 给定起始日期、截止日期，应能输出期间所有日期的流量。

```
def date range(start, end, input format='%y%m%d', output format
='%y%m%d'):
'''如 print date range(140130, 140202)
输出['140130', '140131', '140201', '140202']
'''
start = str(start)
end = str(end)
start = datetime.datetime.strptime(start, input format)
end = datetime.datetime.strptime(end, input format)

one day = datetime.timedelta(days=1)

range = []
d = start - one day
while 1:
    d = d + one day
    if d > end:
        break
    range .append(datetime.datetime.strftime(d, output format))

return range_
```

（3）图形界面分析系统

对于图形界面的分析系统，Google Analytics 是一个较好的参照，它具有数据分析常用的很多功能。如数据同比/环比分析、包含或排除维度的正则匹配、支持多种指标的折线图等，在此不做展开论述。

12.2.10　实际案例分析

SEO 不只是做流量——大众点评

如图 12-9 所示为"宜家地址"的搜索结果和大众点评对应的着陆页。

图 12-9　"宜家地址"的搜索结果及大众点评对应的着陆页

大众点评的着陆页，本身提供了很详细的信息，包括商家地址、电话、用户评论等，通常情况下可以说这是一个很有价值的页面。

但这个页面提供的地址仅是沈阳的，对于不处在沈阳的大多数用户而言，这个地址毫无意义，即这个页面会有接近 100%的跳出率。

对于有地区需求的少量热门词，如"租房"等，在词的搜索量高于一定阈值时，百度会触发它的区域性排名因素，将诸如"北京租房"这样的词排名靠前的网页，也排到北京地区搜索"租房"的排名靠前位置。

但对于大量稍长尾一些的词，如前面举例的"宜家地址"，百度不会触发区域性排名因素，经常导致排在前面的信息和搜索用户所处的不属于同一城市。这导致了这类词的搜索结果往往很糟糕，很少有网站提供合适的着陆页。

对于"宜家地址"这类需求跨地域，而词本身没有出现地标限定的词，在此称为"全国词"。

对于大众点评，它就损失了绝大多数的全国词流量。那么如何较好地获得全国词的流量呢？一个较常用的解决方案是制作专门的全国着陆页面。

如对于"宜家地址"这样一个词，应该有一个页面，上面同时包含着北京、上海、沈阳等地的宜家信息。且有城市切换链接给用户，让用户可以到某个城市的页面，仅寻找该城市的宜家信息。

58 同城的全国页面，是做得较好的例子，如图 12-10 所示为"租房"的着陆页。

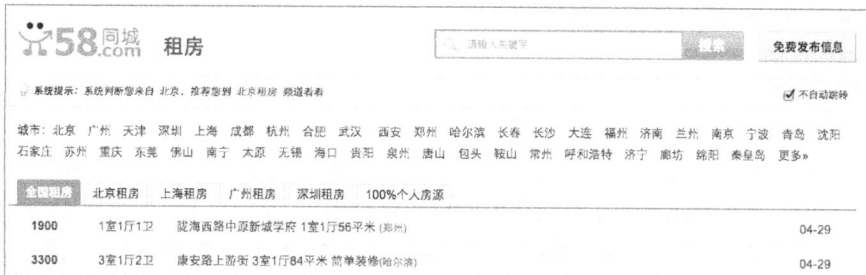

图 12-10　58 同城"租房"着陆页

12.2.11　高级搜索技巧

布尔搜索介绍

高级搜索技巧中，布尔搜索极少被人提及，但它大多数时候比单独用其他搜索命令有价值得多。

与搜索，如搜索"A + B"，得到的结果基本和搜索"A B"的结果一样，要求两个检索词均出现在同一个文档中。比如搜索"西红柿 + 鸡蛋"，找到的多是西红柿炒蛋的做法，不会出现单独的蛋炒饭之类的网页。

或搜索，如搜索"A｜B"，仅要求两个检索词其中任意一个或多个在文档中出现过。比如搜索"网球场｜网球馆"，可以找到室内或者室外的打网球的地方。

非搜索，如搜索"A -B"（减号后面无空格），可以找到包含 A 但不包含 B 的网页。比如搜索"苹果 -apple"，可以更容易地找到苹果这种水果。

或搜索的应用如下。

示例：

搬家（site:ganji.com inurl:fuwu_dian｜site:58.com inurl:shtml）

以此对比两个网站的帖子页，哪个与"搬家"的相关性更高。

12.2.12　相关技术浅析

前面提到一些 Python 的程序代码片段，在实际工作中，会一门程序语言可以帮到很大的忙。

在 SEO 日常工作中，除了落实方案实际推进等部分相对来说不需要技术能力（偶尔也可能要与技术人员讨论解决方案），其余大量的数据收集、监控、分析，这些对项目决策及异常分析起到作用的部分，都需要用到大量的技术。

可以说，一个 SEO 人员把工作时间多半花在代码上是不奇怪的事情。然而哪怕程序在 SEO

起到的作用可以如此之大，但本书依旧不是程序书籍，不深入讨论程序本身，只谈一下技术于 SEO 的应用范围，和建议学习的一些技术。

1. 技术在 SEO 中能做到什么？

（1）收集数据

这应该是技术对于 SEO 最能体现重要性的一点。页面抽查收录率、关键词监控排名趋势等基础数据，对于 SEO 人员而言每天都用得上。通过百度凤巢或者百度搜索推广 API 来扩展词库之类的辅助数据，每当有项目要进行决策的时候也必会用上。再进一步，对于大网站，如流量等数据很可能用 Hadoop 处理，和大数据打交道也是技术向 SEO 人员需要做的事情。

（2）网站项目的技术实现分工

对于大公司，技术部门经常分几个组。最常见的分工是公用技术组、与各业务线的技术组。一个项目哪块可以分工到公用组，公用组怎么和业务线组结合，都需要有人来协调。了解技术本身，和公司内部分工，才可以较好地协调这些。

（3）技术落实

哪怕很多公司 SEO 人员没权限接触网站代码，也可以给网站加独立频道。申请一台服务器，访问域名的时候，触发某 URL 规则时转发到那台服务器，就可以让 SEO 人员单独开发的频道体现在网站上。在大公司，通常情况下由 SEO 人员独立开发，可以比跨多部门协调开发的效率高数倍。

2. SEO 人员可以学什么技术

出于篇幅考虑，下面无法详细展开技术名词的实际应用范畴和学习资料等，请针对名词使用搜索引擎。

首先技术向的 SEO 人员一定要熟悉一个赖以为生的程序语言。推荐 Python，受笔者的影响，现在 SEO 圈里面越来越多的人开始接触 Python，但 Ruby 也是不错的选择。它们的主要特征在于，都致力于简单迅速地解决实际问题。

尽管使用 PHP 是最主流的选择，但在此处并不推荐，对于处理海量数据、多线程抓取等 SEO 人员经常需要做的任务，它显得力不从心。

（1）网站技术

W3School 是个非常好的技术入门网站。对于 SEO 人员而言，对其中的 HTML 与 CSS 必须要了解，至少需要达到稍会写的程度；对于 JavaScript，也应至少了解它的运作原理。

技术向的 SEO 人员还要了解 PHP，可以懂简单网站的运作原理；最好会 jQuery，可以用来自己实现些网页特效；也需要懂些 XML 与 JSON，独立开发的时候可能经常需要调用 API，它们是常见的数据格式。然后也必须懂一个网站的大致架构，至少要熟悉 WordPress 之类的一款开源网站程序，最好是去熟悉一款 Web 框架，框架更接近于大多数网站的实现方式，而且学了框架以后，也能自己灵活地进行开发。

Nginx 或 Apache 也最好了解一下，优先了解其中哪个，可取决于公司使用哪个来搭建服务器环境。IIS 不了解也罢，几乎没有大公司主要用 IIS。

（2）数据采集与处理

火车头采集器是个不错的采集软件，非技术向的 SEO 人员可去了解一下它。但为了数据采集的灵活性，技术向的 SEO 人员必须得去写程序来采集。

采集一般使用 Curl，可以用来模拟浏览器等，它在 PHP，Python，Ruby 等主流程序语言中都被支持。

数据处理需要和 Linux 打交道，各类 shell 命令会帮到很大的忙。Linux 有很多发行版，用一个为主就可以。推荐是 Ubuntu，它的 apt-get 命令用来装软件很方便。至于如何用 Linux，建议搞台 VPS，用 SSH 去连接它进行操作。

另外因为和 Linux 打交道，需要学一个 Linux 环境下通用的编辑器。推荐是 VIM，它非常好用、高效。不过在还有很多其他东西要学的时候，不建议花太多精力在 VIM 上面，因为学好它过于耗时，而且毕竟 VIM 只是个辅助工具，和 SEO 提升流量的核心目标差了十万八千里。

数据的处理过程中，可能需要用到数据库来存储中间结果。最好学习一些 MySQL 知识，多数网站都使用到它。但推荐日常使用 MongoDB，大多数情况下它用起来容易得多。

12.2.13　推荐的 SEO 学习规划

前面提到了在学习 SEO 的时候应该注意的许多事项，最后，汇总一下笔者个人建议的偏技术向的 SEO 人员的学习路线。从笔者认识的许多 SEO 人员来看，目光所及，偏技术向是成为一个能够独当一面的 SEO 人员的的最高效方式，因为会些技术可以高效地解决很多事情并尽快提升流量，这正是通常情况下公司对于 SEO 核心的需求。

1．初期学习流程

穿插在整个学习过程中的，是应该一直保持用少量的精力去学习各类互联网技术。之所以要一直学习，是因为互联网技术庞杂，需要较长时间去学习；之所以推荐只用少量的精力去学习，是因为毕竟 SEO 人员应该多研究的是 SEO 本身，本末倒置往往得不偿失。

谈到各类互联网技术的入门，W3School 是一个很好的网站。其中知识若不知从哪看起的话，推荐开始时的顺序是 HTML -> CSS -> PHP -> SQL。不必追求全懂，但至少需要知道这些都是做什么的，什么地方用得上。

SEO 方面不要急于求成，建议花一些时间打好基础再说后面的事。推荐先看搜索引擎原理方面的书籍，虽然一下子看这类书会觉得理解比较困难，但毕竟 SEO 人员和搜索引擎打交道，无论如何应该先了解搜索引擎是怎么想、怎么做的。

推荐先看《走进搜索引擎》，它的最大好处是系统清晰，能帮助人尽快掌握搜索引擎有哪几大块，又分别是做什么的。之后推荐看《这就是搜索引擎——核心技术详解》，它最大的好处是提到了较多的和实际商业搜索引擎挂钩的策略。

刚开始看搜索引擎原理书籍的时候，会难以适应，因为其属于较高级的技术领域。建议不求甚解，遇到公式等均可跳过，仅需知道一件事情：搜索引擎为什么要做，主要用什么思路去解决的即可。

看完搜索引擎原理书籍以后，会对搜索引擎有个初步的了解，但这仅是理论知识，会和实际脱轨。这阶段推荐主要观察搜索引擎上的实际排名情况。每天固定搜几个词看看各网页之间的排名变化，日常随意搜些词想想每个网页为什么排在那个位置等。久而久之，就会发现更多的排名因素，更清楚各排名因素影响的大小。

经过上面的阶段后，就会有较靠谱的理论知识了，但毕竟理论要结合到实战里面才会有价值。这个阶段，建议一方面到网站上实际落实 SEO 想法，一方面更多地去接触数据分析。这样，结合数据分析的技能，就可以较好地量化自己每次改动网站，究竟收获了多少效果，是否符合预期。

这就是推荐的大概流程：找理论资料 -> 看实际现象 -> 实际操作，在这个流程里面，不要落下也不要太看重的，就是学习各类技术。

2．回首可能可以发现更多知识

第一次完整地走过上面的流程后，基本上就能成为一个不错的 SEO 人员了。但走过之后可以再往回走走，比如一开始看搜索引擎原理书有看不懂的地方当时跳过了，隔一段时间再看可能就有新的收获。更进一步，也可以考虑去翻看诸如百度专利、信息检索领域的文献一类的资料。

又如观察排名现象，一开始可直接搜词直接分析结果，之后可以结合高级搜索语法，限定网页集进行更深入的研究。

最后，如实际操作，一开始可以直接改某类网页看其最终流量变化，后续可以分拆数据，观察页面抓取、收录、排名、点击率等各自的变化，也可做 AB 测试之类，更准确地定位 SEO 修改的效果。

12.3　道哥：SEO 的瓶颈在瓶口

12.3.1　SEO 的瓶颈是什么

从知乎问题"你遇到的 SEO 瓶颈是什么？你是如何去面对以及解决的？"展开说。

我之前在知乎上看到了这样一个非常优秀的提问，分享如下：

背景：

● 在校学生 即将走入大四；

● 业余时间兼职芜湖雪狼汽车零部件有限公司的 SEO 工作，自己又做了一些其他的企业站的优化工作。

遇到的瓶颈：

一、针对一个小型企业站，就几个关键词，自己的优化思路就是{文章+外链}，其他的，就是换友情链接{自己的换友链思路：和知名网站换，哪怕是换内页，二级的，我也换}，可能在社会化上面，加上人工的百度口碑及分享，再多的优化，估计只剩下点击了；针对小型站点的优化，这是瓶颈一！

二、针对一个企业站，自己一直将它看作一个大站在进行操作，根据国内几个大牛的 SEO 文章关键点进行实践（深受 ZERO 和夜息等大牛文章影响，但是自己做的效果没有达到他们的标准），自己也在不断拓展关键词，以滤清器为核心，将地区词、车型词、品牌词、营销词、产品型号词进行不断的拓展，但是拓展出来的流量效果并不是太好（可能是行业小众或者与自己选取关键词问题有关），但在针对一些特定的关键词进行优化的时候，自己想要不通过外链操作来实现，但是站内页面过少，而且内链设置中许多程序够不到（都是 dede 标签在实现），无法达到预期的效果。进行外链制作的时候，由于自己挖掘的外链资源就是那么多，论坛、B2B、分享收藏等，每次优化一组关键词都是快两百个网站在循环，很担忧外链组成，有时候除了购买链接外，自己都不知道该如何去优化这组关键词，明知道发外链会有效，但是一直担忧日后会出问题，因此自己在此产生了非常纠结的瓶颈！

三、就业问题

即将毕业，自己期望的工作岗位是希望能够到不错的互联网企业从基层做起，做 SEO、做推广甚至想要能够接触到产品（深受《人人都是产品经理》这本书的影响），从基层进行逐步学习积累，能够到最后负责一个方面、一个小的工作项目。

但一直觉得自己在知识、经验方面不够，也不知道如何学习、再经些什么能够达到标准。

在最后一段时间内，如何能够更好地提高自己的相关能力、学习哪方面的内容、再多实践哪方面的东西，从而能够被一家企业接纳。

尤其是学习什么内容，看什么书，希望更多大牛推荐、指导（实践什么？看什么书？关注什么内容）。

1. 为什么 SEO 从业人员遇到如此多困惑？

这位题主非常用心地列举了自己的经历，不知道各位读者看完之后是否感同身受，至少曾经的我有着完全一样的困惑。当时的我在某论坛上见识了外链顶起来的批发站案例，因此对其"SEO 军律"深信不疑，为了优化一两个词的排名，像打了鸡血一样在各个论坛、各个博客一条条手工发着外链（当时提倡着外链必须要手工发，软件发的会被识别、被"K"），可怜巴巴地加着各个外链交换 QQ 群，希望碰到个小白拿一个 PR 比我高的站来换个链接，如此日复一日。我比这位题主唯一运气好一点的是，当年的我赶上了科学 SEO 潮最活跃的时期，现今活跃在圈子内的许多位大神几乎都是在同时期涌现的，我很有幸一同见证了他们的成长。他们作为科学 SEO 理念的忠实拥趸，在此后一两年的空窗期内，扛起了最艰巨的布道工作，对 SEO 行业起着举足轻重的影响，值得我等尊敬和学习。所以当我在 2014 年 5 月看到这篇文章之时真是百感万千，但又五味杂陈。庆幸的是这位题主已经开始反思、开始怀疑，不幸的是传统陈旧 SEO 理念的广泛流传性对新手的误导竟依旧深远，大部分 SEO 从业人员仍在原地踏步。

图 12-11 分别是某论坛 2014 年的截图及 2011 年的截图，不看日期你能分得出来么？

图 12-11　某论坛不同年度的截图

再举个例子，百度一下"如何提高网页速度 SEO"，看一下 SEO 圈子内的流行技术。结果中除了 ChinaZ 转载的《网页加载速度是如何影响 SEO 效果的》一文外，其余均大同小异，无非是换服务器，打开 Gzip，合并 CSS/JS，精简源代码等。哪怕是 Yahoo！的 yslow 性能优化 34 准则及 Google 官方的 PageSpeed 指南也无一例外地过于注重前端类的优化，当然这些做法的确能提升网页加载速度，但其影响顶多就是百毫秒级，而单单一个配置错误 conf 的 Apache 服务器可能带来的就是几秒乃至十几秒级别的延迟，错误的优化重心可谓是拣了芝麻丢了西瓜。

画龙画虎难画骨，正是由于传统 SEO 观念过于陈旧，只求表面方法，不求甚解，所以 SEO 才不能像编程、数据库等成为一门专业学科。同时这样的 SEO 方法经不起推敲，有时连自己都说服不了，更别提赢得同事、领导的信任了。

2．为什么大网站 SEO 做起来反而更简单

大中型网站的优化经验中屡试不爽的一点是，在刚接手一个未经优化的网站时，几乎只要花 20%的精力挖掘出这个网站已有的内容潜力，即可很轻松地实现流量增长目标的 80%。这往往让人有"翻手为风，覆手为雨"的错觉。

但当开始自己推新站时发现完全不是那么回事，据传国平在刚开始他的英文 B2C 时也经历了一番挣扎。这是因为大网站、大公司，有现成人力物力资源可调配（服务器挂了有运维人员顶着，改功能有程序员敲着代码，要改版有设计师画着设计稿，内容有编辑手工调），SEO 流量增长最终也该归功于整个团队的通力合作，而非一个神装 SEO 人员。即团队成就个人。

而小网站，尤其是个人站，除了燃烧自己去创造资源外，别无他法。

3．跳出 SEO 圈子,提高自己的天花板！

所以，我是这样回答前面的问题的："跳出你现在所处的知识圈，去接触其他对 SEO 会产生重大影响的因素如内容运营，编程，运维等。到时你会发现，要想在这个行业做到顶尖，天花板高得很。"

12.3.2　运维技术是如何影响 SEO 的

前面提到，能对 SEO 产生影响的因素有很多，这其中最基础的就是网站的可用率及响应时间，在互联网行业中对应的职位就是运维工程师。大多数个人站长身份的读者们，尽管没有条件招聘一个全职的运维工程师，但是聪明的你完全可以自学成才，无师自通。

关于自学，我谈一下个人见闻。我接触的自学 SEO 相关技术的朋友们，大致有三种类型：第一类想学但看了一点觉得还是太麻烦就放弃了，是为弃跑；第二类觉得脑洞大开，一头猛扎进技术领域，最后由于太入迷无法自拔，改行当了程序员，是为跑偏；第三类虽每样都只学了个半斤八两，但最终在项目中游刃有余，是直线跑。跑偏童鞋的求知欲及执行力实际上是三类中最高的，但不幸的是他进了误区——为了技术而技术。就如同我们做 SEO 的目的是为了获取高相关性流量及转化一样，学习并驾驭技术的目的是解决问题。而优秀 SEO 人员的核心竞争力本身是一种平衡的综合能力，无论是沟通还是编程都不求登峰造极，但求均有所涉猎！

再打个比方，不少玩过《暗黑破坏神》或类似游戏的朋友都知道，游戏人物属性不能只堆攻不堆血，只堆防不堆攻。同样的，现代快节奏生活给每个人自由支配的时间很有限，因此最高效的学习方法绝不是孤注一掷把一门技术学到大师级，而是"不多不少，80 刚好"。按照"一万小时定律"，要成为某个领域的专家，需要一万个小时，如果每天工作八个小时，一周工作五天，那么至少需要五年。但好玩的是，如果我们只是为了掌握这门技术的 80%或者更少，几百个小时足以。

那么在接下来的篇幅中，我将以提高网页访问速度为例来为大家理一下正确的优化思路，并展示一些运维技巧。值得一提的是部分内容需要读者有 Linux VPS 的使用经验及部分 shell 编程能力。现在的 VPS 都很便宜，所以我建议还在使用虚拟主机的读者购买一个，关于系统，不要纠结，就选 centos（为什么不用 Debian/Ubuntu？知乎上搜索下就知道了）。一些基础 shell 指令碍于篇幅无法展开，可百度 ChinaUnix 论坛上的《shell 基础二十篇》进行学习。

1. 提高网页访问速度是门学问

说起网页访问速度，不少人嗤之以鼻，觉得这是很简单、很好度量的一个值。事实上呢？我们先从度量网页访问速度的几项指标说起。

（1）TTFB（Time to First Byte）

TTFB，首字节时间，顾名思义，是指从客户端开始和服务端交互到服务端开始向客户端浏览器传输数据的时间（包括 DNS、连接和请求响应时间），是能够反映服务端响应速度的重要指标。

（2）TTSR(Time to Start Render)

TTSR，开始渲染时间，是指某些非空元素开始在浏览器显示时的时间，这也是一项重要指标，即 TTSR 越短，用户越早浏览器中的内容，心理上的等待时间会越短。过多的 CPU 消耗会拖慢 TTSR，所以网站中如果有大量图片和脚本往往会造成不良用户体验。

（3）TTDC（Time to Document Complete）

TTDC，文档完成时间，是指页面结束加载，可供用户进行操作的时间，等价于浏览器的

onload 事件触发点。TTDC 是比较重要的性能优化对象，TTDC 越低，页面加载速度越快，用户等待时间越短。

（4）TTFL(Time to Fully Loaded)

TTFL，完全加载时间，是指页面在 onload 之前和 onload 事件之后额外加载的内容所花费的时间总和，即页面完全加载完毕消耗的总时间。

没想到仅仅一个网页访问速度就又是 load 又是 render 的，有点云里雾里的感觉。随着现代 Web 开发技术的成熟，一个网页出现多媒体文件如图片、音频、视频等的数量越来越多，Ajax 也让页面的交互性越来越强，浏览器对 HTML5 及 CSS 3 的大力支持也让页面特效越来越炫。因此，真要优化网页访问速度，还真是门不小的学问。

2．决定爬虫访问网页速度的四个指标

我们做 SEO 的对象是爬虫，而爬虫说白了就是个简单的 TCP 程序，它只会下载网页而不会执行任何渲染和特效。所以爬虫下载网页时间的指标可细分为四个，如图 12-12 所示。

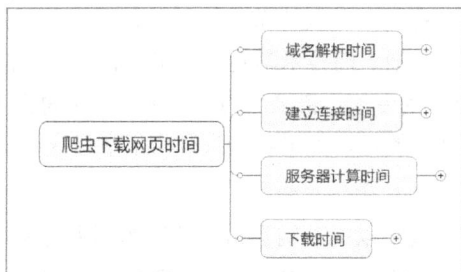

下面会单独为大家分解各个指标的优化点。

（1）优化 DNS 域名解析时间

用户打开网站的整个流程中，DNS 解析是第一环，当用户输入域名并敲回车后，Windows 系统调用 DNS client，寻找到用户配置或者自动分配的 DNS IP，之后就开始整个解析过程。DNS 服务器忙了一段时间，完成解析到此域名的数字 IP 服务器，一般情况下返回给定域名对应的 IP 地址会花费 20 到 120 毫秒的时间，而且在这个过程中浏览器什么都不会做，直到 DNS 查找完毕。

很多小型网站，DNS 解析时间都接近 0.5s，我甚至见过一个网站，需要 1.2s 才可以解析出结果。这是个非常令人吃惊的数据，因为对于一般网站，等待时间超过 8s 用户就会放弃访问，而对于电子商务网站，4s 就是用户的忍耐极限。而一般经过优化的小型网站，DNS 解析时间都可以控制在 200ms 左右。

① 利用好 TTL

TTL 即 Time To Live，缓存的生存时间，是指地方 DNS 缓存你的域名记录信息的时间，缓存失效后会再次获取记录值。

因为要尽量多地让用户直接从 DNS 缓存中拿到 A 记录，这样才能保证最快，但是也要保证，当你的服务器出问题时，需要尽快切换，所以，TTL 可分成以下两种情况对应设置。

- 服务器有没有多台或者备份。如无备份，那么服务器宕机时，你只能生扛，所以，TTL 时间对于你来说越长越好，因为 TTL 短的目的是服务器发生问题时，可以及时切换，这一点没有备份的网站基本利用不上。所以，你的 TTL 设置就是越长越好，当然，也不能无限长，一般设置 TTL 为 3600（也就是一个小时）即可。

- 如有备份或者有多台服务器，会发生由于服务器宕机需要及时做切换的情形，TTL 时间越短，切换越及时，但是 TTL 时间越短，也就意味着运营商 DNS 经常缓存不住。一般用户，设置为 TTL 600（十分钟）即可，如果是对及时切换要求特别苛刻的网站，设置为 TTL 120（两分钟）即可。

② 选择足够热的域名解析商

很多网站自己做一个域名解析服务器，看上去自己掌控方便了，但是大错特错，因为你的域名解析服务器，基本上都不被缓存，每次从根服务器询问一圈，绕了大半个地球，才给出最后的结果，效果自然会很差。所以，要寻找足够热的域名解析商。什么叫热？就是被访问的次数特别多。足够热的话，域名解析服务器的 A 记录基本上会被各地运营商的 DNS 一直缓存着。如何判断域名解析商够不够热呢？其实很简单，看看这个域名解析商的客户够不够多，他们的客户网站够不够热门，访问的人够不够多即可。

值得一提的是在购买域名后，域名商基本上都会免费提供他们旗下的 DNS 解析服务，一些大点的域名商如万网倒还好，小域名商的 DNS 解析服务则建议更换。

③ 进阶技巧——巧用 CNAME

我们先来看一个例子，如图 12-13 所示。

图 12-13　案例

Ping www.baidu.com 的结果为什么会出现 www.a.shifen.com 呢？这是因为 baidu 将 www 二级域名 cname 到了 www.a.shifen.com 上了。那么为什么不直接用 A 解析到 IP 地址，而要多此一举地进行 cname 呢？

下面就是百度所使用的技巧：巧用 cname。不少站长在同样的一个或多个服务器上运营很多小网站，或者自己运营一个网站，但是拆分了很多个二级域名。针对这些情况，非常需要善用 cname，把所有的这些小网站的域名或者二级域名，cname 到一个自己定义的统一域名，然后设置 TTL 时间足够长。这样的话，保证网站的第一次解析，可以直接从运营商的 DNS 缓存中拿到，也就是直接拿到 cname 后的记录。然后，被 cname 的域名设置为 A 记录解析，并设置一个相对合理的 TTL 值。通过这样，变相加热了被 cname 的域名，通过加热被 cname 的域名和缓存时间足够长的 cname 域名，最大化地优化 DNS 解析时间。该技巧一定要确保，最后 A 记录得到的

IP，可以服务这些原始域名。

上面的解释可能略微绕口，还是直接看图吧，如图 12-14 所示。

图 12-14　个人博客域名在 DNSPOD 上的记录

图 12-14 是以我的个人博客域名在 DNSPOD 上的解析记录，可以看到我专门新建了 cname 二级域名，并将其作为 A 记录解析到 IP 地址上，TTL 设置为 3600。而 www、m 二级域名及空白域名则通通采用 cname 记录解析到 cname.seodug.com，TTL 设置为 86400。

效果立竿见影，如图 12-15 所示。

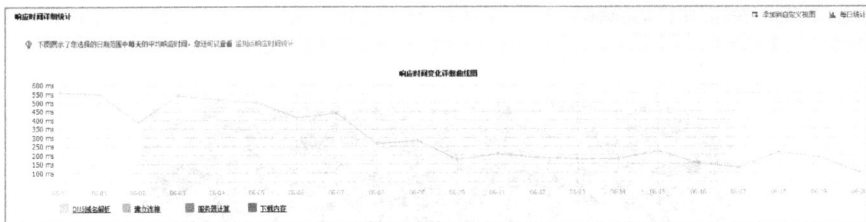

图 12-15　巧用 cname 后的效果

（2）优化建立连接时间

什么是建立连接时间？再次引用一下 ping www.baidu.com，如图 12-16 所示。

图 12-16　ing www、baidu、com

当 URL 被解析成一个 IP 地址后，建立连接时间表示客户端连接到服务端所花费的时间，如图 12-16 中的 29 毫秒就是本地与 61.135.169.125 的平均建立连接时间。

没错，这就是伟大的 TCP/IP 协议。IP 层接收由更低层（网络接口层例如以太网设备驱动程序）发来的数据包，并把该数据包发送到更高层——TCP 或 UDP 层，然后 TCP 层通过三次握手建立连接，至此客户端就可以和服务器通信了。

而影响建立连接时间的因素有网络延时、路由问题、服务器宽带问题、服务器连接数问题、长城墙问题等。不好意思的是，该项指标几乎没有回旋的余地，在你选定服务器物理位置的时候，建立连接时间早已成定局，如美国的服务器妥妥地在 150 毫秒以外。

但是我们可以通过优化 Linux 内核参数来提高服务器 TCP 并发连接数，这在高流量站点中是非常必要的。内核参数文件位于/etc/sysctl.conf。下面列举了一些参数含义及优化值，读者们可视实际情况进行尝试。

```
net.ipv4.tcp_max_tw_buckets = 6000
```
timewait 的数量，默认是 180000。

```
net.ipv4.ip_local_port_range = 1024    65000
```
允许系统打开的端口范围。

```
net.ipv4.tcp_tw_recycle = 1
```
启用 timewait 快速回收。

```
net.ipv4.tcp_tw_reuse = 1
```
开启重用。允许将 TIME-WAIT sockets 重新用于新的 TCP 连接。

```
net.ipv4.tcp_syncookies = 1
```
开启 SYN Cookies，当出现 SYN 等待队列溢出时，启用 Cookies 来处理。

```
net.core.somaxconn = 262144
```
Web 应用中 listen 函数的 backlog 默认会给我们内核参数的 net.core.somaxconn 限制到 128，而 nginx 定义的 NGX_LISTEN_BACKLOG 默认为 511，所以有必要调整这个值。

```
net.core.netdev_max_backlog = 262144
```
每个网络接口接收数据包的速率比内核处理这些包的速率快时，允许送到队列的数据包的最大数目。

```
net.ipv4.tcp_max_orphans = 262144
```
系统中最多有多少个 TCP 套接字不被关联到任何一个用户文件句柄上。如果超过这个数字，孤儿连接将即刻被复位并打印出警告信息。这个限制仅仅是为了防止简单的 DoS 攻击，不能过分依靠它或者人为地减小这个值，更应该增加这个值（如果增加了内存之后）。

```
net.ipv4.tcp_max_syn_backlog = 262144
```
记录的那些尚未收到客户端确认信息的连接请求的最大值。对于有 128MB 内存的系统而言，缺省值是 1024，小内存的系统则是 128。

```
net.ipv4.tcp_timestamps = 0
```
时间戳可以避免序列号的卷绕。一个 1Gbps 的链路肯定会遇到以前用过的序列号。时间戳能够让内核接受这种"异常"的数据包。这里需要将其关掉。

```
net.ipv4.tcp_synack_retries = 1
```
为了打开对端的连接，内核需要发送一个 SYN 并附带一个回应前面一个 SYN 的 ACK。也就是所谓三次握手中的第二次握手。这个设置决定了内核放弃连接之前发送 SYN+ACK 包的数量。

```
net.ipv4.tcp_syn_retries = 1
```

在内核放弃建立连接之前发送 SYN 包的数量。

```
net.ipv4.tcp_fin_timeout = 1
```

如果套接字由本端要求关闭，这个参数决定了它保持在 FIN-WAIT-2 状态的时间。对端可以出错并永远不关闭连接，甚至意外当机。默认值是 60 秒。2.2 内核的通常值是 180 秒，你可以按这个设置，但要记住的是，即使你的机器是一个轻载的 WEB 服务器，也有因为大量的死套接字而内存溢出的风险，FIN- WAIT-2 的危险性比 FIN-WAIT-1 要小，因为它最多只能吃掉 1.5KB 内存，但是它们的生存期长些。

```
net.ipv4.tcp_keepalive_time = 30
```

当 keepalive 起用的时候，TCP 发送 keepalive 消息的频度。默认是 2 小时。

一个完整的内核优化配置如下：

```
net.ipv4.ip forward = 0
net.ipv4.conf.default.rp filter = 1
net.ipv4.conf.default.accept source route = 0
kernel.sysrq = 0
kernel.core uses pid = 1
net.ipv4.tcp syncookies = 1
kernel.msgmnb = 65536
kernel.msgmax = 65536
kernel.shmmax = 68719476736
kernel.shmall = 4294967296
net.ipv4.tcp max tw buckets = 6000
net.ipv4.tcp sack = 1
net.ipv4.tcp window scaling = 1
net.ipv4.tcp rmem = 4096          87380     4194304
net.ipv4.tcp wmem = 4096          16384     4194304
net.core.wmem default = 8388608
net.core.rmem default = 8388608
net.core.rmem max = 16777216
net.core.wmem max = 16777216
net.core.netdev max backlog = 262144
net.core.somaxconn = 262144
net.ipv4.tcp max orphans = 3276800
net.ipv4.tcp max syn backlog = 262144
net.ipv4.tcp timestamps = 0
net.ipv4.tcp synack retries = 1
net.ipv4.tcp syn retries = 1
net.ipv4.tcp tw recycle = 1
net.ipv4.tcp tw reuse = 1
net.ipv4.tcp mem = 94500000 915000000 927000000
net.ipv4.tcp fin timeout = 1
net.ipv4.tcp keepalive time = 30
net.ipv4.ip_local_port_range = 1024     65000
```

（3）优化服务器计算时间

服务器计算时间优化是整个网页访问速度优化的核心和难点。由于动态脚本语言的特性，硬盘 I/O、CzPU 使用率及内存使用率都有可能出现瓶颈并导致服务器负载居高不下，连接数堆滞，最终宕机。如果不及时解决，那就是周而复始的恶性循环。但对于非研发或运维出生的个人站长而言，难点就在于只知道服务器计算速度很慢，慢在哪里了不知道，怎么查也不知道，更不用提怎么优化了。

古语有云"病急乱投医"，我就曾遇到过一位被负载搞得头大的朋友，硬是将单个网页的源代码生生缩至一行内，还大量合并了 CSS/JS。可惜的是这种"头疼医脚"的做法，没起到任何的作用。后来我为其检查发现其服务器的性能瓶颈主要是在 sphinx 上，每隔一段时间单个查询的时间就会飙升至 10 秒开外，立即阻塞了所有的进程，下场就是宕机。在为 sphinx 开启 CPU 状态监控及 I/O 状态监控后，明显发现宕机期间查询时间中的 90% 耗费在了 I/O 上。到这里我就明白了，是由于服务器本来就有较频繁的 I/O，导致索引文件在内存中无法常驻，时不时地会被 Linux 交换到硬盘上，所以解决方法就是强制将索引文件写入内存，并对这部分 Cache 的内存进行锁定。负载问题就此迎刃而解。

① 看图理解用户打开浏览器访问网页背后发生了些什么

科学的 SEO 是从常识出发，原理出发。科学地优化服务器计算时间更是要理解原理。因此我们首先对照着图 12-17 来理解一下服务器计算到底经历了哪些环节。

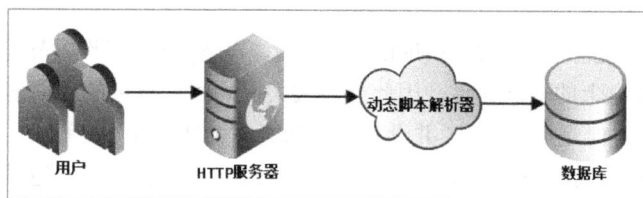

图 12-17 服务器计算经历的环节

当用户通过 HTTP 协议发送一个 GET/POST 请求后，首先会由 HTTP 服务器进行应答。PHP 语言常用的 HTTP 服务器是 Apache（本文所指的 Apache 为 Apache HTTP Server 的简称。由于 Apache 软件基金会旗下还有 Apache Hadoop、Apache Tomcat 等大名鼎鼎的软件，因此 Apache 实际并非某单一软件的名字，特此注明）及 nginx，其中 nginx 在国内又有两个分支：ngx_openresty 及 tengine，分别由前淘宝的技术大牛章亦春 agentzh 及淘宝 tengine 团队维护。

Apache 和 nginx 互有优劣，Apache 胜在稳定，nginx 胜在性能。关于两者工作方式的区别，形象地说我们可以把服务器想象成饭店，Apache 的工作方式就如同每一个厨师服务一桌顾客，从点菜开始到炒菜到上菜到收银，有 n 个厨师就只能服务 n 桌顾客。而 nginx 作为一个强大的服务员，把招呼，点菜、上菜和收银的活都做了，厨师只需要专心炒菜就行。

只是 nginx 的部署相比 Apache 要复杂不少，尤其是如果要支持 PHP 语言的话还需要配置后端反向代理 php-fpm，不像 Apache，安装时就自带稳定高效的 mod_php。更何况还不支持.htacess，所有包括 rewrite 在内的规则都得自己手动翻译成 nginx 版本。因此，对于中小网站，我个人推荐使用 Apache。

在 HTTP 服务器读完整个请求后会交给动态脚本解析器进行处理，Apache 环境就是

mod_php，而 nginx 环境则是首先交给 php-fpm，php-fpm 负责进程调度并分配到具体的 php-cgi 进程上。此后 PHP 代码被解析并开始从数据库读取必要数据。最终，在处理完所有程序逻辑后，HTTP 服务器开始回传数据，服务器计算到此为止。

而入手优化服务器计算时间的第一步就是部署缓存，如图 12-18 所示。

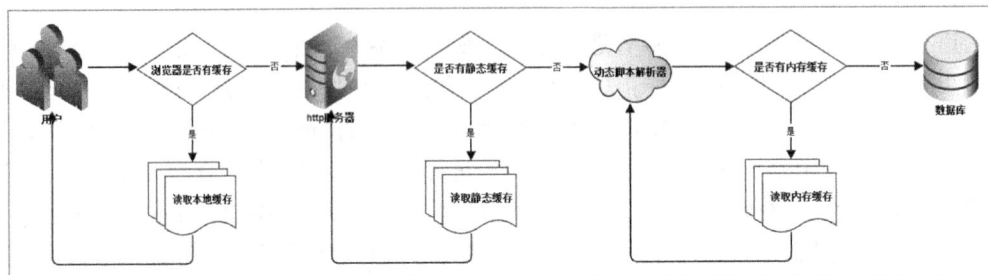

图 12-18　部署缓存

由图 12-18 可看到，实际在每一个交互环节都可以部署缓存，起到层层加速的效果。由于浏览器缓存并不属于服务器计算环节，因此这部分内容我将放到后面的"优化下载时间"章节进行讨论。下文将以流行的 LAMP 环境为例，向大家介绍具体的优化方案。

② 部署数据缓存

I. Apache 环境万能静态化方案及 shell 脚本实现。在 Apache 端设置静态缓存后，用户访问网页会直接定位至硬盘上的静态文件，因此能够大大提高网站整体的访问速度并大幅减少后端 PHP 及数据库的压力。但是不少 CMS 并没有类似功能或者功能并不完整。而如果单独按照需求开发对应 CMS 的插件，学习成本很高。因为各个 CMS 之间的插件开发逻辑各不相同，更可怕的是国内 CMS 商的文档通常都是糟糕至极，国外 CMS 文档尽管完整，但全英文也设了一定的门槛。值得庆幸的是通过自定义 Apache 配置及 shell 脚本我们完全可以脱离 CMS，实现静态缓存的增删改操作，并且可跨所有平台所有脚本语言，称之为万能方案也不为过。

当然这套方案也有不足：

第一，只适合中小网站。这主要是受限于单目录文件数量，通常一个目录存放一万个文件的性能是 OK 的。但是如果上十万、百万，单目录读写性能就会呈指数级迅速衰减。

第二，缓存生成速度需优化。这主要受限于两点：shell 脚本单线程下载网页是硬伤；硬盘写入速度有影响。同一网站，SSD 固态硬盘服务器相比 SATA 硬盘服务器的缓存生成速度快了至少 4 倍。

下面来说实现静态化的思路：首先配置 Apache 让其判断当前 URL 是否在缓存目录中存在对应的静态文件，若存在则直接 rewrite 请求至静态文件，若不存在则正常执行动态脚本解析。接着，定期执行 shell 脚本，读取并构建所有需要增删改缓存的 URL 列表，并依次保存至对应的目录当中。

下面是具体的 Apache 配置文件，为了便于理解，我写了详细的注释。使用时请使用记事本打开.htaccess 文件，删除下文注释后复制至.htaccess 文件的最上方。

```
<IfModule mod_rewrite.c>
```

```
RewriteEngine On
# 请求类型需为 get
RewriteCond %{REQUEST METHOD} ^(GET)
# URL 中需要包含参数
RewriteCond %{QUERY STRING} !^$
```

%{DOCUMENT ROOT}代表网站的实际物理路径，该值是 Apache 的内置参数，等同于当前站点 VirtualHost 配置中的 DocumentRoot 值。%{HTTP HOST}代表当前网站的域名。%{REQUEST URI}则代表 URI（也就是 URL 中域名后面的部分），需要特别注意的是，不同于 PHP 中的$ SERVER[REQUEST URI]参数，Apache 的%{REQUEST URI}是不包含参数的，因此需要单独使用%{QUERY STRING}来获取参数并与%{REQUEST URI}共同组成缓存文件名。此处我使用 x q x 来替代 URL 中?的原因是避免 shell 脚本误将?作为系统指令执行导致脚本报错退出

```
    RewriteCond
%{DOCUMENT ROOT}/staticcache/%{HTTP HOST}/%{REQUEST URI}x q x%{QUER
Y STRING}.html -f
    # 如果上面条件都满足，则使用静态缓存文件
    # 含参数的静态缓存文件示例如下
/home/wwwroot/abc.com/staticcache/www.abc.com/news/cate.phpx q xid=
1.html
    RewriteRule ^(.*)$
%{DOCUMENT ROOT}/staticcache/%{HTTP HOST}/$1x q x%{QUERY STRING}.ht
ml [L]


    RewriteCond %{REQUEST METHOD} ^(GET)
    # URL 中需要不含参数
    RewriteCond %{QUERY STRING} ^$
    RewriteCond
%{DOCUMENT ROOT}/staticcache/%{HTTP HOST}/%{REQUEST URI}.html -f
    # 不含参数的静态缓存文件示例如下
/home/wwwroot/abc.com/staticcache/www.abc.com/news/cate.php.html
    RewriteRule ^(.*)$
%{DOCUMENT ROOT}/staticcache/%{HTTP HOST}/$1.html [L]


    RewriteCond %{REQUEST METHOD} ^(GET)
    RewriteCond %{QUERY STRING} ^$
    # URL 需以/结尾
    RewriteCond
%{DOCUMENT ROOT}/staticcache/%{HTTP HOST}/%{REQUEST URI} -d
    RewriteCond
%{DOCUMENT ROOT}/staticcache/%{HTTP HOST}/%{REQUEST URI}/index.html
-f
    # 不含参数且结尾为斜杠的静态缓存文件示例如下
/home/wwwroot/abc.com/staticcache/www.abc.com/news/index.html
    RewriteRule ^(.*)$
%{DOCUMENT ROOT}/staticcache/%{HTTP HOST}/$1index.html [L]
    </IfModule>
```

接下来是负责操作静态缓存的 shell 脚本中的核心代码：

```
# 定义一级缓存目录的物理位置
```

```
mulu="/home/wwwroot/abc.com/staticcache/"
```

从 urllist 文件中循环读取所有文章状态正常（flag 字段值为 1）的待生成或待更新缓存的 URL 列表，格式为每行一个以 http://打头的 URL

```
for line in $(awk '{if($2==1)print $1}' ${mulu}urllist)
do
```
判断 URL 是否是以/结尾，并对应设置 dir 参数值（也就是缓存的子目录）及 filename 参数（缓存文件名）
```
if echo ${line} | egrep "/$" > /dev/null 2>&1
then
    dir=$(echo "${line}" | sed 's~http://~~g')
    filename='index'
else
    dir=$(echo "${line}" | sed 's~http://~~g' | egrep -o ".+/")
    filename=$(echo "${line}" | awk -F"/" '{print $NF}' | awk -F"?" '{printf $1}')
fi
```

判断 URL 中是否包含参数，并对应设置 querystring 参数值（也就是 URL 中?id=123 这部分，只不过将?替换成了 x q x，也就是 x q xid=123）
```
if echo ${line} | grep "?" > /dev/null 2>&1
then
    querystring=$(echo "${line}" | awk -F"?" '{printf "x q x"$2}')
else
    querystring=''
fi
```

若缓存目录不存在，则递归新建目录
```
if [ ! -d ${mulu}${dir} ]
then
    mkdir -p ${mulu}${dir}
fi
```

若缓存目录下存在旧缓存文件，则要先删除旧版的静态缓存，否则脚本下载到的还是静态缓存而非动态脚本处理后的页面
```
if [ -f ${mulu}${dir}${filename}${querystring}.html ]
then
    rm ${mulu}${dir}${filename}${querystring}.html
fi
```
#下载最新内容，并保存为.NEWC 后缀的文件，之所以不直接保存为.html 格式的静态缓存，是因为指令行中写入文件的操作优先于 curl 开始，也就是在 curl 开始下载前，一个空白文件已经建好了，当 curl 访问时，Apache 判断到存在静态缓存文件就直接返回了该空白文件，导致缓存最终失败
```
echo "正建立静态缓存：${line}"
curl -s "${line}" > ${mulu}${dir}${filename}${querystring}.NEWC
#将新缓存替换上去
mv ${mulu}${dir}${filename}${querystring}.NEWC
${mulu}${dir}${filename}${querystring}.html
done
```

上面的核心脚本只考虑了新建缓存，在实际工作中，我们经常需要下线一些文章或内容，并让其返回 404 状态码。那么尽管我们在后台已下线或已删除文章，但是由于之前建立过静态缓存文件，这类 URL 仍然是 200 状态码，这显然不合理。除此以外，上文中的关键文件 urllist 也应该自动生成，让整个缓存的增删改过程完全无须人工参与。

下面是最终完整的一个样例脚本，在上面核心代码的基础上新增了数据表读取并组合生成 urllist，并同时输出 URL 的状态，若为已删除则自动删除缓存文件。具体使用方法在脚本下方有介绍。

```bash
#! /bin/bash
#预定义数据库名，表名，MySQL 用户名及密码
database="tdb"
table="ttable"
MySQLaccount="test"
MySQLpassword="123456"

#Apache 进程的用户名，对应的是 httpd.conf 中的 User 及 Group 值
Apacheuser="daemon"
Apachegroup="daemon"

#构建获取 URL 的 SQL 查询，在本例中，我们假设 URL 是由数据表中的 cate 字段，id
字段组合而成的，而且还有一个 flag 字段用于表示该文章的状态（0 代表已删除，1 代表正
常）
sqlquery="SELECT CONCAT("http://www.ab.com/",cate,"/",id,"/") AS
URL,flag from ${table};"

#利用 MySQL 命令行导出 URL 列表，并删除第一行字段名及空行
mysql -u${MySQLaccount} -p${MySQLpassword} ${database}
-e"${sqlquery}" | sed -e '1d' -e '/^\s*$/d'  > ${mulu}urllist

# 定义一级缓存目录的物理位置
mulu="/home/wwwroot/abc.com/staticcache/"

# 从 urllist 文件中循环读取所有文章状态正常（flag 字段值为 1）的待生成或待更
新缓存的 URL 列表，格式为每行一个以 http:// 打头的 URL
for line in $(awk '{if($2==1)print $1}' ${mulu}urllist)
do
# 判断 URL 是否是以/结尾，并对应设置 dir 参数值(也就是缓存的子目录)及 filename
参数（缓存文件名）
if echo ${line} | egrep "/$" > /dev/null 2>&1
then
    dir=$(echo "${line}" | sed 's~http://~~g')
    filename='index'
else
    dir=$(echo "${line}" | sed 's~http://~~g' | egrep -o ".+/")
    filename=$(echo "${line}" | awk -F"/" '{print $NF}' | awk -F"?"
'{printf $1}')
fi
```

```
# 判断 URL 中是否包含参数,并对应设置 querystring 参数值(也就是 URL 中?id=123
这部分，只不过将?替换成了 x q x，也就是 x q xid=123)
if echo ${line} | grep "?" > /dev/null 2>&1
then
    querystring=$(echo "${line}" | awk -F"?" '{printf "x q x"$2}')
else
    querystring=''
fi


# 若缓存目录不存在，则递归新建目录
if [ ! -d ${mulu}${dir} ]
then
    mkdir -p ${mulu}${dir}
fi


# 若缓存目录下存在旧缓存文件，则要先删除旧版的静态缓存，否则脚本下载到的还是
静态缓存而非动态脚本处理后的页面
if [ -f ${mulu}${dir}${filename}${querystring}.html ]
then
    rm ${mulu}${dir}${filename}${querystring}.html
fi
#下载最新内容，并保存为.NEWC 后缀的文件，之所以不直接保存为.html 格式的静态
缓存，是因为指令行中写入文件的操作优先于 curl 开始，也就是在 curl 开始下载前，一个
空白文件已经建好了，当 curl 访问时，Apache 判断到存在静态缓存文件就直接返回了该空
白文件，导致缓存最终失败
echo "正建立静态缓存: ${line}"
curl -s "${line}" > ${mulu}${dir}${filename}${querystring}.NEWC
#将新缓存替换上去
mv ${mulu}${dir}${filename}${querystring}.NEWC
${mulu}${dir}${filename}${querystring}.html
done


# 从 urllist 文件中循环读取所有文章状态为已删除（flag 字段值为 0）的 URL 列表
并删除其静态缓存文件，格式为每行一个以 http://打头的 URL
for line in $(awk '{if($2==0)print $1}' ${mulu}urllist)
do
# 判断 URL 是否是以/结尾,并对应设置 dir 参数值(也就是缓存的子目录)及 filename
参数（缓存文件名）
if echo ${line} | egrep "/$" > /dev/null 2>&1
then
    dir=$(echo "${line}" | sed 's~http://~~g')
    filename='index'
else
    dir=$(echo "${line}" | sed 's~http://~~g' | egrep -o ".+/")
    filename=$(echo "${line}" | awk -F"/" '{print $NF}' | awk -F"?"
'{printf $1}')
fi

# 判断 URL 中是否包含参数,并对应设置 querystring 参数值(也就是 URL 中?id=123
```

这部分，只不过将?替换成了 x q x，也就是 x q xid=123)

```
if echo ${line} | grep "?" > /dev/null 2>&1
then
    querystring=$(echo "${line}" | awk -F"?" '{printf "x q x"$2}')
else
    querystring=''
fi

# 若缓存目录下存在缓存文件，则删除
if [ -f ${mulu}${dir}${filename}${querystring}.html ]
then
    echo "正删除静态缓存: ${line}"
    rm ${mulu}${dir}${filename}${querystring}.html
fi
done
```

```
#将静态缓存目录的所属用户及组变更为 Apache 进程的用户及组，否则可能会出现
Apache 进程没有读权限而导致缓存无法服务
chown -R ${Apacheuser} ${mulu}
chgrp -R ${Apachegroup} ${mulu}
#删除临时文件 urllist
rm ${mulu}urllist
```

使用方法：

首先，执行下面的指令新建 abccache.sh，并将代码复制进去（如果不输出 vi 编辑器，则建议直接使用 windows 记事本新建并复制内容，结束后一定记得把后缀改成.sh 即可）。

```
$ vi abccache.sh
```

其次，根据自己实际 URL 构成来重写具体的 SQL 语句、目录位置及数据库名等变量值。

再次，执行下面的指令来保证该脚本具有可执行权限。

```
$ chmod 777 abccache.sh
```

最后，执行指令将 shell 脚本加入系统的 cron job 中定时执行。

```
$ crontab -e
```

在最后一行加入：

```
0 1 * * 1 /home/test/abccache.sh > /home/test/abccache.log 2>&1
```

表示每周一凌晨 1 点 00 分执行/home/test/abccache.sh 脚本（具体执行频率及脚本所在路径需按实际情况更改），并且重定向脚本标准输出及错误输出至 abccache.log，以便万一脚本出错，可根据 log 文件定位错误原因。

注：crontab 配置文件格式如下：

分 时 日 月 周 命令

II. Memcached 原理,部署及 hit rate 优化

现在的动态网站都将数据保存到数据库中，动态脚本解析器负责从中读取数据并显示。 但随着数据库数据量的增大、访问的集中，就会出现负载加重、数据库响应恶化、网站延迟等重

大问题。

这时就该内存缓存大显身手了。一般的使用目的是，通过内存数据库查询结果，减少数据库访问次数，以提高动态脚本解析的速度、提高可扩展性。

而 Memcached 作为老牌的高性能分布式内存缓存服务器，有着非常广泛的应用，如 Facebook 早在 2008 年就使用了超过 800 台服务器做 Memcached 集群，提供超过 28TB 的内存来服务用户。只是近两年 Redist 很火，因此 Redis 也常常被当作 Memcached 的替代者提到台面上来。关于 Redis 与 Memcached 的比较更是比比皆是。在性能上，Redis 是单线程的，只能使用一个核。而 Memcached 是多线程的，所以肯定是 Memcached 占优势，不过由于二者的性能都已经足够高了，所以实际在生产环境中几乎无法感受到差异。而 Redis 最大的优势在于数据持久化和数据同步的支持，因为这两个特性 Memcached 都不具备。举个例子：万一服务器机房停电导致服务器重启，那么关机前 Memcached 的缓存数据是会全部丢光的，因此重启后缓存需要经历一个较长的预热过程，这期间网站负载很有可能会居高不下。而 Redis 的持久化存储可以解决这个问题。

那么两者该如何选择呢？

小网站大部分基于传统关系型数据库如 MySQL，如果只是利用内存缓存来提高速度，建议选择 Memcached，因为简单，好用，无学习成本。而中型网站可能部分业务会遇到数据库瓶颈，那么 Redis 除了缓存之外，本身强大的数据结构，可以代替部分数据库功能，因此可以考虑迁移部分数据结构到 Redis，但是如果涉及大规模分布式部署，恰恰是 Redis 的短板，又该转而使用 Memcached。

所以最终应根据上面提到的具体场景选择具体的内存缓存应用。考虑到读者中中小站长占了大多数，因此内存缓存我将只介绍 Memcached。

a. Memcached 的安装及使用

首先，CENTOS 下可利用 yum 直接下载 Memcached 的两个依赖库 libevent 及 libevent-devel。

```
$ sudo yum install -y libevent libevent-devel
```

然后，下载 Memcached

```
$ sudo yum -y install memcached
```

接着，运行 memcached

```
$ sudo /usr/local/memcached/bin/memcached -d -m 128 -u root -p 11211
-c 10240 -P /var/run/memcached.pid
```

参数说明如下：

- -d 以守护程序（daemon）方式运行 Memcached；
- -m 设置 Memcached 可以使用的内存大小，单位为 MB；
- -u 指定用户；
- -p 设置监听的端口，默认为 11211，所以也可以不设置此参数；
- -c 指定 Memcached 的连接数上限。

最后，我们需要查看 PHP 是否已经安装了 memcache 扩展，首先定位 PHP 执行文件的目录：

```
$ whereis php
```

```
php: /usr/local/php
```

然后查看 PHP 的扩展中是否已经安装了 memcache：

```
$ /usr/local/php/bin/php -m | grep -i memcache
```

如果没有，则我们需要继续手动安装 memcache 的 PHP 扩展。

```
$ /usr/local/php/bin/pecl install memcache
…
…
…
…
Build process completed successfully
Installing
'/usr/local/php/lib/php/extensions/no-debug-non-zts-20090626/memcac
he.so'
install ok: channel://pecl.php.net/memcache-2.2.7
configuration option "php ini" is not set to php.ini location
You should add "extension=memcache.so" to php.ini
```

安装成功后系统会提示 memccache.so 的安装目录，我们复制目录后编辑
/usr/local/php/lib/php.ini，并在末尾添加以下内容：

```
[memcache]
extension dir="/usr/local/php fcgi/lib/php/extensions/no-debug-
non-zts-20060613/"
extension = "memcache.so"
output_buffering = On
```

最后重启 Apache 并再次使用指令检查是否安装成功。

```
$ /usr/local/php/bin/php -m | grep -i memcache
```

回到网站代码的部署上，一般市面上流行的 CMS 如 dedecms、discuz、phpcms、wordpress
等都自带有 Memcache 的支持，在后台当中找到对应的配置选项就能轻松启用。如果 CMS 不支
持，那么花点时间学习下 PHP 官方的 Memcache 类手册，也能很快地在程序中实现部署。下面
是一段 Memcache 使用的示例 PHP 代码：

```php
<?php
$memcache = new Memcache;
$memcache->connect('localhost', 11211) or die ("Could not connect
to Memcached");

//get posts 函数负责从数据库读取文章回来
function get posts()
{
$query="SELECT * FROM table LIMIT 20;";
$pdo = new PDO('mysql:host=127.0.0.1;port=3306');
$stmt = $pdo->query($query);
$rowset = $stmt->fetchAll();
}
```

```
//先从 memcache 读取数据，如果 memcache 中不存在，则走数据库读取并存储数据至
memecache，失效时间为 60 秒
$get result = $memcache->get('key');
If(false === $get result){
$get result = get posts();
$memcache->set('key', $get result, false, 60) or die ("Failed to
save data to memcache");
}
?>
```

PHP 调用 Memcached 的工作流程图如图 12-19 所示。

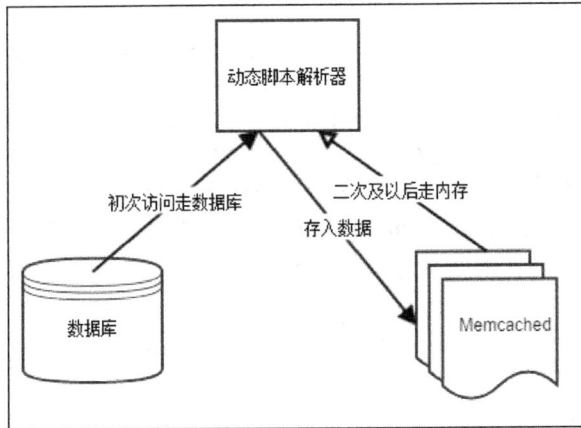

图 12-19　Memcached 的工作流程

b．Memcached 的原理及缓存命中率优化

使用 Memcached 最容易犯的错误，就是粗鲁地将所有结果存入内存。要知道，内存是服务器最宝贵的资源之一，浪费就太可惜了。因此如何在有限的内存资源中缓存更多的内容，并提高缓存的命中率是 Memcached 优化的核心。

先来看我手头一个服务器优化前的 Memcached 数据，如图 12-20 所示。

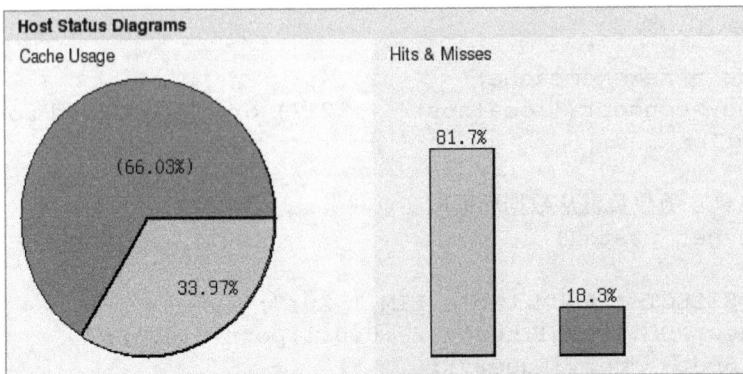

图 12-20　Memcache 图形化管理界面的截图

这是 Memcache 软件包中的内容之一。如果是按照上文 pecl 的方式安装的 Memcache，那么

需要单独下载软件包提取出该文件。操作如下：

```
$ wget http://pecl.php.net/get/memcache-2.2.6.tgz
$ tar zxf memcache-2.2.6.tgz
$ cd memcache-2.2.6
$ vi memcache.php
```

修改其中的 ADMIN_USERNAME 以及 ADMIN_PASSWORD 变量为你自定义的值，这两个是登录管理界面时使用的，Memcached 本身是没有任何用户名和密码的概念的。然后将 mymemcache-server2:11211 修改为 127.0.0.1:11211，除非你单机上有几个 Memcached 进程，否则直接删掉下面那行（$MEMCACHE_SERVERS[] = 'mymemcache-server2:11211'; // add more as an array）就可以了。

接着复制 memcache.php 到网站根目录下，用浏览器打开 http://www.abc.com/memcache.php，输入用户名和密码就可以进入上方的管理界面了。

回到正文，根据优化前的数据，我们可以看到服务器使用了 Memcached 内存总量的 66.03%，而 hit rate（缓存命中率）则达到了 81.7%。乍看似乎还不错，实际上却是个不合格的分数。首先是内存总量的问题，我发现尽管还剩余了不少内存，但是 Memcached 似乎已经存满了，因为总量占比永远在 66.03%并不再增加。其次是缓存命中率偏低的问题，81.7%的命中率没法令人满意，我的目标是至少 95%的命中率。

问题确定后就开始着手调查，要理解为何内存总量占比上不去，我们得先理解 Memcached 本身的构造原理。

Memcached 默认情况下采用了名为 Slab 分配器的机制分配、管理内存。在该机制出现以前，是通过对所有数据简单地进行内存动态分配和释放来进行的。

但是，这种方式会导致内存碎片，加重操作系统内存管理器的负担，最坏的情况下，会导致操作系统比 Memcached 进程本身还慢。Slab 分配器就是为解决该问题而诞生的。Slab 分配器的基本原理是按照预先规定的大小，将分配的内存分割成各种特定长度的块（英文为 chunk），以完全解决内存碎片问题。

形象地说我们可以把内存分配想象成坐车。每个乘车人胖瘦不一，最早的时候不管胖瘦都挨着坐，本来大家坐得满满当当的，但是中途有个胖子下车了，上来的是个瘦子，而车上的乘客都没素质，不愿主动和其他乘客挤挤给人留点空，所以瘦子只能坐胖子的位置然后还留了好大一个空地（这就产生了内存碎片），人上上下下，每次上来个新人，司机都要费九牛二虎之力尽量给他找个大小相当的空位，但仍然无法避免越来越多的空间浪费。后来聪明的司机发明了一个方法，分别给 40～60kg，60～80kg，80～100kg 的不同人士定制专座，乘客上车时先称体重，然后坐到对应的座位上去，这样子每个人都坐得舒舒服服的，而且大量减少了浪费空间。

图 12-21 为 Slab Allocation 的原理：将分配的内存分割成各种尺寸的块，并把尺寸相同的块合并至一组。

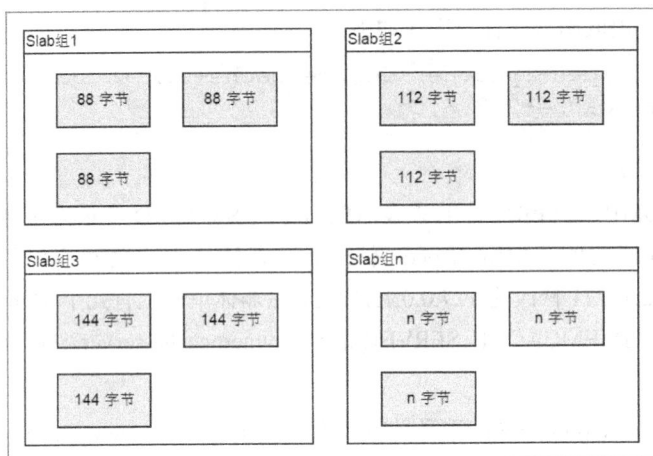

图 12-21　Slab All ocation 的原理

而且，Slab 分配器还有重复使用已分配的内存的目的。也就是说，分配到的内存不会释放，而是重复利用。

下面 Memcached 根据收到的数据的大小，选择最适合数据大小的 Slab。Memcached 中保存着 Slab 内空闲块的列表，根据该列表选择块，然后将数据缓存于其中，如图 12-22 所示。

实际上，Slab 分配器也有利有弊。Slab 分配器的缺点是尽管它解决了当初的内存碎片问题，但新的机制也给 Memcached 带来了新的问题。 这个问题就是，由于分配的是特定长度的内存，因此无法有效利用分配的

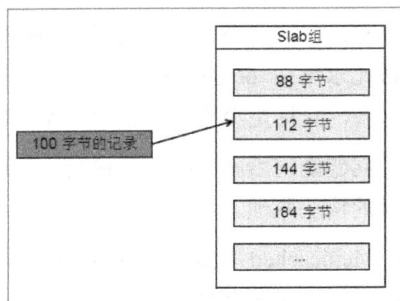

图 12-22　根据数据大小选择空闲块列表

内存。例如，将 100 字节的数据缓存到 128 字节的 chunk 中，剩余的 28 字节就浪费了。对于该问题目前还没有完美的解决方案，但在官方文档中记载了可行的解决方案——调节 Slab 组的大小差别。接下来说明 growth factor（成长因子）选项。

Memcached 在启动时指定 Growth Factor 因子（通过-f 选项），就可以在某种程度上控制 Slab 之间的差异。默认值为 1.25。 但是，在该选项出现之前，这个因子曾经固定为 2，称为 "powers of 2" 策略。让我们用以前的设置，以 verbose 模式启动 Memcached 试试看：

```
$ memcached -f 2 -vv
```

下面是启动后的 verbose 输出：

```
slab class   1: chunk size     128 perslab  8192
slab class   2: chunk size     256 perslab  4096
slab class   3: chunk size     512 perslab  2048
slab class   4: chunk size    1024 perslab  1024
slab class   5: chunk size    2048 perslab   512
slab class   6: chunk size    4096 perslab   256
slab class   7: chunk size    8192 perslab   128
slab class   8: chunk size   16384 perslab    64
slab class   9: chunk size   32768 perslab    32
```

```
slab class  10: chunk size  65536 perslab    16
```

明显可看到，从 128 字节的组开始，组的大小依次增大为原来的 2 倍。这样设置的问题是，Slab 之间的差别比较大，有些情况下就相当浪费内存。因此，为尽量减少内存浪费，Memcached 就增加了 growth factor 这个选项。

来看看现在的默认设置（f=1.25）时的输出：

```
slab class   1: chunk size     88 perslab 11915
slab class   2: chunk size    112 perslab 9362
slab class   3: chunk size    144 perslab 7281
slab class   4: chunk size    184 perslab 5698
slab class   5: chunk size    232 perslab 4519
slab class   6: chunk size    296 perslab 3542
slab class   7: chunk size    376 perslab 2788
slab class   8: chunk size    472 perslab 2221
slab class   9: chunk size    592 perslab 1771
slab class  10: chunk size    744 perslab 1409
```

可见，组间差距比因子为 2 时小得多，更适合缓存几百字节的记录。从上面的输出结果来看，可能会觉得有些计算误差，这些误差是为了保持字节数的对齐而故意设置的。将 Memcached 引入产品，或是直接使用默认值进行部署时，最好是重新计算一下数据的预期平均长度，调整 growth factor，以获得最恰当的设置。

至此，我们的第一个问题已经有了答案了，那就是 Memcached 中存在大量的缓存浪费现象。原因是各个缓存数据在大小上有非常大的差异。解决方法：调低成长因子至 1.1；对缓存数据启用文本压缩。开启 Memcached 数据压缩也很简单，直接使用 Memcache 类中的 setCompressThreshold 方法即可。

```
<?php
$memcache = new Memcache;
$memcache->connect('localhost', 11211);
$memcache->setCompressThreshold(2000, 0.2);//当需要缓存的数据大于
2000 字节时，以 0.2 的压缩比进行文本压缩。在数据小于 2000 字节的情况下，不需要压缩，
因为在这个基础上压缩省不了多少空间。
```

接下来解决第二个问题，那就是缓存命中率（hit rate）的提升，先看一下缓存命中率的计算公式：hit rate%= { get_hits / (get_hits + get_misses) } * 100%（get_hits 代表请求缓存的 get 命令命中次数，get_misses 就是 get 命令未命中次数）。由于 Memcached 中缓存了大量的数据，但是我们并不知道各类缓存数据的各自命中表现如何。因此根据上面介绍的 Slab 分配器原理，我们需要将饼图上这个整体缓存命中率指标细分至 Slab 组级别才行。

执行 stats slabs 指令来查看 Memcached 中各个 Slab 的状态：

```
$ echo "stats slabs"| nc localhost 11211
```

篇幅有限这里只摘录了其中一个 16 号 Slab 组状态值如下：

```
STAT 16:chunk size 2904
STAT 16:chunks per page 361
STAT 16:total pages 7
STAT 16:total_chunks 2527
```

```
STAT 16:used chunks 2527
STAT 16:free chunks 0
STAT 16:free chunks end 0
STAT 16:mem requested 6169725
STAT 16:get hits 159261
STAT 16:cmd set 2047073
STAT 16:delete hits 0
STAT 16:incr hits 0
STAT 16:decr hits 0
STAT 16:cas hits 0
STAT 16:cas_badval 0
```

很可惜的是，Memcached 竟然没有在 slabs 状态中记录 get_misses，而只记录了 get_hits。不过没关系，因为一般程序中的存取逻辑都是先从 Memcached 中取数据，如果取不到则 set，所以在这个逻辑下 cmd_set 和 get_misses 的值是基本相同的，除非程序在 set 前没有 get 这一过程。因此，我们一样可以估算出该 Slab 的缓存命中率 hit rate%= { get_hits / (get_hits + cmd_set) } * 100%。最终 16 号 Slab 组的缓存命中率仅为 7.2。我们重复这个过程就能计算出所有 Slab 组的缓存命中率了，接着我们结合另一个指令来看一下这个 Slab 组占用了多少内存并且是否有其他隐性问题。

执行 stats items 指令来查看 Memcached 中各个 Slab 组中存储的数据的状态：

```
$ echo "stats items"| nc localhost 11211
```

16 号 Slab 组中存储数据的状态值如下：

```
STAT items:16:number 2527
STAT items:16:age 2564097
STAT items:16:evicted 2035883
STAT items:16:evicted nonzero 2035883
STAT items:16:evicted time 233
STAT items:16:outofmemory 0
STAT items:16:tailrepairs 0
STAT items:16:reclaimed 1063
```

在介绍上面几个参数含义前，先来了解一下 Memcached 的数据删除机制。

在介绍 Slab Allocation 的时候提到过，Memcached 不会释放已分配的内存。在数据缓存过期后，客户端就无法再看见该数据，其存储空间变为可重复使用。但是 Memcached 内部不会监视数据是否过期，而是在 get 时才查看数据的时间戳，检查数据是否过期。这种技术被称为 Lazy Expiration（懒惰失效法）。因此，Memcached 不会在过期监视上耗费 CPU 时间。

在 Memcached 的内存空间不足时（无法从 Slab 组获取到新的空间时），它会优先使用已过期数据的空间，但即使如此，也会发生追加新数据时空间不足的情况，此时就要使用名为 Least Recently Used（LRU）机制来分配空间。 顾名思义，这是删除"最近最少使用"的数据的机制。此时 Memcached 会在最近未被使用的数据中搜索，并将其空间分配给新的数据。

下面看一下几个核心参数值。

Age：反映了当前 slab 组中被缓存数据的最大"年龄"有多少秒。

Evicted：说明当前 Slab 组中有多少个数据在其过期日期前就出现了被提前剔除（根据 LRU

算法）的情况。

Evicted_time：如果 evicted 不为 0，evicited_time 就代表最后被剔除的数据被缓存了多少秒。值得一提的是，并不是发生了 LRU 删除就代表 Memcached 过载了，把 evicted_time 换算成标准时间看下是否已经达到了可接受的时间，例如：在缓存数据时设定失效时间为 3 天，而最后被剔除的数据已经存放了 2 天，则可以认为这个 Slab 组的压力其实是可以接受的；但是如果最后被剔除的数据只被缓存了 20 秒，那这个 Slab 组已经严重过载了。

Reclaimed：代表的是缓存过期后其空间重新被利用的次数。在理想情况下，Reclaimed 应该越大越好，而 Evicted 则越小越好。

我们再回过头来看 16 号 Slab 组，其大量的 Evict 行为及仅仅 233 秒的 Evicted_time 无一不表明该 Slab 组的严重过载，这也是其缓存命中率如此之低的原因。接下来我们来看该 slab 组中到底存储了哪些数据，以便我们最终定位发生问题的缓存数据。

执行以下指令导出 16 号 Slab 组下存储数据的所有 key。实际上，由于 Memcached 做 cachedump 会产生类似 MySQL 表锁的问题，所以 Memcached 核心代码限制了所能列出的数据量，也就是说，哪怕一个 Slab 中包含了 100 万个数据，最多也就只能导出 4 万行左右。但在我们的应用场景下，这个数据量已经足够我们诊断出问题原因了，因为一般情况下同个 Slab 组存储的数据基本就是同一类的。

```
$ echo "stats cachedump 16 0"| nc localhost 11211
```

根据上面指令的导出结果，基本确定命中率这么差是由于程序中缓存了大量的冗余数据。程序的逻辑是从数据库先读取一个较复杂的查询结果，然后对该查询结果执行一系列的处理，并最终导出成网站各个模块需要使用的对象格式（由于程序有实时性的需要，所以每个时间点的数据都有略微不同）。而不幸的是，工程师们大大咧咧地把处理完的带时间属性的结果一股脑地都缓存进了 Memcached，缓存命中率自然惨不忍睹了。正确的做法是，只缓存函数中的公共数据——数据库查询结果，因为这是最耗费系统资源的步骤。而处理查询结果的时间对于高效能的 PHP 语言而言是完全可以忽略不计的。然后执行清空缓存指令或索性重启 Memcached。

最终让我们看一下优化后的 Memcached 指标，如图 12-23 所示缓存的利用率提高了，缓存的数据数据量提升了，而且在还没存满的情况下，缓存命中率就达到了 97%。程序性能及稳定性相比优化前又有了质的飞跃！

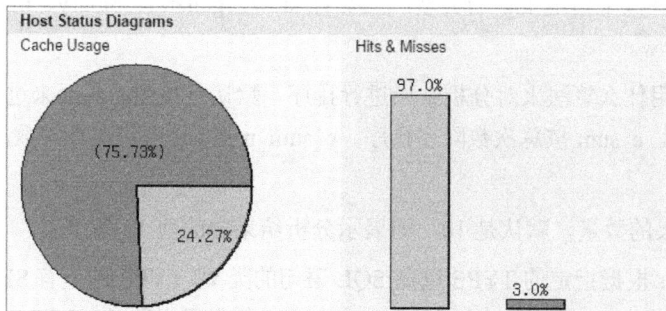

图 12-23　优化后的 Memcached 指标

③ 定位程序瓶颈并优化

通常在加上数据缓存之后，整个网站的性能就已经上了一个台阶了，但是随着流量增长，负载仍会不期而至，因此优化服务器计算时间的第二步是定位程序瓶颈并优化。

I. MySQL 慢查询分析及简单地索引优化

值得一提的是，PHP 语言本身很少会成为整个系统的瓶颈，因为在此之前，高并发大数量对 MySQL 的挑战早就足以让其举手投降了。因此优化程序的 SQL 语句提高 MySQL 读写性能是一个基础工作。

我们得先找到系统中有哪些执行速度很慢的 SQL 语句，因此需开启 MySQL 慢查询日志：

在配置文件 my.cnf 中[MySQLd]一行下面加入两个配置参数后重启 MySQL。

```
log-slow-queries=/home/mysql data/queries-slow.log
long_query_time=1
```

log-slow-queries 参数为慢查询日志存放的位置，一般这个目录要有 MySQL 进程用户及组的写权限，为此一般都将这个目录设置为 MySQL 的数据存放目录。而 long_query_time=1 中的 1 表示查询超过 1 秒才记录。

在一段时间后，查看 slow-query.log 发现已经有内容了，只是未经处理的原始慢查询日志都是单条记录，很分散且不利于分析。这时候我们需要借助工具，尽管 MYSQL 自带了 MySQLdumpslow 工具，但是实用性太低，这里强烈推荐使用 mysqlsla，它能合并同格式的 SQL 语句。

安装过程如下（由于是 perl 脚本，因此得先安装 perl-Time-HiRes 及 perl-DBD-MySQL 依赖库）：

```
$ yum install -y perl-Time-HiRes
$ yum install -y perl-DBD-MySQL
$ tar zxf http://hackmysql.com/scripts/msyqlsla-2.03.tar.gz
$ cd mysqlsla-2.03
$ perl Makefile.PL
$ make
$ make install
```

mysqlsla 指令常用参数说明如下。

-lt：通过这个参数来指定 log 的类型，主要有 slow、general、binary、msl、udl。分析慢查询日志时指定为 slow。

-sort：指定使用什么算法来对分析结果进行排序，默认是按照 t_sum 来进行排序。t_sum 为按总时间降序排序。c_sum 按总次数降序排序。c_sum_p 按 sql 语句执行次数占总执行次数的百分比降序排序。

-top：显示结果的数量，默认是 10，即展示分析结果中的前 10 条结果。

-sf [+-][TYPE]：根据指定的 TYPE 过滤 SQL 语句的类型，TYPE 的值有 SELECT、CREATE、DROP、UPDATE 及 INSERT，例如"+SELECT,INSERT"代表只提取 SELECT、INSERT 指令的结果做分析，而"-SELECT"代表排除 SELECT 后的指令结果做分析。

-db：分析哪个数据库的结果，如果服务器上运行了很多网站对应了不同的库，则需要指定数据库库名，否则会分析所有数据库产生的慢查询。

一个完整的示例（只分析 backup 库的 select 语句并按 c_sum_p 排序）如下：

```
$ mysqlsla -lt slow -sort c sum p -sf "+select" -db backup -top 1
/home/mysql_data/queries-slow.log
```

结果如下：

```
Report for slow logs: /home/mysql data/queries-slow.log
4 queries total, 3 unique
Sorted by 'c sum p'
Grand Totals: Time 35.04 s, Lock 0 s, Rows sent 132, Rows Examined
132

_____ 001 _____
Count       : 11  (100%)
Time        : 35.036612 s total, 3.185147 s avg, 2.005642 s to
6.152549 s max  (100%)
  95% of Time : 28.884063 s total, 2.888406 s avg, 2.005642 s to 5.9503
s max
Lock Time (s) : 1.533 ms total, 139 s avg, 82 ms to 189 ms max  (100%)
  95% of Lock : 1.344 ms total, 134 ms avg, 82 ms to 182 ms max
Rows sent    : 12 avg, 8 to 12 max  (100%)
Rows examined : 12 avg, 8 to 12 max  (100%)
Database     :
Users        :
       root@localhost : 100.00% (2) of query, 100.00% (4) of all
users

Query abstract:
SELECT SUM(format(duration,N)) AS duration FROM
information schema.profiling WHERE query id=N;

Query sample:
select sum(format(duration,6)) as duration from
information_schema.profiling where query_id=7;
```

在得到慢查询中有问题的 SELECT 语句后，我们可以利用 MySQL 的 EXPLAIN 语句来分析其执行过程。

```
MySQL> explain select * from table;
+--+------+-----+----+----+-----+----+----+
| id | select type | table | type | possible keys | key | key len
| ref | rows |Extra|
+--+------+-----+----+----+-----+----+----+
| 1 | SIMPLE | event | ALL | NULL | NULL | NULL | NULL | 13 | |
+--+------+-----+----+----+-----+----+----+
1 row in set (0.00 sec)
```

重点提一下上面的 type 属性值，它代表 MySQL 在表中找到所需行的方式，又称"访问类型"。

这是一个很重要的指标，我们需要借助它来判断查询使用索引的情况，因为 MySQL 查询性能低下的情形中很大比例是由于未能合理地使用到索引。

结果值从好到坏依次是：system > const > eq_ref > ref > fulltext > ref_or_null > index_merge > unique_subquery > index_subquery > range > index > ALL，一般来说，得保证查询至少达到 range 级别，最好能达到 ref。

各值的含义如下。

system，const：当 MySQL 对查询某部分进行优化，并转换为一个常量时，使用这些类型访问。如将主键置于 where 列表中，MySQL 就能将该查询转换为一个常量。system 是 const 类型的特例，当查询的表只有一行的情况下，使用 system。

eq_ref：唯一性索引扫描，对于每个索引键，表中只有一条记录与之匹配。常见于主键或唯一索引扫描。

Ref：非唯一性索引扫描，返回匹配某个单独值的所有行。常见于使用非唯一索引即唯一索引的非唯一前缀进行的查找。

Range：扫描部分索引，索引范围扫描，对索引的扫描开始于某一点，返回匹配值域的行，常见于 between、<、>等的查询。

Index：扫描全部索引树。

ALL：扫描全表。

最后读者们可根据各自慢查询 EXPLAIN 的结果，有针对性地做语句及索引优化，在极端的例子中，只需为字段新建一个普通索引，就能让查询速度提高 500%。这里篇幅有限，就不做个例展示及讲解了。

II. 利用 XHProf 分析并优化 PHP 代码性能

接下来我们该优化 PHP 代码的性能了。值得一提的是，在使用 php-fpm 来管理 php-cgi 进程时，网上有一些教程会指导大家像 MySQL 一样打开 php-fpm 的慢日志记录并分析，这里强烈建议不如此操作。因为，第一，php-fpm 判断的慢日志可能会受其他因素的影响（如网络状况）而误记录一些脚本，并且输出大量的错误。第二，php-fpm 的慢日志记录得过于简单粗暴，完全没法用于实际的性能调优。下面介绍分析 PHP 程序执行效率的真正利器 XHProf。

XHProf 是 FaceBook 开发的一个函数级别的 PHP 分层分析器。它能统计每个函数的调用次数、内存使用、CPU 占用等多项重要的数据，能让我们得到更底层的分析数据。

先来安装 XHPorf。

步骤01 先下载解压。

```
$ wget http://pecl.php.net/get/xhprof-0.9.4.tgz
$ tar zxvf xhprof-0.9.4.tgz
```

步骤02 需要注意，需要进入到 extension 目录里执行 phpize（phpize 的路径需按实际情况定义）。

```
$ cd xhprof-0.9.4/extension/
$ /usr/local/php/bin/phpize
```

步骤 03 配置安装（php-config 路径同样需按实际情况定义）

```
$ ./configure --with-php-config=/usr/local/php/bin/php-config
$ make
$ make install
```

步骤 04 修改 php.ini 文件，在末尾新增以下行。extension_dir 在 make install 成功后会屏显输出的，直接复制即可。

```
[xhprof]
extension dir="/usr/local/php/lib/php/extensions/no-debug-non-z
ts-20060613/"
extension=xhprof.so
xhprof.outout_dir=/var/tmp/xhprof
```

步骤 05 重启 Apache 后检查是否安装成功。

```
$ /usr/local/php_fcgi/bin/php -m | grep xhporf
```

步骤 06 把 xhprof_html 目录和 xhprof_lib 目录复制到服务器 Web 目录。

```
$ cp -r xhprof_html xhprof_lib /home/wwwroot/abc.com/
```

然后，在 PHP 程序中布置 xhprof 的监控代码。

在需要监控的代码段前加入以下代码开启 xhprof 的监控。

```
xhprof_enable(XHPROF_FLAGS_CPU + XHPROF_FLAGS_MEMORY);
```

在需要监控的代码段后加入以下代码关闭 xhprof 的监控并输出 xhprof 性能报告链接。

```
$xhprof data = xhprof disable();
$XHPROF ROOT = '/home/wwwroot/abc.com';
include once $XHPROF ROOT . "/xhprof lib/utils/xhprof lib.php";
include once $XHPROF ROOT . "/xhprof lib/utils/xhprof runs.php";
$xhprof runs = new XHProfRuns Default();
$run id = $xhprof runs->save run($xhprof data, "xhprof foo");
$url =
"http://www.abc.com/xhprof html/index.php?run=$run id&source=xhprof
foo";
    echo '<a href="'.$url.'">'.$url.'</a>';
```

打开网页后点击页面上的 xhprof 链接即可查看性能报告，如图 12-24 所示。

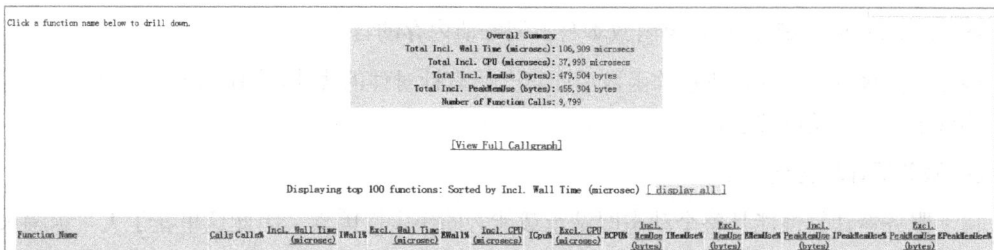

图 12-24　查看性能扳告

报告中的 4 个计时单位如下。

Incl. Time 也就是 Inclusive Time：该函数（包括子函数在内）的总执行时间，注意 xhprof 中的时间单位 microseconds 是微秒的意思，也就是百万分之一秒，而我们接触更多的毫秒的英文是 milliseconds，是微秒的上级单位，应注意区分开。

Excl. Time 也就是 Exclusive Time：该函数本身的执行时间，不包括子函数执行时间。

Wall Time：挂钟时间，也就是实际执行时间。

CPU Time：CPU 计算耗费的时间。

报告中的各列指标值如下。

- Function Name：具体函数名
- Calls：该函数的调用次数
- Calls%：该函数调用次数在整体中的百分占比
- Incl. Wall Time：执行该函数及其子函数耗费的总挂钟时间
- IWall%：执行该函数的总挂钟时间在整体中的百分占比
- Excl. Wall Time：执行该函数本身耗费的挂钟时间
- EWall%：执行该函数本身耗费的挂钟时间百分比
- Incl. CPU：执行该函数及其子函数耗费的总 cpu 时间
- ICpu%：执行该函数的总 cpu 时间在整体中的百分占比
- Excl. CPU：执行该函数本身耗费的 cpu 时间
- ECPU%：执行该函数本身耗费的 cpu 时间百分比
- Incl.MemUse：执行该函数及其子函数占用的总内存，单位是字节
- IMemUse%：执行该函数及其子函数占用内存的百分占比
- Excl.MemUse：执行该函数本身占用的内存
- EMemUse%：执行该函数本身占用内存的百分占比
- Incl.PeakMemUse：执行该函数及其子函数占用的总峰值内存
- IPeakMemUse%：执行该函数及其子函数占用峰值内存的百分占比
- Excl.PeakMemUse：执行该函数本身占用的峰值内存
- EPeakMemUse%：执行该函数本身占用峰值内存的百分占比

根据性能报告找到存在瓶颈的函数后即可开始有针对性的优化，同样由于各网站程序差异，这里不做个例展示及讲解了。

④ 服务器计算优化小结

由于服务器计算性能是整个动态网站承载能力的决定性因素，因此这里花了大量篇幅来介绍数据缓存的部署及程序的优化。如表 12-3 所示，经过优化后的程序执行速度相比优化前整整快了 8 倍。尽管从绝对值来看几十微秒的提升微乎其微，且对于小流量站点也的确产生不了质的变化，但是对于高流量站点而言，这就意味着在无须升级任何硬件的情况下，服务器的并发承载力提高了 8 倍！

表 12-3　优化前后程序执行速度对比

	未开启数据缓存	开启数据缓存
优化程序前	Overall Summary Total Incl. Wall Time (microsec): 106,909 microsecs Total Incl. CPU (microsecs): 37,993 microsecs Total Incl. MemUse (bytes): 479,504 bytes Total Incl. PeakMemUse (bytes): 455,304 bytes Number of Function Calls: 9,799	Overall Summary Total Incl. Wall Time (microsec): 79,939 microsecs Total Incl. CPU (microsecs): 55,992 microsecs Total Incl. MemUse (bytes): 717,912 bytes Total Incl. PeakMemUse (bytes): 743,808 bytes Number of Function Calls: 11,739
优化程序后	Overall Summary Total Incl. Wall Time (microsec): 84,486 microsecs Total Incl. CPU (microsecs): 13,997 microsecs Total Incl. MemUse (bytes): 370,824 bytes Total Incl. PeakMemUse (bytes): 357,224 bytes Number of Function Calls: 2,336	Overall Summary Total Incl. Wall Time (microsec): 13,604 microsecs Total Incl. CPU (microsecs): 9,998 microsecs Total Incl. MemUse (bytes): 420,224 bytes Total Incl. PeakMemUse (bytes): 444,208 bytes Number of Function Calls: 2,244

（4）优化下载时间

从理论上来讲，除非启用 CDN，否则下载速度和建立连接速度一样，是没有太大优化空间的。不同的是，通过减少下载网页资源（文档、样式、图片、脚本等）的数量及体积，我们可以在一定程度上让下载时间更少些。其中，减少下载网页资源数量是为了避免触及浏览器的最大并发下载量。

减少网页资源体积的方法无非是精简和压缩代码，HTML、CSS、JS 文件在网上都有不少现成的精简工具，不过相比之下开启 HTTP 服务器的 GZIP 压缩功能是性价比更高的选择。

减少网页资源下载数量的方法除了常见的合并文件，CSS Sprites 图片拼合外，启用静态文件缓存是加快二次加载时间的重点。

① Apache GZIP 压缩配置

一般情况下 Apache 都会默认安装并且启用 mod_deflate 模块，具体可在 httpd.conf 中查找。若未找到，请添加以下内容启用 mod_deflate 模块，并保证 mod_headers 及 mod_filter 也一并启用。

```
LoadModule deflate_module modules/mod_deflate.so
LoadModule headers_module modules/mod_headers.so
LoadModule filter_module modules/mod_filter.so
```

此后就可以编辑网站根目录的.htaccess 加入下面的内容，为对应文件后缀开启 GZIP 压缩。

```
<IfModule deflate_module>
SetOutputFilter DEFLATE
SetEnvIfNoCase Request_URI .(?:gif|jpe?g|png)$ no-gzip dont-vary
SetEnvIfNoCase Request_URI .(?:exe|t?gz|zip|bz2|sit|rar)$ no-gzip
dont-vary
SetEnvIfNoCase Request_URI .(?:pdf|doc|avi|mov|mp3|rm)$ no-gzip
dont-vary
AddOutputFilterByType DEFLATE text/html text/plain text/xml
text/css
AddOutputFilterByType DEFLATE application/x-javascript
</IfModule>
```

注解：

IfModule deflate_module：判断，如果 deflate_module 模块加载了的话，执行里面的配置。

SetOutputFilter DEFLATE：设置输出为 deflate 压缩算法。

SetEnvIfNoCase Request_URI：排除一些常见的图片、影音、文档等类型的后缀，不压缩。

AddOutputFilterByType DEFLATE：对常见的文本类型,如 html,txt,xml,css,js 做压缩处理。

② Apache 浏览器缓存配置

用户初次访问某文件资源且该资源有配置启用浏览器缓存时，服务器会在 HTTP 返回报头中额外包含以下两类 HTTP 报头：缓存失效时间（分为 Expires 和 Cache-Control 两种报头）及缓存标示（Last-Modifed 和 ETag 两种报头）。对于所有可缓存资源，指定一个 Expires 或 Cache-Control: max-age 及一个 Last-Modified 或 ETag 报头至关重要。不过没必要同时指定 Expires 和 Cache-Control: max-age，或同时指定 Last-Modified 和 ETag。

浏览器在接收到后就会根据报头提供的失效时间将资源缓存至硬盘，在下次请求同一资源时会加入缓存对比报头（对应为 If-Modified-Since 和 If-None-Match 报头）以确认当前资源自上次缓存后是否有改动，服务器若发现资源并未变更则直接返回 304 状态码的报头，浏览器就直接从硬盘缓存中调用该资源而无须再次从服务器下载。

一般情况下 Apache 都会默认安装并且启用 mod_expires 模块，具体可在 httpd.conf 中查找。若未在文件中找到，请添加以下内容启用 mod_expires 模块。

```
LoadModule expires_module modules/mod_expires.so
```

此后就可以编辑网站根目录的.htaccess 加入下面的内容，为对应文件后缀开启缓存过期时间。

```
<IfModule mod expires.c>
ExpiresActive On
ExpiresDefault "access plus 1 day"
ExpiresByType text/txt "access 2 days"
ExpiresByType text/css "access 1 week"
ExpiresByType image/gif "access 2 weeks"
ExpiresByType image/jpeg "access 1 month"
ExpiresByType image/jpg "access 2 months"
ExpiresByType image/png "access 1 year"
EXpiresByType application/x-shockwave-flash "access 2 years"
EXpiresByType application/x-javascript "access 1 day"
ExpiresByType video/x-flv "access 1 day"
</IfModule>
```

具体失效时间请根据个人需要进行修改。

③ CDN 原理及选择

CDN 的全称是 Content Delivery Network，即内容分发网络。其目的是使用户可就近取得所需内容，从而提高用户访问网站的速度。原理如图 12-25 所示。

由于用户每次访问都是走最近的节点，因此无论是建立连接时间还是下载时间，都是几十毫秒级别的，是网站加速的大杀器。且国内外免费的一站式 CDN 服务厂商也有不少，国内的有加速乐、安全宝、360，国外的有 cloudflare 等，除了网站加速外 CDN 厂商多数都还顺便提供了 DDOS 及 CC 攻击的防护。不过 CDN 也有其不方便的地方，比如，不适合有实时性需求的站点；国内 CDN 厂商要求域名备案；免费 CDN 不提供访问日志（没有日志可分析就没法做 SEO）；.CDN

的设置过于简单粗暴，可自定义项太少，比如局部缓存刷新、目录级别缓存等。

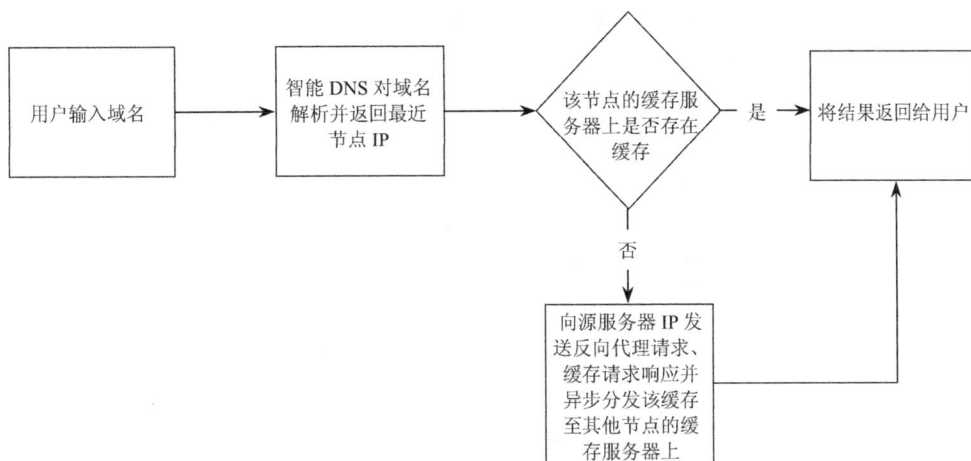

图 12-25　CDN 原理

顺便提一下，途牛移动站最早采用的是整站 CDN 的方案，对于页面上需要动态加载的元素如价格、团期及空位等都是采用 Ajax 的方式来获取以保证实时性。而对于会员登录、预订、下单流程则直接返回到未 CDN 的动态域名上执行。

回到正文，哪怕我们不使用一站式 CDN 服务，我们还可以利用公共 CDN 库来加速一些常见的 JS 及 CSS 库如 JQuery、BootStrap、HTML5shiv、fontawesome 等等。尽管全球最大的公共 CDN 库来自于 Google，但是 Google 在国内的访问太不稳健，今年甚至影响到了 googleapis.com 这个公共 CDN 域名上，尤其是 fonts.googleapis.com，由于样式请求被阻塞，导致了大量的国内外站点白屏。因此，以国内用户为主的站点应当使用国内的公共 CDN 库。个人尝试过百度、新浪及又拍云，但最终选择的是 360 的 CDN 库 libs.useso.com，不单单因为其拥有最全面的 JS 库，更因为其很给力地反向代理了 ajax.googleapis.com 及 fonts.googleapis.com，这是其他任何公共 CDN 库都没有的。

除了公共 CDN 库外，我们还可以选择诸如七牛、又拍云这类云存储服务商来实现更灵活的需求。比如七牛云存储，免费注册并验证手机后就拥有 10GB 空间+每月 10GB 下行流量，免费提供二级域名形式的外链，采取的是主动式上传的方式，是存储非标类静态文件的首选。

3. 监控及验收成果

在优化工作展开的同时，我们也需要依靠第三方工具来长期监控四个性能指标。这里推荐使用监控宝，它除了网站监控外，还能监控服务器性能、应用程序性能（MySQL 性能，APACHE 性能等）等。另外一提的是，尽管今年 360 网站监控也升级了版本，但其服务的不稳定、错误的指标计算方式及不佳的用户体验都让其无法替代监控宝，因此这里并不推荐。

除了第三方工具外，我们还可以配置 HTTP 服务器的日志格式来输出服务器计算时间指标。IIS 对应的参数值为 time-taken。具体设置请参考图 12-26。

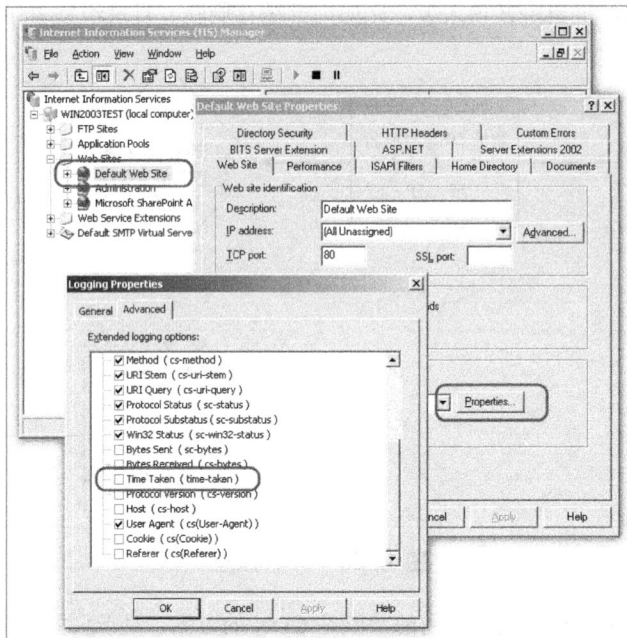

图 12-26   IIS 设置

而 Apache 则是在 httpd.conf 的 LogFormat 配置中加入%D 变量，需要说明的是 Apache 统计服务器计算时间的日志变量有两个，一个是%D，另一个是%T。两者的区别在于%D 是微秒单位，而%T 是整数秒单位（四舍五入）。

如以下 LogFormat：

```
LogFormat "%h %l %u %t \"%r\" %>s %b \"%{Referer}i\"
\"%{User-Agent}i\" **%T/%D**" combined
```

对应的实际日志如下：

```
[31/Aug/2014:14:19:07 +0000] "GET / HTTP/1.1" 200 7918 ""
"Mozilla/5.0 (X11; U; Linux i686; en-US; rv:1.8.1.11) Gecko/20061201
Firefox/2.0.0.11 (Ubuntu-feisty)" **0/95491**
```

Nginx 则是在 log_format 中加入 $request_time 变量。

在设置完此类变量后，我们就可以在日志分析中估算出爬虫的停留时间了（所有请求的响应时间总和），这种方法相比光年日志分析工具的算法要靠谱很多，也比使用时间戳相减更高效。

4．其他

最后单独提一下 Apache prefork MPM 下的 MaxClients 的正确配置方法，之所以提这个是因为我曾遇到过一个严重的内存泄漏问题。表现形式为 httpd 进程时不时地会占用极高的内存，把所有服务器的内存全部吃光。此时不但网站打不开，连 ssh 都连不上服务器。排查的过程及其周折，令人一度奔溃。网上的文章一般都是让人改改 MinSpareThreads、MaxSpareThreads 或是把 MaxRequestsPerChild 设置得小一点，我尝试过各种设定，都没有任何的效果。httpd 进程还是一样淤积，直到耗尽最后一丝内存，如此往复一周多。最后我才发现，原来是网站搜索功能惹的祸，因为搜索用的是 SQL like，且数据表中记录量较大，所以当用户执行了搜索后 MySQL 立即无法响应，Apache 就开始不断地新建进程，而当时我按网上教程设置的 MaxClients 值实际上是远超服务器承载量的，最终自然不幸宕机了。

正确配置 MaxClients 值的流程应该如下。

第一步，确认目前单个 httpd 进程平均占用多少内存（计算结果为 KB），假设结果为 5M。

```
$ ps aux |awk '/httpd/{sum+=$6;n++};END{print sum/n}'
```

第二步，计划分配给 Apache 多少内存。比如我的 VPS 的内存是 1GB，计划分配 700MB 内存给 Apache。

第三步，两者相除即为 MaxClients 的值，在本例中等于 700/5=140。

12.3.3　瓶颈永远在瓶口

本章探讨的课题总结如图 12-27 所示，示例的技术背景注定了文中会有不少晦涩难懂的内容，给部分读者理解带来了困难，此处就未能一一详解，请各位读者谅解。

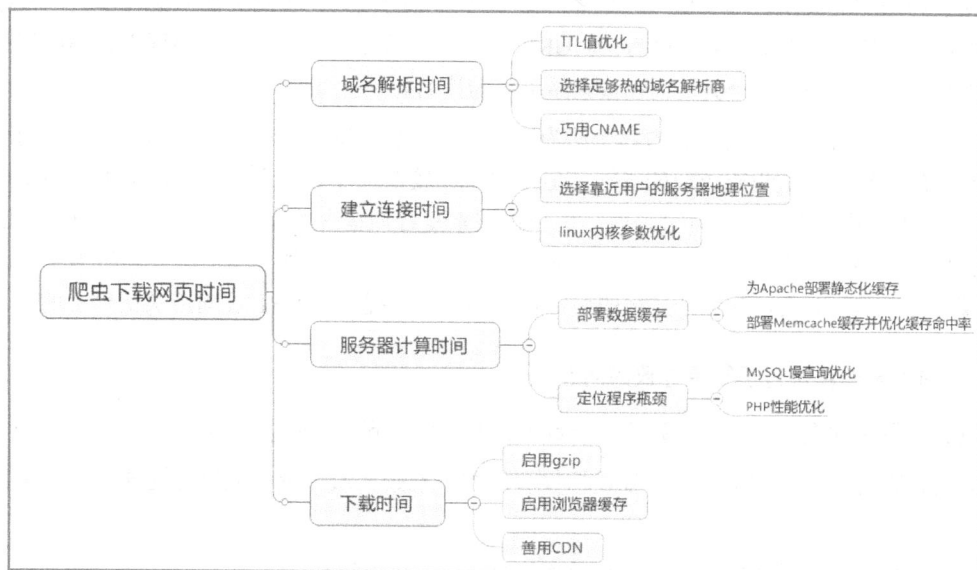

图 12-27　总结

SEO 发展十余年至今，"神乎其技"的网站越来越少，因为 SEO 流量的获取成本及周期在不断增长，再不是投机倒把就能轻松换回来的了。所以传统 SEO 技巧走下"神坛"未尝不是件好事，说到底 SEO 只是流量渠道中的一个组成部分而已，过度依赖 SEO 的网站本身是一种病态的存在，并不值得鼓励。

最后，无论做哪行，久了都会遇到瓶颈，但真正制约你的绝不是形形色色的客观条件，这些都是借口，你的视野及自学能力才是。请记住：瓶颈永远在瓶口。

12.4 肖俊：百度反作弊解析

12.4.1 什么是作弊

1．早期搜索引擎排序算法原理

在搜索引擎成长的初期阶段，雅虎、谷歌、百度等面对的是一个"干净"的互联网，所有的网站和内容生产者基本上都没有想过要通过欺骗搜索引擎来从搜索引擎获取大量流量，而且当时搜索引擎本身带来的流量并不多，主要流量还是直接打开网站的用户，或者来自某些目录或者导航网站。

在这样的背景环境下，搜索引擎主要的算法核心在于如何识别某个 URL 是否是用户最期望看到的，这个 URL 上的内容和主题与搜索词最匹配。

谷歌发现雅虎基于内容的算法不是很合理，有些重要的 URL 无法通过简单的内容原则计算出来。于是发明了 PR 算法，以及后面一系列基于链接的"关系算法"。通过计算网页内容和网页链接之间的相互关系，和类似"近朱者赤近墨者黑"的规则，将网页根据集合分类，根据每个页面的"好坏程度"、"重要程度"，为 URL 和网站设置基础权重，最终根据内容得出每个关键词的权值向量，得出每个关键词在搜索结果中的排名。

百度发现光凭借导入链接和内容无法为用户推荐更加精准的排序，于是加入了大量的用户搜索行为的算法（谷歌也有类似的算法，但是权重比较低，而且比百度先设计出来，不是主要算法）。当大量用户搜索某个复合词时，用户在搜索复合词包含的元词时，包含复合词的 URL 也会被优先排序，理由是：降低用户二次搜索次数，以及最有可能点击原则。同时当大量用户点击某个搜索结果时会增加这个排名的用户行为得分，而提升该 URL 在对应关键词上的排名。

2．由于早期算法过于简单导致的问题

搜索引擎早期采用了这样的算法，导致了它们后期遇到各种麻烦和问题。

雅虎：在标题、关键词标签、描述标签和内容中堆砌大量关键词能快速提升排名，而且排名稳定。

谷歌：只需要大量链接，各种无实际意义的链接即可取得良好的排名。

百度：堆砌关键词、大量外链、虚假点击，做好其中一项或者几项就能取得良好的排名。

12.4.2 反作弊规则详解

搜索引擎根据各种出现的作弊手段，有针对性地开发了具有重要意义的反作弊算法。

雅虎：关键词密度阀值算法，当某个 URL 中的关键词密度严重超过用户体验极限时，降低该 URL 在这个关键词搜索结果中的排名。

谷歌：链接工厂惩罚，熊猫算法（基于导入导出链接的信任算法），企鹅算法（基于过度优化原则的反优化算法）还有更多。

百度：绿萝算法 1.0（基于链接买卖），绿萝算法 2.0（打击软文和营销类网页和网站），石榴算法（打击过度广告投放站点）。

这些只是搜索引擎对外发布的一些反作弊算法，其实在搜索引擎设计之初就有一些补偿算法在承载着反作弊算法。还有很多算法都没有对外发布，随着越来越多的网站加入 SEO 的行列，到现在绝大部分网站都使用了 SEO 技术，搜索引擎迫于各方压力，被迫发布一些重要的反 SEO 算法，以提醒 SEO 人员，也担心大量站长去找搜索引擎麻烦，接下来我们详细讲解百度反作弊部分规则，这是笔者多年 SEO 经验和帮朋友处理被降权和被 K 站点的一些经验，可能有些规则已经改变，有些已经失效，仅供读者参考。

1. 绿萝算法 1.0

百度发布绿萝算法时，其实已经使用多年了，在谷歌发布链接工厂算法的时候就已经存在这个算法，为什么当时会发布这个算法？笔者猜测可能是来自 360 搜索引擎引擎各方打击，压力山大，试图修复从不重视的与站长之间的关系，而开始学习谷歌发布自己的一些反作弊算法，但是又担心 SEO 人员知道之后研究更加厉害的作弊手法，和公司内部的各种问题。于是选择了这个最不重要的反作弊算法作为第一个发布。绿萝算法主要用于计算某个网页导出链接数量和这些导出 URL 所对应的主题是否和当前 URL 是否相关，以及导出 URL 和当前 URL 的权值差是否达到某个极限阈值。当多个阈值累加超标到一定程度之后，即会触发这个反作弊规则。

2. 绿萝算法 2.0

这个算法打击的面非常广，从各类发布平台到新闻源，从医疗网站到百度知道、百科都在囊括范围。2.0 主要计算某个页面营销类词汇：推荐语气词、电话号码、QQ、打乱的联系方式等，这些词出现的次数和在页面中所占的比例，笔者在设计金花站长工具绿萝算法 2.0 体检程序时，随便找了一个医疗网站，仔细检查了首页和内页的营销词数量和密度，非常震惊，有些竟然会比关键词密度还高，难怪百度会针对这方面打击。各种伪原创做完之后加上营销内容就算新文章写好了，恰恰是这个动作导致全军覆没。命中这个算法的朋友尽快去改正吧！

3. 石榴算法

这个算法名字有点搞笑，也许可以直接叫石榴裙算法。为什么？联盟和广告是很多网站赖以生存的基本，站长累死累活为了更好的广告收益，和累死在石榴裙下意思有点相似。可是站长在为了更多流量转换的同时，牺牲了当前 URL 的用户体验。搜索引擎为了服务他的用户，谨慎地把用户交给你，却被你无情地抛弃，转移给你的广告主，这使得搜索引擎非常不爽，而导致这个算法的诞生，其实通过这么多年的经验来看，这个算法一直存在，只是在发布的前一段时间将降权扣分提升了很多，阈值设置得更低。

4. 小结

这些百度发布的反作弊算法和站长平台的一些 SEO 建议，很多是多年前存在的算法。绿萝算法 2.0 是一个特殊的例子，这个算法影响非常广泛，猜测可能是针对医疗软文泛滥而推出来的。还有非常多百度没有说、但是一直在做的反作弊算法，在接下来的部分我们详细讨论。

12.4.3 金花站长工具协助检查百度反作弊

1．密度检查（以下都是指分词后的密度，并非 SEO 指定的关键词）

关键词密度不是绝对的，下面的阈值是笔者推测，而且百度可以随时修改，仅作参考。

（1）标题关键词密度：一个词出现 3 次左右是极限，58 同城出现 2 次。

（2）关键词标签：经过整理和测算，笔者认为这个标签用处非常低，但是如果在里面堆砌大量关键词，反而容易触发反作弊机制，阈值可能在 3 次以上，58 同城使用 3 次。

（3）描述标签：目测单个关键词出现阈值在 4 次到 6 次之间，此标签权重比较高，建议合理使用，58 同城出现 5 次。

（4）内容中关键词密度：曾经引发很多次 SEO 界的争论，笔者在自己开发搜索引擎时，发现单纯的以密度作为一个关键词的重要程度和权值标准是不准确的，同时发现有逆文档频率（TF-IDF，某个关键词出现在整个网络所有文档中的次数越多，那么这个词的权值越低）这个算法用来确定关键词基础权值。那么可以根据逆文档频率和密度得出关键词词权，同时根据词权的阈值判断正文内容是否关键词密度超标。58 同城：3%左右。

2．HTML 标签滥用检查

（1）B/Strong 加粗标签：大量的加粗标签，是早期不少 SEO 网站的一个明显标志，由于痕迹非常明显和简单，被搜索引擎轻易封杀。大致算法：提取出所有加粗的文字内容，计算这些内容中关键词出现的次数和密度，总数占文本内容的比例，具体阈值未知，根据经验是非常低的，最好不要在关键词上加粗 2 次以上。

（2）I/Em 斜体标签：与加粗标签一起流行过，不过由于 SEO 效果不是很明显，且同样被严格的反作弊算法限制，同时在较小字体时文字比较难看，已经很少被人使用，不推荐频繁使用这个标签。

（3）H1：这个标签是最早被用来作弊的主要标签，其表现为内部所有标题都使用 H1 或者导航条所有栏目都使用 H1，这类古老的作弊已经被严重封杀，一般一个页面只能在大标题中使用一次 H1。现在大部分 Google 优化站在 Logo 或者网站名称上用 H1，国内大部分是在内容页面文章标题上使用。笔者认为国内做法比较好，最高权值的标签应该围绕在当前 URL 最重要的关键词外围。

（4）Title（标题）：曾经有人在网页中加入两个 Title 标签和 Keywords、Description 等，后来发现这个做法并不会被提升排名，而且作弊太过明显，应该已经无人这样做了。

（5）Alt 标签：这个图片标签本来是用于图片加载失败或者残疾人识别时使用，对用户体验是有帮助的。后来发现可以在里面加关键词，于是有人就在所有的 Alt 标签中加关键词，这是无意义的，修饰性的图片无须加 Alt，正文中的图片建议加上合适的 Alt 标记，并在图片下加单独一行稍微描述一下图片的属性或者含义，有助于这个图片被人理解，也有助于这个图片在图片搜索中取得排名，其他不重要的图片不要加关键词，意义不大。

（6）A 标签中的 Title 标签：这个标签是用于鼠标放到超链接上时，提示超链接将要显示的内容的。这个标签也已经在很早就被 SEO 人员用滥了，而且权值也非常低，建议超链接标题无法完整显示时可以用一下，另外重要的页面可以用一下，之外不需要每个超链接都加，笔者未找到准确的阈值。金花站长工具通过提取所有 Title 标签中的文字，分词后计算关键词密度，给出一定的建议。

3．用户体验检查（此部分不算反作弊内容，但是依然会引发降权，特在此写出）

（1）# 空白超链接/死链接：一般一个网站出现大量的#链接，是网站在美工设计完成之后，程序还内容还没及时到位导致的，也有些是 SEO 人员特意加上去的，不管怎么样，这样的链接大量出现，你想要用户在你网页上做什么呢？超链接点了没反应，是不是浏览器坏了，然后用户关掉了浏览器。在多次的诊断经验中，发现 5 个以上的空链接很容易会导致页面被降权，建议不要使用。

（2）链接丰富度：一般小网站链接结构非常简单，当一个用户打开这个小网站的页面时，他浏览完这个 URL 的正文内容之后，就无法从这个 URL 再点击到其他页面继续浏览了，因为这个页面本身没有几个链接，而且可能链接相关度也非常低，链接广度也很低，只能关闭这个页面。搜索引擎会通过两个算法来确定这个页面是否适合用户浏览：当前 URL 的链接丰富度；搜索引擎跳出率（也就是用户点击完这个搜索结果，再次回到搜索引擎点击其他结果，或者重新搜索的概率）。当任意一个算法命中时都会给这个 URL 降权。

（3）HTML 复杂度：如果一个 URL 嵌套的 Table 或者 Div 层级很深，当网页在中低网速下打开时，需要更长的展示时间，消耗更多的 CPU，在半显示时页面更加混乱或者显示为空白。这样的情况会直接影响用户体验，所以我们在设计 HTML 代码时应该尽量简洁，而且展示高效，笔者特意用金花站长工具检测了内容比较复杂的 www.qq.com 和笔者自己很简易的网站 www.1n11.com 时，发现在嵌套层级深度上，两个网站都是 11 级左右，而有些站长设计的网站层级能达到 20 级左右，特别是使用 Table 设计的层级更深。建议控制在 15 级以内，以便于浏览器快速显示和解析网业。

（4）404 页面：合格的 404 页面应该是 HTML 返回头是 404，而不是 200，页面上有引导用户返回正确页面的导航栏或者按钮，目测这样做不会被搜索引擎加分，不过会有利于搜索引擎更快地删除 404 页面，也有利于用户访问其他内容。推荐这样做。

4．隐藏内容检查

（1）隐藏关键词：真没什么意义，最好别做，检查起来也很简单。

（2）隐藏链接：这是经常发生在被黑站点上的，当出现大量的隐藏外链时，网站很容易被搜索引擎降权，阈值猜测可能在 5～10 个左右。

（3）隐藏 Iframe：这个被黑帽用来做：弹窗、刷流量、刷指数、下病毒、攻击网站等，最好不要做，识别起来非常简单。

5．搜索引擎表现检查（本部分内容不算反作弊算法，是被命中之后的一些表现）

综合多位好友的经验，把我们共同认同的部分内容写出来，希望能给你一些提示。

（1）Site/Domain 排名是否第一：一般来说，site 域名找不到首页 URL 的网页，是首页被降权了，这个说法不是 100%准确的，仅作参考。

（2）标题排名：在百度搜索某个 URL 的完整标题，如果找不到这个 URL 的搜索结果，说明可能 URL 被搜索引擎降权。不是很准确，但有参考价值。

（3）Site 域名收录为 1 或者 0：这样的俗话叫做"K 飞了"，笔者曾经诊断过大量此类网站，无一不是优化过度、技术、优化手法上存在严重问题的。有些网站间歇性打不开；有些 Robots 屏蔽全站；有些用户能看到，搜索引擎却完全不可访问；有些明显的 SEO 痕迹或者大量的作弊代码；有些使用了很垃圾的 CDN；有些站用户体验非常差等，同时也有少数网站是笔者也未能找到任何明显问题的（不超过 3%），这类网站无法准确发现问题，建议站长做更大范围的检测：是否被人攻击、镜像、恶意转载等。

（4）百度快照时间：笔者自己的站百度快照比较差，但是排名还算稳定，曾经广泛被 SEO 人员用来判断一个页面是否权重高的参考之一已经价值降低了。快照依然是更新度的体现，可以参考。

6. 站长工具权重解析

笔者拿到一份百度内部的域名权重数据，并且对应地分析了这些域名在爱站百度权重查询上的结果，做成表格给大家分析一下。

	A	B	C	D	E
1	域名	百度权重	百度流量	爱站权重	爱站流量
2	w.cn	4.12	129	5	18000
3	shikebiao.tieyou.com	4.11	3209	6	6000
4	www.51qe.cn	4.11	1586	4	3000
5	www.ssxf.net	4.11	713	2	500
6	www.baykee.net	4.11	110	2	500
7	flash.52pk.com	4.1	453	3	1500
8	www.citscq.com	4.09	641	3	1900
9	www.zhuti.com	4.09	5	2	500
10	www.qb5.com	4.08	4025	5	19000
11	www.bamuyu.com	4.08	19162	7	22000
12	www.bnbm.com.cn	4.08	276	2	300
13	www.wiseway.com.cn	4.08	848	3	1000
14	www.xjzsks.com	4.08	15288	6	11000
15	www.jiuan.com	4.06	172	2	500
16	www.naidi-tl.com	4.05	71	1	150

图 12-28　真实的权重和爱站工具推导出来的"百度权重"对比

如图 12-28 所示，对比真实的百度权重和爱站工具推导出来的"百度权重"，各位可以发现以下几个问题。

① 真实的百度权重和流量之间完全没有对应关系，通过流量来逆推百度权重的算法完全不可行，也就是说所有站长工具查询出来的百度权重都是错误的。与真实的百度权重没关系。

② 百度权重高的域名并不一定流量就高，优化的关键词指数越大，排名越好，流量自然会很大，但是域名的基础权重不一定要很大。

③ 站长工具的权重说法和计算方式只适合用来体现流量，而不是真实的权重，也许可以改名叫做：百度流量分级。

④ 如果笔者打算建设一个权重查询平台，应该是设计一个链接和内容都模拟百度搜索引擎

计算得分的通过导入部分真实数据，逆推互联网所有域名和页面的权值，然后得出单个域名和页面的权值向量（粗略估算了一下，这样做的成本开销在百万以上，不知道谁能承担得起）。

做 SEO 的各位朋友应该更加理性，不要为了站长工具上的权重而去刷指数（刷指数有时候能提升关键词排名）或者流量，这样做没太大的意义。

7. 小结

我们看看 www.1n11.com 用金花站长工具找出了多少有问题的地方。如图 12-29 所示。

图 12-29　用金花站长工具找出的问题

总体得分 55 分，属于中低水平，需要多加努力，笔者也有很多地方优化做得不到位。

内部优化检查发现命中了绿萝算法 1.0，这确实是存在的，有朋友叫笔者给他做单向友情链接，没想到做得太多和买卖链接的表现手法相同了，写完这里一定要去改正。还命中了描述中关键词密度超标的算法，这也是存在的。重复链接规则会导致可能的降权，应该去修改掉。

如图 12-30 所示，这里命中了内页标题相同的规则，这是很多企业站也经常犯的错误，相同的标题会严重影响收录，由于命中了绿萝 1.0 算法，所以此处友情链接检查规则也同时命中了。一般某个不良的 SEO 优化手法会被多条反作弊规则同时命中，希望大家多多检查。

如图 12-31 所示，这里检测到外链质量差，且存在未收录的外链站点，这个站本来外链就没做过，看来得抽空做些高质量的链接了。

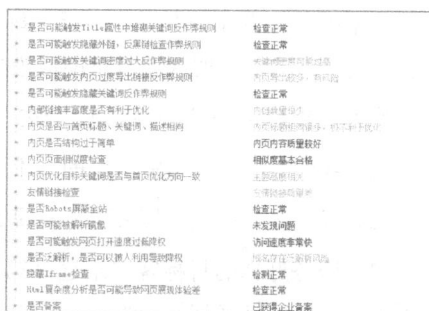

图 12-30　命中了内页标题相同的规则

图 12-31　检测到外链质量差

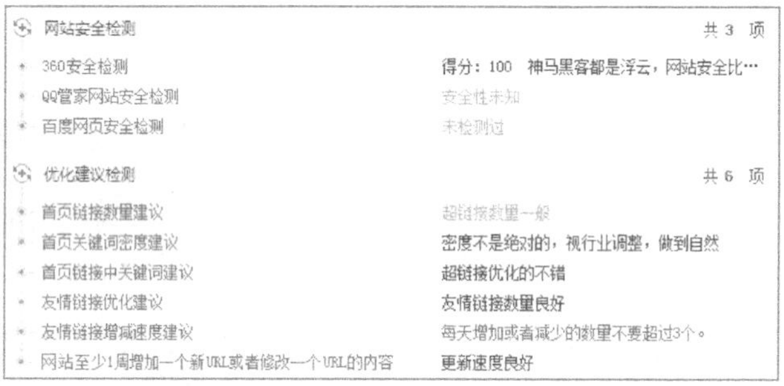

图 12-32　其他检查

如图 12-32 所示，其他检查基本良好，各位站长可以去试试看，工具能给出很多建议并查出不少问题。

12.4.4　反作弊结语

搜索引擎在设计一个算法之后，每天都能调整这个算法命中的阈值和规则，这个做法今天是良好的排名方法，明天就有可能成为典型的作弊手法。

作为站长和 SEO 人员应该怎么做？

（1）我们需要了解搜索引擎的基本工作原理，特别是排序算法和反作弊算法。

（2）我们需要牢记，搜索引擎只是为使用搜索引擎的用户服务的。

（3）服务好你的目标客户永远是第一位的，有一天大量的用户都在找你的网站，搜索引擎敢不把你的网址排名到第一吗？

（4）做有价值的网站，没有不以盈利为目的的网站，不论怎么做，"利"字当头。

（5）当网站命中某些反作弊算法时，应该及时调整或者更换手法。

12.5 丁建忠：学会坦然面对各种意外

每个行业都会面对行业当中的各种困难、各种意外，互联网行业也不例外。作为站长或者从事网站管理的从业人员应当具备迎接和处理这些困难的能力，使网站能够进入良性循环。我给大家罗列一下我自己 11 年来碰到的各种困难，分享一下当初解决这些问题的方法，当然有些解决方案可能已经不适合现在的发展趋势，所以只能说是分享自己当初碰到的一些问题。

12.5.1 域名相关问题

域名从某种程度来说是互联网企业的名片，对于这个名片会产生很多无奈的问题。而域名出问题很大程度上会影响网站的正常访问，导致搜索引擎无法正常收录，网站排名自然也就不那么理想了。

1．过期忘记续费

这个问题可能很多粗心大意的站长都碰到过，特别是在之前国内域名提供商服务不是很完善的前期下，经常会发生域名到期后没有续费的情况。按照原则来说域名注册时会留自己的联系方式，比如邮箱、联系电话、注册者信息等，此信息对于域名管理者来说非常重要，特别是域名的联系信箱，因为域名快到期时注册商会发邮件提醒你续费，但是当初我碰到的问题就是在小的域名注册商注册的域名经常收不到续费提醒信息，这样也就难免会碰到域名忘记续费的情况。我之前碰到过一次，后来花了 2000 元人民币赎回的。大家会问为啥这么贵，贵就贵在代理商了。所以对于域名注册最好是选择国外域名注册商，服务跟价格是国内渠道无法相比的。

2．CN 域名被 HOLD

碰到此问题的几率就如中奖差不多，被 HOLD 以后域名基本功能都无法使用，此问题一般是因为涉及敏感信息或者各种版权纠纷，相关部门会发函到域名服务商要求对域名进行 HOLD 操作，对于这个问题最好的处理方案就是在建站时选择.com 为主域，域名服务商同样选择国外服务商。

3．域名转移问题

这个问题是个非常呕心的问题，理论上来说域名转移是自由的，但是这种自由只是相对的，很多注册商都限制了这种自由，域名后台本应该有的自由获取转移密码的功能都给屏蔽了，因为转移走了他们就没有对应的提成了。很多时候注册商采取的方式是对转移走的域名必须续费多少年才会给转移密码，更有直接拒绝提供转移密码，对于这种情况我投诉到对应的国内服务平台，这样才勉强给转移密码，期间要提供注册资料所对应的证件复印件。

4．域名预注册问题

此问题涉及服务费的问题，很明确地告诉大家，如果你在国内预注册新开通的域名很多时候都是失败的，因为大家预注册的域名都是比较热门的域名，所以这样的好事一般不会轮到你，我之前花几万元预注册.cm 域名，后来没有成功，需要退款，跟服务商沟通了两个多月，扣除了几千元手续费，对于这样的结果花了一个月的时间。所以值得注意的是，选择服务商的同时请仔细阅读相关条款，不然真是有苦说不出。

5．域名 DNS 选择

对于这个问题一般会是在域名解析的空间碰到问题，转移空间需要重新解析。为什么会提这个问题？因为国内有些服务商 DNS 解析刷新时间是 24 小时左右，这会导致一个很大的问题，期间网站会出现区域打不开的现象，所以选择好的 DNS 服务商也是一个很重要的事情，国内做得较好的比如 dnspod，我用的是国外的平台。

6．域名拍卖问题

这个问题涉及拍卖时碰到托儿。我以前在国内某平台参加竞拍域名，同一域名在同一平台短时间内价格差异惊人。特别是玩竞价，玩的就是心态，很多时候由于对方的竞价会使你对域名的价值失去先前的判断能力，所以玩竞价时先给自己定一个最高的心理价格，超过这个价格就别去关注了，因为你所碰到的竞价对手可能是托儿。

7．域名邮件询价问题

此问题是近两年来泛滥的问题。以前看到域名询价信件是一天中最开心的事情，现在不然了。90%的域名询价信件都是用软件批量发的，所以请坦然面对。对方在撒网而已，你傻乎乎地把自己的底价告诉了别人，仅此而已。

8．域名抢注问题

此问题只针对国外平台来说。这个问题一般只是平台额度问题，如果你账户没有高额度的一些好的域名是竞拍不了的。对于这个问题的解决方案一般都是把自己相关证件及对应的信用卡信息放在平台下载的文档照相，然后存图片格式发送给对应的服务商。这样就可以开通高额度的权限。当然支付时信用卡额度可能会不够支付，那就要去银行给他们公司汇款，他们会给你保留一段付款时间，超过这个时间竞拍将作废。国外域名抢注平台我选择 namejet，在此平台我已经消费了有近百万元了，所以请大家放心，信誉绝对没有问题。

9．域名备案问题

这也是站长们最头疼的问题。此问题如果不重视，那你发展多年的站点可能就废弃了。现在大家都知道做网站必须先备案，不然空间服务商是不会让你进白名单的。当然很多人说用国外空间，但是人在中国，还是得遵守中国的法律。我们从正常渠道来说这个问题，针对备案好的域名所属问题。按照常理备案好的域名就没啥担心了吧？问题来了，很多人备案时留的联系方式都已经过期，据说通信管理局会抽查一部分，如果碰到了，那你就自认倒霉吧。会注销备案号，这样导致的后果就是空间商会把你服务器的 80 端口停止对外服务，也就是网站外界是无法访问的，这样导致的后果我想大家都可以想象到的。因为再次备案顺利情况下都需要好多天，如果不顺利的话几个月都有可能，所以备案时联系方式请慎重填写。还有一个值得注意的问题就是如果你更换空间服务商，那备案的资料也得修改，不然会被之前的空间服务商注销对应的备案，这个问题必须重视。

12.5.2　空间和服务器相关问题

空间和服务器为网站提供物理存放环境，有了它们网站才能够正常访问，相对应的功能才能正常使用，所以空间和服务器的重要性是可想而知的。一个有着良好搜索表现的网站很大程度上可以反映出网站的硬件设施是非常稳定的。只有稳定的网络环境才会有相对好的排名。

对于空间选择最理想的状态应该是速度快，网络稳定，机房管理正规严格，但是很多时候都是事与愿违的。

下面所说的都是收费空间或者服务器提供商服务过程当中碰到的问题。

我还算幸运，从一开始使用的就是独立的服务器。幸运不代表没有问题，在这个过程中碰到过的问题有：服务器被无故没收，服务器被强制断线，服务器硬件坏掉，服务器非法信息导致被叫过去喝茶，服务器被攻击，服务器被黑客入侵等。今天只跟大家分享导致这些问题的原因，以及如何最大程度来避免这些问题。

1．服务器无故被托管商没收

记忆最深的就是服务商由于其他客户的信息问题被抓了，他名下所有的机器都被扣留，据说需要取证。当初碰到这个问题时还是上大学的时候，碰到这样的问题真是很无奈，所有的数据资料都没有了。当初这台服务器是做江湖聊天室的，所以对应的数据库是比较重要的东西，因为用户数据是实时的，备份数据会导致用户数据回档，这样对于用户的流失率是很大的。对于这个问题当初的解决方案就是每天比较勤地备份数据，也没有太多的办法，但是到后来我们有其他的解决方案，就是对于特别重要的服务器我们经常会采取数据库服务器与 Web 服务器分离。

2．网站非法信息可以说是站长的杀手

这个事情说大就大，因为一条非法信息理论上可以让你进监狱，罚款也是必不可少的。不过很多空间服务商会在第一时间通知你删除对应的信息，如果你没有及时删除，那后果就导致断网，经常出现这种情况的话网站能有好的用户体验吗？网站在搜索方面的表现能好吗？所以对于非法信息的问题站长自身得注意好入口把关问题，信息都是外来的才会有非法信息，所以必须要有审核机制，这种机制可以是人工的，也可以是程序自动值守的，为了网站不被断网，相信我，这步必须做。

3．服务器硬件坏掉

这个问题在这么多年当中我经常碰到。统计了一下，服务器硬件坏掉最主要的部件是服务器电源和 CPU 风扇，其他的我还真没碰到过。所以如果是配的服务器托管的，请注重电源和 CPU 风扇的选择，不然网站至少会停止几个小时的时间来为服务器更换硬件。

4．网站非法信息问题

这么多年我已经被叫去好几次了，都是网站非法信息导致。我们当地网监还算客气，据我朋友说他的论坛为非法信息罚款掏了好几万元了，对于这个问题，我建议大家主动到当地网监部门备案自己的网站，索取相关人员的联系方式，建立沟通。这样很多问题自然就解决了。

5．网站被人攻击

我想这个对于一些热门行业的站长来说经常会碰到，特别是暴利行业。说实在的，对于网站攻击也没有特别好的方案，一般都是高投入，比如高带宽、服务器高配置、硬件防火墙、服务器安装软件防火墙等。

6．网站被入侵

对于这个问题抓住，几个要点就可以避免大多数的入侵，服务器操作系统必须保持最新，经常更新补丁，关闭不常用的服务和不常用的端口，对远程控制的默认端口进行修改，网站运行的程序最好选择商业程序，因为免费程序很多时候会被人植入代码提供二次下载。所以花点钱支持正版是不错的选择。

12.5.3　降权的应对

降权，比较沉重的话题，和医院医生给你开出了病危通知书是类似的概念。

给大家分享一下从零 IP 到 60 万 IP，又从 60 万 IP 到 40 万 IP，到 20 万 IP，到 10 万 IP，到 6 万 IP，又到 10 万、15 万、20 万、25 万 IP，如今又到 15 万 IP 网站的发展之路。

2007 年开始做的站点，当初基本没有同行，所以发展很迅速。从 0IP~5 万 IP 用时半年多吧，之后上 10 万 IP，WWW 主域顶峰是 30 万左右，用时大约 2 年。期间经历过无数次拔毛降权，但是都坚持下来了。到达顶峰后带来一次降权，从 30 万 IP 降到 16 万左右，分析过很多原因，大都是分析自身原因，因为我们得去迎合用户需求，更要迎合搜索引擎。于是后期在我们优秀的工程师，也是我最好的朋友的帮助下在原有的基础上衍生出近 40 多个分站，把之前笼统的东西慢慢做细致，可以这么理解，以前是做全国，现在是做城市。我们是小公司更是小团体，所以我们只能做用户最需求的东西，才能快速发展，我们所有的出发点都是以用户为主的。大概半年的发展周期，分站流量有了很大提升，一直稳定在 10 万 IP 左右，中期到达 20 万 IP，顶峰到达 40 万 IP，跟主站一起有 60 多万 IP，世界排名也飙升了，那感觉可以说很好。期间我们遇到很多问题，网站数据无数次被偷走，无数次被人拷贝。不知道哪位"好心人"把我们的站点作为 SEO 挣钱培训的示范站点，导致我们后期压力很大。每天处理无数采集请求，导致服务器多次 down 好几个小时。.

流量大概持续了半年时间，搜索几次算法影响挺大。中期流量下降到 40 万 IP 左右，我们分析了原因，主要还是分析自己的原因，我们从用户角度考虑，以为是访问量太大后用户访问速度慢，导致搜索降权，因为搜索引擎的目的是把最好的结果展现在用户面前，于是我们加入了 CDN 的家庭，速度是快了，但是导致后期再一次降权。我不能肯定是 CDN 导致的原因，但是确实是使用了 CDN 后降权的。期间发现过 CDN 服务商加入弹窗，沟通后发现是 CDN 服务商所在的运营单位私自加入的。这是多么损害用户体验的事情，于是我们停止了合作。也许也是因为这个才降权的吧。

现在剩下 20 万 IP 了，只是顶峰的 1/3，解决的办法没有想更多，只想从网站本身内容建设来解决。网站增加很多实用的内容，但是与之前不一样，现在越加越降权。特别是加了网页的 pdf 后，又一次降权，降到底部的 6 万 IP，那时候的心情大家可以理解，但是难道降权了就不活了吗？鼓起勇气，发现同类站点已经如雨后春笋，而且排名都比我们的好。也许他们比我们更加努力。所以我们又开发了新的搜索平台，处理级别也是上亿级别的，速度很快。IP 也慢慢地涨到了 25 万，稳定了好几个月了，2013 年 8 月 31 日发现几大平台都降权了，流量也受到很大影响。

又要总结，总结可以改进的地方，总结可以给用户更大的空间、更需要的内容、更短的时间达到用户需要的。

写这么多只想跟奋斗中的朋友分享，降权并不可怕，可怕的是降权后自己放弃了自己，我经常跟别人分享一件事情，就是没有降权过的站不是大站，没有"拔过毛"的站长不算站长。所以别再去抱怨了，前途是掌握在自己手里的，求人不如求己。

12.6　周扬：浅谈 SEM 优化技巧

在 21 世纪的今天，我们每个人都离不开搜索引擎，搜索已经成为我们相信并依赖的获取知识的一种重要途径。在这个"内事问百度，外事问谷歌"的年代，如果一个企业不懂搜索，将必然落后于其他竞争对手。越来越多的人感受到搜索引擎带给我们的影响力和魅力，如今，世界已全面进入互联网时代，并朝着移动互联网时代大幅迈进，无论企业还是个人，都应该把掌握互联网变化作为至关重要的课题!

作为一个 SEM 人员，我深知搜索引擎带给我的意义，它不仅仅是一份自己喜爱的工作，更是我生活中不可或缺的一部分。例如我想给我的宝贝儿子解一道奥数题，直接搜索"小学奥数题答案"这个关键词，搜索引擎就会给出我想要的答案。再如我想购买一瓶防晒霜，我也会在搜索框内输入我心仪品牌的防晒霜，等等。总之，我的生活离不开搜索，也不可能离开搜索。

那么在这个搜索时代，怎么利用搜索引擎为各个企业主服务呢？以下是一些心得和常用技巧。

12.6.1　Hold 住搜索，一切从 Keywords 开始

密密麻麻的关键词，我想没有几个企业主不头疼吧。如何有效管理和运用成千上万的关键词成了投放 SEM 最初的痛苦根源。从哪里找到关键词？哪些关键词适合本企业？哪些关键词是高效词？哪些关键词是无效词？

首先来了解一下什么是关键词。当我们想要查找某项信息时，在搜索框内输入的搜索词是具有某些商业价值的，这些用户的搜索词在搜索引擎里被称为"关键词"。适合的关键词可以给企业主的网站带来精准的流量和有效的订单。那么该如何选取适合自己的关键词呢？

1．首选品牌词

品牌词对企业非常重要！我们做推广的终极目的就是让客户了解并记住我们的品牌，因此，在一个 SEM 账户中品牌词的影响可想而知。说到这里，那些品牌知名度不高的企业主可能会说，我们的品牌还不为大众所周知，因此是不是就不需要推广我们的品牌词了呢？答案是：NO！一个品牌及企业都是在经过一定的市场推广和品牌沉积后才会有所谓的品牌效应，在这之前可能只有很少的一部分人知道我们，但是我们也不要放弃这些人群，他们是品牌传播最好的宣传者和忠诚粉丝，我们要做的就是在有人搜索我们的品牌时展现我们的广告，最大化地提升自身曝光量和点击机会。

品牌词可以根据企业自身情况，例如企业名称、简称、常用称呼、英文名称、英文错拼、中文拼音、中文拼音错拼来选取，还可以拓展到品牌+产品名称等。

2．积极选取通用词/产品词

通用词是不包含品牌、而被网民大量使用的搜索词，如"手机""鲜花"等。这些关键词表明网民有一定兴趣和购买意向，但还不明确，他们中间有一些人是可以争取的潜在客户。

在选取通用关键词时可以借鉴一些关键词工具，例如百度关键词工具、Google Keyword Tool 等。也可以根据行业热词酌情选取一些。

3．慎重选取竞品词

竞品词是在搜索推广中的一类较为特殊的关键词，也就是竞争对手的品牌关键词。对于很多刚刚起步的公司，竞品词是一块不小的蛋糕。对于广告主，可以通过它截取用户的精准流量，抢夺竞争对手的用户群体。而对于广大用户来说，通过竞品词可以获取相关产品服务信息，从而有更多的选择对比机会。

因此大部分企业都会申请品牌保护来防止别人抢夺自己的蛋糕。在投放竞品词的时候，通常只能到后台提交关键词，但在创意中无法展现包含竞争对手品牌保护的关键词。所以质量度上会相对较低，CTR 也会比账户整体水平偏低一些。不同行业在投放策略方面可能有所区别，但大体上来看，只要竞品词的转化成本控制在企业能够接受的范围内，就可以去投放。

4．大量挖掘长尾词

长尾关键词顾名思义就是比较长的关键词，通常由 2~3 个词组成，甚至是由短语等更长的词组成。这类关键词的特点是搜索量非常少，但是转化率却很高。搜索这类关键词的用户往往是有着明确的购买意图并且进行了比较，短期内有明显购买意向的潜在网络用户。长尾词的基本属性是：可延伸性，针对性强，范围性广。这类词的总量非常大，因此也能给广告主带来可观的网站流量和具有强烈购买意向的潜在用户。

通过长期的网站分析和数据挖掘发现：对于一般的小型网站，目标关键词带来的流量占网站总搜索流量的绝大部分。存在于网站目录页、内容页的关键词也会带来流量，但为数不多。长尾关键词存在于内容页面，除了内容页的标题，还存在于内容中，搜索量非常少，并且不稳定。长尾关键词带来的客户，转化为网站产品客户的概率比目标关键词高很多。存在大量长尾关键词的大中型网站，其带来的总流量非常大。

12.6.2 巧写创意，精准把控用户心理

一条广告写得好不好，能不能迅速抓住用户眼球，能否在第一时间超越竞争对手最先展示在用户面前等都取决于创意是否足够吸引人，是否能让人产生强烈的购买欲望进而点击你的广告进入广告主的网站。

1. 品牌词广告：突出企业品牌/LOGO，突显自身优势，加强网民记忆

通常搜索品牌词的用户，购买需求是最强的，品牌忠诚度也是最高的。因此，在撰写品牌词广告时，我们需要的就是尽量突显本企业的品牌 LOGO、企业信誉等，让用户搜索时可以做到一目了然，获得更多点击。另外，在品牌词广告中应写入自身企业产品的特性或优势，必要时可加入特殊字符吸引点击。

2. 通用词广告：突出与竞争对手相比的过人之处，体现自身产品优势或物流优势等

搜索通用词的用户一般是具有一定购买欲望但还没有明确的品牌意识或还在了解资讯的对比过程中，因此要想抓住此类用户，必须在创意中体现出自己明显优于他人的优势所在，这样才能在众多广告创意中脱颖而出，迅速抓住用户眼球，以获取更多点击。如："正品 行货""全场包邮""限时低价"等，必要时可加入购买导向性短语，如"立即购买""注册有礼"等引导性词汇。

3. 电商类广告：含有明显打折信息、价格类广告创意更受青睐

如今各大电商巨头的硝烟不断燃起，无论是 C2C 巨头淘宝网，还是优势突出的京东商城，大家都高喊着口号，优惠力度之大让人咋舌。易讯、天猫、亚马逊也都不甘示弱，纷纷亮出各自的王牌，仿佛蛰伏已久的电商们纷纷举起"降"字大旗，让整个电商促销大战不断升级。

那么如何在这场没有硝烟的战争中让自身企业的广告创意占得先机呢？首先，让创意包含折扣信息。如："全场 5 折起""2 折任意买"等；其次，让广告创意尽量飘红吧！无论百度还是Google 都有通配符这个好用的东西，当你撰写的广告标题和内容描述充分考虑和网民搜索关键词一致或意义相近时，搜索引擎就会把这些关键词显示为红色，这就是创意飘红。在一条创意中，飘红的次数与点击率成正比，即飘红次数越多，则点击率越高（同一条创意测试结果）。那么不必我多说，你知道该怎么做。

此外，还有几个创意描述的小窍门与大家分享。

（1）多使用数字，这绝对能给你带来惊喜。

（2）插入特殊字符，博取大众眼球。

（3）多给你的关键词或广告组撰写几条创意吧！这样做可以有效地测试并获取最佳的广告创意形式，推出不一样的广告语，也许会更加精准地刺激目标用户群。

（4）来点真正不同于他人的创意广告，我想大家都不会排斥点击一下新颖的广告创意的。

12.6.3　找准 Landing Page，不放走一个有需求的顾客

在网络营销中，Landing Page 就是当潜在用户点击广告或者利用搜索引擎搜索后显示给用户的网页。一般这个页面会显示和所点击广告或搜索结果链接相关的扩展内容，而且这个页面应该是针对某个关键字来进行选择的。

在竞价排名广告（PPC）中，Landing Page 可以通过不同的定制来衡量不同广告的效果。通过在网址中添加参数，SEMer 可以通过统计相关参数的点击率来衡量相关广告的效果。

网站运营的三个关键因素，就是捕获 Landing Page（让人访问你的网站或者着陆页面），转化（说服他们进行你期望的操作，这里可以是点击、注册或者直接购买），保持（加深与顾客的关系，提高其终身价值）。要想达到高的转化率，Landing Page 的选择尤为重要。

1．如何选取合适的 Landing Page

一个合适的 Landing Page 一定是用户想要看到的页面。也就是说，一个用户在输入一个搜索词后，想得到的结果必然是与自身想法相契合的网页。当用户进入 Landing Page 后如果关闭不外乎三个原因。第一，访客本身并不是目标客户群；第二，页面本身有问题，没有足够的吸引力，让客户进行下一步操作；第三，投放的广告没有贴合 Landing Page，客户进入 Landing Page 前看到的信息和 Landing Page 上表达的信息不一致。

基于这三个原因，我们在选择与投放广告相对应的 Landing Page 时就要慎之又慎了。最优 Landing Page 是与所投放广告内容高度契合，并且具备一定让客户自主选择的页面。以电子商务类网站为例，如果客户搜索了"网购苹果手机"，那么我们与之相配合的页面必须是包含苹果手机且有不同可选择的页面，理想的状态是包含 5～6 个或以上商品的页面，不推荐使用单一产品页面，在没有特殊情况的出现下，单一产品页面与有较多产品页面相比，较多产品页面的跳出率则更低。

2．让人又爱又恨的质量度

质量度是一个引入概念，最初，部分广告主单纯用高价获得了第一位排名，导致产品与搜索词毫不相关，长此以往，搜索者会对推广信息的相关性做出负面判断从而忽视这片区域，这违背推广商户和搜索引擎规则。于是，谷歌率先引入了质量得分这个概念，其数值反映了推广信息被搜索者的接受程度，搜索者越感兴趣，点击的人越多，访问者体验越好，质量得分就越高。此后，百度等一些搜索引擎也逐步引入了质量度这个概念。依据历史数据计算，质量度主要反映其关键词标题、描述及网民对该关键词的认可程度，还包括网站的打开速度，关键字指向网页的相关程度，还有整个网站的情况。对搜索推广用户来说，综合排名指数（CRI），即出价与质量度的乘积，才是排名真正的衡量标准，意味着很好的质量度就有可能在出价较低的情况下排名靠前。质量度影响因素有几个参数，比如账户结构、点击率、广告标题和描述、URL地址等。质量度采用 24 小时刷新的办法匹配最新的搜索结果。

（1）优化账户质量度之一：巧设账户结构

清晰的账户结构会帮助广告主改善账户整体质量度，并且更易于管理和后期分析。确保推

广单元与关键词的主题唯一，且每个推广单元最好保持 5～30 个关键词之内（单一结构账户适用，大型账户不合适）；将高流量、高消费、高转化的关键词单独划分出来。如有可能，甚至可将单元再重新细分为 2～3 个单元。

（2）优化账户质量度之二：提升点击率（CTR）

点击率对于账户质量度的影响是第一位的，也就是想要获得高质量度，必须想尽办法获得高点击率。提高点击率可以通过调整出价来实现排名的变化，也可以通过优化广告创意等方法来提升点击率。

（3）优化账户质量度之三：让创意与关键词更匹配

- 创意与关键词匹配首先是指撰写的创意要通顺，包含指关键词套入创意是否通顺。

- 关键词与创意的相关程度、关键词/创意与网页内容的相关程度要高。

- 关键词单元划分合理，把结构相同、意义相近的词划分在一起，关键词和创意的相关性就不会有太大的问题。

- 创意应"飘红"，即在创意的广告标题和描述中均使用通配符，增加创意飘红次数。

（4）优化账户质量度之四：推广商户的信用积累

这个账户是否有长期稳定的消费以及质量度的历史积累是非常重要的。投放时间越长，推广经验越多，可信的程度就越高。

可能每一个 SEM 人员都有自己一套优化账户的方法和策略，但如果我写的这点东西能对你正在操作的 SEM 账户有点意义，那么就不要犹豫了，赶紧在你的账户中试试我的建议，预祝每一位 SEM 人员都能在这份工作中收获自己的那份果实！

12.7 姚金刚：SEO 团队建设和管理

对于中层管理而言，团队管理是一项非常重要的工作，特别是在 SEO 这样一个偏技术的营销部门，更是如此。

在团队管理的过程中，我们一般先需要进行这样的思考，那就是如下的两个问题：团队该做什么？团队能做什么？

12.7.1 关于团队职能划分

了解了这两个问题，再对团队的职能进行划分就会更加科学、合理，一般的团队职能划分规则需要根据公司的实际业务规模和公司财务规模来综合确定。

这里笔者列举常见的 SEO 相关职能岗位，SEO 经理、SEO 数据分析师、SEO 专员（外链）、SEO 专员（口碑）、SEO 助理。

- SEO 经理：分管 SEO 部门所有日常事务、部门财务规划、目标规划、执行策略制定等。

- SEO 数据分析师：负责关键词挖掘、关键词分析、流量分析（来源、质量）、转化分析、搜索引擎算法分析、站内关键词布局、结构优化等。

- SEO 专员（外链）：按照既定的外链执行策略操作 SEO 外链，并配合站内活动策划链接诱饵等推广获取外链。管理超过 10 人的 SEO 外链兼职团队。

- SEO 助理：负责协助经理管理部门的日常事务，负责协助与其他部门的协同，负责处理相关部门的需求，负责团队氛围建设执行等。

- SEO 专员（口碑）：进行问答类（百度知道）、SNS（微博）、视频类等口碑推广的策划与执行。

12.7.2　目标管理法则

制定目标时需要注意，切忌目标高不可攀，也切忌目标毫无压力。合理的目标是既能够让团队能够实现又有一点难度。

比如，公司给你下达了年度目标，经过分析认为，该目标过高，且在团队未成熟之前，更不易完成。这个时候，你作为团队领导，应该向公司反馈事实，并用大量的数据证明，该目标在行业内还没有类似的先例，希望降低目标，同时给出合理的实施方案。

当公司给部门下达的目标过高时，切忌盲目应从，如果本身难以完成，最终可能导致整个部门在后期执行时都处于非常被动的状态。

经过一定的市场调查和行业调查会发现，在行业里的平均水平是怎样的数据，在公司业务刚成立之初，在人员与财务都还不是很成熟的情况下，为了给自己的团队有些挑战，可以把目标定在略低于行业平均水平的数值。

目标的制定需要遵循 SMART 原则，即制定目标时需要满足以下 5 个条件：S=Specific（明确性），M=Measurable（可衡量性），A=Attainable（可达成性），R=Relevant（相关性），T=Time-bound（时限性）。

12.7.3　策略的制定

策略一般是指：

（1）可以实现目标的方案集合。

（2）根据形势发展而制定的行动方针和斗争方法。

（3）有斗争艺术，能注意方式方法。

根据前文所述的目标管理法则，需要开始制定如下相应策略。

（1）关键词优化策略：对关键词分类的原则，排名操作的方法。

（2）站内优化策略：站内结构如何设计，关键词如何布局，代码如何优化。

（3）外链执行策略：在什么样的地方发布外链，外链与所发布内容如何结合，如何策划链接诱饵。

（4）口碑执行策略：问答的关键词及内容设计方法。

（5）数据统计与分析策略：需要统计什么样的数据，哪些指标是需要重点关注的，哪些数据需要重点分析及分析原则。

所有的策略制定完成，则将所有的策略进行细分，形成细分的可执行的每日工作内容。

12.7.4　团队组建原则

一般的人员招聘，可通过各种渠道进行人员的选择，主要渠道有朋友介绍、HR 招聘、论坛挖掘等。

下面介绍一些简单的团队组建原则。

（1）团队组建原则：严进宽管，即严格进入，宽松管理。

（2）招聘渠道选择技巧：需要思考通常会有哪些方法可以招到人。对于 SEO 人员的招聘，笔者更多地是直接通过 SEO 培训机构、朋友介绍来进行。

（3）招聘方法技巧：听听面试者的经历、背景、爱好，可以问简单的技术问题，这些是面试必谈要点。

下面是简单的例子。

（1）可以把自己当成小白，提出较为"可笑"的结论，听取面试者的回答。

（2）可以把自己当成导师，与其讨论面或点的问题，考察其思维。

（3）可以以普通朋友形式闲聊，观察其人品。

同时面试也遵循下面的一些技巧：

（1）相信感觉。

（2）原则不能丢。

（3）基本背景要搞清楚。

（4）寻找潜力股，多招能干事之人。

12.7.5　SEO 团队的绩效考核

可在团队组建时，设定好绩效薪资，也可称为提成模式。下面的绩效考核方式供读者们参考。

绩效、提成根据当月销售额任务完成率来进行计算，规则如下：

（1）月任务完成率<50%，提成率为 0.8%。

（2）50%≤月任务完成率<80%，提成率为 1%。

（3）80%≤月任务完成率<100%，提成率为 1.3%。

（4）月任务完成率≥100%，1.5%。

示例：当月 SEO 部门的 SEO 渠道收入为 10 万，当月任务为 15 万，完成率为 67%，则提成金额为 100000*1%=1000。

根据每月任务完成率进行 KPI 考核，主要如表 12-4 所示。

表 12-4　KPI 考核

考核项目	内　　容	比　　重
流量	完成当月计划流量	20%
注册数	完成当月计划注册数	30%
销售额	完成当月计划销售额	50%

12.7.6　关于氛围建设

如图 12-33 所示为团队氛围建设示意图。

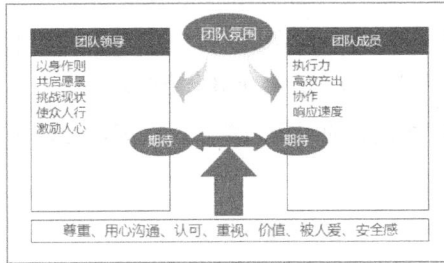

图 12-33　团队氛围建设示意图

思考：SEO 团队的灵魂是什么？（大到国家，小到个人，都有自己的灵魂。）

人多？末位淘汰，缩小管理半径。

精细化管理，让每一个人尽量负责单独一个项目，让每一个项目具有清晰的、有一定挑战性的目标。

12.7.7　流程化建设原则

如图 12-34 所示为流程化建设示意图。

● 落实每个模块的责任人。

● 放权与握权。

● 清晰的汇报制度及汇报流程。

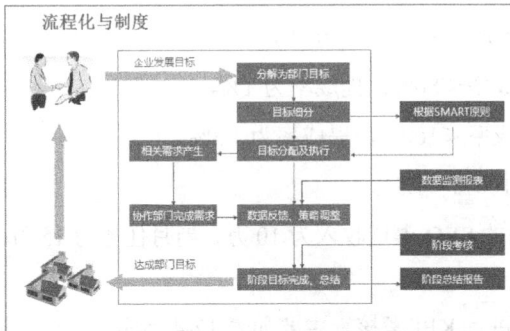

图 12-34　流程化建设示意图

12.7.8　业务制度建设原则

合理的日常管理制度是高效工作的基础，一般根据行业及部门目标特点，可制定如下的 SEO 日常管理制度：

- 工作日报、周报、月报。
- 周计划周总结、月计划月总结报告。
- 数据统计与分析日报表，周报表，月报表。
- 各职能记录报表，各优化执行日志报告。
- 投入产出报表。

表格不一定需要很多，但一定要合理，能提升团队管理的效率，这样的制度才不会成为团队执行的负担。

12.8　萧涵：中小企业对 SEO 的误区

从我开始接触 SEO 到现在，只在最初几个月做过个人站长，之后就一直给企业提供 SEO 服务，虽然 SEO 的应用以站长及互联网行业居多，但传统企业也逐渐重视起 SEO 了，我也相信，SEO 必能给企业带来高价值，也只有企业级的 SEO 应用，才能发挥最大的功效。

近几年，由于 SEO 的入门门槛低，SEO 的发展异常迅猛，大有全民 SEO 的趋势，随之而来的是不断涌现出的 SEO 服务公司，也导致了这个行业混乱的现状。幸好有一些 SEO 行业的领军人物和倡导者，采用活动、沟通的方式来促进国内企业对 SEO 的重视和认识程度，让企业逐渐认识到 SEO 的实际价值，也让整个 SEO 行业逐渐变得有序。

但是国内大部分的中小企业还是对 SEO 存在错误的认识，特别是二三级城市，绝大部分是传统的中小企业，他们对 SEO 存在误解，很多企业都希望通过 SEO 获得好的网络营销效果，但因为受到大量误导，在这个过程中走了很多弯路。

我这里从个人多年给企业服务的经验，总结了以下 6 条误区，与读者朋友们分享，以后有机会给大家分享如何利用 SEO 做好网络营销。

12.8.1　凭主观选择关键词

关键词是 SEO 的基础，关键词的选择其实就是目标客户的定位，它关系到你选择的客户群体是否正确、你的营销是否精准，所以关键词的分析选择是 SEO 的基础建设。但是很多企业却是凭自己的主观意识来选择关键词，根本不会花时间去分析数据，而很多 SEO 服务商也是客户发来什么关键词，就去做什么，也不会跟客户一同去分析每个关键词的价值。

这样，往往就导致 SEO 工作者花费很大的精力后，把某些关键词优化上去了，结果给企业带来的效果却微乎其微。

比如某个空调生产企业，做的产品是应用于商业场所，但却愿意花重金把"空调"做为 SEO

的目标关键词，原因是这个词搜索量大，流量高了获得客户的机会也就多了。他却不知，这样做的投入至少 80%都被浪费了，他既不是这个行业的门户站，也不是空调产业的知名品牌，这样的做法对于寻求利益发展的中小企业来说，是毫无意义的。

好的关键词策略应该是通过市场调研与数据分析之后得出来的，需分析获取流量的成本以及流量的价值两个维度的数据。

流量的成本包括时间和所需投入的人力、资源等，很多时候往往只关注到直接投入，却没有把时间成本计算进去，我们碰到有些企业，在某个产品线即将旺季的时候，慌忙启动 SEO 项目，结果等把排名做上去了之后，却已过了旺季，没了流量，也丧失了机会。

流量的价值在于此关键词所带来的流量中，真实的潜在客户所占比，这就需要在 SEO 的过程中持续关注数据，跟踪效果，才能累积下来。

SEO 项目的关键词策略，应该由 SEO 人员与企业市场人员双方合作，以"专家+行家"的方式，才能建立一个有价值的关键词库。

12.8.2　只关注网站首页

这看起来好像很正常，企业网站本来就没几个页面，而且很多人不知道排名是以网页为单位的，很多企业都没有这个概念，以为做 SEO 就是做一个网站的排名。结果就把所有的资源全部集中在首页上，最后不仅所能优化的关键词有限，而且让整个网站的页面分布不均衡，优化过度并影响用户体验。

我只好一一解释，告诉企业，内页的价值往往更高，因为它是符合用户搜索意图的，能让关键词带来的流量价值更高。试想一下，用户在搜索某一产品名称的时候，进入的是一个网站的首页和该产品的详细页面，哪个更容易让用户留下来，很显然是后者。

12.8.3　SEO 的工作就是更新文章、发外链

关于这点，我想很多想真正做好 SEO 的人都有碰到过，非常困扰。经常会有企业相关负责人说，你们 SEO 不就是在很多平台上不断地发布推广信息、做外链嘛，还有网站要天天更新嘛，我们只是不想专门请这样的人来，难于管理，所以才交给 SEO 服务商。

难怪不断有人说 SEO 的工资低、SEO 是白菜价，那是因为你所在的企业（或你所服务的客户）认为 SEO 是一项目实习生就能做的工作。

实际上，这也是很多 SEO 人自己造成的，看看遍布互联网的垃圾信息就知道了，我很难理解一个企业网站上，为了 SEO 而天天更新一些对企业和用户没有任何帮助的文章是做什么用。还说更新很多文章，可以增加收录，这样就可以带动网站权重，提升其他页面的排名。一个对目标客户没有用的页面，对网站页面的排名有什么帮助呢？

实际上，SEO 是一项营销与技术相结合的工作，是对企业非常有价值的一种互联网营销方式，就算是发帖这类最底层的工作，也需要有策略的支持。

12.8.4　SEO 的价值仅在于排名

SEO 就是做排名，这话听起来没错，SEO 的结果就是在 SERP 上的关键词排名，不过其价值绝不仅仅在于排名。从销售的角度来说，SEO 将关键词提升了排名，并不是没事了，而是要让客户迅速发现，并点击这条链接，进入到网站对应的页面，这才算是完成了 SEO 的基本工作。

但仅仅是到此吗？获得了流量就可以？也不是的，SEO 人员更应该协同市场部门和技术部门，进行网站用户体验的优化，以及内容架构的优化，以提升客户的体验和转化率。

但还不限于此，如今已进入整合时代，SEO 人员应该以 SEO 为圆心，整合各种资源，建立一个流量和品牌的生态圈，最大化地提升流量价值和品牌影响力。

可能有人会说我刻意把 SEO 夸大了，实际上是你把它看小了，SEO 实际上是可以跨平台和多资源整合的，具体看你怎么应用了。

12.8.5　SEO 仅是比竞价便宜

这是很多中小企业选择 SEO 的原因，它比竞价排名花费低，更便宜。如果仅仅是基于这一点，我倒认为竞价排名可能更适合他，虽然贵点，但见效周期短，非常有利于快速获得效益，以及做数据测试和分析。

从企业利益的角度，SEO 是应该跟 PPC 共存的，而不应互相排斥。实际上 SEO 并非便宜，从短期来看，SEO 往往比 PPC 的成本更高，但 SEO 的一个好处是其特有的持续性和叠加性，这是 PPC 所不能比的。

要做好 SEO，需要看长远，不能在乎短期利益，有些企业为了摆脱 PPC 的烧钱不断，荒不择食地选择 SEO，为了追求快速效益，急功近利，最终的效果却不尽如意。

SEO 是不便宜的，但它所带来的效益是能不断累积叠加的，这是很多营销方式所不能做到的。

12.8.6　SEO 交给服务商，自己不用管

这一点恐怕很多企业都会出现这样的问题，SEO 项目启动后，就不闻不问了，究其原因，一是可能企业内部不重视，二是服务商也没有很好地沟通汇报机制。

我开始也提到过，SEO 是营销与技术结合的工作，需要"专家+行家"共同努力才能做好，如果一方不管，一方拼命去做，得不到反馈也不了解市场，是很难发挥其功效的。

好的 SEO 项目应该是由企业方和 SEO 服务方紧密配合，并由双方相关人员组成的项目组来执行，这样能在执行的时候紧随市场的形势，做出有针对性的策略，并根据效果反馈及时调整策略，改进细节。

🔵 12.9　潘军：创业是一个烫手的山芋

大家好，我是分类信息行业酷易搜网创始人潘军，很高兴能在本书中分享创业过程和运营

干货。本书作者和我是很多年的好友，互联网人脉也是相当重要的，在酷易搜网成长过程中，得到了很多朋友的帮助，大家相互交流，资源共享互赢。相信本书会给诸多读者带来干货，并且运用到网站运营的实践当中。祝愿读者早日成为一名出色的站长，在互联网的道路上坚持下去，从书中总结出自己的经验，把前辈们的经验转换为自己的东西，这样才能长期生存发展，越走越宽，越走越远。

创业是一个烫手的山芋，大多数人都是贪图它的美味，又不敢去触碰它。害怕失败的人，是不会成功的，而我既不害怕，也不渴望成功，只求每天做自己觉得有意义的事情，不虚度光阴。

创业一直是一个永恒的话题，不少人有过这样的想法，也有很多人尝试着去创业，有人成功，有人失败，所以不同的人对创业的理解也有所不同。

谈创业，想必每个人创业都想成功，至于成功的方法，我只是起到抛砖引玉的作用。但我觉得成功离不开努力和机遇。把最普通的事做到极致那便是成功。很多人都忽视细节，但有的时候细节真的决定你的成败。

其实每个人创业，都有不一样的目的，有的人为了赚钱，有的人为了出名，而我的想法可能与他人略有不同，我不是为了赚钱而创业，也没有想过把网站做到行业第一或者第二。我甚至没有想过把公司做到百人甚至千人，起初创业的想法就是想做一个小老板，没有非常远大的理想，也从来没有想要成为一个非常有钱的人。为的只是不用准时去上班，可以睡懒觉，挣钱了可以出去旅游，自由安排时间，使自己的生活丰富多彩。

我之前接受采访的时候说过"从接触社会的那天起，我就一直想着创业，拥有自己的公司。虽然一开始很迷茫，但是脚踏实地一步步前进，说容易也很容易，说难也难，关键看你有没有激情"。很多人肯定会说，我也有激情，我对创业充满了激情。我所说的激情不是一时冲动，而是选择一个项目，一直为它痴迷，永远为它冲动。在这里特别说明一点，我们选择项目也是非常重要的，做网站一定要适合天时，做有前途的网站，如果你现在还在做电影、小说、音乐站等这些涉及版权的，那我劝你还是早点放弃吧，这样的网站已经没有前途了，我们创业的话，如果没有太多的资源，可以选择一个行业性的，只要有个适合的点，市场有需求，就能做起来。现在任何竞争都很激烈，只要选对项目并坚持下去，就有成功的可能性。

举个简单的例子："一个人每天做一件好事很容易，但是如果坚持每个月、每年都做是很难的，能坚持下来的人真的不多。"现在很多个人站长的网站还没有达到一定的规模，还是一个人在坚持奋斗，但是坚持一段时间后可能因为寂寞、耐心不足或不盈利就有可能会产生放弃的念头。其实做站长并不孤单，因为还有很多站长为了理想在日日夜夜奋斗着。做网站讲究坚持，"坚持"说起来容易，真正坚持起来甚至是痛苦的煎熬，但是等你坚持努力几年，每天付出时间越来越多的时候，就会明白坚持的深刻含义。许多站长认为"我的网站挂着，就是坚持"，这是非常不对的，坚持指的是，你需要每天去关注你的网站，去做内容，分析问题等，这才是坚持做网站。全身心的投入，也会得到全身心的回报，就是这个道理。

勾践卧薪尝胆奋发图强，匡衡凿壁借光艰苦努力，一个个鲜明的事例就是在教导我们，只有经过长期不懈的努力，才有可能成功。只有经历了别人没有经历的，才有可能成功。这也意味着你注定要走出一条属于自己的路，然而这条路并不是平坦好走的。

我 1999 年开始接触的电脑，2001 年接触的互联网，在 2003 年的时候开始学做网站。当时开源系统并不多，有很多网站都分为免费版和商业版，我用了一些免费版，感觉不能满足自己的需求，于是就去买了商业版。当时很多东西还是不太明白，后来就去报了一个学习班，学一些建站的程序和平面设计，出来后就去了一家大网站去上班，在上班的过程中，在互联网圈子里折腾。有个网上认识的朋友推荐我去做互联网的 IDC，于是去代理了一家，后来我感觉自己被骗了，因为当时代理 IDC 的非常多，竞争也非常激烈，很难卖出去，于是我索性自己注册了一大堆域名，自己用一些建站系统做了很多的网站，当时比较流行做 SP 的业务，分成也比较高，所以当时也做了一阵 SP，现在当然没有 SP 了。那一年中陆陆续续做了很多网站，但是一个也没有成功，唯一得到的就是对互联网产品已经有了比较深的了解。后来我又发现 Java 挺能赚钱，于是就去学 Java，但是我还是比较喜欢网络，大约到了 2005 年，国内兴起了分类信息网站，于是我开始跟风做这种网站，由于我懂技术，所以就用 Java 开发了一套分类信息网站，就是今天的酷易搜。我是兼职草根站长出身，早期全职打工做网站开发，2009 年创业成立公司，全职做酷易搜网。

2009 年创业的时候我们在一个商务楼，有两间房，每间房也就 30 平米。真的是冬冷夏闷，房间还有一个角落漏雨，条件可以说非常艰苦。现在公司是 150 平米的写字楼，位于北京三环旁，交通非常便利，环境和气氛非常好。我们公司一直走轻公司路线，我们公司扩大到百人也是可以的。但是我们一直认为，一个好的网站并不是以团队人数，而是以团队的能力和凝聚力来衡量的。

并非投资花钱就叫创业，从我做酷易搜的第一天起，我就觉得自己在创业，因为互联网（网站）这个东西，只要你付出、你劳动、你坚持，就会有收获。技术这个东西，不一定要像我一样必须要会，或者必须要懂，但是我觉得懂一些还是有帮助的。我有很多朋友不懂技术，就用开源程序，把网站、公司的团队运营得有声有色。我希望刚开始做站没多久的朋友们，好好去理解我说的"坚持"两个字，坚持网站一定要有所更新，不能把网站挂在那里就等着用户访问。网站真的需要用心去做。

这一路走来，自己绕过弯路，遇到过困难，但是我还是一如既往地坚持下来了，这些困难、弯路恰恰成了我前进路途中的一块块垫脚石，回想当初，如果自己不懂技术或网络，只是有一个漂亮的想法就去创业的话，失败的几率就会增大 20%，因为那样我肯定至少会请一个项目经理，一个技术员。而这无形中增加了不确定因素，一切都无法掌控。俗话说：台上一分钟，台下十年功。能有今天的成就，所付出的时间、辛劳，外人是无法想象的，只有自己知道有多难有多苦，当然也很有成就感。岁不寒，无以知松柏。事不难，无以知君子。别被事情难倒，别怕被考验，不经历一些困难，不受一些挫折，怎么会有成就？而且我也很清楚自己能干什么，有多大的能耐。互联网创业者，要明白自己的实力和定位，我们不能和马云的阿里巴巴比，他们是有资金，有实力的，他们的定位是画大圈，圈大钱；而我们呢，是个小的创业公司，不可能去跟别人拼广告费，拼不过，我们的定位是画小圈，夹缝中生存。我身边就有这样的例子，我有个朋友就是在处于创业阶段的时候，自己本来没多少钱，刚开始就到处砸广告，后来砸了 100 多万元，把自己的原始资金全砸出去了，收效甚微，结果，由于资金无法支撑，最终倒闭了。所以想跟大家说的是，大家创业的时候，一定要认清自己，到底是要画小圈还是画大圈。

再有就是很多人认为互联网没有机遇，这是不正确的，互联网创业与互联网新机遇还是有很多的，等过些年再看今年，就会发现今年还是有一些机遇，只是抓住和把握的问题。建议大家如果做网络创业，要说到做到。有目标就要马上执行实施。互联网时间不等人，进入得越早，分得的蛋糕越多。当然了，也会有一些新的模式产生，我现在就发现一个新模式，可以跟大家分享一下，这是国外一家网站，他们做得比较成功，也拿到了 3 亿美元的风投，他们的模式是一个在线的视频平台，是个连接老师和学生的平台，老师可以授课，学生可以学习。

所以对于我们来说，机遇还是有的，只要能够坚持。有打算、但是还没有做站的站长，一直拖拖拉拉没有执行力是不行的。好比买彩票，一直想中 500 万，但是如果不去买，怎么会中呢？机会留给有准备的人，如果大家想靠网站去赚一些兼职收入，或者去创业项目，我想你一定要马上去执行了。做网站都有运气的成分在里面，在正确的时间里要做正确的事情，自己都没准备好，怎么能开始做呢？等你准备好以后，天时地利人和，风水轮流转，总会转到你。

简单地说，你要是只是观望而不去动手实干，永远只能是观望别人成功。迈出第一步，紧接着迈出第二步，这样才能往前走。创业真的不容易，路上的艰辛只有经历过的人才能体会，有句话说得好："天将降大任于斯人也，必先苦其心志，劳其筋骨，饿其体肤，空乏其身，行拂乱其所为，所以动心忍性，曾益其所不能。"真的是这样。

接下来分享一下关于优化的一些技巧。基础优化比如隐藏文字与背景色一样，Logo 后面隐藏文字，网站关键词密度，调整 Title、Meta 词句。现代网站优化需要，自身网站结构如静态、伪静态 URL 不能太长，高质量外链和内链接循环，独立二级域名可比目录权重更高。这些技巧看似容易，但把它们熟练适时地运用，彼此配合，优化强度的拿捏程度，都需要长时间的总结积累。其实运营、优化、营销等涉及网站方面的东西太多太多，很多东西都需要自己不断地摸索。

如果你拿着锤子找项目，那么你看到的永远是钉子。很多时候，你之所以做对，是因为你及时地做了，而不是错过了，错过即是与机遇"作对"。成功很简单，活在当下，是最接近理想的一种精彩。

希望已经走在创业路上的朋友能坚持创业、坚持做站。站长确实是"站着长大"的，除了日日夜夜要辛苦奋斗，还要在遇到困难与挫折时坚挺过一切。人的一生最重要的是做好一件事情，酷易搜的团队虽然越来越成熟，但是不足还有很多，需要改进的地方还有很多，欢迎大家积极交流或合作。

在创业的路上，我获得了人生的第一桶金，在兼职玩域名的这几年里，我又获得了人生的第二桶金，接下来我们已经开始做一些移动互联网项目，为公司以后有更好的发展在做准备。

第 13 章　SEO 常见 100 问

问答是最好的交流方式，可以专门解决提问者的疑问。虽然本书本身就是以各种常见问题展开写作的，但是还是会有很多问题无法涉及或无法进行重点讨论。因此笔者特意在最后设计了一章内容，讨论 SEO 常见问题，通过对原来百度站长俱乐部中的经典问题、在百度站长论坛以及其他站长论坛经常提问和讨论问题的收集和筛选，精心挑选出了 100 多个常见问题在此进行讨论。LEE 或官方其他渠道回答过的问题都会附上官方的答案（笔者开始都附上了官方回复的链接，但在本书写作过程中，百度关掉了"贴吧俱乐部"这个产品，原来"百度站长俱乐部"中的所有内容都无法访问了，所以笔者就无奈地去掉了本章所有指向"贴吧俱乐部"帖子的链接），此外也差不多都附上了笔者的回答和意见；没有被官方回答过的问题，笔者也进行了详细的回答。希望本章内容可以进一步为大家解答一些疑惑。

1. 问题：不懂技术、不会建网站可以学好 SEO 吗?

笔者答：这个问题其实没有统一的答案，只能说如果一点技术都不懂，那么在入职和发展方面可能都会有些困难。学习 SEO 原始的基础理论非常简单，只要了解一些名词，懂得一些概念，会上网发帖就可以了。但在实际工作中一点技术都不懂的朋友大多都做着最基础、最表层的工作，而且只懂得概念、名词的朋友很难在行业中有所发展，因为能接触、发现、总结的东西太少或太片面了。刚开始学 SEO 时，可以不懂技术，但是想自己更深入地研究一些东西时，就需要充电一些技术上的东西了。有人会说"SEO 只做策略就可以了，具体执行有技术人员，SEO 人员懂技术干嘛呢"，这是严重错误的，SEO 人员只有懂得一些技术逻辑、懂得一些数据库结构、懂得一些处理数据的命令，才可以发现一些深层次的问题，研究制定更深层次的"SEO 策略"，产出更具科学性的 SEO 产品，否则只能停留在 SEO 的表面。并且，不是所有公司都会为你配备足够的技术人员帮你解决一切问题，很多时候只能靠自己，否则就会把项目周期拉得很长。

随着 SEO 行业的规范化，常见的三个发展方向有技术、产品和运营，偏产品和运营的 SEO 需要丰富的工作经验，并不是通过看点书、参加几个培训、聊聊天就能有质的提高，相对来说偏技术的 SEO 入行渠道更为具体，至少可以先学到一些"实在"的东西直接运用到日常工作中，比如，使用简单 Shell 文本处理命令深入分析日志、依靠搜索引擎算法原理设计站内 SEO 产品、根据分词原理合并整合"形不同"但站内搜索结果相同的关键词等。撇开部分残留的还在无策略机械发链接的"SEO"不谈，通过基础技术入行 SEO，然后向稍微高层次的研究用户需求和体验及引导用户行为、偏产品或运营方向的 SEO 甚至管理层发展，在当下对于 SEO 初学者来说是一个非常不错的"正途"发展线路。并且，现阶段有技术基础更容易入职 SEO，有很多大中型网站在招聘 SEO 时会声明"有技术基础者优先录用"。

现在已经不是堆砌关键词和狂发外链的时代了，更多的是研究用户需求分析、数据挖掘、用户体验提升等问题，有一定的技术基础，或对一些算法原理有一定的认识，才可以设计出更好的 SEO 产品，在 SEO 工作中也会更加得心应手。一点技术都不需要懂的 SEO 可能慢慢就消失了，研究用户体验、需求和行为时基础技术也会是有力工具。现在的确也不乏不懂技术但是对用户体验、需求、行为研究很透彻的 SEO 朋友，但是他们已经通过其他渠道积累了丰富的经验，并不适合"初入行"朋友的发展。不过需要注意的是，如果不打算向技术方面发展，SEO 人员最好不要过于钻研技术，因为如果技术层面了解得太多，那么在设计产品时会过多地考虑技术实现细节，从而限制产品设计的思路，过犹不及。

关于不会建网站的问题，大家可以简单使用 Wamp 包在本地建立一个环境，然后自行学习安装和调试 DEDE、DZ 等程序，了解一下一般网站是什么样的架构，前后台数据是如何调用的。至少当自己想改一下简单数据时能够快速地找到相应文件和参数位置，简单搞明白 DEDE 和 DZ 两个网站程序，基本上就能明白网站是怎么回事了。不用懂得如何二次开发和单独开发网站，只要懂得网站的基本运行原理就会对自己的 SEO 工作有比较大的帮助。

推荐有一些 SEO 基础的朋友简单了解一门网站建设语言，比如 PHP，简单了解一下数据库，比如 Mysql，不一定要会写代码，也不一定要像程序员一样研究得很透彻，但是最好还是要懂一些，至少能看懂简单的代码和数据结构。研究一下简单的 Linux Shell 命令、Windows 批处理命令及 Excel 高级命令等。SEO 人员想做一些稍微深入的东西，避免不了处理和分析数据，这三个东西可以很好地辅助 SEO 人员处理分析数据，基础的 Shell 命令可以辅助 SEO 人员分享网站日志；Windows 批处理命令可以辅助处理本地数据；如果能够熟练使用 Excel 高级命令，处理普通数据时会更加得心应手，比如，纵向查找函数"Vlookup"可以辅助 SEO 人员迅速地批量匹配数据，在批量交换同类链接时就会经常用到。

另外，学好 SEO 最重要的是自己去实践，听太多、看太多都无济于事，只有自己动手实践才会看到真正的效果，也才能真正收获一些经验。太多 SEO 人员对一些案例、经验只是看完就看完了，然后就没有然后了，没有丝毫的意义。

2. 问题：买了个以前做过别的内容的域名，是否影响后面做站？

补充：竞拍了一个域名 766.net，然后拿过来做小游戏站，几天后 site 一下恢复了以前的收录，但之后一直没更新过，用 YAHOO 查了一下外链，发现这个域名以前是做私服的，不知道对以后我做小游戏站，是不是有影响呢？比如会不会不给权重？是不是私服用过的域名，再做别的站，会深受影响？

LEE 回答：搜索引擎需要一定的时间了解域名下的网站内容发生的改变。

笔者注：LEE 所回答的"一定时间"可长可短，笔者在实际工作中所遇到的类似问题对后续做站影响都比较大。这也就是在注册或购买域名之前，需要先检查该域名历史是不是健康的原因。可以使用"站长常用工具"中介绍的网站历史截图检查一下，同时配合外链检查工具进行检查。

3. 问题：买来的域名以前有作弊，是否会影响以后做站？

补充： 一个网站，文章资讯由多个编辑人工增加（少部分原创），百度蜘蛛每日来爬，就是页面一页也不收录，已经一个月了。该域名系拍卖而来，不知是否以前有过被惩罚记录，抑或其他原因？请教！

LEE 回答： 对于域名转手，我们有一套判断机制，正常的域名转手，域名会被当做一个全新的域名看待，无论此前是否有过作弊被惩罚，前账一笔勾销。

笔者注： 不要太过乐观，搜索引擎会有相应的判断机制，但是这个判断时间可能会很长，一般站长可能等不起。如果作弊域名转手就能洗白的话，那么被 K 的站就太容易洗白了，只要转手换个持有人，或换个备案就行了。所以注册或购买域名前，最好检查一下域名的历史。

原回答地址： http://bbs.zhanzhang.baidu.com/thread-6433-1-1.html

4. 问题：使用高 PR、老域名做站是不是更容易有收录和排名？

笔者答： 是。百度官方虽然一直表示域名转手前的历史并不会太影响后面网站的情况，但在实际操作中，使用外链多、PR 高、时间早，且没有作弊过的老域名在内容收录与排名上与普通第一次被注册的新域名比，还是很有优势的。百度官方所表示的应该是百度搜索最终的愿望，只是当前还不能够完全达到而已。当然，"老域名效果好"也是建立在网站内容 OK 的前提下的。再综合以上两个问题，可见域名的历史对后期的网站影响会很大，所以在选择域名时一定要慎重。

5. 问题：网站是否备案会影响收录和排名吗？

补充： 网站是否在工信部备案，是不是会成为影响网站收录和排名的一个因素？

官方回答： 任何对站点价值分析有贡献的要素，都有可能被搜索引擎使用。并且这些要素的使用方式，也不是一成不变的。至于具体有哪些要素已经使用以及如何使用，这个无法详述。呵呵。

笔者注： 大量放在国外服务器的网站在百度上同样有很好的排名。至于是不是备案后有积极作用，就不得而知了，不过想要长远发展的网站一般都会备案的，如果是笔者设计算法，肯定会参考是否备案的。

6. 问题：中文网站放到国外空间是否有影响？

补充： 百度对使用海外空间的中文网站有歧视吗？百度是否会抓取域名注册人的相关 who is 信息？

官方回答： 百度对海外站点没有歧视。但百度从国内爬出去的蜘蛛，会严格遵守国家的政策和法令，所以国内普通用户访问受限的内容，百度蜘蛛一样搞不定。

任何对站点价值分析有贡献的要素，都有可能被搜索引擎使用。并且这些要素的使用方式，也不是一成不变的。至于具体有哪些要素已经被使用以及如何使用，这个无法详述。

7. 问题：修改网站标题是否会被降权？

原标题：修改网站标题是否会对网站排名带来消极影响？

补充：对于已被百度收录的网站，大量修改页面标题（如增加前缀或后缀）是否会给网站排名带来消极影响？

LEE 回答：Title 是极重要的内容。大幅修改，只会带来大幅波动。所以请慎重对待网页标题。

至于标题长短对于权重的影响，我在另一个帖子中有说明。如同一个页面上的超链越多，每个链接获得的超链权重越小一样，Title 上的关键词越多，单个关键词获得的权重也会越低。这是很直观的逻辑。但是，如果为追求某个关键词的权重，极力压缩标题长度，那么真正合乎该页面的搜索需求，又很难被命中。

所以，一般性的建议就是，实事求是地将页面主旨反映在标题中即可。如果要做"长青树"，不要在乎一时一刻的 SEO 效果（那个很累、很烦），把网站的忠实用户人气做起来就成了。

笔者注：其实这个问题正常判断就可以了。如果你的网站原本标题都挺好，但是为了增加单个页面优化的关键词个数而进行大面积改动，可能就会影响到整体页面之前定位关键词的排名，从原始关键词排名来说，这个影响很可能是消极的；但是如果改动合理，增加的关键词也都有排名，即使原始个别关键词的排名可能下降，但是网站整体的搜索流量是提升的，从这个角度看影响就是积极的。至于"频繁改动标题会影响权重"这句话，不能完全否定，也不能完全肯定。要看你改动的规模，以及是否合理，影响肯定是有的，但整体影响是积极还是消极取决于你的改动策略。不过没事最好不要来回折腾标题。

如果只是正常的一次性或小规模的改动标题，只会引起正常的搜索排名波动，关键词布局和密度都变动了，排名当然会波动，但是一般不会和"降权"扯上关系，除非有其他作弊行为。"降权"是针对"作弊"的，被降权的网站一般是搜索流量几乎全无，或搜索流量接近减半等，不论改动过什么，排名和搜索流量小幅度的变动都可以确定为不是被降权。对于非作弊目的的正常改动，大可不必担心被降权的问题，只需要慎重考虑新标题和老标题相对比，可能引起的正常波动即可。

8. 问题：修改首页的 meta description 是否会受到惩罚？

补充：网站首页的 meta description 是不是偶尔可以相应地修改一下？这样会不会出现所谓的惩罚？

LEE 回答：这肯定是多虑了。我们鼓励大家通过 meta description 来撰写网站的简介。只是过于频繁地修改，未必能及时地反馈在摘要中。

笔者注：其实这个问题和上面改动标题的问题类似，"改动"本身并不能决定是否会被惩罚，正向改动有积极作用，改动不好就有消极作用。比如，你改动 meta description 后，使得你的网页在搜索结果中更有吸引力了，并且和页面内容相符，点击的网友多了，排名也会连带上升，这就是积极的作用。反之，就会有消极的作用，大家就会误认为是"改动"本身的问题，其实真正的问题是你改动前后，Description 质量是提升还是下降的问题。并且众所周知，现在百度在排名中对 Description 的参考比较弱了，所以现在撰写 Description 时，只考虑怎么更好地描述本页，更好地吸引用户点击就可以了，这也是最佳的撰写方式。

9. 问题：网站改版会被降权吗？

笔者答： 与以上改动 Title 和 Description 问题一样，"改版"本身只要不是短时间内反复多次大幅度变动，就不会引起所谓的"降权"。现在只要网站在搜索引擎中的表现稍微差一点点，都会被不少朋友认定为"网站被降权了"，其实很多所谓的"降权"都是自然的变动，网站改版之所以能够称为"改版"，一般都会有结构、模板、内容、推荐链接等因素的变动，甚至会出现大量需要 404 和 301 设置的页面，既然影响排名的一些因素已经变化了，那么相应网页在搜索引擎中的搜索排名有所变动也是理所应当的，与"降权"并没有直接关系。另外，如果网站内容改版前后并不是完全不同，比如，由做 IT 内容转变成了做养殖业内容，只要网站内容的主题并没有发生如此颠覆性的变动，那么网站本身所积累的历史权重也就不会有太大的变化。所以当网站改版时，只要内容主题不变，就不必担心网站会被"降权"，但是要做好网站在搜索引擎中的搜索表现出现变动的心理准备，这种变动可能是负面的，也可能是正面的。

10. 问题：meta keywords 是否还会影响排名？

补充： `<meta name="keywords" content="百度" />`　　内容是否还会参与排名？

LEE 回答： meta keywords 早就进入历史的垃圾堆了，我们会直接忽略。

笔者注： 不过经过多人测试，百度还是会参考这个标签的，只是作用可能已经微乎其微了。有兴趣的朋友也可以测试一下，测试方法很简单。为了尽快得到结果，可以这样试验：使用博客首页测试，在 keywords 中写一个整个首页中都没有的关键词，并且这个关键词在百度中也没有完全匹配的搜索结果，设置完成后也不给页面导入这个关键词相关的链接，过段时间就会有结果了。时间长短会和网站权重及所选择关键词的具体情况有关系。

原回答地址： http://bbs.zhanzhang.baidu.com/thread-7625-23-1.html。

11. 问题：短期内网页在搜索结果中变化剧烈正常吗？

官方回答： 通常情况下，这是正常的变化。一般来说，有三类原因导致排序发生变化。

A. 特定关键词所涉及的你的网页发生了变化

B. 特定关键词所涉及的其他网页发生了变化

C. 百度的排序算法发生了变化

笔者注： 个案不足以说明问题，实际工作中一般会监控一批着陆页和关键词，大部分都是同类网页和同类关键词，根据网站运营情况，每天或每周统计分析排名和流量数据，再进行深入研究。

12. 问题：为什么百度收录的描述和我写的不同？

笔者答： 搜索引擎早就有这种改动了：不一定显示网页 meta Description 中的信息。使用不同的搜索词，在搜索结果中看到的同一个网页的摘要都可能不同，百度会根据用户的搜索需求，或提取网页 Description、或提取网页中的内容来作为搜索结果的摘要，一般会提取网页中搜索词前后的一部分文本。随着微格式的逐渐推广，搜索引擎针对一些拥有格式化数据的网页，在搜索结果摘要中尝试显示格式化数据，这样就更不会使用站长填写的 Description 了，这也是搜索引擎为了提升搜索结果的用户体验。在 Google 中的这种现象更加明显，并不代表网站有什么异常。

13. 问题：百度是如何判断页面关键词的？

笔者答： 大部分 SEOer 在考虑这个问题时往往会以 SEO 为出发点，感觉百度就是通过自己布局关键词的几个地方来判断页面关键词的。抛开 SEO，假设一个网站没有做 SEO，任何 SEO 细节都没有考虑，甚至页面 Title、H1、加粗之类的标签都没有使用，但是页面中有对用户十分有用的内容（比如一些政府或组织的网站），那百度还需要索引这样的网站和页面吗？还需要判断这些页面的核心关键词吗？答案显然是"需要"。那么这些在大众 SEO 眼中的一些重要位置没有布局关键词的页面，百度还能判断其核心关键词吗？答案当然是"可以"，不然百度和其他搜索引擎都不要混了。

搜索引擎判断页面的核心关键词时，会比较注重页面 Title、H 标签、内容中加粗变色标签、主体内容靠前部分中关键词的出现频率等，但是这并不是搜索引擎判断页面关键词的主要渠道，而只是促进搜索引擎认为这个页面和 SEO 人员在这些地方所布局的关键词更相关而已。从在采集内容中硬性插入关键词，单纯以页面几个重要地方着重关键词和硬性提升内容中关键词密度的所谓"伪原创"方法已经基本失效，就可以了解到搜索引擎并不只是根据大众 SEO 所注重的几个地方来判断页面关键词的。

搜索引擎判断一个页面的核心关键词的流程应该有：（1）抽取页面内容部分，对内容进行分词处理；（2）根据各个关键词在页面中的频率以及在全网中的频率来判断哪些词是该页面的主要关键词，这里一般使用的是 TF-IDF（第 5 章有所介绍）及其改进算法；（3）根据更为先进的语义识别算法进行判定；（4）把页面 Title、H1 标签、内容开头部分内容（有时甚至只是第一句）、内容中加粗变色文字中所提取的关键词与其他算法判定的关键词进行加权计算，从而最后得出这个页面和哪些关键词相关，并按照相关度把关键词进行排序，前几个关键词一般就可以被判定为该页面的核心关键词。

作为对 SEO 的指导是：需要特别注意在页面重要位置和标签内突出我们心中的核心关键词，但是更要注重内容的自然建设，而不是为了堆积关键词而堆积关键词，不能把工作重心本末倒置。搜索引擎已经不像当年那样容易骗了，"他们已经被 SEO 逼得没有那么单纯了"。

14. 问题：网站首页的 PR 值一定是整个网站中最高的吗？

笔者答： 不一定，在大多数正常情况下，一个网站的首页是权重最高的，也是 PR 值最高的。

但是如果网站首页并不是很重要，没有和普通的网站架构一样获得普通逻辑结构上的内链，并且也鲜有外链，就可能造成网站主推子域名或目录的 PR 值比网站首页还高。即使是正常的网站结构，网站首页的 PR 值和主推子域名或栏目的 PR 值相同的情况也有很多，不过一般情况下即使是相同的 PR 值，首页的权重也会比栏目页或子域名高一些，因为真实的 PR 值是用浮点数计算出来的，工具条所给出的 PR 值只是一个处理过的整数而已。有时网站首页因为买卖链接等作弊行为，PR 值可能会被降低或清零，此时主要子域名和栏目 PR 值比首页高的情况就更正常了。

15. 问题：百度是否可以发现并抓取文本链接？

补充：现在很多地方不支持锚文本链接了，只能发文本链接，百度是否可以发现文本链接是一个链接，并通过它去抓取网页？

LEE 回答：文本链接 URL 地址，百度会发现它是一个 URL 地址并通过这个地址到相应的 URL 地址上去抓取。

笔者注：不仅仅是百度，主流全文搜索引擎都会尽最大努力发现一切链接。尽可能地把互联网上有价值的内容抓全一直是搜索引擎比较重要的目标，现在发现各个搜索引擎还会经常频繁地抓取 JS 中的链接，普通呈现在网页代码中的 URL 就更不会放过了。

16. 问题：文本链接是否传递权重呢？

补充：不带 nofollow 属性的链接，一般蜘蛛会认为他给予了这个地址权重。那么文本链接 URL 地址，是否也会给予相应的 URL 地址权重呢？

LEE 回答：我们对链接是否应该传递权重，唯一的判断标准是：这个链接是否是用户或对方网站真心推荐你的网站，这个推荐对用户是否有价值。

笔者注：上一问题也提及这个问题，关于"有价值"的链接，在本书第 5 章的内链和第 6 章的外链部分都有相关讨论，其实搜索引擎并不是特别在意链接的形式，只在意链接的两个页面内容是否有关联，相互是否有延伸浏览的作用。并且 Robin 的"百度说"微博账号曾经还发布过这样的内容："所谓裸链，就是在网页上出现的 URL 的形式，没有被设置成可点击的链接。像这样的 URL，百度可以识别，然后顺着这个 URL 去爬行抓取。正常情况下，这样的 URL 是可以传递权重的。"所以外链建设只要自然就好，任何形式的链接只要有"推荐"作用都是有效的。该条微博截图如图 13-1 所示，该条微博地址为：http://t.qq.com/p/t/189913026486414。

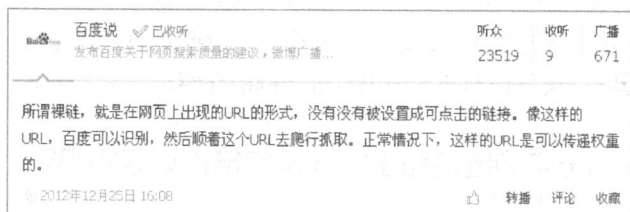

图 13-1　Robin 的"百度说"微博账号

17. 问题：为什么 nofollow 掉的链接百度还会抓？

笔者答： 这个标签是告诉百度，当前这个链接不是站长所推荐的，但链接还是会被百度发现。另外如上所说，百度连文本链接都会抓取，更何况这种可点击的链接呢？当下唯一有效禁止百度抓取的方法就是使用 robots 文件了。

18. 问题：被 nofollow 的链接真的不会传递权重了吗？

笔者答： 搜索引擎表示支持 nofollow，那就肯定会参考链接是否有被 nofollow，但是具体是否传递权重并不是仅 nofollow 就能决定的，搜索引擎会具体参考该链接是否具有推荐意义，该链接出现在该网页的位置是否可以引导用户点击浏览等。比如，博客留言和论坛签名中的链接现在基本上也都添加了 nofollow，这些链接已经被 SEO 人员做得太烂了，推荐的意义很低，所以基本上不会有什么权重导出；但如果是文章正文中出现的链接，并且这个链接具有很强的扩展阅读的作用，那么即使站长刻意添加了 nofollow，照样会有权重流出，不过应该对当前网页并不会有什么影响。搜索引擎不会把这么重要的链接权重流向的决定权完全交给站长，不然很可能会出大乱子。站长只是把 nofollow 作为辅助链接权重导向的标签即可。

19. 问题：现在论坛签名和博客留言的链接还有效吗？

笔者答： 有效，不过只是引导百度 Spider 抓取的。对于导权重和冲排名方面几乎已经没有什么效果了，并且大部分博客和论坛或已经限制了导出链接，或已经为导出链接添加了 nofollow。如果群发，还有可能引起搜索引擎的处罚。所以对于刚上线的新网站，可以发一点，"勾引"一下 Spider，如果出于其他方面的考虑就没有必要在这块浪费时间了。

20. 问题：百度有外链过滤机制吗？

补充： 百度有过滤外链机制吗？例如使用 software 制造的大量不好的单一外链，这些不计入网站整体的权重吗？

LEE 回答： 百度有外链过滤机制的，我们会根据自己的策略过滤掉无意义的、作弊的外链。

笔者注： 搜索引擎肯定会有过滤和评级机制。某个链接有效无效，如果有效其传递的权值是多少，锚文本所起到的描述作用占多少等，搜索引擎肯定会有一套复杂的链接分析算法来判断。百度站长平台的外链查询工具上线之后，所给出的数据变动了好几次，能看出百度在调整过滤机制，并且 LEE 在《谈外链判断》中也有过明确的介绍。

21. 问题：option 标签中的链接和正常 a 标签链接有区别吗？

补充：

```
<select class="hei12" name="popCourseWindow1"
```

```
id="popCourseWindow1" onChange= "javascript:popCourseWindow();">
    <option value="http://www.163.com/">163</option>
    </select>
```

链接发现以及权重的传递和 a 标签有什么区别？

LEE 回答：效果等同于<A href="http://www.163.com/">163</A>。

笔者注：有不少人会有这个疑问，笔者在很长时间中也对此存在疑惑。得到百度官方的回答后，在处理 option 链接时，就应该按照正常 a 标题链接的处理思路进行，比如是否希望导出这么多链接，是否使用 nofollow 等。

22. 问题：搜索引擎如何处理一个页面有多个重复的链接？

补充：一个页面有多个重复的链接，并且链接文字相同，搜索引擎在传递权重时，只传递一次权重，还是每个链接都要传递权重？另外，这几个重复的链接获得的权重一样么？如果链接文字不同，搜索引擎会怎么分配链接的权重？

LEE 回答：重复的链接不会增加链接权重。链接的权重判断是个极其复杂的系统，我们不推荐关注技术细节。我们系统中的任何策略，都是以"对用户是否有价值"为判断原则和标准。这不仅仅是个口号，在这个链接的话题上不妨套用一下：一个页面出现了许多文字不同，指向相同的链接，它们对用户有价值吗？

笔者注：简单理解，同一个页面上的重复链接是不会增加权重的。但是如果使用的锚文本不同，并且不同的锚文本都和目标网页相关，也和当前页面相关，推荐的位置也是对用户浏览网站有意义的，即使不会重复导出权重，也会提升目标网页和不同关键词之间的相关性。站长没有必要刻意在一个网页上重复推荐一个链接，自然就好。

23. 问题：百度对 JS 代码里的链接识别吗？

补充：我想问下百度对 JS 代码里的链接是否识别，比如：

```
<script language="javascript" type="text/javascript">
document.writeln("<a href=\http://www.baidu.com\
target=\"_blank\">百度</a>");
    </script>
```

LEE 回答：我们也希望能解析 Flash、JS 里的内容。但目前与理想状态尚有距离。

笔者注：现在百度也在尝试抓取 JS 中的链接，笔者有个网站，有个工具性的链接只存在于上述这类 JS 代码中，但是每天百度 Spider 抓取 200 多次，笔者不得不使用 robots.txt 进行屏蔽，不过现在百度应该也不可以完全解析 JS 中的内容。

24. 问题：网页的导出链接数多少为宜？

补充：Google 倾向于说每个网页的导出链接不要超过 100 为宜，百度有没有什么建议？

LEE 回答：这个暂时没什么建议。一般情况下，链接数量会影响这些链接从该页面上所获得的权重。少就多分一些，多就少分一些。

笔者注：新浪首页有 1300 多个链接，照样很好。这个链接数量和友情链接数交换多少一样，自己根据自己网站的权重和需求进行把控，没有通用的限制数字。

25. 问题：页面权重和导入链接有关，那么也和导出链接有关吗？

补充：众所周知页面权重和导入链接的数量、质量有关系，那页面中导出链接的数量和质量对本页有影响吗？是不是导出链接越少越好呢？

笔者答：历来都比较关心一个页面导出链接的多少会影响到导出链接单个链接所获得的权重，导出链接和当前页的权重关系并没有明确答案。不过，如果一个页面导出了大量不相关的链接，可能会影响到搜索引擎对该页面价值的判断，比如，有一些权重不高的网站在内容页内容周围和页面底部硬加了很多链接，有的恨不得把全站主要链接都加上，以至于造成网站内容页的排名整体不高，这和"权重"没有直接关系，但是和页面质量有很大关系。反过来看，内容周围所推荐的一些链接都是和当前页面内容相关的，都是在用户浏览完或在浏览过程中有浏览推荐链接欲望的链接，只要数量不比主要内容多很多，问题都不大，甚至还会增加当前页的浏览价值，比如，以前有些站点把各个视频网站中的视频进行了整合，页面中大部分都是导出链接，但是整合得非常好，用户观看视频非常方便，比视频源网站的用户体验都好，也有很不错的排名和流量。在网站建设中，如果页面中引用了什么权威网站的内容，那么可以大方一点导出几个链接，哪怕给这几个链接加上 nofollow 属性，用户体验提升了，当前页面的价值就提升了，相应地在搜索引擎中的排名也应该会有比较好的体现，至少不会因为这几个导出链接损失当前页的权重。在设计网页时，自己掌控不要推荐太多不相关的链接就好，这一点不会有硬性的数量上的限制。

26. 问题：对多子域名新站，百度只抓首页，不放出。

补充：ihoome.com 爱家网，离上线到现在已经一个月左右了，百度只抓取首页也不见放出来。

LEE 回答：建议参考《百度搜索引擎优化指南 2.0》中"子域名与目录选择"部分。

笔者注：在百度搜索对该域名使用 site 指令查询后，发现拥有大量子域名，并且子域名都为单页，子域名下没有其他内容。根据这个例子可以得知：（1）新站上线之初最好不要一次性开这么多子域名，可以先培养一段时间网站再开子域名；（2）子域名不要只是单页，可以把子域名做成专题，下面要有一些相关内容，内容越丰富越好。

27. 问题：子域名停用后怎么处理？

补充：我的朋友网站有个二级域名，百度收录了大约几十万的数据，现在他不想要这个二级域名了，想将二级域名下的页面全部做 404，但是每个页面都有指向主站首页的链接，也就是内链。好多人都说由于内链太多，一下又都没了，会导致主域名降权，真不知如何是好。

LEE 回答：建议看看新浪、百度等大网站，每个网页也都有指向主站首页的链接，它们没有被屏蔽掉，那就不会有什么负面影响。

解释一下内链，内链指的是站内的网页间的互相的链接，在搜索引擎体系中，只用来发现新链接，以及确定一个网页在整个网站中的地位，除此以外，没有任何影响。

笔者注：对于网站结构的变动，不应该考虑对正常内链结构所造成的影响，而应该考虑对网站整个内链架构的影响。比如，这个大量删除页面的操作，从正常的网站结构角度上看，如果你的内链没有经过任何特殊设计，正如 LEE 所说是没有什么影响的。但是如果你对全站进行了锚文本和内链的特别布局，可能就会有影响了。比如，你在站内为某一类页面设计了两套或几套锚文本；在不同网站模块中使用了不同的内链推荐规则，这时突然删除一大类网页，可能会造成某类页面的锚文本和内链失衡。

28. 问题：关于使用多域名实现资源并行下载对网站的影响。

补充：很多网站为了提高网站访问速度，网站对静态资源文件使用了独立的无 Cookie 域名。虽然提升了网站的性能，但同时也在网站页面产生了大量的不属于该网站域名的资源调用链接。例如，abc.com 网站将 abcimg.com 域名作为其图片资源调用的域名来使用，这时在 abc.com 的页面上调用的图片 HTML 代码为<imgsrc="http://pic1.abcimg.com/123.jpg">。

请问 LEE 对于这类的 URL 是如何判断的呢？是否会将其作为该页面的一个出站链接来判断？如果页面上这类的链接过多，是否会对网站的 SEO 效果产生影响呢？

LEE 回答：这是一种非常正当的做法，从网页搜索的角度来看，没有任何直接的影响，和调用本站的资源是一样的。

笔者注：是否也可以这样认为：自己网站被盗用图片，其实这些链接并没有多大的 SEO 效果，只会增加自己的服务器负担，站长是否要想办法禁止别人盗用自己的图片？

在站长平台外链分析工具上线之初，发现了不少盗用图片的链接，后来这些数据又被过滤了，因此盗用图片的链接有可能没有正常外链的作用。

原回答地址：http://bbs.zhanzhang.baidu.com/thread-6432-1-1.html。

29. 问题：百度下的 301 是将权重替换还是叠加呢？

补充：我以前有个站的二级域名被百度 K 了，后来我做了个新站，重新用了个二级域名，而且在百度下的排名也很好，很多关键字都在百度第一页，后来，我看到被 K 的二级域名也还是有人访问，而且后来百度（被封了两年）解封了，开始重新收录老域名，于是我就将老的二级域名 301 到了新的域名下，结果新的域名被降权了。

我想问的是新域名在百度的权重比旧域名高的情况下，将旧域名 301 重定向到新域名会有什么影响？或者说百度下的 301 是将权重替换还是叠加的呢？

LEE 回答：将旧域名 301 重定向到新域名，旧域名的权值会叠加到新域名上。

笔者注：建议同时使用站长平台的改版工具，否则这个 301 的过程将是很漫长的。

30. 问题：改版 URL 做 301，是 301 到首页还是对应的内容页？

补充： 对于更换域名或者目录结构后的 301 跳转，百度是建议老页面全部 301 到新页面的首页，还是建议每一个老页面 301 跳转到其一一对应的新页面？

LEE 回答： 改版和换域名需要考虑的第一要点就是如何保证老用户不流失，当用户访问旧内容时，能引导用户到新网站上对应的内容，避免出现用户访问不到以前收藏的网页的情况。

我们建议在改版或者换域名时，将旧网页 301 永久重定向到内容对应的新网页，这样百度更容易发现这个转变，并迅速地将旧网页积累的权值传递给对应的新网页。

请记住一定要将旧的网页，301 永久跳转到各自对应的新网页上。

笔者注： 这个问题好像不用问，能做到一一对应，就最好一一对应，如果是网站结构整改了，整改前后没有对应关系了，就只能 301 到首页了。如果分类并没有变动，也可以把原来各分类下的网页 301 到各分类的首页，这样相对于直接 301 到网站首页，前后内容更相关一些。

31. 问题：删除的页面可以 301 到首页吗？网站改版的注意事项及老版网页的操作有哪些？

笔者答： 没有什么不可以，不过删除的页面最好返回 404，可以在 404 页面根据用户来源推荐一些链接，这样比直接 301 到首页用户体验更好。

关于网站改版，《百度搜索引擎优化指南》的建议为："如非必要，不要做整站内容的完全更换。网站改版或者网站内重要页面链接发生变动时，应该将改版前的页面 301 永久重定向到改版后的对应的页面。网站更换域名，应该将旧域名的所有页面 301 永久重定向到新域名上对应的页面，网站更换域名后，维持旧域名能稳定访问尽可能长的时间，给用户多一些时间记忆新域名；网站改版/更换域名后，请把新的 URL/新域名下的 URL，通过 sitemap 提交给百度，帮助百度更快发现和做出调整。"现在百度站长平台推出了网站改版工具，可以加快百度对网站改版做出反应。

笔者关于老版网页处理的建议：如果改版前后的网页都能一一对应上，那么就进行一一对应的 301；如果改版就是重新规划一个新的网站或栏目，前后的网页并不能一一对应，那么就把分类、频道、栏目、专题等所有能够进行一一对应的页面设置 301，其他不能够进行一一对应的网页，根据改版前后内容的重复度进行处理。如果前后内容重复度比较高，那么建议把老版内容网页要么 301 到对应的分类页面上，要么直接删除或进行 robots 屏蔽，以防对新版网页的收录和排名造成负面影响；如果前后内容重复度不高，那么就可以保留老版网页的正常访问，只是在全站去掉老版网页的链接，可以在老版网页进行弹窗等醒目提示行为，引导用户浏览新的相关内容。

32. 问题：怎么确定一个 IP 是否为百度蜘蛛？

官方回答： 建议你使用 DNS 反查方式来确定抓取来源的 IP 是否属于百度，根据平台不同，验证方法不同，如 Linux/Windows/OS 三种平台下的验证方法分别如下：

在 Linux 平台下，你可以使用 host ip 命令反解 IP 来判断是否是来自百度 Spider 的抓取。百度 Spider 的 hostname 以 *.baidu.com 或 *.baidu.jp 的格式命名，非 *.baidu.com 或 *.baidu.jp 即为冒充。

```
$ host 123.125.66.120
120.66.125.123.in-addr.arpa domain name pointer
baiduSpider-123-125-66-120.crawl.baidu.com.

host 119.63.195.254
254.195.63.119.in-addr.arpa domain name pointer
BaiduMobaider-119-63-195-254.crawl.baidu.jp.
```

在 Windows 平台或者 IBM OS/2 平台下，你可以使用 nslookup ip 命令反解 IP 来判断是否是来自百度 Spider 的抓取。打开命令处理器输入 nslookup xxx.xxx.xxx.xxx（IP 地址）就能解析 IP，来判断是否是来自百度 Spider 的抓取，百度 Spider 的 hostname 以 *.baidu.com 或 *.baidu.jp 的格式命名，非 *.baidu.com 或 *.baidu.jp 即为冒充。

在 MAC OS 平台下，你可以使用 dig 命令反解 IP 来判断是否是来自百度 Spider 的抓取。打开命令处理器输入 dig xxx.xxx.xxx.xxx（IP 地址）就能解析 IP，来判断是否是来自百度 Spider 的抓取，百度 Spider 的 hostname 以 *.baidu.com 或 *.baidu.jp 的格式命名，非 *.baidu.com 或 *.baidu.jp 即为冒充。

笔者注：推荐配合网站 123cha.com 进行查询，经试验，这个网站的数据在查询百度 IP 方面还是比较准的。使用百度官方提供的方法查询，显示某 IP 并非百度蜘蛛，但是使用 123cha 查询此 IP，可能显示为百度公司的 IP。有可能是百度员工看了你的网站，也有可能是蜘蛛隐藏了身份，至于其目的，有可能是普通用户正常浏览你的网站，也可能是 QA 检测人员在看你的网站，也有可能……自己猜吧。

33. 问题：有没有降权蜘蛛 IP、考核蜘蛛 IP、高权重蜘蛛 IP 这么一说？

补充：请问百度蜘蛛的 IP，有降权蜘蛛 IP、考核蜘蛛 IP、高权重蜘蛛 IP 这么一说吗？例如：

123.125.71.*　　都说这个是降权蜘蛛

220.181.108.*　　说这个是高权重蜘蛛

LEE 回答：没有。

笔者注：肯定没有这几类蜘蛛，不过按照分布式策略，百度有可能按照网站权重高低分配蜘蛛抓取，只是有可能而已。即使百度有这样分配蜘蛛，也并不是因为这几类蜘蛛来访，网站才有了相应的权重，而是网站先有了相应的权重，才引起相应分类蜘蛛来访，在第 2 章搜索引擎原理一章中有详细介绍。需要注意的是，上面提到的 123.125.71.* 这个 IP 段大部分是 User-Agent 为 BaiduSpider-cpro 的百度联盟蜘蛛，是用来判断广告匹配精准度的，和百度大搜索没有关系。

34. 问题：网站被攻击，加入大量不良信息，导致被百度 K。

补充：网站 www.robt.cn 在 9 月 19 日被恶意攻击，然后在网站中加入了大量不良信息，然后被百度收录。工作人员及时清理了那些信息，但是百度在 10 月 17 日把本站给 K 了。本站为工业类正规站，并且无任何作弊记录。

LEE 回答：之前我们曾经对这种情况有过专门的提醒。黑客恶意攻击网站以后，会在网站中插入大量的作弊内容。建议尽快清理黑客插入的不良信息并在百度 Spider 抓取这些内容时返回 404 代码，这样我们才能迅速地发现网站已经恢复正常。

笔者注：网站因为被黑客攻击，或打不开，或被加入大量不良非法信息、大量黑链等导致被搜索引擎 K 站，不能责怪搜索引擎，搜索引擎的任务只是把内容最好、质量最高、最安全、最相关的网页推荐给用户。你的网站被利用挂垃圾内容了，被搜索引擎 K 掉很正常。站长不仅不能作弊，还要保证网站安全，这是最基本的。现在百度也和一些安全公司合作做了一些工作，虽然初期还有很多不足，但是对于普通用户来说，有总比没有好。

35. 问题：格式化数据微变，会不会被当作重复页？

补充：我的网站是关于房地产的，这个网站主要包括一些房子的数据，格式如下。

房子的实际面积：90 平方

房子可用面积：100 平方

房子是否抵押：否

房子是否过户：是

……

一套房子有二十多条类似的属性数据，网站有十几万套房子数据，全部都用 table 标签布局显示。数据的内容大多是一些数字，文字比较少。它们的排版格式基本一样，只是数据的内容不同。

问题：请问这样的网页百度是否会当成雷同或重复页面拒绝收录呢？但实际上那些数据都是不一样的，都是有用的。

LEE 回答：不会当做重复页面拒绝收录，可以识别的。

笔者注：虽然官方声明可以识别，但是作为站长也应该尽力差异化一下，否则可能会有不小比例的网页不被收录，当然原因可能不仅仅因为"内容重复"。

另外，运营网站本身就应该突出每个页面的主题，如果所有页面的主题都一样，那么用户在进入具体内容页之前看到各个页面的标题时也会产生疑惑。作为站长或 SEO 人员，应该抓住各页面间数据的不同，各页面上"独特的数据"也应该成为各页面的核心主题，站长或 SEO 人员可以以这"独特的数据"为出发点，设法突出每个页面各自的"主题"，比如，把不同的数据直接体现在页面的 Title、Description、H1 等重要标签和页面的重要位置，同时页面内容中也可以设计围绕这个"独特的数据"推荐一些相同属性或其他方面相关的内容。如果只是为了差异化各个页面而随意在各个页面上随机调用了一些内容，那么搜索引擎也很难判断出各个页面的主题和价值，从而无法给这些页面一个很好的搜索排序位置。

36. 问题：很多行业网站特定页面几乎一致，会被认为 SPAM 吗？

补充：我的站是一个钢材网站，钢材价格每天都会有些浮动，所以很多人搜索也会加上日期，比如×月×日钢材价格，于是我做了日期价格页面。问题来了，由于钢材每天的资源都差不多，唯一的变化是价格一点点地浮动，这点变化对整个页面微乎其微，远远不到百分之一，很容易造成重复页面，很多特殊的行业报价频道价格页面几乎一致，但是这样会不会被认为是 SPAM 页面？或者有什么好的解决方法吗？

LEE 回答：某些页面是否重复或者是否为 SPAM，是一个复杂的问题，搜索引擎也同样基于一系列复杂的策略做出应对，而不仅仅是依赖某个简单判断就下结论。

具体到钢材的这个例子，还是那句我们反复强调的话——请替你的用户考虑，而不是替搜索引擎考虑——按日期拆成这么多页，相信还是出于搜索引擎优化的考虑多一些吧？对于用户体验来说，是否提供一个价格趋势图是更好的解决方案呢？

与之类似，把一篇新闻拆成十几页固然可以让搜索引擎多收录几条，但对用户体验未尝不是一种伤害，而搜索引擎的终极目标是把对用户体验更好的页面排得更靠前。

这之间的差别，希望能引发大家一些思考。

笔者注：SPAM 在此意为垃圾页面。

37. 问题：关于重复页面的问题。

补充：百度如何面对很难处理的重复页面？比如，列表页有分页，文章页也有分页，它们的 meta 都是相同的，这样会不会被当重复页面处理？同时，比如一个论坛有两篇相同的帖子都被收录了，会影响先收录的帖子的排名吗？

LEE 回答：

（1）判定页面重复的算法很复杂。但可以肯定的是，仅 meta 相同，是不会被判为重复的。

（2）相同的两个帖子被收录（URL 可能不同），低权重的页面不会被建索引，或者被高权重页面类聚掉。

笔者注：根据现在的情况来看，百度对文章的分页收录很不理想，在日志中鲜见百度抓取列表页的前几分页，据百度站长平台反馈，他们正在推出相关标签解决这个问题。

38. 问题：百度蜘蛛现在可以抓取 HTML5 的标签吗？

LEE 回答：百度可以解析 HTML5 的标签。

39. 问题：百度是如何定义站群的？

LEE 回答：互联网是在不断变化的，站群在每个时期的定义也不一样。不必纠结于概念，建议认真地思考一下，为何要做一堆的网站？这些网站对用户是否有价值？如果没有搜索引擎，还会不会这样做？

提醒大家真正重视起"对用户的价值"，这是我们的处事原则。像站群，并没有严格、一成不变的定义，也不会仅根据"是不是站群"就决定如何处理这些网站。我们的系统和策略会根据这些网站对普通用户的价值如何，做出评估和判断。当然，目前还有一些漏网之鱼，正是我们改进策略的动力和目标。

笔者注： 一个人控制的大量网站使用垃圾内容争夺一个词的情况，肯定会被判断为垃圾站群，是搜索引擎需要处理的。但是如果同一个公司运营了大量不同方向的网站，并且内容也很有价值，虽然也是"群"，但是并不会受到搜索引擎打击，比如搜狐、CBSI 和 LEFTBRAIN 等。

40. 问题：页面大小对百度抓取有什么影响？

补充： 以前百度显示网页体积的时候最大是 125KB，超过这个范围快照显示就不正常，是不是意味着网页体积大于 125KB 就对搜索引擎的抓取或收录有影响了？

LEE 回答： 页面大小和搜索引擎的抓取之间没有直接关系。

但我们建议网页（包括代码在内）不要过大，过大的网页会有抓取截断；而内容部分，也不要过大，过大会被索引截断。当然，抓取截断的上限，会远大于索引截断的上限。

笔者注： 其实这个问题意义并不是很大，SEO 主要控制网页代码不要过大就好，在一张网页上堆太多的文本内容意义也不是很大。虽然现在百度也声明可以正常抓取瀑布流形式的网页，但是站长也不应该让瀑布流无限向下延伸下去。

需要注意的是： 百度快照暂时是 125KB 的体积上限，但是索引网页体积的上限要远大于快照；同时此问题中所说的大小应该指的是网页代码的大小，而不包含图片、Flash、音乐和视频等元素，因为百度网页搜索不会索引这些元素。

41. 问题：百度是否抓取并分析代码中的注释内容？

补充： 因为编码和二次开发的需要，我们经常会注释掉一些内容，这些内容是否也会被百度抓取并分析呢？

LEE 回答： 在 HTML 中的注释内容，会在正文提取环节忽略。

笔者注： 个别培训机构会教学员，在注释中插入一些关键词，这本身是对搜索引擎算法的一种臆测。不能说百度会完全无视注释中的内容，至少客观地来看注释中的内容对分析网页内容意义并不是很大。除非你在注释中标明"这块是黑链"，"这块是出售的链接"，当然这也是笔者的臆测，笔者还没有见过有"正面作用"的例子，但是注释过多会造成网页体积过大。

42. 问题：百度是否能抓取 CSS 样式并识别分析？

LEE 回答： 百度是能够抓取并分析 CSS 的。

笔者注： 有不少网站为了被百度和普通用户看到的内容不同，就会在网页 CSS 上做手脚。比如，有的网页不合适直接写一行文字和<H1>标签，就会使用 CSS 将其隐藏，或将字体大小设为零、或把字体颜色设置成和背景色相同、或把该标签移到屏外等。有的 SEO 人员为了不让百度发现这种 CSS 设置，就掩耳盗铃地把这些样式写到 CSS 文件中，自以为百度识别不出来。其实百度可以识别，如果你如上设置了但是并未被百度惩罚，并不是这种方法欺瞒过了百度，而是没有达到被惩罚的阈值而已。

需要了解的是，百度还一直在尝试分析 JS 文件，在百度搜索中使用 inurl 指令，可以很容易地发现百度索引了不少 JS 文件，文件中是一堆 JS 代码，如图 13-2 所示。

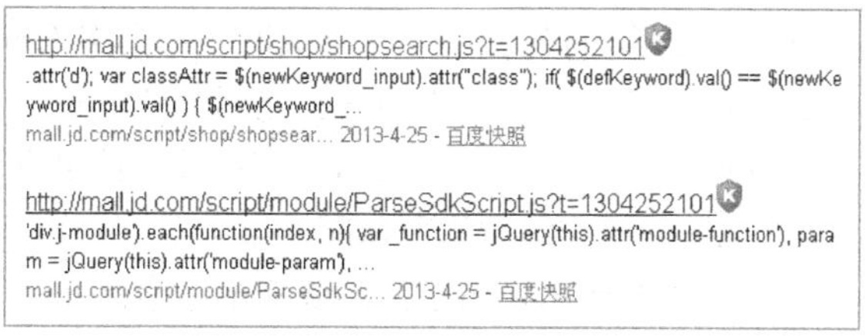

图 13-2　JS 文件

43. 问题：TAB 切换中的链接/文本算不算隐藏链接/文本？

笔者答：只要用户可以正常浏览的就不算，像大型门户网站首页基本上都在使用 TAB，并没有什么不良影响。所谓"隐藏"指的是用户除了通过"查看网页源代码"之外，不论如何操作都不能从网页上看到相关内容的行为。现在搜索引擎已经能够很好地解析 CSS 和常见的 JS，所以常见的"隐藏"基本都可以准确识别出来。现在部分链接交换人员发现对方网站的友情链接部分使用了 TAB 就会拒绝交换，这就有些草木皆兵了。

44. 问题：百度怎么看待一个网站占了一个搜索词结果的多个位置？

补充：很多站长反映，百度针对一些关键词排名，不能很好地去重，导致搜索一个关键词，很多时候一个站的多个二级域名重复参与排序，一个站就占据了多个排序位置（最多见过六七个的），最经常见到的是一些分类信息网。不知道 LEE 怎么看待这种问题，以及百度有什么应对的策略没有？

LEE 回答：我们是倾向于在满足查询相关性的前提下，提供丰富结果的。此类问题，也是我们未来致力于改进的地方。

笔者注：在百度搜索中曾经还出现过，一个目录类型的 URL，带与不带最后的斜杠会占两个排名。现在已经好多了。

45. 问题：如何避免竞争对手使用垃圾链接陷害？

补充：百度如何对站外作弊的手法判断是不是竞争对手所做，比如买黑链、建群站、群发垃圾等，这些竞争对手都能帮你做。可否透露一下百度对这个判断的原理，站长如何防范？发现被人陷害，如何举报或采取其他措施？

官方回答：如果想维护一个策略的生命周期，最好的方式是保守策略细节的秘密。但有一点可以确定，一个成熟的搜索引擎，不会轻易地通过一两个要素来判断一个网站的生死。

笔者注：百度现在的算法基本上可以避免"被竞争对手使用垃圾链接陷害"的现象。

46. 问题：如何估算竞争对手的流量？

笔者答： 并没有从外部准确估算一个网站流量的工具，不过可以通过一些简单的比对来进行估算。在估算一个网站的流量之前，首先了解一个同类网站的真实流量，然后通过 Alexa 对两个网站流量的估算，以及已知网站的真实流量来估算指定网站的流量。一般可以根据自己网站的真实流量来估算同行业竞争对手网站的流量。注意，如果不是同行的网站，那么 Alexa 数据的参考价值就会大打折扣，关于 Alexa 的详细讨论可以阅读第 7 章。同样估算竞争对手的搜索流量时，可以使用爱站"百度权重"中的数据及自己网站真实的搜索流量，来简单估算竞争对手网站的流量。但是，如果竞争对手是一个收录量很大的大型网站，那么它的流量词中的绝大多数都会是爱站网所没有统计到的长尾关键词，此时可能就会有很大偏差，也就只能当做"估算"。

如果竞争对手网站中在使用百度网盟广告，那么也可以通过网盟 123（wm123.baidu.com）来查看对方网站有挂网盟广告的部分网页的流量情况。例如，通过网盟 123 查看一呼百应网有网盟广告网页的流量情况，数据如图 13-3 所示，具体查看地址为：http://wm123.baidu.com/s/youboy.com。虽然这个数据只是来自于有投放百度联盟广告的网页，并不是对方站点的全部流量，但数据的丰富程度足够参考了，通过 wm123 不仅可以简单了解对方站点流量的整体概况，还可以通过对方站点所使用的广告样式来了解对方内部各类页面的流量情况，并且在笔者截图的下方还有百度对该站点访问用户的属性、特征、兴趣点以及地区的分析，通过了解这些数据你会比对方网站的工作人员还了解他们网站。wm123 本身是为广告主服务的，但是到了站长和 SEO 人员手中就是分析别家网站的利器，也是收集数据的宝库。由于并不是所有网站都有投放百度联盟广告，并且投放百度联盟广告的网站也并不是所有页面都进行了投放，所以单纯从 SEO 角度并没有必要进行如此深入的分析，但是站在同行网站站长或研究行业网站的角度，这些数据就显得尤为宝贵了。另外，其实最直接、最准确的手段是通过"社工"，即通过和对方网站 SEO 人员聊天、吃饭等，有技巧地套出对方网站的流量概况，不过现在互联网行业中，多会夸大自己网站的流量，有的甚至会夸大三四倍，所以需要"深入"沟通，且要仔细辨别真假。

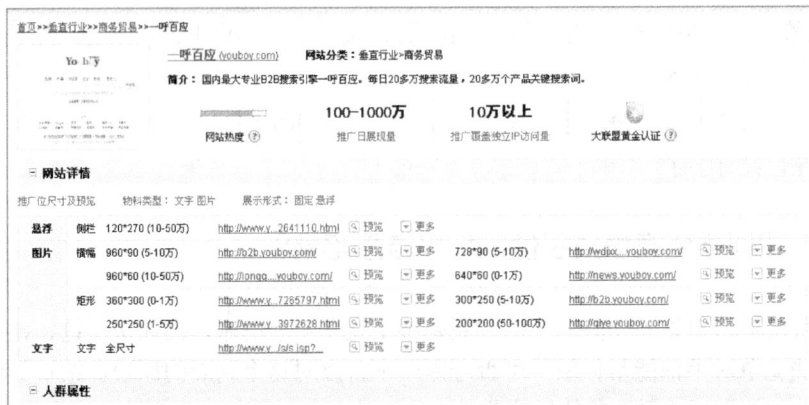

图 13-3 一呼百应网有网盟广告网页的流量情况

47.　问题：百度打击 TAG 词作弊，TAG 词是否就不能使用了呢？

官方回答： 在百度站长平台第一次站长交流会中，有朋友找机会在台下咨询了 LEE，LEE 回答说：百度其实是很喜欢 TAG 词聚合页面的，但是很多网站都是采集百度的相关搜索，本身网站并没有什么相关内容，就会被判断为作弊了。

笔者注： 重点还是网站要有相关内容，并且聚合页要精心设计，并不是只堆关键词就可以了。同时，站长们且不可贪心制作不符合网站主题内容的 TAG 词聚合页，并且，如果网站的 TAG 词是由网站用户主动填写的，那么网站也要进行严格审核才可以开放给百度抓取，否则容易栽跟头。百度已经处理掉很多通过 TAG 词作弊的网站了，其中不乏大站、老站。

48.　问题：作弊会受到百度怎样的惩罚？

官方回答： 任何损害用户利益和搜索引擎结果质量的行为，都会受到搜索引擎的惩罚。作弊行为在不断地发展，我们的处理手段也在不断地变化，但始终都会维持"轻者轻罚，重者重罚"的原则：对用户体验及搜索结果质量影响不大的，去除作弊部分获得的权值；对用户体验及搜索结果质量影响严重的，去除作弊部分获得的权值并降低网站的权重，直至从搜索结果中彻底清理掉。

笔者注： 常见的惩罚有：首页丢失排名，内页变动不大；只处理作弊的目录或者子域名，其他目录或域名没有影响；有收录没排名和流量，甚至收录量还持续增加，新内容收录也很快，但就是没有排名流量；直接 K 站，一般表现为收录量以比较大的幅度逐渐减少直至为 0 等。

49.　问题：二级域名受到惩罚，是否会影响其他子域名或主域名？

笔者答： LEE 曾经回答过这类问题，假设一个目录下的一些资源存在作弊情况，可能会引起一些规模的资源被屏蔽，搜索引擎认为一个网站有作弊行为，通常是哪儿有问题，就屏蔽哪儿，如果作弊内容多，可能会将整个网站 K 掉。这个"多"，是作弊部分占全站资源的比重。如果其他子域名没有作弊行为，个别二级域名受到惩罚，是不会影响其他子域名和主域名的，现在搜索引擎的惩罚一般会精确到目录。比如，一些大型门户网站承包出去很多医疗子域名，在百度打击医疗信息时，很多这类网站都挂掉了，但是并没有影响到其他频道或整个网站。

不过，随着承包高权重网站二级域名和目录进行作弊的行为越来越泛滥，百度搜索反作弊团队在 2013 年 7 月 19 日发布了相关声明，特地警告这种行为，对于出售二级域名二级目录用于作弊的网站，将会进行严厉的惩罚，株连至整个站点，甚至直接清理出新闻源和 K 掉网站。所以站长要特别注意此类问题，由于自己操作不当而遭到百度的惩罚可能是"小惩"，但是由于出售二级域名或目录被利用于作弊，那就可能要受到百度的"大惩"了。

50.　问题：被降权的网站，改正后需要多长时间会恢复？

补充： 如果一个网站被百度降权了，则对于一些自认为可疑的过分 SEO 痕迹也已经做了改正，不知道百度会不会恢复，还是永远打进死牢了，如果可以恢复，那么时间会是多久呢？

LEE 回答：有自动 check 和释放机制，但之后会有一个观察期。若在观察期内未发现"作奸犯科"，就会以常规资源对待。此外，惩罚机制会越来越趋于合理化，而不是简单地一棍子打死。

笔者注：和百度相关的"时间"都是大家很关心的，但是有很多情况是没有固定时间的。比如 301 问题，一些高权重的网站做了 301 之后，可能首页第二天就看到了效果，但是内容页长达半年都没有动静；低权重网站做了 301 之后，可能首页在很长时间内都没有变动。对于降权或 K 站的时间也是一样的，肯定与作弊程度和"改错态度"有关。

在《百度搜索引擎优化指南 2.0》中，官方的解答为：惩罚不是目的，让互联网洁净才是目的。取消作弊行为的网站，百度都持欢迎态度。我们有完善的流程，会定期自动对作弊网站进行检测，大部分修正了作弊行为的网站，会在一定的观察期满后自动解除惩罚。

在和百度站长平台的朋友沟通中得知，百度搜索对网站是没有"死刑"的，也就是说根据改正表现都有恢复的可能，但是恢复的时间以及反复 check 的时间周期都是根据网站的作弊程度自动设定的，没有准确的固定时间。

51. 问题：为什么我作弊被处罚了，别人作弊却没事呢？

补充：我买链接或使用垃圾聚合页被百度处罚了，为什么还有很多其他有同样问题的网站没有被处罚呢？

笔者答：作弊被处罚了就没什么好说的了，作弊之前就应该随时做好被处罚的心理准备。至于还有一些拥有同类问题的网站没有被处罚的情况，就类似于"公安一直在抓小偷，但是小偷永远抓不完，永远都有漏网之鱼"。也许别的小偷老爸都姓李（有大后台）；也许别的小偷作案金额不大（作弊流量占全网站流量比例不大）；也许别的小偷隐藏得比较深（有作弊，但是不严重或不至于被处罚）；也许别的小偷态度比较诚恳（及时地去掉了与作弊相关的东西）等。在本书搜索引擎原理中有过讨论，搜索引擎一般会针对某一种严重作弊的行为进行打击，并不会只针对某一个网站，至于还有一些符合搜索引擎打击条件的网站未被打击，原因有很多，抱怨再多也是杠然。只要自己作弊了，被处罚后就乖乖想办法恢复或者另起炉灶吧。

52. 问题：网站被降权后，应该如何分析和应对？

笔者答：首先要确定网站是不是真的被降权了。如果搜索排名只是有一些波动，且搜索流量波动在 10%以内，基本上都不是网站被降权。可能是随着时间的推移站点中有部分内容已经不具有太高价值，或者其他站点突然表现得更强势，也可能是百度的排序算法有微调。如果网站的排名和流量只是小范围波动，而不是搜索流量接近减半、排名全无、或整站被 K 基本上就不是被降权了。

判断一个已被收录的网页是否被降权或者是否拥有正常的权重，直接在搜索引擎中搜索该网页的 Title 即可。当然前提是该网页的 Title 基本上在其他网页中不会出现，比如含有网站品牌后缀等。如果搜索网页的完整 Title 都找不到该网页，那么很可能就是被降权了，在判断首页是否降权时也可以使用这个办法。当然这只是单向判断的方法，也就是说如果这样搜索找不到网页，那么该网页的权重就不正常；如果能找到该网页也并不能说明该网页权重一定正常，需要再进行深入分析。

如果确定网站被降权了，首先自我反省一下网站是否有出格的行为，是否主动做过搜索引擎明确指出是作弊的行为。如果有，那么就默默地承受吧，把作弊的东西清理干净，然后正规运营等待恢复，恢复时间可长可短，经常见到一些作弊站点需要一年多才会慢慢恢复。如果网站没有以上行为，那么就分析一下自己网站的外链，检查一下网站的索引量情况及被收录网页的情况，分析一下是否有异常，比如，是否有别人制造的大量垃圾链接，是否被搜索引擎收录了很多意外的页面等，如果存在，很可能是网站被竞争对手陷害或被黑客利用了，此时该拒绝链接的拒绝链接，该清理网站的清理网站，然后或向搜索引擎投诉，或静静等待恢复吧。有时网站被降权或被 K 也有可能是搜索引擎的 Bug，经过分析后确定自己的站点没有任何问题，那么就向搜索引擎发起投诉吧。不过，如果站点被误伤，大型站点快速恢复的几率可能比较大，毕竟拥有不少对搜索用户有价值的内容；小型站点，或没有太多有价值内容的网站恢复几率可能会小一些，即使恢复，其恢复时间可能也会比较长。搜索引擎处理相关问题的人员也是有数的，肯定会优先处理影响比较大的站点。这也没什么值得吐槽的，涉及人工处理的工作，所有公司、机构都会如此处理。笔者特地做了一张"降权分析"的脑图（见本书开头的彩色插页），希望对大家有所帮助。

另外，在分析网站被降权的原因时，要理性分析，不要主观臆断。比如，百度绿萝算法上线时，虽然有很多网站因此被处理，但也有少量被处理的网站并不是因为绿萝，不过当时被处理网站的站长基本上都认为是绿萝影响到了自己，可能又感觉到自己的网站没有什么垃圾链接，也没有买卖过链接，所以只顾一味地埋怨绿萝算法，而不去具体分析网站被处理的真正原因。搜索引擎在推出新算法的同时，老的算法还在继续应用中，所以要具体情况具体分析，切不可主观臆断，有很多事只是凑巧而已。有个笑话很能说明这个凑巧的问题："去了趟厕所，回来发现网站收录多了几页，因此就断定上厕所有助于自己网站的收录，以后每天就在厕所呆着吧……"。

53. 问题：为什么蜘蛛每天爬 N 次，而收录的网页只有一两篇？

补充： 我的网站每天被百度蜘蛛爬行 N 次，全部是原创，只是每两天更新一篇，但为什么快照很慢？

LEE 回答： 网页抓取和建立索引是不等同的。这些网页会经过一些必要的 check 过程之后才会被建入索引。

笔者注： 一般新站会遇到这种问题，如果很长时间内都是这种情况，那就可能是网站内容出现了问题，百度一直抓取网站的内容，但是经过分析后，不值得被索引。很多高权重网站被突然降权后也会出现这种情况。

54. 问题：搜索结果中的摘要是如何提取的？

补充：有看过资料，说百度对网页"描述"这部分展示，来源于四个方面：

（1）页面本身的 Description；

（2）用户当前搜索关键词在页面的分布比例；

（3）部分百度合作或权威站点对该站（页）的注释；

（4）百度会从代码中随机（更多是按顺序）展示。

不知道哪个说法更接近于真相，还是兼而有之？对站长们有什么好的建议呢？

LEE 回答：标题通常来自网页的<title></title>。

首页的摘要会比较多地来自 meta Description，普通网页则是根据搜索关键词动态提取的。

笔者注：这是 LEE 在 2010 年 5 月底做出的回答了，但是现在还是有很多人到处询问这个问题，可见还有很多站长并没有充分主动地去了解百度官方所放出来的所有信息。即使不咨询官方，根据自己的观察也会发现，百度现在会根据搜索词来展示摘要，对于同一个页面，使用不同搜索词得到的摘要可能都不同。

55. 问题：百度建议 URL 静态化吗？

补充：百度建议 URL 静态化吗？还是像 Google 一样，不建议 URL 静态化？对伪静态怎样看待？和真的静态文件一样吗？

LEE 回答：对 URL 的动静态，没有歧视政策。以前之所以有过提倡静态的说法，是因为很多动态 URL，带了很多参数，而实质上内容是一样的。这给 Spider 及站长都带来了不必要的麻烦。我们也在这上边花了不少精力。

所以，总的原则就是，URL 的动静态无所谓，只是尽可能避免重复即可。但是动态 URL 也不要动态得太过分，搞几十个参数，那会吓着蜘蛛。

笔者注：静态不是目的，目的是不重复，不制造蜘蛛陷阱。如果只是一个博客，只有一个参数，如果你还不懂技术，何必苦苦地寻找静态规则呢？

56. 问题：百度支持哪些 robots meta 标签？禁止快照生效时间为多久？

官方回答：百度支持 nofollow 和 noarchive 两种 meta 标签。

要防止所有搜索引擎显示你网站的快照，请将此元标记置入网页的<HEAD> 部分：<meta name="robots" content="noarchive">。

如果你不想搜索引擎追踪此网页上的链接，且不传递链接的权重，请将此元标记置入：<meta name="robots" content="nofollow">。

关于禁止快照的生效时间，百度在官方帮助中的介绍为：和 robots 的更新一样，因为搜索引擎索引数据库的更新需要时间，所以虽然你已经在网页中通过 meta 禁止了百度在搜索结果中显示该网页的快照，但百度搜索引擎数据库中如果已经建立了网页索引信息，可能需要 2~4 周才会在线上生效。

笔者注： 如果想针对固定的搜索引擎设置，那么把 robots 改成该搜索引擎的蜘蛛名字就可以了。

57. 问题：被 robots 屏蔽的网页如果获取了外链还会获取权重吗？

补充： 网站下面有这么一个目录 /test，目录下有一个页面 /test/1.html，robots 里禁掉了蜘蛛访问/test 目录的权限。在另外一个网站放上/test/1.html 这个页面的超链接并且被蜘蛛抓取了，那么这个链接会不会获取权重，或者传递权重给网站主页？

LEE 回答： 这个 URL 即便在其他地方被发现，但由于 robots 的缘故，它也不会被建索引。至于权重的问题，用最简单的逻辑做判断即可。

笔者注： 如果被屏蔽的网页拥有大量的外链，那么这个网页也会被搜索引擎认为是对用户有价值的，不过由于 robots 的限制，搜索引擎并不会抓取和索引这个页面，但是会收录这个 URL，但是没有摘要，标题也是使用的外链中的锚文本，比如淘宝网。至于会不会给首页导权重，可以站在网站整体的角度对待，网站整体获得的链接多了，代表你的网站比较受欢迎，网站整体权重就会高一些，这也会体现在首页上。不过这个问题对现实 SEO 工作的指导意义并不是很大，谁会为已经使用 robots 屏蔽的页面专门建设链接呢？通过对这种页面建设链接来提升首页权重，更是说不通的，但也可能这个站长有其他方面的考虑。

58. 问题：如何使我的网页不被百度收录？robots 的生效时间？

官方回答： 百度严格遵循搜索引擎 robots 协议（详细内容，参见 http://www.robotstxt.org/）。

你可以设置一个 robots 文件以限制你的网站全部网页或者部分目录下的网页不被百度收录。具体写法，参见：如何撰写 robots 文件（笔者注：http://www.baidu.com/search/rdots.html）。

如果你的网站在被百度收录之后才设置 robots 文件禁止抓取，那么新的 robots 文件通常会在 48 小时内生效，生效以后的新网页，将不再建入索引。需要注意的是，robots.txt 禁止收录以前百度已收录的内容，从搜索结果中去除可能需要数月的时间。

如果你的拒绝被收录需求非常急迫，可以在反馈中心反馈，我们会尽快处理。

笔者注： robots 的生效时间很多地方说法都不统一，其实根本没有标准时间。根据官方的解答，更新 robots 后，会感觉到百度在比较快地遵守新规则，并按照新规则决定收与不收新网页，但是老网页不会被即时处理。所以如果以新网页来判断 robots 的生效时间，会感觉比较快；如果以老网页来判断 robots 的生效时间，可能会感觉百度并不遵守 robots，或时间太长。网站的大小也有可能会影响这个 "生效时间"。如果实在想快速删除百度索引，也可以通过技术手段针对百度 Spider 返回 404，然后通过站长平台提交死链，但是普通用户还可以正常访问。

59. 问题：为什么被 robots 屏蔽的网站还会被百度收录？

笔者答： 有两种情况：第一种是对已经收录了的网页使用 robots 屏蔽，老网页按照 robots 规则的删除时间会很长，可能会造成百度没有遵守 robots 规则的感觉；第二种是如果被屏蔽的网页获得了大量的外链，那么这个网页的内容不会被百度索引，但是这个网页的 URL 可能会被百度收录，多见于域名首页。比如淘宝网，淘宝商城的大量卖家商城二级域名。如果连 URL 都不想被百度收录，那么针对百度 Spider 返回 404 就可以了。

60. 问题：为什么站内没有链接的私密性网页，或需要访问权限的网页，也会被百度收录？

官方回答： 百度 Spider 对网页的抓取，是通过网页与网页之间的链接实现的。网页之间的链接类型，除了站点内部的页面链接之外，还有不同网站之间的互相链接。因此，某些网页即便通过你的网站内部链接无法访问到，但是，如果别人的网站上有指向这些页面的链接，那么这些页面还是会被搜索引擎所收录。

百度 Spider 的访问权限和普通用户是一样的。因此，普通用户没有权限访问的内容，Spider 也没有权限访问。之所以看上去某些访问权限限制的内容被百度收录，原因有两点：

（1）该内容在 Spider 访问时是没有权限限制的，但抓取之后，内容的权限发生了变化。

（2）该内容有权限限制，但是由于网站安全漏洞问题，导致用户可以通过某些特殊路径直接访问。而一旦这样的路径被公布在互联网上，则 Spider 就会循着这条路径抓出受限内容。

如果你不希望这些私密性内容被百度收录，一方面可以通过 robots 协议加以限制；另一方面，也可以通过反馈中心反馈给我们进行解决。

笔者注： 同样也可以针对百度 Spider 返回 404，以避免被百度收录。

61. 问题：百度是否支持 crawl-delay，是否支持使用 robots 文件控制抓取频率和时间？

补充： User-agent: SosoSpider

Crawl-delay: 5

抓取时间和频率限制是否支持呢？

LEE 回答： 可以在 robots 中的 crawl-delay 中设置，这个参数是百度 Spider 对网站访问频率的重要参考信息之一，但 Spider 系统会根据网站规模、质量、更新频率等多方面信息综合计算得出最终的执行压力，因此并不保证严格遵守 crawl-delay 中的设置值。

笔者注： 这是 LEE 在 2011 年 9 月的回答了，希望大家注意到百度站长平台最新发布的公告是"不支持"。站长可以通过站长平台的"压力反馈"工具对百度蜘蛛抓取压力进行调整。公告地址：http://zhanzhang.baidu.com/wiki/63。需要了解的是，现在除了 Yahoo 以外，其他所有的搜索引擎都没有任何限制抓取速度的 robots 协议。

62. 问题：百度是否支持通过 robots 提交 sitemap？

LEE 回答：暂时还没这个打算。一般情况下，Spider 能处理大多数网站的数据抓取和更新，而无须借助 sitemap。

笔者注：现在百度已经支持在站长平台提交 sitemap 了，不过为了保证提交网站的质量，对提交资格进行了限制。所以现在也不支持通过 robots 提交 sitemap，不然站长平台的限制就没有意义了。同时为了不被别人轻易采集自己的网站，笔者不建议在 robots 中添加 sitemap 的地址。

63. 问题：robots 解除禁止抓取后的生效时间有多长？

补充：网站上线测试时用 robots.txt 禁止抓取过，之后将 robots 限制解除，打开一段时间之后将 robots.txt 文件删除，删除之后几天又重新添加了 robots.txt 文件，经过 6 月 2 日~22 日的日志观察，百度只访问 robots.txt，代码为：

```
2011-06-16 06:27:11 W3SVC46543651 61.155.161.183GET/robots.txt -80
- 119.63.196.120 BaiduSpider+(+http://www.baidu.com/search/spider.
htm)200 0 0
```

robots 解除禁止抓取状态，需要一段时间生效的话，这个周期是多久呢？希望这个网站上的内容尽快恢复正常抓取、建立索引和显示！

LEE 回答：百度发现 robots 设置并更新抓取状态，正常情况在 7 天以内。

笔者注：robots 的任何修改，百度都需要一定的时间更新。根据观察，这个时间根据网站大小权重的不同，长短也是不同的，有的可能远不止 7 天。

原回答地址：http://bbs.zhanzhang.baidu.com/thread-6286-1-2.html

64. 问题：频繁更换服务器对网站是否有影响？

补充：我的站点由于这段时间在进行一些功能、负载方面的测试，为了让网站能一直被正常访问，所以在一两个月内多次将网站临时放到其他几个不同的服务器上。结果在 3 月底的时候所有内页遭遇了降权，几乎都搜索不到了，包括最新文章在内的绝大多数文章。即使用双引号将文章标题引起来作为搜索关键词来搜索，也要在 serp 中点击最底部的这段提示"我们省略了一些内容相似的条目，点击这里可以看到所有搜索结果"后才能搜到。

网站是三四年的老站了，文章不多，但基本上都是自己写的原创而不是非原创，在降权之前网站前台除了撰写新文章外没有进行任何更改。之前排名一直很稳定、很正常。

请问这种情况有没有可能是因为频繁更换服务器导致的？如果是因为频繁更换服务器导致的，那么在服务器调试完成不再更换之后有什么办法可以恢复正常排名呢？

笔者答：理想状态下只要网站可以正常访问，换服务器是没有任何影响的，因为百度 Spider 也是普通访问者。但是换服务器或换 IP 时要考虑一个实际情况，那就是访问者所使用 DNS 的更新情况，如果访问者所使用的 DNS 一直没有更新，也就是说访问者所使用的 DNS 服务器一直把你的域名解析到老 IP，在你更换服务器后，就可能造成部分访问者并不能正常访问你的网站的情况。百度 Spider 也是普通访问者，也有自己使用的 DNS，如果百度的 DNS 记录短时间内没有更新到你的域名，那么你换服务器就有些悲剧了。在此需要了解的是，搜索引擎都会有自己的 DNS 服务模块来记录各个被发现域名的解析情况，这样就不用每次抓取 URL 都去访问公共 DNS 服务器，从而提升抓取速度和效率，同时降低对公共 DNS 服务器的访问频率。

65. 问题：如需更换空间或 IP，应该如何操作？

官方回答：参照以下步骤：

（1）开通新的空间，并将网站完整地迁移到新空间，并保持流畅访问。

（2）将域名的服务器指向更新为新空间 IP。

（3）保证旧空间能持续访问一段时间，保持到全国的 DNS 都更新之后，可用 chinaz 站长工具中的"超级 ping"来测试全国各地 DNS 所解析的 IP。

（4）通过站长平台中的"抓取诊断"工具，测试抓取网站，如果发现百度访问的 IP 没有更新，则通过此工具来向百度反馈。现在百度的处理速度还是很快的。

（5）关注新空间的访问日志，等百度 Spider 的抓取完全迁移到新 IP 以及全国 DNS 都更新后，停止旧空间的服务。

66. 问题：不希望某个信息在搜索某个关键词的时候出现，应该如何操作？

补充：我公司网站不想在搜索的某个关键词中出现。这样会对本公司造成负面影响。请问怎么处理让索引的排名中不出现关于本公司的网址的这个词，请问我该怎么设置，设置后不影响其他词的排名？

LEE 回答：两种情况造成：

（1）页面上有这个词，或者页面上曾有这个词，但索引尚未更新。若是这种情况，比较容易解决。删除该词，强制提交页面更新即可，链接地址如下：http://tousu.baidu.com/webmaster/add/。

（2）页面上无该词，但超链数据中有这个词。这个问题比较麻烦一些。你可以把问题反馈给 Webmaster@baidu.com，说明一下情况，由其进行判断并安排处理。

67. 问题：搜索结果中显示的标题与实际标题不一致的原因是什么？

补充：在原网页没有改变 Title 的情况下，为何百度搜索结果中所示显的网页的 Title 跟网站实际 Title 不一样？

LEE 回答：原因比较复杂，需要针对性分析。主要原因可能是 Tag Title 提取失败，系统只好从其他地方取了一些文本作为标题。这种提取失败的原因，有网页设计层面的（比如全是 Flash 或者 ajax），也有 robots 封禁层面的（某些重要网页虽然不抓取，但会保留 URL 本身）。

还有一些系统异常也会造成类似的现象。如果不符合一般性的预期，这类问题都可以直接提交至 Webmaster@baidu.com。会有工程师跟进的。

笔者注： 这是比较常见的问题了，正常情况下百度会使用网页的标题，但是由于诸如 robots 屏蔽或网页没有加载完整之类的原因，百度没有提取到页面标题，就会使用这个页面外链锚文本中的文字作为标题，或者直接使用页面 URL 作为标题。一般都是上述情况，如果不是上述原因，就可能是百度系统的原因，可以投诉一下。

68. 问题：在百度快照里页面没有显示完整的原因是什么？

补充： 在百度快照里页面没有显现完整，首页底部（友情链接及版权信息那块）代码和页面都没在快照中出现，那么友情链接对其他网站还有用吗？

LEE 回答： 这种情况不会影响友情链接。

另外，我们建议尽量将页面大小控制在合适范围内。

补充一下，cache 只是显示一部分。而底部链接提取只和该网页是否被抓全有关。

百度 Spider 抓取的网页文件非常之大，链接提取完全不必担心。

笔者注： 如果是自己的网页有问题，就不用担心；如果是别人的网页有问题，很可能是针对百度隐藏了友情链接，是欺骗友情链接的行为，这时就要小心了。

69. 问题：如何快速更新快照？

补充： 网站更新了，百度收录的内容没更新怎么办？

官方回答： 百度会定期自动更新所有网页（包括去除死链接、更新域名变化、更新内容变化）。因此请耐心等一段时间，你的网站上的变化就会被百度察觉并修正。

笔者注： 如果是内容页，百度在第一次收录之后可能会隔很长时间再次抓取该页面，等着百度自动更新快照，时间会比较漫长，此时可以使用百度投诉中心投诉快照更新。此方法也被不少人用来更新网站首页快照，毕竟很多人换链接还是很在意快照的。此方法曾经屡试不爽，有时上午投诉下午就更新了，但是现在有点不给力了，有需要的朋友可以继续试一试。

70. 问题：不同搜索词得到的同一个网页的 Title 或摘要不同的原因是什么？

笔者答： 一个重要网页的快照往往会在搜索引擎数据库中保存有多份网页快照，这些快照的抓取时间并不相同。假设一个网页在改动前后都被百度索引了，分别有了更新前的快照 A 和更新后的快照 B，A 和 B 的 Title 关键词都是有所差异的。当用户搜索关键词 O 时，百度判断 A 快照更符合用户的搜索请求，就会在搜索结果中呈现快照 A；当用户搜索关键词 P 时，百度判断 B 快照更符合用户的搜索请求，就会在搜索结果中呈现快照 B。不过这种情况并不长久，只是在网页内容改动或更新后较短的时间内才会发生。

还有一种情况也会造成这个问题：如果一个网站通过 robots 屏蔽了百度 Spider，但是这个网站首页拥有大量的外链，并且这些外链有两个不完全相同的锚文本，如果此网站首页被百度收录，用户在搜索两个锚文本关键词时，在搜索结果中呈现的该网页的 Title 就会是不同的，百度会使用符合用户请求的那个锚文本在搜索结果中做该网页的 Title。当然这种情况下，该网页在搜索结果中是没有摘要的，百度只是收录了 URL，并没有抓取内容。

71. 问题：HTTPS 的网页被收录问题。

补充：一般来说，网站所有者不是太希望 HTTPS 的网页被收录。如果收录了，如何处理？把 HTTPS 的网页 URL 更换成 HTTP 形式的？或者以 IP 地址形式的 URL 被收录？

LEE 回答：如果不希望被收录，常规的做法是设置 robots 文件。

HTTPS 主要的出发点是安全，并没有太多考虑搜索引擎。从用户角度，很多采用了 HTTPS 的站点（尤其是首页），也是需要被搜索到的，比如支付宝、贝宝等。通常情况下，搜索引擎对这类网页并不做内容解析，而只是将 URL 进行索引。

IP 地址的 URL 被收录，除了 Spider 在机制上的不完善之外，通常在站点设计上也有一些缺陷。一般情况下，这类问题是可以被规避的。

笔者注：在《百度搜索引擎优化指南》中对 HTTPS 协议的解答：百度目前只能收录少部分 HTTPS 网页，大部分 HTTPS 网页无法收录。网站首页和对所有用户都公开的内容页面，建议不要使用 HTTPS 协议，如果非用不可，尽量将首页和重要页面做个 HTTP 可访问版，方便百度收录。

72. 问题：百度如何看待网页改版？

补充：标题和描述都不改，但是页面会加多内容，布局也会有变化。

LEE 回答：仅是内容的变化，Spider 会重新抓取网页，然后更新索引。布局的变化，只要不是将内容用脚本（比如 ajax）隐藏起来，都不会产生什么影响。

影响比较大的是网站结构的变更，比如域名或者网站结构变化，导致原有的 URL 访问失效等。如果处理不当，会导致索引量在短期内大幅下跌。

笔者注：问题所描述的只是网页更新而已，可能会影响到关键词密度和相关度，导出链接过多也可能会造成排名不稳。非底页的改动都需要谨慎，由于底页一般定位于长尾关键词，不必过于担忧。

73. 问题：百度如何对待一个内容全部改版的网站？

补充：请问百度会怎么对待一个改版的网站？比如一个域名做了两个月的游戏站，后来又做起了行业网站，百度会怎么对待呢？我们知道这样的情况是很正常的，域名交易、网站站长易主、公司业务变化等都有可能造成这样的情况发生。

LEE 回答：如果是内容发生根本性变化，则理论上会被视为一个全新网站，旧有超链失效。

笔者注：LEE 的回答可能只是百度想达到的理想状态，暂时在现实操作中，域名历史影响很大。

74. 问题：百度对新站的策略？

补充：百度是不是调整了对新站的策略？因为去年一些比较热的商业词还可以得到不错的排名，但是今年普遍下滑，而且很严重！百度是不是调整了对新站的考核期或者加大了网站年龄对于权重的影响？

LEE 回答：搜索引擎策略一天一小变，一月一大变。我真的说不好这种现象是什么策略造成的。但我们在制定策略时，评价标准只是对用户搜索需求满足有怎样的影响，而不会去评价对某个站长的利益有怎样的影响。这一点请大家谅解。

笔者注：从这个回答中，至少了解到百度每个月都会有大的算法更新。

75. 问题：百度会不会根据 IP 或服务器惩罚网站？

补充：使用虚拟主机的网站会不会因为同一个 IP 或同一台服务器上有其他网站作弊被处罚而受连累，也被惩罚？

官方回答："连坐"、"血统论"等，是在极权社会里才出现的"反人类"政策。一个成熟的搜索引擎，这么蛮干的可能性很小。

笔者注：无论如何，离作弊站、违规站远一些是有益无害的。比如，和你同服务器或 IP 的网站中有私服或赌博类的网站，可能会遭到空间商暂时关闭服务器，或经常遭到黑客攻击的情况，这样对你的网站也是有很大影响的。

76. 问题：在百度眼里什么样的站是高质量的站？

补充：很想知道，在百度眼里什么样的站是高质量的站？每一个站都是从没用户到有用户，一点点积累起来的。

看见大把的垃圾站活着，自己辛辛苦苦做的站却没了，知道世界不公平，那也不能没有游戏规则了吧，你们百度说别人的站是低质量，举例也说了，那我们不是这样的站为什么也被 K 了呢？你们可以把你们认为的低质量都一一举例说明出来吗？

LEE 回答：关于这个问题，请大家换位思考一下，作为一个搜索引擎，所追求的最终目标是为用户提供最有价值的信息，我们希望大家有一个最低限度的判断，那就是将自己作为一名普通的用户，通过搜索引擎搜索到自己的网站时，自己相不相信自己网站上的信息？自己觉不觉得这是互联网上最好的信息？

我们通过反馈渠道收集到声称自己网站是原创、高质量网站的反馈，其中 80%多都是无效的，甚至有大量声称老中医 3~5 天治愈绝症的网站，通篇内容读不通，还声称自己是高质量的网站。

如果互联网非常纯洁，那我们也不会花费大量人力去识别网站的质量，也就不会有误伤。

但互联网越来越不保险，我们的策略也越来越复杂，只要对技术有一定了解的人，都应该知道误伤是无法避免的，我们也尽最大的努力将误伤降到最低限度。

我不知道你的网站是不是真的非常高质量，如果确认，可以通过反馈途径反馈给我们。

笔者注： 百度原本不和站长沟通，只考虑普通搜索用户的体验，不论外界出于什么目的攻击百度，百度的市场份额就代表它得到了普通用户的认可。现在不论是什么原因，神秘的搜索部门也逐渐在开放，主动和站长建立了多种沟通渠道，站长投诉也和普通用户的投诉区分开来，独立对待，并且投诉处理结果也定期发布，可见百度在对待站长方面已经跨出了一大步。虽然百度是一个商业公司，有着各种商业行为，但是他的搜索结果面向普通搜索用户必须要有良好的搜索体验。同样作为站长也应该优先考虑自己的用户，百度只是一个你的网站成长道路上的助力器而已。也建议大家多研究一下其他的营销推广方式，很多网站在软文、QQ、博客、微博、社区等方面都取得了很好的推广效果，百度只是和这些推广方式相同的一个渠道而已。如果大家只是为百度制造内容，并没有把以前的来访用户尽可能地转化为回头客，那么你的网站肯定有不小的问题，一旦遭到百度惩罚，就会是致命的。百度需要研究，用户更需要研究，如果你自己甘心把命运交给百度完全掌控，那就不要怨天尤人了。

另外，关于"高质量网站"，建议搜索浏览本书正文中多次推荐过的百度搜索研发部曾经发布过的《浅谈互联网页面价值》。

原回答地址：http://bbs.zhanzhang.baidu.com/thread-7625-20-1.html

77. 问题：商城下架的商品页返回 404 还是 200？

补充： 我有一个商城类网站，因为会经常产生大量下架商品，产生下架商品后，程序会返回一个只有模板的空页面，没有任何具体商品信息。以前我把这些下架商品所在的页面设置为404，在日志里看到大量的404状态码，请问这样会不会影响我网站的质量，长期下去会造成收录和排名下降吗？

LEE 回答： 我们鼓励站长为死链返回规范的404代码，不欢迎给死链返回200代码。

只要是正确地返回404，对网站没有任何影响，还可以减少百度Spider抓取给服务器造成的负担。如果死链数量较多，建议通过站长平台提交死链列表，更高效一些。

笔者注： 站长其实可以设计一个自动生成死链接地图的程序，任何删除行为都自动把链接写到指定死链接文件中去，然后在站长平台死链接提交工具中设置合理的更新频率就好。如果删除的频率不大且不固定，那么也可以在每次删除后去站长平台手动更新一下死链接地图。针对商品的时效性问题，当商品下架之后，其实也可以什么信息都不改变，也不做删除和跳转，弹窗提示用户该商品已经下架，并根据用户的来源推荐一些相关的商品或分类链接，这样用户体验也会比较好。

原回答地址：http://bbs.zhanzhang.baidu.com/thread-7625-21-1.html

78. 问题：商品临时下架怎么处理？

补充： 商城类网站的商品经常会因为缺货或上架时间到期等原因而下架，以后这些商品还有可能会重新上架，如果商品下架直接跳转到首页，会对 SEO 造成不良影响吗？

笔者答： 这种情况最好使用第 81 问所建议的方法，做直接跳转对用户体验是一种伤害，并且使用 301 或 refresh 之类的跳转后，等此商品再次上架时，被百度重新收录和排名都会比较缓慢。所以推荐使用弹窗的形式提醒用户此商品已经下架，不要做任何形式的跳转，并根据用户来源推荐其他相关的链接以供选择浏览。

79. 问题：商品因为修改而产生的多个版本网页怎么处理？

笔者答： 此功能一般不是为普通用户设计的，而是为卖家设计的。站在 SEO 的角度，推荐最新的产品使用固定的 URL，也就是说把历史版本的商品使用新生成的 URL。这样对于普通用户和搜索引擎来说都没有什么负面影响，只是页面内容更新了而已。对商品产生的历史版本页面，因为普通用户不会使用，所以可以设置为只能登录后可见，或使用 robots 进行屏蔽。如果由于程序原因，更新版本的商品会产生新的 URL，那么可以使用 Canonical 标签进行标注，避免让搜索引擎认为网站存在大量重复网页。

80. 问题：有问题的内容是 404 还是屏蔽？

补充： 网站流量下滑，自查后发现是站点内容的原因，这些页面要怎么处理？建议 404 还是自己屏蔽，还是都能够被认可是对这些内容的改善？

LEE 回答： 这两种都可以。假设一个目录下的一些资源存在作弊情况，可能会引起一些规模的资源被屏蔽，搜索引擎认为一个网站有作弊行为，通常是哪有问题，就屏蔽哪，但如果作弊内容多，可能会将整个网站 K 掉。

笔者注： robots 是个好东西，发现网站有可能被怀疑作弊的网页，如果不能及时删除，就可以使用 robots 来进行屏蔽，以避免影响整站在百度搜索中的表现。

原回答地址：http://bbs.zhanzhang.baidu.com/thread-9024-1-2.html

81. 问题：尚未做好的页面返回 404 还是 503？

补充： 当由于变更产生 404 之后，百度会间隔多长时间识别出来？并且需要识别几次才会将其删除？对有些尚未做好的专题页面，可能会临时设置为 404 页面，之后很快将页面恢复，但在专题页面中有一部分很快就能够恢复，还有一部分就需要很长时间才可被收录，因此有重大新闻时，会紧张重大专题被及时收录的情况。

LEE 回答： 不会有固定的时间，会根据网页的和所在频道的更新频率，去确定删除的时间，未做好或者非作为死链的页面，尽量不要用 404 的返回码，希望尽可能用 503 的返回码，这样

Spider 能够比较好地去识别。

原回答地址：http://bbs.zhanzhang.baidu.com/thread-9010-1-2.html

82. 问题：Apache 的反向代理会影响搜索引擎的收录和排名吗？

补充： 有 1 个网站，存在多个服务器进行镜像，是用 DNSPOD 进行解析的，感觉不太好，因为每次更新需要把主服务器的文件发送到其他服务器去，朋友提出用 Apache 的反向代理就可以了，请问 Apache 的反向代理会影响搜索引擎的收录和排名吗？

LEE 回答： 百度 Spider 对站点的抓取方式和普通用户访问一样，只要普通用户能访问到的内容，我们就能抓取到。不管是用什么技术，只要能保证用户能流畅地访问网站，对搜索引擎就没有影响。

83. 问题：服务器加了硬防之后会不会影响蜘蛛抓取？

LEE 回答： 不会，只要是不封禁百度的抓取，并且不写 robots，就不会影响。

笔者注： 加硬防后最好观察一下百度 Spider 的抓取情况前后是否有变动，加硬防本身并不会对抓取有什么影响，但是如果配置不当，也会出现意想不到的结果。

原回答地址：http://bbs.zhanzhang.baidu.com/thread-6023-1-1.html

84. 问题：站点启用 CDN 加速对百度自然排名有什么影响？

补充： 站点开了 CDN，对百度 SEO 影响有多大？我们站自从开了 CDN，流量少了很多。

LEE 回答： 几乎所有的大型网站都在用 CDN，看看他们在搜索引擎中的表现就可以知道不会有任何的负面影响了。

但我们建议站长尽量选择技术成熟的 CDN 服务商，某些 CDN 服务商会导致网站在某些地区访问不稳定，可能会影响百度 Spider 的抓取。

笔者注： 除了 LEE 所说的不稳定的情况，还有可能是站长自己的配置有问题，比如，站长使用 CDN 对文本内容进行了缓存，但是配置的时间比较长，就可能造成网站已经更新内容，但是用户却没有看到更新的内容。百度 Spider 和普通用户一样，如果发现网站没有更新，就可能出现网站快照更新慢和收录慢的问题。

据了解大部分站长反映使用 CDN 之后，网站在百度搜索上的表现出现异常都是因为 CDN 不稳定或自己配置有问题。此时百度 Spider 和普通用户没有任何区别，不过普通用户没有即时浏览到新内容可能对网站没有直接影响，但是百度 Spider 没有即时抓取到网站的新内容，就可能造成使用 CDN 后百度对网站新内容的收录有问题的现象。

85. 问题：服务器开启 gzip 后是否会影响蜘蛛抓取网站和网站的收录量？

LEE 回答： 服务器开启 gzip 压缩，不会对 Spider 抓取产生影响，我们会以压缩的方式来抓取。并且也能够节省站点的网络流量。

笔者注：正常情况下是有利无害的，但是服务器如果有问题，gzip 可能会导致百度抓取失败，从而引发一系列问题。像硬防、GZIP、CDN、DNS 主动防御等，本身并没有问题，但是技术出现错误就会出现各种问题，比如前段时间的新闻美橙互联的 DNS 服务器检测自动防御时，误把百度蜘蛛 IP 当做恶意 IP 屏蔽了，导致客户网站被 K。所以站长在启用相关功能时，一定要谨慎小心。

86. 问题：页面速度会影响排名吗？

补充：目前谷歌已经把网页加载速度纳入页面排名影响因素，百度是否也考虑此因素决定网站搜索排名？

LEE 回答：这是很容易想到的一个网站价值评价要素。但如何有效应用，并不是一件很容易的事情，需要非常谨慎。中国尤其复杂，不同网段差异甚大。但显著影响到用户体验的广泛要素，最终都会被搜索引擎谨慎地尝试和使用吧。

笔者注：不论百度参考不参考，运营网站就要重视网页的加载速度，给你的用户最好的体验。用户体验不好了，造成搜索跳出率很高，也会影响到你网站的排名。另外，现在百度移动有"3 秒死"的说法，移动网页加载速度长时间超过 3 秒，则不再参与搜索排名。

87. 问题：为什么搜索公司（网站）名或品牌名都找不到我们的网站？

官方回答：排序算法非常复杂。我们的目标，即在于通过算法改进，让用户以最小的成本，搜索到所需要的信息。在这个过程中还是会有各种各样不尽如人意的地方。我们会非常欢迎您把您遇到的困惑和问题，反馈给我们。我们的工程师，对每一个问题都会有细致的跟踪和分析，以期将之最终解决。请将您的问题通过反馈中心提交给我们，以协助我们改进。我们一直在改进搜索算法，以使得百度的搜索结果更加符合用户的搜索需求。

笔者注：这个问题一直普遍存在着，公司网站居多，经常会看到一些公司网站对此进行吐槽。客观地说，中国这么多有网站的公司，每个公司都有自己的名字，如果百度能很轻松地判断出哪个是官网，并且给予搜索结果第一的位置，那还要咱们这群 SEO 人员干嘛呢？除非是知名网站，否则搜索引擎根本就判断不出来公司网站是不是冒充的，只能根据普通的算法来排序。

也有人吐槽自己的公司网站被百度 K 了，搜索自己的公司名结果都是其他 B2B 类的网站。建议大家在吐槽前，最好思考一下百度为什么 K 掉自己的公司站，是无内容？是内容质量不好？是折腾过外链？还是有过其他什么作弊的行为？相信百度搜索作为技术驱动的产品，不会无缘由地 K 掉一个站的。个别情况下，可能真的是百度的原因，此时可以投诉，但是大部分都是站长或 SEO 人员的原因，只是自己不承认做过的作弊行为而已。至于"百度 K 掉网站是想让你做竞价"的说辞，外人不能说完全没有这个可能，不过针对小企业站的可能性非常渺小，这个理由更多地是站长和 SEO 人员为找不到真正原因和解决问题的办法而找的一个说辞。

另外，这种问题严格来说并不能完全责怪搜索引擎，任何搜索引擎只要不针对这些关键词进行特别处理，就不可能达到大众的要求。原因很简单，搜索引擎无法知道哪家网站才是该品牌词或公司名所对应的正牌网站，只是把这些搜索词当作普通的关键词来对待而已，如果有很多网站在竞争该关键词，那么搜索引擎只能依照正常的排序算法予以排名，从而可能导致用户搜索该关键词时找不到正牌网站。

但对于有知名度的公司或品牌来说一般不会存在此类问题，大牌公司或品牌的网站不是有专门的 SEO 人员维护相关关键词，就是知名度太高，有很多相应锚文本的自然外链指向这些网站，比如联想、HP 等公司的官网。存在以上问题的网站一般是一些不太知名的公司或品牌，当网站优化不到位或过度优化时，且有其他网站优化相关关键词时，就很可能出现以上问题。还有一种情况会出现以上问题，那就是如果所定的公司名或品牌名本身太过大众化，不具有个性，比如"中国皮具网"、"石家庄房产网"等，也是很容易被其他人抢夺的。所以除非搜索引擎能够为小企业专门建立相应的数据库，否则依靠自然的排序算法根本不可能把很多不太知名的品牌词和正牌网站对应上，然而建立这种数据库的成本将会很大。

现阶段所有的搜索引擎都不能很好地解决这个问题，360 搜索迎合这一需求率先推出了"官网直达"。但是"官网直达"申请也是需要一定条件的，并不是任何网站的任何关键词都可以申请。如图 13-4 和图 13-5 分别为 360 搜索"官网直达"中对申请关键词和网站本身的要求，很容易看出并不能完全解决上述问题。假设笔者刚注册一个公司，上线的新网站可能百度暂时都不收录，为了推广公司产品，笔者在一些 B2B 网站也登记了公司信息，这些网站有着很高的权重，信息很快被收录，此时在任何搜索引擎中搜索笔者的公司名肯定都找不到笔者的"官网"。

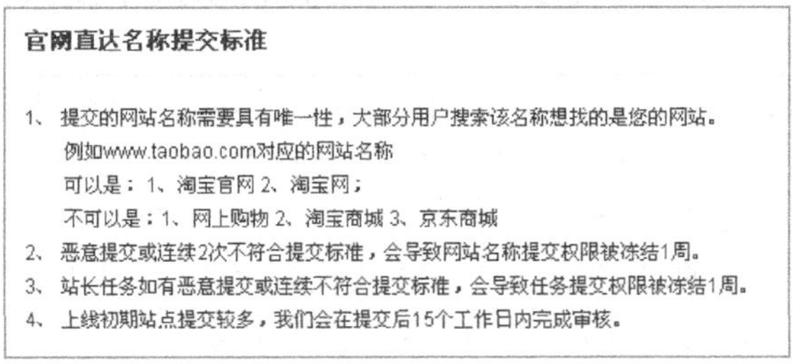

官网直达名称提交标准

1、 提交的网站名称需要具有唯一性，大部分用户搜索该名称想找的是您的网站。
   例如www.taobao.com对应的网站名称
   可以是：1、淘宝官网 2、淘宝网；
   不可以是：1、网上购物 2、淘宝商城 3、京东商城
2、 恶意提交或连续2次不符合提交标准，会导致网站名称提交权限被冻结1周。
3、 站长任务如有恶意提交或连续不符合提交标准，会导致任务提交权限被冻结1周。
4、 上线初期点提交较多，我们会在提交后15个工作日内完成审核。

图 13-4　官网直达名称提交标准

4、检测网站

点击"提交"按钮后系统会自动检测您的网站是否符合标准。

选择网站提交　www.360.cn　　　提交

ICP备案　✓通过检测
必须有ICP备案信息 查看详情

Google PR 及 Alexa 排名　✓通过检测
谷歌PR3以上以及alexa全球排名100W以内 查看详情

符合法律法规　✓通过检测
检测你的网站是否符合法律法规规范

网站安全检测　✓通过检测
360网站安全检测未达到85分以上将不予通过 查看详情

图 13-5　"官网直达"中对网站本身的要求

"公平是属于强者的"，不论想从哪儿得到公平的待遇，只能先把自己变得强大一点，这也应该是 SEO 所存在的意义之一吧。当然为了提升搜索用户体验，搜索引擎也有一定的责任辅助搜索用户找到他们想找的正牌网站。

暂时 360 搜索通过站长在 360 站长平台自动提交来解决一部分问题；百度则通过技术来解决部分问题，同时也有专门的官网认证通道：http://trust.baidu.com/，不过此官网认证通道是需要付费的，且对认证的名字有严格要求，具体可阅读官方说明。

88. 问题：电商网站商品页如何解决网络重复问题？

补充：所有网络商城对同一个产品的介绍都是大同小异的，品牌产品就更不用说了，都是一样的，如何解决自己商城的商品页和其他商城内容重复的问题呢？

笔者答：这是很多商城都面临的 SEO 问题，有几个建议以供参考，具体情况可以发散思维。

（1）编辑原创内容：可以让编辑为每一个商品写一套简短的评论。

（2）商品评论：可以在商品页底部建立占比比较大的评论区，评论越丰富，网络区分度越高。站长可以建立评论库，以供各个商品调用；也可以针对性地收集其他商城对同一产品、品牌的评论，然后打散使用。

（3）收集聚合：收集产品相关的新闻或文章，并使用 robots 进行屏蔽百度的抓取，在商品页调用几篇文章的标题和摘要内容，为了提升这部分内容对商品的原创意义，可以只用一个"详情"加链接，其他部分都是纯文本调用。百度不能抓取文章详情，也就避免了收集被降权的情况。

（4）商品问答：收集网络上的问答内容，制作问答库，然后在商品页以纯文本的形式进行相关调用。也可以建立用户社区，通过运营或收集整合，丰富相关帖子内容，然后在商品页进行调用。

（5）相关商品调用：调用站内相关的商品，并调用简短文本介绍等。

89. 问题：电商网站产品数量有限，应该怎么运营内容？

笔者答：任何网站都有建设内容的方法，电商网站除了商品网页本身之外，还可以建立大量相关的内容页，比如使用问答页、售后问答页、商品评价页、品牌评价页、商品或品牌新闻网页、同类商品对比网页等，围绕一个或几个商品就可以想办法挖掘出很多内容建设方向。例如，各种智能手机的参数对比，就可以组合出无数个网页出来，并且搜索量也非常可观，搜索流量也是购买意图比较明显的流量，比如"HTC G12 和 G13 的区别、对比、哪个更好"、"HTC G12 和 G13 屏幕哪个更好"等，都可以使用商品参数组合生成大量对用户有意义的网页，搜索引擎也是比较喜欢的。

90. 问题：企业站想做一些节日礼品词，有什么快速高效的方法？

补充：有一些礼品公司会做很多节日性的礼品关键词，比如月饼，公司一般会想拿下"左卡伊月饼"、"下关月饼"等之类的品牌词。有什么办法可以快速拿下这些词的排名呢？主要只是为了中秋节那几天。

笔者答： 首先根据自己公司的情况做一个评估。如果公司只是经营一种节日礼品，比如题目中的月饼，一年只有几天的集中订购时间，根据现在搜索引擎的搜索结果来看，企业站基本没有优化的必要了。因为这种关键词在临近节日时，搜索引擎一般都会有大量的竞价，百度可能会出现 10 个以上的竞价网站，到时各大分类信息网站、B2B 网站，以及大型 B2C 网站也都会调用很大的资源冲击这种关键词，再加上这种关键词本身搜索量并不是很大，以至于企业站的 SEO 成本会很高，并且也不会带来几个搜索流量，从而公司付出的可能比回报的还要多。因此建议此类公司不要只是局限于 SEO，SEO 只是一种营销推广方式而已，此类公司可以通过投放其他广告渠道进行推广，比如寻找有潜在客户的网站、论坛或 QQ 群等，ROI 可能要比 SEO 高很多。

如果公司经营很多种类的礼品，所有的季节、节日都会有相应的礼品商品，那么此类公司就可以建立一个 B2C 商城，成立一个专门的 SEO 部门，挖掘所有礼品相关的关键词，然后进行整站 SEO，而不是只瞄准几个关键词。此类网站只要来访流量是通过目标关键词来的，一般都会有比较高的转化率，同时 SEO 的 ROI 也会高很多，甚至可以成为公司的最重要的订单来源。

通过这个问题只想说明，SEO 只是众多网络营销推广手段之一，站在公司营销推广的角度考虑，在进行网络推广时，只选择 ROI 比较高的渠道即可，不要只局限于 SEO 或搜索引擎。至于题目中所提到的"快速"是没有绝对方法的，如果一直都有一个有内容沉淀的网站，通过子域名或冲击外链可能会有一时的效果，不过 ROI 都不会很高，并且还可能会被搜索引擎惩罚。

91. 问题：网站被别人刷流量了，会不会在搜索引擎中有负面影响？

笔者答： 一般不会有影响，刷流量和搜索引擎没有关系，首先如果你的网站没有使用搜索引擎的 JS，那么搜索引擎就不可能了解你网站的流量情况，再者即使搜索引擎了解网站的流量情况，搜索引擎也没有理由把刷不刷流量加入到排序或反作弊算法中。即使刷流量属于作弊行为，也不是在搜索引擎中作弊，并不能给搜索结果带来什么影响，所以网站被别人刷流量，一般不会有什么负面影响。

如果这些流量是别人通过类似刷排名的软件，通过点击你的网站在搜索引擎中的结果而来，那么理论上就有可能会有些影响，搜索引擎不处理就是正面影响，搜索引擎处理那就是负面影响了。不过至今几乎没有听说过有类似情况的出现。不少人发现网站刷流量后被搜索引擎降权了，一般并不是因为刷流量的原因，而是有其他原因被忽视了。

92. 问题：SEO 中所强调的不要"过度"是什么概念？有什么标准吗？

笔者答： 没有，这是需要根据网站具体情况具体权衡的问题。在实际工作中，往往当网站被降权了，或搜索流量出现了大问题时，站长和 SEO 人员才会反思网站是不是存在优化过度的问题，此时稍微感觉有些过分的设置都会被认定为"过度"，然而如果网站没有被降权，可能会认为这些设置优化得还不够好，还需要加强。

在实际工作中不必过度关心过度不过度，只要自然就好，不要出于强调关键词的目的刻意堆积太多词或导入太多不自然的链接。站在普通用户的角度，审视网站的一些设置和数据是不是合理，是不是有方便阅读的作用就可以了，其他都是浮云。什么首页友情链接最多换 30~40 个，关键词密度要控制在 2%~8%，页面链接不要超过 100 个等都不是权威标准。相信新浪首页交换 80 个友情链接也不会被降权，很多排名好的网站页面中关键词密度也不在 2%~8%之间，大部分门户网站首页的链接都是几百甚至上千，远远超过 100。

所以 SEO 中的"度"只能自己根据网站实际情况去掌握，并没有什么确切标准，也没有必要去探索这个"度"，只要自然就好，探索这个"度"以及所谓的"优化到极致"往往面临的会是被降权。

93. 问题：参与竞价可不可以影响收录和排名？

笔者答： 按照官方的说法肯定是不能。不过站在搜索引擎的角度考虑，值得站长花钱推广的网站或页面应该是有一定价值的，很少会有白痴花钱推广毫无价值的网页，所以相对来说参与付费推广的网页是有一定收录价值的。在 ZAC《SEO 实战密码：60 天网站流量提高 20 倍（第 2 版）》的"Google 排名因素 2009"中有一个"全站非链接排名因素"表格，其中列举了一些 Google 的自身服务，相信类似数据放到百度上也是成立的，原则上百度可以获得的网站的所有数据都有可能辅助收录和排序。不过笔者未经过切实的试验，有兴趣的朋友可以自行设法试验一下。

94. 问题：使用 inurl 指令查询目录收录量以判定目录权重合理吗？

补充： 在交换目录级别的友情链接时，有些链接专员会使用在搜索引擎中搜索"inurl:www.a.com/bcd/"的结果数来作为判定目录权重的一个标准，这合理吗？

笔者答： 不合理。现在大多数网站的逻辑结构和 URL 所体现出来的物理结构已经不统一了。很多时候一个目录在 URL 结构上看下面没有什么内容，但是在网站逻辑结构上看该目录下有很多内容，并且这些内容页的面包屑导航中为该目录导了大量内链，所以虽然在搜索引擎中搜索该目录的收录量可能不大，甚至只有一条，但是该目录也有着很高的权重。inurl 指令只是限制物理结构的搜索命令而已，有很多目录其实有很高的权重，但使用 inurl 指令往往只能查到一个"收录结果"。所以现在还用 inurl 指令查询的目录收录量来判定目录的权重是非常不合理的。

95. 问题：当自己的 SEO 需求同产品或运营有冲突时，应该如何解决？

补充： 在实际工作中，SEO 的工作需要得到多个部门的配合，产品、技术和运营都是经常 PK 的部门，当 SEO 需求同其他部门发生冲突时应该如何解决呢？

笔者答： 其实 SEO 和产品及运营并不会产生太大的冲突，只会在一些小细节上有些不同意见而已。SEO 应该有多套方案应对其他部门，当一项需求和其他部门发生冲突时，要有一项或多项备用方案或折中方案来达成部门之间的统一，必要时 SEO 也需要懂得让步。并不是网站稍微有一点改动不符合 SEO 人员的要求，网站的 SEO 工作就没法做了，搜索引擎也不会因为你们网站有个改动不符合公司 SEO 人员的要求就对网站进行降权。当然在大方向上还是要争取话语权的，但是过于细节的地方要懂得折中和让步。另外如果其他部门也考核流量 KPI 的话，一切都会变得很容易，如果网站流量迟迟没有提升，相信其他部门都会催着 SEO 部门快点设计和推动一些改动的。

96. 问题：SEO 人员如何求职？

笔者答：SEO 是最容易找工作的行业之一。不论有多少人唱衰 SEO，只要网友还通过搜索获取信息，那么 SEO 肯定就会存在。对于普通 SEO 人员求职，现在各类招聘网站都有大量的 SEO 相关的职位可供选择；对于能够独挡一面的 SEO 人员求职，也可以通过好友推荐或自荐的方式寻找自己喜欢的公司或网站。

SEO 也是一个非常注重人脉的行业，如果你的能力不错，又很好的人脉关系，那么你第一天离职可能第二天就会有很多公司向你抛出橄榄枝，甚至你在职的时候也会有很多朋友或猎头不断问你是否有跳槽打算。当自己有跳槽打算时，通过朋友推荐会是一个不错的求职方式。

SEO 人员还可以通过自荐的方式进行求职，当你特别想去某家公司或网站时，又没有其他渠道被引荐，那么就可以通过自荐的方式去争取机会。不论什么类型的网站，只要需要搜索引擎导入流量，就会有 SEO 需求，这时你就可以简单为该公司的网站指出一些 SEO 上的不足或提出一些 SEO 建议，如果你的建议或思路能够得到网站相关负责人的认可，那么整个求职过程都会很顺利，即使该公司暂时没有招聘打算，也可能会特别为你争取一个职位。当然如果你还不能为该公司的网站做出一些建设性的 SEO 建议的话，那么只能说明你暂时并不适合这家公司，或者还需要继续积累经验。

97. 问题：应聘时担心被对方公司骗取方案，怎么办？

笔者答：这其实没有什么可担心的，在现在的行业发展阶段基本上不会再发生这种情况，或者也可以有技巧地避免这种情况。前几年的 SEO 方案基本上和一本小型 SEO 书一样，把 SEO 的方方面面都提一遍，并给出一些细节的建议，很多 SEO 服务公司也都是准备了几套应对不同类型网站的 SEO 模板，在接到新客户之后，只要按照新客户网站的具体情况，稍微向模板中填写一些信息就可以了，方案的执行后期基本上就是按照一定规律加链接和内容，但是现在这种形式的方案已经太泛滥，并且已经不能满足大部分网站的 SEO 需求。

现在的 SEO 更注重网站内部实际数据的分析、网站所在行业特点的分析、网站相关人员配置的了解、网站面向搜索流量的新产品设计等，调整关键词和链接建设已经成为最基础或过于细节的常规部分，在这个层面上的 SEO 方案基本没有被骗取的可能性，如果不是本人实际参与分析、策划、指定以及负责执行方案整个过程，那么这所谓的 SEO 方案的价值就会大打折扣。在应聘工作时，如果被要求提一个方案，那么可以简单为对方列出一个大纲，而不涉及具体执行的细节。

比如，首先分析网站的 Spider 抓取日志，根据日志具体数据，可能做出站内结构什么方向上的调整；其次根据站内网站的收录比例和着陆页比例，做出内容、链接和页面细节什么方向上的调整；再而根据网站所在行业的内容和数据特点，以及同类网站的相关设置，设计什么方向上的获取有效搜索流量的页面或产品；最后根据网站人员配置或网站类型做出链接建设什么方向的上的策略规划；在具体的工作中根据不断获得的新数据做出方向和细节上的调整，并设计更多的什么方向上的 SEO 策略等。

只提供简单思路大纲，不涉及具体细节，因为在拿不到内部数据的情况下，所谓的执行细节也都没有太大价值。在这个过程中可以强调方案的个性化，以及个人经验、资源的介入，从而使得该方案脱离你本人外基本没有太大的实际价值，但是又有很好的效果预期及优秀的实施流程大纲。这样就不会存在"骗方案"的情况了，即使最终没有被录用，也不会有多大损失，更何况所有的应聘并不是只要付出了就一定会得到录用，也不必把被骗方案时刻挂在嘴上。

98. 问题：为什么 SEO 干货越来越少？

笔者答：随着 SEO 的普及，SEO 已不再神秘，很多从未做过 SEO 产品和技术的同学都能大概说明白 SEO 是怎么回事儿了，大家对 SEO 的认识也已回归理性。对于所谓的"干货"，每个人衡量的标准都不同，据笔者观察，很长一段时间内所谓的"干货"其实都是作弊手段。每次行业聚会上，如果某个人说了些不被大众所知，但曾经或当时比较有效的作弊手法，大家往往都会奉之为"干货"，但这种"干货"往往不长久，且不说"作弊"本身不长久，公布出来的"作弊"更不长久。随着搜索引擎搜索算法的完善，以及 SEO 行业的平稳发展，现在远没有了前两年的讨论热度，也就鲜有"高人"分享"干货"了。

另外，现在纯粹聊 SEO 的意义已不太大，融合资源、人脉和变现渠道才是主流。SEO 人员不必在连基础都没有掌握好的前提下，沉溺于发掘搜索引擎的漏洞或奢求别人为你分享点"干货"。努力掌握基础知识，灵活运用理论，结合周边资源为公司获取有价值的流量，为自己获取能够高变现的流量，踏踏实实一步一步走，最终结果赚到钱，并且提升自己的格局才是最有意义的，切不可过度追求"干货"。

99. 问题：搜索流量大小是衡量 SEO 能力的唯一标准吗？

笔者答：自己操刀过的网站新增的搜索流量比例确实可以成为衡量一个 SEO 人员的 SEO 能力的标准。但并不是唯一的标准，行业不同，流量大盘也就不同，获取搜索流量的难度和瓶颈也就不同。获取百万小说的搜索流量和获取几万珠宝玉石的搜索流量的难度是不同的，很难说哪个更难，但前者的价值可能低于后者。如果曾经自己做过几十万甚至上百万的新增搜索流量确实可以拿来作为一个炫耀的资本，因为不论什么行业，能够获得这个量级的新增都是不容易的。

在自己的行业能够获得相当比例和量级的搜索流量提升，都是 SEO 人员能力的体现，网站的基础薄弱也是关键因素。大可不以单纯的流量数字对比 SEO 能力的高低，现实一点，自己通过 SEO 获得的现金收益更是 SEO 人员能力的体现。不论是服务于公司还是个人站长，SEO 大部分情况下仅是大家生存技能之一，赚钱才是王道。外表华丽的公司 SEO 高管，可能年薪也就二三十万元；普通的个人站长，做得好点的，年收入也有不少达到几十万和过百万的，没有什么可比性。通过 SEO 为自己带来了工作、生活质量的提高，低调赚钱才是最实在的，除了在自己的求职简历中说明一下，没有必要四处炫耀自己的"SEO 能力"。

100. 问题：SEO 基层人员应该如何发展呢？

笔者答：这是笔者曾经在朋友公司借住的一段时间内，公司的 SEO 人员和我聊过几次的问题。感觉这个问题和第一个问题可以呼应一下，很适合作为这一章的结束。下面就来简单聊一聊这个话题。

现在绝大多数 SEO 管理层的朋友也都是从基层慢慢做起的。不论是从什么角度入职的 SEO，都不应该把自己的眼光只局限于自己的工作，在完成自己工作的同时，需要跳出自己的工作，多观察、多学习、多总结。观察自己的直接领导是如何工作的，平时都在做什么，分配的任务都有什么，任务的目的和原因是什么，多观察任务和网站现阶段数据之间的关系等。中间遇到一些自己不懂或没有接触过的东西都要认真地去学习一下。比如最基本的，你的领导可以使用 Excel 高效地处理各种工作数据、报表，如果你想先发展到他这个职位，那么你就要认真学习 Excel 相关的高级运用，作为你向上发展的基础，不然把你放到领导的位置，你连基础办公工具都不能熟练使用就悲催了。同时还要积极参与到各种 SEO 项目中去，多总结领导的 SEO 思路和策略，多换位思考一下，如果你处在领导的位置，你能不能针对现有问题提出解决方案和发展策略，当你的专业知识、经验总结到可以胜任你的领导现在的职位时，就可以更上一步地发展了，或本公司发展或跳槽到其他公司更高的职位。

很多朋友都把 SEO 的基础理论掌握得很熟，但就是不能自己独当一面地负责一个稍有规模的网站。最为缺乏的就是实战中的解决实际问题和主动寻求流量扩展思路的经验，然而由于各个公司和网站的架构及性质的不同，这种一线经验也有很大差异，又涉及具体网站的具体问题，很多经验并不能直接分享出来，或者即使文字分享出来意义也并不是很大，只有自己实际参与到整个工作中去才能学习到核心的思路和经验，所以如果你正身处一个不错的 SEO 团队中，一定要积极地参与到各种 SEO 项目中去，多观察、多学习、多总结，才可能有实质性的提高。脚踏实地的一步一步发展，好好积累经验，不要奢求一步登天。

另外，值得提及的是，如果正在从事专职链接交换的工作，也不要认为换链接就是一个低级的活儿，其实从事 SEO 的绝大多数人都做过"换链接"的工作。换链接还真是一个很复杂、很有挑战性的工作，只是大部分链接专员不懂得总结和思考，把这项工作做得太过机械化了。更高层次的换链接，并不是一个一个地去交换，而是 BD 合作，是寻找有重叠用户的网站进行链接合作的工作，这个合作可以是批量的资源合作。并且，在交换链接过程中对关键词和页面之间的关系把握，对链接和排名之间的促进关系及见效周期的感知，对合作网站的用户定位及客观质量分析等认知和能力都是很有力的考察和提升。虽然大部分链接专员还是机械化地单个交换链接，但是也不要认为换链接的工作很低级，一个好的链接专员就是一个能力很强的全面型 SEO 人员，并且一个好的链接专员的薪资待遇也不会很低。只要善于总结和思考，自身能力总会有一个质的提升，从而职业生涯也会有良好的发展。